JN411666

국역
휘찬여사 4
열전1

국역 휘찬여사 4 열전1

초판1쇄 발행 | 2012년 2월 28일

기획 군위문화원 · 군위군
지음 홍여하
옮김 김현영 · 박한남 · 이재희 · 류주희

펴낸이 홍기원
총괄 홍종화
디자인 정춘경
편집 오경희 · 조정화 · 오성현 · 신나래 · 정고은 · 임민영
관리 박정대 · 최기엽

펴낸곳 민속원 출판등록 제18-1호
주소 서울 마포구 대흥동 337-25 전화 02) 804-3320, 805-3320, 806-3320(代) 팩스 02) 802-3346
이메일 minsok1@chollian.net 홈페이지 www.minsokwon.com

ISBN 978-89-285-0244-8 94380
978-89-285-0240-0(세트)

《木齋家塾彙纂麗史》

목재木齋 홍여하洪汝河 저

국역 휘찬여사 4

《열전列傳 1》

김현영
박한남
이재희
류주희 역

민속원

일러두기

1. 모든 고유명사(인명, 지명 등), 관직명, 한자 성어에는 해당 한자를 병기하였다. 다만 한 페이지에 중복되어 나오는 경우에는 한자를 생략하였다.
2. 원문에 인명에서 생략되어 이름만 나오는 경우에도 성명을 모두 써주었다.
3. 번역 과정에 원문 교감을 병행하였다. 『고려사』나 전후의 사실로 미루어 명확한 오탈자나 오류인 경우에는 주석을 붙여서 설명하였다.
4. 원주(쌍행) 번역 부분을 역자 주와 구별하기 위하여 { } 안에 원주를 넣었다. 역자 주는 각주로 처리하였으나 10자 이내로 짧은 것은 괄호 속에 처리하였다.
5. 연대 표기는 먼저 고려의 왕대를 쓰고 괄호 속에 서기 연대와 중국 연대를 써주었다.
   예) 충렬왕 9년(1283, 元 世祖 至元 20) *밑줄 부분은 경우에 따라 생략하였다.
6. '帝'는 '황제'로, '王'은 '왕' 혹은 '국왕'으로 번역하였다. 혼동의 염려가 있을 경우에는 괄호 속에 그 왕이나 황제의 시호를 넣어주었다.
7. 송宋, 요遼, 금金, 원元, 몽골[蒙古]은 혹은 송나라, 요나라, 금나라, 원나라라고도 번역하였다.
8. '붕崩', '훙薨', '졸卒', '서逝'는 '붕어하다', '훙거하다', '죽었다', '서거하다' 등으로 번역하였다.
9. 이 책은 원본 총 48권을 6책으로 나누어 간행하였다. 제1책에는 세가世家, 제2책과 제3책에는 지志, 제4책에서 제6책까지는 열전列傳이다. 다만 원본의 제21권 신서인전辛庶人傳(우왕, 창왕)은 세가편의 공민왕 다음 공양왕 앞으로 옮겼다. 왕대의 계속성을 보이는 측면도 있지만, 각 책의 분량을 염두에 둔 편집이다.

10. 거란, 여진, 몽골 등의 이름이나 용어는 한자어대로 쓴 후 한자를 병기하고 괄호 속에 원래의 발음을 써 주었다.

11. 번역본에 사용한 주요 부호는 다음과 같다.
    - 『 』: 저서나 저작물. 예) 『삼국사기三國史記』
    - 「 」: 논문이나 편명, 관작명이나 공신명. 예) 『서경書經』「무일편無逸篇」
    - [ ] : 의역한 부분의 원문. 예) 군사에 관련된 주요한 일[軍機]
    - { } : 원문 주를 번역한 것. 예) 예종의 장자로 어머니는 순덕왕후順德王后 이씨이다.{예종 4년 기축년(1109)에 태어났다.}
    - ( ) : 역문에 대한 간단한 주석 또는 원문에 없는 것을 보완한 사항. 예) 숭녕崇寧(송나라 휘종의 연호)
    - " " : 원문에서의 인용 문장 및 대화 부분.
    - ' ' : 인용 문장 또는 대화 안에 있는 인용어.

12. 영인본은 독자의 편의를 위하여 왕대, 연기, 사론 등 부분에 색도를 넣어 구분하였다.

13. 각 권의 번역자는 다음과 같다.
    - 김현영 : 권1, 5, 9, 13, 17, 21, 25, 29, 33, 37, 41, 45
    - 박한남 : 권2, 6, 10, 14, 18, 22, 26, 30, 34, 38, 42, 46
    - 이재희 : 권3, 7, 11, 15, 19, 23, 27, 31, 35, 39, 43, 47, 48
    - 류주희 : 권4, 8, 12, 16, 20, 24, 28, 32, 36, 40, 44

『국역 휘찬여사 4 열전1』 목차

휘찬여사 권22 명신 1

휘찬여사 권23 명신 2

휘찬여사 권24 명신 3

휘찬여사 권25 명신 4

휘찬여사 권26 명신 5

휘찬여사 권27 명신 6

휘찬여사 권28 명신 7

휘찬여사 권29 명신 8

총목차

| 휘찬여사 권20 |

왕후 제원비전 종실

휘찬여사 권20

왕후王后

오호라! 『주역周易』의 기초는 건곤乾坤이고, 『시경詩經』의 첫 장은 관저關雎이다. 부부란 인륜의 시작으로서 풍화風化의 근원이다. 국가의 치란[理亂]이 여기에 말미암지 않음이 없으니, 가히 삼가지 않겠는가!

중국과 우리나라의 제왕帝王을 두루 상고해보면 가법家法의 옳지 않음이 고려만큼 심한 때가 없었다. 고려 왕씨는 일찍이 왕족은 지극히 존귀하므로 신하[群下]와 더불어 통혼[交配]하는 것은 불가하다고 하면서 왕씨 스스로 서로 통혼하는 것으로 한 시대의 제도로 정하였다. 왕왕 공주公主로 중전[中壼]의 자리에 앉히고는 외가 성씨[外姓]를 거짓 일컬으니, 인륜의 기강을 어지럽히고 대궐[宸極]을 음탕하고 더럽게 함이 가히 심하다고 하겠다. 국통國統이 곧바로 단절되지 않고 5백 년이나 되어 망한 것은 정말 다행이다.

『춘추春秋』에서 오맹자吳孟子[1]의 죽음을 기록하면서 같은 성씨[同姓]를 취하였다고 나무랐다.[2] 오吳나라와 노魯나라는 소원한 족속이었는데도 『춘추』에서는 오히려 나무랐는데, 하물며 매우 가까운 친족 사이는 어떻겠는가? 『좌전左傳』에 이르기를 "같은 성씨끼리 혼인하면 자손이 번성하지 않는다."[3]고 하였다. 왕씨가 멸절滅絶되어 후손이 없는 것은 어찌 천도天道가 아니라 하겠는가!

지금 오로지 경전의 본뜻[經旨]에 의거하여 고모와 자매의 근친을 왕후로 책봉한 것은 모두 삭제하여 기록하지 않으니, 이 또한 『춘추』에서 중국을 위하여 피휘避諱했던 의리이다.[4] 아! 본보기로 삼지 않을 수 있겠는가!

---

1 노魯나라 소공昭公의 비로, 오吳나라의 여자였기 때문에 오맹자라고 하였다.

2 노나라와 오나라는 모두 같은 희성姬姓이었다.

3 『좌전左傳』 희공僖公 23년에 "부부가 같은 성씨면 그 자손이 번성하지 않는다[男女同姓 其生不蕃]."라고 하였다.

태조太祖 신혜왕후神惠王后 유씨柳氏

삼중대광三重大匡 유천궁柳天弓의 딸이다. 유천궁은 정주貞州의 부자이어서 고을 사람들이 장자長者라고 일컬었다. 태조가 장군이 되어 군대를 거느리고 정주를 지나다가 늙은 버드나무 아래에서 말을 쉬게 하고 있었는데, 왕후가 길 옆 시냇가에 서 있었다. (태조가) 그 덕성스러운 용모를 보고는 "누구의 딸이냐?"고 물었다. 대답하기를, "이 고을의 장자長者 집 딸입니다."라고 하였다. 태조가 그로 인하여 (그 집에) 이르러 유숙하였다. 처녀 집에서는 군사 전체에게 음식을 매우 풍성하게 차려 대접하고, 처녀로 하여금 (태조를) 모시고 자게 하였다. 얼마 후에 돌아와서는 연락이 끊겨서 서로 알 수 없게 되었다. 왕후는 다시는 시집가지 않겠다고 맹세하고 머리를 깎고 비구니가 되었다. 태조가 이 소식을 듣고 불러다가 부인으로 삼았다.

궁예弓裔 말년에 홍유洪儒·배현경裵玄慶·신숭겸申崇謙·복지겸卜智謙이 태조의 집에 와서 폐립廢立[5]을 의논하려고 하였다. 왕후로 하여금 알게 하고 싶지 않아서 왕후에게 말하기를, "채소밭에 새로 익은 오이가 있습니까? 따올 수 있겠습니까?"라고 하였다. 왕후는 그 의도를 깨닫고 나와서는 북쪽 문을 통해 휘장 속으로 들어가 가만히 그 의논을 들었다. 이때에 여러 장군들이 드디어 (태조를 임금으로) 추대하겠다는 뜻을 말하였는데, 태조가 매우 완강하게 이를 거절하였다. 왕후가 급히 휘장 속에서 나와 태조에게 말하기를, "대의를 들어 학정을 대신하는 것은 예로부터 그러하였습니다. 지금 여러 장군들의 의논을 들으니 저도 의분을 참을 수 없는데, 하물며 대장부야 말할 나위가 있겠습니까?"라고 하면서 손수 갑옷을 가져다가 입혔다. 여러 장군들이 (왕건을) 옹위하고 나가 드디어 왕위에 올랐다.

태조 16년(933)에 후당後唐 명종明宗이 태복경太僕卿 왕경王瓊 등을 보내와 왕후를 책봉하였다. 관고官告에 이르기를, "능히 지아비를 따라서 귀하게 하는 것은 그 집안에 잘하기 위함이다. 봉읍封邑의 제도는 이전彛典(변하지 않는 전례典禮)에 드리운 바다. 좋은 배

4 『춘추』의 "외국의 큰 잘못은 기록하고 자국의 큰 잘못은 피휘한다[外大惡書 內大惡諱]."는 대의大義를 가리킨다.

5 궁예를 폐위시키고 왕건을 왕위에 즉위시키는 것.

필[伉儷]의 광영을 더해주어 국군國君의 봉작에 상응하게 하노라. 태보太保 사지절使持節 현토주 도독玄兎州都督 고려국왕高麗國王의 처인 하동河東 유씨는 내조하는 말[內言]이 반드시 바르니, 함께 권장하는 바가 진실로 많았도다. 국가 대사[虎幄]를 좋은 계책으로 돕고, 부인[魚軒][6]으로서 총애와 우대를 보존하였도다. 충절을 도와 이루니 진실로 유순하고 현명하였도다. 이에 특수한 광영을 내리어 일반적인 관례[常等]를 뛰어넘게 하노라. 더욱 근왕勤王의 뜻을 가다듬어 나간다면 이것이 나라에 보답하는 규범이라고 하겠도다. 하동군 부인河東郡夫人으로 봉하노라."고 하였다. 훙거하니, 시호를 신혜왕후神惠王后라고 하고, 현릉顯陵[7]에 합장하였다.

(태조) 장화왕후莊和王后 오씨吳氏

나주羅州 사람이다. 조부는 오부돈吳富㐂이고 아버지는 다련군多憐君으로, 대대로 나주의 목포木浦에 살았다. 다련군이 사간沙干 연위連位의 딸 덕교德交에게 장가들어 왕후를 낳았다. 왕후가 일찍이 꿈에 포구에서 용이 와서 방안에 들어가므로 놀라 깨어 부모에게 말하니 기이하게 여겼다.

얼마 후에 태조가 수군을 거느리고 나주에 출진하여 목포에 정박시키고, 멀리 하천 위를 바라보니 오색구름이 떠 있었다. 그곳에 이르니 왕후가 빨래하고 있었다. 태조가 불러 사랑을 나누다가 이부자리에 사정하였는데, 왕후가 마음을 움직여 임신하여 아들을 낳았다. 이가 혜종惠宗이다. (혜종은) 얼굴에 자리 무늬가 있어서 세상에서 주름살 임금[襵主]이라고 불렀다. 항상 물을 잠자리에 뿌리고 또 큰 병에 물을 담아두고는 팔을 씻기를 즐겼으니 참으로 용의 아들이었다. 나이 7세가 되자 태조는 그에게 왕위를 이을 덕이 있음을 알았으나, 어머니가 미천하여 왕위를 계승하지 못할까 염려하였다. 이에 오래된 옷상자에 자황포柘黃袍(왕이 입는 옷)를 담아 왕후에게 주었다. 왕후가 대광大匡 박술희朴述熙에게 보이자, (박술희는) 그 뜻을 알고 정윤正胤(태자)으로 삼을 것을 청하였

---

6 물고기 가죽으로 장식한 부인이 타는 수레.
7 개성시 개풍군 해선리 만수산 남쪽 태조릉동에 위치한다.

다. 왕후가 홍거하니, 시호를 장화왕후莊和王后라 하였다.

(태조) 신정후 황보씨神靜后皇甫氏

황주黃州 사람이다. 태위太尉 황보제공皇甫悌恭의 딸이다. 대종戴宗 및 대목왕후大穆王后[8]를 낳고, 명복궁대부인明福宮大夫人으로 봉하여졌다. 성종成宗 2년(983) 7월에 홍거하였다. 성종은 일찍이 선의태후宣義太后를 잃고 왕후에게서 자라났으므로 애모하고 예를 다하였으며, 백관을 거느리고 빈전殯殿에 임하여 시호를 신정대왕태후神正大王太后라고 올렸다.

책문冊文에 이르기를, "덕은 부보附寶[9]에 짝하고 공은 강원姜嫄[10]에 비할 만하다. 일찍이 손금[手文]에도 이상한 조짐이 나타났고, 또한 태아 교육에서도 신령스러움이 드러났다. 마침 성조聖祖(태조)께서 좋은 배필을 선택하실 때를 만나니, 6궁六宮[11]의 선발에 간택되어 모든 정사에서 국가 창시의 기틀을 도우셨나이다. 능히 부녀의 도리를 수양하여 이에 왕후의 덕[坤儀]을 갖추었고, 절약하고 검소한 기풍이 궁중에서 행하여졌도다. 잠규箴規(잘못을 바로잡게 하는 경계)의 뜻이 조정에까지 널리 알려졌나이다. 가만히 협찬하시니 나라를 세우는 큰 사업[鴻業]은 진실로 그 현명한 계책에 힘입었도다. 문득 선가仙駕가 상산商山으로 돌아가시니,[12] 기杞나라에 하늘이 무너졌나이다.[13] 48년[四紀]을 홀로 계시면서 여러 손자들을 돌보아 기르셨도다. 이름은 경종景鍾[14]에 새겨졌고, 사적은 동관彤管[15]에서 빛나나이다. 돌이켜 보면 보잘 것 없는 이 몸은 일찍이 부모 상[閔凶]을 만

---

8 『휘찬여사』에는 태목왕후太穆王后라고 되어 있으나, 『고려사』 권88, 열전 1, 후비 1에는 대목왕후大穆王后로 되어 있다. 태太와 대大는 통용된다.

9 고대 중국 황제黃帝의 어머니로 부보符寶라고도 한다.

10 중국 주周나라의 시조인 후직后稷의 어머니.

11 옛날 중국 궁중에 있었던 황후의 궁전과 부인 이하의 다섯 궁실을 가리킨다.

12 '선가가 상산으로 돌아갔다[駕枉商山]'고 한 것은 태조 왕건의 홍거를 가리킨다.

13 태조 왕건의 홍거를 가리킨다. '기나라에 하늘이 무너졌다[天崩杞國]'는 것은 기나라 사람이 하늘이 무너질까 걱정한 고사에서 유래하였다.

14 중국 춘추시대 진晉나라의 종鍾으로 위과魏顆가 진秦나라 군사를 물리친 공훈을 경종에 새겼다. 곧 공훈을 기록하는 종.

났는데, 대저 어루만져 길러주심으로써 왕위를 이어받게 되었나이다. 어찌하여 태사太史가 요상한 기운이 돌았다[氛] 쓰고, 영대靈臺가 햇무리[祲]를 고할 줄 기약하였으리오. 송백같이 장수[松齡]를 누리지 못하시고, 난과 같이 고결하신 몸[蘭質]이 갑자기 세상을 떠나시니, 어헌魚軒은 움직이지 않으며 왕후의 정전[鑑殿]은 함께 비었나이다. 열 명의 어진 신하[十亂]에서 (한 사람이) 빠지니 백 명의 신하로도 대신하기 어려우며, 9족九族[16]은 의지할 곳 없는 한탄을 품고, 만민이 망극의 슬픔을 머금었나이다. 이제 장사하는 날[遠日]이 이미 이르렀으니, 현궁玄宮(임금의 관을 묻는 구덩이)을 감추려 하나이다. 빈당殯堂을 열어 염하는 의식을 반드시 갖추고, 묘혈[泉隧]로 들어가서 매장하는 예를 시행하려 합니다. 특별히 예관禮官에게 명하여 거룩한 행실을 기록하게 하였으며, 지난날의 덕을 상고하여 존호[徽號]에 나타내어 이름을 바꾸나이다. 이제 아무개 관직의 아무개를 보내어 삼가 시호를 올려 신정대왕태후神靜大王太后라 하나이다." 하였다.

수릉壽陵에 장사지냈다. 문종文宗 10년(1056)에 자경慈景이라는 시호를 추가하였다. 책문에 이르기를, "연석鷰石(부부)의 상서로움을 열고, 구주鳩洲의 덕이 합하여졌도다.[17] 집을 성하게 하여 나라를 이루매 안으로 보필하는 수고를 다하였고, 자손들을 위한 계책으로 널리 자상한 훈계를 내리셨다. 비빈의 풍모[嬪風]가 이에 아름다우니, 왕의 교화가 여기에서 베풀어졌도다. 그러므로 이의二儀가 배합하는 높은 자리에 올랐고,[18] 백대토록 옮기지 않는 묘당廟堂에 모시었나이다. 신이 외람되이 경사스러운 가계를 잇게 되어 더욱 효도의 생각이 간절합니다. 여러 신위[群序]를 받들어 합하여 사당에 올리는데[合升],[19] 변변찮은 제물을 집전하여 친히 올리고, 이 제사[龜獻]를 당하여 큰 칭호[鴻稱]를

15 대롱이 붉은 붓으로, 궁중의 정령政令과 후비后妃의 일을 기록하는 궁중의 여사女史가 사용하였다.

16 고조·증조·조부·부친·자기·아들·손자·증손·현손까지의 동종同宗 친족을 통틀어 이르는 말. 자기를 본위로 직계친은 위로 4대 고조, 아래로 4대 현손에 이르며, 방계친은 고조의 4대손이 되는 형제·종형제·재종형제·삼종형제를 포함한다. 한편 어머니 친족인 외조부·외조모·이모의 자녀, 부인 친족인 장인·장모, 아버지 친족인 고모의 자녀, 자매의 자녀, 딸의 자녀와 자기의 동족同族을 통틀어 이르기도 한다.

17 구鳩는 물수리[雎鳩]를 가리키니 부부가 화목한 것을 비유한 말이다.

18 이의二儀는 천지天地·건곤乾坤·음양陰陽을 말하며, 여기서는 왕의 배필이 된 것을 가리킨다.

19 희생의 왼쪽 몸체인 좌반左胖과 오른쪽 몸체인 우반右胖을 합하여 정鼎에 올리는 것이다.

더하여 바칩니다. 삼가 책문을 받들어 높은 시호를 더 올려서 자경慈敬이라 합니다."라고 하였다.

혜종惠宗 의화왕후 임씨義和王后林氏

진주鎭州 사람이다. 대광大匡 임희林曦의 딸이다. 태조 4년(921)에 혜종을 정윤正胤으로 책봉하고, 왕후를 비妃로 삼았다. 홍화군興化君을 낳았다. 홍거하니 시호를 의화왕후라고 하고, 순릉順陵에 장사지냈다.

정종定宗 문공왕후 박씨文恭王后朴氏

승주昇州 사람이다. 삼중대광三重大匡 박영규朴英規의 딸이다. 홍거하니 시호를 문공왕후라고 하고, 안릉安陵에 장사지냈다.

경종景宗 헌숙왕후 김씨獻肅王后金氏

신라 경순왕敬順王의 딸이다. 홍거하니 시호를 헌숙왕후라고 하고, 경종 묘당에 합사合祀하였다.

성종成宗 문화왕후 김씨文和王后金氏

선주善州 사람이다. 시중侍中에 추증된 김원숭金元崇의 딸이다. 연흥궁주延興宮主라고 일컬어졌으며, 정원왕후貞元王后를 낳았다. 현종顯宗 20년(1029)에 대비大妃로 책봉되었다.

현종顯宗 원성왕후 김씨元成王后金氏

안산安山 사람이다. 시중侍中 김은부金殷傅의 딸이다. 덕종德宗·정종靖宗·인평왕후仁平王后를 낳았다. 일찍이 현종이 남행南幸[20]할 때에 주州·현縣 관리들이 모두 도망가 숨

20 거란의 침입으로 수도 개경開京이 함락되고 현종이 나주羅州까지 피난을 간 일.

어버리거나 왕왕 난리를 일으키기도 하였다. 공주公州에 이르렀을 때 김은부는 절도사節度使로 있었는데 의례를 갖추어 교외에서 영접하니 왕이 기뻐하였다. 적[거란]이 물러나므로 돌아와 공주에 이르렀는데, 왕후가 의복을 지어 올렸다. 이로 인해 맞아들여 연경원주延慶院主라고 일컬었다. 얼마 후에 왕비로 책봉하였다.

(현종) 원혜후 김씨元惠后金氏

역시 김은부金殷傅의 딸이다. 문종文宗・효사왕후孝思王后를 낳았다. 안복궁주安福宮主라고 일컬어졌다. 현종 13년(1022)에 졸하니 시호를 원혜元惠라고 하였으며, (현종) 16년(1025)에 왕비로 추증하였다.

문종文宗 인예순덕왕후 이씨仁睿順德王后李氏

인주仁州 사람이다. 중서령中書令 이자연李子淵의 맏딸이다. 연덕궁주延德宮主라고 일컬어지다가 문종 6년(1052)에 왕비로 책봉되었다. 책문에 이르기를, "그대 연덕궁주 이씨는 안으로 미덕을 간직하여[含章] 유순하며 성품을 닦아서 어그러짐이 없도다. 옥의玉衣[21]로 덮었으니, 일찍이 아름다운 상서에 응하였네. 궁궐[金屋]에 감추었으니 진실로 짝을 구함[幽求]에 합당하였도다. 이에 5가五可(여자의 다섯 가지 장점)의 칭송을 지니고 와서 6궁六宮의 경사를 이루었도다. 갈루葛藟의 읊음[22]은 더욱 화목함을 나타내었고, 난몽蘭夢의 징조[23]는 자손이 크게 번창할 것을 드러냈도다. 부인의 도리를 잡으니 공강共姜[24]을 사모하였고, 규중[閨壺]의 아름다운 법도를 지키니 태사太姒[25]와 같도다. 왕비의 그 아름다운 덕[弘懿]은 마땅히 정봉正封(왕후로 책봉하는 것)을 받을 만하다. 드디어 관리[鵷銜]에게

21 옥玉으로 장식한 의복. 귀인貴人이 입는 옷을 말한다.

22 『시경詩經』 주남周南의 편명으로, 주周나라 문왕文王의 후비가 부덕婦德이 높았음을 노래하였다.

23 정鄭나라 목공穆公의 어머니 연길燕姞이 하늘이 난초를 주는 꿈을 꾼 후에 아들을 낳아서 이름을 난蘭이라 하였는데, 그 뒤에 자손이 번창하였다는 고사.

24 위衛나라의 태자 공백共伯의 부인으로 일찍이 태자와 사별하였으나 의리를 지켜 재가하지 않았다.

25 주周나라 문왕文王의 비이자 무왕武王의 어머니.

명하여 적복翟服[26]의 영광을 더하고자 하노라. 이제 사신 모관某官 아무개를 보내어 부절符節을 가지고 예를 갖추어 왕비로 책봉하노라."라고 하였다.

왕후는 순종順宗·선종宣宗·숙종肅宗 및 상안공常安公 왕수王琇·금관후金官侯 왕비王丕·변한후卞韓侯 왕음王愔·낙랑후樂浪侯 왕침王忱을 낳았다.

선종 3년(1086)에 태후太后로 책봉되었다. 제도諸道에서 모두 표문을 올려 하례하였다. 주州·현縣에서도 아울러 포목을 바쳤는데 무려 10만여 필에 달하였다. 탁라乇羅(제주도)에서도 축하하러 왔으며 토산물도 바쳤다. (선종) 9년(1092) 9월에 서경에서 훙거하니, 돌아와 대릉戴陵에 장사지냈다.

왕후는 불교를 좋아하여 국청사國淸寺를 창건하고, 은으로 유가현양론瑜加顯揚論을 필사할 것을 발원하였는데, 숙종肅宗 때에 이르러 비로소 완성되었다.

선종宣宗 사숙왕후 이씨思肅王后李氏

인주仁州 사람이다. 공부상서工部尙書 이석李碩의 딸이다. 연화궁비延和宮妃라고 일컬었다. 처음에 선종이 국원공國原公으로 있을 때에 평장사平章事 이예李預의 딸을 맞이하여 비로 삼았는데, 경화왕후敬和王后를 낳고 죽어서 시호를 정신현비貞信賢妃라고 하였다. 정신현비가 죽어서 이에 왕후를 맞이하였는데, 헌종獻宗을 낳았다. 선종이 즉위하자 왕비로 책봉하였다. 헌종이 왕위를 잇자 높여 왕태후王太后로 존호를 올렸으며, 부府를 설치하여 영녕부永寧府라고 하였다.

왕[헌종]이 나이 어리고 약하여 능히 정무를 처결하지 못하자, 태후가 임금을 대신하여 정치를 하여[稱制] 군국軍國의 모든 대소사를 다 맡아 처결하였다. 헌종이 훙거하니, 영녕부를 폐지하였다. 왕후가 훙거하니 시호를 사숙태후思肅太后라고 하였다.

예종睿宗 2년(1107)에 왕이 정신현비를 선종에 합사하려 하였다. 간관이 상주하기를, "정신현비는 국원공의 비로 있은 지가 오래되지 않았고, 사숙태후는 국원공의 비빈으

---

26 꿩털로 장식한 왕후의 제복祭服.

로서 왕으로 즉위하게 될 때까지 내조한 공이 많습니다. 태자[헌종]가 왕위를 계승함에 미쳐서는 조정에서 임금을 대신하여 정사를 청단한 것이 3년입니다. 헌종이 숙종에게 왕위를 물려주자 이에 옛 궁[舊宮]으로 퇴거하였는데 끝까지 그 덕망을 잃지 않았습니다. 마땅히 사숙태후를 올려 합사해야 합니다."라고 하였다. 제制하기를, "적서嫡庶의 구분을 가히 분별하지 않을 수 없으니, 다시 예전禮典을 상고하여 아뢰라."라고 하니, 간관이 다시 상주하기를, "춘추春秋의 의리에는 '국왕이 즉위하여 해를 넘기지 않은 자는 장차 소목昭穆(종묘에서 신주의 위차)의 열에 들지 못한다.'라고 하였습니다. 국왕도 오히려 이와 같은데 하물며 후비들이야 말할 나위가 없습니다. 청컨대 사숙태후를 합사하소서."라고 하였다. 왕이 이를 따랐다.

숙종肅宗 명의왕후 유씨明懿王后柳氏

정주貞州 사람이다. 문하시중門下侍中 유홍柳洪의 딸이다. 연덕궁주延德宮主라고 일컬어졌다.

왕후는 예종睿宗과 및 상당후上黨侯 왕필王佖, 대방공帶方公 왕보王俌, 대원공大原公 왕효王侾, 제안공齊安公 왕서王偦, 통의후通義侯 왕교王僑를 낳았다.

예종이 즉위하자 존호를 왕태후로 올리고, 전각을 천화전天和殿이라고 하고, 부府를 숭명부崇明府라고 하였으며, (왕후의) 생일을 지원절至元節이라 하였다.

(예종) 3년(1108)에 책봉하여 이르기를, "신이 듣건대 왕후를 책봉하는 제도는 역대로 전해 오는 것으로, 황태후라고 부르는 것은 진秦·한漢나라의 공통된 법이며, 아들이 귀하게 된 자로서 책봉하는 것은 춘추春秋의 큰 가르침입니다. 모든 자손 되는 자[後胤]들은 마땅히 전례를 본받아야 합니다. 삼가 생각건대 우리 성스러운 어머니께서는 모성의 덕을 갖추었고, 왕후의 높은 지위[坤極]에 계시었습니다. 신이한 자질은 착하고 지혜로워서[神資淑哲] 일찍이 사록沙麓(앞으로 어진 부인이 탄생할 징조)의 상서로움을 모았습니다. 품성은 곧고 밝아서 유독 도산塗山(우 임금의 장모)의 교훈을 부여받았습니다. 드디어 대업大業으로 하여금 길이 중흥中興을 보존하게 하였습니다. 신이 외람되이 선왕先王의 고명顧命을 받들어 왕위를 계승하게 되어서 양육해 준 은혜를 받을 때로부터 항상 인

자하고도 엄한 가르침을 받들고자 맹세하였습니다. 비록 날마다 만 냥의 돈으로 봉양한다 해도 능히 효성을 다하지 못할 것입니다. 그래서 삼가 왕태후[三字]의 책봉을 더해 올려 신첩信牒[27]에 길이 빛나기를 바라나이다. 삼가 옛 법을 상고하고 모든 사람들의 의사를 따라 이에 길일을 택하여 존호를 올리나이다. 신은 큰 소원[大願]을 이기지 못하옵고, 삼가 모관某官 아무개를 보내어 옥책玉册과 금보金寶를 받들어 존호를 왕태후라고 올립니다. 엎드려 바라건대 전대의 헌장憲章을 준수하시고 하늘의 권우眷佑에 순응하시어, 굽어 슬기로운 마음을 돌리시어 아름다운 칭호를 받으소서."라고 하였다.

(예종) 7년(1112) 7월에 병이 위독하니, 왕이 달려가 궁중으로 들어가자고 청하였다. 행차가 신박사信朴寺에 이르러 훙거하였다. 왕이 백관을 거느리고 명의왕태후明懿王太后라는 시호를 올렸다. 8월에 숭릉崇陵에 장사지냈다.

다음 해(1113)에 요遼나라에서 사신을 보내어 제사하였다. 백관이 상주하기를, "우리나라는 조종祖宗 이래로 태후가 승하하여도 이웃나라에서 일찍이 사신을 보내어 조문하고 제사지낸 예가 없었는데 이제 비로소 이 의례를 보게 되었습니다. 또 전날 밤에는 비와 눈이 갑자기 쏟아져 내렸는데 거가車駕가 예를 행하게 되자 날씨가 청명해져서 사람들의 마음이 기쁘게 하였으니, 마땅히 백관으로 하여금 조하朝賀하게 하소서."라고 하니, 왕이 이를 따랐다.

예종睿宗 문경왕후 이씨文敬王后李氏

조선국공朝鮮國公 이자겸李資謙의 둘째 딸이다. 선발되어 궁중으로 들어가 연덕궁주延德宮主라고 일컬어졌다. 예종 4년(1109)에 사저私邸에서 원자元子를 낳으니, 이가 바로 인종仁宗이다.

(예종) 9년(1114)에 왕비로 책봉하였다. 책문册文에 이르기를, "하늘에 있는 뭇별들조차도 오히려 헌원성軒轅星(왕후궁을 상징한다는 별 이름)의 위차가 있으니, 나라를 다스리고

---

27 당唐나라 때에 아직 관직 임명장을 받지 못한 자에게 준 증명서.

집을 가지런히 하는 데 있어서 반드시 왕후[坤極]의 지위를 높여야 한다. 위로는 종묘를 받들고 아래로는 인륜人倫을 두텁게 하여 홍망의 근본을 길게 함이 이에 연유하지 않음이 없기 때문이다. 짐은 이에 전헌典憲을 상고하여 신령과 백성에 화합하기를 바라노라. 아! 그대 이씨는 천성이 은혜롭고 총명하며 위의威儀는 단정하고 엄숙하도다. 그대의 조상들은 능히 왕가王家에 충실하였으니, 돈독히 성스러운 왕후를 낳았도다. 대대로 현철한 임금을 잇게 하고 후손에까지 연장되어 이에 그대와 같은 어진 여성[懿媛]을 낳았도다. 짐이 왕위에 오르자 그대는 서울에 와서 후궁으로 들어와 대를 이을 아들[家嗣]을 낳았도다. 은밀히 짐의 몸을 돌보아 주니 마땅히 높은 칭호를 더해주어 중궁[中闈]으로 드러내고자 하여 이제 책명册命하여 그대를 왕비로 삼노라. 대저 생각건대 선왕들께서는 그 사녀士女를 교화하는데 우선 가정을 다스리는[內理] 데로부터 시작하여 나라를 통치하였도다. 그대는 더욱 아름다운 행실[芳猷]에 힘써 길이 무궁한 행복을 누릴지어다."라고 하였다.

(예종) 13년(1118)에 훙거하였다. 왕후는 성품이 유순하고 총명하고 슬기로워 왕의 총애를 받았다. 병석에 눕자 왕이 친히 약과 음식을 조달하였고, 훙거하자 왕이 통곡하며 슬퍼하였다. 수릉綏陵에 장사지냈는데, 왕이 친히 신봉문神鳳門 밖에서 조송祖送[28] 하였다. 뒤에 또 혼당魂堂에 행차하니, 간관이 상소하기를, "초상初喪 때에 과도하게 슬퍼하시고 장례 때에는 조제祖祭에서 친히 절하고 잔을 드리시니, 신민臣民들이 우러러보고 지나친 예의라고 속삭이고 있습니다. 이제 또 존귀하신 몸[至尊]을 굽히시어 혼당[靈帳]에 임하시니, 대체大體를 손상할까 염려되나이다."라고 하니, 왕이 말하기를, "일찍이 듣건대 송宋나라 황제가 정화황후靖和皇后를 조송할 때에 대궐 문[端門] 밖에 나가서 친히 술을 붓고 절하며 잔을 드렸다고 한다. 그러므로 이를 본받아 행한 것이다. 하물며 한번 혼당에 가는 것이 의리에 있어 무슨 해가 되겠는가?" 하였다.

인종仁宗이 즉위하여 문경왕태후文敬王太后로 추존하였다.

---

28 노제路祭를 지내고 영구를 전송하는 것을 말한다.

인종仁宗 공예왕후 임씨恭睿王后任氏

중서령中書令 임원후任元厚의 딸이며, 문하시중門下侍中 이위李瑋의 외손녀이다.

왕후가 탄생하던 날 저녁에 이위의 꿈에 황색의 큰 깃발이 그 집 중문에 세워지고 깃발 끝이 선경전宣慶殿의 치미鴟尾에 얽혀 나부꼈다. 왕후가 태어나자 이위는 특별히 사랑하면서 말하기를, "이 아이는 후일에 마땅히 선경전에서 놀 것이다."라고 하였다.

나이 15세가 되어 평장사平章事 김인규金仁揆의 아들에게 시집가게 되었다. 혼례 날 밤에 사위가 대문에 이르렀는데, 왕후가 갑자기 병이 나서 이에 사과하고 돌려보냈다. 점쟁이가 하례하며 말하기를, "근심하지 마십시오. 이 처녀는 비할 바 없이 귀합니다."라고 하였다. 이때에 이자겸李資謙이 이미 두 딸을 왕에게 바쳤으므로 그 말을 듣고 미워하여 곧바로 상주上奏하여 임원후를 내쳐 개성부사開城府使로 강직시켰다. 1년여 지난 후에 개성부 막료[倅]의 꿈에 태수太守 청사의 대들보가 갈라지며 큰 구멍이 생기더니 황룡黃龍이 그 구멍에서 나왔다. 다음날 아침[詰朝]에 막료가 조복朝服을 갖춰 입고 임원후에게 가서 경축하며 말하기를, "공은 그것을 알아 두십시오."라고 하였다.

마침 인종이 이자겸의 두 딸을 내보내어 왕후가 선발되어 궁에 들어갔다. 처음 인종이 참깨[荏子] 5되[升]와 해바라기[黃葵] 3되를 얻는 꿈을 꾸고 척준경拓俊京에게 말하니, 척준경이 대답하기를, "참깨는 임任이니 임씨 성을 후비로 맞이할 징조입니다. 그 수가 다섯인 것은 다섯 아들을 낳을 상서입니다. 황黃은 황皇이며, 규葵는 규揆이니, 황규라는 것은 임금[皇王]이 도규道揆[29]를 잡고 나라를 다스리는 상서입니다. 그 수가 셋인 것은 다섯 아들 중에 세 아들이 나라를 다스릴 징조입니다."라고 하였다. 왕후가 이미 궁중에 들어가서는 과연 다섯 아들을 낳았고, 의종毅宗·명종明宗·신종神宗이 서로 이어 즉위하였다.

의종 초에 왕태후로 높이고 전각을 후덕전厚德殿이라고 하였으며 부府를 세워 선경부

---

29 도리道理로서 일의 마땅함[事宜]을 도모한다는 뜻이다.

善慶府라 하고 관속을 두었다. 처음에 태후가 둘째 아들을 사랑하여 태자로 세우고자 하였기 때문에 왕(의종)이 이를 원망하였다. 하루는 (왕이 태후를 모시고) 앉아서 대화하다가 말이 태후를 거슬렀다. 태후가 맨발로 섬돌에 내려가서 하늘을 우러러보며 맹세하자, 갑자기 우레와 비가 쏟아지고 번갯불이 앉은 곳으로 들어왔다. 왕이 놀라 두려워하여 태후의 옷자락 아래로 엎드려 들어갔는데, 갑자기 전각 기둥에 벼락이 떨어졌다. 왕이 뉘우쳐 깨닫고 드디어 모자간의 사이가 처음같이 되었다.

얼마 후에 왕이 황음荒淫하여 정사를 돌보지 않자 무신武臣들이 변란을 일으켜 왕을 폐하고 시해하였다. 대녕후大寧侯 왕경王璟은 태후의 셋째 아들이고, 원경국사元敬國師(충희冲曦)는 넷째 아들이다. 왕경은 의종 말에 죄를 짓고 귀양가서 죽었다.

명종 12년(1182)에 원경국사가 죽었는데, 몇 개월이 지나서 태후가 이 소식을 듣고 여러 장군들이 그를 죽인 것으로 생각하고 분이 치밀어 드디어 병을 얻었다.

당시 신종은 평량공平諒公으로 사저에 있으면서 역시 병을 앓아 오랫동안 들어가 문안인사를 드리지 못하였다. 태후는 마침내 평량공도 원경국사와 같이 화를 당한 것으로 의심하였다. 왕(명종)이 명하여 평량공에게 수레[腰輿]를 타고 들어와 문안인사를 드리게 하니, 태후가 울면서 말하기를, "내가 너의 얼굴을 다시 볼 것이라고는 생각도 못했다."라고 하였다. 평량공이 아뢰기를, "어머니의 병은 노심초사하여 초래된 것이니, 풍악이라도 들으면서 마음을 푸소서."라고 하였다. 이에 관현악을 연주시키고 왕과 평량공이 오래 살기를 축수하며 즐겁게 하니, 병이 조금 나은 듯하였다. 얼마 후에 다시 위독해져 홍거하니, 향년 75세였다. 순릉純陵에 장사지냈다.

원종元宗 순경태후 김씨順敬太后金氏

경주慶州 사람이다. 장익공莊翼公 김약선金若先의 딸이다.

고종高宗 22년(1235)에 원종이 태자로 되면서 태자비로 맞아들여 현비賢妃로 책봉하였다. 충렬왕忠烈王을 낳고 홍거하였다.

원종 3년(1262)에 정순왕후靜順王后로 추봉하였다.

충렬왕忠烈王 제국대장공주齊國大長公主

이름은 홀도로게리미실忽都魯揭里迷失이다. 원元나라 세조 황제의 딸이고, 어머니는 아속진가돈阿速眞可敦이라고 한다.

원종元宗 15년(1274)에 충렬왕이 세자로서 원나라에 있으면서 공주에게 장가들었다. 이때에 고려가 쇠약해져 권신權臣에게 제약을 받은 것이 100년에 이르렀다. 원나라를 섬긴 이래로 책응策應을 감당할 수 없게 되자 원종은 이를 염려하여 원나라[大朝]와의 혼인에 가탁하여 왕실을 강하게 하려고 생각하였다. 표문을 올려 청혼하니 세조가 이에 허락하였다.

원종이 훙거하자 세자가 왕위를 계승하게 되어 귀국[東還]하였다. 추밀원부사樞密院副使 기온奇蘊을 파견하여 원나라에서 공주를 맞아 왔다. 왕은 서북면西北面에 나아가 공주를 맞이하였다. 비빈妃嬪과 궁주宮主 외에 재추宰樞 부인[世婦]과 백관들이 국청사國淸寺 문 앞에서 영접하였다.[30] 왕과 공주가 같이 연輦을 타고 서울에 들어오니 부로父老들이 서로 경축하며 말하기를, "100년의 전쟁 끝에 다시 태평한 시기를 만날 줄은 생각하지 못하였다."고 하였다.

이듬해 정월에 원성 공주元成公主로 책봉하고, (공주의) 궁은 경성궁敬成宮이라 하고, 전각은 원성전元成殿이라 하고, 관부를 두어 응선부膺善府라 하고는 관속을 두었다. 안동의 경산부京山府를 탕목읍湯沐邑(공주의 식읍)으로 삼았다.

9월에 원자元子를 이궁離宮에서 낳으니 이가 충선왕忠宣王이다. 정화궁주貞和宮主는 시안공始安公 왕인王絪의 딸로 왕(충렬왕)의 비이다. 이궁에서 축하연을 베풀면서 정침正寢에 나아가 평상平牀을 베풀어 공주의 좌석을 마련하였다. 공주를 모시는 자가 말하기를, "평상에 좌석을 마련한 것은 정화궁주와 함께 앉으시게 하려는 것입니다."라고 하니, 공주가 노하여 갑자기 자리를 서쪽 사랑[西廂]으로 옮기게 하였다. 서쪽 사랑에는 예전부터 높은 평상[榻]이 있었기 때문에 공주가 여기에 자리한 것이다. 정화궁주가 술

---

30 『휘찬여사』에는 "연우국청사문延于國淸寺門"으로 되어 있으나, 『고려사』 권89, 열전 2, 후비 2에는 "영우국청사문迎于國淸寺門"으로 되어 있다.

을 올리는데 왕이 공주를 돌아보니, 공주가 말하기를, "어찌하여 나를 흘겨보십니까? 정화궁주가 내 앞에 꿇어앉았기 때문인가요?"라고 하였다. 이에 연회를 파하고 전각에서 내려 통곡하면서, "내 아이가 있는 곳으로 가겠다."라고 하였으나, 유모가 만류하므로 그만 나가지는 않았다.

왕이 식독아式篤兒를 원나라에 보내어 입조入朝할 것을 청하려 하였다. 식독아라는 자는 공주를 시종하는 신하이다. 길을 떠날 무렵에 대장군大將軍 인공수印公秀에게 말하기를, "공주가 나로 하여금 정화궁주의 일을 아뢰라 하니, 장차 나라에 불리할 것이다. 어찌하면 좋겠는가?"라고 하였다. 인공수가 말하기를, "부부 사이에 질투하는 말을 어찌 족히 황제에게 아뢸 만한가?"라고 하니, 식독아도 그렇게 여겼다.

어떤 사람이 다루가치[達魯花赤]에게 투서하여 이르기를, "정화궁주가 무녀巫女를 사주하여 공주를 저주한다."라고 하였다. 공주가 정화궁주를 나장螺匠의 집에 유폐시키고, 그 부고府庫를 봉쇄하였다. (정화궁주는) 재상 유경柳璥이 힘써 일을 변론함에 힘입어 풀려날 수 있었다. 그러나 정화궁주를 별궁別宮에 머무르게 하니, 공주가 훙거할 때까지 왕과 서로 만날 수가 없었다.

흥왕사興王寺에 무게가 3천 냥인 황금 탑이 있었는데, 공주가 명을 내려 이를 취하여 대궐로 들여다 놓았다. 장차 이것을 헐어버리고자 하는데, 왕은 능히 금하지 못하고 눈물만 흘렸다. 공주가 얼마 후에 왕을 따라 흥왕사에 행차하니, 승려들이 탑을 돌려달라고 요청했으나 허락하지 않았다. 또 명을 내려 태부시太府寺의 은을 모두 거두어 대궐로 들여갔다. 마침 왕이 병에 걸리자 재신宰臣들이 영선營繕을 정지하고 매와 새매[鷹鷂]를 놓아 주자고 요청하니, 공주가 이를 허락하였다. 공장工匠들이 모두 북경北京으로부터 왔는데, 제령提領 노인수盧仁秀가 (영선 중지를) 구실로 돌려보낼 것을 요청하였다. 공주가 크게 노하여 재상들을 힐책하며 말하기를, "나는 다만 역사만 중지하라고 명령한 것인데, 어찌하여 목장木匠들을 모두 돌려보내려고 하는가?"라고 하였다. 대답하기를, "역사를 중지한 것은 일관日官의 말이니, 저희들은 알지 못합니다."라고 하니, 공주가 더욱 노하여 말하기를, "어찌하여 나를 멸시하느냐? 내 장차 재상 한 명을 징벌하여 나머지 사람들을 경계하리라."라고 하였다. 이습李槢이 나아가 아뢰기를, "공사를 이미 중단하였으므로 공장들 스스로 그것을 구실로 돌아가겠다고 한 것입니다. 지금 불러서 시작하여도 또한 늦지 않습니다."라고 하니, 공주의 마음이 풀리었다. 재신들이 이어 청하기를, "왕의 병이 낫지 않고 있는데, 무릇 가히 재앙을 가시는 일에는 마음을 다하지 않음이 없어야 합니다. 홍왕사의 황금 탑이 아직도 궁중에 있으니, 원컨대 이것을 돌려보내소서."라고 하니, 공주가 이에 허락하였다. 왕이 크게 기뻐하여 승지承旨 이존비李尊庇에게 명하여 그 탑을 홍왕사에 돌려보내게 하였다.

(충렬왕) 3년(1277) 여름에 공주가 딸을 낳았는데, 모후母后의 부고가 이르렀다. 만월연滿月宴을 겨우 마칠 때까지 이것을 비밀에 부쳤다가 5일 후에 알리니, 공주는 통곡하면서도 고기는 여전히 먹었다. 다음날 수루연收淚宴(몽골 풍습에 의한 연회 이름)을 베풀었다.

(충렬왕) 4년(1278)에 왕과 공주가 원나라에 갔다. (원나라) 수도에 도착하여 황제를 예방하니 연회를 베풀어 위로하였다. 왕은 여러 신하들을 거느리고 동남쪽 모퉁이로부터 들어가서 궁정 가운데 서고, 공주는 조그마한 홍산紅傘을 펴들고 영녕공永寧公 및 여러 여관과 잉첩[媵]들을 거느리고 동북쪽 모퉁이로부터 들어가서 금과 은 및 저포苧布를 바쳤다. 배례를 마친 다음 궁전으로 올라가니, 시종하는 신하 원부元傅·이분희李汾禧·박항朴恒·송분宗玢·강윤소康允紹 등이 모두 참여하였다. 공주는 세자와 어린 왕녀를 데리고 황후와 태자비에게 배알하였다. 태자비는 세자에게 익지례보화益智禮普化라는 이름을 지어주었으며, 황후는 공주에게 채단綵段 한 수레[車]를 주었다. 그 후에 우리나라에 돌아왔다.

(충렬왕) 5년(1279)에 왕이 원나라에 머물렀다. 공주는 홀로 거처하며 무료하자 내부內府의 악기를 꺼내어 영관伶官(악사)들로 하여금 종일토록 음악을 연주하게 하고 새벽이 될 때까지 궁중에 채붕彩棚을 가설하여 (등불을 켰다.) 살아있는 호랑이를 잡아오자 후원 정자에 올라가서 이를 관람하였다.

황자皇子 애아적愛牙赤이 대청도大青島에 귀양 오자, 공주가 성 밖에서 맞이하고[31] 음

31 『휘찬여사』에는 "연우성외延于城外"로 되어 있으나, 『고려사』 권89, 열전 2, 후비 2에는 "영우성외迎于城外"라고 되어 있다.

악을 연주하고 연회를 베풀어 위로하였다. 수행원이 이를 그치게 하고 말하기를, "황자는 황제의 명령으로 유배지에 가는데 어찌 가히 음악을 즐기겠습니까?"라고 하니, 마침내 (연회를) 파하였다.

세자의 생일이어서 신궁新宮에서 연회를 베푸는데, 일본 정벌[東征]의 일이 급박하였기 때문에 여악女樂을 중지하고 한악漢樂만 연주하였다. 여러 신하들이 각각 예물[贄]을 가지고 세자에게 선물하고 술잔을 드리고 춤을 추며 축하하니, 왕과 공주가 매우 기뻐하였다. 원나라 사신 야속달也速達을 첨의僉議의 아래에 앉히고, 최인저崔仁著는 상장군上將軍의 아래에 앉게 하자, 야속달이 말하기를, "나와 지사知事 최인저는 동격인데, 어찌하여 나의 아래에 앉히는가?"라고 하니, 공주가 말하기를, "최인저가 몽골 사람이냐? 한인漢人이냐? 고려 사람이므로 상장군 아래에 앉는 것으로 족하다."라고 하였다. 야속달이 부끄러워하였다.

(충렬왕) 7년(1281)에 원나라 황후의 부고가 이르렀다. 공주가 장례에 참가[奔喪][32]하려고 하였으나,[33] 황제가 본국으로 돌아가라고 칙명勅命하였다.

(충렬왕) 8년(1282)에 왕을 따라 충청도에서 사냥하였다.

(충렬왕) 13년(1287)에 원나라로 근친覲親하러 가고자 서경西京에 이르렀는데, 도적이 함평부咸平府에서 일어나 길이 막혔다는 소식을 듣고는 이에 돌아왔다.

(충렬왕) 19년(1293)에 왕과 공주가 원나라에 갔다.

(충렬왕) 20년(1294)에 원나라 세조世祖가 붕어하고 성종成宗이 왕위에 오르자, 안평공주安平公主로 책봉되었다.

(충렬왕) 22년(1296)에 왕과 공주가 원나라에 갔다. 이듬해에 진왕晋王이 장차 나라로 돌아가려 하니, 황제가 그 집에 행차하였다. 왕과 공주가 그 연회에 참가하였는데, 술자리가 홍겹자 공주가 노래를 부르고 왕은 일어나 춤을 추었다. 이 해 5월에 귀국하여 수녕궁壽寧宮에 가니 뜰에 작약芍藥이 무성하게 피어있었다. 공주가 명하여 한 가지를

32 먼 곳에서 부모가 돌아가신 소식을 듣고 급히 집으로 돌아가는 것.

33 『고려사』 권89, 열전 2, 후비 2에 따르면, 공주 일행은 의주懿州에 이르러 황제의 칙명을 받고 돌아왔다.

꺾어오게 하고는 오랫동안 손에 잡고 완상하다가 감회를 못 이겨 눈물을 흘렸다. 얼마 후에 병을 얻어 훙거하니, 나이 39세였다.

원나라의 군사력이 매우 강성한 것이 전고前古에 비할 바가 없어서 고려에서는 매우 삼가며 복종하여 섬겼다. 공주는 황제의 딸로서 존중받았기 때문에 교만하고 제멋대로 용사用事하였는데, 왕은 그 뜻을 받들어 따르면서 오히려 미치지 못할까 염려하였다. 일찍이 원나라 사신에게 잔치를 베푸는데, 공주의 좌석이 가운데 위치하고 왕은 공주의 왼편에 앉았으며, 원나라 사신은 차례대로 공주의 오른편에 앉았다. 왕이 조금이라도 마음에 들지 않게 하면 번번이 나무라고 책망하였다. 공사 간의 재물을 긁어모으는데 조금도 돌아보거나 거리낌이 없었다. 장차 원나라에 들어가 근친하려 할 때에 은과 베[布]를 과렴科斂하고 사대부와 양민들의 딸들을 선발하여 데리고 갔다. 홀적忽赤으로 하여금 (민가를) 수색하게 하니, 먼 곳이나 가까운 곳, 서울이나 지방에서 모두 원망하고 탄식하였다.

광평공廣平公 왕혜王譓가 일찍이 낭장郎將 왕견王涓의 노비를 탈취하였다. 왕견이 소송하여 다시 찾았으나 왕혜는 그 노비들을 공주에게 바쳤다. 공주가 늙은 남종을 불러 내막을 물으니, (왕견의) 노비와 왕혜의 노비들 사이에 혼인 관계가 있는 자가 3백여 명이었다. 이들 모두를 취하자, 왕혜가 궁문宮門에서 머리를 조아리며 돌려달라고 청하였으나 허락하지 않았다.

어떤 여승이 흰 모시[白苧布]를 바쳤는데, 매끄럽고 자수로 꽃무늬가 새겨 있었다. 상인[大賈]에게 보이니, 말하기를, "굉장한 보물입니다."라고 하였다. "어디서 이것을 얻었느냐?"고 물으니, 여승이 아뢰기를, "집에 여종이 있는데 이것을 잘 짤 줄 압니다."라고 하였다. 공주가 마침내 그 여종을 탈취하니, 여승이 깜짝 놀랐다.

일찍이 인삼人蔘과 잣[松子]을 보내어 중국 강남[吳越]에 이르러 비단[錦繡]와 무역하였다. 번번이 내시[內官]들을 나누어 보내어 이를 구하니, 제도諸道에서 원망하고 괴로워하였다.

그러나 공주는 성품이 엄격하여 왕의 과실을 보면 번번이 경계하고 책망하여[規箴] 자주 보익補益하는 것이 있었다. 호서湖西(충청도)로 사냥하러 갔을 때에는 윤수尹秀를 불러 책망하여 이르기를, "이곳에는 거위[鵝]나 고니[鵠]가 없는데 너희들은 어찌하여 왕을 유인하여 오게 하였는가?"라고 하고, 또 왕을 나무라며 말하기를, "사냥이 급한 일도 아닌데 어찌하여 나를 여기까지 끌고 왔습니까? 나라 일은 어떻게 할 것입니까?"라고 하니, 왕이 부끄러워하면서 화를 내었다. 불을 놓아 사냥하여 백성들의 곡물을 태운 것이 있으면 그 값을 배상해 주었다. 공주가 말하기를, "백성들은 병들고 수행하는 시종들 또한 고생스러우니, 가히 돌아가야겠다."라고 하고 이에 되돌아왔다.

왕이 음률音律을 좋아하여 일찍이 내시[內竪]와 영관伶官(악사)들로 하여금 음악을 연주하게 하니, 공주가 사람을 보내 고하기를, "음악[絲竹]으로써 국가를 다스렸다는 말은 듣지 못하였습니다."라고 하니, 드디어 이를 그만두었다.

왕이 일찍이 내료內僚 김자정金子廷을 동경부사東京副使로 임명하였다. 공주가 왕에게 말하기를, "제가 들으니, 동경東京(경주)은 왕의 모친의 고향이라 하는데 그렇습니까?"라고 하니, 왕이 그렇다고 대답하였다. 공주가 말하기를, "그렇다면 가노家奴(내료)를 이런 지방의 수령[邑宰]으로 임명하는 것이 옳습니까? 남반南班 사람으로서 서울과 지방의 요직에 임명되는 것은 어느 때부터 시작되었습니까?"라고 하니, 왕이 말하기를, "원종[元廟] 때부터 시작되었다."고 하였다. 공주가 말하기를, "왕은 참으로 원종의 아드님이구려!"라고 하니, 왕이 부끄러워하는 기색이 있었다.

왕은 공주를 두려워하였으며, 모든 신하들도 또한 두려워하여 공손하였다. 자못 전의 행실을 고쳐 감히 이전처럼 권력을 천단하며 제멋대로 행하지 못하였다. 일본 정벌을 준비할 때에도 모든 장수들과 달로화적 역시 모두 공주를 두려워하여 감히 멋대로 하지 못하니 우리나라가 이에 도움을 받았다.

9월에 고릉高陵에 장사지내고, 시호를 장목인명왕후莊穆仁明王后라고 하였다. 충선왕忠宣王이 선위 받아 즉위하여 2년(1310)되는 해에 무종武宗이 제制를 내려 황고皇姑 제국대장공주齊國大長公主 고려국왕비로 추봉하였다.

충선왕忠宣王 계국대장공주薊國大長公主

보탑실련寶塔實憐은 원나라 진왕晋王 감마라甘麻剌의 딸이다. 충렬왕 22년(1296)에 충선왕이 세자로서 원나라에 있을 때에 공주에게 장가들었다. (충렬왕) 24년(1298)에 공주가 원나라로부터 오니, 충렬왕이 금교金郊에 행차하고 백관들은 교외에서 영접하는데, 마치 왕을 영접할 때의 예절과 같았다. 이 해에 충선왕이 왕위를 물려받아서 공주의 궁을 중화궁中和宮, 부府를 숭경부崇敬府라고 하였다.

공주는 조비趙妃가 왕의 총애를 한 몸에 받고 있는 것을 질투하여 위구르[畏吾兒] 글자로 편지를 써서 활활불화闊闊不花와 활활대闊闊歹 두 사람에게 부쳐 원나라로 가서 황태후에게 전달하게 하였다. {위구르[畏吾兒]란 옛날의 회골[回鶻]이다. 원나라는 옛날에 문자가 없었다. 팔사파八思巴가 처음으로 몽골 글자를 만들었으나 편지 왕래에는 위구르 문자를 많이 사용하였다.} 그 편지에 이르기를, "조비가 저주하여 왕과 공주 사이를 이간질한다."라고 하였다. 왕(충선왕)이 박경량朴景亮으로 하여금 두 사람에게 편지 내용을 물어 보게 하였는데, 두 사람은 대답하지 않을 뿐만 아니라 도리어 그를 구타하였다.

왕이 두려워하여 충렬왕에게 고하니, 충렬왕이 공주의 처소에 가서 위안하여 주었다. 또 적몰한 난인亂人들의 가산을 활활불화·활활대·장길철리章吉徹里 등에게 내려주어 공주의 노여움을 풀어주려고 하였다. 그런데 공주는 결국 두 사람과 아울러 대장군大將軍 김정金精·오정규吳挺圭 등을 보내어 원나라에 가서 이를 고하였다.

얼마 후에 어떤 사람이 궁궐 문에 익명서를 붙였는데, 그 글에 "조인규趙仁規의 처가 무당[神巫]으로 하여금 공주를 저주한다."고 하였다. 공주가 조인규와 그의 처를 옥에 가두고, 또 조인규의 아들 조서趙瑞·조련趙璉·조후趙珝를 가두었다. 철리徹里를 보내어 원나라에 가서 익명서를 붙인 사건을 알렸다. 익명서를 붙인 자는 곧 사재주부司宰注簿 윤언주尹彦周였다.

상락백上洛伯 김방경金方慶 등이 공주에게 나아가서 철리를 보내지 말라고 청하였으나 듣지 않았다. 활활불화 등이 원나라 태후의 사신과 함께 원나라부터 돌아와서 황제의 명령으로 최충소崔沖紹 및 장군 유온柳溫을 순마소巡馬所에 가두고 또 조비도 가두었다. 원나라에서 사신을 보내와서 조인규 일가를 고문하였다. 무릇 역마를 타고 오는 사람[乘傳]이 100여 명에 이르렀으며, 끝내 조인규를 원나라로 데려 갔다. 조인규의 처를 매우 참혹하게 고문하니, 처가 고통을 이기지 못하여 거짓 자백을 하였다. 원나라에서 마침내 사신을 보내어 조비 및 내시[宦者] 이온李溫을 붙잡아 돌아갔다. 태후는 번승蕃僧과 도사道士를 보내와서 공주에 대한 저주를 풀어주게 하였다. 또 홍군상洪君祥을 보내어 왕에게 음식을 대접하니, 이는 왕과 공주가 서로 부부간의 애정을 가지게 하려는 것이었다. 이 해에 충렬왕이 다시 복위하자 왕과 공주는 원나라로 갔다.

(충렬왕) 27년(1301)에 충렬왕이 도첨의사사都僉議司使 민훤閔萱을 보내어 공주의 개가를 요청케 하였는데, 민훤이 감히 올리지 못하고 돌아왔다.

(충렬왕) 32년(1306)에 왕유소王惟紹 등이 황후에게 참소하여 서흥후瑞興侯 왕전王琠으로 다시 공주를 개가시키고자 하였다. 왕전은 외모가 아름다웠으므로 충렬왕이 그로 하여금 좋은 의복을 입고 자주 왕래하며 공주를 보게 하였다. 공주는 평소에 근신치 않고 내료內僚 여러 사람과 음행을 하였기 때문에 왕이 더욱 좋지 않게 여겼다. 그런 까닭에 역시 왕전에게 마음을 부치게 한 것이니, 이 전말은 왕유소의 열전에 있다.

왕(충선왕)이 복위하여 2년(1310) 되던 해에 원나라에서 공주를 한국장공주韓國長公主로 책봉하였다.

(충선왕) 5년(1313)에 왕과 함께 귀국하니, 왕이 순비順妃와 숙비淑妃로 하여금 금암역金巖驛에서 맞이하게 하고 예물을 가지고 뵙게 하였다. 공주가 탄 수레 2대[兩]는 금은과 비단으로 장식하였으며, 뒤따르는 수레가 50대였다. 전장氈帳(담요로 만든 장막) 큰 것은 가히 14대의 수레를 실을 만하다.

금 항아리[金瓮] 1개, 종鐘 2개, 대종자大鐘子 6개, 지리마종자只里麻鐘子・은찰사마銀札思麻・찰라잔아察剌盞兒・저취여자猪觜濾子 각 10개씩이니, 수량을 다 합치면 금 40여 정錠, 은 70여 정錠이었다. {모든 그릇의 명칭은 모두 몽골말이다.} 수레와 복식[車服]을 이같이 성대하게 보내 준 것은 전대에 없었던 일이었다.

충숙왕 2년(1315)에 공주가 원나라에 가니, 황제가 원사院使 활활대 등을 보내어 영접하였다. 충선왕이 이때에 원나라에 있었으므로 오는 도중에 맞이하겠다고 요청하니, 황제가 허락하였다. 이에 계주薊州의 남녘에 가서 공주를 맞이하였다.

공주는 원나라에 있다가 훙거하였다. 운구를 받들어 우리나라로 돌아오는데, 황제가 중서성中書省과 어사대御史臺의 백관에게 명하여 길에서 전의奠儀(제물)를 올리게 하였다. 이듬해에 상여가 원나라로부터 이르자, 백관이 검은 갓과 흰 옷으로 차리고 교외에서 맞이하였다. 영안궁永安宮에 빈소를 차렸다가 예절을 갖추어 장사지냈다.

충숙왕忠肅王 명덕왕후 홍씨明德王后洪氏

남양南陽 사람이다. 부원군府院君 홍규洪奎의 딸이다. 태어날 때부터 총명하고 단정하였다. 충숙왕이 즉위하자 간택되어 궁중으로 들어가서 덕비德妃로 책봉되었다. 행동거지에 예법禮法을 준수하였으므로 왕이 매우 소중하게 여겼다.

(충숙왕) 2년(1315)에 아들 정禎을 낳으니, 이가 충혜왕忠惠王이다. 또 공민왕恭愍王을 낳았다. 후에 충숙왕이 원나라의 복국장공주濮國長公主에게 장가들므로, 왕후는 궁에서 나와 정안공定安公의 집에서 거처하였다. 충숙왕이 자주 밤에 행차하므로 윤석尹碩과 손기孫奇 등이 비밀히 아뢰어 왕을 정안공의 집으로 이어移御하게 하고, 왕후는 이웃집으로 옮기게 하여 왕래가 편하도록 하였다.

충혜왕이 이미 왕위에 오르자, 충숙왕은 참소하는 자의 말로써 왕후를 강제로 고향에 돌려보내고 모자가 서로 만나는 것을 허락하지 않았다.

원나라에서 충혜왕을 잡아 데려가자 재상들이 왕후에게 연회를 베풀어 위로하였다. 왕후가 정승 채하중蔡河中을 접견하고 말하기를, "그대는 수상首相이 되어 어찌 임금의 잘못을 바로잡아 구하지 않고 이 지경에 이르게 하였는가? 그저 아첨하고 임금의 뜻만 맞춰 주면서 한 번도 간언하지 않은 것은 한갓 자기의 녹봉과 지위만 보전하고자 함이다. 지금 왕이 잡혀갔는데도 경은 일찍이 한 사람을 보내어 문안조차 묻지 아니하고 뻔뻔스럽게도 부끄럽게 여기지 않으니, 이제 비록 술과 음식을 차려준들 내가 어찌 차마 목에 넘기겠소!"라고 하고 오열하면서 이를 물리쳤다.

처음에 부府를 세워 덕경부德慶府라고 하였는데, 공민왕이 왕위에 오르자 문예부文睿府라고 고쳤으며, 왕후를 대비大妃로 존칭하였다.

(공민왕) 10년(1361)에 홍건적[紅賊]이 서울을 육박하여 오므로 왕이 왕후를 모시고 남녘으로 갔다.

(공민왕) 15년(1366)에 신돈辛旽이 바야흐로 왕의 신임을 얻어 권세가 매우 성하여 왕

을 따라 들어와서 왕후에게 알현하는데, 왕후가 앉으라고 하지 않자 신돈이 급히 밖으로 나갔다. 왕이 아뢰기를, "첨의僉議(신돈의 관직)는 나라의 중신[柱石]인데 어찌하여 앉으라고 하지 않으십니까?"라고 하니, 태후가 정색하며 말하기를, "나는 미망인인데 어찌 감히 외승外僧과 한 자리에 앉겠느냐?"라고 하였다. 왕은 잠자코 있었으나 신돈은 원한을 품고 참소하여 왕의 모자 사이를 이간질하였다.

(공민왕) 17년(1368)에 시중侍中 유탁柳濯이 마암馬巖의 역사[34]를 간하였다가 옥에 갇히니, 왕후가 사람을 시켜 왕에게 석방해주라고 타일렀으나 왕이 듣지 않았다.

(공민왕) 18년(1369) 여름에 가뭄이 들었다. 왕이 왕후를 뵈었는데 말이 한재旱災에 미쳤다. 왕후가 말하기를, "왕은 하늘이 가물게 한 까닭을 아십니까? 작년에도 비가 내리지 않아 백성들이 굶어 죽었는데, 금년에 또 크게 가물어 백성들이 살길을 잃게 되었으니, 왕은 누구와 더불어 임금 노릇을 할 것입니까? 어찌하여 정사를 신하에게 위임하여 공이 있고 죄 없는 사람들을 많이 죽이고, 토목 공사를 크게 일으켜 화기를 손상시키십니까? 왕이 원자元子였을 때에 백성들은 기대를 품고 왕이 임금으로 되지 못할까 근심하면서 충혜왕의 무도無道함을 원망하였는데, 나도 또한 그렇게 생각하였소. 충혜왕 때에는 매해 자주 풍년이 들고 사람을 죽인 것도 적었는데, 지금은 어찌하여 도리어 그때만도 못합니까? 또 왕의 나이가 어리지도 않은데, 어찌 나라의 권력을 다른 사람의 수중에 맡긴 것입니까?"라고 하고 인하여 눈물을 흘렸다. 왕이 불쾌한 표정으로 아뢰기를, "모후께서는 어찌 아들의 허물을 그렇게 드러내십니까? 사람을 많이 죽인 것은 저의 죄가 아니라 단지 난신亂臣을 금하는 것일 뿐입니다."라고 하였다. 이로부터 왕은 왕후를 원망하였는데, 신돈의 참소와 이간질 또한 행하여져서 효도가 마침내 쇠하여졌다.

(공민왕) 19년(1370)에 명나라 태조太祖 고황제高皇帝가 상보사승尙寶司丞 설사偰斯를 보내어 와서 왕에게 교명敎命을 내리고, 왕후에게 단선段線·나사羅紗를 내려주었다. 왕이

34 왕륜사王輪寺에 있던 공민왕의 비 노국대장공주魯國大長公主의 영전影殿을 옮기기 위하여 마암에 일으켰던 토목 공사.

절을 지었는데 상량上樑하다가 깔려 죽은 자가 26명에 달하였다. 사지가 동강이 나서 차마 눈뜨고 볼 수 없었다. 태후가 이를 듣고 역사를 중지하라고 요청하였으나 듣지 않았다.

(공민왕) 20년(1371)에 신돈이 복주伏誅되었다. 왕은 유탁을 신돈의 일당이라고 하며 장차 죽이려고 하였다. 왕후가 사람을 시켜 용서하여 주라고 청하니, 왕이 노하여 심부름 온 사람을 포박하여 투옥하였다. 이로부터 오랫동안 문안[定省]을 드리지 않다가 왕후가 병이 들자 이에 가서 문안을 드렸다.

(공민왕) 21년(1372) 정월에 왕이 왕후에게 존호尊號를 올리고 2죄 이하의 죄수를 사면하였다. 책문册文에 이르기를, "임금의 교화는 그 근본이 효도보다 앞서는 것이 없고, 자식의 직분은 마땅히 그 어버이를 영예롭게 하는 것입니다. 하물며 모후[聖善]의 은혜를 받았으니 어찌 예절을 갖추어 봉숭封崇하지 않으리오? 삼가 생각건대 왕대비께서는 일찍이 가업家業을 물려받아 능히 모의母儀(어머니로서 갖춰야 할 도리)를 드러내셨도다. 정조貞操가 바르[貞靜] 것은 타고난 기품에 근본하며, 성품이 유순한 것은 일상생활[日用]에 나타났도다. 선왕先考[충숙왕]의 배필이 되어 내치內治를 도맡아 하시면서 경계하여 어김이 없었고, 이 아들[小子]을 보육하시어 오늘에 이르기까지 수고로우심이 망극하셨도다. 연세가 80에 가까우시고 지위는 궁중[東閨]에서 으뜸이시도다. 그 덕을 말한다면 종사宗社가 이로 말미암아 편안하였고, 그 공을 말한다변 신민臣民이 함께 힘입은 바입니다. 보잘 것 없는 소견[持蠡抱管][35]으로 비록 충분히 형용할 수는 없으나, 이 옥과 금으로 봉한 책문[36]으로 조금이나마 애경愛敬을 펼치고자 하나이다. 우리나라의 구전舊典을 상고하고 역대의 통규通規에 따라 삼가 백관을 거느리고 금보金寶와 옥책玉册을 받들어 존호를 올려 숭경왕태후崇敬王太后라 하오니, 바라건대 큰 존호를 받아 큰 경사를 누리시고 만수무강하시어 우리 삼한을 복되게 하소서."라고 하였다.

여름에 가물자, 태후가 사람을 시켜 왕에게 고하기를, "날이 오래도록 가무는 것은

35 소라로서 바닷물을 측량한다는 뜻이니, 조그마한 지혜로 큰일을 측량한다는 비유이다.

36 옥으로 장식한 서함書函에 다시 금루金淚로 봉한 책문.

사람으로 말미암아 초래되는 것입니다. 신돈 일당의 처첩들로서 적몰籍沒하여 관비官婢 삼은 자들을 가히 풀어주는 것이 좋겠습니다. 부인들이 무슨 관계가 있겠습니까?"라고 하니, 왕이 이를 따랐다. 다만 신돈의 처첩은 용서하지 않았다.

(공민왕) 22년에 왕이 신우辛禑를 후사로 삼고자 하여 취학就學하기를 청하고, 성균직강成均直講 이숭인李崇仁에게 명하여 글을 가르치게 하였다. 태후는 그렇게 하고 싶지 않아서 핑계하여 말하기를, "아이가 아직 어리니 좀 더 자란 다음에 취학해도 늦지 않습니다."라고 하였다. 왕이 말하기를, "지금 후사를 세우지 않는다면 사직을 누구에게 부탁하겠습니까? 또 영전影殿의 역사는 누가 나의 뜻을 이어 받들겠습니까?"라고 하니, 태후가 말하기를, "영전의 장려壯麗함은 천하에 비길 곳이 드물며, 수해와 한재가 여기에서 기인하지 않음이 없으니, 마땅히 그 역사를 파해야 합니다. 신하는 나와서는 임금[王事]에 종사하고, 들어가서는 가산家産을 다스려야 하는데, 김흥경金興慶 등 여러 자제子弟들이 밤낮으로 대궐 안에 있으면서 집에는 돌아가지 못하니, 어찌 왕을 원망하지 않겠습니까? 왕은 일찍이 역적 신돈의 말만 치우치게 믿고 나의 말은 듣지 않아서 거의 나라를 망칠 뻔하더니, 지금 또 이같이 하는 것은 무슨 까닭입니까? 마땅히 자제들에게 명하여 윤번으로 숙위케 하시오. 또 국가의 정무는 지극히 번다하므로 밤낮으로 정사를 부지런히 하여도 오히려 미치지 못할까 두려워해야 하는데, 지금 왕은 해가 중천에 떠서야 일어나니, 군국軍國의 사무가 어찌 지체되는 것이 없겠습니까? 왕은 마땅히 일찍 일어나고 밤늦게 잠자서 친히 국정을 처결하여 이 늙은 어미에게 효도하여 주시오."라고 하였다. 왕이 유쾌하지 않아서 물러가려고 하는데, 태후가 재삼 반복하여 말하니, 왕이 대답하기를, "삼가 명을 따르겠나이다."라고 하였다. 또 묻기를, "어찌하여 비빈들에게 납시지 않으십니까?"라고 하니, 왕이 말하기를, "공주만한 사람이 없습니다."라고 하고, 인하여 눈물을 흘렸다. 태후가 웃으면서 말하기를, "한 번 죽는 것은 당연한 이치입니다. 왕도 또한 끝내 면하지 못할 일인데, 어찌 그렇게 심하게 애통해 하십니까? 사람들이 반드시 비웃을 터이니, 삼가하고 다시는 그렇게 하지 마십시오."라고 하였다.

(공민왕) 23년(1374) 9월 갑진일甲辰日에 왕이 시해를 당하였다. 태후는 종실宗室에서

선발하여 세우고자 하였으나, 시중侍中 이인임李仁任이 백관을 거느리고 신우를 왕으로 세웠다.

(신우) 5년(1379)에 신우의 유모 장씨張氏가 죄를 범하자, 백관들이 하옥시킬 것을 청하였다. 신우가 사람을 시켜 태후에게 묻기를, "옛날에도 유모를 쫓아낸 자가 있었습니까?"라고 하니, 태후가 말하기를, "어찌 가히 고금古今에 있고 없는 것으로 논할 수 있겠는가? 다만 때에 따라서 적절하게 처리할 따름이오."라고 하였다. 백관들이 굳이 청하는데도 신우가 듣지 않으니, 태후가 말하기를, "어찌 가히 한 여자 때문에 온 나라를 실망케 하겠느냐?"라고 하고, 장씨를 불러서 하옥시키라고 재촉하였다. 장씨가 신우 앞에 있으면서 나가지를 않으니, 태후가 노하여 연輦을 준비시키고 별궁으로 행차하고자 하였다. 신우가 이로 말미암아 결국 장씨를 내쳤다.

(신우) 6년(1380) 봄 정월에 훙거하니, 향년 83세였다. 죽기 전날 밤에 신우의 손을 잡고 말하기를, "우리나라가 대대로 전하여 온 지 장차 500년 가까이 되오. 대저 임금들은 모두 신료의 말을 듣지 않았으나, 원컨대 왕은 크게 의심나는 일을 규명하거나 큰 사건을 결정할 때에는 반드시 경복흥慶復興·이인임李仁任·최영崔瑩에게 자문하여 삼가 마음대로 행하지 마시오[徑情直行].[37] 또 임금의 거둥은 반드시 기록되는 법이니, 가히 자주 나가 유람하지 말도록 하시오."라고 하였다. 2월에 영릉令陵에 장사지내고, 시호를 공원恭元이라고 하였다.

공양왕恭讓王 3년(1391)[38]에 예조禮曹에서 청하기를, "충숙왕비 홍씨는 곧 충혜왕과 공민왕의 모후이시고, 충혜왕비 윤씨尹氏는 곧 충정왕忠定王의 모후이시며, 정통正統 군왕君王의 왕비이십니다. 지금까지 제사를 올리지 않은 것은 실로 전례典禮에 빠뜨린 것이니, 두 왕비의 기제忌祭 및 진전제眞殿祭를 모두 근대의 돌아가신 왕후의 전례에 따르소서."라고 하니, 왕이 이를 따랐다.

---

37 예절이나 법식 따위에 얽매이지 않고 곧이곧대로 행동하는 것.

38 『휘찬여사』에는 "공양왕"이 빠져 있으나, 『고려사』 권89, 열전 2, 후비 2에는 "공양왕 3년"의 일로 되어 있다.

충혜왕忠惠王 덕령공주德寧公主

이름은 역련진반亦憐眞班이며, 원나라 진서무정왕鎭西武靖王 초팔焦八의 딸이다. 충숙왕 17년(1330)에 충혜왕이 원나라에 있을 때에 공주에게 장가들었고, 충목왕忠穆王을 낳았다.

충혜왕이 훙거하고 충목왕이 어린 나이로 즉위하였다. 공주는 바야흐로 한창 젊은 나이로 궁중에 거처하고 있었는데, 배전裵佺과 강윤충康允忠이 출입하면서 공주로부터 총애를 받았다. 어떤 사람이 배전의 죄악을 기록하여 익명서를 판도문版圖門에 붙이자, 공주는 모든 재상들을 불러 말하기를, "이제부터 배전을 다시는 근시近侍하지 말게 하라."라고 하였으나, 뒤에도 배전은 오히려 공주의 궁중에 있으면서 권세를 부렸다.

충목왕이 편치 않으니, 공주는 개인 집으로 옮겨 머물면서 모든 정무를 다 처결하였다. 충목왕이 훙거하자 공주는 기철奇轍과 왕후王煦에게 명하여 정동성사征東省事를 섭행攝行하게 하였다.

충정왕忠定王 때에도 공주는 자못 정사에 간여하였는데, 왕이 능히 막지 못하였다. (충정왕) 2년(1350)에 원나라에 갔다가 공민왕恭愍王 3년(1354)에 돌아왔다. 공민왕은 공주가 친속親屬의 형수가 되기 때문에 매우 근실하게 섬겼으며, 공양하고 받들기를 삼전三殿(왕 · 왕후 · 태후)과 같이 하였다.

신우辛禑 원년(1375)에 훙거하니, 경릉頃陵에 장사지냈다.

공민왕恭愍王 휘의노국대장공주徽懿魯國大長公主

이름은 보탑실리寶塔失里이며, 원나라 종실 위왕魏王의 딸이다. 공민왕이 강릉군江陵君으로 원나라에 있을 때에 공주와 결혼하니, 원나라에서 공주를 승의공주承懿公主로 책봉하였다. 왕이 북정北庭에서 친영親迎[39]하였다. 왕위에 오르게 되자 함께 우리나라로 돌아왔다. 왕의 총애가 매우 돈독하여 모든 일을 공주의 말에 따라 하였다. 부府를 설

39 신랑이 신부의 집에 가서 신부를 직접 맞이하는 의식.

치하고 숙옹부肅雍府라고 하였다.

(공민왕) 원년(1352)에 왕이 장차 태실太室(태묘)에서 관제祼祭를 지내고자 하니, 공주가 왕의 시신侍臣들에게 칙勅하기를, "그대들이 태묘太廟에 나아가면 내가 반드시 죄줄 것이다."라고 하므로, 이로 말미암아 왕이 행하지 못하였다.

(공민왕) 5년(1356)에 왕이 봉은사奉恩寺에 행차하여 승려 보허普虛의 설법을 들으니, 공주가 따라갔으며 태후도 뒤미처 이르렀다. 시녀와 승려들이 서로 뒤섞여서 분별이 없었다. 후에 보허를 내전內殿에 맞아들이니 공주와 태후가 그를 보고 기뻐하여 눈물이 흘러 옷깃을 적셨다.

(공민왕) 8년(1359)에 재상이 공주에게 건의하기를, "대왕이 즉위하신지 9년이 되었으나 태자[前星]가 아직까지 없으시니, 바라건대 양가 처녀를 선발하여 후궁後宮으로 삼으소서."라고 하니, 공주가 이를 허락하였다. 이에 이제현李齊賢의 딸을 맞아들여 비妃로 삼았다. 공주가 후회하며 음식을 먹지 않으니, 왕 또한 후회하였다.

(공민왕) 10년(1361)에 홍건적[紅賊]이 이르자 왕을 따라 남녘으로 가는데, 일이 창졸간에 발생하였으므로 연輦을 버리고 말을 타니, 보는 사람마다 눈물을 흘렸다. 이듬해 흥왕사興王寺에 이르러 김용金鏞이 난을 일으키자, 왕은 태후의 밀실密室로 들어가 담요를 뒤집어쓰고 숨었으며, 공주는 문 앞에 앉아서 막았다. 변란이 평정되자 왕이 이에 나왔다.

(공민왕) 14년(1365)에 공주가 임신하여 만삭이 되었는데, 난산으로 병이 위독해졌다. 왕은 분향焚香하며 단정히 앉아서 공주의 곁을 떠나지 않았다. 공주가 결국 훙거하니, 왕은 매우 심하게 비통해하며 어찌 할 바를 몰랐다. 최영崔瑩이 다른 궁궐로 이어할 것을 청하였으나 이 또한 따르지 않았다. 국장國葬의 네 개 도감都監[40]과 13색色[41]의 도감을 설치하고 각각 판사判事·사使·부사副使[42]·판관判官을 두었으며, 색色에는 별감別

40 빈전殯殿·국장國葬·조묘造墓·재齋의 네 개 도감都監이다.

41 산소山所·영반법靈飯法·위의威儀·상유喪帷·상차輀車·제기祭器·상복喪服·반혼返魂·복완소조服玩小造·관곽棺槨·묘실墓室·포진鋪陳·진영眞影의 13개 색色이다.

42 『휘찬여사』에는 "부副"로만 되어 있으나, 『고려사』 권89, 열전 2, 후비 2에는 "부사副使"로 되어 있다.

監을 두어 장례 치르는 일에 이바지하게 하였다. 모든 관청[諸司]에 명하여 전奠[43]을 차리게 하고 풍성하고 정결하게 한 자에게 상을 주니, 이에 화려하고 사치스럽게 차리려고 경쟁하여 빚을 얻어다가 마련하는 자도 있었다.

왕은 평소에 불교를 믿었는데 게다가 공주도 불교를 좋아하였다. 매 7일에 승려들로 하여금 범패梵唄를 부르게 하고, 혼여魂輿를 수행하여 가서 빈전殯殿으로부터 사찰의 문에 이르게 하였다. 깃발[幡幢]이 길을 덮고 징과 북[鐃鼓] 치는 소리가 하늘을 진동하였으며, 금과 은으로 수놓은 비단이 좌우에 나열하여 보는 사람의 눈이 부셨다. 왕이 장차 화장火葬하려고 하는데 유탁柳濯이 불가하다고 하여 이에 그만 두었다.

4월에 정릉正陵에 장사지내고, 존호를 올려 인덕공명仁德恭明라고 하였다. 장례는 제국대장공주齊國大長公主의 전례에 의거하였는데, 극도로 사치스럽게 하여 전대에 비할 바가 없었다. 왕은 손수 공주의 진영을 그려놓고 마주하여 음식도 먹고 밤낮으로 슬피 울며 3년 동안 고기반찬을 먹지 않았다. 조정 신하에 명하여 제배除拜되거나 사신으로 파견되는 자는 모두 정릉 아래에 가서 합문閤門에서와 마찬가지로 예를 행하게 하였다.

(공민왕) 15년(1366)에 공주의 영전影殿을 왕륜사王輪寺의 동남쪽에 크게 일으켜 백관으로 하여금 나무와 돌을 운반케 하였다. 수백 명의 장정이 나무 한 개를 끌어도 오히려 능히 나아가지 못하니, 떠드는 소리가 천지를 진동하며 밤낮으로 그치지 않았다.

(공민왕) 16년(1367)에 원나라에서 공주에게 시호를 내려주었다. 왕이 혼전魂殿에 행차하여 황제의 명[錫命]을 고하고, 새로 지은 악사樂詞를 연주하였다. 왕은 공주의 초상과 마주 앉아 음식을 살아있을 때처럼 권하였다. 정자각丁字閣으로 가서 호가胡歌(몽골 음악)를 연주하고 술잔을 올리고 나서 돌아왔다.

(공민왕) 19년(1370)에 수릉호守陵戶를 두고 토전土田과 노비를 운암사雲岩寺에 바쳤다. 왕이 신하들과 더불어 같이 맹세하고 이르기를, "나라를 가지고 가정을 가지는 데에 배필보다 더 중한 것은 없다. 하물며 이 내조의 (공이 있는) 어진 이는 마땅히 잊지

43 장례 전에 영좌靈座 앞에 간단한 술과 과일을 차려 놓는 예식.

못할 것이로다. 노국대장공주는 황족[天潢] 가문에 태어나서 우리 집에 시집을 오게 되었다. 왕위에 오르기 전 연경燕京(북경)에 있을 때에 이미 어려움을 같이 하였고, 우리나라에 돌아온 뒤로는 두 번이나 화란을 평정하였다. 신축년辛丑年(공민왕 10, 1361)에 피난하여 남쪽으로 옮겨가서는 나를 도와 극복克復하도록 하였고, 흥왕사의 변이 일어나 적들이 지척 거리에 있었는데 몸으로써 막아 나를 숨겨주었다. 또 적들이 흉계를 꾸며 국새國璽를 훔치려 하니, 이에 능히 묘책을 내어 비밀리에 수호하여 우리나라로 하여금 오늘에 이르게 하였다. 그 공은 제갑提甲[44]에 비하여도 또한 부끄러움이 없도다. 게다가 깨우치고 경계하여 잘못된 것을 바로잡은 바가 많았도다. 오히려 처음부터 끝까지 함께 종묘[宗祧]를 지킬 것을 바랐는데, 그만 해산하는 날에 결국 훙거함에 이르렀도다. 말이 이에 미치니 아프고 쓰라림이 더욱 깊어지도다. 원나라[上國]에서는 휘의徽懿라는 칭호를 추증하고, 여러 신하들은 자예慈睿라는 시호를 올렸다. 우러러 태조 이래 역대의 성규成規를 살펴보고, 보다 빛나는 영광을 더하여 나의 성심을 다하고자 기약하노라. 이에 여러 신하들과 함께 맹세하고 발원하여 인희전仁熙殿에 천수도량千手道場을 베풀고, 전토 2,240결과 노비 46명을 바쳐 이것으로 명복을 비는데 쓰게 하며, 능호陵戶 114호를 두고 만기가 되어도 교체하지 말 것이다. 부처님이 위에 계시고 종묘사직이 아래에 계시니, 이제 우리가 동맹한 것을 후대에 이르러 임금이나 신하가 이 맹세를 따르지 않고 혹시라도 침탈하거나 도용하는 자가 있으면 신명은 반드시 이를 죽이소서."라고 하였다.

---

44 고려 태조의 신혜왕후神惠王后 유씨柳氏가 태조에게 갑옷을 입히며 격려하여 왕위에 오르게 한 것.

휘찬여사 권20

제원비전諸院妃傳

고려 제도에는 적실嫡室(본처)를 왕후王后라고 부르고, 첩妾은 부인夫人이라고 불렀는데, 귀비貴妃·숙비淑妃·덕비德妃·현비賢妃가 모두 이것이며 정1품正一品이었다. 다음으로 상궁尙宮·상침尙寢·상식尙食·상침尙針이라고 하였는데, 모두 정원과 위차가 있었다. 정종靖宗 이후에는 혹은 궁주宮主·원주院主·옹주翁主라고 일컬어지기도 하였는데, 고치기도 하고 원래대로 돌아가기도 하여 일정하지 않으므로 가히 상고할 수가 없다.

충선왕忠宣王·충혜왕忠惠王·공민왕恭愍王 때에 이르러 규문閨門(부녀자가 거처하는 곳)이 바르지 않아서 윤리와 기강이 크게 무너지니 그 군신과 부자 사이가 혼탁하고 어지러움[瀆亂]이 심하였다. 무릇 바름[正]으로서 시작하더라도 어지러움[亂]으로 이어지는 법인데, 하물며 왕씨王氏는 국초부터 입법이 바르지 않아서 궁궐[宮壺] 안에서 짐승과 같은 행실이 있게 되는 것을 면하지 못하였다. 비록 현종顯宗과 문종文宗의 어진 임금이 있었으나 익숙하게 생각하고 괴이하게 여기지 않았다. 그 말세에 이르러서는 음란하고 방탕하여 인륜의 기강이 무너져버려 혼란하여 망하는 데에 이르렀으니, 어찌 족히 괴이할 것이 있으리오! 어찌 족히 괴이할 것이 있으리오! 비빈전妃嬪傳을 짓는다.

숙창원비 김씨淑昌院妃金氏

충렬왕忠烈王의 후궁이다. 원비는 위위윤尉衛尹 김양감金良鑑의 딸로서 용모가 아름다웠다. 일찍이 진사進士 최문崔文에게 시집갔다가 젊어서 과부가 되었다. 제국공주齊國公主가 훙거하고, (당시 세자인) 충선왕忠宣王이 왕의 총애를 받던[幸姬] 무비無比를 죽이고는 충렬왕忠烈王의 뜻을 풀어주고자 김씨를 맞아들이게 하고 원비로 책봉하였다.

충렬왕이 훙거하자, 충선왕이 빈전殯殿에서 제사를 지내고는 드디어 원비의 오빠인 김문연金文衍의 집에 행차하여 비와 오랜 시간을 상대하므로 사람들이 의아해 하였다. 얼마 후에 김문연의 집에 이어하여 간음하고, 숙비淑妃로 진봉進封하였다. 원비가 갖은 아양을 부리자 왕이 혹하여 정사도 보살피지 않았다.

황태후에게 청하여 원비에게 고고姑姑{몽골의 부인들이 쓰는 관冠 이름이다.}를 내려주었다. 원비가 고고를 쓰고 원나라 사신에게 연회를 베풀자 재신宰臣 이하가 예물을 드려 원비에게 하례하였다. 일찍이 4월 8일에 연등을 후원에 달고 화산火山을 베풀었으며 음악을 연주하여 즐겼는데, 그 황색 주렴과 비단 장막이 모두 공납[供御]받은 물건이었다. 구경하는 사람이 많아서 저자를 이루었으며, 3일이 지나서야 이에 파하였다.

순비 허씨順妃許氏

허공許珙의 딸이다. 평양공平陽公 왕현王昡에게 시집가서 일곱 남매를 낳았다. 왕현이 죽고 나서 충선왕이 맞아들여 책봉하여 순비로 삼았다. 숙비淑妃가 왕의 총애를 받게 되자, 순비의 딸이 원나라 황태자에게 입시入侍하였으므로 숙비에게 모욕을 주고자 태자에게 아뢰어 숙비로 하여금 원나라 서울로 오게 하였다. 중랑장中郎將 윤길보尹吉甫가 격구擊毬로써 동궁東宮에 출입할 수 있었으므로 태자에게 청하여 이를 중지시켰다.

원나라에서 사신을 보내어 순비에게 고고姑姑를 내리자, 백관들이 연회를 베풀어 하례하였다. 왕이 숙비로 하여금 가서 하례하도록 하니, 연회가 끝마칠 때까지 두 비가 다섯 번이나 나가 옷을 갈아입고 복식으로 서로 뽐내었다. 충선왕이 원나라에 가자, 숙비는 홀로 박연朴淵에 유람가기도 하고 반승飯僧[45]하기도 하면서 사원 출입에 법도가 없었으며, 거복車服과 의장衣仗을 공주와 동등하게 하였다. 충숙왕 후4년(1335)에 순비가 죽었다.

45 왕실에서 큰 법회를 열고 승려들에게 음식을 대접하던 일.

경화공주慶華公主

몽골 여자이다. 충숙왕이 원나라에 있을 때에 혼인하였다. (충숙왕) 후2년(1333)에 왕과 함께 우리나라에 와서 부府를 설치하고 관속을 두었다. 충숙왕이 훙거하자 충혜왕이 영안궁永安宮에서 연회를 베풀어주니, 공주도 충혜왕을 맞이하여 연회를 베풀고 파하였다. 충혜왕이 술에 취한 체하며 돌아가지 않고서는 날이 저물자 공주의 침실로 들어갔다. 공주가 놀라 일어났으나 마침내 간음하였다. 이튿날 공주가 이를 수치스럽게 여겨 원나라로 돌아가려고 말을 사들이게 하니, 충혜왕이 (말 매매를) 금지하였다.

원나라 사신 두린頭麟 등이 와서 공주에게 어주御酒를 진상하고는 충혜왕을 붙잡아 돌아갔다. 충혜왕 5년(1344)에 공주가 죽었다.

희비 윤씨禧妃尹氏

찬성사贊成事 윤계종尹繼宗의 딸이며, 충정왕忠定王을 낳았다. 충정왕이 왕위를 내어놓고 강도江都(강화)로 가 있는데, 식사 공급이 충분하지 못하자 근심과 걱정으로 목 놓아 울다가 공민왕恭愍王에게 청하여 가서 만나보고 며칠간 머무르다가 돌아왔다. 신우 6년(1380)에 죽었다.

은천옹주 임씨銀川翁主林氏

상인商人 임신林信의 딸이다. 사기沙器 파는 것을 생업으로 하였는데, 왕이 보고 행차하여 마침내 총애하였다. (충혜왕) 3년(1342)에 왕이 장차 화비和妃 홍씨洪氏를 맞아들이려 하였는데, 임씨가 질투하자 이에 은천옹주로 책봉하여 그 마음을 위로하였다. 그때 사람들이 사기옹주沙器翁主라고 불렀다.

왕이 삼현三峴에 신궁新宮을 일으켰는데, 그 제도가 왕궁[王居]과 같지 않았다. 창고[庫室] 100여 간을 곡식과 비단으로 채우고, 디딜방아와 맷돌을 많이 두고, 행랑에는 채단을 짜는 여공[綵女]을 두었다. 어떤 두 여자가 선발되어 들어가게 되었는데, 눈물을 흘리자 왕이 노하여 쇠몽둥이로 때려 죽였다. 이는 모두 옹주의 뜻이었다. 왕이 열약熱藥[46]을 좋아하므로 여러 비빈들이 능히 감당하지를 못하였는데, 오직 옹주만이 사랑을 얻어 총애를 받았다.

석기釋器를 낳았는데, 충정왕이 즉위하여서는 석기의 머리를 깎고 그를 만덕사萬德寺에 두었다. 공민왕 때에 원나라에서 장차 석기를 소환하려 하자, 왕이 그것을 듣고 불러 드디어 서울에 두었다.

(공민왕) 5년(1356)에 호군護軍 임중보林仲甫 등이 석기를 받들어 변란을 일으키고자 모의하였다. 일이 발각되어 죄를 조사하여 다스리고, 전 정승前政丞 손수경孫守卿·밀직密直 홍준洪峻·감찰대부監察大夫 손용孫湧 등 10여 명을 모두 옥에 가두었다. 손용이 바야흐로 어사대御史臺에 앉아 있었는데 명령을 받든 자가 와서 손용을 체포하니, 같이 앉아 있던 사람들이 모두 깜짝 놀라 어찌할 바를 몰랐다. 유독 지평持平 전우상全遇祥이 정색하며 말하기를, "대관臺官은 비록 죄가 있어도 마땅히 어사대의 일을 파한 다음에 투옥해야 한다. 너는 어찌하여 어사대 안으로 곧바로 들어와 대관을 결박하여 욕보이는가?"라고 하고, 평상시대로 일을 처리하게 하였다. 손용이 순군옥巡軍獄으로 가니, 옥관獄官이 임중보를 힐문하기를, "너는 손용을 아느냐?" 하니, 대답하기를, "모른다."라고 하므로 이에 석방되었다. 손수경과 임중보 등을 참수하고, 강윤충康允忠은 동래현령東萊縣令으로 폄출시키고, 석기는 제주에 안치하였다. 이안李安과 정보鄭寶 등으로 하여금 압송하여 가다가 바다 속에 밀어넣게 하였는데, 석기는 죽지 않고 도망하여 평양平壤에 숨었다.

(공민왕) 12년(1363)에 서북순무사西北巡撫使 전녹생田祿生이 비밀리에 수색하여 아뢰므로, 경복흥慶復興·임견미林堅味 등을 파견하여 가서 체포하게 하고 이른바 석기라는 자의 목을 베어 그 머리를 서울로 보내었다. 마침내 이안李安·정보鄭寶·임신林信 등의 목을 베고, 온 나라에 대사령을 내렸다. 그러나 석기의 사건은 뚜렷이 드러나지도 않았는데 갑자기 죽여 버렸기 때문에 사람들이 자못 의아해 하였다.

전녹생이 수색하여 체포할 때에 석기는 도망가서 안협安峽의 백언린白彦麟 집에 숨어 있었다. 신우 원년(1375)에 경복흥과 이인임이 이것을 듣고서 비밀리에 아뢰었다. 목인

46 건강乾薑이나 부자附子 같이 성질이 더운 약제.

길睦仁吉이 석기를 잘 알고 있었으므로 조인벽趙仁壁과 함께 군사를 인솔하고 가서 체포하게 하였다. 목인길 등이 갑자기 백언린의 집에 이르러 그를 체포하니 과연 석기였다. 목인길이 마주 대하여 비참하게 여겼다. 석기는 용모가 훌륭하고 언어가 비범하여 보는 사람마다 모두 말하기를, "이 사람이 진짜 왕자王子이다."라고 하였다. 목인길이 조정에 사람을 보내어 사면해줄 것을 청하였다. 이때 태후는 늙어서 정사를 돌보지 않고, 신우 역시 나이 어렸기 때문에 이인임은 변고가 있을까 의심하여 꾸짖으며 말하기를, "평양에서 처단된 자가 바로 석기인데, 이제 어찌하여 망령스러운 말을 하는가?"라고 하며, 여러 번 중사中使를 보내어 그를 죽이라고 독촉하였다. 오히려 차마 죽이지 못하자, 최인철崔仁哲이 이르러 꾸짖으며 말하기를, "용렬한 중놈이 망령스럽게 왕자라고 일컬으며 인심을 현혹시키고 어지럽히는구나."라고 하면서 드디어 목을 베었다. 비로소 평양에서 죽은 자가 이에 석기와 동행하던 승려라는 것을 알게 되었다.

공민왕 혜비 이씨惠妃李氏 익비 한씨益妃韓氏 정비 안씨定妃安氏 신비 염씨愼妃廉氏

혜비 이씨는 계림군鷄林君 이제현李齊賢의 딸이다. 익비 한씨는 덕풍군德豐君 왕의王義의 딸이다. 정비 안씨는 죽성군竹城君 안극인安克仁의 딸이다. 신비 염씨는 곡성군曲城君 염제신悌臣의 딸이다.

왕이 일찍이 내전에서 연회를 베풀었는데 익비가 일어나 축수祝壽하니, 왕이 기뻐하며 근신近臣을 돌아보고 말하기를, "아름답기가 어떠한가?"라고 하였다. 왕이 마음에 병을 얻게 되자 홍륜洪倫·한안韓安 등으로 하여금 여러 비들을 강제로 능욕하게 하였다. 이씨와 염씨는 굳게 거부하고 따르지 않았다. 정비 안씨는 머리를 풀고 신발을 벗고 목매어 죽으려고 하자, 왕이 겁이 나서 중지시켰다. 다음으로 익비에 이르렀는데 비가 거부하니, 왕이 노하여 칼을 뽑아 치려고 하므로 비가 겁을 먹고 복종하였다. 이로부터 홍륜 등이 왕의 명령을 핑계 삼아 비의 처소를 왕래하였는데, 비도 또한 그것이 거짓인 줄 알면서도 거절하지 않았다. 비가 홍륜과 관계를 맺으면서 임신하게 되어 이에 여자아이를 낳았다. 공민왕이 시해되어 홍거하고 신우가 즉위하여 그 여자아이를 죽였다. 대간臺諫이 익비를 국문할 것을 청하니, 신우가 허락하지 않으면서 말하기를, "이는 돌아가신 선왕의 허물을 드러내는 것이다."라고 하였다. 혜비惠妃 이씨李氏와 신비 염씨는 모두 머리를 깎고 비구니가 되었다.

정비 안씨는 나이가 아직 젊고 아름답고 요염하여서 신우가 매번 희롱하며 말하기를, "나의 후궁 중에는 어찌하여 어머니 같은 이가 없소?"라고 하였다. 혹은 밤에 비의 집에 이르기도 하였으므로 자못 추악한 소문이 외부에까지 퍼졌다. 비가 아우인 안숙로安淑老의 딸을 신우에게 보여주니 맞아들여 현비賢妃로 삼았다. 사람들은 말하기를, "비가 수치스러워서 스스로 감추려고 한 것이다."라고 하였다.

(신우) 13년(1387)에 부府를 세워 자혜부慈惠府라고 하였다. 이듬해 신우가 왕위에서 쫓겨나 강화江華로 가고, 또 그 이듬해에 우리 태조가 모든 대신과 함께 정책定策하고 대비의 교지를 받들어 공양왕恭讓王을 맞이하여 세웠다. 왕이 책보冊寶를 받들어 비를 높여 정숙선명왕대비貞淑宣明王大妃로 높였다.

종실宗室

고려 왕조에서는 종실宗室을 책봉하였는데, 가깝고 나이가 많은 자를 공公이라 하고, 그 다음을 후侯라고 하였으며, 소원한 자는 백伯이고, 어린 자는 사도司徒나 사공司空이라 하였는데, 총칭하여 제왕諸王이라고 불렀다. 모두 일을 맡지 않았으니, 이는 친척들을 친애하는[親親] 도의 때문이었다.

그러나 왕씨의 본 갈래는 번성하지 못하여, 태조는 25명의 아들이 있었으나 대부분 후사가 없었다. 목종穆宗 말년에 오직 대량군大良君이 있었으나, 그가 죽은 이후로는 왕씨로 남아있는 자가 100명도 채 못 되었다. 무릇 훌륭한 덕이 있는 자의 후손들이 이와 같이 끊어진 것은 어찌 그 까닭이 없겠는가마는 정말로 기록할 것도 없다. 특별히 감계鑑戒될 만한 것만 채록하여 기록한다.

태조太祖는 25명의 아들이 있었다. 장화왕후莊和王后 오씨吳氏는 혜종惠宗을 낳고, 신명왕후神明王后 유씨劉氏는 정종定宗과 광종光宗을 낳았으며, 신정왕후神靜王后 황보씨皇甫氏는 대종戴宗 왕욱王旭을 낳으니, 성종成宗의 아버지이다. 신성왕후神成王后 김씨金氏는 신라의 종실인 김억렴金億廉의 딸로서 안종安宗 왕욱王郁을 낳았는데, 이가 현종顯宗의 아버지이다. 고려의 역대 왕은 모두 왕욱의 후손이니, 어떤 사람은 말하기를, "왕욱은 이씨李氏의 소생이다."라고 하였다. 나머지는 모두 부인夫人들의 소생으로 태자太子로 책봉된 자가 10명이니, 적통의 문란함이 이와 같다. 역사에 그 이름을 잃어버린 까닭에 지금 다 기록하지 않는다.

평양공전平壤公傳

평양공은 이름이 기基이며, 현종의 네 번째 아들이고 문종文宗의 동모제同母弟이다.

현종 22년(1031)에 개성국공開城國公으로 책봉되었다. 문종 초에 평양공으로 고쳐 봉해지고 중서령中書令을 더하였다. (현종) 23년(1032)에 죽으니, 정간왕靖簡王으로 추봉追封하였다. 아들은 왕진王璡·왕거王琚·왕영王瑛이다. 당초에 교위校尉 거신巨身이 문종을 폐위시키고 왕기를 왕으로 세우려고 모의하였다. 왕기가 죽고 나서 일이 누설되어 거신을 죽이고, 왕진을 해남海南에 유배보냈다.

왕영은 낙랑백樂浪伯으로 책봉되었으며, 왕정王禎을 낳았다. 왕정은 왕기王杞를 낳았다. 왕기는 세 아들이 있으니 왕성王珹·왕박王璞·왕평王玶이다.

왕성은 왕원王沅·왕진王稹을 낳았다. 승화후承化侯 왕온王溫과 영녕공永寧公 왕준王綧은 모두 왕원의 후손들이다. 원종元宗 11년(1270) 삼별초三別抄가 반란을 일으켜 왕온을 핍박하여 왕으로 삼고 진도珍島에 웅거하였다가 패하여 죽었다.

왕준은 의기가 있고 지략을 갖추었으며 말 타고 활쏘기를 잘 하였다. 또 독서하여 대의大義에도 통하였다. 고종高宗 28년(1241)에 왕자로 가칭하여 몽골에 볼모로 갔다. (고종) 40년(1253)에 야굴대왕也窟大王을 따라 충주忠州를 포위하니, 왕이 왕준에게 글을 내려 이르기를, "전일에 그대가 원나라 조정[天庭]에 입시한 것은 정성된 마음으로부터 독단하여 한낱 외로운 몸으로 삼한 백성을 대신하여 간 것이니, 어찌 다른 생각이 있었겠는가? 나라와 가문을 위하여 충성과 효를 다하고자 할 뿐이었다. 10여 년간 험하고 어려움을 두루 맛보았을 것이다. 그러나 오랫동안 마음에 품어온 뜻이 서와 같으니, 능히 더욱 성심성의를 다하지 않으리오. 지금 대왕은 너그럽고 인자하여 백성을 사랑하는 것을 임무로 여기고 있다 하니, 그대가 마땅히 간절한 심정으로 전달하여 대군으로 하여금 포위를 풀고 돌아가게 한다면, 공이 사직에 있을 것이며 이름은 백세토록 전해질 것이다. 그대는 마땅히 힘써 달라."라고 하였다.

얼마 후에 몽골 황제는 왕준이 왕의 친아들이 아닌 것을 알았으나, 왕준의 뜻을 가련하게 생각하여 그를 예전처럼 대우하였다. 얼마 후에 차라대車羅大의 군대를 따라 우리나라에 와서 여러 군郡들을 공격하고 상주尙州까지 이르렀다가 돌아갔다. 낭장郎將 채취화蔡取和가 탄식하며 말하기를, "처자식을 버리고 멀고 먼 외국까지 공을 따라온 것은 국가를 편안케 하고자 바랐을 뿐이었다. 지금 털끝만큼도 나라에 이로운 일을 못하니 반역자와 무엇이 다른가?"라고 하고 드디어 도망하였다. 왕준이 이를 듣고는 뒤쫓아 그의 목을 베었다. 진도 전쟁 때에 왕준의 두 아들 왕옹王雍·왕희王熙가 종군하였다. 왕준이 왕온을 사로잡아 살리라고 명하였으나, 홍다구洪茶丘가 먼저 들어가서 왕온의 목을 베었다.

왕진王稹은 문학을 좋아하였으며, 아들이 있었는데 이름이 왕정王侹으로 회안공淮安公으로 책봉되었다. {사신으로 명을 받들었기 때문에 작위를 기록한다.} 왕정은 왕전王琠을 낳았다. 왕전은 두 아들이 있는데, 왕숙王淑과 왕징王澂이다.

왕숙은 사람됨이 청렴하고 공정하며 전고典故에 정통하여 종실의 모범이라 일컬어졌다. 원종元宗의 딸에게 장가들어 제안공齊安公으로 봉해졌다. 충선왕이 원나라에 있을 때에 왕숙으로 정동성사征東省事를 임시 대리하게 하였다. 왕숙의 아들은 왕숙王璹과 왕정王楨이다.

왕숙王璹은 순정군順正君으로 봉해졌다. 원나라 인종仁宗이 동궁東宮으로 있을 때에 왕숙의 여동생 백안홀독伯顔忽篤이 총애를 받으니, 왕숙이 소환되어 원나라에 가서 한림학사翰林學士로 제수되었다. 왕숙이 후궁[宮掖]의 세력을 끼고 불법을 많이 자행하여 왕을 알현할 때에도 거만하고 무례하였다. 해주海州의 전토 5천 결을 탈점하니, 한 고을이 텅 비어버려 해주에서 관인官印을 도당都堂에 반납하고 말았다.

왕징王澂은 대방공帶方公으로 봉해져서 원나라에 가서 독로화禿魯花가 되었다.

왕징의 5세손은 왕담王聃이라고 하며, 순녕군順寧君으로 봉해졌다. 공양왕 3년(1391)에 왕담이 사예司藝 유백순柳伯淳에게 말하기를, "여러 장군들이 명을 받아 요동遼東을 공벌하러 가서는 머뭇거리다가 되돌아왔으니 마땅히 공이 없어야 할 것인데 이제 도리어 포상을 받았다. 회군回軍하여서는 왕씨를 저해하고 아들 창昌을 세운 것 또한 형편이 그렇게 된 것이다. 대신들이 이것으로 옥사를 일으킨다면 의종毅宗 때의 무신난武臣亂을 마땅히 거울삼아야 한다. 지금 선비 정도전鄭道傳 등이 국가 정권을 농단하려고 모의하니 만약 전일의 변란이 있다면 우리들은 아마도 그 화를 입을 것이다."라고 하였다. 말이 새어나가니 유백순과 같이 붙잡혀 국문을 당하고 종실의 호적에서 삭제되었다. (공양왕) 4년(1392)에 익천군益川君 왕즙王緝·영원군寧原君 왕기王琦·수연군壽延君

왕규王珪·보령군保寧君 왕복王福과 함께 먼 지방으로 유배되었다. 왕규와 왕복은 대방공의 현손玄孫이며, 왕즙과 왕기는 영녕공의 현손이다.

왕평王玶은 아들이 있어서 왕진王縝이라고 한다. 최충수崔忠粹가 명종明宗을 폐하고 왕진을 왕위에 세우고자 음모를 꾸몄으나 끝내 행하지는 못하였다.

제안공전齊安公傳

제안공의 이름은 왕서王偦이며, 예종睿宗의 동모제이다. (예종) 원년(1106)에 제안후齊安侯로 봉해졌다. (예종) 17년(1122)에 공公으로 올려 책봉되었다. 대방공帶方公 왕보王俌와 태원공太原公 왕효王侾는 제안공의 동모형同母兄(같은 어머니에게서 난 형)이다. 인종仁宗 초에 이자겸李資謙이 정권을 잡고 있었는데, 임금에게 아뢰어 왕보와 왕효 및 여러 명망이 있는 이들을 귀양보냈다. 왕서는 두려워하여 시위侍衛 군사를 없애줄 것을 요청하고, 문을 닫아걸어 빈객賓客을 접대하지 않고, 제멋대로 술을 마시며 스스로 감추어 드러내지 않은 까닭에 화를 모면하였다. (인종) 9년(1131)에 죽었으며, 시호는 사절思節이다.

대녕후전大寧侯傳

대녕후의 이름은 왕경王暻이며, 의종毅宗의 동모제이다. (의종) 2년(1148)에 후侯로 책봉되었다.

왕이 평소에 도참圖讖을 믿어서 여러 아우들을 꺼렸는데, 왕경이 도량이 있어서 많은 사람의 신망을 얻으니 더욱 싫어하였다. 마침 왕이 총애하는 환관 정함鄭諴이 간관諫官에게 배척을 당하자, 왕경을 중상하려고 생각하여 비밀리에 산원散員 정수개鄭壽開를 유인하여 대성臺省 및 대리臺吏 이빈李份 등이 왕을 원망하면서 왕경을 추대하려고 음모를 꾀한다고 무고하였다. 왕이 그 말에 미혹하여 심문하였으나 증거가 없어서 무고한 자를 귀양보냈다.

이전에 김존중金存中은 낭중郎中 정서鄭敍·승선承宣 임극정任克正과 틈이 벌어져 있었다. 정서는 태후의 동생 남편이었고, 임극정은 태후의 아우였다. 정서는 성격이 경박하나 문예文藝가 있었으므로 왕경을 따라다니며 어울렸다. 일찍이 왕경을 맞이하여 그의 집에서 연회를 베풀고 밤늦도록 희롱하며 즐겼다. 정자正字 양벽梁碧과 판관判官 김의련金義鍊도 참여하였다. 이때에 이르러 정함과 김존중이 마침내 말하기를, "외척과 조정 신하가 대녕후의 집을 출입하니, 그 뜻을 헤아릴 수 없다."라고 하고 유언비어를 꾸며 아뢰자 왕이 더욱 의심하게 되었다.

재상 최유청崔惟淸 등이 간관들을 거느리고 합문閤門 앞에 엎드려 왕경을 죄줄 것을 청하였다. 어사대에서 정서·양벽·김의련 및 부전첨府典籤과 녹사錄事를 가두었는데 왕이 그들을 용서해주고, 왕경의 종[奴] 및 악공樂工 최예崔藝 등은 태형을 가하였다. 대간은 합문 앞에 엎드려 또다시 청하고, 지대사知臺事 최윤의崔允儀가 이를 더욱 강력하게 고집하므로 이에 무고한 자를 소환하고, 정서·양벽·김의련 등은 곤장을 쳐서 귀양보냈다.

정서가 왕경에게 연회를 베풀 때에 최유청이 잔치 그릇을 빌려주었는데, 마침내 최유청이 대신의 체면을 잃었다고 논죄하므로 폄출되었다. 잡단雜端 이작승李綽升은 불참한 것으로 탄핵되어 역시 폄출되었는데, 모두 정서의 매부들이다.

(의종) 11년(1157)에 왕경을 천안부天安府로 귀양보내고, 임극정·승선 김이영金貽永 등을 폄축貶逐(강직시켜 외직으로 내보내는 것)시켰다. 이전에 최예는 사면령을 받고 돌아왔는데, 처와 화합하지 못하였다. 처가 무고하기를, "최예가 죄를 뉘우치지 않고 대녕후의 집에 왕래한다."고 하니, 그를 국문하였으나 증거가 없었다. 그러나 왕은 의심을 오히려 풀지 못하고 비밀리에 간신諫臣들에게 유시하여 대녕후 및 임극정을 논핵하게 하고, 태후가 그들을 구해줄까 염려하여 먼저 태후를 보제사普濟寺로 옮기게 하고는 어쩔 수가 없는 것처럼 꾸며서 (간신들의 요청을) 윤허하였다.

왕이 보제사에 행차하였다가 돌아오는데, 시신侍臣 김돈중金敦中의 말이 놀라서 화살통을 건드렸다. 화살이 날아가 왕이 탄 가마 옆에 떨어졌다. 왕이 크게 놀라서 황급히 궁으로 돌아오고, 궁성宮城에 계엄戒嚴을 내려 체포한 자가 매우 많았다. 왕은 대녕후를 의심하여 종[家僮] 나언羅彦·유성有成·황익黃益 등을 국문하니, 나언 등이 거짓 자백을 하므로 모두 참수하였다. 왕경은 얼마 후에 죽었다.

양양공전襄陽公傳

양양공의 이름은 왕서王恕이며, 희종熙宗의 동모제同母第이다. 최충헌崔忠獻이 희종을 폐위시키고 강화江華로 보내면서 왕서는 교동현喬桐縣으로 내쫓았는데, (그곳에서) 죽었다. 왕서는 왕인王絪을 낳았다.

왕인은 왕영王瑛을 낳았고, 왕영은 왕분王玢을 낳았다. 왕분은 왕유王琛[47]를 낳고, 왕유는 왕균王鈞을 낳았다. 왕균은 정원백定原伯으로 책봉되었으며, 공양왕恭讓王을 낳았다.

공양왕이 왕위에 올라 2년(1390)에 왕균을 삼한국공三韓國公으로, 왕유를 마한국공馬韓國公으로, 왕분을 진한국공辰韓國公으로, 왕영을 변한국공卞韓國公으로 작위를 추증하였다. 아우 왕우王瑀를 정양부원군定陽府院君으로 책봉하여 국공國公의 제사를 주관하게 하였다. 본조本朝(조선왕조)에 이르러 왕우를 마전군麻田郡 귀의군歸義君으로 책봉하였다. 죽으니 시호는 경희景禧이다.

영흥군永興君 왕환王環은 왕분의 후손이다. 왕환의 처남인 신순辛珣은 신돈辛旽에게 붙었다가 주살되었다. 왕환도 연좌되어 무릉도武陵島(울릉도)에 유배되었는데, 생사를 알지 못한 것이 19년이나 되었다. 그의 처 신씨는 왕환이 표류하다가 일본에 이르렀다는 소문을 듣고, 도당都堂에 청하여 가노家奴를 시켜 천금을 가지고 일본에 가서 찾아보게 하였다. 신창辛昌 원년(1389)에 왕환이 돌아왔으나, 사람됨이 바보여서 자기 부친과 조부의 이름을 몰랐다. 신씨의 종제從弟인 신극공辛克恭 및 인척인 박천상朴天祥·박가흥朴可興·이숭인李崇仁·하륜河崙이 말하기를, "우리들이 왕환을 잘 알고 있는데, 이 사람은 왕환이 아닙니다."라고 하였다. 신씨가 헌부憲府에 소송하니, 낭사郞舍·전법사典法司와 함께 잡치雜治(합동으로 죄를 심문함)하여 대질시키니, 왕환의 두 아들 및 종실 제군諸君이 모두 말하기를, "진실로 영흥군입니다."라고 하였다. 왕환의 사위인 판서判書 이숭문李崇文은 이숭인崇仁의 아우인데, 진짜인지 가짜인지 모르겠다고 대답하다가 국문을 가하자 이에 말하기를, "진실로 나의 장인입니다."라고 하였다. 이에 박천상·신극공 등은

47 『휘찬여사』에는 "왕유王柔"로 되어 있으나, 『고려사』 권91, 열전 4, 종실 2에는 "왕유王琛"로 되어 있다.

무고죄에 연좌되어 유배되었다.

남평군南平君 왕화王和와 복원군福原君 왕자王諮는 왕분의 증손이다. 공양왕 4년(1392)에 순녕군順寧君 왕담王聃과 함께 모두 먼 곳으로 유배되었다.

왕분의 아우는 왕전王琠이라고 하는데, 서흥군瑞興君으로 책봉되어 독로화禿魯花로 원나라에 갔다. 충렬왕이 충선왕을 폐위시키고 왕전으로 하여금 왕위를 잇게 하려고 계국대장공주薊國大長公主에게 장가보내려고 하였다. 왕유소王惟紹와 함께 문명문文明門 밖에서 참수되었다.

순안공전順安公傳

순안공의 이름은 왕종王琮이며, 원종元宗의 셋째 아들로 경창궁주慶昌宮主의 소생이다. (원종) 4년(1263)에 후侯로 책봉하였다. 경창궁주는 종실의 딸로 원종이 총애하였으므로 여러 아들 가운데 왕종을 가장 사랑하였다. (원종) 10년(1269)에 왕이 몽골에 가는데 왕종으로 하여금 국정을 맡아보도록[監國] 하였다. (원종) 14년(1273)에 왕종이 원나라에 가서 책봉을 하례하였다. 황제는 왕종이 왕의 사랑하는 아들이라고 해서 백금白金 7,000여 냥兩을 상으로 내려주니, 이는 세자가 갔을 때보다도 더 많이 준 것이었다. 공公으로 올려 책봉하였다.

당초에 경창궁주는 맏아들의 자리를 빼앗으려고 하였다. 충렬왕을 태자로 봉하려 할 때에 경창궁주가 참소하여 말하기를, "태손太孫은 전하께서 귀국하신다는 소식을 듣고도 조금도 기뻐하는 기색이 없었습니다. 게다가 태자는 왕위의 계승자인데, 어찌 가히 권신權臣의 생질로 세울 수 있습니까?"라고 하였다. 왕도 곧이 들었으나 김준金俊이 힘껏 간언하여 이에 충렬왕을 세자로 책봉하여 세웠던 까닭에 충렬왕이 이를 원망하였다.

충렬왕 3년(1277)에 왕종이 본래 병이 많았기 때문에 경창궁주가 눈이 먼 승려를 불러 초제醮祭[48]를 베풀어 기도하고 전폐奠幣(제물로 올린 폐백)를 땅에 묻었다. 내수內豎 양선梁善·대수장大守莊[49]이 경창궁주가 (임금을) 저주하였다고 무고하였다. 원나라[上][50]에서는 왕종으로 하여금 공주에게 장가보내어 왕으로 삼고자 하였다. 왕이 김방경金方慶·

허공許珙·조인규趙仁規에게 명하여 경창궁주를 국문하게 하였는데 복죄하지 않았다. 왕이 왕종을 불러 국문하니, 일이 조금 드러났다. 공주가 매우 노여워하여 장차 몰수[籍沒]하려 하니, 유경柳璥이 간하여 아뢰기를, "마땅히 먼저 원나라[上國]에 주문奏聞해야 합니다."라고 하므로, 조인규를 파견하여 황제에게 아뢰게 하였다. (조인규가) 아직 돌아오지 않았으나 결국 적몰하였다. 원종이 왕종에게 내려준 진귀한 보화寶貨와 기이한 재물이 매우 많았는데, 공주가 모두 취하였다. 조인규가 돌아왔는데, 황제는 말하기를, "순안공 모자는 왕의 처치에 맡긴다."라고 하였다. 이에 경창궁주를 폐위하여 서인庶人으로 만들고, 왕종은 바다 섬으로 귀양보냈다. (충렬왕) 11년(1285)에 소환하여 다시 공公의 작위를 주었다.

심왕 호전瀋王暠傳

심왕 왕호王暠는 강양공江陽公 왕자王滋의 둘째 아들이다. 충렬왕이 정화궁주貞和宮主와 혼인하여 왕자를 낳았다. 얼마 후에 제국대장공주齊國大長公主와 혼인하므로 정화궁주는 왕후의 자리에 오르지 못하였다. 왕자는 나이가 들고 맏아들이기는 했으나, 세자로 책봉되어 후사로 정해지지 못하였다. 충렬왕 5년(1279)에 왕자를 아주牙州 동심사東深寺로 보내어 세자를 피하게 하였다. (충렬왕) 9년(1283)에 소환되니, 공주가 옷을 내려주고 강양공에 책봉하였다. (충렬왕) 34년(1308)에 죽었다. 세 아들이 있으니 왕유王珛·왕호王暠·왕훈王塤으로 모두 잇속만 챙기고 의리를 행하지는 않았다.

충선왕이 즉위하여서는 왕유를 단양원대군丹陽院大君으로 책봉하였다. 충숙왕 때에는 정동성사征東省事를 임시 대리하면서 양민을 탈점한 것이 1천여 호에 달하였는데, 도감都監에서 심사[申理]하여 양민으로 회복시켰다. 왕유가 이를 원망하여 장차 원나라에 소송을 하고자 압록강을 건너갔다가 체포되어 돌아왔다.

---

48 도사道士가 재앙을 물리치고 복을 빌기 위해 여러 신에게 기도하는 도교의 제례의식.

49 『휘찬여사』에는 "내수양선대內豎梁善大"라고 되어 있으나, 『고려사』 권91, 열전 4, 종실 2에는 "내수양선대수장內豎梁善大守莊"으로 되어 있다.

50 『휘찬여사』에는 "상上"으로만 되어 있으나, 여기서는 원나라[上國]로 보는 것이 타당할 듯하다.

후에 전리판서典理判書 인안印安 등과 함께 홍건적에게 항복하였다. (홍건적을) 평정한 후에 헌사憲司에서 탄핵하여 아뢰기를, "토지와 노비는 몰수하고 그 후손은 금고禁錮(벼슬에 등용하지 않음)에 처하소서."라고 하였다.

왕호의 몽골 이름은 완택독完澤禿이다. 충선왕은 왕고를 친자식처럼 사랑하여 궁중에서 그를 양육하였다. 충선왕이 원나라에 오래 머무르자 (원나라) 조정에서 갑자기 우리나라로 돌아가라고 명하였는데, 충선왕이 따르지 않았다. 충선왕은 강양공이 맏아들이면서도 왕위를 이어받지 못하였다고 생각하여 왕고를 더욱 돈독하게 돌봐주었다. 이때에 이르러 황제에게 청하여 국왕 자리는 충숙왕에게 물려주고, 이에 심양왕瀋陽王의 인장印章은 왕고에게 전해주고 스스로는 태위왕太尉王이라고 일컬었다. 이로 말미암아 왕고는 심왕에 책봉될 수 있었으며 양왕梁王의 딸에게 장가들었다. 양왕은 충선왕의 왕비인 계국대장공주薊國大長公主의 오빠이다. 계국대장공주가 진기한 보화를 주니, 이를 밑천으로 왕고는 이에 재물을 풀어 사람들을 모았다. 충선왕에게 영합하여 더욱 자기의 무리를 심어[樹黨] 충숙왕의 자리를 빼앗고자 하였다. 나라 사람들이 그에게 마음으로 붙좇는 자[歸心]가 많았다.

마침 영종英宗이 즉위하고 충선왕은 죄를 입어 토번吐蕃으로 유배되었는데, 왕고는 본디 영종에게 총애를 받고 있었다. 조적曹頔·채하중蔡河中 등이 이때를 타서 난을 일으켜 충숙왕을 폐위시키고 왕고를 즉위시키고자 도모하여 충숙왕을 영종에게 무고하니 조서를 내려 입조入朝하라고 불렀다.

이에 앞서 충선왕[上王]이 원나라 수도[京師]에 있을 때에 사복정司僕正 백응구白應丘가 심왕부瀋王府의 일을 주관하였는데, 백응구가 도망하여 돌아왔다. 이때에 이르러 왕고가 아뢰므로 아도랄阿都剌을 보내어 왕에게 백응구를 원나라 서울로 돌려보내라고 칙서하였다. 왕이 제때에 봉행하지 못하니, 왕고가 이로 인하여 참소하기를, "고려왕이 황제의 명을 공경히 받들지 않고 손으로 제칙制勅을 찢어버렸습니다."라고 하니, 영종이 크게 노하였다. 왕이 입조하자 이것을 힐책하고는 국왕의 인장을 회수하였다. 한림대제翰林待制 사적沙的 등을 보내어 심문하니, 사신들의 왕래가 길에 끊어지지 않았다.

왕호는 먼저 그 신하 박구朴龜를 보내어 재상들에게 서신을 보내어 이르기를, "그대들의 왕은 즉위한 이래 술과 계집에 빠져[荒淫無道] 정사를 돌보지 않고 황제의 명을 받들지도 않았다. 밤에는 군소배들과 함께 변복하고 미행하니, 측근들이 그 틈을 타서 권력을 쥐고 뇌물을 받아들였다. 참소하는 말만 믿어서 무고한 관인들을 멋대로 죽였으며, 사사로운 관계로서 (관료를 임명하여) 어질고 공로 있는 자들을 돌아보지 않았으며, 부왕父王 때에 공훈을 세운 원로대신들은 먼 곳으로 귀양보내고 재산을 몰수하였다. 왕의 소행이 이와 같은데도 그대들은 한갓 비위만 맞추는 데 힘쓰니, 나라의 기강은 크게 훼손되고 사대事大하는 예절은 다른 나라보다 뒤떨어지게 되었다. 전자에 아도랄이 황제의 명을 가지고 갔는데 이미 봉행하지 않았을 뿐만 아니라 (그 조서의) 소재조차 잃어버렸다. 사적沙的이 도착하는 날까지 명백하게 조사하여 대답하라."라고 하였다. 사적이 행성行省에 도착하여 아도랄과 대언代言 안규安珪를 체포하여 돌아갔다. 종정시宗正寺에서 국문하는데 안규의 공술이 왕에게 언급되었다. 왕이 능히 스스로 해명하지 못하였으나, 승상 백안伯顔은 의심을 품고 능히 결단을 내리지 못하였다.

왕호는 우리나라에서 왕에게 돈과 재물을 보내는 것을 싫어하여 그 신하 양성주楊成柱를 보내어 황제의 명령으로 책망하고 (왕에게) 보낼 돈과 재물을 징수하였다. 얼마 후에 다시 사람을 보내어 균지鈞旨라고 일컬으면서 이르기를, "국왕이 입조할 때에 창고가 이미 텅비어버렸기 때문에 민호民戶에서 추렴하여 여행 경비로 충당하였다. 황제의 지엄한 견책을 받게 되자 죄과罪過를 면해보려고 권세가들에게 뇌물을 주느라고 가져온 여행 경비를 다 써버렸다. 번번이 측근 이공李恭·안문개安文凱·환윤전桓允全·김흔金忻·김성만金成萬[51] 등과 함께 모의하여 별도로 횡렴橫斂(멋대로 거두는 것)을 가하여 백성의 재물을 쥐어짜내니 우리나라[東國]의 백성들은 거의 무엇으로 감당한단 말인가? 황제께서 진노하여 안문개를 종정부宗正府에 가두었고, 이공·환윤전·김성만 등을 압송하여 보내니 고려[本國]로 하여금 그들을 벌주게 하는 것이다. 그대들은 나라의 중임

51 『휘찬여사』에는 "전성만全成萬"으로 되어 있으나, 『고려사』 권91, 열전 4, 종실 2에는 "김성만金成萬"으로 되어 있다. 여기서는 『고려사』의 기록을 따른다.

을 담당하여 일찍이 왕을 올바른 길로 구하지 않고 도리어 서로 선동하여 백성을 학대하고 나라를 병들게 하였다. 이제로부터 (거둬들이는 것을) 일체 금단하도록 하고, 이를 어긴 자는 엄중히 다스릴 것이다."라고 하였다. 이에 환윤전·김성만·이공 및 호군護軍 강려康呂를 곤장을 친 다음에 섬으로 귀양보냈다.

이공은 성격이 강직하여 왕(충숙왕)이 세자로 있을 때에 일마다 번번이 간하니, (왕이) 노하여 그의 눈을 발로 차서 한쪽 눈이 멀었다. 즉위함에 이르러 그의 충직함을 생각하여 임시로 호군護軍으로 삼았다. 강려와 함께 왕을 위하여 왕고의 동정을 엿보았는데, 환윤전과 김성만이 베[布] 2만 필을 실어와 왕에게 바치니, 이로 말미암아 모두 죄를 받았다.

왕호가 그 신하를 좨주祭酒 백문각白文珏 등에게 보내어 황제의 명령으로 창고[府庫]를 봉쇄하였다. 곧바로 그 무리 10여 명을 보내어 갑자기 원나라 서울[都下]로부터 우리나라에 와서는 말하기를, "왕호가 이미 나라를 갖게 되었다."라고 하였다. 이에 권한공權漢功 등이 중서성中書省에 상서上書하여 왕고를 국왕으로 세워줄 것을 요청하였다. 백관들을 협박하여 서명하게 하였는데, 재상과 시종侍從들로 (그 명을) 따르지 않은 자가 많았다.

충선왕은 평소에 왕호를 친자식처럼 여겼고, 충숙왕은 그의 친아들이었다. 그런데 충선왕이 불측한 화를 당하여 서번西番에 귀양갔는데도 충숙왕과 왕호는 일찍이 군부君父를 염려하지는 않고 오직 자리싸움만 일삼았다.

영종이 시해되고 태정제泰定帝(원나라 진종晉宗)가 즉위하자, 충선왕을 소환하여 원나라 수도로 돌아오게 하였다. 이듬해에 충숙왕에게 본국으로 돌아가라고 칙勅하고는 인장을 내려주었다. 충선왕은 오히려 왕호를 염려하여 왕과 나라 사람들에게 유시하기를, "간신들이 교구交構한 것이니, 심왕을 세우자고 요청한 사람들을 삼가 죄주지 말라."라고 하였다. 민부전서民部典書 이백경李伯涇·장령掌令 이동길李東吉·의랑議郎 조식趙湜·성균악정成均樂正 권하權賀 등은 모두 왕호에게 붙어서 상서하여 왕호를 세워줄 것을 요청한 자들이다.

(충숙왕) 후2년(1333)에 충숙왕이 원나라에 갔다가 귀국하는데, 왕호가 행궁行宮에 와

서 배알하고 왕을 따라 환국하였다. 왕이 홍거하자 왕호는 다시 원나라에 갔는데, 평양에 머무르며 비밀리에 조적曹頔과 더불어 왕위를 찬탈하고자 음모를 꾸몄다. 충혜왕이 응방鷹坊 홀지忽只 60여 명의 기병을 보내어 왕호를 뒤쫓게 하였으나 따라잡지 못하였다. 왕호는 충혜왕 후5년(1344)에 귀국하였으며, 충목왕 원년(1345)에 죽었다.

아들 왕덕수王德壽는 강릉대군江陵大君으로 책봉되었다. (왕덕수는) 두 아들이 있으니, 왕독타불화王篤朶不花와 왕첩고불화王帖古不花이다.

왕독타불화는 (왕호의 작위를) 세습하여 심왕에 책봉되었다. 기철奇轍이 주살될 때에 황후와 태자가 공민왕에게 원한을 품고, 공민왕을 폐위시키고 왕독타불화를 왕으로 세우고자 하였다. 왕독타불화가 사양하며 아뢰기를, "숙부에게 후사가 없는데, 백년 후에 나라가 장차 어디로 가겠습니까? 지금 숙부가 건강하신데 내가 어찌 차마 숙부의 자리를 빼앗겠습니까?"라고 하므로 이에 덕흥군德興君을 왕으로 삼았다. 온 세상 사람들이 어질다고 찬양하지 않는 자가 없었으며, 공민왕도 이를 듣고는 가상히 여겨 선물을 매우 후하게 보내 위문하였다.

왕첩고불화는 원나라에서 벼슬하여 평장사平章事가 되었다.

왕훈王塤은 부원대군府院大君으로 책봉되었으며, 충목왕 2년(1346)에 죽었다.

| 휘찬여사 권22 |

명신 1

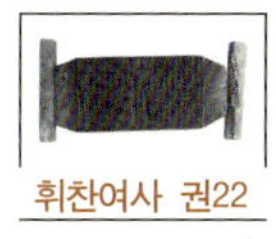

휘찬여사 권22

명신名臣 1

홍유洪儒 {배현경裴玄慶 신숭겸申崇謙 복지겸卜智謙}

홍유洪儒

처음 이름은 홍술洪術로, 의성부義城府 사람이다. 궁예弓裔를 섬겨 배현경裴玄慶·신숭겸申崇謙·복지겸卜智謙과 함께 기장騎將이 되었다. 당시 궁예가 무도함을 자행하여 날마다 사람 죽이는 것을 일삼으니 여러 장수들이 원망하고 두려워하였다. 사람들이 스스로를 보존할 수 없게 되니, 이에 홍유가 드디어 배현경 등과 모의하여 밤에 태조의 집에 가서 태조를 추대할 뜻을 말하니 태조가 뜻밖에 놀라며 이들을 따르는 것을 좋아하지 않았다.

그러자 홍유 등이 이르기를 "대의大義를 잡고 천시天時를 받드는 것은 대순大順을 넓혀 생민生民을 구제하는 것이니 이를 따르면 빨리 홍할 것이요, 이를 거역하면 반드시 망하는 것은 이치가 진실로 그러한 것입니다. 지금 뭇 백성들은 무고하게 독을 받고 있고, 장상들은 공이 크지만 학살당하고 있습니다. 오늘날의 덕망은 일찍이 없던 것이니, 공을 돕고자하는 무리가 많은 것은 중정衆情이 공에게 희망을 갖고 있기 때문입니다. 공이 만약 이를 따르지 않는다면 우리들은 살 가망이 없습니다."라고 하였다. 그럼에도 태조가 허락하지 않으니 홍유 등이 반복하여 설득하기를 그치지 않았으며 말투가 강개하였으나 태조도 거절하는 것이 확고하였다.

그때 마침 (태조의) 부인 유씨가 갑옷을 들어 입히니 이에 여러 장수들이 태조를 옹위하며 밖으로 나와 사람들로 하여금 주위를 달리며 소리치기를 "왕공이 의기義旗를 들었다."라고 하도록 했다. 이에 궁예는 놀라 달아나 숨었다가 죽었다.

태조가 즉위하여 조서를 내려 공로를 책하여 홍유·배현경·신숭겸·복지겸을 1등

공신으로 삼아 금은의 그릇과 비단으로 수놓은 이불과 옷을 하사하며 특별한 은혜를 표하였다.

태조가 청주사람들의 반란이 걱정되니 홍유와 유금필이 군사 1천 여 기를 이끌고 가서 진압하였다. 청주를 진으로 삼아 대비하니 청주가 안정되었다. 홍유를 대상大相의 직책으로 옮겼다.

태조 2년(919)에 예산현禮山縣에 나아가 유민流民들을 안집시켰다.

태조 19년(936)에 태조를 따라 백제와 싸워 백제를 멸망시켰다. 죽으니 시호를 충렬忠烈이라 하였다.

배현경裴玄慶

처음 이름은 백옥삼白玉衫으로, 경주慶州 사람이다. 항오行伍에서 일어나 여러 번 승진하여 대광大匡이 되었다. 태조가 청주 사람 현율玄律로 순군낭중徇軍郎中을 삼자 배현경이 신숭겸申崇謙과 더불어 반대하여 논박하기를 "지난 날 임춘길林春吉이 불궤不軌를 도모한 것은 그가 병권兵權을 잡고 본주本州를 믿었기 때문이었습니다." 하니 태조가 그 뜻을 따랐다.

태조가 사방을 정벌할 때 배현경의 공이 가장 많았다.

(태조) 19년(936)에 (배현경의) 병이 위독하니 태조가 그 집에 행차하여 손을 잡고 말하기를 "경의 자손은 내 감히 잊지 않을 것이라."고 하였다.

태조가 문을 나오자 배현경이 죽으니 어가御駕를 멈추고 장례를 돕게 한 뒤에 환궁하였다. 시호는 무열武烈이다.

신숭겸申崇謙

광해주光海州 사람이다. 장대하고 무용武勇이 있었다. 태조 10년(927)에 태조가 견훤甄萱과 공산公山 동수桐藪에서 싸워 불리하게 되자 견훤의 군사가 태조를 포위하여 매우 위급하였는데, 신숭겸이 때에 대장大將이 되어 원보元甫 김락金樂 함께 힘껏 싸우다가 죽으니,{『동사찬요東史簒要』[1]에 이르기를 "신숭겸의 용모는 태조와 매우 흡사하였다. 태조로 하여금 애수礙藪[동수桐藪]에 숨게 하니 이곳은 지금의 부인사符仁寺이다. (신숭겸은) 태조의 어가를 대신 타고 힘써 싸우다가 죽었다."고 하였다.} 태조가 매우 애석히 여기었다. 시호는 장절壯節이다. 한 동생과 두 아들을 모두 원윤元尹에 임명하였다.

복지겸卜智謙

복지겸이 죽으니 무공武恭이라 시호하였다.

성종 13년(994)에 (홍유·배현경·신숭겸·복지겸) 모두에게 태사太師를 추증하고, 태조 묘정太祖廟庭에 배향配享하였다.

{공양왕 때 좌상시 윤소종尹紹宗이 상소하여 이르기를 "우리 태조太祖가 정벌한 지 40년에 공신功臣이라 칭하는 자는 다만 6인인데, 김락金樂과 김철金哲이 태조를 대신하여 죽었으되 오히려 6공신의 반열에 들지 못하였다."[2] 하여 태조를 대신하여 죽은 사람에 대해 윤소종은 김락과 김철은 언급하였으나 신숭겸을 칭하지 않았다. 그러므로 혹자들은 이를 의심한다. 하지만 신숭겸은 이미 6공신에 들어있으니 이는 윤소종이 신숭겸을 별도로 칭하지 않은 이유이다. 그러므로 『동사찬요』의 기록이 옳다.}

---

1 『동사찬요』는 조선 중기의 문신 오운吳澐(1540~1617)이 지은 역사책이다. 8권 8책. 1606년(선조 39)에 완성했다. 유성룡柳成龍이 왕에게 바쳐 유림儒林의 표준이라는 칭송을 받았다. 1609년(광해군 1)에 경주에서 간행했으나 1614년에 한백겸韓百謙의 충고로 지리지地理志를 첨가하고, 고려 말의 은자들도 추가하여 개찬했다. 권1 상에서 권2 상까지는 본기本紀로 단군조선·기자조선·사군四郡·이부二府·삼한·삼국기·신라기·고려기 등을 『동국통감』과 거의 같은 내용으로 기술했다. 권2 하에서 권7까지는 열전으로 삼국 명신전, 신라 충의전, 여제麗濟의 열전, 고려 명신전 등을 담고 있다. 그리고 별록으로 반적叛賊, 권흉權兇의 전을 싣고 있다. 이 책은 단군을 개국 시조로 보면서 기자箕子를 우리나라 풍교風敎의 시작으로 인식하던 전대의 이원적 역사인식 체계를 그대로 답습하고 있다. 권근의 『동국사략』에 의거한 신라 위주의 삼국사 서술로 고구려·백제의 기사는 신라 왕 밑에 부기하는 형식을 취했다. 또한 애국충신 열전을 많이 수록했다. 본기 중에는 선유先儒와 사가史家의 평론을 반영한 점이 특이하다. 삼한의 위치에 관해서는 먼저 한백겸의 비판에 대해 싣고 그 뒤에 한백겸의 삼한설을 따로 실었다.

2 『고려사高麗史』 권120, 열전33, 제신 윤소종.

유금필庾黔弼 박술희朴述熙 왕식렴王式廉 박수경朴守卿

유금필庾黔弼

평주平州 사람이다. 태조를 섬겨 마군장군馬軍將軍이 되고, 여러 차례 옮겨 대광大匡이 되었다. 북계北界 골암진鶻岩鎭에 자주 북쪽 오랑캐[北狄]가 쳐들어오니 태조가 유금필을 보내어 진압하게 하였다. 유금필이 그날로 바로 개정군開定軍 3천 명을 이끌고 나아가, 골암성에 이르러 동산에 큰 성을 쌓고 거하면서 북번 추장 300여명을 초청하여 술을 마시게 한 후에 협박을 하니 여러 추장들이 모두 그 위엄에 굴복되었다. 여러 부락에 사람을 보내 초유하니, 와서 붙은[來附] 자가 1,500명에 달하였다. 또 포로 3,000명을 돌려보내니 이로써 북방이 편안해졌다.

(태조) 8년(925)에 정서대장군征西大將軍이 되어 백제의 연산진燕山鎭을 공격하여 장군將軍 길환吉奐을 죽이고, 임존군任存郡(대흥)을 공격하여 3,000여 명의 목을 베었다. 태조가 견훤甄萱과 더불어 조물군曹物郡(안동) 부근에서 싸울 때 견훤의 군사가 매우 정예하여 승부를 가리기 어려웠는데 유금필이 군사를 이끌고 오니 군의 기세가 크게 떨쳤다. 견훤이 두려워하며 화해를 청해왔다. 태조가 (화친을) 허락하고 견훤을 진영에 불러들여 일을 의논코자 하였으나, 유금필이 "사람의 마음은 알기 어려운데 어찌 가볍게 적과 서로 가까이하려 하십니까?"라고 간하였나. 태조가 이에 중지시켰다.

(태조) 11년(928)에 명을 받아 탕정군湯井郡(아산)에 성城을 쌓았다. 그때 백제 장수 김훤金萱과 애식哀式 등이 3,000명의 군사를 거느리고 청주靑州를 침략하였다. (하루는) 유금필이 (탕정군의) 남산南山에 올라 앉아 있다가 이상한 꿈을 꾸고 놀라 깨어 바로 청주靑州로 달려가서 (백제 장수)와 싸워 이들을 패주시키고 독기진禿岐鎭까지 추격하여 죽이거나 포로로 잡았다. 말을 달려 중원부中原府(충주)에 나아가 태조를 뵙고 전쟁 상황을 모두 갖추어 아뢰었다. 이에 태조가 말하기를 "동수桐藪의 싸움에서 내가 신숭겸과 김락 2명의 장군을 잃고 나라에 대한 걱정이 매우 컸었는데, 지금 이제 경의 말을 들으니 마음이 다소 안심이 된다."고 하였다.

(태조) 12년(929)에 견훤이 고창군古昌郡(안동)을 포위하니 유금필이 태조를 따라 가서

구원하고자 하였다. 예안진禮安鎭(안동)에 이르렀을 때 태조가 여러 장수와 더불어 의론하기를 "전쟁이 만약에 불리할 때에는 어떻게 할 것이냐."고 하니 대상大相 공훤公萱과 홍유洪儒가 말하기를 "만약 죽령竹嶺이 불리하다면 빨리 군대를 돌리는 것이 마땅하니, 미리 간도間道를 닦아 두는 것이 좋겠습니다."라고 하니 유금필이 말하기를 "신이 듣건대 병兵은 흉기요 싸움은 위태한 것이라 하였습니다. 오직 죽을 각오로 싸우고 살기를 바라지 않은 연후에 가히 싸워 승리할 수 있습니다. 지금 적을 앞에 두고 싸우지도 않고 먼저 달아날 것을 염려함은 어찌된 일입니까. 만약에 구원하지 못하게 된다면 고창古昌의 3천여 명의 무리를 팔짱을 끼고 적에게 넘겨주는 것이니 어찌 통탄하지 않겠습니까. 신은 진군하여 급히 공격하기를 원하옵니다." 하니 태조가 이를 따랐다.

유금필이 이에 저수봉猪首峰으로부터 떨치며 공격하여 대파시켰다. 태조가 그의 군軍에 들어가 유금필에게 이르기를 "오늘의 승리는 경의 힘이로다."라고 하였다.

(태조) 14년(931)에 중상모략을 받아 곡도鵠島로 귀양갔다. 이듬해에 견훤의 해군 장군海軍將軍 상애尙哀 등이 대우도大牛島를 공략하니 태조가 대광大匡 만세萬歲 등을 보내어, 가서 구하게 하였으나 불리하였다. 태조가 이를 근심하였다. 유금필이 상서上書하여 이르기를 "신이 비록 죄를 지어 폄소貶所에 있으나 마음은 왕실에 있습니다. 백제가 우리 해역[海甸]을 침략했다는 말을 듣고 신이 이미 여러 섬의 장정을 뽑아 군대에 충용하고, 또 전함戰艦을 수리하여 방어하고 있으니, 원컨대 주상은 근심하지 마소서." 하니, 태조가 글월을 보고 울면서 말하기를 "참언을 믿고 어진 이를 내쫓았으니 이는 내가 똑똑하지[明] 못한 탓이라." 하고 사신을 보내어 소환하고 위로하기를 "경은 죄가 없는데도 폄소로 쫓겨가 있으면서도 일찍이 원망 한 번 하지 않고 오직 나라를 도울 생각만 하니 내가 매우 부끄럽고 후회된다. 장차 대대로 은상恩賞을 미치게 하여 경의 충절에 보답코자 하노라."라고 하였다.

또 이듬해에 정남대장군征南大將軍이 되어 의성부義城府를 지키는데 태조가 사람을 보내어 이르기를 "지금 들으니 백제가 신라를 침범하여 이미 혜산성槥山城에 이르러 사람들을 겁략劫掠한다고 하니 계림鷄林(신라)의 국도國都에 침범할까 두렵다. 경은 마땅히 가서 구원하라."라고 하였다.

유금필이 장사 80인을 뽑아서 나아가다가 사탄槎灘에 이르러 사졸과 약속하기를 "이번 행차에 적을 만나면 나는 살아서 돌아가지 못할 것이니 너희들은 각자 스스로 살길을 도모하라." 하니, 사졸들이 울면서 말하기를 "죽고 사는 것을 함께 하는 것인데 어찌 가히 장군만 홀로 죽고 우리들은 살아 돌아가라 하십니까?" 하였다. (이로써) 군사의 기세가 더욱 충만해졌다. 이미 여울[灘]을 건너자 백제 통군百濟統軍 신검神劒 등을 만나 장차 싸우려고 할 때 백제의 병사들이 유금필 군대의 부오部伍가 정예한 것을 보고 싸우지도 않고 스스로 궤멸되어 도망갔다. 유금필이 신라에 이르니 늙은이, 어린이들까지 성 밖까지 나와 엎드려 맞이하고 눈물을 흘리며 감사했다. 유금필이 7일간 머무르다가 돌아오는데 자도子道에서 신검神劒 등을 만나 싸워 크게 이겼다. 그 장수 금달今達·환궁奐弓 등 7인을 사로잡고 많은 적을 죽이거나 포로로 잡았다.

복명을 하니, 태조가 전각에서 내려와 유금필을 맞이하며 손을 잡으며 말하기를 "경과 같은 공은 옛적에도 드물었다." 하였다. 유금필이 대답하기를 "어려움에 임하여 나를 잊는 것은 (신하의) 직분일 따름입니다. 성상께서는 어찌하여 이같이 하십니까." 하니 태조가 더욱 중하게 여겼다.

(태조) 17년(934)에 태조가 스스로 장將이 되어 운주運州{지금의 홍주}[3]를 정벌하는데 유금필을 우장군右將軍으로 삼았다. 견훤이 듣고 갑사甲士 5,000명을 가려 뽑고 와서 말하기를 "싸우면 반드시 아무 잘못도 없이 재앙을 입는다. 화친을 맺는다면 각기 봉강封疆을 보전할 수 있다."고 제의해 왔다. 태조가 여러 장수들과 의론하고자 하니, 유금필이 말하기를 "바라건대 성상께서는 신들이 적을 파함을 보시고 의심하지 마소서." 하였다.

드디어 견훤이 아직 진陣을 치지 못함을 타서 날쌘 군사 수천 명으로 돌격하여 셀 수 없을 정도로 백제군을 참획斬獲하고, 용장勇將인 상달尙達과 최필崔弼을 사로잡으니,

3 오늘날의 홍성.

웅진熊津 북쪽의 30여 성이 풍문을 듣고 스스로 항복하여 관款을 바쳤다.

(태조) 18년(935)에 태조가 여러 장수들에게 이르기를 "나주계羅州界의 40여 군은 오랫동안 풍화風化에 젖어 복종했으나, 최근 백제에게 겁략劫掠되어 6년 동안 바닷길이 통하지 않으니 누가 나를 위하여 진무鎭撫해 주겠오?" 하니 홍유洪儒·박술희朴術熙 등이 가기를 청하였다. 태조가 말하기를 "무릇 장수가 되면 인심 얻는 것이 귀하다." 하니, 공훤公萱과 대광大匡 제궁悌弓 등이 아뢰기를 "유금필이 좋습니다."라고 하였다.

태조가 말하기를 "지난 번 신라의 역役에 유금필의 노고가 매우 컸다. 내가 그 노고를 생각하여 차마 두 번 다시 밖에 나가 싸우는 수고를 명하지 못한 것이다."고 하였다. 유금필이 배사拜謝하여 이르기를 "신의 비록 나이가 들었으나 감히 힘을 다하지 않겠습니까!" 하였다. 태조가 기뻐 눈물을 흘리며 도통대장군都統大將軍을 삼아 예성강禮成江까지 전송하고, 새 어선御船을 하사하여 보내고, 사흘 동안이나 머물며 유금필이 배를 탈 때까지 기다렸다가 돌아왔다. 유금필이 나주羅州에 이르러 경략하고 돌아오니 태조가 또 예성강에 행차하여 맞이하였다.

(태조) 19년(936)에 태조를 따라 백제를 쳐서 이를 멸하였다.

(태조) 24년(941)에 죽었다.

유금필은 장수의 지력이 있고, 군사들의 마음을 얻어 매번 출정出征할 때 명을 받으면 곧 바로 떠나 집에 가서 자지를 않았다. 개선하여 돌아오면 태조가 꼭 맞아 위로하여 시종 총애하고 대우함이 여러 장수가 미칠 바 아니었다. 충절忠節이라 시호를 내렸다. 성종 13년(994)에 태사太師 벼슬에 추증하여 태조 묘정太祖廟庭에 배향配享하였다.

박술희朴述熙

혜성군槥城郡{지금의 면천沔川이다.} 사람으로, 아버지는 대승大丞 박득의朴得宜이다. 박술희는 천성이 용감하고 육식을 좋아하여 비록 두꺼비[蟾蜍], 개미[螻蟻]라도 얼굴색 하나 변하지 않고 다 먹었다. 나이 18살에 궁예弓裔의 위사衛士가 되었다가 뒤에 태조를 섬겨 여러 차례 공功을 세워 대광大匡이 되었다. 혜종惠宗이 7살 때 태조가 그를 태자로 세우고

자 하였으나, 어머니 오씨吳氏가 미천한 출신의 사람이기 때문에 그 뜻을 박술희에게 보이니, 박술희가 태조의 뜻을 짐작하고 혜종을 세워 정윤正胤(태자)을 삼기를 청하였다. 태조가 임종臨終할 때에 박술희를 불러 이르기를 "경卿은 태자를 잘 보좌하라." 하니, 박술희가 태조의 유언을 받들어 혜종을 세웠다.

혜종이 병석에 눕자, 박술희와 왕규王規가 서로 미워하였다. 박술희가 군사 100여 명으로 호위하게 하였다. 정종定宗이 그가 딴 뜻이 있다고 의심하여 갑곶甲串에 귀양 보냈는데, 이를 빌미로 왕규가 거짓 왕명을 내어[矯命] 죽였다. 후에 엄의嚴毅라 시호를 내리고, 태사太師 벼슬에 추증하였다.

왕식렴王式廉

삼중대광三重大匡 왕평달王平達의 아들로 태조의 종제從弟이다. 사람됨이 충성스럽고, 용감하며, 성실하고 근면하였다. 태조가 평양이 황폐하였으므로 백성을 이주시켜 채우고 왕식렴에게 명하여 가서 진무하게 하고, 또 안수진安水鎭과 흥덕진興德鎭 등지의 성을 쌓아 공이 있었으므로 옮겨 좌승佐丞이 되었다. 왕식렴이 오래 평양을 진무하여 사직을 보위하고 영토를 개척하는 것을 자기의 임무로 삼았다.

왕규王規가 장차 난을 일으키려고 하자 정종定宗이 가만히 왕식렴과 더불어 변에 대응할 모책謀策을 구하여, 왕식렴이 평양으로부터 군사를 거느리고 들어와 호위하므로, 왕규가 패하여 주살되었다. 왕(정종)이 왕식렴을 더욱 중히 의지하였다.

(정종) 4년(949)에 죽으니 위정威靜이라 시호를 내렸다.

박수경朴守卿

평주平州 사람으로, 아버지는 대광위大匡尉 박지윤朴遲胤이다. 박수경의 성품은 용렬勇烈하고 임기응변의 지혜가 많았다. 태조를 섬겨 원윤元尹이 되었다. 백제가 자주 신라를 침범하니 태조가 박수경을 명하여 장군을 삼아 가서 지키도록 하였다. 마침 견훤甄萱이 다시 쳐들어오거늘 박수경이 곧 특별난 계책으로 물리쳤다. 조물군曹物郡(안동 부근) 싸움에 태조가 3군軍으로 나누어, 제궁帝弓을 상군上軍을 삼고, 왕충王忠을 중군中軍을 삼고, 박수경을 하군下軍을 삼아 싸우기 시작하였는데, 상군과 중군은 불리하였으나 박수경 등이 홀로 싸워 이겼다. 태조가 기뻐하여 원보元甫로 승진시키자, 박수경이 말하기를 "신의 형 박수문朴守文이 현재 원윤元尹으로 있는데 신의 자리가 그 위에 있으면 어찌 스스로 부끄럽지 않겠습니까?"라고 하니, 드디어 함께 원보로 삼았다.

발성勃城 싸움에 태조가 포위되었으나 박수경의 도움을 받아 빠져 나왔으며 또 태조를 따라 신검神劒을 쳤다. 뒤에 역분전役分田을 정하되 사람의 성행性行의 선악과 공로의 대소를 보아 차등 있게 급여하니 박수경에게는 토지 200결을 특별히 하사하였다.

정종定宗이 (즉위하여) 내란을 평정할 때에 박수경의 공이 컸으므로 이어 대광大匡으로 올렸다.

광종光宗 13년(962)에 아들 좌승佐丞인 박승위朴承位·박승경朴承景과 대상大相 박승례朴承禮 등이 참소되어 옥에 갇히니 박수경이 홧병[憂恚]으로 죽었다. 뒤에 사도司徒로 추증하였다.

논하기를,

예로부터 제왕이 일어날 때는 반드시 그를 돕는 신하[佐命之臣]가 있다. 홍유·신숭겸·배현경·복지겸 같은 이들이 함께 모의하여 하루 밤 사이에 울연히 기둥과 같이 도왔다. 5대 말에 석수신石守信과 조보趙普가 대중들의 마음에 압박을 받아 왕을 세워 점검하였으니 시대는 달라도 이치는 같은 것이다.

신숭겸이 이미 특별한 공을 세웠는데 또 큰 절의를 지켰으니 그 얼마나 위대한 것인가? 동쪽으로 정벌하고 서쪽을 토벌하여 여러 차례 큰 공훈을 세운 것은 유금필이 당연히 제일이다. 죄를 받아 폐인이 된 가운데서 충성스러운 마음으로 떨치고 일어나 충성을 다하고, 기울어져가는 나라를 잡아 세웠으니 비록 옛 열사들이라 할지라도 이보다 높을 수 있겠는가.

왕식렴·박술희·박수경은 모두 정책평난定策平難의 공으로 족히 칭탄할 만하다. 박술희가 군사로 옹위하여 화를 불러일으키고, 왕명을 왜곡하여 죽임을 당하는 것을 면치 못하였으니, 신하가 주밀하지 못하면 망신을 당한다는 말이 어찌 사실이 아니겠는가.

왕순식王順式 {이총언李忩言 견금堅金} 윤선尹瑄 공직龔直 박영규朴英規

왕순식王順式

명주溟州사람이다. 본 주의 장군으로, 오랫동안 (태조)에게 귀부하지 않아 태조가 근심하였다. 마침 왕순식의 아버지 허월許越이 승려가 되어 내원內院에 있었는데 그로 하여금 왕순식이 귀부하도록 설득을 하니 왕순식이 드디어 그의 장자 왕수원王守元을 보내 관인官印을 가지고 귀부하고, 명주의 병사 600명으로 하여금 들어와 숙위宿衛하게 하였다. 뒤에 (왕순식이) 자제들과 함께 와서 (태조)에게 조회하니[來朝] 왕성王姓을 하사하고 그 여러 아들에게 관직을 주었다. 태조가 신검神劒을 토벌할 때에 왕순식이 명주溟州로부터 군사를 거느리고 와서 전쟁에 참여하여 이를 무찔러 격파하였다. 또 이총언李忩言·견금堅金·윤선尹瑄·흥달興達·선필善弼·진평秦評 등이 모두 스스로 군사들을 이끌고 이를 흠모하여 태주에게 관부款附히여 일시에 공신功臣이 되었다.

이총언李忩言

신라 말에 벽진군碧珍郡을 가지고 있었는데, 이때에 군도가 사방에서 일어났으나 이총언이 성을 빙 둘러 굳게 지키니 백성들이 이에 힘입어 편안하였다. 태조가 사람을 보내어 함께 힘을 다하여 화란禍亂을 진정시키자고 설득하니 이총언이 글을 받들고 매우 기뻐하여 아들 이영李永을 보내어 군사를 거느리고 태조를 따라 정토征討케 하였다. 태조가 종실의 딸을 이영의 아내로 삼게 하였으며, 이총언을 벽진군 장군將軍에 임명하고, 이웃 고을 정호丁戶를 더 내려주었다. 또 광주廣州(지금의 경기도 광주)·충주忠州·죽주竹州(지금의 경기도 안성시 죽산면)의 창고 소금과 곡식 4천 석을 주고, 아울러 친필 편지를 보내어 신의를 맹서하니 이총언이 감격하여 군정軍丁을 단결시키고, 재물과 군량을 비축하여 신라와 백제가 싸우는 틈바구니에 외로운 성으로 끼어 있으면서 의연하게 동남쪽에서 지원하였다. (태조) 21년(938)에 죽었다.

견금堅金

청주靑州 사람으로 청주의 장군將軍[4]이었다. 태조가 즉위하여 청주 사람들이 변사變詐가 많다고 여겨 청주 사람 능달能達·문식文植과 명길明吉 등을 보내어 엿보게 하였다. 능달이 돌아와 다른 뜻이 없다고 하였으나 오직 문식은 가만히 고을 사람인 김근겸金勤謙과 관준寬駿에게 족히 믿을 수 없다고 말하니 견금이 그 부장副將을 이끌고 와서 (태조를) 뵈었다. (태조가 그들을) 후히 대우하니, 견금이 아뢰기를 "신 등은 충성을 다할 것입니다. 하지만 우리 고을의 김근겸과 관준 등과는 그 마음이 같지 않으니, 이 몇 사람을 제거하면 후환이 없을 것입니다."라고 하였다. 이에 태조가 "짐의 마음은 살육을 그치게 하는 데 있다. 하물며 이들은 모두 힘을 다해 나라는 세운 공로가 있는 사람들이니 한 개의 고을을 얻으려고 충성스럽고 어진사람들을 죽이는 일은 하지 않겠소."라고 하니, 견금 등이 부끄럽고 두려워서 물러갔다. 김근겸 등이 이 말을 듣고 견금 등을 머물러있게 하여 변란의 기미를 관찰하기를 청하였으나 태조가 이를 허락하지 않았다.

그리고 견금堅金 등에게 말하기를 "지금 비록 그대의 말대로 하지는 않았으나 그대의 충성을 매우 가상히 여기고 있으니 빨리 돌아가서 (청주) 사람들의 민심을 안정시켜주시오." 하였다. 견금 등이 말하기를 "신 등이 충정을 드러내어 이해관계를 말씀드렸으나 도리어 남을 모함한 것처럼 되어 버렸습니다. 하지만 왕께서는 이를 죄로 여기시지 않으시니 깊이 맹세하건대 나라에 보답하겠습니다. 그러나 한 고을의 사람들이라 하여도 마음이 같지 않아서 만약에 반란이 일어나면 제어하기가 어려울까 걱정

---

4 견금은 청주의 영군 장군領軍將軍이었다. 고려사 권21, 열전 5 참조.

되오니 원컨대 관군[王師]을 보내어 탄압하여 비상의 상태를 살피게 하소서." 하니 태조가 옳다고 여겨 홍유洪儒와 유금필庾黔弼 등을 보내어 군사를 거느리고 가서 진주鎭州에 진수鎭戍하여 이에 대비하도록 하였다.

윤선尹瑄

염주鹽州 사람이다. 사람됨이 침착하고 용맹스러우며 병법[도검韜鈐]에 밝았다. 처음에 궁예弓裔 밑에서 벼슬을 하였으나 화가 미칠까 염려하여 당여黨與를 거느리고 북변北邊으로 달아나 2,000여 명의 무리를 모아 골암성鶻岩城에 살면서 흑수번黑水蕃 무리를 소집하여 오랫동안 변방 고을에 해를 끼치다가 태조가 즉위함에 무리를 거느리고 내부來附하니 이로써 북쪽 변방이 안정되었다.

흥달興達

홍달은 견훤甄萱을 위하여 고사갈성주高思曷城主(오늘날의 경북 문경시)가 되었다가 태조가 강주康州(오늘날의 경남 진주시)에 순행할 때 홍달이 아들을 보내어 관인을 바쳤다. 이에 백제의 군리軍吏들이 많이 항복하니, 태조가 이를 가상히 여겨 홍달과 그 세 아들에게 주세州稅를 주어 그 공을 기렸다.

선필善弼

선필은 신라의 재암성載巖城[5] 장군이었다. 태조의 위엄과 덕망을 보고 드디어 귀부하고, 이로부터 신라와 통호通好하도록 힘썼다. 적을 막는 데 여러 번 공이 있었으며, 입조할 때에 이미 나이가 많았지만 대우하기를 두터이 하고, 상보[尙父][6]라 칭하였다.

---

5 지금의 청송靑松.

6 국부國父라고도 하며 한다. 이 호칭은 주나라 무왕이 태공망太公望 여상呂尙을 아버지처럼 높여 대우한 고사에 유래한다.

태평泰評

태평은 염주鹽州(오늘날의 황해도 연안군) 사람이다. 서사書史를 섭렵하였다. 처음에는 적賊(궁예)을 따랐으나 후에 태조에게 귀부하여 개국開國할 무렵에는 함께 힘을 썼으므로 발탁하여 낭중郎中에 임명하였다.

공직龔直

공직은 연산燕山{지금의 문의文義이다.}의 매곡昧谷{지금의 회인懷仁이다.} 사람이다. 용감하고 지략이 있다. 신라 말에 본 읍의 장군으로 견훤甄萱에게 귀부하여, 큰 아들 직달直達과 둘째 아들 김서金舒 및 딸 하나를 백제의 볼모로 삼았다. 공직이 일찍이 백제에 조공朝貢하였으나 백제가 반드시 망할 것을 헤아리고는 직달에게 은밀히 이르기를 "이 나라의 무도無道함이 이와 같으니 다시 오고 싶지 않다. 들으니 고려 왕공王公이 하늘로부터 명을 받은 부험이 있다고[有受命之符] 하니 나는 귀부歸附하고자 하는데 너는 어떠하냐?"고 하니, 직달이 말하기를 "백제가 장차 망한다는 것은 어리석은 지혜로도 모두 다 아는 바입니다. 아버지께서 현명한 군주에게 귀부하시어 우리 고을을 보전하고자 하시니 당연한 일이 아니겠습니까? 저도 마땅히 동생들과 함께 틈을 타서 귀부하겠나이다. 만약에 귀부하지 못한다하더라도 아버지의 현명한 판단에 힘입어 남은 경사[餘慶]가 자손에게 흐르게 된다면 직달은 비록 죽더라도 한이 없을 것입니다."라고 하였다. 공직은 드디어 뜻을 결정하고 내부來附하였다.

태조 15년(932)에 공직이 그 아들 영서英舒와 함께 내조來朝하여 말하기를 "신이 멀리 벽읍僻邑에 있었으나 풍화風化를 사모하였습니다. 비록 천명을 도울 힘은 없으나 바라건대 신하된 절개를 다 할까 합니다." 하니, 태조가 기뻐하여 "경은 밝히 기미를 보고 배역귀순背逆歸順하니 매우 가상하오."라고 하며 관작을 더하고, 넉넉히 포상하고 되돌려 보내었다. 견훤이 공직이 귀부하였다는 소식을 듣고 크게 노하여 직달과 금서 및 딸을 잡아 단근질하고 다리의 힘줄을 끊으니, 직달은 죽었으며, 후에 금서는 살아 돌아왔다.

(태조) 22년(939)에 공직이 좌승佐丞으로 죽으니 태조가 사신을 보내어 조의를 표하

고, 정광政匡 벼슬에 추증하였고, 시호는 봉의奉義라 하였다.

박영규朴英規

박영규는 승주昇州{지금의 순천順天} 사람이다. 견훤甄萱의 딸을 아내로 맞이하여 견훤의 장군이 되었다가 견훤이 고려에 귀부하자 박영규朴英規가 비밀히 아내에게 말하기를 "대왕大王의 홍업이 막 이루어지려 하였는데, 하루아침에 가인家人의 화를 입었다. 만약 우리의 인군人君(견훤)을 버리고 적자賊子를 섬긴다면 무슨 낯으로 천하의 의사義士를 보겠소. 그러나 고려 왕공王公은 어질고 남다른 자질로 민심을 얻어서, 아마도 하늘이 계시한 사람 같으니, 어찌 글을 보내 우리 임금을 위문하고 아울러 왕공王公에게 나의 간절한 마음을 표하여 장래의 복을 도모하지 않으리오."라고 하니 그 아내가 (그 뜻을) 따랐다.

(태조) 19년(936) 2월에 박영규가 글을 올려 귀부할 뜻을 표하고 또 내응하여 왕사王師를 맞이하겠다고 청하니, 태조가 크게 기뻐하여 그 사령使令을 후하게 하사하고 돌려보내며 박영규에게 대답하기를 "왕사王師(태조)의 군대가 남하하면 마땅히 먼저 장군을 뵈온 뒤, 당堂에 올라 부인夫人에게 절하고, (그대는) 형으로 (부인은) 누님으로 받들어 끝까지 후히 보답하겠소."라고 하였다. 9월에 태조가 신검을 토벌하여 백제를 멸망시키고 박영규에게 좌승佐丞에 임명하고, 토지[田] 1,000경頃을 하사하였으며, 두 아들에게도 벼슬을 내렸다.

논하기를,

계포季布가 항우項羽의 신하가 되고, 위징魏徵이 건덕建德의 신하가 된 것에 대해 역사에 비난하는 말이 없는 것은 왜인가? 왕태조가 천명을 받아 왕이 되어 중국[漢唐]을 얕보지 않은 즉 여러 신하들이 귀부해 와도 의리로 대하여 부끄러움이 없었기 때문이다. 왕순식王順式이 동쪽으로 명주를 다스리고, 이총언이 남쪽을 차지하고 있으며, 견금堅金이 서호湖西에 웅거하면서 모두 은혜와 신뢰로 맺어졌기 때문에 그들이 사력을 다해 태조를 도왔으니 가히 부릴 줄 아는 기술이 있었다고 말할 수 있겠다.

공직龔直은 사랑스런 (아들을) 버리고 충성을 다하였으며, 박영규朴英規는 부인과 상의하여 귀부한 것은 역순逆順의 이치에 통달하지 않았다면 능히 할 수 없는 일이었다.

최응崔凝 최언위崔彦撝 왕유王儒 최지몽崔知夢

최응崔凝

최응은 황주黃州의 토산土山사람으로, 아버지는 대상大相 최우달崔祐達이다. 최응의 어머니가 임신하였을 때 집에 있는 (오이 덩굴에 문득) 참외[黃瓜]가 열리니 사람들이 이 사실을 궁예弓裔에게 고하자 궁예가 점을 쳐 말하기를 "사내를 낳으면 나라에 불리하니 키우지 말라."고 하였다. 그러나 부모가 몰래 숨겨 키웠다.

어릴 때부터 열심히 공부하여 오경五經에 통하고 글을 잘 지었다. 궁예 때 한림랑翰林郞이 되어 왕의 제고制誥[7]를 초안을 작성하니 그 뜻에 매우 합당하여, 궁예는 "이른바 성인을 얻는다 함은 이 사람이 아닌가."라고 하였다.

하루는 궁예가 태조를 불러 모반謀叛이 있다고 무고를 하니 태조가 이를 변명하였다. 이때 최응崔凝이 장주掌奏가 되어 궁예의 곁에 있다가 일부러 뜰에 내려가 붓을 줍는 척하면서 태조를 깨우쳐 주니, 태조가 깨닫고 (드디어 거짓으로 복종하니) 이로써 위기를 면하였다. 태조가 즉위하자 이전의 관직대로 지원봉성사知元鳳省事로 있다가 바로 광평낭중廣評郎中에 임명되었다. 최응이 공보公輔의 도량으로 사무에 밝게 통달하여 당시 사람들이 크게 칭송하였으며, 태조에게서도 인정을 받으니 밤낮 부지런히 옳고 그름을 따져 건의하는 것이 많았는데, 태조가 그 때마다 기꺼이 받아들였다. 태조가 일찍이

---

7 재신을 임면할 때는 마제麻制(대관고大官誥)를 사용하여 공표하였고, 추밀, 복야, 팔좌6상서와 좌우산기상시와 상장군을 임명할 때는 관고官誥를 사용하고 선마의 절차를 거치지 않았다. 고려시대 제고문은 한림원, 보문각 학사나 지제고가 소속된 고원에서 맡아 작성하였다.

이르기를 "그대는 학문이 풍부하고 재식才識이 높은 데다 겸하여 나라를 다스리는 요체를 잘 알고 있는 사람으로, 나라를 걱정하며 몸을 돌보지 않고 충성을 다하니 옛적의 명신도 이보다 더할 수 없을 것이오." 하고 내봉경內奉卿으로 옮겨 임명하였다.

얼마 지나지 않아 광평시랑廣評侍郞에 임명하자 최응이 사양하기를 "신의 동료 윤봉尹逢은 신보다 10년 연장이오니, 청컨대 먼저 제수하소서."라고 하니 태조가 예양禮讓함이 많은 것을 알고 그 청을 따랐다.

최응이 항상 재계齋戒하고 소찬素饌을 먹었는데 병들어 누우니 태조가 동궁東宮을 보내어 문안하여 육식하기를 권하였으나 최응이 굳이 사양하고 먹지 않자 태조가 그 집에 행차하여, "경이 (육식하지 않으면) 두 가지 손실이 있으니 그 몸을 보전하지 못하여 끝까지 그 어머니를 봉양하지 못함이 불효요, 명이 길지 못하여 나로 하여금 일찍이 좋은 보필을 잃게 함이 불충不忠이라."고 하니 최응이 비로소 고기를 먹으니 과연 병이 나았다.

(태조) 15년(932)에 죽으니 나이 35세였다. 추증하여 태자태부太子太傅가 되고, 희개熙愷라고 시호하였다. 현종顯宗 18년(1027)에 태조 묘정太祖廟庭에 배향配享하였다.

최언위崔彦撝

최언위의 옛 이름은 최신지崔愼之였으며, 신라 사람이다. 나이 18세에 당나라에 유학遊學하여 등제하였는데, 발해渤海 재상宰相 오소도烏炤度의 아들 오광찬烏光贊과 같은 해에 급제를 한 동년同年이었다. 마침 오소도烏炤度가 당나라에 들어가 조회하려다가 그 아들의 이름이 최언위의 이름 밑에 있음을 보고 옛 고사故事[8]를 끌어다가 표表를 올려 오광찬의 이름을 최언위 위에 올려달라고 요청하였으나 당나라에서는 최언위가 더 재주가 있다하며 허락하지 않았다. 천하가 (안록산의 난으로) 어수선해지자 비로소 귀국하니 신라에서 서서원학사瑞書院學士에 임명하였다.

---

8 오소도가 신라 사람 이동李同과 같은 해에 당나라 과거에 합격하였는데, 당시 오소도가 상위로 합격하였던 사례를 말한다.

태조가 (고려를) 세우자 최언위는 가족을 이끌고 와서 뵈니, 태자사부太子師傅에 임명하고 아울러 문한文翰의 일을 맡겼으며, 궁원宮院의 액호額號는 모두 최언위로 하여금 짓게 하였다. 벼슬은 한림원령翰林院令 평장사平章事에 이르렀다.

혜종惠宗 원년(944)에 죽으니,[9] 문영文英이라 시호를 내렸다. 아들로 최광윤崔光胤·최행귀崔行歸·최광원崔光遠이 있다.[10]

(맏아들) 최광윤崔光胤은 일찍이 빈공賓貢으로 진晋(후진)에 들어갔다가 거란契丹에 의해 진나라가 함락되자 붙잡혔으나 재주로 거란 관리로 쓰임을 받았는데 몰래 글을 보내 거란의 동정을 알려오니 광종[11]이 그 글을 얻어 보고 광군사光軍司를 설치하였다.

(둘째) 최행귀崔行歸도 오월국吳越國에 유학하여 비서랑秘書郎을 지냈다가 본국으로 돌아와 광종을 섬겨 행신幸臣이 되었다가 사형에 처해졌다.

(셋째) 최광원崔光遠의 아들은 최항崔沆이다.

왕유王儒

왕유의 원래 성은 박씨朴氏이며, 자字는 문행文行으로 광해주光海州(오늘날의 강원도 춘천) 사람이다. 성품이 질박하고 곧으며, 경사經史에 능통하였다. 처음에는 궁예弓裔를 섬겨 동궁 기실東宮記室이 되었으나, 궁예의 정치가 어지러운 것을 보고 출가出家하여 산에 숨어 지냈다. 태조가 등극했다는 말을 듣고 승려 옷을 벗고 와서 태조를 뵈니, 태조가 기뻐 이르기를 "다스림의 길은 오직 어진 이를 구함에 있으니 이제 경이 온 것은 부암傅巖과 위빈渭濱의 선비를 얻음과 같도다."[12] 하고 관대冠帶를 하사하고 기밀을 관장하는 요직을 맡도록 하였는데, 공로를 세우니 왕씨王氏 성姓을 내려주었다.

그의 현손玄孫은 왕자지王字之인데, 예종을 섬겨 관직이 참지정사參知政事에 이르렀다.

---

9 당시 나이는 77세였다.

10 이들 외에 4남 최행종崔行宗이 있다.

11 광군사를 설치한 것은 광종이 아니라 정종定宗이다.

12 중국 은나라 고종[武丁]이 부암傅巖에서 재상 부열傅說을 얻고, 주나라 문왕[西伯]이 위수渭水에서 태공망太公望[呂尙]을 얻은 것을 말한다.

시호는 장순章順이다.

최지몽崔知夢

최지몽의 옛 이름은 최총진崔聰進이며, 영암군靈巖郡 사람 원보元甫 최상흔崔相昕의 아들이다. 성품이 자애롭고 검약했다. 대광大匡 현일玄一[13]에게 배워 경사經史를 널리 섭렵하였는데 특히 천문天文과 복서卜筮에 조예가 깊었다. 나이 18세에 태조가 그 이름을 듣고 불러 꿈을 해몽하게 하니, 최지몽이 축하하며 이르기를 "반드시 장차 삼한三韓을 다스릴 길조입니다."라고 하였다. 태조가 기뻐하며 지금의 이름을 내려주고, 공봉供奉의 직책에 제수하였다. (태조의) 정벌 전쟁에 따라 다니며 좌우를 떠나지 않았고 통일한 후에도 궁궐 안에서 왕을 모시고 고문顧問에 대비하였다.

혜종惠宗 2년(945)에 왕규王規가 왕의 동생을 해치려고 음모하자, 최지몽이 아뢰기를 "유성流星이 자미紫微[14]를 범하니 나라에 반드시 도적이 있을 것입니다."고 하였다. 뒤에 혜종이 병으로 누었을 때, 최지몽이 비밀리에 거처를 옮길 것을 아뢰어 왕규의 모반이 실패로 끝났다.

정종定宗이 즉위하여 장획臧獲(노비)과 안마鞍馬 및 은기銀器를 하사하였다.

광종 때 왕의 귀법사歸法寺 행차에 따라갔다가 술을 마시고 예의에 어긋나는 행동을 하여 외걸현猥傑縣으로 쫓겨났다.[15]

경종景宗 5년(980)에 소환되어 동래후東萊侯에 제수되었다. 어느 날 최지몽이 아뢰기를 "객성客星이 황제의 자리를[帝座]를 범하니 숙위를 엄격하게 하는 것이 마땅합니다."라고 하였는데, 얼마 되지 않아 왕승王承 등이 반역을 꾀하였다가 처형되니[伏誅] 왕이 어의御衣와 금대金帶를 하사하였다.

성종成宗 원년(982)에 벼슬이 내사령內史令을 더하고, 홍문 숭화 치리弘文崇化致理의 공

---

13 당나라에 유학파 문인 지식인으로 전한다.

14 북두성의 북쪽에 있는 별자리를 말한다. 자미원紫微垣이라고도 한다.

15 약 11년 동안 쫓겨나 있었다.

신호功臣號를 내렸으며 그 부모에게도 작위를 하사하였다. 최지몽의 나이 78세에 3번 표表를 올려 치사하기를 청하였으나[乞骸] 허락하지 않았다.

(성종) 6년(987)에 최지몽이 병이 드니 성종이 친히 거동하여 문병하고 3천명의 승려에게 음식 공양을 하며[飯僧] 그의 장수를 빌게 하였으나 죽으니 나이 81세였다. 민휴敏休라 시호를 내리고, 태사太師에 추증하였다.

논하기를,

최응崔凝은 재주가 많고 뛰어난 지식을 갖고 훌륭하고 비범한 것이 짝할 사람이 없었다. 그러나 태봉의 정치가 어지러웠을 때에 능히 멀리나마 인도하지 않은 것은 왜인가? 군자가 이를 병통으로 생각하였다.

최언위는 문한文翰으로 일어났으며, 최지몽은 지략과 꾀로 쓰임을 받았으니, 그 역시 한 때의 재주가 뛰어난 인재이다.

왕유王儒는 어지러운 세상을 만나서는 고고한 길을 걸으며, 좋은 시절을 기다렸으니 출처出處의 의리가 합치되었으니 족히 칭찬할 만하다.

서필徐弼 최승로崔承老 한언공韓彦恭 김심언金審言

서필徐弼

서필은 이천利川 사람이다. 광종을 섬겨 대광大匡 내의령內議令이 되었다. 서필은 처음에 하급 관리[刀筆]로 관직을 시작하였으나 청렴하고 정직하며 사심이 없고, 직언[規諫]을 좋아했다. 광종이 재신宰臣 왕함민王咸敏과 황보광겸皇甫光謙 및 서필에게 금비단[金叵羅]을 내려주니 서필이 받지 않으며 말하기를 "의복衣服과 용기用器는 등쇄等衰(등급)를 밝히는 것이고, 사치와 검약은 치란에 관련되는 되는데, 신이 금 그릇을 쓰면 임금은 장차 무슨 그릇을 쓰시겠습니까?"라고 하니, 광종이 이르기를 "경이 능히 금옥을 보배로 삼지 않으니 나는 마땅히 경의 말을 보배로 삼을 것이오."라고 하였다. 일찍이 나아가 알현하여 말하기를 "바라건대 임금께서 공이 없는 사람에게 함부로 상을 주지 말고, 공로가 있는 사람을 잊지 마소서."라고 하니, 광종이 아무 말도 하지 않다가 이튿날 근신近臣을 보내어 공 있는 자와 공 없는 자가 누구냐고 물었다. 서필이 대답하기를 "공 있는 자는 원보元甫 식회式會가 이 사람이요, 공 없는 자란 바로 너희들이니 이것으로 아뢰어라."고 하였다.

이때에 광종이 중국인[華人]들을 후대하여 군신들의 제택第宅의 좋은 것을 골라 취하여 이들이 거주하게 하니, 하루는 서필이 아뢰기를 "신이 사는 집이 조금 넓으니 이를 바치고자 합니다."라고 하였다. 광종이 그 까닭을 묻자 대답하기를 "지금 투화投花한 사람들이 관직을 골라 벼슬살이 하고 집을 골라 거처하니, 신은 어리석으나마 자손을 위하여 계획을 세우고자 합니다. 재상들이 사는 집은 장차 자신의 소유가 되지 못할 것이므로 제가 살아 있을 때 그들로 하여금 이를 취하게 하고, 신은 녹봉의 여분으로 다시 작은 집을 마련하여 자손들에게 주어 안정시키고자 합니다."고 하였다.

광종이 화가 났으나 마침내 느끼고 깨달아 다시는 신료의 집을 빼앗지 않았다. 또 내구마內廐馬가 죽자 광종이 담당자에게 죄를 주고자 하였으나, 서필이 '공자孔子께서 말[馬]은 묻지 않았다'는 이야기를 인용하여 간쟁하니, 담당자가 벌을 받지 않았다.

(광종) 16년(965)에 죽으니 나이 65세이요, 시호는 정민貞敏이다.

최승로崔承老

최승로는 경주慶州 사람이다. 아버지는 최은함崔殷含인데 신라에서 벼슬하여 원보元甫에 이르렀다. 최승로가 총명하고 조심성이 있으며, 글을 잘 지었다. 12살 때에 태조가 불러 『논어論語』를 읽게 하고 감탄하여 원봉성元鳳省 학생이 되게 하고, 안마鞍馬를 내려주었다.

성종 원년(982)에 정광正匡으로 상주국上柱國이 되었다. 이때에 왕이 구언하교求言下敎를 하니, 최승로가 상서上書하였다. "신은 비록 어리석으나 다행히 좋은 시절을 만나 오래 근시近侍의 직분을 욕되게 하고 여러 번 특별한 은영恩榮을 입었습니다. 비록 가히 시대를 바로잡을 좋은 계책은 없지만 일편단심으로 나라에 보답하기를 기약합니다.

가만히 보건대 당나라 개원開元(당 현종의 연호. 713~741) 사신史臣 오긍吳兢이 『정관정요貞觀政要』를 편찬하여 현종玄宗으로 하여금 태종太宗의 정치를 본받을 것을 권한 것은 일의 형편[事體]이 서로 비슷하고, 한 집안에서 나온 것이 아니라고 하여도 아름답고 밝은 정치를 하는 데에 모범으로 삼을 수 있었기 때문입니다.

신이 살펴보니, 태조가 나라를 세우고 왕통을 물려준 것[創業垂統]은 이른바 개조開祖의 공이요, 여러 임금들이 왕위를 이어받아 수성守成한 것은 후대 임금들의 덕입니다. 태조께서 국가를 세워 자손의 행복과 경사를 여셨으나, 뒤의 임금들이 중흥과 침체를 거듭하여 한 때의 허물을 면하지 못한 이유는 정치에 치란이 있고, 일에 선악이 있으며 처음 시작할 때와 달리 마무리를 잘하지 못하여 위태롭고 어지러운 지경에 이른 경우가 많았기 때문이니, 진실로 통탄할 일입니다. 우리 태조가 개국한 이래로 신이 알고 있는 것은 모두 신의 마음에 외우고 있어 이제 삼가 5조五朝의 정치와 교화의 잘한 것과 잘못된 것을 기록하여 가히 본받을 것과 가히 경계할 것을 조목條目지어 아뢰겠습니다.

삼가 살펴보니, 우리 태조 신성 대왕神聖大王은 등극하시어 내란을 평정하고 흉악한 무리를 정벌하시고, 도참비기圖讖秘記의 예언에 따라 천명을 받고 등극하시니 마침 신라[金鷄]가 스스로 멸망하였고, 고려가 다시 일어나는 운을 타서 고향을 떠나지 않고 곧 대궐을 지었습니다. 그리고 요하와 패수의 놀란 파도를 진정시키고 진한의 옛 땅을 얻어 19년 만에 천하를 통일했으니 공적은 더 없이 높고, 덕망은 한없이 크다고 하겠습니다.

거란契丹이 우리와 영토가 접해있으니 수호修好하는 것은 자연스러운 것이라 저들이 먼저 사신을 보내와 화친을 구해왔습니다. 그러나 (우리가) 교빙交聘을 끊은 것은 심원한 계책으로 우환을 미연에 막아 위태롭기 전에 나라를 보존함이 이와 같았던 것입니다.

발해渤海가 이미 멸망함에 그 세자[大光顯]와 관속들이 의를 사모하여 태조에게 귀부해 오니 태조가 영접하여 극진히 대우하고, 성씨를 내려주기까지 하여 그들을 종실의 호적에 붙이어 자기 조상의 제사를 받들도록 하였습니다. 멸망한 나라를 보존해 주고 끊어진 제사를 이어가게 해 줌으로써 능히 먼 곳에 있는 사람까지 복속하게 만든 것이 이와 같았습니다.

(백제) 견훤甄萱은 패란悖亂하여 임금을 죽이고 백성을 학대하니 태조가 이를 듣고 잠을 자고 먹을[寢食] 겨를도 없이 군사를 이끌고 죄를 토벌하여 (신라) 왕실을 바로 잡았으니 그 옛 임금을 잊지 않고 기울어져가는 나라를 위기에서 구해 안정시킨 것이 또한 이와 같았습니다.

신라의 군신들이 나라의 운이 다하여 스스로 귀화하기를 간청했으나 태조는 두세 번 사양하다가 이들을 받아들였습니다. 그리하여 바닷가 100여 성들이 모두 와서 복종하지 않음이 없었으니 그 능히 예로써 사양하여 사람들이 감복하지 않을 수 없었던 일이 또한 이와 같았습니다. 오직 남으로 백제를 평정함에 부득이 군사를 일으켰습니다만, 비록 날카로운 창칼을 마주하고 싸워도 살상하지 않으려 했으니 이는 어진 사람에게는 적이 없다[仁者無敵]는 것이라 할 수 있습니다. 견훤은 죄악을 쌓은 것이 너무 깊어져 드디어 반역한 자식에게 갇혔다가 우리나라로 도망해 왔으나 태조가 후한 예로서 맞이하였으며, 그가 죽음에 부의를 넉넉하게 내려주었습니다. 내세와 현세에 두루 걸친 도덕과 삶과 죽음에 두루 통한 의리가 이와 같았습니다.

백제를 평정함에 미쳐 수레가 성에 들어가니 백성들을 애휼함이 지극하나 호령은 엄숙하여 추호도 백성을 범하지 못하게 하였습니다. 대개 남북이 오랫동안 나누어지고, 신구新舊가 또 갈라졌으나 태조께서 이들을 어루만지시기를 한결같이 하여 변함이 없었으니 태조의 넓은 도량과 관대함이 또한 이와 같았습니다.

통일을 이룩한 이래로 예禮로써 큰 나라를 섬기고 도道로써 이웃나라와 사귀었으며 편안할 때 안일하지 않았고 아랫사람을 접할 때도 공경할 것을 생각하였습니다. 도덕을 소중히 여기고 절약과 검소함을 숭상했으며, 어진 이를 좋아했고 착한 일을 즐겼으며 자기를 버리고 남을 따랐습니다. 공손하고 검소하며 예의 바르고 겸손한 마음은 천성에서 우러나온 것이었습니다. 대개 민간에서 생장하여 어렵고 힘든 일을 두루 겪었으므로 사람들의 진실과 거짓을 모두 깨닫지 못한 것이 없었으며 상과 벌이 적절함을 잃지 않았고, 착한 사람을 알아 일을 맡길 줄 알았으니 제왕帝王의 체통을 아는 것이 이와 같았습니다.

더욱이 사람의 됨됨이를 알아 어진 이에게 일을 맡겨서는 의심하지 않았으며, 악한 사람을 물리칠 때 흔들리지 않았습니다. 유교를 중히 여기고 불교[釋教]를 존중하여 임금으로서의 미덕이 이로써 갖추어지게 되었으며, 나라를 다스리는 좋은 계책이 본받을 만했습니다. 다만 창업의 초기로 태평을 이룬지 얼마 되지 않아 예악 문물에 있어 마음을 쓸 겨를이 없어서 다만 몸소 절약하는 것으로 실천하시다가 갑자기 세상을 버리셨으니 참으로 애석하다 할 것입니다.

혜종은 오래도록 동궁東宮에 있어 사부師傅를 존례尊禮하고 이로 말미암아 아름다운 이름이[令名]이 조야에 알려져, 처음 즉위하셨을 때는 모든 사람들이 흔연히 모두 기뻐하였습니다. 이때에 정종定宗 형제가 다른 의도를 가지고 있다고 참소하는 사람이 있었으나 혜종은 듣고도 대답하지 않고 그를 대우함이 처음과 같았으므로 모든 사람들이 그 큰 도량에 감복하였습니다. 그러나 덕정德政을 닦지 않았으며, 문득 병이 깊어져 오랫동안 숙환을 앓게 되어 상침牀枕에 누워있는 사이에 문득 세월만 지연하여 갔나이다. 이에 조신朝臣과 현사賢士는 가까이 나아가지 못하고 향리鄕里의 소인小人들이 항상 와내臥內에 거처하고, 갑사甲士들을 전후좌우에서 호위하게 하였으니 이는 이것은 대개 사람들을 지나치게 의심한 것으로 임금의 체통을 크게 잃은 것입니다. 그가 세상을 떠나는 날에 겨우 횡액을 면하였으니 다행한 일이라 하겠습니다.

정종定宗은 번저藩邸에 계실 때 일찍이 영명令名이 있었는데 왕규王規가 난을 도모하고 있을 때 정종이 기미를 미리 알고 몰래 서도西都의 충의로운 장사將士와 계책을 정하여 대비하여 장차 내란이 일어남에 위병衛兵이 크게 개경에 도착한 까닭에 간악한 계획이 성사되지 못하고 흉악한 무리들이 처단을 받아 종묘사직이 흔들리지 않게 되었습니다. 정종이 즉위함으로부터 지금까지 38년인데 그 사이에 홍조洪祚가 끊어지지 않음은 또한 정종의 힘입니다. 정종이 밤낮으로 힘써 애써 다스림을 구하려고 때로는 촛불을 밝히고, 조사朝士를 인견引見하고 혹은 식사시간을 미루면서까지 만기萬機를 청단聽斷하였습니다. 그러므로 즉위한 처음에는 사람들이 모두 서로 경하敬賀하였습니다.

그러나 도참圖讖을 잘못 믿어 도읍을 옮길 것을 결의하고 또 천성이 강의剛毅하고 고집스러워 함부로 징발하여 역사役事를 크게 일으키니 많은 백성들이 복종하지 않아 원성이 이로 말미암아 일어나고 재앙이 메아리처럼 빨리 일어났습니다.

광종光宗은 영기英寄한 풍채와 우수한 자질로 아우로서 왕위를 계승한 후 예로써 아래 사람을 대하며 밝은 관찰력으로 사람을 잘 알아보았습니다. 친하거나 귀하다고 하여 사사로운 정을 두지 않고 항상 호부자와 억센 자들을 억제하였으며, 소원하고 미천한 사람이라 해서 버리지 않고 의탁할 데 없는 과부와 고아들에게 은혜를 베풀어주었습니다. 즉위한 해로부터 8년에 이르기까지 정치와 교화가 맑고 공평했으나, 쌍기雙冀를 임용한 이래로부터 문사文士를 존중하여 대우하는 것이 지나치게 풍성하니 이로 말미암아 재주 없는 사람들이 부당하게 등용되고 차례도 없이 승진하여 1년이 못되어 문득 재상의 반열에 오르며, 이러한 까닭으로 후생後生이 다투어 나아가고 구덕舊德은 점차로 쇠퇴하였나이다. 비록 화풍華風을 중히 하여도 중화中華의 아름다운 법은 취하지 않았으며, 비록 중국의 선비들은 대우하여도 중국의 현명한 인재는 얻지 못하였습니다. 백성들의 고혈만 짜내고 사방에서는 헛된 명예만 얻었습니다. 게다가 그 위에 불사佛事를 혹신하고 법문法門을 과중히 하여 오로지 복과 장수를 구하는 데만 전심하여 다만 기도만을 일삼으니 한도가 있는 재물을 탕진하여 끝없는 인연을 만들려고 하여 당장 눈앞의 무사함으로 장차 부처의 힘으로 그렇게 된 것이라 하여, 대략 계산하여도 보통 때 1년의 경비가 족히 태조 때 10년의 경비가 되었습니다.

또 말년에 이르러 무고한 사람을 많이 죽이니 상하의 마음이 서로 떠나가고, 군신君臣이 해체하여 옛 신하와 이름난 장수들이 차례로 살육되고, 골육 친척들도 모두 전멸되었습니다. 더욱이 혜종이 형제간의 우애를 잘 보전하였고, 정종이 방가邦家를 잘 보전함은 만약 은의恩義로 논한다면 가히 중하다 할 것인데, 두 왕은 모두 아들 하나씩밖에 없었는데, 그들의 생명마저 보전하지 못하게 하였으니 이는 그 덕을 갚지 않았을 뿐 아니라 오히려 원한을 깊이 맺은 것입니다. 또 말년에 이르러서는 자기의 외아들에게까지 의기심疑忌心을 품어 경종이 바야흐로 동궁東宮에 있을 때 매양 스스로 안심하지 못하다가 다행히 그 위位를 계승하게 되었습니다. 아아! 처음에는 착해서 일찍부터 명성을 얻었는데 후에는 착하지 못함이 이 지경에 이르렀는지 깊이 통탄할 일입니다.

경종은 깊은 궁중에서 태어나 부인의 손에 자라나 문 밖의 일은 일찍이 보고 알지 못하였으나 다만 천성이 총명하여 부왕 광종의 말년에 능히 화를 면하여 왕위를 계승할 수 있었습니다. 즉위하신 후에는 다년간 쌓인 참소와 중상의 문서를 불태우고, 여러 해 옥에 갇히었던 죄 없는 죄수를 석방하니 원한과 울분이 모두 풀리어 조정과 민간에서 찬양하고 경축하였습니다. 그러나 정치의 요체를 알지 못하여 오직 권문과 호족에게 정사를 맡기고, 여색에 빠지고 종일토록 즐거움에 탐닉하여 좌우에는 오직 중관中官과 내수內竪가 있을 따름이라 이로 말미암아 군자의 말은 자연히 받아들여짐이 없고 소인의 말은 때로 좇음이 있었습니다. (경종도) 처음에는 아름다운 명성이 있었으나 말년에는 좋은 덕행이 없으니 이른바 '좋은 시초는 없지 않으나 끝이 좋기는 드물다[靡不有初 鮮克有終].'는 것입니다. 충신, 의사로서 통탄하지 않을 수 있겠습니까? 이는 성상께서 친히 보시고 아시는 바입니다. 그러나 경종도 칭송할 만한 미덕을 가지고 계십니다. 혜종과 경종의 왕위 계승은 모두 춘궁春宮(태자)으로부터 한 것이니 사람들이 다른 야망을 가지지 않았으나, 형제간에 왕위를 계승할 경우에는 만일 분명한 부탁이 없으면 분쟁의 사단이 꼭 일어났습니다. 일찍이 혜종·정종·광종이 서로 왕위를 이은 처음에는 모든 일이 안정되지 못한 시기였으며, 두 서울(개경과 서경)의 문무 관리의 반 이상은 이미 살상되었습니다. 경종이 병을 얻었으나 아직 위독함에 미치지 않았을 때에 드디어 침소[臥內]에서 성상聖上(성종)을 인견하여 손을 잡고 군국軍國을 부탁하니 오직 사직의 복福만이 아니라 또한 신민들에게도 행운이었습니다.

엎드려 생각건대 전하는 높은 성인[上聖]의 덕을 가지시고 중흥中興의 시기를 만났으며 선왕이 손위하신 은혜로써 선대 여러 임금들의 위업을 계승하셨습니다. 이른 바 하늘이 주고 사람들이 귀의한다는 것입니다. 만약 성상께서 태조의 유풍遺風을 지키신다면 어찌 현종玄宗이 문황文皇(당태종)의 고사故事를 추모하는 것과 무엇이 다르겠습니까?

성상께서 능히 4왕[혜종·정종·광종·경종]의 일들을 취사선택하신다면, 혜종은 골육骨肉을 보전한 공이 있으니 가히 형제간의 우애의 의리를 가졌다고 말할 수 있으며, 정종은 먼저 반란의 싹을 미리 알고 이를 진정시켜 종묘와 사직을 다시 편안하게 하였으니 지모가 밝았다고 말할 수 있습니다. 광종의 8년 정치는 가히 하·은·주 3대에 비할 만하여 조정의 의식과 제도에서 자못 볼 만한 것이 있었으니 잘한 일과 못한 일이 비슷하다고 말할 만합니다. 경종은 선조先朝의 억울한 죄수를 석방하여 다년간 쌓였던 참소와 중상의 문서를 태워버렸으니 이른바 지극히 관인寬仁하다 할 만합니다.

무릇 4분의 선왕들의 정치 자취가 대략 이와 같으니 성상께서는 마땅히 그 선한 것은 취하여 행할 것이며, 좋지 않은 것은 교훈으로 삼아 급하지 않은 일은 없애고 이익이 없는 수고는 하지 말며 다만 임금은 위에서 평안하시고 백성은 아래에서 기뻐하도록 해야 할 것입니다. 시작할 때의 착한 마음으로 유종의 미를 생각하시어 날마다 근신하며 비록 용서할 만한 것이 있더라도 함부로 용서하지 말 것이며, 비록 존귀한 군주가 되어도 스스로 존대尊大하지 말고 풍부한 재주와 덕이 있어도 스스로 교만하거나 뽐내지 말고 오직 공경하는 정을 돈독히 하여 백성을 걱정하는 생각을 끊지 않으시면 곧 복은 구하지 않아도 스스로 이르고 재난은 기도하지 않아도 스스로 소멸할 것이니 성상의 수명이 어찌 만년이 가지 않겠으며, 왕업王業이 어찌 오직 백대에 그치겠습니까?

신이 삼가 시무時務 약간을 기록하여 별봉別封하여 올립니다. 삼국을 통일한 이래 47년에 군사들이[士卒]이 편히 잠자지 못하고 군량을 많이 소비하는 것은 서북지방의 융적들과 접경되어 경비할 곳이 많기 때문입니다. 대저 마헐탄馬歇灘을 경계로 삼은 것은 태조의 뜻이요 압록강변鴨綠江邊의 석성石城을 국경으로 삼자는 것은 중국[大朝]에서 정한 것입니다. 장차 이 두 곳을 전하께서 판단하시어 요해要害를 택하시어 국경으로 결정하시기 바랍니다. 그리고 토인土人으로 활쏘기와 말타기 잘하는 자를 가려서 그 방수防戍에 충당토록 하시면 경군京軍들은 교대로 경비하는 수고를 면할 것이요, 병마의 군량[芻粟]을 운반하는 비용을 절약할 것입니다.

시위하는 군졸들은 태조 때에는 많지 않았으나 광종 때에 와서 참소를 믿고 주와 군에서 풍채 좋은 자들을 선발하여 입시하게 하였으나 이것은 번잡하기만 하고 이로운 점은 없었습니다. 경종 때에 비록 약간 감원하였으나 오늘에 이르기까지 아직도 그 수가 많으니 옛 제도를 본받아 모두 혁파하여 돌려보내시기 바랍니다.

(후삼국을) 통합한 후에 수령을 배치하고자 하였으나 나라를 창업한 초창기로 나라

를 경영하는 데 겨를이 없었습니다. 지금 가만히 보니 지방 토호들의 폭압을 백성들이 감당할 수가 없으니 지방에 외관外官을 두어 백성들을 어루만지며 보살피는 일을 맡기시기 바랍니다.

우리 태조가 큰 나라를 섬기는 일[事大]하는 일에 마음을 두셨으나, 몇 해에 한 번씩 사신使臣을 보내 교빙의 예의[聘禮]를 닦았을 따름입니다. 그러나 지금은 사신을 보낼 뿐만 아니라 무역 때문에 오가는 사신이 매우 많으니 중국에서 천하게 여길까 염려됩니다. 또한 왕래하다가 배가 침몰하여 죽는 자도 많으니 청컨대 지금부터는 교빙하는 사신으로 하여금 무역을 겸하게 하고, 나머지 때 아닌 매매는 모두 금지하는 것이 옳습니다.

신라의 제도는 공경公卿과 백료百僚는 조회할 때에 예복[公襴]을 입고, 신발과 홀[穿靴]을 갖추어 입었으나, 조회에서 물러가면 편하게 옷을 입었으며, 일반 백성들은 무늬 있는 옷을 입지 못하게 한 것은 귀천을 구별하고 존비를 분별하기 위한 것이었습니다. 이로 말미암아 공란公襴은 비록 우리나라에서 난 것이 아니어도 관리들이 스스로 구해 입었습니다. (그러나) 지금은 귀천을 물론하고 임의로 복장을 입어 관직이 비록 높아도 집이 가난하면 공란을 갖출 수가 없고, 관직이 없어도 집이 부유하면 능라綾羅와 금수錦繡를 사용하였습니다. 우리나라의 토산물은 좋은 물건이 적고 조잡한 것이 많습니다. 무늬가 있는 것[文彩物]은 모두 우리나라에서 나는 것이 아닌데도 사람마다 착복着服하게 되면 다른 나라 사신을 영접할 때 백관百官의 예복이 법식대로 되지 않아 수치를 당할까 두렵습니다. 바라건대 백관들로 하여금 조회 때에는 한결같이 중국과 신라의 제도를 따르게 하고, 서인들은 화려한 문양이 있는 고운 비단을 입지 못하게 하소서.

중국의 제도는 따르지 않을 수 없습니다. 그러나 사방의 습속은 각기 그 지역의 특성[土性]을 따르는 것이므로 모두 바꾸기는 어렵습니다. 시서詩書와 예악禮樂와 군신·부자의 도리는 마땅히 (중국을 모범을) 따라야 하지만, 나머지 거마車馬·궁실宮室과 관복冠服의 제도는 가히 고유 풍속을 따를 수 있게 하여 사치와 검약을 적절히 하여 균형을 잡게 하는 것이 가할 것입니다.

양천良賤의 제도는 그 유래가 오래 되었습니다. 창업한 초기에 여러 신하들 가운데 본래 노비를 소유하지 않았던 사람들은 종군하여 포로를 얻거나 재화로 노비를 사기도 하였습니다. 태조[聖祖]께서 일찍이 포로를 풀어주어 양인으로 삼고자 하였으나, 공신의 뜻이 동요될까 염려되어 편리한 대로 따르도록 허락하였습니다. (그러나) 광종 때 이르러 노비의 본적을 조사하여 시비를 가리게 하니[奴婢按驗] 이에 공신들이[勳舊之家] 탄식하고 원망하지 않는 자가 없었습니다. 다만 대목왕후大穆王后께서 간절히 간하였으나 임금께서 받아들이지 않았습니다. (이로써) 천한 노비들이 뜻을 얻어 존귀한 사람들을 능멸하여 업신여기고, 앞 다투어 허위 사실을 꾸며 본래의 주인을 모함하는 자들이 이루 다 기록할 수가 없었습니다. 광종은 스스로 화의 원인을 만들어 놓고 그 피해를 막지 못해 말년에 억울하게 사람을 함부로 죽여 덕을 크게 잃었습니다. 바라건대 지난 일을 거울삼아 천한 노비들이 귀한 이들을 업신여기지 못하게 하소서. 옛날 진晉나라의 덕이 쇠하여 난欒·극郤·서胥·원原·호狐·속續·경慶·백伯[16] 등의 귀족성씨가 몰락하여 조예皂隷에 있었는데 우리 삼한 공신三韓功臣의 자손에 대해 매번 조서에는 포상하여 녹용한다고 하였으나 아직 관작을 받았다는 소리를 듣지 못하고, 아직도 조예에 섞여 있어 원망이 있습니다. 광종이 구신舊臣들을 죽이거나 쫓아내어 가문을 계승하지 못하여 인륜의 질서[倫序]를 잃고 있으니 청컨대 공신의 등급에 따라 그 자손을 녹용錄用하시기를 바라나이다.

신이 살펴보니, 성상께서 사신을 보내 굴산屈山의 승려인 여철如哲을 맞이하여 대궐로 불러들였습니다. 저의 어리석은 소견으로는 여철이 과연 사람들에게 복을 줄 수 있는 사람이라면 그가 사는 곳의 물과 흙이며, 조석으로 먹는 음식도 모두 전하께서 주신 것이오니, 반드시 은혜에 보답하려는 마음을 가지고 늘 축원을 일삼아야 할 것입니다. 그런데 어찌 번거롭게 대궐로 맞아들인 뒤에야 복을 베푼답니까? 이전에 선회善會라는 자가 있었는데, 요역을 피하려고 출가하여 산에 살았습니다. 광종께서 그를 극진

16 『좌전左傳』 소공 3년에 "백성들은 공의 명을 듣고 마치 원수에게서 벗어난 듯하였다. 난·극·서·원·호·속·경·백은 강등되어 낮은 관직에 있게 되었다[民聞公命 如逃寇讐 欒郤胥原狐續慶伯 降在皂隷]."라는 말을 인용한 것으로 이들 8성은 진나라 옛 신하의 씨족이다.

히 공경하고 예의를 다하였으나 지금은 웃음거리가 되고 있습니다.[17] 하물며 듣건대 성상께서 공덕재功德齋를 친히 베풀기 위하여 친히 맷돌에 차를 갈기도 하고, 때로는 보리를 찧으신다고 하시니 어리석은 제 생각으로는 전하께서 친히 근로하시는 것을 매우 애석하게 여깁니다. 이것은 광종 때부터 시작된 것이니 (광종은) 참사讒邪를 지나치게 믿어 죄 없는 사람을 많이 죽이고 불교의 인과응보설에 미혹되어 죄업罪業을 없애고자 많은 불사佛事를 일으켜, 비로자나참회법毗盧遮那懺悔法을 설하고 혹은 승려를 구정毬庭에서 재식齋食하거나, 혹은 무차수륙대회無遮水陸大會를 여셨습니다. 또 주방의 고기반찬은 금하여 음식을 만드는 사람[宰夫]에게 도살을 금지하게 하고, 심지어는 신민臣民들로 하여금 참회하게 하여 쌀과 콩을 어깨에 메거나 등에 지고 도로에 서서 시주하게 한 것이 역사책에 기록되어 있으니 어찌 영원히 후세의 웃음거리가 아니겠습니까? 지금 성상께서 행하시는 본의는 짐짓 광종과는 같지 않으나, 다만 이러한 사소한 일들은 손해되는 바가 적지 않으니 원컨대 군왕께서는 하지 않으시기 바랍니다.

불법佛法을 존숭하여 믿는 것은 비록 나쁜 일은 아닙니다. 그러나 제왕帝王과 사서士庶가 공덕을 닦는 데는 사실이 같지 않습니다. 서민이 수고하는 것은 자신의 힘이며, 소비하는 것도 자기의 재물이므로 피해가 다른 사람에게 미치지 않습니다. 그러나 제왕은 백성들의 힘을 수고롭게 하고, 백성들의 재물을 쓰는 것이 됩니다. 옛날 양 무제梁武帝가 천자의 존귀함으로 필부匹夫의 선덕을 닦으니 사람들이 잘못이라고 여긴 것은 이 때문이었습니다. 그러므로 제왕은 깊이 이러한 이치를 생각하여 일마다 모두 중용中庸을 참작하면 폐단이 신민에게 미치지 않을 것입니다.

신이 듣건대 사람의 화복과 귀천은 모두 날 때부터 타고 난 것이라 하오니 그대로 받아들여야 마땅할 것입니다. 하물며 불교를 믿는 것은 다만 내세의 인과만을 심을 뿐이며 현세에서 받는 결과에 이익이 적으므로 나라를 다스리는 요체는 여기에 있지 않는 것 같습니다. 또한 삼교三教(유교, 불교, 도교)는 각기 중요하게 여기는 반가 있어 그것

17 광종이 선회를 극진히 공경하였으나 선회가 갑자기 비명횡사하였기 때문에 당시 사람들이 자신의 불행도 물리치지 못하면서 어찌 다른 사람에게 복을 줄 수 있는가 하고 사람들이 조롱하고 있다는 이야기.

을 섞어 하나로 묶을 수 없습니다. 불교를 믿는 것은 자신을 닦는 근본이며, 유교를 행하는 것은 나라를 다스리는 근원입니다. 자신을 닦는 일은 내세를 위한 바탕이며, 나라를 다스리는 일은 오늘 당장 해야 할 일입니다. 오늘은 지극히 가깝고 내세는 지극히 머니 가까운 것을 버리고 먼것을 구하는 것이 어찌 잘못이 아니겠습니까? 인군은 오직 한결같은 마음으로 치우침이 없이 널리 만물을 구제해야 합니다. 어찌 원하지 않는 사람을 노역시키고 창고의 저축을 소비하면서 결코 있을 수 없는 이익을 얻어야 하겠습니까?"

최승로가 왕이 뜻이 있어 가히 함께 일할 수 있음을 보고 이 글을 올렸다.

(성종) 2년(983)에 문하시랑 평장사門下侍郎平章事로 전보되었다.

(성종) 7년(988)에 수문하시중을 임명되고, 청하후淸河侯에 봉해졌다.

(성종) 8년(989)에 죽으니 왕이 애도를 표하고, 부의품으로 포布 1,000필匹에 향香과 차 등의 여러 물품을 헤아릴 수 없이 많이 내려주었다. 태사太師에 추증하였다.

손자 최제안崔齊顔은 문종을 섬겨 문하시중의 자리에까지 올랐다. 시호는 순공順恭이다. 처음 태조의 『훈요訓要』가 병란에 없어졌으나 최제안이 얻어 나라에 바치니 이로써 세상에 알려지게 되었다.

한언공韓彦恭

한언공은 단주湍州 사람으로 아버지는 한총례韓聰禮로 광록소경光祿少卿이다. 한언공의 성품은 민첩하고 학문을 좋아하여 광종光宗 때 15세의 나이로 광문원光文院 서생書生에 속하였다가 얼마 안 있어 광문원 승사랑承事郎이 되고, 다시 내승지內承旨가 되었다. 이때 청하여 진사과進士科에 응시하였으나 급제하지 못하였다.

성종成宗 때에 송宋 나라의 사은사謝恩使로 갔는데, 송 황제가 한언공의 용모와 행동거지가 절도에 맞다 하여 금자광록대부金紫光祿大夫에 제수하였다. 한언공이 송제宋帝에게 대장경大藏經을 하사해줄 것을 주청하여 장경藏經 481함函을 내려주었다. 한언공이 돌아와 송나라에 의거해 추밀원樞密院 설치를 청하니, 비로소 중추원中樞院이 설치되었다. 사使와 부副의 직책을 두어 한언공으로 부사副使를 삼았다가 곧 바로 중추원사가 되었다.

목종穆宗 초에 내사시랑평장사內史侍郎平章事에 제수되고, (목종) 4년(1001)에 왕이 주군州郡을 순시하였는데, 장단현長湍縣에 이르러 한언공에게 말하기를 "이곳은 경의 관향貫鄕이니, 경의 공로를 생각하여 특별히 주州로 승격시킨다."고 하였다.

당시 나라에서 전폐錢幣만 사용하고, 추포麤布의 통용을 금하니 백성들이 자못 근심하였더니, 한언공이 상소하여 그 폐단을 아뢰니 왕이 이를 들어주었다. 왕이 일찍이 평주平州에 행차하다가 날은 저물고 추위가 심하므로 거가車駕를 길가에 멈추어 취하도록 마시고 가지 않으니 한언공이 아뢰기를 "신등은 술에 취하고, 음식에 배가 부르지만, 군사들은 어찌하옵니까?"라고 아뢰니, 왕이 이를 가상히 여기고 초피 갖옷을 내려주고 서둘러 행궁으로 들어왔다. 이처럼 (한언공은) 일에 당하여 직언하기를 이와 같이 하였다.

(목종) 7년(1004)에 죽으니 나이는 65세였다. 시호는 정신貞信이다. 후에 태사에 추증하였다.[18]

김심언金審言

김심언은 정주靜州 영광현靈光縣 사람이다. 처음에 상시常侍 최섬崔暹 밑에서 공부하였다. 최섬이 앉아 졸다가 꿈에 김심언의 정수리에서 불이 나서 기운이 하늘로 향하거늘 이상히 여겨 사위로 삼았다. 성종 때 급제하여 여러 차례 승진하여 우보궐右補闕 겸兼 기거주起居注가 되었다.

(성종) 9년(990) 7월에 봉사封事를 올리니 왕이 교서를 내려 표창하기를 "짐이 왕위에 오른 때부터 위업을 이룩할 것을 생각하여 안으로는 백관을 두고 밖으로는 목수牧守를 나누어 배치하여 자리를 비우는 일이 없게 하고 풍속을 이롭게 하는 방책을 베풀고자 하였다. 그러나 과인이 어리석고 못난 사람이라 정치와 교화가 쇠퇴할까 우려할 뿐이

18 태사에 추증된 때는 덕종 2년(1033)이다.

었다. 그런데 얼마 전 우보궐 겸 기거주 김심언이 올린 봉사 2조를 살펴보았다. 그 제1조에 이르기를 '주周나라가 왕업을 여니 희단姬旦(주나라 무왕)의 아우 주공周公이 「무일편無逸篇」을 올렸고, 당唐나라의 중흥中興을 맞아 선종宣宗이 백관들을 경계하는 글을 지었습니다. 『설원說苑』의 6정六正과 6사六邪에 관한 글을 살펴보니, 대저 신하의 행동에는 6정六正과 6사六邪가 있는데 6정을 행하면 번영하고 6사를 범하면 부끄러움이 된다고 하였으니 무엇을 6정六正이라 하는가?

첫째는 맹아萌芽가 아직 나타나지 않았고, 일의 조짐이 아니 나타나지 않아도, 홀로 홍망의 기미를 미리 알고서 아직 그렇게 되기 전에 미리 그치게 하여 인군으로 하여금 초연히 고귀하고 영광스러운 자리에 있게 하는 것이니 이와 같이 하는 사람은 성신聖臣이다. 둘째는 마음을 비우고 뜻을 깨끗이 하여 선으로 나아가 도리를 환히 깨달아서 예의로써 인군을 권면하고 훌륭한 계책[長策]을 가지고 인군을 인도하여 장차 좋은 도리는 따르게 하고, 잘못된 길에서 구제하는 것이니 이와 같은 사람은 양신良臣이다. 셋째는 일찍 일어나고 밤늦게 잠을 자며 어진 이를 천거하는 데 게으르지 아니하고, 옛날에 행한 사적을 자주 드러내어 인군의 뜻을 격려하는 것이니, 이와 같은 사람은 충신忠臣이다. 넷째는 성패를 밝히 살펴서 미연에 화를 막아 복으로 바꾸어 인군으로 하여금 종신토록 근심이 없도록 하는 것이니 이와 같은 사람은 지신智臣이다. 다섯째는 나라의 법을 지키고 직무에 책임을 다하며, 녹과 상을 사양하고 음식을 절약하여 검소하게 하는 것이니 이와 같은 사람은 정신貞臣이다. 여섯째는 국가가 혼란할 때 행위에 아첨이 없고 감히 인군의 엄한 안색을 거슬러 가면서 인군의 잘못을 면전에서 말하는 것이니, 이와 같은 사람은 직신直臣이다. 요컨대 이들을 6정六正이라 한다.

무엇을 6사六邪라 하는가? 첫째는 벼슬자리에 편안히 앉아 녹만 탐내고 공무에 힘쓰지 않으며, 세속에 맞추어 부침浮沈하며, 이리저리 관망하는 것이니, 이와 같은 사람은 구신具臣이다. 둘째는 인군이 말하는 것은 다 옳다 하고 인군이 하는 것은 다 좋다고 하며, 몰래 인군의 좋아하는 바를 구하여 바쳐 인군의 이목耳目을 즐겁게 하고, 구차하게 남의 비위에 맞추어 부합하면서 인군과 함께 즐기고 그 뒤에 올 해로움은 생각지 않는 것이니, 이와 같은 사람은 유신諛臣이다. 셋째는 실제 마음은 음험陰險한데 겉으로는 조금 부지런하고 말을 교묘히 하고, 안색을 좋게 하지만 착한 사람을 시기하고, 어진사람을 미워하며 자신이 추천하고자 하는 사람이 있으면 그의 착한 점만 드러내고 나쁜 점은 감추며, 물리치고자 하는 사람이 있으면 그의 허물만을 드러내고 그의 좋은 점은 감추어 인군으로 하여금 상벌을 부당하게 하고, 명령이 실행되지 못하게 하는 것이니, 이와 같은 사람은 간신姦臣이다. 넷째는 자신의 잘못을 덮어 꾸밀 만한 지혜와 인군을 꾈 만한 언변으로 안으로는 골육의 친한 사이를 이간질하고, 밖으로는 조정에 분란을 만드는 것이니, 이와 같은 자는 참신讒臣이다. 다섯째는 권력을 독차지하고 세력을 마음대로 부리는 일을 중히 여기며, 사사롭게 도당을 만드는 것으로 자기 집을 부유하게 하며 인군의 명령을 제멋대로 사칭하여 자신의 부귀와 현달을 도모하는 것이니 이와 같은 사람은 적신賊臣이다. 여섯째는 인군에게 아첨하고 간사한 짓으로써 비위를 맞추어 인군을 불의에 빠뜨리고, 붕당으로 아첨하여 인군의 총명을 가리어 흑백을 분별하지 못하게 하고 시비를 가리지 못하게 하여 인군의 악이 나라 안에 퍼지게 하고 이웃 나라에까지 알려지게 하니 이와 같은 사람은 망국의 신하亡國之臣이다. 이들을 6사六邪라 한다. 어진 신하는 6정의 길을 지키고 6사의 술수를 행하지 않으므로 위에서는 편하고 아래로는 잘 다스려지는 것이라고 하였습니다.

또『한서漢書』「자사육조정刺史六條政」을 살펴보면, 첫째는 백성들의 고통과 실직失職을 살필 것이며, 둘째는 장리長吏 이상의 관리[墨綬][19]로 정치를 게을리 하는 사람을 살필 것이며, 셋째는 백성을 해치고 크게 간교한 사람을 살필 것이며, 넷째는 토지에 대한 법과 4계절에 지켜야할 금령을 어기는 자를 살필 것이며, 다섯째는 백성들 가운데 효제孝悌·염결廉潔하며 행동이 바르고 재주가 뛰어난 사람을 살필 것이며, 여섯째는 관리가 전곡錢穀을 장부에 기입하지 않고 고의로 흩어버리는 것을 살필 것이라고 하였으니 청컨대 6정六正과 6사六邪의 글과「자사 6조」를 해당 관청에 맡겨 개경과 서경, 6부 관서와 12도의 주현州縣의 관청 벽에 그 글을 써 붙이게 하여 출입에 살펴서 귀감

19 『한관의漢官儀』"邑宰桐章墨綬 秩六百石以上"에서 나온 말이다.

으로 삼게 하시기 바랍니다.'라고 하였다.

또 그 2조에 말하기를 '관직을 설치하고 임무를 나누는 것은 제왕의 좋은 법전이며, 수도를 세우고 여러 고을을 설치하는 것은 고금의 통칙인데, 우리나라 서경西京의 경계는 황해[鯨津]에 접하고, 땅이 북쪽 국경[雁塞]에 접해 있으므로 견고한 성지인 금탕金湯를 본떠서 요해처를 만들고 철옹성을 본떠 성을 쌓았으며, 여러 관리들을 임명하고 만호萬戶를 배치하여 분사分司의 문무 관료가 매우 많습니다. 그러나 염치 있는 자를 추천하는 사람이 없고 부정한 사람들의 죄상을 규탄하는 사람도 없으니 청탁이 뒤섞이고 선악이 분별되지 않습니다. 청컨대 당나라의 동도東都에 지대어사知臺御史를 설치하였던 사례에 따라 사헌司憲 1명을 분견分遣하여 살피게 하면 아랫사람들의 사정이 위로 상달되어 출척이 명확해 지니, 만물이 태평하고 시대가 화평해지는 일을 가까운 시일 내에 기대할 수 있을 것입니다.'고 하였다. 아뢴 바가 이와 같으니 내가 심히 가상히 여긴다. 그대는 마음으로 국정을 보좌했고 뜻으로 시국을 바로 잡았으며 옳고 그른 두 이치를 기록하여 내 마음을 깨우쳐 주었다. 내외 여러 관리들로 하여금 권선징악의 표준으로 삼을 것이니 내사문하內史門下에 내리어 내외에 반포하여 알리고, 상소한 글에 의거해 시행하도록 하라."고 하였다.

목종 때 주의 목사로 나아가 농사에 힘써 백성을 구휼하여 당시 큰 칭찬을 받았다.

현종이 즉위하여 우산기상시右散騎常侍에 발탁하였다가 곧 예부상서禮部尙書로 승진시켰다.

(현종) 5년(1014)에 내사시랑 평장사內史侍郎平章事로 옮겼다가 서경유수西京留守로 나갔다가가 (현종) 9년(1018)에 죽으니 3일 동안 조회를 정지하고[輟朝]하였다. 시호는 문안文案이다.

논하기를,

서필徐弼은 (비단옷을) 받는 것을 사양하고 구애받지 않았으며 마음에 품은 것이 있으면 문득 모두 진술하였다. (왕이) 사신을 보내와 힐문하자 공이 있고 없음을 정색을 하고 바로 말하여 일찍이 조금도 뜻을 굽히지 않았으니 가히 재상의 풍채가 있다고 하겠다.

최승로崔承老는 정치하는 요체에 달통하여 (왕을) 바로잡아 인도하기를 간절히 하고, 불교의 폐단을 깊이 진술하여 쓸데없는 비용의 낭비를 줄이라고 청하였으니, 고려 조정의 유일한 대신이라고 하겠다. 어찌 우뚝하여 뛰어난 사람이 아니겠는가.

한언공韓彦恭은 일마다 말씀을 아뢰었으나, 다만 상국(송나라)에 사신으로 가서 대장경을 청하여 가져왔으니 비록 명령을 욕되게 하였다고 해도 가하겠다. 김심언金審言의 한 편의 상소는 마침 인군의 뜻과 부합하였으니 선비로서 자신을 알아주는 사람을 만났으니 어찌 운명이 아니겠는가?

최항崔沆 채충순蔡忠順 황보유의皇甫兪義

최항崔沆

최항의 자字는 내융內融이며, 평장사平章事 최언위崔彦撝의 손자이다. 20세의 나이로 갑과甲科에 오르니 성종이 그 재주를 가상히 여겨 우습유 지제고右拾遺知制誥로 발탁하였다.

목종 때 왕이 더욱 믿고 소중히 여겨 정사에 대소를 막론하고 반드시 함께 논의하였다. 이부시랑吏部侍郎 중추원사中樞院使로 전임되었는데 왕의 병이 위중하고, 김치양金致陽이 모반을 꾀하니 최항이 채충순蔡忠順 등과 더불어 대책을 세워 현종顯宗을 맞아 세웠다. 현종이 한림학사 승지翰林學士承旨를 삼고 조금 있다가 교지를 내리기를 "왕이 삼로三老를 아버지 같이 섬기고 오경五更을 형과 같이 섬김은 옛 것을 살펴 덕을 닦기 위함이다. 최항을 특별히 정당문학政堂文學에 임명하여 과인의 사부師傅를 삼는 것이 가하다."고 하였다. 처음에 성종이 팔관회八關會는 폐지하였으나 이때 최항이 아뢰어 팔관회를 회복하였다.

(현종) 11년(1020)에 검교태부 평장사檢校太傅平章事가 되고, 청하현 개국자淸河縣開國子에 봉하다. 그해 말에 70세라 하여 치사致仕를 청하였다.

(현종) 15년(1024)에 죽으니 부의품으로 견포 800단, 쌀과 보리 2000석을 내려 주었으나 아들 최유부崔有孚는 아버지의 유언이라 칭하며 사양하고 받지 않았다.

최항은 총명하고 말이 적으나 일을 잘 처리하였으며 검소한 자세로 집을 지켜왔다. 손에는 금옥金玉을 만지지 않았으며, 집안 여자들도 화장[粉黛]을 하지 않았다. 죽으매 집에는 작은 항아리[甔石]의 저축도 없었으니 시호를 절의節義라 하였다.

채충순蔡忠順

채충순은 목종 때 여러 번 승진하여 중추원 부사中樞院副使가 되었다. 왕이 병으로 눕자 채충순이 유진劉瑨 및 최항崔沆과 더불어 은대銀臺에서 숙직하였다. 하루는 왕이 채충순을 불러 침상으로 들어오게 하여 좌우를 물리치고 침상에서 봉서封書 2통을 내어 주었는데, 한 통은 유충정劉忠正이 올린 것으로, 이르기를 "김치양金致陽이 왕위王位[비망非望]를 엿보아 바라지 말아야 할 것을 바라며, 안으로 내게 도움을 요청해 오거늘 신이 거절하였으나 감히 아뢰지 않을 수 없어 아뢰니다."라고 하였으며, 또 다른 한 통은 곧 대량군大良君의 글이었다. 그 내용에 이르기를 "간당姦黨이 누차 사람을 보내어 독약으로서 신을 핍박하거늘 신이 위태롭사오니 원컨대 상께서 저를 구해주시기를 바랍니다."라고 하였다. 채충순이 보기를 마치고 아뢰기를 "마땅히 속히 도모해야겠습니다." 하니, 왕이 말하기를 "태조의 후손으로는 오직 대량군이 있을 뿐이다. 그대는 최항과 더불어 마땅히 마음을 다하여 나라를 바로잡고 구원하라."고 하였다. 채충순이 나와서 최항에게 말하였다. 유충정劉忠正이 감찰어사監察御史 고영기高英起를 보내어 채충순과 최항에게 이르기를 "직접 가서 의논해야 하지만 추종騶從하는 사람이 많아 다른 사람에게 의심받을까 두려우니 두 분께서 와 주시기 바랍니다."고 하거늘,{유충정은 발해인이다. 유행간과 더불어 총애를 받아 수방인리水房人吏들이 두 사람에게 속해 있기 때문에 추종하는 사람들이 매우 많았다.} 최항과 채충순이 유충정에게 와서 의논하여 비밀리에 대량군을 맞이할 것을 정하였다. 왕이 명하여 문무 각 1명씩을 골라 군교軍校를 거느리고 가서 (대량군을) 맞이하도록 하였으나, 채충순이 최항과 더불어 이르기를 "선휘 판관宣徽判官 황보유의皇甫兪義는 그 조부 때부터 나라에 공로가 큰 사람이오니 분명히 충성을 다하여 가문의 명예를 실추시키지 않을 것입니다. 이 사람을 제외시키면 안 될 것입니다. 또한 군교가 많으면 행보가 늦어져 간당들에게 발각될 수도 있으니 몇 사람만 지름길로 보내 가서 (대량군을) 맞이하게 하소서." 하였다. 이에 왕이 드디어 명하여 황보유의에게 낭장 문연文演과 별장 이성언李成彦·고적高積 등 10인을 이끌고 삼각산三角山에 가게 하였다. 또 명하여 참군 김연경金延慶으로 하여금 군사 100명을 거느리고 교외로 나아가 맞이하게 하였다. 역할이 이미 정해지자 왕이 눈물을 흘리니, 채충순도 따라서 울었다. 왕이 채충순에게 명하여 대량군에게 줄 글의 초안을 작성하게 하니, 그 글에 이르기를 "국가의 대사는 본디 미리 정해두어야 민심이 안정되는 법이다. 내가 병이 들어 간악한 무리들이 왕위를 넘보고 있으니 이는 과인이 미리 대비하지 못해 후사를 결정해두지 못했기 때문이다. 경은 태조의 적손嫡孫이니 속히 올라오도록[上道] 하라. 과인이 죽기 전에 얼굴을 마주보며 종사를 부탁하면 죽어도 여한이 없겠고, 만일 나의 목숨이 더 연장된다면 경을 동궁東宮에 있게 하여 여러 사람들의 마음을 안심시키겠노라."라고 하였다. 또 그 말미에 쓰게 하기를 "도로가 험하니 간악한 놈들이 잠복해 있다가 불의의 변이 있을까 두려우니 가히 행리行李를 신중히 하여라."고 하였다.

글이 완성되매 황보유의에게 주어 신혈사에 가서 대량군을 맞이하게 하여 드디어 즉위하니 이가 바로 현종顯宗이다.

현종이 채충순으로 직 중대直中臺를 삼았다가 곧 이부시랑吏部侍郎에 옮겼다. 왕이 거란契丹을 피하여 남행南行 할 적에 채충순이 거가車駕를 호종하였다. 왕이 광주廣州에 머물 때 하공진河拱辰 등이 잡혔다는 소식을 듣고 따랐던 신하들이 모두 놀라서 도망갔으나 오직 채충순은 시랑侍郎 충숙忠肅·장연우張延祐·주저周佇 등만은 떠나지 않았다. 거듭 자리를 옮겨 이부 상서吏部尙書, 참지 정사參知政事가 되고 제양현 개국남濟陽縣開國男에 책봉되었다. 채충순이 건의하여 군사로서 부모의 나이가 80이상 사람은 군역을 면하고 돌아가 부모를 봉양하게 할 것과 문무 관료로 부모의 나이 70이상인 자는 외직으로 나가는 것을 허락하지 않을 것을 아뢰어 왕이 이를 따랐다.

(현종) 12년(1021)에 내사시랑 평장사內史侍郎平章事에 임명하고, (현종) 18년(1027)에는 문하시랑 평장사門下侍郎平章事, (현종) 21년에 판서경유수가 되었다.

정종靖宗 2년(1036)에 죽으니 시호를 정간貞簡이라 하였다.

황보유의皇甫兪義

황보유의는 목종 때 선휘 판관宣徽判官이 되어 왕명을 받들고 현종을 맞이하였다. 현종이 즉위하자 전중시어사殿中侍御史에 임명되고, 이부 시랑吏部侍郎으로 승진되었다가 곧 직 중추원中樞院이 되었다. 장연우張延祐와 함께 건의하여 경군京軍의 영업전永業田을 빼앗으니, (이에 불만을 품은) 상장군上將軍 최질崔質 등이 반란을 일으켜 황보유의 등을 포박하고 죄주기를 청하니 왕이 이들의 뜻을 거스를 수 없어 관직을 삭탈하고 유배를 보냈다. 뒤에 최질 등이 처형되자 급사중給事中에 임명되었다가 옮겨서 어사대부御史大夫가 되었다. 참지 정사參知政事 이부 상서吏部尙書를 역임한 후 문하 평장사門下平章事 판호부사判戶部事에 승진하였다가 정종靖宗 2년(1036)에 문하시랑門下侍郎으로 옮겼다. (정종) 8년(1042)에 죽었다.

논하기를,

천추태후千秋太后의 변으로 국통이 장차 끊어지게 되었는데 최항崔沆과 채충순蔡忠順이 비밀리에 모의하여 정통을 세워 고려 왕조 400년의 역사를 열게 하였다. 그 공은 한나라의 곡역후曲逆侯로 봉해진 진평陳平[20]에 비할 만하고 충성심은 강후絳侯인 주발周勃[21]에

---

20 곡역曲逆은 지명地名으로 지금의 하북河北 순평順平 동남쪽이다. 전국시대에 연燕나라의 성읍城邑이었다. 물이 굽어지기 때문에 그렇게 이름을 지었다. 진秦나라 때에 현을 설치하고 한나라 초기에 호구가 많아졌다. 유방劉邦이 진평陳平을 곡역후曲逆侯로 임명하였다. 진평은 서한 왕조의 개국공신이다. 한나라와 초나라가 다툴 때에 많은 계책을 내서 유방을 도왔다.

21 한나라의 주발周勃을 말한다. 주발은 포의布衣로 고조高祖를 따라 천하를 평정하고 열후列侯에 봉작되었는데

가깝다고 하겠다.

황보유의皇甫兪義는 위태로운 즈음에 국왕의 명을 받아 대량군大良君을 모시고 왕에 오르게 하여 종통을 잇게 하였다. 송창宋昌[22]과 비교하자면 그 공적이 크다고 하겠다.

서희徐熙 {서눌徐訥}

서희徐熙

서희의 어렸을 때 이름[小字]은 염윤廉允이며, 내의령內議令 서필徐弼의 아들이다. 성품이 엄격하였다. 광종光宗 11년(960)에 나이 18세에 갑과甲科에 급제하여 차례를 뛰어 광평원외랑廣評員外郞에 임명되고, 거듭 옮겨 내의시랑內議侍郞이 되었다.

(광종) 23년(972)에 명을 받들고 송나라에 갔는데 예의가 법도에 맞으니 송 태조[藝祖]가 가상히 여겨 검교병부상서檢校兵部尙書에 임명하였다.

성종 2년(983)에 왕을 모시고 서경西京에 갔는데 성종이 미행하여 절에 가서 놀고자 하거늘 서희가 글을 올려 간하니, 왕이 이를 중지하고 안마鞍馬를 상으로 내려주었다.

(성종) 12년(993)에 거란契丹 소손녕蕭遜寧이 쳐들어오자 서희가 중군사中軍士가 되어 시중侍中 박양유朴良柔, 문하시랑門下侍郞 최량崔亮과 더불어 북계北界에서 이를 막아냈다. 성종이 친히 서경에 행차하여 안북부安北府(오늘날의 평안남도 안주)에 가서 주둔하였다.

부부剖符가 대대로 끊이지 않았다. 강絳 땅의 8180호를 식읍으로 받고 강후絳侯라고 하였다. 주발은 위인이 순박돈후淳朴敦厚하여 고조가 큰 일을 맡겼다. 고조가 붕거한 뒤에 주발은 여러 여씨들을[諸呂] 죽일 계책을 세우고 문제文帝를 세워 그 공로로 우승상右丞相이 되었다.

22 송창宋昌 : 진秦나라 말기의 가리家吏로 고조高祖를 따라서 산동山東에서 일어나 대왕代王의 중위中尉가 되었다. 대신들이 이미 제려諸呂를 평정한 뒤에 사람을 시켜서 대왕代王을 맞이해오게 하였다. 낭중령郞中令 장무張武 등이 의논하기를 믿을 수 없다고 하면서 아프다고 핑계대고 가려고 하지 않았다. 송창이 홀로 왕에게 의심하지 말라고 권하자 이에 대왕代王이 들어가서 제위帝位에 올랐는데, 이가 바로 문제文帝이다. 송창은 그 공으로 장무후庄武侯에 봉해졌다.

소손녕이 이미 병사를 내어 봉산군蓬山郡(오늘날의 평안북도 구성시){지지地志에는 봉산蓬山이 없다. 송산松山으로 써야 할 듯하다. 지금의 정주定州 동쪽에 옛 정주古定州가 있는데 이 곳을 말한다.}을 격파하니 왕이 서경으로 환도하였다. 서희가 군사를 이끌고 봉산까지 추격하니, 소손녕이 글을 보내 이르기를 "우리 대조大朝(거란)가 사방을 다 차지하였는데 너희 나라가 우리의 강역을 침범하였기에 소탕하려고 한다. 속히 와서 항복의 글을 바치라."고 하였다. 서희가 그 글을 보고 돌아와 화친和親할 정상情狀이 있다고 하니, 왕이 예빈소경借禮賓少卿 이몽전李蒙戩을 거란영契丹營에 보내어 화친을 청하였다. 소손녕이 또 이르기를 "상국上國(거란)이 80만 군사를 보내 너희 죄를 논할 것이니 만일 강에 나와 항복하지 아니하면 마땅히 진멸될 것이다. 일시에 군신들은 함께 나와 군전軍前에 항복하라."고 하므로, 이몽전이 돌아오자 성종이 군신을 모아 의논하였다. 혹자가 말하기를 "중신重臣으로 하여금 군사를 거느리고 가서 항복하자."고 하고, 혹자는 말하기를 "서경 이북의 땅을 떼어 주라."고 하였다.

성종이 장차 할지割地의 의논을 따르려 하여 서경 창고를 열어 미곡을 백성들이 임의로 가져가게 하였으나 그래도 남는 것이 많았다. 이에 적의 군량이 될까 두려워하여 대동강大同江에 던지도록 하자, 서희가 아뢰기를 "식량이 족하면 성도 가히 지킬 것이오, 싸움도 가히 이길 것입니다. 싸움의 승부는 강약에 있는 것이 아니라 다만 능히 틈을 보아서 움직이는 것인데, 어찌 갑자기 식량을 버릴 수 있습니까? 하물며 갑자기 백성과 하늘을 버리시니 하늘의 뜻이 아닌 것이 두렵습니다. 차라리 적의 군량이 될지라도 어찌 헛되이 강에다 버리겠습니까." 하니, 성종이 그렇게 여기고 이를 중지하였다. 서희가 또 아뢰기를 "거란의 동경東京으로부터 우리 안북부安北府에 이르기까지의 수백 리의 땅은 다 생여진生女眞이 웅거하는 곳인데, 광종이 그것을 빼앗아 가주嘉州·송성松城 등의 성을 쌓은 것입니다. 이제 거란이 온 것은 그 뜻이 이 두 성을 취하고자 함에 불과한 것인데 그 고구려 옛 땅을 취하겠다고 소리치는 것은 실은 우리를 두려워하는 것이니, 이제 그 군사력이 큰 것을 보고 문득 서경西京 이북을 떼어서 주는 것은 좋은 계책이 아닙니다. 그리고 삼각산三角山 이북도 또한 고구려의 옛 영토이니 저들이 차지한다고 하면 다 주겠나이까? 하물며 땅을 떼어 적에게 주는 것은 만세萬世의 치욕이오니, 한 번 싸워본 뒤에 의논하는 것도 늦지 않을 것입니다."라고 하니 왕도 그렇게 여겼다.

소손녕은 이몽전이 이미 돌아갔는데도 오래 회보가 없자, 안융진安戎鎭{안융진은 광종 25년(974)에 축성한 곳이다. 이때 곽산郭山 이남은 고려의 영토가 아니었다. 안융 땅은 필시 가산嘉山과 정주定州의 사이에 있을 것이다. 지도를 보면 안융진은 안주安州와 청주淸州 동쪽에 있다.}으로 나와 치거늘 중랑장中郎將 대도수大道秀 등과 함께 싸워 물리치니 소손녕이 감히 다시 진군하지 못하고 사람을 보내어 항복을 재촉하였다.

성종이 합문사인閤門舍人 장영張瑩을 통화사通和使로 삼아 거란 군영에 보내니, 소손녕이 말하기를 "마땅히 다시 대신大臣을 군문軍門에 보내 대면하도록 하게 하라."고 하였다. 장영이 돌아와 성종이 신하들을 불러 모아 묻기를 "누가 능히 거란의 진영에 가서 구설口舌로써 군사를 물리쳐 만세의 공을 세우겠느냐?"라고 하였으나 여러 신하들 가운데에서 응하는 사람이 없었다. (그런데) 서희가 홀로 가기를 청하니 왕이 기뻐하며 강가까지 나와 손을 잡고 그를 위로하고 보내었다. 서희가 국서國書를 받들어 소손녕의 진영에 가서 통역관으로 하여금 상견相見하는 예禮를 물으니, 소손녕이 이르기를 "나는 큰 나라의 귀한 신하이다. 마땅히 뜰에서 배례拜禮하여야 할 것이다." 하니, 서희가 이르기를 "신하가 군주에게는 아래에서 절하는 것이 예의이지만 양국 대신이 서로 보는데 어찌 이와 같이 하리오." 하고 왕복하기를 두세 번 하여도 소손녕이 허락하지 않으니, 서희가 노하여 돌아 와서 관소館所에 누워 일어나지 않았다. 소손녕이 마음으로 이상히 여겨 이에 마루[堂]에 올라 행례行禮하기를 허락하였다. 이에 서희가 영문營門에 이르러 말에서 내려 들어가 소손녕과 더불어 뜰에서 서로 읍하고 당에 올라 예禮를 하고는 동서로 마주하여 앉으니 소손녕이 서희에게 말하기를 "그대 나라는 신라 땅에서 일어났고 고구려 땅은 우리의 소유인데 너희들이 침략하여 차지하였다. 그리고 우리와 국경이 접해있는데도 바다를 넘어 송나라를 섬기고 있기 때문에 오늘의 출병이 있게 된 것이다. 만약 땅을 떼어서 바치고 조빙朝聘을 닦으면 무사할 것이다."라고 하니, 서희가 대답하기를 "그렇지 않다. 우리나라는 곧 옛날의 고구려 땅이다. 그러므로 국호를 고려高麗라 하고 평양平壤에 도읍하였으니 만일 지계地界로 논한다면 그대 나라의 동경東京도 우리 경내境內이거늘 어찌 침략하여 차지했다고 하는가? 그리고 압록강鴨綠江의 안팎도 또한 우리의 경내인데 지금 여진女眞이 그 사이에 몰래 살고 있어 교활하게 길을 막고 있기 때문에 조빙이 통하지 못하고 있는 것이다. 만약 교활한 오랑캐를 쫓아내고 우리의 옛 영토를 돌려주어 정亭을 열어 사신 왕래를 통하게 한다면 어찌 감히 보빙을 닦는 것이 다른 나라에 뒤지겠는가?" 하니, 소손녕이 대답을 하지 못하였다. 또 서희의 말투가 강개하여 소손녕도 억지를 부릴 수 없음을 알고 거란 주에게 말하여 고려와의 강화를 허락하고 군사를 혁파하였다.

서희가 장차 돌아오려고 하자 소손녕이 연회를 베풀어 위로하고자 하였으나 서희가 말하기를 "본국이 비록 도리를 잃음은 없다 하더라도 거란大朝의 군사를 수고롭게 하여 멀리 오도록 하였으므로 상하가 창황하여 노숙하기를 여러 날 하였으니 어찌 차마 잔치를 베풀고 즐거워할 수 있으리오." 하니, 소손녕이 말하기를 "양국 대신이 서로 만나는데 어찌 서로 즐기는 잔치의 예의가 없겠는가?" 하며 굳이 청하므로 서희도 허락하여 즐겁게 놀다가 연회를 마쳤다. 서희가 거란영契丹營에서 7일이나 머물다가 돌아오는데 소손녕이 낙타·양·말 1000여 마리와 비단 500단을 선물로 주었다. (서희가 돌아오니) 성종이 크게 기뻐하여 강가에까지 나와 맞이하고, 곧 박양유朴良柔를 예폐사禮幣使를 삼아 조회하게 하였다. 서희가 다시 아뢰기를 "신이 소손녕과 약속하기를 여진을 깨끗이 소탕하여 옛 땅을 수복한 연후에 조빙을 통할 것이라고 하였는데 이제 겨우 강 안쪽을 거둔 것이니 강 바깥을 획득하고 나서 수교를 하더라도 늦지 않을 것입니다."라고 하였다. (그러나) 성종은 "후회가 있을까 두렵다." 하고 드디어 사신을 보냈다.

서희는 평장사平章事로 전임되었다. (성종) 13년(994)에 군사를 거느리고 여진을 쫓고 장흥長興·귀화歸化 두 진鎭과 곽주郭州·구주龜州 두 주州에 성을 쌓았다. 이듬해에 또 군사를 거느리고 안의安義·흥화興化 두 진鎭에 성을 쌓고 또 이듬해에 선주宣州·맹주孟州 두 주州에 성을 쌓았다. 서희가 일찍이 해주海州로 왕을 호종하였을 때, 성종이 서희의 막사幕舍에 행차하여 들어오고자 하거늘, 서희가 말하기를 "신의 막사는 지존께서 오실 곳이 아닙니다." 하며 막았다. 술을 내어오라고 하자, "신의 술은 감히 드릴 수가 없습니다." 하고 거절하여 결국 왕이 막사 밖에 앉아 어주御酒를 내어오라 하여 함께 마시고 돌아갔다.

공빈령供賓令 정우현鄭又玄이 봉사封事를 올려 시정 7사時政七事를 논하다가 임금의 뜻에 맞지 않았다. 왕이 노하여 정우현을 월권한 죄로 벌을 주고자 하니, 서희가 말하기를 "옛날에는 간쟁을 하는 데에는 관직이 따로 없었으니 직분을 넘은 것이 무슨 죄이겠습니까? 신이 재주가 없음에도 그릇 재상의 자리를 차지하고 아무 일도 하지 않아 관직이 낮은 자로 하여금 시정의 득실을 논하게 하였으니 이것은 신의 죄입니다. 하물며 정우현의 논사論事는 매우 절절하오니 마땅히 표창을 주어야 할 것입니다."라고 하니, 성종이 잘못을 깨우치고 정우현을 감찰어사監察御史에 발탁하고 서희에게는 수놓은 안장과 어구御廐의 말을 내려주어 위로하고 태보太保·내사령內史令에 임명하였다.

(성종) 15년(996)에 서희가 병이 나서 개국사開國寺에 있는데 성종이 행차하여 직접 문병하고 어의御衣와 준마駿馬와 종鍾과 곡식을 절에 시주하여 승려로 하여금 기도하게 하였다.

목종 원년(997)에 죽으니 나이 57세였다. 시호는 장위章威였고, 태사太師에 추증하였다. 아들은 서눌徐訥이다.

서눌徐訥

서눌은 성종 15년(960)에 갑과甲科에 급제하였다. 현종 때 여러 차례 승진하여 이부시랑吏部侍郎이 되었다. 왕이 서눌의 딸을 들이어 비妃를 삼고, 중추사中樞使에 제수하였다가 갑자기 문하시랑門下侍郎[23]에 임명하였다.

정종德宗 초에 판도병마사判都兵馬事가 되었다. 왕이 호부 낭중戶部郎中 유선庾先을 거란契丹에 보내어 안무安撫에 사례하게 하거늘, 서눌이 아뢰기를 "지난해에 거란이 압록

23 『휘찬여사』에는 문하시중이 되었다고 하였으나 서눌이 문하시중이 된 때는 덕종 연간이므로 문하시랑으로 고친다.

강鴨綠江의 동편에 성보城堡를 증축하고 이제 와서 다시 화친하고자 하오니 표表를 부쳐 파하기를 청하소서." 하니 왕이 이를 따랐다.

(정종) 8년(1042)에 삼중대광三重大匡 내사령內史令을 더하였다. 그가 죽자 간경簡敬이라는 시호를 내렸다. 애도함과 영광이 아버지 서희와 더불어 시종 같았다.

처음에 서필徐弼의 아버지 서신일徐神逸이 교외에 거주하는데, 사슴이 뛰어 들어오므로 서신일이 화살을 뽑아 주고 숨겼더니 사냥꾼이 와서 찾지 못하고 돌아갔다. 꿈에 신인神人이 있어 사례하기를 "사슴은 내 아들인데 그대의 도움으로 죽지 않았으니 공의 자손으로 하여금 대대로 경상卿相이 되게 하리라." 하였다. 서신일徐神逸의 나이 80세에 서필徐弼을 낳았고 서필徐弼·서희徐熙·서눌徐訥이 과연 서로 이어 재상이 되었다.

논하기를,

국가가 융성할 때는 반드시 세신거실世臣巨室이 있어서 아름다운 이름과 복록福祿으로 일대의 종신宗臣이 되었다. 서씨徐氏가 3대에 걸쳐 재상이 된 것은 이길보李吉甫[24] 부자에 비하면 충신인후忠信仁厚함이 넘친다고 하겠다. 장위공章威公(서희의 시호)이 단기로 적의 진영에 나가 한 마디 말로 강한 오랑캐를 꺾었으니 공적이 탁연하다고 하겠다. 곽분양郭汾陽[25] 부정공富鄭公[26]만이 홀로 아름다운 이름을 독차지 하지는 못할 것이다. 공

---

24 이길보李吉甫(758~814) : 당唐 헌종憲宗 때의 재상, 지리학자. 자字는 홍헌弘憲. 아버지는 서균栖筠. 당唐 대종조代宗朝에 어사대부御史大夫를 하였다. 이길보李吉甫는 문음으로 벼슬을 하여 덕종德宗 때에 가부원외랑駕部員外郞에 임명되었다.

25 곽자의郭子儀(697~781) : 당唐나라의 명장名將. 무과로 벼슬하여 종군하였다. 여러 차례 옮겨서 구원태수九原太守, 삭방절도우병마사朔方節度右兵馬使가 되었다. 755년에 안사安史의 난이 발발한 후에 삭방절도사朔方節度使에 임명되어 군사를 이끌고 가서 낙양洛陽, 장안長安을 수복하여 난을 평정하는데 공로를 세워 분양군왕汾陽郡王에 봉해졌다. 대종代宗 때에 또 반란을 진압하고 토번吐蕃을 격파하여 조정이 의지하였다. 85세에 죽었는데 충무忠武로 시호를 내리고 대종代宗 묘정廟廷에 배향되었다.

26 부정공富鄭公 : 부필富弼(1004~1083). 송宋나라 때의 명 재상. 정국공鄭國公으로 봉해져서 부정공富鄭公이라고 칭하였다. 부필富弼은 자字가 언국彦國, 낙양洛陽 사람이다. 1030년에 과거에 합격하여 지현知縣과 첨서하양절도판관청공사簽書河陽節度判官廳公事 등을 역임하였다.

정하고 충직하고 바르고 지혜로와서 일마다 충성을 바치니 가히 대신의 풍채가 있다고 하겠다.

강감찬姜邯贊 지채문智蔡文

강감찬姜邯贊

옛 이름은 강은천姜殷川이며 금주衿州(오늘날의 경기도 시흥) 사람이다. 아버지 강궁진姜弓珍은 태조를 섬겨 삼한벽상공신三韓壁上功臣이 되었다. 강감찬이 어렸을 때부터 학문을 좋아하고 기략이 많았는데 성종 때 갑과甲科에 급제하고 거듭 자리를 옮겨 예부시랑禮部侍郎이 되었다.

(현종) 원년(1010)에 거란주契丹主가 직접 군사를 거느리고 서경西京을 공격하자 여러 신하들이 항복할 것을 의논하니 강감찬이 홀로 말하기를 "오늘의 일은 죄가 강조康兆에게 있는 것입니다. 다만 중과부적이니 마땅히 그 예봉을 피하였다가 천천히 이길 방도를 찾아야 할 것입니다." 하고 드디어 왕을 권하여 남행南幸하도록 하였다.

(현종) 2년(1011)에 한림학사翰林學士로 옮겼다가, 중추사中樞使에 승진하였다. 사직단 수리를 청하고, 예관禮官으로 하여금 그 제사의 의례를 의논하여 정하게 하자는 건의를 올렸다. 강감찬이 개령현開寧縣에 가지고 있는 토지 12결을 군호軍戶에 주었다.

(현종) 9년(1018)에 서경 유수西京留守 동 내사문하 평장사同內史門下平章事에 임명될 때 (과거 강감찬이 올린) 남행의 계책을 가상히 여기어, 왕은 손수 고신告身 가운데 시제詩題를 써 넣으니,{시에 이르기를 경술년庚戌年 중에 노진虜塵(오랑캐의 침략)이 있어 간과干戈가 깊이 한강변漢江邊까지 들어올 때에 당시에 강공姜公의 계책을 쓰지 아니하였다면 나라가 온통 오랑캐가 되었을 것이다.}" 세상에서 영예롭게 여겼다.

거란의 소손녕이 침략해 왔을 때 군사를 호왈號曰 10만이라 하였다. 이때에 강감찬이 상원수上元帥가 되고, 대장군 강민첨姜民瞻으로 부원수로 삼고, 사인舍人 박종검朴從儉

과 병부 낭중兵部郎中 유참柳參으로 판관判官을 삼아 군사 20만을 이끌고 영주寧州에 주둔케 하니, 홍화진興化鎭에 이르러 기병騎兵 12,000명을 뽑아 산골짜기에 복병伏兵하고 큰 줄로 소가죽을 꿰어 성 동쪽의 냇물을 막아 기다리다가, 적이 이르자 막았던 것을 트고 복병을 내어 크게 패배시키니, 소손녕이 군사를 이끌고 바로 경성으로 나아갔다. 강민첨이 자주慈州 내구산來口山까지 쫓아가서 또 대패시켰으며, 시랑侍郎 조원趙元이 또 마탄馬灘에서 쳐서 만여 급級의 목을 베었다.

이듬해 정월, 강감찬이 거란병을 경성에서 핍박하고 병마 판관兵馬判官 김종현金宗鉉을 보내어 병사 만 명을 거느리고 길을 두 배로 빨리 걸어서 입위入衛케 하고 동북면 병마사東北面兵馬使도 또한 군사를 보내 지원하였다. 이에 소손녕이 군사를 돌려 연주漣州{지금의 개천价川}와 위주渭州에 이르자 강감찬 등이 숨어 있다가 공격하였다.

2월에 거란의 병사가 구주龜州를 지나자 강감찬 등이 동교東郊에서 맞아 싸우는데, 양군兩軍이 서로 버티며 승패를 결정짓지 못하였다. 김종현이 군사를 끌고 달려오고 비바람이 문득 남쪽으로부터 와서 정기旌旗가 북으로 향하여 아군我軍이 기회를 타서 분격하여 용기가 저절로 배가 되었다. 거란병이 패하여 달아나자 아군이 추격하여 석천石川을 건너 반령盤嶺에 이르렀다. 시체가 들을 덮고 노획한 인구人口·마타馬駝(말과 낙타)·갑옷과 무기가 이루 다 헤아릴 수 없었다. 거란이 이와 같이 심하게 패한 적이 이전에는 없었다.

거란주契丹主가 이 소식을 듣고 크게 노하여 사자使者를 보내어 소손녕을 꾸짖어 말하기를 "네가 적을 경시하여 깊이 들어갔다가 이 지경에 이르렀으니 무슨 면목으로 나를 보겠는가. 짐이 마땅히 너의 낯가죽을 벗긴 연후에 죽일 것이다."고 하였다.

강감찬이 개선하여 돌아오자 왕이 친히 영파역迎波驛에서 맞이하여 채붕綵棚을 설치하여 장사들을 향연하고 금화팔지金化八枝를 친히 강감찬의 머리에 꽂아주고 왼손으로 손을 잡고 오른손으로는 잔을 잡아 위로하고 칭찬하기를 그치지 않았다. 강감찬이 사례하기를 어찌할 바를 몰랐다. 드디어 역명驛名을 고쳐 흥의興義라 하고 역리[郵吏]에게 관대冠帶를 주었다.

강감찬이 표를 올려 나이가 많아 관직에서 물러나기를 하여 청하였으나 윤허하지 않았다. 강감찬을 천수현 개국남天水縣開國男에 책봉하고, 검교 태부檢校太傅에 임명하였다.

강감찬이 수도 개성에 성곽이 없으므로 나성羅城 쌓기를 청하니, 왕이 왕가도王可道로 하여금 성을 쌓게 하였다.

덕종이 즉위하여 개부의동삼사開府儀同三司 검교 태사檢校太師를 삼았다가 천수군 개국후天水郡 開國侯에 책봉하였다. 치사致仕하고 성남 별장[別墅]에 살며 『낙도교거집樂道郊居集』을 지었다. 곧 죽으니 나이 84세였다. 시호는 인헌仁憲이다. 백관에 명하여 회장會葬케 하고 모든 부의는 시중侍中 유진劉瑨의 예에 의하게 하였다.

강감찬은 성품이 청렴하고 검소하여 산업産業을 꾀하지 않았으며, 외모는 작고 보잘 것 없었다. 의상衣裳은 낡고 떨어져 보통사람[中人]을 넘지 아니하였으나 정색正色하고 조정에 서서 대사大事에 임하여 대책을 결정하는 데는 홀연히 한 나라[邦家]의 주석柱石이 되었다. 이때에 풍년이 들고 백성이 편안하며 중외가 무사하니 사람들이 강감찬의 공이라고 하였다.

(강민첨姜民瞻)

강민첨은 진주晉州 사람으로 목종 때 과거에 급제하였다. 현종 때 동여진東女眞이 청하清河에 쳐들어오니 문연文演·이인택李仁澤 등과 함께 주州의 군사를 독려하여 그들을 격퇴하였다.

강민첨이 서생書生으로 무예[射御]는 잘하지 못하지만 기개가 굳고 과단성이 있어 강감찬을 따라 여러 차례 전공戰功을 세웠으므로 공신호를 받았다. 지중추부사 병부상서가 되어 죽었다. 문종 때 공신각功臣閣에 그의 초상이 그려졌다.

지채문智蔡文

지채문은 봉주鳳州 사람이다. 현종 원년(1010)에 중랑장中郎將이 되었다. 거란병契丹兵이 쳐들어오자 병사들을 이끌고 화주和州에 진鎭을 치고 있다가 강조康兆가 패하였다는 소식에 병사를 옮겨 서경을 구원하라는 명을 받고, 군용사軍容使 최창崔昌과 함께 강덕진剛德鎭에 진을 쳤는데 거란에 항복한 노의盧顗가 격문을 가지고 서경에 이르러 항복을 권유하였다. 이에 부유수副留守 원종석元宗奭 등이 항복의 표문을 만드니 지채문이 이 말을 듣고 군사를 이끌고 서경에 이르렀으나 성문이 닫혀있었다. 이에 명하여 문을 열게 하고 들어가 고궁故宮의 남쪽 회랑으로 들어가 부대를 주둔시키고 (항복하지 말 것을) 설득하였으나 원종석이 고집하며 따르지 않으니 지채문이 최창과 더불어 꾀하여 노의 등이 돌아가는 것을 기다렸다가 기습해 죽이고 표문을 빼앗아 불태워버렸다.

이때 성 안에서 투항하려는 기미가 보이자 지채문이 성의 남쪽으로 나가 성을 지켰는데 대장군 정충절鄭忠節만이 따라 왔다. 조금 있다가 서북계 도순검사都巡檢使 탁사정卓思政이 군사를 거느리고 왔으므로 군사를 합하여 다시 성으로 들어갔다.

왕이 표表를 올려 화친을 청하니 거란 군주가 허락하고 노획과 약탈을 금지시키는 한편, 마보우馬保佑를 개성 유수開城留守를 삼고 왕팔王八로 부유수를 삼았다. 을름乙凜을 시켜 기병騎兵 1,000명을 거느리고 마보우 등을 호송하게 하고, 합문인진사閤門引進使 한기韓杞를 보내어 돌격 기병 200명을 거느리고 서경 북문으로 가게 하니, 북문 앞에서 소리치기를 "황제皇帝가 지난 번에 노의 등을 보내어 조서詔書를 가지고 효유曉諭하였는데 어찌 지금까지 소식이 없느냐. 만일 명령을 거역하지 않는 것이라면 유수와 관료들은 나와서 나의 지시를 듣도록 하라!"라고 하였다.

(이에) 지채문이 날랜 기병을 거느리고 갑자기 성문으로 나가 공격하여 한기의 목을 베고, 나머지는 모두 사로잡아 한 명도 돌아가지 못하게 하였다. 을름이 도착하니 지채문이 선봉이 되어 을름을 맞이해 싸웠는데 을름과 마보우가 패하여 달아났다. 이에 성 안의 민심이 조금 안정되자 거란주가 다시 을름을 보내 공격해 오니 지채문이 임원역林原驛 남쪽으로 나가가 맞아 싸워 3,000명의 목을 베었다. 다음 날 지채문이 다시 출전하니 거란 군사들이 패하여 달아났으며, 성 안의 군사들은 성에 올라가 그 광경을 바라보고 다투어 그들을 쫓아 마탄馬灘에 이르니 거란이 군사를 돌려 반격하므로 아군이 패하니 드디어 성을 포위되었다. 거란주契丹主가 성 서쪽 절에 머무르자 탁사정이 겁이나 장군 대도수大道秀에게 속여 말하기를 "그대는 동문으로, 나는 서문으로부터 나아가 앞뒤에서 협공하면 이기지 못할 것이 없다."고 속이고 나서, 휘하의 군사를 데리

고 밤에 도망쳤다. 대도수가 동문으로 나와서 비로소 속은 것을 알았고, 드디어 부하를 거느리고 거란에 항복하니 여러 장수들이 모두 궤멸되었고, 성 안의 민심이 흉흉하게 되었다. 통군 녹사統軍錄事 조원趙元과 진장鎭將 강민첨, 낭장郎將 홍협洪叶 등이 어찌 할 바를 모르다가 함께 신사神祠에 가서 점을 쳐 조원을 추대하여 병마사로 삼고 흩어진 군사들을 수습하여 성문을 닫고 굳게 지켰다. 지채문이 달려와 서경의 패전 소식을 보고하자 왕은 드디어 남행南行을 하였다. 지채문이 따라갔는데, 호위하는 군사는 겨우 50여 인에 불과하였다.

새벽에 적성현積城縣 단조역丹棗驛에 이르니 무졸武卒 견영堅英이 역노들을 모아 활을 쏘며 행궁을 범하니 지채문이 달려가 활을 쏘아 물리쳤다. 적도들이 궤멸되었다가 다시 남산으로부터 뛰쳐나와 길을 막으니 지채문이 또 물리쳤다. (왕이) 창화현昌化縣(오늘날의 경기도 양주군 회천읍)에 이르렀을 때에 어떤 아전이 아뢰기를 "왕은 나의 이름과 얼굴을 아십니까?" 하였다. 왕이 못들은 척하자 화가 나 장차 난亂을 일으키고자 사람을 시켜서 "하공진河拱辰이 군사를 거느리고 왔다."고 소리를 치게 하였다. 지채문이 "무엇 때문에 왔느냐."고 하니, 아전이 말하기를 "채충순과 김응인金應仁을 잡으러 왔다."고 하였다. 이에 김응인 등이 모두 도망가 숨고, 홀로 지채문·채충순·주저周佇 등만이 남았다. 밤에 적이 또 오니 환관宦官들이 모두 도망가고, 오직 두 왕후王后만이 (왕을) 모시었다. 지채문이 기미를 봐서 변變에 대응하니 적이 감히 가까이 오지 못하였다.

새벽에 이르러 지채문이 두 왕후에게 청하여 먼저 북문으로 나가게 하고 손수 왕이 탄 말을 몰아 사잇길로 도봉사道峯寺에 들어가니 적도들이 이를 알지 못하였다. 채충순도 뒤따라왔다. 지채문이 아뢰기를 "간밤의 적도들은 하공진이 아닌 듯 하니 신이 가서 추적해 보겠습니다." 하였으나 왕은 그가 도망갈까 두려워하여 허락하지 않았다. 지채문이 하늘을 두고 맹세하니 왕이 이에 허락하였다. 곧 창화현昌化縣에 이르러, 마침 패하여 남쪽으로 가는 군사 수십 인을 데리고 오는 하공진을 만나 적변賊變을 자세히 말하고 또한 힐문하니 과연 하공진이 한 짓이 아니었다.

지채문은 하공진과 함께 창화현昌化縣을 수색하여 적이 훔친 말 15여필과 안장 10벌을 찾았다. 돌아오며 지채문이 하공진에게 말하기를 "내가 제군諸君과 같이 가면 왕이 반드시 놀랄 것이니 청컨대 여러분은 조금 뒤에 오시오."라고 하고 혼자 도봉문에 도착하였다. 망보는 군사가 "지장군智將軍이 옵니다."고 하니, 왕이 기뻐하여 문에 나와 맞이하거늘 지채문이 갖추어 실상을 아뢰고 하공진이 뒤따라 도착하여 왕을 인견하니, 위로하고 드디어 하공진을 거란영契丹營에 보내어 화친和親을 청하게 하였다.

이듬해 왕이 광주廣州에 머물고 있었는데, 두 왕후가 간 곳을 몰라 지채문으로 하여금 가서 찾게 하니 요탄역饒呑驛에 이르러 찾아 모시고 돌아왔다. 3일 후에 (왕이) 광주를 출발하였는데, 호종하는 장사들이 모두 도망가고 없으니 밤을 이용해 적들이 나타날 것에 대비하여 지채문이 호위하는 군사들의 모자에 표지를 꽂아 (적도들과) 구별할 수 있도록 하니 이를 따랐다. (드디어) 양성陽城에 이르자 김응인金應仁과 유종柳宗 등이 두 왕후를 그 고향으로 돌려보내자고 청하니 (이를) 왕이 지채문에게 물었다. 지채문이 크게 통곡하면서 말하기를 "이제 군신의 도리를 잃고 잘못 앙화殃禍에 걸려 피난하고 있으니 마땅히 인의仁義를 좇아서 행동하여 민심을 수습해야 하거늘 왕후를 버리고서 살길을 찾는 일을 차마 할 수 있겠습니까?" 하였다. 왕이 말하기를 "장군의 말이 옳다."고 하였다. 일행이 사산현蛇山縣(오늘날의 하남시)을 지나가는데 지채문이 기러기 떼가 밭에 있는 것을 보고 말을 달려 나가니 기러기가 놀라 날아오르자 활을 쏘아 그대로 떨어트렸다. 말에서 내려 (기러기를) 잡아 바치며 "이와 같은 신하가 있으니 어찌 도적을 걱정하겠습니까?" 하니 왕이 크게 웃고 칭찬하였다.

천안부天安府에 이르니 김응인과 유종이 도망갔다. 파산역巴山驛에 이르러 왕이 지채문에게 이르기를 "현덕후玄德后가 임신 중이니 멀리 갈 수가 없다. 선주善州는 왕후의 고향인데, 여기에서 멀지 않으니 가히 보낼 수 있을 것이다." 하였다. 지채문이 앞서의 의견[前議]을 고집하였으나 왕이 "형세가 부득이하다."고 하므로 드디어 (왕후를 고향으로) 보내었다.

왕이 여양현礪陽縣에 머무니 장졸들이 동요하는 기미를 보이자 지채문이 아뢰기를 "성왕(태조)께서 (후삼국)을 통일할 때에 공이 비록 미미할 지라도 반드시 상을 내렸습니다. 하물며 지금 고생스러움과 위기가 이와 같은 때는 마땅히 우선 상으로 위무하여 중심衆心을 단단히 해놓는 것에 힘써야 합니다." 하니, 왕이 이를 따라 현안지玄安之 등

16명을 중윤中尹에 임명하였다.

삼례역參禮驛에 이르자 전주 절도사全州節度使 조용겸趙容謙이 평복 차림으로 왕의 일행을 맞이하였다. 박섬朴暹이 아뢰기를 "전주全州는 곧 옛 백제입니다. 성조聖祖(태조)도 또한 싫어하였으니 청컨대 상께서는 행차하지 마소서." 하였다. 왕이 그렇게 생각하고 장곡역長谷驛에 유숙하였다. 조용겸이 왕을 머물게 하여 왕을 끼고서 호령할 요량으로 전운사轉運使 이재李載, 순검사巡檢使 최즙崔楫, 전중소감殿中少監 유승건柳僧虔과 함께 흰 깃발을 꽂고 북을 치며 떠들며 행궁으로 왔다. 이에 지채문이 사람을 시켜 문을 닫고 굳게 지키게 하였더니 그들이 감히 들어오지 못하였다. 지채문이 지붕에 올라 묻기를 "너희들이 어찌 감히 이와 같이 하느냐. 유승건이 왔느냐?" 하고 묻자, 적들이 "왔다." 하였다. 또 묻기를 "너는 누구냐?" 하니, 적이 말하기를 "너는 또한 누구냐?" 하니 지채문이 다른 말로 대답하였다. 적이 말하기를 "지장군智將軍이로구나." 하니, 지채문이 "너는 바로 친종마親從馬 한조韓兆로구나." 하였다. 왕명으로 유승건을 부르니 유승건이 소리치며 말하기를 "네가 나오지 아니하면 나도 감히 들어가지 않을 것이다." 하였다. 지채문이 문에 나와 유승건을 불러 인도하여 왕 앞에 이르니, 유승건이 울면서 아뢰기를 "오늘의 일은 조용겸의 소행입니다. 신은 알지 못하오니 청컨대 조용겸을 불러주소서." 하였다. (왕이 허락하였더니) 유승건이 나와서 도망하였다. 왕명으로 조용겸을 부르니 왔다. 여러 장수들이 조용겸을 죽이고자 하자 지채문이 반대하여 용서하고 전주로 돌려보냈다.

왕이 나주羅州에 들어갔는데 밤에 척후병이 거란병이 왔다고 보고하였는데, 지채문이 나가 탐문해보니 하공진이 거란병이 물러갔다는 보고였다. 아울러 거란 원수 부마의 글을 받아가지고 왔다. 그러나 여러 장수들 가운데 거란 문자를 해득하는 자가 없어 그 뜻을 알지 못하였다.

2월에 왕이 서울로 돌아오는 길에 공주公州에 들러 지채문에게 토지 30결을 하사하였다.

(현종) 7년(1016)에 우상시右常侍를 겸하게 하였다.

(현종) 17년(1026)에 우복야右僕射에 임명되었으나 죽었다.

논하기를,

우리나라의 선비 가운데 군사에 대해 아는 자가 얼마나 드문가. 신라의 김유신金庾信, 고구려의 을지문덕乙支文德 및 강감찬姜邯贊 등 몇 명뿐이다. 바야흐로 소손녕이 우리나라에 깊이 쳐들어왔을 때에 강감찬이 군사 일부를 보내어 뒤쫓게 하고 군사를 가지고 움직이지 않다가 그들이 돌아가는 길에 있다가 마침내 대첩을 이루었으니 가히 '군사를 안다[知兵].'고 하겠다. 세상에 전해지기를 송나라 사신이 강감찬을 보고 "문곡성文曲星[27]의 정령이다."고 하였다는데, 강감찬이 재상이 된 때에는 송나라 사신이 오직 않았으니, 이 이야기는 가히 잘못된 이야기이다. 그러나 강감찬이 도술을 알고 변고의 기미를 알았으니 기이한 사람이라고 하겠다.

지채문智蔡文은 외로이 병사를 이끌고 서경에 들어가 항복한 자들을 죽이고 성을 굳게 지키고 담략膽略이 장렬하였다. 끝내는 분패奔敗하였으나 서경은 온전할 수 있었다. 국왕을 호종하여[扈蹕] 남쪽으로 갔을 때 온갖 곳에서 변고가 나타났지만, 기미에 대응을 잘하여 무찔러 안정시키고 마침내 서울[舊都 : 개성]로 돌아왔다. 충성을 다하고 지략이 뛰어난 것이 거의 강감찬에 버금간다고 하겠다.

27 문곡성文曲星 : 별자리 이름의 하나. 문곡성은 문운文運을 주관하는 별자리.

| 휘찬여사 권23 |

명신 2

명신名臣 2

최충崔沖

최충의 자는 호연浩然이고 해주海州 대녕군大寧郡 사람이다. 어려서부터 공부하기를 좋아하였고 성품이 절조가 있고 심지가 굳었다. 목종 8년(1005)에 장원 급제하고 습유拾遺, 한림학사, 예부시랑, 간의대부諫議大夫[1]를 역임하였다. 덕종德宗 초에 동지중추원사同知中樞院事에 제수되어 김심언金審言이 설원說苑의 글을 각 관청의 벽에 걸었던 일[2]을 다시 시행할 것을 청하자 왕이 따랐다. 정종 대에 판서북로병마사判西北路兵馬事가 되었는데, 왕이 최충에게 변방을 다니며 영원寧遠, 평로平虜 2진과 14개의 보堡를 설치하도록 하였다. 돌아와 내사시랑평장사內史侍郎平章事에 임명되었다. 문종이 즉위하고 최충에게 율령律令을 살펴 제정하도록 하였다. 도병마사를 겸임하고 아뢰기를 "지난 해 변방의 농사가 제대로 되지 않았으니 성채城寨를 수선하는 일 외에는 공역을 중단하십시오. 동번東蕃의 추장酋長 염한鹽漢 등 죄를 지어 서울에 억류한 자들 86인이 틀림없이 분함 마음을 품었을 것이며 그들을 공궤供饋하는 데 드는 비용도 많으니 모두 돌려보내시기를 청합니다." 하니 왕이 따랐다.

다음해 식목도감사式目都監使를 겸임하여 아뢰기를 "급제 이신석李申錫은 씨족을 등록하지 않았으니 삭탈하는 것이 마땅합니다." 하였다. 문하성門下省, 어사대御史臺에서 아뢰기를 "씨족을 등록하지 않은 것은 그 조부나 부친의 실책입니다. 이신석이 많은 공을

---

1 『휘찬여사』에는 간대부諫大夫로 되어 있다.

2 성종 9년(990)에 김심언이 『설원說苑』에 있는 육정六正·육사六邪라는 말을 인증하여 중앙과 지방에 반포하고 관청의 벽에다 써서 걸도록 청한 것을 가리킨다.

들여 문장이 뛰어나게 되었는데 자신에게 아무 흠도 없이 삭탈되는 것은 부당합니다." 하였다. 왕이 제制하기를 "도감에서 아뢴 것이 법에 맞다. 그러나 어진 이를 세우는 데는 끝이 없으니 상례常例에 얽매여서는 안 된다. 어사대의 의견을 따르라." 하였다.

정종 7년(1041)에 최충이 연로하여 벼슬에서 물러나기를 청하자 내사령內史令을 더하고 치사하게 하였다. 왕이 사신을 최충의 집으로 보내 임명장[告身]과 예물을 하사할 것이라는 것을 듣고 글을 올려 사양하였다. 그러나 왕이 허락하지 않고 평장사 김원정金元鼎, 동지중추원사 왕무숭王懋崇을 최충의 집으로 보내 조서詔書를 내렸다. 후에 내사문하성을 중서문하성으로 고쳐서 최충이 중서령中書令이 되었다. 치사하고 최충이 집에 있었지만 군국軍國의 중대사는 모두 그 집에 가서 자문하였다.

문종 22년(1068)에 최충이 죽었는데, 왕이 태의감太醫監을 보내 그의 아들 최유선崔惟善 등에게 조문하였다.

현종顯宗 이후에 전쟁이 겨우 그쳤으나 교육에 힘쓸 겨를이 없었다. 최충이 개연히 인재 교육을 자기의 임무로 삼아 후진들을 가르쳤는데 조금도 소홀히 하지 않으니 원근에서 학도들이 모여들었다. 이에 사는 집에 이들을 수용할 수 없어 9재齋로 나누었는데 낙성樂聖, 대중大中, 성명誠明, 경업敬業, 조도造道, 솔성率性, 진덕進德, 대화大和, 대빙待聘이라고 하였다. 과거에 응시하는 자제들은 우선 학도에 들어가 9재에 이름을 걸었는데 이들을 일러 '시중 최공의 학도'라고 하였다. 학도 중에서 학업이 우수하나 아직 벼슬하지 않는 자를 교도教導로 삼아 9경經 3사史를 가르쳤다. 때로는 초에 시각을 표시한 후 시를 짓도록 하여 성적을 고하로 순서를 정하고, 아이[童]와 어른[冠]을 좌우로 줄을 지어 잔치를 하는데 예를 갖추어 행동거지에 절도가 있었다. 종일 서로 시를 주고받다가 날이 저물면 낙생영洛生詠[3]을 부르고 파하니 그것을 본 사람들이 감탄하였다. 최충이 죽고 시호를 문헌文憲이라 하였으므로 문헌공도文憲公徒라 하였다. 당시 유신儒臣으로 학도를 세운 사람이 11명이었으니 홍문공도弘文公徒{정배걸鄭倍傑}, 광헌공도匡憲

3 영가詠歌의 일종으로 중국 낙수洛水 아래 서생들이 음영한 성조로, 동진東晋의 명사들이 즐겨 불렀다 한다.

公徒{노단盧旦}, 남산도南山徒{좨주祭酒 김상빈金尙賓}, 서원도西園徒{복야僕射 김무체金無滯}, 문충공도文忠公徒{시랑侍郎 은정殷鼎}, 양신공도良愼公徒{평장사 김의진金義珍}, 정교공도貞敎公徒{평장사 황영黃瑩}, 충평공도忠平公徒{유감柳監}, 정헌공도貞憲公徒{시중 문정文正}, 서시랑도徐侍郎徒{서석徐碩}, 구산도龜山徒{미상未詳}였다. 세간에서는 문헌공도와 합쳐서 12학도라 하였는데, 최충의 학도가 가장 성대하였다. 우리나라에서 학교가 홍기한 것이 대개 최충으로부터 시작되었으니 당시에 해동공자海東孔子라 일컬었다.

아들 최유선崔惟善, 최유길崔惟吉과 최유길의 아들 최사추崔思諏가 모두 훌륭한 신하였다. 최충의 자손들 중에는 문장과 덕행으로 재상이 된 자가 수십 명이었다. 최유선이 과거에 급제하고 문종 대에 여러 번 벼슬을 옮겨 지중추원사知中樞院事가 되었을 때 왕이 덕수현德水縣에 홍왕사興王寺를 창건하고 덕수현을 양천楊川으로 옮기려 하였다. 최유선이 상서하여 간절히 간했는데 그 말이 세가世家에 있다. 왕이 가상히 여겨 답하였다. 다른 날 최유선이 입시하였을 때 왕이 조용히 위로하고 칭찬하기를 "간쟁諫諍은 곧 충성하는 것이고 왕이 좋아하는 것을 따르는 것은 아첨하는 것이다." 하였다. 최유선이 대답하기를 "창건하여 물려주는 것이 도리어 쉽고 조상이 이루어 놓은 것을 잘 이어가는 것이 어렵습니다." 하였다.

최유선이 중서문하평장 이부상서사吏部尙書事가 되었을 때 시어사侍御史 노단盧旦이 아뢴 것이 왕의 뜻에 맞지 않자 왕이 노하여 끌고 나가 결박하라고 명하였다. 최유선이 아뢰기를 "신하가 법을 어기면 법사法司에 보내는 것이 마땅합니다." 하니 왕의 노가 풀렸다.

최유선이 중서령이 되고 최유길이 섭 상서령攝尙書令이 되었을 때 최충은 나이가 많았지만 몸에 탈이 없었다. 한번은 왕이 나라의 원로[國老]들을 위해 잔치를 열었다. 최유선과 최유길이 최충을 부축하고 잔치에 들어가니 모두 부러워하고 칭찬하였다. 최유선을 문하시중으로 올렸다. 문종 29년(1075)에 죽으니 시호를 문화文和라고 하였다. 최유선이 대를 이어 유학의 종장宗匠이 되어 두 왕을 보필하였는데 비록 혁혁한 공은 없었으나 사람들이 모두 존중하였다. 최유선의 아들 최사제崔思齊는 벼슬이 문하평장사에 이르렀고 시호를 양평良平이라 하였다.

최사제의 아들 최약崔瀹이 과거에 급제하여 예종을 섬길 때 나랏일이 한가하였고 왕이 글 짓는 것을 높이고 놀이와 잔치를 즐겼다. 한번은 서경西京에 행차하여 대동강大同江에 배를 띄우고 시신들과 함께 시를 지어 화답하였다. 최약이 상서하여 간하기를 "당唐나라 문종文宗이 시학사詩學士를 두려고 하자 재상이 '시인은 경박한 자가 많으니 만일 그들이 고문顧問이 되면 임금의 총명을 어지럽힐까 염려가 됩니다.'라고 하므로 문종이 이에 그만두었습니다. 제왕은 마땅히 경서經書 공부하는 것을 좋아하여 날마다 박학한 유사儒士들과 경사經史를 토론하고 정치의 도리를 논의해야 합니다. 그런데 어찌 문장을 다듬는 작은 기예를 일삼으며 경박한 문사들과 풍월風月이나 읊어 마음의 순정淳正함을 잃어버리려 하십니까?" 하였다. 왕이 이 말을 좋게 받아들였다. 한 문사가 틈을 타서 왕에게 아뢰기를 "이른바 유신儒臣이란 것이 저희를 제외하면 별도로 누가 있겠습니까? 최약이 시에 약하므로 이 말을 하였습니다." 하자, 왕이 노하여 최약을 춘주부사春州府使로 좌천시켰다. 최약이 시를 지어 자신의 뜻을 보였는데 왕이 듣고 다시 불러들여 벼슬이 예부상서 한림학사에까지 올랐다.

최윤의崔允儀는 최충의 현손으로 과거에 급제하여 벼슬이 문하시랑평장사 판이부사에까지 올랐다. 일을 논의할 때 주장이 명백하고 의기義氣가 있었으며 인사를 담당하여 주의注擬할 때 공정하게 하여 적당한 사람을 얻었다. 문장에도 능하여 왕의 명을 받아 『고금상정례古今詳定禮』 50권을 편찬하여 세상에 전해졌다. 의종毅宗 16년(1162)에 죽었다.

논하기를,

송宋나라에서 인종仁宗대에 이르러 호원胡瑗,[4] 손복孫復,[5] 석개石介[6]가 사도師道를 자임하

---

4 호원胡瑗(993~1059): 자字는 익지翼之. 중국 북송北宋 대의 학자로 성리학의 선구자이다. 섬서성陝西省 안정보安定堡에 세거하였으므로 세상에서는 안정선생安定先生이라고 불렀다.

5 손복孫復(992~1057): 장기간 태산泰山에 거하면서 강학講學을 하였으므로 사람들이 태산선생泰山先生이라고 불렀다. 호원胡瑗, 석개石介와 더불어 사람들이 '송초삼선생宋初三先生'이라고 칭하였다. 그는 북송北宋 이학理

고 후진들을 가르쳤다. 그 중에서 호씨의 학도들이 가장 융성하여 세상에서 '호학湖學'[7] 이라고 불렀다. 제도[規模]는 대학大學에서 본받았는데, 성리학이 대개 여기서 주창되었다. 우리나라 12도는 문종 대에 해당되니, 저들과 같은 때이다. 어찌 소문을 듣고 일어난 것이겠는가? 이때 고려는 거란을 두려워하여 송나라와 교류할 수 없었으니, 12도는 대개 중국에 호학의 모범이 있다는 것을 듣지 못하였을 것이다. 아마 인문人文이 점차 발달하여 마침 서로 합치한 것인가 보다. 그러나 최충의 9재에서 가르치는 조목[授學節目]이 잘 짜여 있었지만 그 과정을 살펴보면 다만 사장詞章을 익힐 뿐이요 성리학이 있다는 것은 듣지 못하였다. 어찌 족히 취할 것이 있겠는가.

이자연李子淵 {황주량黃周亮, 유신柳伸, 왕총지王寵之, 위계정魏繼廷, 소태보邵台輔, 문정文正, 임의任懿, 원후元厚}

이자연李子淵

이자연은 인주仁州 사람이다. 그의 선조가 신라의 대관大官으로 사신이 되어 당唐나라에 들어갔는데 천자天子가 가상히 여겨 이씨 성을 하사하였다. 그 후손이 소성현邵城縣에 옮겨 살았는데 곧 인주이다. 이허겸李許謙이라는 사람이 소성백邵城伯에 봉해졌고 우복야右僕射 이한李翰을 낳았으며 이자연은 이한의 큰 아들이다.

이자연이 과거에 장원 급제하여 정종 대에 여러 번 승진하여 중추원사에 올랐고, 문종이 즉위하면서 내사시랑으로 올라갔다. 왕이 그 딸을 맞아들여 왕비로 삼고 이자연을

學의 선도적인 인물이고 탁월한 교육가였다.

6 석개石介(1005~1045): 자字는 수도守道이고 집이 저래산徂徠山 밑에 있어서 학자들이 그를 저래선생徂徠先生이라고 하였다.

7 호원胡瑗이 호주湖州에서 가르쳤으므로 호학湖學이라 하였다.

문하시랑평장사로 올렸으며, 부인 김씨는 계림국대부인鷄林國大夫人에 봉했다.

문하시중 판상서이부사判尙書吏部事로 올리자 아뢰기를 "천지의 재해와 상서祥瑞는 늘 형정刑政의 잘잘못과 상응하니 이부吏部와 형부刑部에서는 시비를 분별하는 데 힘써야 하는데도 체류되어 미결인 채로 있는 것이 많습니다. 마땅히 양부兩部의 관원들에게 정확하게 조사하여 결정하도록 하고, 관리들이 열심히 하는지 게을리 하는지를 살펴 올려주고 내쫓는다면 성주聖主의 정사를 부지런히 하고 형벌을 신중히 하는 뜻에 부합할 것입니다. 그러면 억울한 일은 없어지고 상서로운 일이 이를 것입니다." 하니 왕이 따랐다. 흥왕사興王寺를 짓느라 덕수현德水縣을 양천楊川으로 옮기기로 하여 현縣의 백성들이 몹시 괴로워하였다. 이자연이 아뢰기를 "덕수현의 조세를 1년간 감해주십시오." 하니, 왕이 제制로 특별히 2년을 감해주었다.

이자연이 식목도감사式目都監使가 되었을 때에 아뢰기를 "제술업製述業을 공부한 강사후康師厚가 열 번 과거를 보아 급제하지 못하였지만, 영식令式(규칙)에 따르면 벼슬을 주어야 합니다. 그러나 강사후는 유림랑儒林郎[8] 당인堂引이었던 강상귀康上貴의 증손입니다. 무자년의 제制에는 '전리電吏, 소유所由, 당인堂引, 문복門僕[9]의 자손으로서 제술을 공부하여 과거에 급제하였거나 무공武功이 있는 자는 조정의 반열에 오르는 것을 허용한다.' 하였습니다. 또 병신丙申년의 제에 따르면, 위에 든 관원의 자손으로 벼슬길에 오른 자는 할아버지나 아버지의 벼슬에 따라 감안하여 헤아려서 벼슬을 준다고 하였습니다. 따라서 강사후를 벼슬길에 나가게 하는 것은 부당합니다." 하였다. 참지정사 김현金顯 등이 아뢰기를 "강사후의 증조부의 관직이 비록 당인이었지만 유림랑을 겸하였으니 강사후에게 벼슬길에 나가게 허용하는 것이 마땅합니다." 하였는데 왕은 이자연의 의견을 따랐다.

이자연을 중서령으로 올리고 경원군개국공慶源郡開國公에 봉하였다. 네 아들 이호李灝, 이정李頲, 이의李顗, 이전李顓은 모두 재상이 되었고 세 딸은 모두 문종의 배필이 되

8 고려시대 문산계文散階 29계 가운데 제 26계인 정9품의 상계上階이다.

9 모두 고려시대 각 관아의 말단에 속한 이속吏屬인 잡류雜類였다.

었는데, 첫째는 인예후仁睿后, 둘째는 인경비仁慶妃, 다음은 인절비仁節妃였다. 이호의 아들은 이자겸李資謙·이자량李資諒이고, 이정의 아들은 이자인李資仁·이자의李資義이었으며 이자현李資玄·이자덕李資德은 이의의 아들이었다.

이자량은 윤관을 따라 여진을 정벌하여 공을 세웠다. 사신으로 송나라에 갔을 때 휘종徽宗이 예모전睿謀殿에서 고려의 신하들[陪臣]에게 연회를 베풀면서 시를 짓고는 화답하게 하였다. 이자량이 즉시 화답하여 올리자 휘종이 칭찬하고 상을 주었다. 이자량이 돌아오려 할 때에 휘종이 여진을 불러달라고 몰래 유시諭示하자, 이자량이 그것이 가능하지 않음을 진달했는데 그 말이 세가世家에 실려 있다. 인종 대에 중서시랑에 임명되고 나서 죽었다. 이자량은 손무孫武와 오기吳起의 병서兵書를 즐겨 읽었고, 공을 세워 이름을 내는 것을 좋아하였다. 종질녀從姪女에게 장가들었는데 당시 사람들의 의논이 부끄럽게 여겼다.

이자인은 과거에 급제하여 시어사侍御史가 되었다. 문종과 순종이 연이어 훙거하여 이자인이 요遼나라에 가서 상사를 통고하였다. 요나라의 군주가 관館에 들어가는 것을 허락하지 않고 "두 임금이 연이어 서거하였으니 반드시 까닭이 있을 것이다."라고 힐문하였다. 이자인이 대답하기를 "국왕[國公]이 평소에 질병이 있었는데, 선왕의 상중에 지나치게 슬퍼하다가 몸을 상해 끝내 병이 위중해진 것이지 다른 까닭은 없습니다. 바라기는 신을 여기에 머물게 하고 사신을 본국에 보내 알아보되 신의 말이 거짓이면 신을 죽여주십시오." 하였다. 요나라 군주가 성 밖으로 나와 전전氈殿에서 인견引見하고 그를 위로하였다.

후에 간의대부로 승진하였다. 왕이 팔관회八關會에 참석하려고 신중원神衆院에 행차하는데 눈비가 와서 여러 신하들의 의복이 모두 젖었다. 돌아올 때는 하늘이 개고 달이 밝았으므로 왕이 창덕문昌德門 밖에서 수레를 멈추고 술잔을 들려 하였다. 이에 이자인이 좌간의 김상기金上琦,[10] 보궐 위계정魏繼廷 등과 함께 간하여 중지시켰다. 여러

10 『휘찬여사』에는 김상기金上錡로 되어 있으나 『고려사』를 따라 김상기金上琦로 고쳤다.

차례 승진하여 중추원부사가 되고 나서 죽었다.

이자연의 후예로 높은 관직에 오른 자가 많으니 다 셀 수 없을 정도이고 문호의 번성함이 대녕大寧 최씨(해주 최씨의 별칭)와 상대할 만하였다. 그러나 연이어 왕실과 혼인하여 교만해져서 결단이 났으며 왕왕 변란을 모의하다 죽은 자도 있었다. 의를 행하여 집안을 유지함으로써 대대로 풍요를 누려 한 시대의 명가名家가 된 것은 최씨에 미치지 못하였다고 한다.

황주량黃周亮

황주량은 과거에 급제하여 덕종 대에 정당문학 판한림원사가 되었으며 정종이 즉위하고 이부상서 참지정사를 역임하였다. 위주威州와 계주雞州의 여진족 부졸部卒이 그들의 도령都領인 개로開老와 재물을 다투다가 술 취한 틈을 타서 때려죽인 일이 있었다. 이 일을 재상들에게 의논하게 하니, 시중 서눌徐訥 등은 법대로 처리할 것을 청했고, 황주량 등은 "율문律文에 '화외인化外人이 같은 종족끼리 서로 범한 죄는 각기 그들의 풍속과 법에 따르는 것이 마땅하다.'고 하였으니, 범인의 재산을 개로의 집으로 가져가서 속죄하도록 하십시오." 하였다. 왕이 황주량 등의 의견을 따랐다.

황주량이 문하시랑 평장사가 되었고 시중 상주국上柱國에 올랐다. 그가 죽자 시호를 경문景文으로 하였다. 거란이 개경을 함락하여 서적들이 모두 타버렸는데, 황주량이 조서를 받들어 두루 자문한 후, 태조 이래 7대 왕조의 사적史蹟을 36권의 책으로 편찬하여 바쳤다.

유신柳伸

유신은 나이가 어려서 과거에 급제하여 청렴하고 부지런한 것으로 이름이 났다. 외모는 보통 사람을 넘지 않았으나 담력이 있었다. 일찍이 청주淸州에 지방관으로 나갔는데 백성들이 공경하였다. 숙종이 도읍을 남경으로 옮기고자 하여 여러 신하들에게 의논하도록 하였다. 대신과 백관들이 모두 좋다고 하였으나 유신과 좌산기상시左散騎常侍 유녹숭庾祿崇만은 불가하다고 하였다. 무릇 국사國事를 논의할 때마다 언제나 충의忠

義에 입각하여 주장하므로 당시 의논이 좋게 여겼다. 다섯 왕을 섬겼고 벼슬이 정당문학에 이른 후 죽었다.

왕총지王寵之

왕총지가 과거에 급제하고 정종 대에 우승선이 되었을 때 병마부사 박성걸朴成傑 등과 함께 아뢰기를 "동로東路의 정변진靜邊鎭(함경도 영흥 부근)은 주변의 오랑캐[蕃賊]들이 기회를 엿보는 곳이니 성을 쌓아 방비하기를 청합니다." 하였는데, 왕이 그 말을 따랐다. 정종 10년(1044)에 병마사 김영기金令器와 함께 장주長州·정주定州 두 고을 및 원흥진元興鎭에 성을 쌓았다. 문종 초기에 중추사中樞使로서 서북면 중군사西北面中軍使를 겸임하였고 오래지 않아 상주국上柱國의 훈직이 더해졌다. 병마사일 때 아뢰기를 "전傳에 이르기를 '편안할 때 위태로움을 잊지 말라[安不忘危].' 하였고,[11] 또 '적이 오지 않을 것을 믿지 말고 나에게 방비가 있음을 믿으라[無恃敵之不來 恃吾有備].' 하였습니다.[12] 따라서 나라에서는 매년 중추仲秋(음력 8월)에 동반東班, 서반西班을 교외郊外에 모아서 활쏘기를 익혔습니다. 하물며 모든 위衛의 군사들에게 마땅히 농한기에 징소리에 후퇴하고 북소리에 전진하는 것과 멈추고 움직이는 등의 절차를 가르쳐야 합니다. 병마는 더욱 훈련을 게을리 해서는 안 되니 선봉이 될 기병騎兵을 선발하여 1 대隊에 말과 갑옷 10부副씩을 주어 달리면서 활 쏘는 것을 익히도록 하고 어사대와 병부兵部로 하여금 군사 교련과 검열을 담당하게 하시기를 청합니다." 하니 왕이 따랐다.

이윽고 문하시랑에 임명되자 글을 올려 병마사를 사직하였으나 왕이 허락하지 않았다. 시중에 올랐고 문종 21년(1067)에 중서령으로 치사致仕하고 죽었다. 시호는 경숙景肅이다.

---

11 『주역周易』 계사전繫辭傳하에 "6군자는 편안함을 잊지 않고 보존될 때도 망하는 일을 잊지 않는다[是故君子安而不忘危, 存而不忘亡]."라는 구절에서 나왔다.

12 중국 고대 병법가인 손자孫子가 말한 '병법은 적이 오지 않음을 믿을 것이 아니라 내가 대비하고 있음을 믿을 것이다[故用兵之法, 無恃其不來, 恃吾有以待也; 無恃其不攻, 恃吾有所不可攻也].'라는 말에서 인용하였다.

위계정魏繼廷

위계정은 문종 대에 과거에 급제하여 문장으로 세상에 이름이 났다. 선종宣宗 대에 어사 중승御史中丞이 되었는데, 왕에게 사랑하는 첩이 있어 그를 위해 웅장하고 화려한 집을 지으니 위계정이 헐어버리라 청하였지만 왕이 답하지 않았다. 추밀 승선樞密承宣이 되었을 때, 연등회 날 저녁에 군신들에게 잔치를 베풀고 술판이 무르익자 왕이 위계정에게 일어나 춤추라고 하였다. 위계정이 사양하기를 "광대[伶人]가 있는데 어찌 신이 춤을 추겠습니까?" 하니 왕이 강요하지 못하고 그만두었다.

숙종이 즉위하고 문하시랑 평장사가 되어 표문을 올려 물러날 것을 간청하였지만 왕이 허락하지 않았다. 위계정이 굳이 병을 핑계대자 왕이 손수 조서를 써서 유시하니 이에 성에 들어가 일을 보았다. 대신臺臣이 논박하여 아뢰기를 "위계정이 물러나 쉬기를 청한 것이 1년이고 휴가가 다하고 몇 십 일이 지난 후에 직무를 보니 대신의 체통이 없습니다. 파직하기를 청합니다." 하였으나 왕이 허락하지 않았다. 그 후 2년 동안 3번 표문을 올려 쉬게 해줄 것을 간청하니 비로소 왕이 허락하였다. 거듭 표문을 올려 녹봉을 사양하겠다고 하자 조서를 내리기를 "경이 질병 때문에 관직을 벗었는데 또 뒤이어 녹봉까지 사양하니 이는 짐이 어진 이를 우대하고 노인을 공경하는 의도가 아니다." 하고는 녹봉의 반을 지급하라고 명하였다. 위계정이 죽으니 시호를 충렬忠烈이라 하였다.

위계정은 청렴하고 검소하며 직언을 잘하고 강직하였다. 이자의李資義가 중국에 사신으로 갈 때 부사副使로 가서 이자의는 진기한 물건을 많이 샀으나 위계정은 조금도 따라하지 않았다. 양부兩府의 관직에 오른 후에도 본래의 절조를 고치지 않았다. 나라의 풍속이 불사佛事를 좋아하여 위아래 할 것 없이 모두 그러하므로 감히 배척하는 자가 없었는데 위계정만은 그렇지 않았다. 나라 안 사람들이 그가 중용될 것이라 기대했는데 그가 재상이 되었을 때는 이미 병들었고 대세가 어쩔 수 없어서 말없이 따라갈 뿐 제대로 건의도 하지 못하고 죽었다.

소태보邵台輔

소태보는 문종 말년에 호부 시랑이 되었고 선종 대에는 중서시랑 평장사가 되었는데, 아뢰기를 "북로北路의 장수와 병졸들 다수가 남쪽 고을에서 보충되어 들어와서 정전丁田이 멀리 있는 까닭에 자산資産이 궁핍하니 만약 위급한 사태가 일어나면 어떻게 죽을힘을 다해 싸울 수 있겠습니까. 요遼나라에 사신을 들여보낼 때 그 곳의 건장한 자들을 선발하여 시중군으로 삼아서 데리고 가게 하면 여진 강역의 형세를 살필 수 있고 또 무역을 통한 이익도 있어서 사람들이 반드시 다투어 권할 것입니다." 하니, 제서制書를 내려 따랐다.

이자의李資義가 반란을 꾸밀 때에 소태보가 왕국모王國髦에게 군대를 거느리고 궁중에 들어가 왕을 호위하게 하고 군대를 매복시켜 이자의를 베었다. 숙종이 선위禪位 받고 수태위守太位 문하시중에 임명하였다. 숙종 8년(1103)에 표문을 올려 물러날 것을 청하였으나 왕이 허락하지 않았다. 오래지 않아 수태부 판서경유수守太傅判西京留守가 되어서 치사致仕하였고 다음해 수태사守太師가 되었다. 죽고 나서 시호를 충겸忠謙이라 하였다.

소태보는 관리로서의 재능이 있었고 군사 업무에 마음을 다 썼다. 일찍이 아뢰기를 "국학에서 선비를 양성하는 것이 국가 재정만 낭비하여 백성들에게 폐만 끼칩니다. 또 중국의 법을 우리나라에 실행하기 어려우니 혁파하시기를 청합니다." 하였는데 왕이 답하지 않았다. 당시의 식자들이 나무랐다.

문정文正

문정은 장연현長淵縣 사람이다. 문종 초에 급제하여 여러 차례 승진하여 간의대부, 참지정사가 되었다. 문정이 중서시랑으로 승진했을 때 동번東蕃(동북 방면의 여진)이 난리를 일으키자 판행영병마사判行營兵馬使가 되었다. 병마사 최석崔奭·염한廉漢, 병마부사 이의李顗와 함께 보병과 기병 3만 명을 거느리고 정주定州에 주둔하였다가 야간에 길을 나누어 적의 보루로 달려갔다. 날이 밝을 무렵에 모두 모여 북을 치며 소리를 지르니 땅이 울렸다. 적들이 크게 놀라므로 이것을 노려 크게 공격하여 목을 벤 것이 400명이었고 사로잡은 그들의 장수가 39명이었다. 공격하여 쳐부순 마을이 10여 곳이었고 잡아온 소, 말, 무기도 매우 많았다. 승전 소식을 아뢰자 왕이 기뻐하여 칙서를 내려 칭찬하고 모든 장수들에게 은합銀合 각 1벌씩을 하사하였으며 검교사도 상주국檢校司徒上

柱國을 더하고 장연백長淵伯으로 봉작하였다. 선종 10년(1093)에 죽었다.

임의任懿

임의는 정안현定安縣 사람으로 열심히 공부하여 과거에 급제하였다. 간의대부가 되었을 때 송宋나라 철종哲宗이 붕어崩御하여 부시랑 백가신白可臣과 함께 송나라에 조위사弔慰使로 갔다. 함께 간 사람들이 모두 재물에 욕심을 냈으나 임의만은 홀로 청렴하고 근신하였으므로 송나라 사람들이 칭찬하였다. 황제가 하사한 『신의보구방神醫普救方』을 그가 가지고 오자 왕이 기뻐하여 관질을 높여 주었다. 얼마 있지 않아 어사대부에 임명되었고 이부 상서, 좌복야를 역임하였다. 예종 대에 중서시랑 평장사로 승진하고 나서 죽었다. 아들로 임원후任元厚, 임원준任元濬이 있다.

임원후는 처음 이름이 원애元敱[13]였다. 과거에 급제하고 여러 번 승진하여 전중 내급사殿中內給事가 되었다. 인종이 임원후의 딸을 맞아들여 왕비로 삼고 그를 어사 잡단御史雜端으로 삼았다가 참지 정사로 발탁하였다. 임원후가 글을 올려 묘청妙淸, 백수한白壽翰의 목을 베어 화禍의 싹을 잘라버릴 것을 청하였으나 왕이 답하지 않았다. 이윽고 중서 시랑에 제수되었을 때 서경에서 반란을 일으키니 왕이 조서를 내려 임원후와 김부식金富軾에게 중앙의 군사를 거느리고 가도록 하였다가 곧 임원후에게는 개경에 남아서 지키라고 명하였다. 문하시랑 평장사로 고쳐 임명되자 표문을 올려 최진崔溱에게 양보하겠다고 하였으나 왕이 허락하지 않았다. 판이부사가 되어 관리들의 인사를 공정하고 합당하게 하니 사람들이 '산공계사山公啓事'[14]에 비겼다. 의종이 즉위한 후 정안후定安侯로 봉하고 전殿 위로 올라가 예를 행하도록 하자 간관이 논박하였다. 정안후를 정안공定安公으로 올려서 봉작하고 부府를 설치하여 수녕부壽寧府라고 불렀다. 의종 10년(1156)에 죽었다.

---

13 『휘찬여사』에는 임원후의 처음 이름이 '원개元凱'로 되어 있으나 『고려사』 등에 따라 '원애元敱'로 하였다.

14 진晉나라의 산도山濤가 이부상서吏部尙書로 인물을 선발할 때 그 사람에 대한 평을 기록하여 아뢰었음으로 이를 '산공계사山公啓事'하였다.

임원후는 사람됨이 엄격하였으며 경서經書와 사서史書에 통달하였다. 재상이 되어서도 부지런하였고 몸가짐을 조심했으며 공정하고 청렴하였다. 묘청이 사설邪說로 사람들을 미혹하자 재상 등 중신들이 모두 믿었는데 임원후만 홀로 배척하니 사람들이 그 명철함에 탄복하였다.

임원후의 아들에 임극충任克忠, 임극정任克正, 임부任溥, 임유任濡, 임항任沆이 있었다. 임극충은 평장사, 임극정은 호부 상서, 임부는 이부 시랑이었다. 임유는 처음 이름이 극인克仁이었는데 성품이 조용하고 온화하였으며, 세력이 있고 지위가 높다고 하여 사람들에게 교만하지 않았다. 다섯 왕을 섬기는 동안 정성껏 힘썼다는 칭찬이 있었다. 16년 동안 왕의 글을 짓는 일[制誥]을 담당하여 왕의 이름으로 된 글 다수가 그의 손에서 나왔다. 네 차례 과거를 주관하여 뽑은 이들이 모두 이름난 선비들이었으며, 조충趙沖, 이규보李奎報, 김창金敞, 유승단兪升旦 같은 이들은 그 중에서도 더욱 뛰어났다. 임유가 죽은 후 시호를 양숙良淑이라 하였다. 임유의 아들 임경숙任景肅은 벼슬이 문하평장사에 이르렀다. 임원준도 평장사에 임명되었다.{한 집안에서 평장사가 전후로 6인이었다.}

논하기를,

이자연은 명예가 있고 장수하였으며 높은 지위에 올랐으니 진실로 한 시대의 종신宗臣이었다. 이자량, 이자인은 모두 외국에 사신으로 갔는데, 송나라 휘종이 여진과 교통하려 하자 이자량이 곧바로 그것이 잘못된 계책임을 간하였으니 선견지명이 있었다고 이를 만하다. 송나라 사람들이 이 의견을 받아들이지 않았으니 아깝도다.

황주량은 문장으로 영달하였고, 유신은 청렴함으로 드러났으며, 왕총지・문정은 모두 폭넓고 깊이 있는 책략이 있었으나 지적할 만한 흠이 거의 없었다.

위계정은 왕이 아끼는 여자의 집을 헐도록 청하였고, 광대처럼 대우 받는 것을 부끄럽게 여겼다. 청렴하고 절조가 있었으며 늘그막에 더욱 힘썼다. 많은 사람들[衆楚] 중에서 홀로 유학儒學을 진작하여 고려 초에 모든 신하들이 불교를 높이는 것이 잘못된 것임을 알았지만 최승로崔承老 이후 겨우 한 사람의 군자를 볼 수 있다.

소태보는 행정 능력이 뛰어났고 마음을 다해 공무를 수행했다. 그러나 낭비되는 것을 아끼려고 선비 양성하는 것을 혁파하려 하였으니 어찌 일의 큰 줄기에 이르지 못하였는가?
임의, 임원후는 청렴하고 근면하며 충후하여 대대로 재상의 지위에 올랐으니 서장위徐章威(서희의 시호) 부자에 비교해도 부끄러울 것이 없다.

윤관尹瓘 오연총吳延寵

윤관尹瓘

윤관의 자는 동현同玄이고 파평현坡平縣사람이다. 고조부 윤신달尹莘達이 태조를 보좌하여 삼한공신三韓功臣이 되었다. 윤관은 어려서부터 원대한 뜻이 있어 김유신金庾信의 사람됨을 사모하였고 큰 공적을 이루겠다고 다짐하였다. 과거에 급제하여 습유拾遺, 시강 학사侍講學士를 역임하였고 여러 번 승진하여 이부상서 한림학사가 되었다. 숙종 9년(1104)에 행영도통사行營都統使가 되어 동여진을 정벌하였다. 여진은 말갈족靺鞨族의 후예로 수隋나라와 당唐나라 때에는 고구려에 병합되었다가 고구려가 망하자 개마산蓋馬山{개마산은 단천端川에서 북쪽으로 150리 떨어진 곳에 있다.} 동쪽에 모여 살며 고구려의 옛 땅을 근거지로 하여 대대로 공물을 바쳤다. 흑수黑水에서 완안부完顔部가 일어남에 미쳐 영가盈哥와 오아속烏雅束이 무리의 마음을 사로잡았으며 부족이 점점 강해지자 동여진이 때때로 흑수를 자기들에게 붙이겠다고 하여 조정에서 걱정하였다.

이때에 여진의 병력이 정주관定州關 밖에 주둔하므로 변방을 지키는 장수가 의심하여 추장 허정許貞과 나불羅弗 등을 유인하여 잡아다가 형틀을 씌우고 신문하니 과연 우리나라를 침입할 계획이 있으므로 억류해두고 보내지 돌려보내지 않았다. 이일숙李日肅 등이 아뢰기를 "여진이 허약하니 지금 같은 좋은 기회를 잃고 차지하지 않는다면 후에는 반드시 근심거리가 될 것입니다." 하였다. 마침 오아속이 다른 부족의 부내로

夫乃老와 틈이 벌어져 군사를 일으켜 서로 공격하였다. 왕이 평장사 임간林幹에게 가서 지키라고 명하였는데 임간이 공을 세우고자 하여 병력을 이끌고 깊이 쳐들어갔다가 패배하였다. 여진족이 승승장구하여 정주定州 선덕관宣德關까지 들어와 살육하고 노략질 한 것이 헤아릴 수 없을 정도였다.

임간 대신에 윤관을 병마도통사로 삼아 보냈다. 윤관이 변경에 도착하여 여진과 싸웠지만 패하여 사상자가 매우 많아 군사들의 사기가 진작되지 않으니 화친을 청하였다. 돌아와서 아뢰기를 "신이 패한 것은 적은 기병인데 우리는 보병이어서 맞설 수가 없습니다." 하였다. 이에 별무반別武班을 세울 것을 건의하였는데, 문무산관文武散官, 서리부터 상인, 노복에 이르기까지 말을 가진 자는 신기군神騎軍이 되고, 말이 없는 자는 신보군神步軍이 되었으며 도탕跳蕩, 경궁梗弓, 정노精弩, 발화發火군 등도 있었다. 20세 이상의 남자는 모두 신보군에 편입하고 무반과 주州, 부府, 진鎭에 속한 군인들은 사계절 계속하여 훈련하였다. 또 승려 중 건장하고 용감한 자를 골라 별도로 한 부대를 만들었다. 군사를 기르고 곡식을 축적하여 다시 공격하려는 것이었다. 윤관을 동평장사로 삼았다. 마침 왕이 홍거하여 출병할 수 없었다.

예종 2년(1097)에 변경의 관리가 보고하기를 "여진 추장이 호로胡蘆를 치미雉尾에 달아 모든 부족에게 돌려 보이고 있으니 그 심중을 헤아리기 어렵습니다." 하였다. 이에 왕이 토벌하는 일을 논의하게 하였다. 일찍이 숙종이 윤관의 패전 소식을 듣고 분발하여 천지에 고하고 서원하는 제문을 중광전重光殿에 간직해 두었다. 이때에 이르러 꺼내서 양부의 모든 대신들에게 보이니 받들어 읽고는 눈물을 흘리며 선왕의 뜻을 잇자고 청하여 의논이 이에 결정되었다. 윤관을 도원수로 삼고, 지추밀 오연총을 부원수로 삼았다. 왕이 서경에 행차하여 위봉루威鳳樓에서 윤관에게 부월鈇鉞을 주어 보냈다. 윤관이 명을 받고 개연히 이르기를 "신이 일찍이 선왕의 밀지密旨를 받들었는데 이제 다시 맞지도 않는 중임을 맡았으니 감히 힘을 다해 충성을 바쳐 죽음으로 그 뜻을 잇지 않을 수 있겠습니까." 하였다. 오연총이 괴이하게 여기며 나지막하게 말하자 윤관이 탄식하기를 "공이나 내가 아니면 누가 능히 위험한 곳으로 가서 국가의 치욕을 씻으려 하겠는가." 하니 오연총이 잠자코 있었다.

드디어 행군을 시작하여 동계東界에 이르러 장춘역長春驛에 병력을 주둔하니 군사가 17만이었는데 20만이라 불렀다. 병마판관 최홍정崔弘正을 정주定州로 들여보내 속여 말하기를 "우리나라에서 허정許貞과 나불羅弗 등을 석방해 돌려보내려 하니 와서 명령을 들으라." 하고 복병을 두고는 오기를 기다렸다. 여진 추장이 이 말을 믿고 고라古羅 등 400여 명이 오자 술을 먹이고는 목을 베어 죽였다. 건장하고 교활한 자 60여 명은 관문에 와서는 의심하며 들어오려 하지 않았다. 그래서 김부필金富弼, 척준경拓俊京에게 길을 나누어 복병을 두었다가 사로잡고 목을 베어 거의 다 죽였다.

윤관이 스스로 53,000명의 병력을 거느리고 정주 대화문大和門으로 나가고, 중군병마사 김한충金漢忠이 36,000명의 병력을 거느리고 안륙수安陸戍로 갔으며, 좌군병마사 문관文冠이 34,000명의 병력을 거느리고 정주 홍화문弘化門으로 나가고, 우군병마사 김덕진金德珍이 43,800명의 병력을 거느리고 선덕진宣德鎭으로 나갔다. 수군 별가水軍別駕 양유송梁惟竦·원흥元興, 도부서都部署 정숭용鄭崇用·진명鎭溟, 부사 견응도甄應圖 등도 수군 2,600명을 거느리고 도린포道鱗浦로 나갔다.

여진족이 고려 군대의 병력이 매우 많은 것을 보고 모두 숨어서 들판에는 오직 가축만 있었다. 윤관이 대내파지촌大乃巴只村을 거쳐 문내니촌文乃泥村에 이르니 적들은 보동음성保冬音城에 들어가 있었다. 윤관이 병마검할兵馬鈐轄 임언林彦과 최홍정崔弘正을 보내 재빨리 공격하여 패배시켰다. 좌군이 석성石城 아래에 이르러 통역하는 사람을 보내 항복하라고 타이르니, 여진족이 대답하기를 "한번 싸워서 결판을 내려하는데 어찌 항복하라 하는가." 하였다. 마침내 성으로 들어가 맞서 싸우는데 화살과 돌이 비가 오는 것처럼 많아 앞으로 나갈 수 없었다.

윤관이 척준경을 불러 "사태가 급박하니 그대는 더욱 힘쓰라."라고 말하였다. 척준경이 대답하기를 "제가 일찍이 군율軍律을 어긴 적이 있는데 공께서 조정에 요청하여 용서받았습니다. 공이 아니었다면 제가 오늘날 있을 수 있겠습니까. 오늘은 제가 이 몸을 바쳐 은혜를 갚을 날입니다." 하고는 갑옷을 입고 석성{석성은 길주吉州에서 남쪽으로 40리 떨어진 곳에 있으며 마주보는 곳에 토성土城이 있었다.} 아래로 가서 적진으로 돌입하여 추장 몇 명을 쳐서 죽였다. 이에 윤관의 휘하 군사와 중군이 함께 결사적으로 싸워 적을 대파하였다. 적 중에는 스스로 바위에 떨어져 죽은 자들도 있는 등 온성에 있던 사람들이 모두 섬멸되었다. 척준경에게 비단[綾羅] 30필을 상으로 주었다.

또 최홍정, 김부필을 보내 이위동伊位洞 공격하게 하였는데 승리하여 1천여 명의 목을 베었다. 중군은 고사한高史漢 등 35개 마을을 쳐부수어 600여 명을 사로잡거나 목을 베었고 우군은 광탄廣灘{아마도 함흥咸興 광포廣浦인 듯하다.} 등 32개 마을을 쳐부수어 500여 명을 사로잡거나 목을 베었다. 좌군은 심곤深昆 등 30개 마을을 쳐부수어 900명의 목을 베었고 윤관의 부대는 37개 마을을 쳐부수어 2,100여 명의 목을 베었고 500명을 사로잡았다. 승전보를 아뢰자 왕이 크게 기뻐하여 조서를 내려 칭찬하고 차등 있게 상을 주었다.

윤관이 여러 장수를 나누어 보내 국경을 획정하도록 하였는데 동쪽으로는 화곶령火串嶺까지, 북쪽으로는 궁한령弓漢嶺까지, 서쪽으로는 몽라골령蒙羅骨嶺까지 이르렀다. 일관日官을 보내 땅을 살펴보게 하고 몽라골령 아래에 성랑城廊(성벽 사이의 누각) 950칸[間]을 쌓아 영주안령군英州安嶺軍이라 이름을 붙였으며 병민兵民은 1,238호戶였고{길주 남쪽에 있다.}, 화곶령 아래에 성랑 1,000여 칸을 쌓아 웅주영해군雄州寧海軍이라 하였으며 병민은 1,436호였다{길주 북쪽에 있다.}. 오림촌烏林村에 770칸을 쌓아 복주福州라 하였으며{단천端川이다.} 병민은 630호였고, 궁한촌弓漢村에는 670칸을 쌓아 길주吉州라 하였으며 병민은 680호였다. 공험진公嶮鎭{회령會寧이다.}이라 부른 곳은 병민이 530여 호였다. 이상에는 모두 방어사를 두었고 함주咸州가 진동군대도독부鎭東軍大都督府가 되었는데 병민은 2,000여 호로 모두 남계南界의 백성들을 이주시켜 채웠다.

이듬해에 윤관과 오연총이 정예 군사 8,000명을 거느리고 출격하였다. 적들이 가한촌加漢村의 병목[甁項] 지점에 복병을 빽빽이 배치해두고 몰래 움직임을 살피다가 윤관이 이르자 재빨리 공격하니 군사들이 궤멸되었다. 윤관도 여러 겹으로 포위되었고 오연총도 화살에 맞아서 형세가 매우 급박하였다. 이때 척준경이 용사 10여 기騎를 거느리고 구하러 가려하니, 그 동생 척준신拓俊臣이 말렸다. 척준경이 말하기를 "너는 돌아가서 늙은 부모님을 모셔도 좋다. 나는 이 몸을 나라에 바쳤으니 의리상 그만둘 수 없다." 하고는 이내 크게 소리지르고 진중으로 돌진하여 10여 명을 쳐 죽였다. 마침 최홍정과 이관진李冠珍 등이 병력을 이끌고 오자 적들은 포위를 풀고 달아났다. 이에 추격하여 무찔렀다. 윤관이 영주에 들어가 척준경의 손을 잡고 눈물을 흘리며 말하기를 "이제부터 나는 너를 자식과 같이 여길 것이니 너는 나를 아버지 같이 여겨라." 하였다. 제制를 받들어 척준경을 합문지후閤門祗侯로 삼았다.

여진의 추장 아로환呵老喚 등이 군문에 와서 항복하였다. 그때 갑자기 적의 보병과 기병 2만 명이 영주성 남쪽에 나타나 크게 외치며 싸움을 걸어왔다. 윤관이 임언과 함께 말하기를 "저들은 수가 많고 우리는 적으니 다만 굳게 지키기만 하는 게 마땅하다." 하였다. 척준경이 분연히 말하기를 "지금 나가서 싸우지 않으면 적의 병력은 날로 많아질 것이고 성안의 양식도 다 떨어질 것인데 바깥에서 도우러 오지 않으면 위험한 계책입니다. 석성에서의 승리를 여러분은 보지 않으셨습니까? 오늘 온 맘 다해 적을 격파할 것을 맹세하니 성에 올라가 구경하십시오." 하고는 죽을 각오가 된 병사들을 이끌고 성을 나갔다. 적과 싸워 적의 선봉을 쳐 죽이자 적들이 패하여 도망갔다. 척준경이 북을 치고 피리를 불며 개선하니 윤관이 성루에서 내려와 척준경을 맞이하고 서로 절하고 치하하였다.

윤관이 도독부에 돌아왔을 때 승선 왕자지王字之가 공험진에서 병력을 이끌고 도독부로 오던 중에 갑자기 적의 추장 사현史現의 병력을 만나 싸우다가 패하였다. 이에 척준경이 힘센 병사들을 거느리고 가서 구해내고 적을 쳐부수었다.

여진 병력 수만 명이 와서 웅주雄州를 포위하였다. 최홍정이 사졸을 격려하니 무리가 모두 싸울 생각이었다. 즉시 성문을 열고 한꺼번에 나가 분발해 공격하여 적을 크게 쳐부수었는데 노획한 병거兵車가 수백 량輛이었다. 그때 척준경이 성안에 있었는데 고을의 장수가 이르기를 "군향軍餉이 거의 다 떨어져 가는데 바깥에서 도움이 오지 않으니 만약 공께서 이 성을 나가 병력을 수습한 후 돌아와 구해준다면 이 성은 보존될 수 있습니다." 하였다. 척준경이 남루한 옷을 입고 성벽에 줄을 매달아 타고 내려가 정주로 돌아가서 병력의 대오를 편성하였다. 통태진通泰鎭과 자야등포自也等浦를 통과하여 길주에 이르러 적을 만나 크게 쳐부수니 성안 사람들이 감격하여 울었다.

이 전역戰役에서 여진의 병력은 도리어 강한데 윤관은 선비 출신의 장수[儒將]여서 전투에 임해 승리를 얻는 데 뛰어나지 못했다. 그런데 척준경은 용맹한 것이 남들보다 뛰어났고 윤관과 은혜와 신의로 맺어졌으므로 매번 전투에서 앞서 나가 분연히 공격하여 강한 여진을 격파할 수 있었다. 변경을 개척하고 진鎭을 설치하여 고구려의 옛 땅을 다 회복한 것이 모두 척준경의 공이었다.

윤관이 그 아들 윤언순尹彦純을 보내 표문을 올려 축하하였다. 왕이 내시 강영준康英俊을 보내 술과 양羊을 하사하고 아울러 군인들에게도 은사라銀鏁鑼 한 개[面]와 은병銀甁 40개를 하사하였다.

윤관이 영주英州·복주福州·웅주雄州·길주吉州·함주咸州 및 공험진에 성을 쌓았고 공험진에 비석을 세워 경계로 삼았는데 고구려 때 비석의 흔적이 남아 있었다. 또 의주宜州{덕원德源}과 통태通泰·평융平戎 두 진에 성을 쌓았는데 6성과 합쳐 '북계 9성北界九城'이라 불렀다.

윤관을 문하시중 판상서이부사로 임명하였다. 윤관이 개선하자 왕이 악대와 의장대를 갖추도록 하고 대방후帶方侯 왕보王俌를 보내 동쪽 교외에서 마중하게 하였다. 윤관과 오연총이 경령전景靈殿으로 가서 부월鈇鉞을 바쳤다. 왕이 문덕전文德殿에 불러들여 보고 변경의 사정을 물었는데 밤중에야 끝났다.

군사들이 돌아오고 나서 여진이 웅주를 포위하자 오연총을 보내 구원하게 하고 곧 이어 다시 윤관을 보내니 승전을 보고하였다. 윤관을 영평현백鈴平縣伯에 봉하였다. 또 다음해에 여진이 길주를 포위하므로 오연총을 보내 싸우게 하였으나 패하자 다시 윤관에게 정벌하도록 명하였다. 윤관과 오연총이 길주에서 부대를 편성하여 길주로 가려할 때 여진의 공형公兄인 요불褭弗, 사현史顯 등이 함주의 성문을 두드리며 말하기를 "태사太師 오아속烏雅束이 화친을 청하려고 저희들보고 병마사에게 아뢰라 하였으나 교전 중이므로 감히 관문關文으로 들어갈 수 없습니다." 하였다. 이에 기사記事 이관중李管仲을 보내 여진의 장수 오사吳舍에게 말하기를 "강화講和는 병마사가 독단으로 결정할 수 있는 것이 아니니 그대가 조정에 들어가 아뢰는 게 좋겠다." 하니 여진의 장수가 크게 기뻐하며 관리를 인질로 교환할 것을 요청하였다. 윤관이 공옥孔沃과 이관중을 인질로 보냈다. 요불 등이 조정에 들어가 9성을 돌려줄 것을 요청하였다.

일찍이 변경의 장수가 말하기를 "이위伊位의 경계선 지점에 산이 연달아 험악하게 삐쭉삐쭉 솟아 바다까지 뻗어있어 길이 험하고 좁아 사람이나 말이 통행할 수 없는데 그 사이에 길이 하나 있어 이를 병목[甁項]{병목은 마운령磨雲嶺 위에 있는데 마운령에는 4개의 바위문[門巖]이 있었다. 첫 번째 문은 양쪽에 절벽이 벽처럼 서 있는데 지금은 대허문大虛門이라 한다. 두 번째 문은 문암門巖이라 하였고, 세 번째 문은 절벽을 따라 바위가 세워 문을 만들었는데 지금도 문확을 뚫은 것이 남아 있어서 장성長城을 여기서부터 쌓은 것을 확인할 수 있는데 내석문內石門이라 한다. 이른바 병목은 아마 이곳일 것이다. 네 번째 문은 외허문外虛門이라 한다. 이 문들은 각각 수백 걸음[擧武] 떨어져 있었다. 예종 세가를 살펴보면 궁한리 밖에 산들이 연이어 벽처럼 서 있고 통과할 만한 외길만 있다고 하였는데 이는 마천령磨天嶺를 가리켜 말한 것 같다. 지금 이 둘이 있으니 널리 고증할 것을 기다린다.}이라 합니다. 그 지역을 차지하여 지킨다면 오랑캐로 인한 근심을 길이 없앨 수 있습니다." 하였다. 조정의 의논이 그 말을 믿고 가서 살펴보게 하니 전에 들은 것과 아주 달랐다.

여진이 이미 근거지를 잃고는 반드시 보복할 것을 맹세하였는데 오아속烏雅束, 아골타阿骨打가 뛰어나게 용맹하고 군사에도 밝아 여러 부部를 호령하여 뒤이어 도와서 해마다 와서 싸웠으므로 그로 인해 고려에서 살상당한 자가 상당했다. 국가에서 여러 차례 병력을 징발하니 중앙과 지방에 소란하였고 의논하는 자들이 모두 윤관 등을 책망했다. 여진도 전쟁의 괴로움에 염증을 느껴 강화를 요청하였다. 왕이 군신들을 모아 의논하게 하니 마침내 9성을 여진에게 돌려주고 무기와 군량미를 변경에서 안쪽 지역으로 옮기며 그 성들을 철거하기로 하였다.

애초에 중서 사인 박경인朴景仁이 윤관을 따라 여진을 정벌하러 갔다가 말에서 떨어져 정주에 머물러 있었다. 윤관에게 편지를 보내 이르기를 "나라의 위세를 이미 떨쳤으니 전쟁을 그만두어 만전을 도모하는 것이 마땅할 듯합니다. 이제 다시 적의 지역으로 깊이 들어가 성이나 진을 만든다면 지금은 완성되더라도 나중에는 지키기 곤란할 것입니다." 하였으나 윤관이 채택하지 않았다. 윤관이 모든 부대에 내성內城을 철거하고 재목과 기와를 9성으로 수송하도록 하자 병마사 김한충이 그렇게 해서는 안

된다고 고집하며 말하기를 "외성이 아직 이루어지지도 않았는데 내성을 헐었다가 만약 긴급한 상황이 일어나면 장차 백성을 어떻게 보호할 것인가. 비록 원수부에서 명령하더라도 나는 감히 따르지 않을 것이다." 하였는데 후에 모두 그의 말처럼 되었다.

이에 최홍사崔弘嗣, 김경용金景庸, 임의任懿, 이위李瑋 등이 선정전宣政殿으로 들어가서 왕을 대면하고 윤관과 오연총이 패전한 죄를 다스려야한다고 극렬하게 논하였다. 왕이 윤관에게 준 부월鈇鉞을 회수하도록 하고 각자 집으로 돌아가도록 하였다. 간관 김연金緣, 이재李載 등이 합문閤門 앞에 엎드려 간쟁하며 윤관을 법을 맡은 관리에게 보낼 것을 청하였으나 왕이 허락하지 않았다. 간관이 간쟁을 그만두지 않으니 왕이 공신 칭호를 삭탈하도록 하였다가 얼마 있지 않아 윤관을 수태보 문하시중 상주국으로 삼았다. 윤관이 표문을 올려 사직하자 왕이 허락하지 않으며 말하기를 "짐이 들으니 이광리李廣利[15]가 대완大宛을 정벌한 때에 겨우 준마駿馬 30필만 노획하였지만 한나라 무제武帝는 그가 만 리나 떨어진 곳을 정벌한 것을 생각하여 그 허물을 기록하지 않았다 하며, 진탕陳湯[16]이 질지郅支를 토벌한 때 왕의 명령을 거짓으로 꾸며서 군사를 일으켰지만 선제宣帝는 그가 나라의 위력을 모든 오랑캐들에게 떨쳤다 하여 그를 제후로 봉했다 한다. 경이 여진을 정벌한 것은 돌아가신 부왕父王의 뜻을 받든 것으로 전쟁으로 인한 위험을 무릅쓰고 적의 지역에 깊숙이 들어가 영토를 개척하고 진을 설치하여 나라의 치욕을 씻었으니 공이 실로 크다. 지난번 여진 추장이 항복하여 왔으므로 마침내 그 땅을 돌려주자 담당 관원들이 법대로 처리하라고 고집하며 탄핵하였지만 짐은 끝내 경에게 잘못이 있다고 생각하지 않는다. 오히려 진秦나라 맹명시孟明視[17]가 패배를 회복한 것과 같을 것으로 믿는다. 지금 준 관직은 경의 옛날 관직이니 어찌 사양할 것이 있겠는가?" 하였다.

윤관이 예종 6년(1111)에 죽었으며 시호는 문경文景이라 하였다가 문숙文肅으로 고쳤다.

---

15 이광리李廣利는 전한 무제武帝 때 대완大宛을 정벌하였다.

16 전한前漢의 장수로 원제元帝 때 흉노 질지선우郅支單于를 공격하여 변경을 안정시키는 데 큰 공헌을 하였다.

17 진秦나라 목공穆公이 여러 번 전투에서 패한 맹명시孟明視를 끝까지 믿어 주어 큰 공을 이룰 수 있게 한 것을 이른다.

윤관은 학문을 좋아하여 손에서 책을 놓지 않았다. 장상將相이 된 후 진중에 있을 때에도 항상 오경五經을 가지고 다녔다. 윤관의 아들로 윤언인尹彦仁, 윤언순尹彦純, 윤언식尹彦植이 있었다.

오연총吳延寵

좌복야 오연총은 해주사람으로 본래 집안이 가난하였으나 학문에 힘써 글을 잘 지었다. 과거에 급제하였다. 숙종 5년(1100)에 왕하王瑕가 송나라 황제의 등극을 축하하는 사신으로 갈 때 부사로 갔는데 『태평어람太平御覽』을 구입해 오라는 명령을 받았다. 송나라 사람들이 감추므로 오연총이 황제에게 표문으로 구매할 수 있게 해달라고 청하여 구해서 돌아왔다. 왕이 기뻐하며 말하기를 "이 책은 돌아가신 문종께서 구하려 하였으나 얻지 못했는데 이제 짐이 얻은 것은 사신의 능력 때문이다." 하고는 오연총을 중서사인으로 삼았다. 왕은 오연총이 재상이 될 인재라 생각하여 백성을 다스리는 것을 시험해보고자 전주全州를 다스리도록 내보냈다. 오연총이 정무를 집행할 때 관대하고 공정하게 하여 포폄에서 좋은 성적을 받으니 추밀원 좌승선에 임명하고, 다시 한림시강학사로 옮겼다.

예종이 즉위하고 나서 동북면 행영병마사로 나갔다. 왕에게 아뢰기를 "신기군神騎軍 중에서 부모가 연로한데 외아들인 경우 면제해주고, 한 집에서 3~4명[丁]이 종군한 경우 1명을 면제해 주십시오. 또 재신宰臣과 추밀樞密의 아들은 모집에 스스로 응한 자가 아니면 면제해주십시오." 하니 왕이 따랐다. 검교사공 형부상서檢校司空刑部尙書로 옮겼다.

이때 왕이 도참圖讖에 빠져 서경西京의 용언龍堰에 새로 궁궐을 지으려고 양부兩府 대신들과 장령전長齡殿 수교讎校와 유신儒臣에게 모여 논의하게 하였는데 모두 좋다고 하였다. 그러나 오연총만은 홀로 말하기를 "남경南京의 공사가 겨우 끝났는데 어찌 다시 큰 공사를 시작하겠습니까?" 하였다. 평장사 최홍사崔弘嗣 등이 아뢰어 청하기를 "용언에 이어移御하여 조하를 받고 법령을 반포하면 국가의 기업을 연장할 수 있을 것입니다." 하였다. 오연총이 반박하기를 "용언의 공사를 해서는 안 되는 세 가지 이유가 있습니다. 문종의 명철함으로도 술수에 미혹되어 서경에 공사를 하였지만 오래지 않아 다시 깨닫고 후회하여 끝내 다시 찾지 않았으니 헛되이 재력만 낭비한 것입니다. 이것이 해서는 안 되는 첫 번째 이유입니다. 남경에 궁궐을 창건하고 지금까지 8년이 되었지만 길한 징조가 나타나지 않았으니 해서는 안 되는 두 번째 이유입니다. 서경의 옛 궁궐과 용언은 바짝 붙어 있어서 땅의 길흉이 차이가 날 수 없고 술가術家의 주장은 애매하여 고증하기도 어렵습니다. 도읍을 옮기는 중대한 거사를 어찌 상도常道에서 벗어난 말에 따라 하루아침에 결정할 수 있습니까? 이것이 해서는 안 되는 세 번째 이유입니다." 하였다. 그러나 왕이 끝내 최홍사 등의 말을 따르니 당시의 여론이 아까워하였다.

예종 2년(1107)에 여진을 정벌할 때 오연총을 윤관의 부원수로 삼았다. 이 전쟁에 대해 모든 대신이 찬성하였으나 오연총만은 홀로 괴이하게 여겼지만 감히 말하지 않았다. 마침내 출정하여 여진을 쳐부수고 9진鎭을 세워 공신으로 녹훈되었고 상서 좌복야에 임명되었다. 군대가 돌아온 후 여진이 웅주를 포위하자 오연총을 보내 구원하게 하였다. 웅주가 포위된 지 27일이 되었을 때 검할鈐轄 임언林彦과 순검사 최홍정崔弘正이 병력을 나누어 굳게 지켰으나 힘이 다하여 곧 무너질 지경이었다. 오연총이 문관文冠, 김준金晙, 왕자지 등에게 정예 군사 10,000명을 거느리고 네 길로 나누어 수로와 육로로 동시에 진격하게 하였는데 오음지烏音志, 사오沙烏 두 고개 밑에 이르니 적들이 먼저 고개를 차지하고 있었다. 군사들이 앞을 다투어 올라가 갑자기 공격하자 적들이 패주하다가 다시 진영을 갖춰 항거하려 하였으나 관군이 떨쳐 일어나 공격하여 크게 승리하였는데 목을 벤 것이 290명이었다. 적들이 목책木柵을 불사르고 달아났다. 성 안에 있던 장사壯士들이 구원병을 기다리지 않고 갑자기 나가 싸우다가 패하여 사기를 떨어뜨렸으므로 오연총이 성에 들어가 책임을 물었다.

오연총이 개선하고 나자 여진이 모든 부를 거느리고 길주를 포위하고 길주에서 10리 떨어진 곳에 작은 성을 쌓고 목책을 여섯 곳에 세운 후 공격하니 사정이 매우 급박하였다. 부사 이관진李冠珍 등이 병사들을 독려하여 하룻밤에 겹성을 쌓고 한편으로는 싸우면서 한편으로는 지켰으나 여진이 새로운 병력을 더하여 성이 거의 함락될 지경이었다. 오연총이 이 소식을 듣고 분연히 다시 출정하고자 하니 왕이 보내주었다. 공험진에 이르렀을 때 적이 길을 막고 엄습하므로 우리 부대가 대패하여 장수와 병졸들이 갑옷을 버리고 달아나 여러 성이 함락되었다. 오연총이 상황을 자세히 보고하고 자책한 후 윤관과 함께 길주로 가려할 때 마침 여진이 사신을 보내 강화를 청하였으므로 이에 돌아왔다. 조정의 의논이 전쟁에서 패한 자에 해당하는 법으로 다스릴 것을 청하여 억지로 자기 집으로 돌려보냈다. 공신호를 삭탈하였다가 오래지 않아 수사공 중서시랑 평장사로 복귀시키니 오연총이 표문을 올려 사직하였으나 왕이 허락하지 않았다.

여러 차례 승진하였고 상주국上柱國의 훈직을 더하였다. 판이부·예부·병부사를 역임하였고 예종 11년에 죽었다. 시호는 문양文襄이라 하였다. 오연총은 자신을 신칙하고 행동을 삼가서 충성과 검박함을 신조로 하였다. 관직에 있을 때 의견이 변하지 않았으며 사적인 것을 가지고 공적인 것을 해치지 않았으므로 왕이 그를 중하게 여겼다.

논하기를,

왕으로서 군사를 일으켜 영토를 개척할 때는 당연히 먼저 의리에 옳고 그른가를 살펴야 한다. 개마산蓋馬山 동쪽은 고구려[高麗]의 옛 땅이다. 윤관이 수복을 건의하였는데 실로 옳은 것이었으니 어찌 성공과 실패를 가지고 논하겠는가. 이때 완안부完顔部가 흑수黑水에서 일어나 군사의 세력이 점점 강해졌으므로 9성을 철거하고 돌아온 것은 형세상 자연스러운 것이다. 강한 오랑캐를 격파하고 9진을 개척하여 동국의 위력이 거의 다시 떨치게 되었다. 강토의 경계를 획정하여 후세에 그것에 힘입었으니 그 공이 크다.

오연총이 나라 일을 맡았을 때 자기 의견을 지키고 구차하게 굴지 않았으니 또한 칭찬할 만하다.

최사추崔思諏 김인존金仁存 고영신高令臣 곽상郭尙 최홍사崔弘嗣

최사추崔思諏

최사추의 자는 가언嘉言이고 문헌공文憲公 최충崔沖의 손자로 어려서부터 학문에 힘썼고 문장을 공부하였다. 처음 이름은 사순思順이었는데 과거에 급제하였을 때 문종이 최사추가 명문가의 자손으로 박학다식하다는 말을 듣고 내시성에 불러들여 대화를 나누어 보니 왕의 뜻에 맞으므로 문종이 기뻐하여 사추라는 이름을 하사하였다.

선종 대에 지상서호부사知尙書戶部事가 되었고 서경 유수가 되어 나갔다. 왕이 서경으로 행차하였을 때에 요遼나라 사신 왕정王鼎이 와서 최사추가 사신을 접대하는 관원[館伴]이 되었다. 왕정이 매일 밤마다 홀로 앉아 글을 지으므로 최사추가 꾀를 내어 그 글을 가져다 왕에게 아뢰었는데 곧 요나라 군주에게 간쟁하는 상소문이었다. 그 상소에서 요나라가 태평한 날이 오래여서 군사 대비를 하지 않는 것을 극언하였으며 송나라가 남하南夏를 정벌한 것을 언급하였다. 왕이 그가 사신 접대에 능숙한 것을 가상히 여겨 왕의 행차를 따라 돌아오게 하여 어사대부로 임명하였고 이윽고 이부 상서로 임명하였다. 대장군 고문개高文蓋 등이 반역을 도모한 것을 최사추가 죄를 조사하여 다스렸으므로 그 공으로 시중에 임명되었다.

선종 9년(1092)에 수태보守太保가 되자 세 번 표문을 올려 물러날 것을 간청하였다. 왕이 허락하지 않고 수춘궁壽春宮에서 잔치를 베풀고는 최사추를 불렀다. 최사추가 일어나 왕의 장수를 기원하며 술을 따르자 왕이 화답하기를 "경이 굳이 물러난다면 누구와 더불어 다스림을 도모하겠는가. 짐이 어진 이를 우대하고 원로를 공경하지만 차마 그대의 말을 따를 수 없다." 하였다. 최사추가 더욱 간절히 물러날 것을 청하자 왕이 허락하였다.

예종이 이자겸의 딸을 맞아들여 왕비로 삼았는데 최사추의 외손녀였으므로 은혜를 더해 최사추를 대녕후大寧侯로 봉했다. 최사추가 죽자 백관에게 장례에 참여하도록 하였으며 시호를 충경忠景이라 하였다.

최사추는 부지런하고 몸가짐을 삼갔으며 청렴하고 공정하였다. 조정에 있은 40년 동안 작은 과실도 없었고 재상이 되어 일을 논의할 때 대체大體를 보존하려고 힘썼으며 옛 법을 손쉽게 고치려고 하지 않았다. 문인이나 자제들이 찾아오면 늘 임금을 섬기는 도리를 가르쳤고 사적인 것은 말하지 않았다. 비록 사직하고 집에 있을 때도 나라를 염려하는 마음은 시종일관 작아지지 않았다. 아들은 둘인데 최원崔源은 상서 복야를 역임하였고 최진崔溱은 문하시랑을 역임하였다. 이자겸과 문공미文公美, 유인저柳仁著가 모두 그의 사위였으니 문벌이 성한 것이 그 시대에 비교할 집이 없었다.

김인존金仁存

김인존의 자는 처후處厚이고 처음 이름은 연緣이니 신라의 각간角干 김주원金周元의 후손이다. 그의 아버지 김상기金上琦는 평장사를 지냈고 시호는 문정文貞이었다. 김인존은 성품이 명민하였고 젊어서 과거에 급제하여 직한림원直翰林院이 되었다. 한번은 일을 말하다가 왕의 뜻에 거슬려 병부 원외랑으로 좌천되기도 했다.

요나라 사신 맹초孟初가 왔을 때 김인존이 사신을 맞이하는 접반사接伴使가 되었는데 맹초가 김인존이 연소한 것을 보고 매우 가벼이 보았다. 맹초가 시 짓기를 좋아하였는데 김인존이 바로 화답하자 맹초가 몹시 놀라며 말하기를 "천재로다." 하고는 이 일로 해서 두 사람 사이의 정이 매우 돈독해졌다. 작별할 때 맹초가 금대金帶를 풀어 주었다. 이부낭중 겸 춘방학사로 옮겼을 때 예종이 동궁에 있으면서 『논어論語』를 강론하니 김인존이 『신의新義』를 편찬하여 진강進講하였다.

숙종이 홍거하여 김인존이 요나라에 부고를 전하러 갔다. 동경東京에 들어가기 위해 거치는 각 지방에서 모두 음악을 준비하고 기다렸다. 김인존이 모두 굳이 사양하였는데 말과 행동이 모두 예법에 맞으니 요나라 사람들이 허락하였다. 요나라 도읍에 당도하여 길복吉服을 입지 않을 것과 무도舞蹈하는 절차를 없애줄 것을 간절히 청하였다. 맹초가 와서 말하기를 "조정에서 복식은 길복이어야 하고 무도를 없애는 것은 좋다." 하였다. 귀국하여 간의대부에 임명하였다. 왕이 승려 담진曇眞을 왕사로 봉할 때 김인존이 봉숭사奉崇使가 되자 사양하기를 "신이 왕사로 봉해서는 안 된다는 것을 이미 말씀드리고 아직 윤허를 받지 못했는데 또 명을 따라 봉한다면 어찌 간쟁을 맡은 신하의 체통에 맞겠습니까?" 하였다. 왕이 강권하였으나 굳게 사양하고 왕의 뜻을 따르지 않았다.

여진을 정벌[東征之役]할 때 대신들이 모두 찬성하였으나 김인존만 홀로 상소하여 간절히 간하였다. 윤관이 여진을 격파하고 9성을 쌓은 후 여진과 힘들게 싸우고 서로 대적하여 우리 병사를 잃은 것이 매우 많았다. 여진도 힘이 다하여 강화를 청하며 옛 땅을 돌려달라고 요청하였다. 군신들의 의견이 서로 달라 왕이 머뭇거리며 결정하지 못하였는데 김인존이 말하기를 "토지는 본래 사람을 기르는 것인데 지금 성을 두고 싸워서 사람을 죽게 만드니 그 땅을 돌려주어 백성을 쉬게 하는 게 더 낫겠습니다. 지금 돌려주지 않으면 또 거란과도 틈이 벌어질 것입니다." 하였다. 왕이 그 까닭을 묻자 김인존이 대답하기를 "9성을 처음 쌓을 때 거란에 표문을 보내 '궁한리弓漢里는 우리 옛 땅이고 그 거민들도 우리 호적에 편성된 백성인데 감히 멋대로 노략질하므로 잃었던 땅을 다시 찾아 성을 쌓는다.' 하였습니다. 표문의 말이 이와 같았으나 궁한리의 추장들은 거란의 관직을 받은 자가 많으므로 거란에서 우리의 말을 믿지 않고, 답하는 조서에 '토지와 호구는 이미 담당 관원에게 조사하게 하였으니 조만간 별도로 지시할 것이다.' 하였습니다. 이로부터 생각해보건대 우리가 9성을 돌려주지 않는다면 거란은 반드시 양도하라고 더 요구할 것입니다. 우리가 동으로는 여진을 막고 북으로는 거란을 방비해야 한다면 9성은 우리나라[三韓]의 복이 되지 못할 것 같습니다." 하니 왕이 그 말을 옳다고 하였다.

김인존이 사신으로 송나라에 가니 휘종이 특별 대우를 하고 연회를 베풀 때 음식을 풍성하게 하고 그릇은 모두 백옥白玉을 썼다. 김인존은 멀리 내다보는 식견이 있어서 당시 사치가 날로 심해지며 여러 간신들이 뜻을 얻는 것을 보고 중국에 반드시 변고가 있을 것을 예측하고 탄식하며 돌아왔다. 경원慶源에 당도하여 아버지의 상사喪事가 난 것을 듣고 사신의 일을 부사에게 맡기고 달려갔으므로 사람들이 그의 결례를 비난하였다.

한림학사, 정당문학을 역임하고 중서시랑평장사로 승진하였다. 금金나라 군사가 거란을 격파하였을 때 김인존이 판서북면병마사가 되었다. 요遼의 내원성來遠城 자사刺史인

상효손常孝孫이 지방 사람들을 거느리고 바다를 건너 고려로 들어와 내원성과 포주抱州가 우리에게 속하게 되었다. 김인존이 병력을 보내 두 성을 차지하고 거두어들인 무기와 물품들이 매우 많았다. 압록강의 옛 땅이 다시 우리 차지가 되었다.

왕이 청연각淸讌閣에서 종친과 양부 대신들에게 연회를 베풀고 김인존에게 그 일을 기록하라 하였다. 그 기문記文을 다음과 같이 지었다. "왕께서 총명하고 깊이 있으며 독실하고 빛나는 덕으로 유학을 숭상하고 중국의 풍속을 흠모하셔서 왕의 침전 옆, 연영전延英殿의 북쪽에 보문각寶文閣, 청연각 두 각을 만드셨다. 한 곳에는 송나라 황제의 어제御製와 조칙詔勅을 모셔서 반드시 배례하고 몸가짐을 엄숙히 한 후 우러러 살피셨으며, 다른 한 곳에는 주공周公·공자孔子·맹자孟子·양웅楊雄 이래의 고금의 서적들을 모아 두고 날마다 이름난 유학자들과 토론하였고 옛날 성왕聖王의 가르침을 퍼뜨리고 드러내셨다.

이제 금년 여름에 대방공帶方公 신臣 왕보王俌, 태원공 신太原公 신 왕효王侾, 제안후齊安侯 신 왕서王偦, 통의후通義侯 신 왕교王僑, 수태보守太保 신 김경용金景庸, 문하시랑 신 이위李瑋·이자겸李資謙·김연金緣, 중서시랑 신 조중장趙仲璋, 참지정사 신 김준金晙, 신 김지화金至和, 추밀사 신 이궤李軌·왕자지王字之, 동지추밀원사 신 한안인韓安仁 등을 불러 청연각에 모으셨다. 유시하시기를 '내가 돌아보니 덕이 부족한데도 하늘이 평강을 내려 주심에 힘입어 종묘와 사직에 복이 쌓여 세 방향 변방에서는 전쟁이 그치고 문물은 중국과 거의 같다. 모든 법도를 만들고 시행할 때는 숭녕崇寧·대관大觀[18]의 제도를 표준으로 하였다. 경연經筵에서 유학자들과 문인들을 만나고 궁궐의 은밀한 곳에 재상들을 불러 보는 것이 예법에서 풍성함과 부족함의 차이는 있지만 어진 이를 우대하고 능력 있는 이를 높이는 뜻에는 일치한다. 이제 진공사進貢使 이자겸이 계향어주桂香御酒와 용봉명단龍鳳茗團, 진귀한 과일, 보배 그릇을 가지고 돌아왔다. 경들과 함께 이 훌륭하고도 아름다운 것을 즐기려 한다.' 하셨다. 신료들이 모두 황송해 하고 놀라서 물러

---

18 모두 송나라 휘종의 연호로 숭녕崇寧은 1102~1106년까지이고, 대관大觀은 1107~1110년까지이다.

나 엎드려 사양하기를 '감히 성대한 예에 참여할 수 없습니다.' 하였다.

왕께서 빨리 자리에 앉게 하시고 기물器物을 갖추어 연회를 베풀었는데 그 장막과 늘어선 그릇에 담긴 술과 안주, 과일의 품목이 육상六尙의 명품과 세상의 맛 좋은 것이 없는 것이 없었다. 또 중국의 유리[玻瓈], 마노瑪瑙, 물소뿔[犀兕] 등 희귀하고 기이한 물건 들이 상 위에 놓였고 거기에 더해 훈塤, 지篪, 강椌, 계揭, 금슬琴瑟, 종고鍾鼓 등의 우아하고 바른 음악이 당하堂下에서 연주되었다. 곧 근신들에게 술을 권하게 하고 양껏 마시도록 하니 어떤 이들은 드리기도 하고 어떤 이들은 받기도 하여 화락한 분위기가 가득했다. 술잔이 아홉 번 돌고 나서 물러나 쉬게 하고 계속해서 궁중 귀인들에게 겹옷과 보석으로 꾸민 허리띠를 가지고 와서 하사하게 하여 후의를 표했다. 이어서 다시 부르며 자리에 앉도록 재촉하였는데 어떤 이는 소회를 드러내며 담소하고, 어떤 이들은 눈길 가는 대로 관람하였다. 난간 밖에 돌로 만든 산이 우뚝 솟았고 뜰에는 네모난 못이 있었다.

우뚝 솟아 만물상 같은 산과 곳곳에 있는 맑은 물은 중국의 동정호洞庭湖와 오吳 지방의 회계산會稽山 같은 그윽한 승경勝景의 정취가 일어나 연회를 마칠 때까지 더위를 느끼지 못했다. 몹시 취하도록 술을 마시고 밤이 다하여서야 끝났다.

이에 대신과 사대부들이 모두 기뻐하며 서로 말하기를 '우리 왕께서 자상하고 검소한 것을 귀하게 여겨 어의御衣도 무늬를 수놓은 것은 입지 않으시고 기물도 새겨 조각한 것은 쓰지 않으면서도 오히려 한 사람이라도 자기 자리를 잡지 못할까, 한 가지 일이라도 법도에 맞지 않을까 염려하신다. 밤낮으로 힘쓰고 애태우며 불쌍히 여기고 슬퍼하셨다. 그런데 군신과 손님에게 연회를 베풀 때는 내부內府의 진기한 보물을 다 꺼내고 중국에서 특별히 보낸 선물마저 쓰시며 낮 시간을 다하고 밤에 불을 밝혀 계속하시니 그 어진 이를 존숭하고 예를 귀하게 여기는 마음이 가히 지극하다 할 것이다.' 하였다.

신이 들으니 노공魯公이 천자의 예악禮樂으로 풍속을 교화하여 그 까닭에 그가 반궁泮宮에 나가서는 선생, 군자들과 함께 즐겼다 한다. 그 시에 이르기를 '노魯나라 제후가 반궁에 오셔서 음주하시누나! 좋은 술을 마셨으니 길이 늙지 않으리.' 하였다. 또 노침

路寢에서 연회를 하니 대부와 서사庶士들이 화합하였는데 그 시에 이르기를 '노나라 제후가 연회를 하시고 즐기시니 대부와 서사들이 합하네. 나라가 있으니 이미 많은 복을 받은 것이라.' 하였다.

지금 우리 왕께서 송나라 천자가 준 선물을 가지고 신하들을 특별한 은총으로 대우하시니 공경대부가 『시경詩經』 천보天保편의 윗사람의 은총에 보답하겠다는 뜻을 품고, 왕의 말을 전하고 수행하는 자들은 '나는 아름다운 손님이 있다[我有嘉賓]'는 시를 노래하며, 고사瞽師와 가공歌工은 임금과 신하가 서로 기뻐하는 음악을 연주한다. 기쁨을 서로 나누는 가운데 예의가 법도에 맞았다. 이때를 당해 사람과 신령의 화합, 하늘과 땅의 아름다운 징조가 나타났으니 어찌 다만 길이 늙지 않고 많은 복을 받은 것에 그칠 뿐이겠는가? 억만년 태평성대를 누리며 천자의 뜻을 백성들에게 드러낼 것이다. 아 훌륭하도다."

왕이 학사 홍관洪瓘에게 쓰게 하여 돌에 새겼다.

왕이 서경에 행차하여 태자의 관례冠禮를 행하려 하였다. 김인존이 아뢰기를 "관례는 예의 시작으로 계단에서 가관하고 세 번 가관하는 예[三加禮]를 더욱 중요하게 여기는 것은 이 예식을 존중하고 성인成人이 된 의의를 드러내려는 것입니다. 이제 원자元子의 귀하신 몸으로 외방 서경에서 관례를 행하시면 이것은 선왕이 후대에 보여준 것을 본받는 것이 아닙니다."라고 하였다. 김인존이 문장으로 명성이 있었고 청렴한 절조는 당대의 으뜸이었으므로 왕이 그를 매우 존중하여 은총과 예우가 특별하였다.

인종이 왕위를 잇고 이자겸이 권력을 휘두르자 김인존은 화가 자신에게 미칠까 두려워 병이 위중하다고 핑계를 대어 마침내 재상직을 그만두고 판비서성사判秘書省事를 맡았다. 어느 날 왕이 내시를 김인존 및 이공수李公壽에게로 몰래 보내 이르기를 "이자겸의 권력을 빼앗고 한산한 자리로 보내려는데 어떤가?" 하니, 둘 다 대답하기를 "상께서 외가에서 생장하셔서 그 은혜를 끊을 수 없는데다 저들 무리가 조정에 가득하니 가벼이 행동할 수 없습니다." 하였다. 이자겸이 난을 일으켜 왕이 화재를 피해 산호정山呼亭에 앉아서 탄식하기를 "김인존의 말을 듣지 않다가 이 지경에 이르렀으니 한스럽구나." 하였다. 오래지 않아 김인준을 문하시중에 임명하였다.

금나라에서 변경汴京으로 쳐들어갔을 때 변방에서 잘못 보고하여 금나라 사람들이 패하고 송나라 군대가 승승장구하여 깊이 들어갔다고 하였다. 이때 정지상鄭知常, 김안金安 등이 말하기를 "이때를 놓치지 말고 군대를 출동시켜 송나라와 호응해서 큰 공을 이루시기를 청합니다." 하였다. 당시 왕은 서경에 있었는데 근신을 급히 김인준에게 보내 물으니 김인준이 아뢰기를 "전해 듣는 것은 사실과 맞지 않는 경우가 많습니다. 어찌 이에 근거해 갑자기 군대를 일으켜 강대한 적을 노하게 할 수 있겠습니까? 김부식이 송나라에 갔다가 곧 돌아올 것이니 우선은 기다려 보십시오." 하였다. 김부식이 돌아오니 과연 변방의 보고가 잘못되었다.

인종 5년(1127)에 죽었다. 김인존은 학문을 좋아하여 늙어서도 책을 놓지 않았으며 한때 왕의 이름으로 나가는 글들이 그의 손에서 나온 것이 많았다. 일찍이 최선崔璿, 이재李載, 이덕우李德羽, 박승중朴昇中 등과 함께 음양, 지리에 관한 서적들을 정리하였는데 왕이 『해동비록海東秘錄』이라는 책 이름을 주었다. 또 박승중과 함께 『시정책요時政策要』를 편찬하였으며 『정관정요貞觀政要』에 주석을 붙였다. 세 아들 김영석金永錫, 김영윤金永胤, 김영관金永寬은 모두 과거에 급제하여 평장사를 지냈다. 김인존의 동생 김고金沽[19]도 문학으로 명성이 있었고 평장사에 이르렀다.

고영신高令臣

고영신은 개주開州 사람이다. 어려서 부모를 잃고 열심히 공부하여 글을 잘 지었다. 문종 대에 급제하여 우간의대부에 올랐는데 주장이 의기가 넘쳐서 사람들이 감히 굽힐 수가 없었다. 예종 초년에 산기상시散騎常侍가 되었을 때 경상도에 홍수가 나자 고영신이 사명을 받들고 가서 백성들을 위로하고 공전公田의 세를 감해줄 것을 청하여 백성이 이에 힘입어 소생할 수 있었다.

이부와 예부의 상서를 역임하고 검교 사공 참지정사檢校司空參知政事에 임명되었을 때

19 본문에는 호浩로 되어 있다.

왕이 정치를 잘해보려고 마음을 먹으니 공경들이 다투어 새로운 법안을 올렸다. 그러나 고영신은 선왕들이 정한 법에 이미 다 갖춰져 있으니 다만 그대로 지켜서 그르치지 않으면 된다고 말하였다.

치사하고 예종 11년(1116)에 죽으니 향년 72세였고 시호를 양경良敬이라 하였다. 평생 청렴하고 검소하게 스스로 지켜서 그가 죽었을 때 집에 남은 재산이 없었다.

곽상郭尙

곽상의 자는 원로元老이고 청주淸州 사람이다. 아전으로 시작하여 (선종이) 국원후國原侯였을 때 잠저潛邸에서 선종을 섬겼다. 선종이 즉위하자 감찰어사로 발탁하였고 여러 차례 승진하여 추밀원 좌승선이 되었다. 숙종이 잠저潛邸에 있을 때 곽상을 불러서 보고 서대犀帶를 주었으나 사양하고 받지 않았다. 선종의 병세가 위중하게 되었을 때, 곽상이 침실 안에서 병구완을 하였다. 숙종이 침전 문 앞에 와서 들어가 문병하려 하자 곽상이 말하기를 "지금 상의 질환이 위중하니 왕자라도 부르는 명령이 없으면 갑자기 들어가서는 안 됩니다." 하고는 문을 닫고 들이지 않았다.

숙종이 즉위하여 곽상이 선왕을 한마음으로 섬겼다 하여 높은 관직에 임명하려고 호부 상서를 삼았고 지방으로 내보서는 서경 유수를 삼았는데 임기가 차기도 전에 다시 불러들여 형부 상서로 임명하였다. 빠르게 승진하여 상시 우복야가 되었을 때, 평장사 윤관尹瓘이 돈[錢幣]을 사용할 것을 청하자 곽상은 풍속에 맞지 않다고 보아 상소하여 다투었으나 뜻을 이루지 못하니 치사하여 집에 머물렀다.

예종 원년(1106)에 죽으니 향년 73세였고 시호는 순현順顯이라 하였다. 곽상은 질박하고 정직했으며 다른 재주가 없었다. 평생 산업을 일삼지 않아 집에 남은 재물이 없었다. 아들은 곽탄郭坦과 곽여郭輿이다.

최홍사崔弘嗣

최홍사의 자는 국로國老이고 중원부中原府 사람으로 어려서 열심히 공부하여 과거에 급제하였다. 습유, 보궐을 역임하고 지방으로 나가 평주平州의 수령이 되어서 은혜를 베풀었다.

숙종 대에 추밀원사가 되었고 사명을 받들고 송나라로 가는데 갑자기 거센 회오리바람이 불어오자 뱃사람들이 가슴을 치고 울었으나 최홍사는 아무렇지도 않은 듯 안색이 침착하였다. 송나라에 도착하니 최홍사를 보는 사람마다 그의 행동이 예의법도에 맞는 것을 칭찬하였다. 황제가 특별 예우하여 금과 폐물을 더 주며 말로 선포하기를 "생각건대 왕을 가까이서 모시는 신하에게는 포상하는 은총이 있는 게 마땅하다." 하였다. (송나라) 관반館伴이 이르기를 "이 말은 조정의 근신을 대우할 때 쓰는 말과 같으니 황제께서 사신을 총애한 것을 알 수 있다." 하였다.

귀국하여 수사도守司徒 평장사가 되었고 연로하여 예종 17년(1122)에 죽으니 향년 80세였다. 시호를 정경貞敬이라 하였다. 최홍사는 맑고 고결하였으며 욕심이 적었다. 조정에 당여가 되어 도와주는 자가 없었고 집에서는 공적인 일에 대해 말하지 않았다. 그 아내나 자녀들이 그가 희롱하고 웃는 것을 보지 못했다. 사람들이 물건을 보내주면 비록 채소나 과일이라도 받지 않았다. 왕이 매우 귀하게 여겼다. 그러나 그는 관용하는 것이 적어 다른 사람의 작은 허물이라도 보면 잊어버리지 않았으니 세상에서 이것을 단점으로 여겼다.

논하기를,

최사추崔思諏는 재상이 되어 대체大體를 보존하기에 힘써서 옛 법을 고치지 않았고 김인존金仁存은 간관이 되어 왕사王師를 봉하지 못하게 하였으며 재상이 되어서는 아량으로 사람들을 진정시켰으니 우뚝하게 한시대 명신의 으뜸이다.

고영신高令臣은 선왕의 법을 지켰고, 곽상郭尙은 왕자도 들이지 않았으니 진실한 신하라 할 수 있다. 최홍사崔弘嗣는 욕심이 적었고 당여黨與가 없었으니 그 강직함을 높이 살만하다.

이자현李資玄 곽여郭輿

이자현李資玄

이자현의 자字는 진정眞精이고 인주仁州 사람이다. 지중추부사 이의李顗의 아들로 중서령 이자연李子淵의 손자이다. 그는 신체가 장대하고 성품이 깨끗하고 담박하였으며 총명하였다. 과거에 급제하여 대악서승大樂署丞이 되었을 때 홀연히 관직을 버리고 청평산淸平山에 들어가 우리나라 명산을 두루 유람하며 옛 성현들의 유적을 방문하였다. 산에 있을 때는 나물을 먹고 베옷을 입었으며 참선을 즐겼고 불법佛法을 기뻐하여 소요逍遙하는 것을 낙으로 삼았다.

예종이 내신內臣을 보내 차, 향, 금, 비단을 하사하고 여러 번 조서詔書로 불렀다. 이자현이 표문을 올려 사양하기를 "새의 본성대로 새를 기르면 종고鍾鼓의 근심이 없게 할 것이며[20] 물고기를 관찰하여 물고기를 알아 강호江湖를 좋아하는 본성을 이루게 하십시오." 하였다. 왕이 표문을 보고 그를 오게 할 수 없음을 알았다.

왕이 남경南京에 행차하였을 때 이자겸의 아우인 상서 이자덕李資德을 보내 왕이 있는 곳[行在]에 오도록 유시하면서 손수 시를 써서 주기를 '평생에 한번 보고 싶어[願得平生見] 생각이 날이 갈수록 더하네[思量日漸加] 높고 어진 뜻을 빼앗기 어려우나[高賢志難奪] 이 내 마음은 어찌 할 건가[其奈予心何]' 하였다. 이자현이 왕의 부름에 응하여 나오자, 왕이 말하기를 "도덕이 높은 노인을 오랫동안 사모하였는데 신하를 대하는 예로 보아서는 안 된다." 하고는 전殿 위로 올라 예를 행하게 하고 자리에 앉자 다탕茶湯을 하사하고 서로 조용히 이야기를 나눴다. 그리고 삼각산三角山 청량사淸凉寺에 머물게 하였다.

왕이 이자현을 다시 만나 심신을 수양하는 요체를 묻자, 그가 대답하기를 "욕망을 절제하는 것보다 좋은 것은 없습니다." 하였다. 마침내 『심요心要』 1편을 지어 바치니 왕이 감탄하였다. 바로 산으로 돌아가겠다고 굳이 청하자 왕이 도복道服을 하사하고 그

20 『장자莊子』에 나오는 말로 새는 새로 대접해야지 종이나 북 같은 사람의 음악은 맞지 않는다는 말이다.

가는 길을 돌봐주었다. 인종 3년 을사년(1125)에 죽으니 나이 65세였다.

곽여郭輿

곽여의 자는 몽득夢得이고 우복야 곽상郭尙의 아들이다. 그는 사람됨이 몸집이 컸고 수염이 없었으며 눈은 구슬을 달아놓은 것 같았다. 어려서부터 학문에 힘썼으며 문장을 잘하였고 도교, 불교, 의약, 음양, 활쏘기, 말타기, 거문고, 바둑 등 배우지 않은 것이 없었다. 과거에 급제하여 예부 원외랑禮部員外郎이 되었지만 금주金州로 가서 은거하였다. 예종이 전부터 잘 아는 사이여서 부르니 검은 두건[烏巾]에 학창의鶴氅衣를 입고 궁궐 안에서 늘 왕과 담소하고 시를 지어 화답하였다. 그래서 당시 사람들이 그를 가리켜 금문우객金門羽客이라고 하였다.

곽여가 굳이 물러나기를 청하자 왕이 개경 약두산若頭山 한 봉우리에 집을 지어 살게 하고는 동산재東山齋라고 이름을 붙였다. 하루는 왕이 드러내지 않고[微行] 동산재에 갔는데 마침 곽여는 성에 들어갔으므로 왕이 오랫동안 주변을 배회하다가 10운韻의 시를 지어 벽에 걸었다.{시는 다음과 같다. '어디서나 술 잊기 어려운데[何處難忘酒] 진인을 찾았으나 만나지 못하고 돌아가네[尋眞不遇廻] 서재 창에는 석양이 비치고[書窓明返照] 책 위에는 재가 덮였네[玉篆掩殘灰] 방장에는 지키는 사람 없고[方丈無人守] 신선이 사는 곳은 종일 열려 있네[仙扉盡日開] 동산 꾀꼬리는 고목에서 울고[園鶯啼老樹] 뜰 학은 푸릇푸릇한 이끼에서 졸고 있네[庭鶴睡蒼苔] 도의 맛을 누구와 함께 이야기 하겠는가[道味誰同話] 선생이 가서 오지 않으니[先生去不來]' 곽여가 그에 이어 그 뒤에 화답하였다. '어디서나 술 잊기 어려운데[何處難忘酒] 임금의 수레가 헛걸음하고 돌아가셨네[虛經寶輦廻] 부귀한 집에서 조그만 연회를 베푸니[朱門追小宴] 신선의 단약丹藥을 만드는 부엌에는 싸늘한 재가 떨어졌도다[丹竈落寒灰] 사람들은 밤새 마시고 그쳤으며[鄕飮通宵罷] 천문은 새벽을 기다려 열었도다[天門待曉開] 지팡이 짚고 봉래산 길에서 돌아오니[杖還蓬島逕] 신은 서울의 이끼를 일으켰네[履惹洛城苔] 나무 아래에서 푸른 옷 입은 동자 말하기를[樹下靑童語] 인간의 옥제가 왔다 하더라[人間玉帝來]'}

왕이 그 후에도 여러 번 찾아가니 은총과 예우가 비할 데가 없었다. 곽여가 죽자 근신을 보내 제사하게 하였다. 곽여는 젊어서부터 아내를 맞지 않았다. 홍주洪州 목사가 되었을 때 기생 한 명을 사랑하여 임기가 차자 개경에 데리고 왔는데 늙어 볼품없으니 돌려보냈다. 또 동산재에서 계집종을 첩으로 삼아 데리고 있었으니 당시 여론이 비난하였다.

논찬은 없다.

한안인韓安仁 이영李永 한충韓冲 정항鄭沆 김약온金若溫

한안인韓安仁

한안인의 자는 자거子居이고 단주端州 사람이다. 호부 시랑을 지낸 한규韓圭의 아들이다. 숙종 대에 과거에 급제하여 직한림원이 되었다. 예종이 태자였을 때 한안인이 이영李永, 이여림李汝霖과 함께 모시고 진강進講하였는데 예종이 즉위하자 과거 은혜를 생각하여 총애하고 발탁하여 일을 맡겼다. 우부승선, 한림학사, 형부상서를 역임하였는데 글을 올려 외관外官으로 나갈 것을 청하였으나 허락하지 않고, 예부 상서, 동지추밀원사로 임명하였다. 인종 초에 중서시랑 평장사가 되었다.

한안인은 명민하고 학문을 좋아하여 한때 사류의 영수가 되었다. 권모술수가 있어[有機數] 자주 조급히 남과 권세를 다투고 이익을 좋아하여 마침내 이 때문에 패망하였다. 한안인이 처음 뜻을 이루자 곧바로 형제와 인척들을 끌어 요직을 나누어 차지하여 사대부 중에서 권세를 좇는 자들이 많이 그에게 붙었다. 애초에 한안인이 이여림과 사이가 좋았으나 이여림이 그에게 붙으려 하지 않자 배척하여 다시는 일어설 수 없도록 하였다. 김상제金尙磾와 이유인李惟寅이란 사람이 청렴하고 강직하여 명성과 공적이 있었으나 인사 청탁을 하지 않으니 나이가 많도록 뽑히지 못했다. 한안인이 이들을 발탁해 써서 인망人望을 모을 것을 청하였다.

그가 추밀원에 있을 때였다. 어사대御史臺에서 그 전에 아뢰기를 "공사간의 연회에 쓰는 그릇들이 화려하고 사치하니 이전의 제도에 따라 금지하시기를 청합니다." 하자 왕이 허락한 적이 있었다. 팔관회의 예행연습을 할 때 추밀원의 과일 탁자가 허용된 것보다 더하였으므로 대관臺官이 담당자를 잡아다 다스렸다. 한안인과 원사院使 왕자지王字之가 술에 취해 화를 내고 욕하며 풀어주게 하였다. 그러나 대관들이 말을 듣지 않았다. 한안인이 왕에게 아뢰니 왕은 어쩔 수 없이 대관을 좌천시켰다. 그런 후에 한안인이 비로소 일을 보았다.

고려 초에는 실록청實錄廳이 없었다. 한안인이 아뢰기를 "예종께서 17년 동안 왕위에 계실 때의 업적을 역사에 기록하여 후세에 남겨두는 것이 마땅합니다. 송나라의 예에 따라 실록 편수관을 두시기를 청합니다." 하니 왕이 따랐다.

이때 이자겸이 왕의 장인으로 권력을 휘둘러 위세가 진동하였으므로 최자성崔滋盛, 허재許載 등이 모두 마음을 기울여 달라붙었다. 유독 한안인은 이공수李公壽, 김부식金富軾 등과 이자겸에 붙지 않았다. 이자겸의 권력이 날로 성하자 한안인은 이자겸의 권력을 빼앗을 것을 모의하였지만 도리어 이자겸에게 트집이 잡혀 한안인은 죽임을 당했고 그 무리들도 거의 다 화를 당하여 조정에 신하들이 텅 비게 되었다. 이로부터 내외의 대권은 모두 이자겸에게 돌아갔다.

애초에 한안인이 문공미文公美, 최홍재崔弘宰 및 이자겸의 동생 이자량李資諒과 같은 때 추밀원에 있었다. 이자량이 이자겸의 권세에 기대었고, 한안인·문공미는 왕의 총애를 믿어 비록 겉으로는 화합한 듯하였으나 안으로는 서로 시기하였다. 최홍재가 이자겸에게 기울었으므로 또한 한안인과 서로 미워하였다. 한안인은 이자겸이 나라의 최고 재상으로 모든 일을 결정하고 존귀하지만 정사 보기를 좋아하지 않는다고 하여 이자겸을 높여 상공上公으로 봉하고 작은 일을 직접 처리하지 않도록 하였다. 그리고 승선 한주韓柱에게 이자겸의 권력을 빼앗으려 하는 것을 아뢰게 하니 여러 이씨들이 원망하였다.

예종이 홍거하자 한안인, 문공미가 태의太醫 최사전崔思全이 치료를 잘못하였으니 법으로 다스리자는 의론을 제기하려 하였으므로 이 때문에 최사전이 원망하였다. 이자겸이 최유적崔惟迪을 급사중給事中으로 삼자 말들이 많았다. 내급사 장응추張應樞가 최유적이 이자겸에게 노비를 뇌물로 주고 관직을 얻었다는 소문을 듣고 한안인에게 말하자 한안인이 이 일을 성省에서 공개적으로 발표했다. 최유적이 이자겸에게 하소연하니 이자겸이 분노하여 어사대에서 따질 것을 청하였다. 한안인은 부끄럽고 두려워 휴가를 받아 집에 있으면서 문공미, 정극영鄭克永, 이영 등과 자주 만나 밤이 깊어서야 헤어졌다. 최사전이 이자겸에게 몰래 참소하였고, 최홍재도 말하기를 "한안인과 문공미가 당을 지어 음모를 꾸미니 장차 영공께 불리할 것입니다." 하였다. 이자겸이 이 말을 믿고 한안인 등의 죄를 엮어 아뢴 후 한안인은 승주昇州에 있는 섬으로 유형을 보내서 바다에 빠뜨려 죽였고 문공미는 충주忠州로, 한주韓柱는 영광군靈光郡으로, 이영·정극영은 바다 섬으로 유배보냈다. 상서 우승 안중례安中禮, 낭중 한충韓沖, 시어사 임존林存, 합문 지후 이중약李仲若, 우정언 최거린崔巨鱗, 원외랑 임원준任元濬은 모두 한안인과 친한 무리이거나 인척이라 하여 유배 보냈다. 이 사건에 연루되어 죽거나 관직을 빼앗긴 자를 다 셀 수 없었다.

한안인은 문장을 잘 지었으며 『주역周易』으로 점을 치면 신기하게 많이 맞았다. 권력을 잡은 신하와 갈등을 빚다가 죽게 되었으니, 그의 죄가 아니므로 듣는 사람들이 애석해 하였다. 이자겸이 패망한 후 한안인에게 문렬文烈이라는 시호를 주었다.

이영李永

이영의 자는 대년大年이니 안성安城 호장戶長의 아들이다. 어려서 스승을 따라 공부하다가 경군京軍에 뽑혀 들어갔다. 아버지가 죽자 영업전永業田을 이어받고 서리胥吏가 되려고 정조 주사政曹主事에게 문서를 제출하면서 읍揖만 하자 주사가 화를 내고 욕하였다. 이영이 그 문서를 찢으며 말하기를 "내가 과거에 급제하여 조정의 관원이 될 것인데 어찌 너희 같은 무리들에게 예를 표하겠는가." 하였다.

숙종 대에 을과乙科에 급제하고 직사관直史官이 되었다. 임언林彦이 동여진을 토벌하자고 청하니 이영이 그만두라고 간하였으나 왕이 허락하지 않았다. 마침내 이영도 종군하였는데 패배에 연루되어 면직되었다. 간의대부, 지어사대사, 보문각학사 등을 역임하였다. 이영은 성품이 바르고 곧아서 권세 있는 자들에게도 흔들리지 않았다.

한안인의 당으로 걸려서 유배되었다. 어떤 사람이 말하기를 "공의 어머니를 곧 관에서 거두어 노비를 만들려합니다." 하니, 이영이 탄식하기를 "내가 돌이켜 보아도 부끄럽지 않으니 참고 죽기를 기다렸는데 이제 화가 어머니에게 미친다면 구차하게 산들 무엇 하겠나." 하고는 술을 한 말이나 마시고 분해하며 죽었다. 이자겸이 술사術士를 보내 그의 시신을 길가에 묻게 하였는데 소나 말이 그 자리를 피하고 밟지 않았다. 이자겸이 패망한 후 이장하자 시신이 변하지 않고 그대로였다.

한충韓冲

한충은 단주端州의 서리로 중간에 과거에 급제하였다. 우보궐右補闕이 되었을 때, 송나라에서 보낸 관원[差官] 허립許立과 임대용林大容이 장차 돌아가려 하므로 예종이 그들에게 계단을 올라 절하고 작별하게 하려 하니, 한충이 좌사간 최거린崔巨鱗, 시어사 최홍략崔弘略 등과 간하기를 "이번 차관이 비록 칙서를 받들고 왔지만 일찍이 우리나라의 장사꾼들과 매매하였으니 계단 아래에서 절하는 것이 마땅합니다." 하니 왕이 따랐다. 오래지 않아 중서 사인中書舍人이 되었다가 서경 부유수로 좌천되었다. 한안인이 죽은 일에 연루되어 유배되었다.

한충은 강직하였고 정사를 돌볼 때 청렴하고 은혜 베푸는 것을 우선시하였다. 이자겸이 패망한 후 다시 불러서 예부 시랑을 삼았다. 관직이 추밀원 부사에 이르렀을 때 죽었다.

정항鄭沆

정항의 자는 자림子臨이고 동래군 사람이다. 그의 아버지 정목鄭穆은 태부경太府卿을 지냈다. 정항은 성품이 뛰어나게 영리하고 공부하기를 좋아하였다. 숙종 때에 과거에 급제하여 상주尙州 사록司錄이 되었다. 고을 사람들이 정항의 나이가 적다고 하여 가벼이 보았으나 일을 처리할 때 잘 판단하는 것을 보고 모두 탄복하였다. 고을 사람들이 자주 '사록은 2정鄭 1한韓'이라 하였으니 정항 및 정극영, 한충을 이른 것이다.

임기가 차서 직한림원이 되었을 때 이자겸을 따라 송나라에 갔다. 송나라의 관반館伴인 학사 왕보王黼가 정항이 지은 표문을 보고 칭찬하였다. 귀국하여 우정언이 되었는데 일을 논할 때 말이 충성스럽고 곧아서 권세 있는 신하들이 꺼려서 전주 통판이 되었다가 우사간이 되어 돌아왔다. 양광도와 충청도의 안찰사를 역임하였다.

인종이 어려서 즉위하고 이자겸의 위세가 강해지자 군수郡守와 사명을 받은 자들이 다투어 재물을 거두어다가 이자겸에게 아첨하였는데 정항만은 홀로 그러지 않았다. 이자겸이 패망하고 추밀원 승선에 임명되었을 때 왕에게 독서하도록 권하여 학업이 날마다 진보하였다. 왕이 묘청이 말을 따라 서경으로 행차하였는데 묘청, 정지상이 왕이 오래 서경에 머무르게 하려고 간관들에게 개경의 옛 궁궐을 수리하는 것을 중지할 것을 청하도록 에둘러 말했다. 정항이 상소하여 옛 궁궐을 수리하여 돌아갈 것을 청했는데 말이 간절하고 곧았으므로 왕이 따랐다.

(인종) 14년(1136)에 정항에게 병이 있자 왕이 내의를 보내 진찰하게 했다. 병이 위중하자 지추밀원사 예부상서 한림학사 승지로 올렸는데 명을 내린 다음날 죽었다. 정항은 평소 청빈하여 집에 한 섬[石]의 쌀도 남은 것이 없었다. 왕이 이것을 듣고 탄식하기를 "30년 동안 근시로 있었고 11년 동안 제서制書를 받들었는데 이렇게 기닌하다니 가상하다." 하고는 쌀 100섬과 베 200필의 부의를 더 보내주었다. 왕이 특별히 친필로 문안文安이라는 시호를 써주었다.

아들 정서鄭敍는 내시 낭중內侍郎中 벼슬을 지냈는데 공예 태후恭睿太后(인종의 왕후)의 여동생의 남편이었으므로 인종의 총애를 받았다. 정서는 성품이 경박하였으나 재능과 기예가 있었다. 대령후大寧侯(인종의 둘째 아들)를 따라 다녔는데, 항상 함께 놀았다. 정함鄭諴, 김존중金存中 등이 정서의 죄상을 거짓으로 꾸며서 아뢰자, 의종이 의심하였다. 대간이 정서가 종실들과 몰래 결탁하여 밤마다 연회를 베풀고 술을 마신다고 탄핵하니 이에 정서를 동래東萊로 유배보냈다. 정서가 떠나려 할 때 왕이 이르기를 "지금 경을 보내는 것은 조정의 의견에 쫓긴 것이니 가 있으면 다시 부를 것이다." 하였다. 정서가 유배 되고 나서 소환하는 명령이 오랫동안 오지 않자 거문고를 타며 노래를 불렀는데, 그 가사가 매우 처량하였다. 정서가 자기 호를 과정瓜亭이라 지었으므로 후세 사람들이 그가 지은 곡을 정과정鄭瓜亭이라고 이름 지었다.

김약온金若溫

김약온의 자는 유승柔勝이고 처음 이름은 의문義文이며 광양현光陽縣 사람이다. 시중 김양감金良鑑의 아들이다. 그는 힘써 공부하여 과거에 급제한 후 벼슬이 상의 봉어尙衣奉御로부터 시작하여 광주 통판廣州通判을 지내고 내직으로 들어가서 중서 사인으로 되었다. 합문사閤門使, 지추밀원사, 참지정사를 역임하였다. 인종이 즉위한 후 중서시랑평장사에 임명하였고 수사공 상주국守司空上柱國을 더해주었다. 인종 18년(1140)에 문하시중으로 있다가 치사하고 죽으니 향년 82세였다. 시호는 사정思靖이었다.

그는 성품이 공손하고 검소하였으며 청렴하고 조용하였다. 그는 부귀하다고 하여 다른 사람들에게 거만하게 군 적이 없었다. 이자겸이 왕의 장인으로 정사를 주관하자, 선비 중 이익을 좋아하는 자들이 다투어 붙었다. 김약온은 이자겸과 사촌형제 사이였으나 서로 친하지 않으니 세상 사람들이 그가 정도正道를 지킨 것을 좋게 보았다.

논하기를,

고려에서 권신權臣의 화禍는 이자겸으로부터 시작되었다. 당시 사대부들이 바람에 넘어지듯이 그에게 붙었고 허재許載와 최자崔滋[21]는 한 시대의 이름난 신하인데도 혹은 마음을 기울여 아첨하고 혹은 그 집에 가서 집사 노릇을 하였으니 나머지 사람들이야 오히려 무슨 말을 할 것인가?

한안인韓安仁은 앞장서서 이자겸을 배척하다가 끝내 원수가 되어 해를 입었으니 이 일이 비록 권세 있는 자리에서 서로 갈등한 데서 비롯되었으나 만약 한안인이 죽지 않았

---

21 최자崔滋는 1188년(명종 18)에 태어났으므로 이자겸보다 후대의 인물이다. 최식崔湜의 착오로 보인다.

다면 이자겸도 멋대로 할 수는 없었을 것이다. 김인존金仁存이 길에서 부르는 노래를 듣고 말에서 떨어진 것과는 기상이 비교되지 않는다.

이영李永, 한충韓冲이 한안인과 한 무리가 되어 패망을 자초하였으니 어찌 한스러울 것이 있겠는가? 정항鄭沆은 백성에게 거두어다가 권세 있는 자에게 아부하지 않았다. 김약온金若溫은 (이자겸과) 외사촌 사이이면서 서로 가까이하지 않았으니 또한 가상하다.

| 휘찬여사 권24 |

명신 3

휘찬여사 권24

명신名臣 3

이공수李公壽 최사전崔思全 김향金珦

이공수李公壽

이공수의 옛 이름은 수壽이고 자는 원로元老이다. 아버지 이예李預는 평장사平章事를 지냈고 조부 이자상李子祥은 상서우복야尙書右僕射를 지냈으며 이한李翰의 증손이다. 어려서부터 그릇이 남다르고 원대하므로 외조부인 최유선崔惟善이 칭찬하며 기이하게 여겼다.

열심히 학문해서 직한림원直翰林院으로부터 좌습유左拾遺로 옮겼다가 서경유수판관西京留守判官으로 전직하였다. 예종睿宗이 서경西京에 행차하였는데, 이공수가 공돈供頓(음식과 숙박 등을 제공하는 것)에 백성들을 소란케 하지 않으므로 왕이 이를 가상히 여겼다. 어가가 돌아올 때에 명하여 호종하도록 하니 사양하며 아뢰기를 "고사故事에 어가가 돌아갈 때에는 오직 지사知事나 유수留守 중에 한 사람이 호종하였습니다. 어찌 가히 특별한 은혜를 바라서 상전常典을 어지럽히겠습니까?"라고 하니, 왕이 이를 따랐다.

임기가 차자 예부 원외랑禮部員外郞으로 제수되었다가 병부 시랑兵部侍郎으로 옮겼다. 군사 업무를 위임받아 무릇 14년간 하였는데 능히 직무를 수행한다고 알려졌다. 여러 차례 옮겨 공부 상서工部尙書가 되었다. 같이 출사한 동료들이 많이 재부宰府 반열에 들어갔으나 이공수는 훌륭한 명망을 본래 갖추었으면서도 오래도록 크게 제수되지를 못하자 사람들이 늦다고 하였으나 이공수는 태연하게 처신하였다.

인종仁宗이 즉위하여서는 검교 사도檢校司徒 수사공守司空 참지정사參知政事로 발탁하고, 중서시랑평장사中書侍郎平章事로 승진하였다. 이공수는 충직하고 큰 절조가 있어서 권세가에게 휘둘리지 않았다. 이자겸李資謙이 나라의 정무를 장악하고 권력을 전단하니 조정 신료들 가운데 붙좇는 자가 많았으나, 유독 이공수와 홍관洪瓘·김진金縝·정극영鄭克永 · 최기우崔奇遇 등이 좇지 않았다. 이자겸은 이공수의 재종형제이다.

얼마 후에 이자겸이 반역을 꾸미니 이공수가 밤낮으로 근심하고 애통해 하면서 친척간의 사사로운 정을 끊어버리고[滅親] 흉악한 이들을 베어버려 왕실을 안정시키려고 생각하였다. 묵묵히 슬기로운 계략을 내고 나라의 운명[國步]을 두루 다스려 황도黃道[1]로 하여금 어두운 곳에서 벗어나 다시 빛나게 하고 종사로 하여금 멸망할 지경에서 다시 혈맥을 잇게 한 것은 이공수의 공이다.

이자겸이 척준경拓俊京을 보내어 군사를 거느리고 대궐을 범하여 불을 놓아 동화문東華門을 불태웠다. 이공수가 이를 나무랐으나 척준경이 듣지 않았다. 왕이 계신 산호정山呼亭에까지 이르자 일의 기미가 위태롭고 급하였다. 왕이 마침내 해를 당할까 두려워 편지를 써서 이자겸에게 선위禪位하겠다고 청하였다. 이자겸은 오히려 머뭇거리며 감히 발설하지 못하고 있는데, 이공수가 좌중에서 큰소리로 말하기를 "임금이 비록 조서를 주었다 해도 이공李公이 어찌 감히 그런 마음을 가질 수 있는가?"라고 하니, 이자겸의 뜻이 드디어 꺾이어 황공해 하면서 굳이 사양하였다. 이자겸과 척준경이 반란을 모의하고 일으키던 날에 직숙直宿했던 자들은 귀천을 막론하고 모두 죽이고자 했으나, 이공수가 불가하다고 하여 이에 그만두었다.

이자겸이 왕을 연경궁延慶宮에 유폐시키고 그 의장儀仗과 시위를 없애버려 장차 왕을 시해하려 하였다. 왕이 비밀리에 최사전崔思全과 더불어 척준경을 회유하여 충성을 바치도록 할 것을 모의하였다. 이공수가 사실상 그 모의를 미리 알고 반정反正하는 날에 양부兩府 대신 가운데 이공수만이 광화문廣化門에 이르렀는데, 문이 이미 닫혀 있었다. 왕이 명하여 한쪽 문을 열어 그를 들어오게 하였다. 이어서 왕을 받들고 나와 군기감軍器監으로 가서 이자겸의 당을 모두 체포하여 주살하였다. 왕이 그 공을 가상히 여겨 추충 위사 동덕 공신推忠衛社同德功臣의 호를 내려주었다.

1 황도黃道는 지구가 움직이지 않는다고 가정할 때 태양이 한 해 동안 움직이는 궤도로, 제왕帝王이 다니는 길을 가리키는 뜻으로 쓰이기도 하였다.

최사전崔思全

최사전은 탐진耽津 사람이다. 처음에 내의內醫로 있다가 예종睿宗이 등창[背疽]을 앓아 최사전을 불러 보였다. 최사전은 조그마한 종기이니 틀림없이 걱정할 것 없다고 여기고 곧바로 치료하지 않아서 마침내 병세가 위독해져 홍거하기에 이르렀다. 재상 한안인韓安仁과 문공미文公美가 법에 처할 것을 요청하였으나 인종仁宗은 그 잘못을 약하게 다스렸다. 최사전이 그들에게 원한을 품어 한안인과 문공미를 이자겸에게 모함하여 귀양보내어 죽이게 하였다. 얼마 후에 군기소감軍機少監으로 옮겼다.

후에 이자겸李資謙이 반역을 일으켜 왕을 붙잡아 유폐시키고는 시위侍衛를 모두 철수시켰는데, 오직 최사전만은 의관이었기 때문에 왕이 계신 곳에 출입할 수 있었다. 왕이 비밀리에 최사전에게 상의하니, 최사전이 아뢰기를 "이자겸이 함부로 날뛰는 것은 오직 척준경을 믿기 때문입니다. 만약 척준경을 얻기만 하면 병권兵權이 폐하에게 귀속될 것이며 이자겸은 다만 하나의 필부에 불과할 뿐입니다."라고 하였다. 왕이 말하기를 "척준경은 국공國公(이자겸)과 혼인으로 연결되어 그 심복이다. 척준신拓俊臣과 척순拓純이 모두 관병官兵에게 해를 당하였으니, 이로 미루어 의심스럽다."라고 하였다. 이에 점을 쳤더니 길한 징조가 구해졌다. 최사전이 척준경에게 이르러 그를 타이르며 말하기를 "국가가 왕통王統을 열어서 겨우 백 년을 넘었을 뿐이고 세상에 실덕失德도 하지 않았는데 어찌 중도에 단절시키는 것을 용납하겠는가? 태조와 열성列聖의 신령이 하늘에 계시니 화복禍福이 가히 두려운 것이다. 이자겸은 다만 후궁[宮掖]의 세력에 빙자할 뿐으로 지모智謀와 임기응변의 계략도 없어서 가히 요행으로 일을 맡은[集事] 자이다. 또 신의가 없으므로 가히 더불어 좋아하고 미워함을 같이 할 수 없다. 공은 마땅히 일편단심으로 나라를 받들어 특별한 공훈을 천년토록 세우소서. 한 순간의 기회를 가히 잃지 마소서."라고 하니, 척준경이 마음속으로 그렇게 여기고 마침내 계책을 결정하여 이자겸을 제거하였다.

왕이 척준경의 공을 기록하고 최사전을 병부상서로 발탁하고 추충 위사 공신推忠衛社功臣의 호를 내렸으며 수사공守司空을 더하였다. 참지정사參知政事로 옮겼다가 문하시랑평장사門下侍郞平章事에 올랐다.

(최사전이) 스스로 한미한 처지에서 일어나 지위가 지극한 총애를 받는 데까지 오르니 치사할 것을 간청하였다. 왕이 이를 허락하고 큰 집[甲第] 한 채[區]를 주었다. 조詔하여 이르기를 "짐이 듣건대 강한 바람이 불어야 굳센 풀을 알게 되고 난세를 당하여야 곧은 신하를 알게 된다고 한다. 병오년丙午年(인종 4년, 1126)에 화란禍亂[2]이 궐내[蕭牆][3]에서 일어나 나라가 거의 위태로운 형세가 이미 극도에 달하였다. 짐의 좌우에 있던 충의로운 사람들도 오히려 죽음을 면하지 못했으니 그 누가 다시 힘을 내어 사직을 보위하려 하겠는가? 오직 경이 분연히 몸을 돌보지 않고 비밀리에 순리와 역리[逆順]로 깨우치니, 비록 척준경과 같이 사납고 교활한 자라도 또한 눈물을 흘리고 감격해하였다. 화를 돌이켜 복이 되게 하였으니 다시 종묘사직을 안정시킨 것은 경의 공이다."라고 하고 개부의동삼사開府儀同三司를 더 하였다. (인종) 17년(1139)에 죽으니 시호는 장경莊景이다. 아들은 최변崔弁과 최열崔烈이다.

최사전이 일찍이 금으로 만든 술잔 1개씩을 두 아들에게 주었는데, (최사전이) 죽은 후에 첩이 그 하나를 도둑질하였다. 최변이 노하여 매질하려 하니, 최열이 말하기를 "돌아가신 부친[先君]이 사랑하던 사람이니 마땅히 가산을 기울여서라도 돌보아주어야 하는데, 하물며 이런 물건을 아끼겠습니까? 제가 받은 것이 아직 있으니 청컨대 형님에게 드리겠습니다."라고 하였다. 왕이 듣고 가상히 여겨 말하기를 "가히 효성스럽고 또 어질다고 하겠다!"라고 하고 어필御筆로 효인孝仁이라는 이름을 내려주었다.

김향金珦

김향의 자는 부민富民이고 안동부安東府 사람이다. 서리胥吏 출신으로 학식은 없으나 청렴하고 근실하며 일처리에 능하였다. 인종仁宗 때에 합문지후閤門祗候를 거쳐 외직으로 나가 경원군사慶源郡使가 되었다. 정사에 청렴하고 매사에 삼가는 데에 힘쓰니 소환하여 감찰어사監察御史에 제수하였다. 차차 승진하여 병부상서兵部尙書 동지추밀원사同知

2 이자겸의 난을 가리킨다.

3 문병門屛이라고도 하며, 임금과 신하가 서로 만나보는 곳을 말한다.

樞密院事가 되었다.

딸이 이자겸李資謙의 아들 이지보李之甫에게 출가하였으나 인척으로써 붙좇지 않았다. 이자겸이 시역弑逆을 도모하여 일이 급박해지자 왕이 비밀리에 환자宦者를 보내어 친서[手書]로 척준경拓俊京을 불렀다. 척준경이 김향에게 보이니, 자리에서 내려와 무릎을 꿇고 하늘을 부르며 울면서 말하기를 "임금의 위급함이 이와 같으니 신하된 의리에 비록 몸이 망하고 멸족을 당하더라도 어찌 가히 나아가지 않겠습니까?"라고 하였다. 드디어 척준경과 함께 모의하여 이자겸을 잡아가두고 토벌하였으나, 끝까지 스스로 말하지 않으니 사람들이 그 공을 알지 못하였다. 왕이 항상 칭찬하여 말하기를 "공이 있으면서 남이 알아주기를 구하지 않으니 가히 어질다 하겠다!"라고 하였다. 위사 공신衛社功臣의 호를 내려주고 검교 사도檢校司徒를 더 하였다. 중서시랑 문하평장사中書侍郎門下平章事에 승진하였는데, 표문을 올려 물러나기를 청하였다. (인종) 13년(1135)에 죽으니 시호는 원정元靖이다.

논하기를,

이공수는 비록 대신의 지위에 있었지만 권력은 이미 없었는데 끝내 능히 애써 계책을 세우고 행동을 결정하여[運籌] 왕실을 반정反正하였다. 충성은 무홍茂弘[4]에 짝하고, 공은 태진太眞[5]과 나란히 하니 가히 둘을 겸하였다고 하겠다. 옛 역사서에는 이공수와 최사전의 모의를 말하지 않았으나 광화문廣華門을 열자 이공수가 먼저 도착한 것은 비밀 계획이 이공수에게서 시작하고 있음을 보여준다.

최사전은 처음에는 이자겸에 붙좇았으나 마침내 신령의 이치[神道]와 화복禍福으로 간사하고 흉악한 이를 감동시켰다.

---

4 동진東晋의 유명한 승상丞相인 왕도王導. 원제元帝를 도와서 왕실을 중흥시켰다.

5 진晋나라의 재상 온교溫嶠. 소준蘇峻이 모반했을 때에 도간陶侃을 맹주盟主로 추대하고 군대를 모아 소준의 죄상을 낱낱이 열거하며 소준을 정벌할 것을 맹세하니 7천여 군사들이 눈물을 흘리며 배에 올랐다고 한다.

김향은 임금님의 위급함을 듣고는 무릎을 꿇고 울며 하늘을 부른 것이 진실된 마음에서 나온 까닭에 함께 기록한다.

정극영鄭克永 최기우崔奇遇 고조기高兆基 김수자金守雌

정극영鄭克永

정극영의 자는 사고師古이고, 수주樹州 김포현金浦縣 사람이다. 명민하고 학문을 좋아하였다. 괴과魁科(과거에서 갑과甲科를 가리킴)에 뽑혔다.

예종睿宗 때에 지위가 계속 올라 좌간의대부左諫議大夫 중서사인中書舍人이 되었다. 일찍이 상표上表하여 여러 신하들을 연방延訪(두루 방문하여 의논함)할 것을 청하며 아뢰기를 "신이 듣건대 '충성은 보답하지 않음이 없고 신의는 의심을 사지 않는다.'라고 합니다. 옛적에도 일찍이 그러했거니와 지금은 진실로 바라는 바입니다. 가만히 생각하니, 국가의 정령政令이 문란하고 군신君臣의 도의가 쇠퇴하였으나 혼란에 익숙하고 위태로움에 편안하여 수성修省하는 바가 없어서 재변災變이 일어나도 스스로 깨닫지 못하면서 도리는 인순因循하는 것만 귀하게 여기고 있고 궁전에는 경계와 깨우치는[箴誨] 말은 들리지 아니합니다. 혹은 소원疏遠하고 공정公正한 이로써 불초하다고 하고, 혹은 친신親信하고 권귀權貴한 자로서 상현上賢이라 여기고, 혹은 머뭇거리며 때를 바를 분별하지 못하고 혹은 치우치게 믿어 미혹된 바를 알지 못합니다. 기망欺罔하는 자를 놓아두어 능히 제압하지 못하고 지우智愚를 혼동하여 능히 분별하지 못합니다. 하물며 몇 년 이래로 백성은 부역에 시달리고 큰 전쟁을 겪은 후에 해마다 흉년이 계속되었습니다. 정책을 올리는 자는 한갓 법만 가지고 민심을 교란하고, 관직에 있는 자는 가혹한 정령으로 국체國體를 손상시키니, 공사 간에 물자는 고갈되어 버렸습니다. 간악한 무리들이 날뛰어 위로는 국가의 기강[王綱]이 해이해지고 아래로는 물의物議가 막혀 버렸으니 만약 사변이 한 번 일어난다면, 비록 탄식한들 무슨 소용이 있겠습니까? 엎드려 생각하건대 폐하께서는 성지聖智를 타고 나셨으며 총명으로 자부하시나 옛날 성현聖賢들의 업적을 과거의 자취로만 보시고 현재의 보필하는 신하들을 관원의 숫자나 채운 것으로 여기십니다. 밤낮으로 옛일을 자세히 살펴 배우려는 부지런함이 없으시고 궤연几筵에는 영특한 인재를 맞이하는 방문이 없으십니다. 안으로는 종실을 반석처럼 굳건하게 유지할 세력이 미약하고, 밖으로는 마음깊이 사직을 이어 호위할 충신이 적습니다. 오직 항상 친압親押하는 무리와 복예僕隷의 무리와 더불어 서로 공교한 말만 올리면서 화근만 만들어내고 있습니다. 폐하는 고립되어서 스스로 도모하지 못하시고, 조정 신하는 크게 탄식하면서도 감히 간하지 못합니다. 신은 이에 팔을 걷어붙이고 마음이 아파서 피눈물을 흘리며 대궐 문을 두드리고, 근래에 습유拾遺 한충韓沖과 더불어 각각 상소하여 이 일을 갖추어 아뢰었습니다. 또 재상이 간관諫官과 더불어 계속하여 연방延訪의 청을 아뢰었으나, 이제까지 시행하라고 윤허하신 것을 보지 못하였으므로 목을 늘어뜨리고 발꿈치를 쳐들어 방황하며 탄식하고 있습니다. 엎드려 바라건대 폐하께서는 생각을 가다듬어 마음을 비우시고 널리 인재[群彦]들을 맞이하시어, 조정 기강이 문란해진 까닭을 규명하고 정치[政道]가 병들게 된 이유를 분변하소서. 무엇을 베풀어야 나라 형편이 가히 편안해지며, 무슨 혜택을 베풀어야 백성이 가히 살 수 있겠는가를 생각하여, 근본에서 미루어 장래를 경계함으로써 화기和氣가 능히 나라 안[海隅]에 충만하게 하신다면 태평성세가 가히 고대의 전성기[隆古]와 나란히 하게 될 것입니다. 신은 또 폐하께서 미약한 신을 졸렬하게 여겨 족히 믿을 수 없다 하시고, 미치광이 말이 비록 간절하긴 하나 족히 증빙할 바가 없다고 하실 지도 모르겠습니다. 그러므로 삼가 아울러 당唐나라 육지陸贄[6]가 봉천奉天에서 논한 연방조신표延訪朝臣表 한 편을 아울러 필사하여 신의 표문에 함께 동봉합니다."라고 하였다.

인종仁宗 초에 한림학사翰林學士에 제수되었다가 보문각 학사寶文閣學士로 옮겼다. 한안인韓安仁의 외종제[表弟]였으므로 이자겸李資謙에게 거슬려서 남쪽 땅 끝으로 유배되었

6 당나라 덕종德宗 때의 현신賢臣으로 덕종이 봉천에 포위되어 있을 때 측근에서 시종하였다.

다. 이자겸이 패한 뒤에 소환되어 동경 유수東京留守에 제수되었다.

(인종) 5년(1127)에 판위위시사判尉衛寺事 한림지제고翰林知制誥로 승진하였다. 얼마 후에 죽으니 향년 61세였다. 정극영은 문장을 잘 지어 일찍이 최홍사崔弘嗣를 따라 송宋나라에 들어갔는데, 그의 저술이 중국인들로부터 칭찬을 받았다.

최기우崔奇遇

최기우의 자는 정보正甫이며 옛 이름은 거린巨鱗이다. 과거에 급제하여 상주 사록尙州司錄에 보임되었는데 청렴하고 근실함으로 알려졌다. 예종睿宗 때에 제안후齊安侯(王偦)와 대원후大原侯(王俸)의 부료府僚를 역임하였는데, 두 후侯가 모두 그를 존경하였다. 조정에서 동쪽 변방에 군대를 파견하면서 이자량李資諒을 장군으로 임명하니, 최기우가 상서하여 아뢰기를 "이자량은 왕후王后의 숙부이니 만약 군율을 위반하더라도 마땅히 형벌을 가하지 못할 것입니다."라고 하였다.

중서 주서中書注書를 거쳐 외직으로 나가 청주 통판淸州通判이 되었는데, 정령이 어사御史보다 더 엄하였으나 백성들은 불쌍히 여겨 돌봐주었다. 일찍이 부部로 가는 도중에 폭우를 만나 촌가에서 비를 피하고 있는데 귀신이 어떤 사람에 가탁하여 말하기를 "앞에 맹수가 있으니 마땅히 조금 쉬었다 가십시오."라고 하였다. 비가 개어 가면서 보니 범이 과연 길에서 사람을 상해하였다. 왕이 듣고 기이하게 여겨 임기가 다 차지 않았는데도 불러들여 우정언右正言으로 임명하였다. 상서하여 여섯 가지 일을 말하였으나 왕이 회보回報하지 않았다.

왕이 안화사安和寺에 행차하였다가 돌아오는 길에 왕륜사王輪寺 남쪽 거리에 연輦을 멈추려 하니, 최기우가 간하기를 "즐길 만한 곳이 아니오니 청컨대 환궁하소서."라고 하므로 임금이 그의 말을 따랐다. 차차 승진하여 좌사간左司諫, 어사御史, 기거 사인起居舍人을 거쳐 외직으로 나가 서해도 안찰사西海道按察使가 되었다. 이자량李資諒이 원관院館을 영건하면서 이민吏民의 전토를 침탈하고, 그 일을 관장하는 자 또한 이를 인연으로 사리사욕을 취하여 백성에게 해를 끼치므로 최기우가 상주하여 이를 금지하니, 한 지방이 숙연해졌다. 이자겸李資謙이 사람을 보내어 해주海州에서 철鐵을 구하면서 부탁하기를 "최기우 안찰사가 이를 알지 못하게 하라."고 하였다.

인종仁宗이 즉위하자 이자겸이 나라의 명[國命]을 자기 마음대로 결정하였다. 최기우가 말하기를 "폐하께서 새로 보위에 오르셨으니 마땅히 선정善政을 베풀어 민심을 위로하여야 합니다. 그런데 매일 간사하고 아첨하는 자들을 가까이 하시고 학사學士나 대부大夫들은 멀리 하시니 이는 신이 실망하는 바입니다. 바라건대 항상 편전便殿에 나오시어 유신儒臣들을 맞이하여 고금의 사적을 문의하시며 양부兩府 관원을 인견하여 나라의 일을 자문하시어 한결같이 태조의 유훈을 준수하소서."라고 하였다.

또 아뢰기를 "조선국공朝鮮國公(이자겸)이 사소한 업무까지 친히 처리하는 것은 마땅하지 않습니다."라고 하였다. 그 의도는 표면으로는 존숭하는 것처럼 보이지만 이면으로는 그 권력을 빼앗으려는 것이었다. 왕이 그 상소을 머물러 두고 내리지 않았다. 어떤 사람이 말하기를 "국공은 존귀하므로 모든 관료들은 마땅히 절해야 한다."라고 하니, 최기우가 말하기를 "왕씨王氏도 아닌데 절을 한다면 조정의 의례儀禮는 어떻게 해야 하느냐?"라고 하였다.

그 해 겨울에 우레가 울고 개국사開國寺 부도浮圖에 벼락이 떨어졌다. 최기우가 또 상언上言하기를 "한漢나라 연광延光(한漢나라 안제安帝의 연호) 연간(122~125) 겨울에 우레가 여러 차례 울었는데, 진실로 염황후閻皇后의 형제가 위권威權을 독단하여 초래된 것입니다. 재변은 헛되이 일어나는 것이 아니니, 바라건대 폐하께서는 하늘의 견고譴告를 깨달아 재변을 없애버릴 방도를 도모하소서."라고 하였다. 말이 매우 간절하고 곧았으므로 이자겸이 듣고 원망하여 한안인韓安仁 등이 화를 당할 때에 최기우를 인척이면서 한패라고 하여 고성현高城縣으로 귀양보냈다. 이자겸이 패하니, 소환하여 호부원외랑戶部員外郎 상주목부사尙州牧副使에 배임하였다가 이부낭중吏部郎中 기거주起居注로 옮겼다. 금자金紫를 내려주었다.

병이 드니, 왕이 내의內醫를 보내고 어약御藥을 내려주었다. 죽으니 향년 58세였다. 최기우는 위인이 장대하고 훌륭하였으며 신장이 7척이나 되었다. 문재文才가 있어서 장부다운 기개가 있었다. 일을 할 때에는 녹록하게 남의 뒤나 따르는 것을 즐겨하지 않았다. 마침내 곧은 말로 유배되면서 그 뜻을 펴지 못하였다.

고조기高兆基

고조기의 처음 이름은 당유唐愈이며 탐라耽羅 사람이다. 아버지 고유高維는 우복야右僕射를 지냈다. 고조기는 성품이 강개하고 경서經書와 역사歷史를 두루 섭렵하였으며, 특히 오언시五言詩를 잘 지었다.

예종睿宗 초에 과거에 급제하고 외직으로 나가 남주南州 수령이 되었는데, 청렴하고 깨끗하게 봉공奉公하였다. 인종仁宗 때에는 시어사侍御史로 임명되었다. 이자겸李資謙이 홍경원弘慶院을 수리하면서 승정僧正 자부資富와 지수주知水州 봉우奉佑에게 그 일을 주관하게 하니 주현州縣에서 고통스러워하였다. 이자겸이 패하자 자부도 연좌되어 유배되었다. 봉우는 평소에 환관들과 결탁하였기 때문에 복직될 수 있었다. 고조기는 이를 논박하다가 왕의 뜻에 거슬려 공부 원외랑工部員外郎으로 좌천되었다. 후에 다시 대관臺官이 되었다.

이자겸의 반란 때에 조정 관리들이 모두 협박을 받아 따름으로써 절조를 잃고 (이자겸의) 무리 가운데에서 연줄을 찾아 구차하게 면하여 재상[宰輔]에까지 오른 자가 많았다. 고조기는 모두 배척하여 쫓아내고자 여러 번 상서하여 극력 간쟁하며 아뢰기를 "비록 성상께서 관대하시어 그 허물을 덮어주신다 하여도 무슨 면목으로 조정에 서서 성상을 우러러 볼 수 있단 말입니까?"라고 하였다. 임금은 비록 고조기의 말이 옳긴 하지만 차마 여러 신하들을 모두 내보내지는 못하였다. 얼마 후에 고조기를 발탁하여 예부 낭중禮部郎中으로 삼으니, 사실상 대관臺官의 직위를 빼앗은 것이었다.

의종毅宗이 즉위하여서는 정당문학政堂文學에 임명되었다가 참지정사參知政事로 옮겼으며, 중서시랑평장사中書侍郎平章事로 승진하였다. 이때에 김존중金存中이 권세를 부리니 고조기가 굴복하여 영합하므로 여론이 그것을 비난하였다. 간관諫官으로부터 탄핵을 받아 상서 좌복야尙書左僕射로 강직되었는데, 김존중의 도움으로 몇 개월도 안 되어 다시 평장사에 임명되었다가 얼마 후에 치사致仕하였다. (의종) 11년(1157)에 죽었다.

김수자金守雌

김수자의 자는 계보谿甫이며 상주尙州 사람이다. 어려서 부친을 잃고 책을 지고 사방으로 돌아다니며 공부하였다. 과거에 급제하여 금양 현위金壤縣尉로 임명되었다. 국학 학유國學學論로 옮겼는데, 관직을 버리고 가서 두문불출하며 전원田園을 다스려 채소를 팔아서 생계를 유지하였다.

인종仁宗 초에 직사관直史館이 되었는데 이자겸李資謙의 난에 궁궐이 연소되자 김수자가 역사 기록을 등에 지고 산호정山呼亭 북쪽에 이르러 땅을 파고 묻어 불에 타버리지 않게 하였다. 직한림원直翰林院으로 옮겨서 얼마 후에 질병이 있게 되니 왕의 근직近職에 있기를 즐겨하지 않는 데다 어머니도 연로하였으므로 고을살이를 청하였다. 외직으로 나가 예주 방어사禮州防禦使로 있다가 죽었다.

의종毅宗 때에 이부吏部에서 상주하기를 "김수자는 병오년丙午年(인종 4년, 1126)의 난리 때에 사관史館에 입직하여 뜨거운 화염을 무릅쓰고 역사 기록을 옮겨 감추었습니다. 옛날 당唐나라 위술韋述은 사관史官으로 있으면서 안녹산安祿山의 난에 역사 기록을 안고 남산南山에 숨겼습니다. 자신은 적에게 붙잡혀 적의 가짜 관리가 되었으므로 적이 평정된 후에 유주渝州로 귀양가서 죽었는데, 광덕廣德(당나라 대종代宗의 연호, 763~764) 초에 공으로 허물을 보상하여 우산기상시右散騎常侍를 추증하였습니다. 무릇 위술은 절조를 잃은 신하인데도 오히려 그 공을 평가하여 준 것입니다. 이제 김수자는 공은 있고 허물은 없는데도 관례에 따라 외관外官에 보임되어 죽어서 공로를 드러내는 표창도 받지 못하였으니, 매우 애석한 일입니다. 바라건대 고례古例에 따라 관작을 추증하여 주소서."라고 하므로, 이에 이부 시랑吏部侍郎 한림시독학사翰林侍讀學士 지제고知制誥를 추증하였다.

논하기를,

정극영은 표문을 올려 연방延訪을 청하면서 비록 감히 이자겸의 간흉함을 곧바로 가리켜 배척하지는[指斥] 못하였으나, 표문 가운데 말하기를 '머뭇거리며 때를 바를 알지 못하고 치우치게 믿어 미혹된 바를 알지 못한다.'라고 하거나 '폐하는 고립되어서 스스로 도모하지 못하고, 조정 신하는 크게 탄식하면서도 감히 간하지 못한다.'라고 한 것은 이자겸을 두고 말한 것이다. 그 충성스러움이 성대하도다. 그런데 국구國舅의 예우[禮數]를 의논할 때에 이르러서만 어찌 한번 잘못을 저질렀는가?[7]

최기우는 품은 생각이 있으면 번번이 직언하면서 국공國公(이자겸)에 절하지 않았다. 우레와 번개의 변고를 만나자 곧바로 염황후閻皇后[8]의 일을 인용하여 당시의 세태를 증명하였다. 그 말의 애통하고 간절한 것이 정극영과 비교하여 더욱 더 밝다고 아니하겠는가! 만약 예종이 일찍이 그 말을 따랐다면 어찌 병오년丙午年(인종 4년, 1126)의 변고가 있었겠는가? 고려의 간신諫臣 가운데 최기우는 마땅히 그 첫 번째로 일컬어져야 한다.

고조기는 역당逆黨을 논하여 배척하면서 일체 쓸어버리고자 하였으니 그 말이 정대하다. 관직이 높아지고 나이가 많아지면서 아첨하며[脂韋][9] 자기 몸만 보전하였다. 어떤 사람이 말하기를 "사군자士君子가 오래도록 절개를 지키는 것은 더욱 어렵다."라고 하였으니, 진실되도다.

김수자가 역사 기록을 등에 지고 불길을 피한 것은 맡은 바 소임일 뿐이다. 논하는 자가 말하기를 "공은 있으나 허물은 없다."라고 하니 이것이 가히 귀한 것인저.

이지저李之氐 임완林完 박정유朴挺蕤

이지저李之氐

이지저의 자는 자고子固이며 인주仁州 사람이다. 이공수李公壽의 아들이다. 독서를 좋

7 정극영은 보문각학사寶文閣學士로 있으면서 이자겸이 인종仁宗의 장인이므로 신하의 예를 취하지 않아도 좋다는 의견을 제출하였다.

8 염황후 : 염희閻姬(?~127). 한漢나라 안제安帝의 황후皇后. 아버지는 염창閻暢, 어머니는 등수鄧綏의 아우로 서평후西平侯 등홍鄧弘의 부인과 자매이다. 115년에 황후가 되었는데 그가 궁에 들어가서 안제安帝의 사랑을 받으면서 강한 권력욕을 가지게 되었으나 권력 투쟁 중에 사망하였다.

9 기름과 무두질한 가죽처럼 시속時俗에 아첨하면서 부심浮沈하는 것을 비유하는 말.

아하고, 글을 지을 때에는 미리 지어둔[宿構] 것처럼 하였다. 괴과魁科에 뽑혀 직한림원直翰林院이 되었다. 우정언右正言에 제수되어 논의를 주장하는 것이 공정하여 당시 재상의 비위에 거슬려 외직으로 나가 해서도 안찰사海西道按察使[10]가 되었다.

이때에 이자겸李資謙이 정권을 장악하자 이익을 탐하는 자들이 다투어 그를 붙좇았다. 이지저는 비록 그와 더불어 친족이긴 하지만 홀로 상대하지 않았다. 이자겸의 심부름꾼들이 주州·군郡을 종횡으로 누비면서[交午] 다투어 재물을 취하여 뇌물로 바쳤는데, 이지저는 통렬하게 금하다가 옮겨 평주사平州使로 제수되었다. 이자겸이 패하자 소환되어서는 차차 승진하여 기거주起居注가 되었다.

묘청妙淸과 백수한白壽翰이 왕의 근시近侍들과 결탁하여 요망한 술수로 사람들을 미혹시켰다. 이지저는 홀로 깊이 배척하면서 말하기를 "이 무리가 필경 나라를 그르칠 것이다."라고 하였다.

왕이 서경西京으로 행차하니 정지상鄭知常과 묘청 등이 속여 말하기를 "대동강에 상서로운 기운[瑞氣]이 있으니, 청컨대 천심天心에 순응하여 황제[尊號]로 칭하여 금金나라를 누르소서."라고 하였다. 왕이 이것으로 이지저에게 물으니, 대답하기를 "금나라는 강적强敵이니 가히 경솔히 상대하면 안 됩니다. 하물며 양부兩府 대신들이 서울[上都]에 머무르고 있는데, 가히 한두 사람의 말만 듣고 대사大事를 결정하는 것은 옳지 않습니다."라고 하니 왕이 이를 따랐다.

서경에서 반란이 일어나[11] 오랫동안 평정되지 않으니, 이지저가 이중李仲과 더불어 상소하기를 "범과 들소[兕]가 우리에서 뛰어나오고 거북과 옥처럼 귀중한 것이 궤 속에서 문드러진다면 이는 누구의 허물입니까? 서경 적들의 음모는 오래된 일인데, 한두 대신은 오직 능히 막지 않았을 뿐만 아니라 도리어 그 모의를 믿고 조장하기까지 하여 오늘날의 환난을 초래하였으니, 청컨대 그 일당을 징벌하소서."라고 하였다. 대개 문공인文公仁과 임경청林景淸의 무리를 지목한 것이다.

---

10 『휘찬여사』에는 "海西道"로 되어 있으나, 『고려사』 권95, 열전 8, 이지저전에는 "西海道"로 되어 있다.

11 인종 13년(1135)에 묘청이 서경에서 일으킨 반란을 가리킨다.

관직이 정당문학政堂文學, 수사공守司空을 거쳐 참지정사參知政事에 이르러 죽었다. 시호는 문정文正이다.

이지저는 풍채가 영특하고 단아하며 마음가짐이 너그럽고 두터웠다. 문장과 사업에서 일대의 걸출한 인물이 되었다. 성품이 재물에 인색하여 아버지가 죽은 후에 아우와 누이들에게 재산을 나누어 주지 않으므로 여론이 그릇되게 여겼다.

임완林完

임완은 송宋나라 사람으로 인종仁宗 때에 중국으로부터 왔다. 과거에 급제하고 벼슬이 올라 예부 원외랑禮部員外郎이 되었다가 국자 사업國子司業 지제고知制誥로 옮겼다. 인종이 서적소書籍所를 수창궁 곁에 설치하고 임완과 김부철金富轍을 비롯하여 모든 유신儒臣이 번갈아 직숙하면서 고문顧問에 대비하였다.

왕이 재변으로 인하여 조서를 내려 구언求言하니, 임완이 상소하여 아뢰기를 "제가 일찍이 듣건대 '말을 하는 것[進言]은 어렵지 않으나 그 말을 듣는 것이 어렵고, 말을 듣는 것은 어렵지 않으나 그 말을 행하는 것이 더욱 어렵다.'라고 하였습니다. 그러므로 '충신이 임금을 섬길 때에 말이 간절하고 곧바르면 채용되지 않고 몸만 위태롭게 되며, 간절하거나 곧바르지 않으면 족히 도리를 밝힐 수 없다.'라고 하였던 것입니다. 신은 청컨대 곧바르게 말하겠나이다.

전傳에 이르기를 '하늘에는 진실로써 응할 것이며, 허문虛文으로써 하지 않는다.'라고 하였으니, 이른바 진실이란 덕德이며, 이른바 허문이란 지금 도량道場에서 재齋를 올리고 기도[醮]하는 따위가 이것입니다. 임금이 덕을 닦아서 하늘에 응하면 복을 기다리지 않아도 복이 저절로 이르게 될 것인데, 만약 덕을 닦지 않고 한갓 허문을 일삼는다면 다만 무익할 뿐만 아니라 족히 하늘을 모독할 따름입니다. 하늘은 사람에 있어서 그 거리가 멀리 떨어져 있으니 가히 말로 깨우칠 수는 없으나, 선善에 복을 내리고 음淫에 화禍를 주는 것은 그림자가 뒤따르고 메아리치는 것처럼 빠릅니다.

근년 이래로 재변이 여러 차례 일어나고 기근이 거듭 이르렀으며 요사이에는 흰 무지개가 해를 꿰뚫었고[白虹貫日] 정양正陽의 달에도 우레가 울고 벼락이 떨어지니, 특히 이상하며 {(인종) 12년(1134) 정월 무인일戊寅日에 흰 무지개가 해를 꿰뚫고, 4월에는 장작감將作監 최효숙崔孝淑에게 벼락이 떨어졌다.} 이는 근고近古에 듣지 못한 일입니다. 생각건대 폐하께서 하늘에 허문으로 응하고 진실로써 응하지 않았기 때문이 아닙니까? 어찌 초제醮祭를 번다하게 하는데도 변이變異는 이렇게 많습니까? 하늘의 경고가 이와 같은 것은 족히 천심天心이 폐하를 사랑함이 부모가 그 자식을 경고하는 것처럼 꼭 붙들어 안전하게 하려는 것입니다. 폐하께서는 어찌 가히 힘껏 진실로써 이에 응하지 않으십니까? 진실에 힘쓰는 것은 오늘날의 폐단을 개혁하는데 있으며, 오늘날의 폐단을 개혁하는 것은 태조의 유훈遺訓을 따르고 문종文宗의 옛 법[舊典]을 거행하는 데 있을 뿐입니다.

태조의 유훈은 그 상세한 내용을 신은 들어보지 못하였으나, 엎드려 생각하건대, 당시의 난리를 제거하여 세상을 바로 잡고 기강을 베푼 데에는 틀림없이 신묘한 계책과 어진 헤아림이 있었을 것이니, 국사國史에 실린 바를 상고하면 알게 될 것입니다. 문종의 유풍遺風과 남긴 공훈은 지금으로부터 멀지 않은 때의 일이므로, 혹은 선생先生이나 어른[長者]들의 말을 들으면서 자기도 모르게 눈물이 흘러 옷깃을 적십니다. 몸소 검소함을 실천하고 어질고 재주 있는 자들을 등용하시고, 명기名器[12]는 그 사람이 아닌 자에게서는 빌리지 않았습니다. 권세와 위력을 친근한 자에게 옮겨주지 않고, 비록 가까운 친척이더라도 공로가 없는 자에게는 함부로 상을 내리지 않았으며, 왕 좌우의 사랑하는 신하라도 죄가 있는 자에게는 반드시 벌을 가하였습니다. 환관이나 급사給事는 근신한 자 10여 명을 뽑아 소청소를 맡게 하였습니다. 관청의 모든 관원들이 각각 그 능력을 다하게 하고, 쓸데없는 관원은 줄이고 일은 간략하게 하니, 비용이 절약되어 나라는 부유해지고 집집마다 넉넉하여 사람들이 이때를 태평성대라고 일컬었습니다. 이가 우리나라의 어질고 성스러운 임금입니다. 근대近代 이래로 모든 것이 이와 반대이니, 모든 관원은 전보다 배가 되었으며, 교만하고 사치함은 날로 더해지고, 권력을

12 작호爵號와 거복車服 등의 의제儀制를 가리킨다.

끼고 세력을 빙자하여 백성의 재물을 강제로 빼앗는 데 힘쓰며, 게다가 과도한 세금과 부역으로 수고롭게 하여 인심이 서로 원망합니다.

신이 적이 폐하를 위해서 꾀하건대, 자기를 책망하고 반성하여 위로 하늘의 견고에 응답하시려면 조종祖宗의 아름다운 법과 어진 정치를 행하는 것보다 더 좋은 방법이 없을 듯합니다. 이제 조종의 법을 행하고자 하면 반드시 권력 있고 지위가 높은 이들에게는 이롭지 못할 것입니다. 그러므로 비록 어진 정치가 있더라도 아침에 행하다가 저녁에 고쳐서 법도가 일정하지 않으면, 진실로 폐하께서 덕을 닦는 뜻이 아닐 것입니다. 오직 폐하께서는 지극한 정성을 성심聖心에서 발하여 여러 재상[輔相]에게 일을 맡기고, 폐하의 좌우에서 속이고 엄폐하는 간사한 이들을 통렬히 억제하시며, 음양 괴탄陰陽怪誕의 설을 근절하신다면, 대업[鴻業]으로 하여금 빛을 더하게 하여 끝없는 경사를 맞이하게 될 것입니다.

요즈음 괴이하고 허무맹랑한 설이 묘청妙淸으로부터 일어났습니다. 신이 보건대, 묘청은 허문虛文으로 간사한 술수를 꾸미면서 임금을 속이고 있는데, 이는 송宋나라의 임영소林靈素[13]와 다름이 없습니다. 임영소가 좌도左道(유교의 종지宗旨에 어긋나는 사도邪道)를 끼고 상황上皇을 현혹시키니, 성급하게 벼슬길에 나아가고자 하는 선비들이 몸을 굽혀 그에게 아첨하면서 영달을 구하였습니다. 이때에 재변이 여러 차례 나타났으나 상황은 깨닫지 못하다가 마침내 패망하게 되고 말았습니다. 비록 임영소의 목을 베었으나 일에 무슨 도움이 있었겠습니까? 이는 폐하께서도 친히 들은 바인데, 앞선 사람의 실패한 자취를 가히 되풀이하겠습니까?

폐하께서 묘청을 총애하고 믿으시므로 좌우의 근시들과 모든 대신들이 서로 그를 칭찬하고 추천하며 성인聖人이라 하고 있으니, 뿌리가 깊고 꼭지가 여물어 확고하여 가히 뽑을 수 없게 되었습니다. 태화궁太華宮의 역사가 시작되면서 백성을 수고롭게 하고 많은 사람을 동원하니 백성이 원망하고 탄식하였습니다. 지난해에 폐하께서 거둥하실

---

13 송나라 휘종 때의 도사道士로서 요망한 술수로 세력을 부리다가 망하였다.

때에 화재가 불탑佛塔에서 일어나고, 올해 순행하실 때에는 유성流星과 말이 놀라 날뛰는 재앙이 잇달아 일어났습니다.{(인종) 12년(1134) 2월에 왕이 서경에 행차하였다. 3월 기미일己未日에 유성이 땅에 떨어졌는데 크기가 말[斗]만 하였다.} 하늘이 혹시 폐하에게 경고하여 깨닫게 하는 것인데, 폐하께서는 어찌 가히 간신 한 사람을 아껴서 하늘의 뜻을 어기실 수 있겠습니까? 바라건대, 폐하께서는 굳센 영단을 내리시어 묘청의 머리를 베어 위로는 하늘의 경계에 응답하시고, 아래로는 민심을 위로해 주소서. 이것은 천하의 공언公言으로서 어리석은 신하가 감히 사사로이 아뢰는 것이 아니오니, 오직 폐하께서는 살피옵소서."라고 하였다.

직문하성直門下省 이중李仲과 시어사侍御史 문공유文公裕 등 또한 상소하여 아뢰기를 "묘청과 백수한은 모두 요망한 자입니다. 그 말이 괴이하고 허무맹랑하여 가히 믿을 수가 없습니다. 김안金安·정지상鄭知常 등이 결탁하여 심복이 되어서는 서로 더불어 추천하고 칭찬하며 그를 가리켜 성인이라고 합니다. 또 대신들 가운데에도 그들을 따르며 부화뇌동하는 자가 있으니, 화를 장차 예측할 수 없습니다. 바라건대 속히 배척하여 멀리하소서."라고 하였는데, 말이 간절하고 곧았다. 이보다 앞서 추밀사樞密使 임원애任元敱가 상서하여 묘청을 죽여 화의 싹을 근절할 것을 청하였으나, 모두 응답하지 않았다. 이에 묘청이 드디어 반란을 일으켰다.

박정유朴挺蕤

박정유는 죽주竹州 사람이다. 성품이 관대하였다. 예종睿宗 때에 과거에 급제하고 경원군 판관慶源郡判官으로 임명되었다. 인종仁宗 초에 여러 차례 승진하여 좌정언左正言이 되었는데, 나라 일을 말한 것이 임금의 뜻에 거슬려서 외직을 나가 지인주知仁州가 되니, 이곳은 곧 경원慶源이다. 처음부터 끝까지 정사에 임하는 것이 한결같아서 근무 성적[考課]이 당시에 가장 우수하므로 전중시어사殿中侍御史로 발탁되었다. 이때부터 대간臺諫에 봉직한 것이 거의 20여 년인데, 논의論議에 있어서 대강大綱을 찾는 데 힘쓰고 까다롭거나 사소하게는 하지 않았다.

일찍이 지어사대사知御史臺事 최관崔灌[14], 시어사 인의印毅·최술중崔述中·안숙安淑 등과 더불어 추밀사樞密使 진숙陳淑이 일찍이 종군하여 서경을 토벌하면서 남의 노비와 보대寶帶를 받았음을 논박하면서 3일 동안 합문 밖에 엎드려 있었으나 임금이 대답하지 않자 모두 문을 닫고 나오지 않았다. 인종이 불러 타이르고 직무를 보라고 명하였으나, 박정유와 최술중은 굳이 간쟁하면서 직무에 임하지 않았다. 진숙은 이로 말미암아 결국 면직되었다.

박정유는 얼마 후에 우부승선右副丞宣으로 승진하였다. 행동거지가 모두 단아하고 응대가 명민하니, 왕이 중히 여겨 추밀원 부사樞密院副使 겸 태자 빈객太子賓客으로 임명하였다. (인종) 23년(1145)에 죽으니 향년 57세이고 시호는 충질忠質이다.

부친 박영후朴永侯는 일찍이 충성과 효도의 도리로써 훈계하였으며, 박정유도 스스로 애써 노력하였다. 그러나 그 장인의 첩이 가진 전토와 가옥을 빼앗아 그들 모자로 하여금 춥고 굶주리다가 죽게 하니, 여론이 야박하게 여겼다.

논하기를,

이지저는 이자겸의 권세에 위축되지도 않고 묘청의 괴상한 요술에 현혹되지 않았으니, 그 풍모와 절조, 식견과 도량이 자기의 아버지에게 부끄럽지 않다.

임완은 중국으로부터 와서 임영소의 일을 목도하였던 까닭에 그것을 인용하여 깨우쳐주기를 친절히 하면서 말의 뜻이 간절하고 돈독하였으나 인종이 끝내 깨닫지 못하였으니, 애석하도다!

박정유는 대간에 20여 년간 복무하면서 논의에서 대체大體를 지키려고 힘썼으니, 또한 가히 본받을 만하다.

14 『휘찬여사』에는 "최관崔瓘"으로 되어 있으나, 『고려사』에는 "최관崔灌"으로 되어 있다.

김부식金富軾

김부식은 경주慶州 사람으로 신라의 후예이다. 숙종肅宗 때에 과거에 급제하여 안서사록安西司錄에 보임되었다가 직한림원直翰林院으로 승진하였다. 우사간右司諫과 중서사인中書舍人을 역임하였다. 인종仁宗이 즉위하고 보문각 대제寶文閣待制로 제수되었다.

이때 이자겸李資謙이 국구國舅로서 나라의 정권을 잡고 있었다. 왕이 조詔하여 이르기를 "이자겸은 짐에게는 외조外祖가 되니, 반차班次나 예우[禮數]에서 가히 일반 관원들과 같이 할 수 없다."라고 하고 대신과 시종들로 하여금 회의하게 하였다. 학사學士 정극영鄭克永과 잡단雜端 최유崔濡가 건의하기를 "전傳에 이르기를 '천자가 신하로 삼지 않는 자가 셋이 있으니, 왕후의 부모가 그 중의 하나이다.'라고 하였습니다. 이자겸은 올리는 표문에 (자기를) 신臣이라고 일컫지 않도록 하고, 군신君臣이 모인 대연회에서도 (백관과) 더불어 뜰에서 하례하지 않고 곧바로 막차幕次에 이르러 배례하면 임금께서 답배하신 후에 전殿에 앉도록 합시다."라고 하니, 사람들이 그 의견을 무조건 따랐다.

김부식이 홀로 말하기를 "한漢나라 고조高祖가 처음 천하를 통일하고는 5일에 한 번씩 태공太公에게 문안을 드렸는데, (태공의) 가령家令이 태공에게 말하기를 '황제는 비록 아들이지만 임금이시고, 태공은 비록 아버지이지만 신하입니다. 어찌 임금으로 하여금 신하를 배알하게 하십니까?'라고 하니, 고조가 가령의 말을 옳게 여기고 태공의 존호를 올려 태상황太上皇이라고 하였습니다. 이로써 논한다면 비록 천자의 아버지라도 만약 존호尊號가 없다면 가히 임금으로 하여금 절하게 할 수 없는 것입니다. 불기후不其侯 복완伏完은 헌제獻帝의 황후의 아버지였는데, 정현鄭玄이 건의하기를 '불기후가 서울에 있으면서는 (황제를) 예禮로 섬기어 출입할 때에는 마땅히 신하의 예절을 따르고, 만약 황후가 이궁離宮에서 휴식하거나 부모를 근친[歸寧]할 때에는 자식의 예절을 따라야 한다.'라고 하였습니다.

동진東晉 목제穆帝의 어머니 저태후褚太后가 아버지를 보는 예절에 대하여 사람들의 의논이 일치하지 않았는데, 박사博士 서선徐禪이 정현의 의견에 의거하여 말하기를 '왕정王庭에서는 군신의 예를 바르게 하고, 사사로이 볼 때에는 부자간의 친함을 온전히 하는 것이 가장 옳은 도리이다.'라고 하였습니다. 위魏나라 황제의 아버지 연왕燕王 우宇는 표문을 올리면서 신臣이라고 칭하였으니, 비록 지극히 가까운 부자지간이라도 예우가 오히려 이와 같았던 것입니다. 하물며 외조부는 어떻게 해야 하겠습니까? 『의례儀禮』 오복五服 제도를 보면, 어머니의 부모는 소공복小功服 다섯 달을 입을 뿐으로, 자신의 부모를 존친尊親하는 것과는 매우 차이가 있으니, 어찌 왕과 더불어 동등한 예[抗禮]를 취할 수 있겠습니까? 마땅히 표문을 올릴 때에는 신臣이라 칭하고, 왕정王庭에서는 군신의 예절을 행하고, 궁궐 안에서는 집안사람의 예절로서 서로 접견하소서. 이렇게 한다면 공의公義와 사은私恩에 모두 다 순리롭게 될 것입니다."라고 하였다. 왕이 두 개의 의견으로 이자겸에 물으니, 이자겸이 아뢰기를 "김부식의 의견이 진실로 천하의 공정한 의논입니다. 이 사람이 아니었다면 여러 사람이 노신老臣을 불의에 빠뜨릴 뻔하였습니다."라고 하므로, 조詔하여 김부식의 의견을 따른다고 하였다.

얼마 후에 박승중朴昇中·정극영鄭克永과 함께 『예종실록睿宗實錄』을 수찬하였다.

(인종) 2년(1124)에 예부 시랑禮部侍郎으로 옮겼다. 왕이 이자겸의 조고祖考(돌아가신 조부와 부친)에게 벼슬을 추증하니, 박승중이 분황焚黃[15]하는 날에 교방악敎坊樂을 내려 줄 것을 청하였다. 김부식이 말하기를 "종묘에서 음악을 베푸는 것은 평생을 형상하는 것이고 분묘墳墓 같은 곳에서는 흰 옷을 입고 행사하며 심지어는 울기까지 하는데 어찌 가히 음악을 베풀 수 있는가?"라고 하였다. 박승중이 또 이자겸의 생일을 인수절仁壽節이라고 이름붙이고자 하므로, 김부식이 말하기를 "생일을 절節이라고 부르는 것은 예로부터 없었다. 당唐나라 현종玄宗 때로부터 처음으로 황제의 생일을 천추절千秋節이라고 불렀으나 신하의 생일을 절節이라 일컬었다는 말은 듣지 못하였다."라고 하니, 평장사 김약온金若溫이 말하기를 "시랑侍郎(김부식)의 의견이 옳다."라고 하였다.

(인종) 4년(1126)에 어사대부御史大夫로 제수되고, 호부 상서戶部尙書, 한림학사 승지翰林學士承旨를 거쳐 평장사平章事에 올랐으며, 수사공守司空을 더하였다.

15 관직이 추증追贈될 때에 그 자손이 추증된 이의 무덤 앞에 나아가 이를 고하고 사령장의 부본副本인 누런 종이를 불태우던 일.

(인종) 12년(1134) 가을에 왕이 묘청妙淸의 말에 따라 서경西京에 행차하여 재앙을 피하고자 하였다. 김부식이 상주하기를 "금년 여름에 대화궁大華宮에 30여 곳에 우레가 울고 벼락이 떨어졌으니 서경이 과연 길지吉地라면 하늘의 뜻은 반드시 이와 같지 않을 것입니다. 이런 곳에서 재앙을 피하는 것 또한 잘못이 아닙니까? 하물며 지금은 농작물을 아직 수확하지도 못하였는데 (거둥하신다면) 곡식이 반드시 짓밟히게 될 것입니다."라고 하였다. 또 간관諫官들과 함께 상소하여 힘껏 간하니, 왕이 말하기를 "논하는 바가 지당하므로 짐은 서경으로 가지 않겠다."라고 하였다.

(인종) 13년(1135) 정월에 묘청이 조광趙匡·유참柳旵 등과 함께 서경에 웅거하여 반란을 일으켰다. 왕이 김부식으로 원수元帥를 삼아 중군中軍을 거느리게 하고 김정순金正純{후에 평장사에 제수하였다.}·정정숙鄭旌淑·노영거盧令琚·임영林英·윤언이尹彦頤·이진李瑱·고당유高唐愈{바로 고조기高兆基이다.}·유영劉英으로 그를 보좌하게 하였다. 이부 상서 김부의金富儀로 좌군左軍을 거느리게 하고, 김단金旦·이유李愈·이유개李有開·윤언민尹彦旼으로 그를 보좌하게 하였다. 지어사대사知御史臺事 이주연李周衍으로 우군右軍을 거느리게 하고, 진숙陳淑·양우충梁祐忠·진경보陳景甫·왕수王洙로 하여금 그를 보좌하게 하였다.

서경 사람[西人]들이 왕의 명령을 위조하여 양계兩界 지방에서 군사를 징발하니 왕이 이를 듣고 우군으로 하여금 군사 2천 명을 나누어 거느리고 동로東路로부터 가면서 여러 성城을 선무하게 하고 좌군은 먼저 서경으로 향하게 하였다. 장차 출병하려고 하니, 김부식이 여러 재상들과 더불어 의논하기를 "서경의 반란에 정지상鄭知常·김안金安·백수한白壽翰 등이 함께 공모하였으니 이 자들을 제거하지 않으면 서경을 가히 평정할 수 없다."라고 하니, 모든 재상이 그렇게 여겼다. 이에 정지상 등 세 사람을 부른 다음, 용사勇士를 시켜 궁문 밖에서 목 벤 후에 왕에게 이를 아뢰었다. 사람들이 말하기를 "김부식이 본래 정지상과 문자에서 명망을 나란히 하니 불평을 품고 있다가 (묘청과) 내응했다는 구실로 그를 죽였다."라고 하였다.

이날 우군이 먼저 출발하여 중군이 금교역金郊驛에 머무르는데, 서경의 간첩이라는 자를 붙잡아왔다. 결박을 풀어주고 그를 보내주며 말하기를 "돌아가 성 안 사람들에게 말하라. 대군이 이미 출발하였으니 능히 잘못을 뉘우치고 귀순하여 가히 생명을 보전하도록 하라."라고 하였다. 이때에 군사들이 자못 교만하여서 가까운 시일 내에 개선하여 돌아오리라 생각하고 엷은 홑옷을 입고 옷도 적게 준비하였다. 때마침 하늘에서 비와 눈이 내리니 군사들과 말이 추위에 떨고 굶주려 사기가 해이해졌다. 김부식이 위무하고 시급히 조달하여 나누어주니 군사들의 마음이 이에 안정되었다.

이보다 앞서 왕이 홍이서洪彛敍·이중부李仲孚를 서경 사람의 도당이라고 하여 그들에게 조서를 주어 가서 효유하게 하였다. 홍이서가 생양역生陽驛에 이르러서는 두려워하며 능히 더 이상 가지 못하고 역리驛吏로 하여금 조서를 전하게 하고 돌아왔다. 김부식은 홍이서를 평주平州에 가두었다.

보산역寶山驛에서 머무르면서 3일간 군사를 사열하였다. 장수와 보좌관들을 모아 계책을 의논하니, 모두 말하기를 "군사 행동은 신속한 것이 제일이니 마땅히 갑옷을 단속하고 두 배 이상 행군을 하여[倍道] 적이 대비하지 않았을 때에 엄습하면 꿈틀거리는 작은 무리[蕞爾小醜]를 며칠 내에 사로잡을 수 있을 것입니다."라고 하였다. 김부식이 말하기를 "그렇지 않다. 서경의 모반은 이미 5, 6년이나 되었으니, 그 전투와 방어의 도구들을 이미 완비한 연후에야 거사한 것이다. 이제 그 대비하지 않았을 때를 엄습하려는 것은 이미 늦지 않았는가? 또 우리 군사는 적을 얕보는 마음이 있고 무기와 의장도 아직 정비되지 않았다. 갑자기 복병이라도 만난다면 첫 번째로 위험한 일이다. 군사를 견고한 성 아래에 주둔시키고 있는데 날씨는 춥고 땅은 얼어붙어 장벽과 보루가 아직 이루어지지 않았다. 갑자기 적에게 틈을 이용하게 하면 두 번째로 위험한 일이다. 또 듣건대, 서경 적들이 임금의 명령을 위조하여 군사를 징발하니, 양계兩界의 여러 성에서 의심하면서 진위 여부를 판단하지 못하고 있다. 만약 간악한 놈이 내응한다면 안팎으로 서로 결탁하여 도로라도 막히게 되면 이보다 (큰 화가) 없을 것이다. 군사를 인솔하여 지름길을 따라 적의 배후로 우회하면서 여러 성城의 군량을 취하여 대군을 먹이고, 순역順逆으로 타일러서 그들로 하여금 서경 사람들과 단절케 한 연후에 병력을 증강하고 군사들을 쉬게 하면서 적진에 격문을 보내어 서서히 대병력으로 임하는 것이 가장 안전한 계책이다."라고 하였다.

드디어 군사를 인솔하고 평주平州를 출발하여 관산역管山驛으로 향하는데, 좌군과 우군이 모두 집결하였다. 중군은 사암역射巖驛 신성新城으로부터 지름길로 성주成州에 도착하여 하루 동안 군사들을 쉬게 하고는, 길을 연주漣州로부터 안북부安北府에 이르렀다. 우군을 나누어 인솔하는 자들도 동계東界로부터 와서 모였다. 격문을 여러 성에 보내어 대의大義로 깨우쳤다.

이보다 앞서 서로西路의 인심이 모두 이리저리 눈치를 보고 있었으나, 대군大軍이 도착함에 이르러 여러 성에서 두려워하며 나와 관군을 맞이하였다. 중군이 계속하여 관속[掾僚]들을 보내어 서경에 들어가서 효유하기를 3, 4차례 하니, 조광 등이 가히 저항할 수 없다는 것을 알고 투항하고자 하였으나 머뭇거리고 있었다. 평주 판관平州判官 김순부金淳夫가 조서를 가지고 성에 들어가니, 서경 사람들이 드디어 묘청과 유참 등의 머리를 베어 가지고 분사 태부경分司太府卿 윤첨尹瞻, 소감少監 조창언趙昌言으로 하여금 김순부와 함께 조정에 죄를 청하도록 하였다. 중군에 글을 보내어 말하기를 "삼가 조서의 뜻[詔旨] 및 원수[帥府]의 명을 받들어 이미 괴수들의 목을 베어 조정에 바치러 보냈습니다. 양고기와 술을 군사들에게 제공하고자 합니다."라고 하였다. 이에 김부식이 녹사錄事 백녹진白祿珍을 보내어 이를 아뢰고, 글을 양부兩府에 보내어 말하기를 "마땅히 윤첨 등을 넉넉히 대우하여 스스로 새롭게 하는 길을 열어주시오."라고 하였는데, 재상 문공인文公仁·최유崔濡·한유충韓惟忠이 백녹진에게 말하기를 "너희 원수는 곧바로 서경으로 가지 않고 우회하는 길을 따라 안북安北으로 나아갔다. 우리들이 왕에게 아뢰고 사람을 보내어 조서를 가지고 가서 투항하라고 타일렀으니 원수의 공이 아니다. 너는 무엇 하러 온 것이냐?"라고 하였다. 김순부가 교외에 이르자 윤첨 등의 두 손을 뒤로 돌려 묶고 얼굴을 사람들에게 보이게 하여 (서울에) 들어왔다. 양부兩府에서 법사法司를 보내어 칼을 씌우고 족쇄를 채웠다. 왕이 명하여 결박을 풀어주도록 하고 (그들을) 접견하고 옷을 내려주어 위로하였으나 곧 명을 바꾸어[旋命] 하옥시켰다. 묘청의 머리는 저자[市]에 효시하였다. 김부식에게는 조서를 내려주어 뒷날의 계획[後圖]을 장려하였다.

조광 등은 윤첨 등이 하옥되었다는 소식을 듣고 반드시 죄를 면할 수 없다고 생각하여 이에 다시 반란을 일으켰다. 왕이 전중시어사殿中侍御史 김부金阜와 내시內侍 황문상黃文裳을 보내어 윤첨과 더불어 가서 조서를 반포하게 하였다. 김부가 경솔하고 방자하게 말하므로 서경 사람들이 원망하고 노여워하여 2월에 난병亂兵들을 선동하여 김부와 황문상 및 여러 수행원들을 모두 죽였다. 윤첨은 태조 어진御眞을 받들고 도망쳐 나오다가 붙잡혀 죽었다.

중군이 사람을 보내어 가서 타일렀으나 또 죽였다. 김부식이 여러 장수들과 더불어 황천皇天·후토后土·산천山川의 신들에게[神祇]에 불쌍한 백성은 돕고, 죄지은 자는 벌주겠다[弔民伐罪]는 뜻을 고하였다.

서경은 북쪽으로 산을 등지고 삼면이 강으로 막혀있는데다 성곽도 높고 험하여 쉽게 함락시키기 어려우므로 의당 성을 에워싸고 병영을 배치하여 이를 핍박해야 하였다. 이에 군사를 5군五軍으로 나누어 요충지에 배치하여 웅거하도록 하였다. 중군은 천덕부川德部에 주둔하고, 좌군은 흥복사興福寺에 주둔하며, 우군은 중흥사重興寺 서쪽에 주둔하였다. 대동강은 왕래하는 요충지여서 적이 만약 먼저 이곳을 점령하면 길이 막혀 통하지 못하므로, 대장군 김양수金良秀, 시랑 양제보楊齊寶, 원외랑 김정金精·최자영崔子英·권경량權景亮 등으로 하여금 군사를 거느리고 지키게 하였는데, 이를 후군後軍이라고 일컬었다. 진숙陳淑·왕의王毅·전용全鎔·안보구安寶龜 등은 군대를 거느리고 중흥사重興寺 동쪽에 주둔하게 하고 이를 전군前軍이라 칭하였다.

또 성 밖에도 민가가 매우 많았는데, 병란이 일어난 뒤로 정장丁壯은 성에 들어가 전사가 되었으며, 그 나머지는 산골짜기로 도망하여 숨어버렸다. 만약 불러 무마하지 않으면 틀림없이 서로 불러 모아 적의 앞잡이가 될 것이기 때문에 군리軍吏들을 나누어 보내어 불러 타일렀다. (숨었던 자가) 이르면 모두에게 옷과 먹을 것을 주어 안심하고 거주하게 하였다.

적들이 대동강 연안을 따라 성을 쌓았는데, 선요문宣耀門으로부터 다경루多景樓에 이르기까지 대략 1,734간이고, 6개의 성문을 설치하여 항전하였다.

이에 앞서 왕이 지후祗候 정습명鄭襲明 등을 보내어 서남쪽의 해도海島에 가서 궁수弓手와 수군[水手] 4,000여 명을 모집하여 전함 100여 척에 태우고 순화현順化縣 남강南江으로 들어가 적의 선박을 방어하게 하였다. 잇달아 상장군上將軍 이녹천李祿千 등을 보내어 주사舟師를 거느리고 와서 토벌을 돕도록 하였다. 이녹천이 철도鐵島에 이르러 빠른 길로 서경으로 향하고자 하는데, 마침 해는 저물고 조수도 썰물 때였다. 정습명이 다음날 아침에 만조를 기다려 출발하자고 청하였으나 이녹천이 듣지 않았다. 배가 가다가 반쯤 이르렀는데, 물이 얕아 배가 걸려서 움직이지 않았다. 적들이 작은 배 10여 척에 섶나무를 싣고 기름을 뿌려 불을 질러 조수를 따라 띄워 보냈다. 먼저 기슭 옆에 궁수 수백 명을 매복시켜 놓고 불이 일어나면 일제히 공격하라고 약속하였다. 불붙은 배가 가까이 다가와 전함에 불이 옮겨 붙으니, 궁수들이 일제히 활을 쏘았다. 무기는 모두 불에 타고 군사들은 거의 다 물에 빠져 죽었다. 이녹천은 간신히 몸만 살아 나왔다. 이로 말미암아 서경 사람들이 비로소 관군을 얕보아 군사를 뽑고 훈련을 시키면서 항전하여 버틸 계책을 세워 더욱 견고해졌다.

김부식은 후군의 병력이 적고 약한 것을 염려하여 밤에 은밀히 보병과 기병 1,000명을 보내 증강시켰다. 적이 새벽에 마탄馬灘을 건너 곧바로 후군을 공격하여왔다. 초모招募(군사 동원)에 응한 승려 관선冠宣이 갑옷을 입고 큰 도끼를 메고 출격하여 적 수십 명을 죽이니, 관군의 기세가 올라서 적을 크게 격파하여 3백여 명의 적을 죽였다. 적병이 유린되어 강물에 빠져 죽은 자가 매우 많았으며, 적의 기세가 급격히 꺾였다.

김부식은 제군諸軍이 들판에서 야영하는데, 봄에서 여름으로 바뀌는 철에 장맛비가 거듭 내리는 것을 우려하였다. 이에 5군에 모두 명을 내려 각각 성보城堡를 쌓도록 하고, 또 순화현順化縣의 왕성강王城江에 모두 작은 성城을 쌓도록 하였는데 며칠 만에 완공되었다. 병기와 양식을 쌓아두고 성문을 닫고 군사들을 쉬게 하였다. 비록 간혹 적과 교전하였으나 큰 승부는 없었다. 주진군州鎭軍[16]에서는 번갈아 쉬며 농사를 지으면서 지구전으로 곤란하게 하려고 하였다.

왕이 근신近臣 최유항崔褎抗을 보내어 조서를 내려 불러 모아 효유하였다. 김부식 또

---

16 고려시대 양계兩界 지방에 편성되었던 군사 조직.

한 사람을 보내어 성에 들어가 여러 가지로 개유開諭하고 죽이지 않겠다고 허락하였다. 매번 적의 간첩이나 나무꾼들을 사로잡으면 모두 옷과 먹을 것을 주어 돌려보내었다. 조광 등은 특히 항복할 의사가 없었을 뿐만 아니라 요행히 외환外患이 있어서 왕의 군대가 스스로 물러가기를 바랐다. 금金나라 사신이 이르자 막아 죽임으로써 대국大國과 틈이 벌어지게 하려고 하였다. 관군이 이를 알고 척후와 순찰을 매우 지극하게 하였으므로 적이 감히 나타나지 못하였다. 그 무리가 항복하거나 붙좇을 것을 염려하여 거짓으로 중군의 첩보를 만들어 사람들에게 보여주며 말하기를, "모든 포로나 항복한 사람은 노소를 막론하고 모두 죽인다."라고 하니, 성 안에서 자못 미혹하였다. 얼마 후에 항복한 자를 위로하고 어루만짐이 매우 후하다는 소리를 듣고 비로소 모두 의심을 풀고 귀부하는 자가 점차 많아졌다.

이때 조정 신료가 헌의獻議하기를 "우리나라가 비록 북조北朝(금나라)와 화친하고 있으나 그 뜻을 헤아리기 어렵습니다. 지금 수만 명의 군사를 동원하여 해가 넘도록 결판을 내지 못하니, 만약 이웃 적국이 틈을 타서 움직이거나 도적들이 불의의 우환을 더하게 되면 무엇으로 제어하겠습니까? 청컨대 중신重臣을 파견하여 군대를 독려하여 죽음이나 부상을 생각하지 말고 빠른 시일 내에 적을 격파하게 하소서."라고 하였다.

왕이 김부식에게 보이니, 김부식이 아뢰기를 "신이 보건대 서경은 천연의 험준하고 견고한 지역인데다 병사도 많고 수비도 엄중하여 쉽게 함락시킬 수 없습니다. 구름다리[雲梯]와 충차衝車(성을 파괴하는 병기)도 모두 소용이 없습니다. 어린아이들이 벽돌과 기와를 던져도 오히려 강한 적이 되므로 설령 5군이 동시에 성에 달라붙어 공격하더라도 며칠을 넘기지 못하여 날랜 장수와 용감한 군사만 모두 화살과 돌에 희생당할 것입니다. 적이 힘이 다한 것을 알고 북을 치고 함성을 올리며 나오면 패배할 것만도 걱정스러운데 어느 겨를에 외환外患을 방비하겠습니까? 이제 병사 수만을 갖고도 해가 넘도록 결판내지 못한 것은 노신老臣이 마땅히 그 허물을 책임지겠습니다. 그러나 변경의 경보와 도적의 변란을 염려하지 않을 수 없으므로 만전의 계책으로 승리하여 사졸을 상하지 않고 국가의 위세를 꺾이지 않으려고 한 것뿐입니다. 바라건대 역적 토벌에 대한 일은 노신에게 맡기시어 편의에 따라 처리할 수 있게 해주소서. 반드시 적을 격파하여 보답하겠습니다."라고 하니, 임금도 또한 옳게 여겨서 마침내 다른 의견들을 배척하고 이를 위임하였다.

3월에 5군이 일제히 공격하였으나 승리하지 못하였다. 여름을 지나 가을에 이르도록 적과 서로 대치하고 있으면서 결판내지 못하였다. 적의 양식이 다 되자 노인들과 부녀자들을 추려서 성 밖으로 내몰았다. 병사들도 왕왕 나와 항복하였다. 김부식은 가히 취할 상황이 되었음을 알고, 여러 장수들에게 명하여 토산土山을 쌓게 하였다. 먼저 양명포楊命浦의 산 위에 목책을 세우고 병영을 설치하여 전군前軍을 이동시켜 웅거하게 하였다. 정부丁夫와 승도僧徒 수만 명을 동원하여 돌을 짊어지고 재목을 운송하게 하였다. 장군 노충적盧沖積 등으로 하여금 정예 군사 8천여 명을 거느리고 유격군[遊軍]으로 삼아 노략질에 대비하게 하였다.

11월에 제군諸軍이 전군前軍의 병영에 이르러 토산을 쌓아서 양명포에 걸치도록 하였다. 높이가 8자, 길이가 70여 길[丈]이 되어 적의 성 서남쪽 모퉁이까지 겨우 몇 길밖에 안 떨어졌다. 밤낮으로 공사를 독려하니, 적들이 크게 놀라서 정예군을 출전시키고, 성 위에 궁노弓弩와 포석砲石을 베풀어 항거하였다. 관군이 형편에 따라 방어하고 북을 치며 함성을 지르면서 성을 공격하여 적의 기세를 분산시켰다. 포기砲機를 만들어 토산 위에 설치하였는데, 그 구조가 높고 커서 수백 근의 돌을 날려 보내 성루城樓에 부딪쳐서 부수고, 연달아 화구火毬를 던져 불태우니 적이 감히 가까이 하지 못하였다. 5군이 일제히 공격하였으나 또 이기지 못하였다. 적이 밤에 군사를 세 길로 나누어 곧바로 전군을 공격하여 왔다. 김부식이 승군僧軍에게 명하여 도끼를 휘두르며 역습하니, 적병이 무너져 달아났다.

이듬해 2월에 적이 우리가 토산을 만들어 핍박하므로 그들도 성 안에 겹성[重城]을 쌓았다. 윤언이尹彦頤와 지석숭池錫崇이 말하기를 "대군의 출정이 이미 2년이 지났는데 날을 허비하며 오래 버티니 사변事變을 헤아리기 어렵습니다. 은밀히 군사를 돌격시켜 겹성을 무너뜨려 가히 성공하는 것만 같지 아니합니다."라고 하니, 김부식이 허락하지 않았는데 윤언이가 굳이 청하였다. 이에 정예 군사를 세 길[三道]로 나누어 진경보陳景甫·왕수王洙 등은 3천 명을 거느려 중도中道가 되게 하고, 지석숭·전용全鎔 등은 2천

명을 거느려 좌도左道가 되게 하고, 이유李兪·이영장李永章 등은 2천 명을 거느려 우도右道가 되게 하였다. 장군 공직公直은 석포石浦로 들어가고, 양맹良孟은 당포唐浦로 들어가게 하였다. 또 제군으로 하여금 길을 나누어 성을 공격하게 하여 적으로 하여금 전적으로 서남쪽 부분을 수비하지 못하게 하였다. 군사를 다 나눈 후에 군사들에게 후하게 상을 내렸다.

김부식은 중군으로 돌아와서 밤 4경四鼓(밤 1시-3시 사이)에 말을 달려 전군前軍으로 가서 여러 장수들을 지휘하여 대거 출전하였다. 정사일丁巳日 새벽에 진경보가 양명문楊明門으로 들어가 목책을 탈취하고 연정문延正門으로 진공하였다. 지석숭은 성을 넘어 들어가 함원문含元門을 공격하였다. 이유 또한 들어가 흥례문興禮門을 공격하였다. 김부식은 아병衙兵(금군)으로 광덕문廣德門을 공격하였다. 적은 우리의 토산이 아직 이루어지지 않았으므로 대비를 하지 않고 있다가 이에 당황하여 어찌할 바를 몰랐다. 김부식이 김정순金正純과 함께 전투를 독려하니, 장수와 군사들이 다투어 분격하였다. 제군諸軍 또한 북을 치고 함성을 지르면서 불을 질러 성과 가옥을 불태웠다. 적군이 크게 무너져 관군이 승세를 타서 닥치는 대로 죽였다. 김부식이 영을 내려 말하기를 "적을 생포하는 자에게는 상을 주고 항복한 자를 죽이거나 노략질하는 자는 사형에 처한다."라고 하니, 모두 칼을 거두고 전진하였다. 때마침 날이 저물고 비가 내려서 군사를 지휘하여 퇴각하였다. 성 안은 어지럽고 혼란스러워서 조광의 온 가족은 불에 타서 죽었다. 낭중郎中 유위후維偉侯·팽숙彭淑·김현근金賢瑾·정극승鄭克升·최공필崔公泌 등이 모두 자살하였다.

무오일戊午日에 서경 사람들이 적의 괴수 최영崔永 등을 잡아가지고 나와 항복하니, 김부식이 이를 넘겨받아 옥리獄吏에게 내렸다. 잡단雜端 이인실李仁實과 어사御史[17] 이식李軾으로 하여금 창고들을 봉쇄하게 하고, 군사들을 나누어 모든 성문을 지키게 하였다. 김정순·윤언이로 하여금 군사 3천 명을 거느리고 들어가 관풍전觀風殿에 주둔하게

17 『휘찬여사』에는 "어사御史"로 되어 있으나 『고려사』 권98, 열전 11, 김부식전에는 "시어사侍御史"로 되어 있다.

하였다. 성중에 군령을 반포하여 약탈을 금하였다.

기미일己未日에 낭중郎中 신지충申至沖으로 하여금 무기를 수습하도록 하고, 이후李侯로 하여금 백성을 타일러 편안하게 거주하게 하고, 지후 이약눌李若訥로 하여금 객관客館을 수리하게 하고, 최유칭崔裒稱과 백사청白思淸으로 하여금 성안을 순검巡檢하게 하였다.

신유일辛酉日에 김부식이 군의軍儀議를 갖추고 경창문景昌門으로 들어가 관풍전의 서쪽 머리[西序]에 좌정하였다. 5군의 병마사들과 장수 및 보좌관들의 하례를 받고, 사람을 보내 성황묘城隍廟에 제사를 지냈다. 판관判官 노수魯洙를 보내어 표문을 받들어 승첩을 아뢰었다.

임술일壬戌日에 조정의 뜻[朝旨]을 받들어 최영 및 대장군 황린黃麟, 장군 덕선德宣, 판관 윤주형尹周衡 등을 목 베어 죽이고 거리에 효수하였다. 분사호부상서分司戶部尙書 송선유宋先宥는 반란이 일어나자 병을 핑계하고 집에 있었고, 장서기掌書記 오선각吳先覺은 거짓으로 어리석은 척하여 적에게 붙좇지 않았으며, 태창승太倉丞 정총鄭聰은 효행으로 알려져 모두 그 문려門閭에 정표旌表하였다.

일찍이 서경 사람들이 묘청을 목 베어 항복을 빌고 즉시 중군中軍에 유수관留守官을 평상시처럼 보내줄 것을 청하였다. 김부식이 노영거盧令琚를 보내어 장차 성에 들어가려고 하는데, 적이 그를 요격하여 죽이려고 하였다. 의학박사醫學博士 김공정金公鼎이 비밀리에 그 음모를 고하여 노영거로 하여금 들어가지 말게 하였다. 소감少監 위근영韋瑾英은 노모老母가 있어서 능히 적을 배반하지 못하고 한유관韓儒琯·안덕칭安德偁·김영년金永年과 함께 가짜 상여를 만들어 장사 치르러 가는 것처럼 하여 성문을 나오려 하다가 발각되었다. 위근영과 한유관은 잡히어 고문을 당하고 불에 달군 쇠로 단근질[炮烙]을 당하여 골육이 문드러져 죽음에 이르렀으나 끝내 다른 사람을 끌어대지 않은 까닭에 안덕칭과 김영년은 화를 면하였다. 김공정·위근영·한유관·안덕칭·김영년 및 윤첨尹瞻의 친속들과 노약자들과 병자나 불구자[廢疾]들은 모두 용서하여 주고, 나머지는 모두 서울로 압송하였다. 그 가운데 용맹하고 사납게 항거한 자는 '서경역천西京逆賤'이라는 네 글자를 이마에 자자刺字[18]하여 섬으로 귀양보냈다. 그 다음은 '서경西京'의 두 글자를 자자하고, 그 다음은 여러 주州에 분산시켰다. 처자식은 양민良民이 되도록 허락하였다. 조광·최영·정지상·백수한 등 여러 역당들의 처자식은 모두 적몰하여 동북東北 여러 성城의 노비로 삼았다.

왕이 승선承宣 이지저李之氐를 보내어 김부식에게 안마鞍馬·의복·금대金帶를 내려주고 조詔하여 수충정난정국공신輸忠定難靖國功臣 검교태보檢校太保 문하시중門下侍中 판상서이부사判尙書吏部事에 제수하였다. 4군의 병마사兵馬使·부사副使·판관判官 이하에게 은銀·견絹·능라綾羅를 차등 있게 내려 주었다.

4월에 개선하니 김부식에게 큰 저택[甲第] 한 채를 내려주었다.

(인종) 16년(1138)에 검교태사檢校太師를 더하였다. 왕이 일찍이 김부식을 불러 술자리를 베풀고 명하여 사마광司馬光의 유표遺表 및 훈검문訓儉文을 읽게 하고는 오래도록 감탄하다가 말하기를 "사마광의 충성과 의리가 이와 같은데도 당시의 사람들은 그를 간당姦黨이라 하였으니, 왜 그러한가?"라고 하였다. 김부식이 대답하기를 "왕안석王安石과 서로 좋지 않았기 때문일 뿐이고, 실상은 군자입니다."라고 하니, 왕이 말하기를 "송나라가 망한 것은 이로 말미암았을 것이다."라고 하였다.

(인종) 20년(1142)에 세 번이나 표문을 올려 치사를 청하므로 이를 허락하고 공신의 칭호를 더하였다. 조詔하기를 "크게 의논할 일이 있으면 마땅히 함께 의논하겠다."라고 하였다. 인종 23년(1145)에 편찬한 신라·고구려·백제의 『삼국사三國史』를 올렸다.

의종毅宗이 즉위한 후 낙랑군 개국후樂浪郡開國侯로 봉하였다. 『인종실록仁宗實錄』을 편찬하도록 명하였다. (의종) 5년(1151)에 죽으니 향년 77세이고, 시호는 문열文烈이다.

사람됨이 용모가 풍만하고 체구가 컸다. 안색은 검고 눈은 빛났다. 문장으로 세상에 이름을 떨쳤다. 송宋나라 사신 노윤적路允迪과 서긍徐兢은 김부식이 글을 잘 짓고 고금 역사에 통달한 것을 보고 그의 사람됨을 좋아하였다. 『고려도경高麗圖經』을 저술하면서 김부식의 세가世家와 도형圖形을 그려가지고 돌아가서 황제에게 아뢰었다. (황제가) 주관부서[司局]에 조詔하여 (그 책을) 판에 새겨 널리 배포하니, 이로 말미암아 (김부식의)

18 얼굴이나 팔뚝에 흠을 내고 먹물로 죄명罪名을 먹물로 칠하여 넣는 형벌.

이름이 천하에 알려졌다. 훗날 사신으로 송나라에 가니, 이르는 곳마다 예로서 대우하였다. 세 번 예부시[禮圍]를 관장하여 인재를 얻었다는 칭송을 받았다.

중서령中書令에 추증하였다. 문집文集 20권이 있다. 아들은 김돈중金敦中과 김돈시金敦時이다.

(김돈중金敦中)

김돈중은 괴과魁科에 급제하였으며, 의종 때에 여러 번 승진하여 시어사侍御史가 되었는데, 정함鄭諴의 고신告身(임명장)에 서명하지 않아서 호부원외랑戶部員外郎으로 좌천되었다가 시랑侍郎으로 옮겼다.

처음에 이부시랑吏部侍郎 한정韓靖은 이원응李元膺과 사이가 좋지 않은 까닭에 파직당하였다. 왕이 별도로 인제원仁濟院에 사찰을 창건하여 축리소祝釐所(신에게 제왕의 복을 비는 것)로 삼았다 마침 이원응이 죽어서 한정이 복직되었는데, 왕을 위하여 매우 부지런히 복을 빌었다. 김돈중과 아우 김돈시가 김부식이 창건한 관란사觀瀾寺를 중수하고 역시 왕의 복을 비는 것이라고 일컬었다. 왕이 김돈중·김돈시·한정에게 말하기를 "들으니, 경들이 과인에게 복을 돌린다고 하니, 매우 가상하다. 짐이 장차 가서 보겠노라."고 하였다. 김돈중이 사찰의 북쪽 산에 백성들을 많이 모아 소나무·회나무와 기이한 화초를 심고, 단壇을 축조하여 왕이 머무는 곳[御室]로 만들어 금벽金碧으로 장식하였다. 왕이 사찰에 행차하니 김돈중 등이 왕에게 연회를 베풀었는데, 그릇들과 음식들이 지극히 진기하고 사치스러웠다. 왕이 매우 즐거워하면서 김돈중과 김돈시에게 백금 3정錠, 단사丹絲 70근을 각각 주었다.

(의종) 21년(1167)에 김돈중은 좌승선左丞宣에 제수되었다. 연등일[燈夕]에 왕이 봉은사奉恩寺에 행차하여 밤에 돌아오다가 관풍루觀風樓에 이르렀다. 김돈중의 말이 평소에 조련되지 못한데다가 북 소리를 듣고는 더욱 놀라서 기병의 시방矢房(화살통)에 부딪쳐 화살이 튀어나와 임금의 수레 옆에 떨어졌다. 김돈중이 미처 자백하지 못하였는데, 왕은 크게 놀라서 의장병의 산선繖扇으로 수레를 둘러싸게 하고는 급히 달려서 환궁하였다. 체포되어 죽은 자가 매우 많았다.

이때 왕은 자주 연복사延福寺[19]에 행차하여 한뢰韓賴·이복기李復基·허홍재許洪材 등과 함께 연회를 베풀고 술을 마셨다. 장차 보현사普賢寺[20]로 옮겨 행차하려 하여 수레에 이미 오르고서는 또 배[舟] 안에 술자리를 차려놓고 밤늦도록 돌아갈 줄을 몰랐다. 김돈중이 앞에 나서며 임금에게 아뢰기를 "호위 군사들은 굶주리고 피로하여 모두 원망하는 마음[離心]을 품고 있습니다. 또 밤도 어두운데 무슨 구경거리가 있겠습니까?"라고 하니, 왕이 기뻐하지 않고 나왔는데 이미 동이 트기 시작하였다.

보현원普賢院의 변고 때에 김돈중도 왕을 수행하였다. 도중에 변이 일어났다는 소식을 듣고는 감악산紺嶽山으로 도망하여 들어갔다. 정중부鄭仲夫는 그를 붙잡으면 상을 주겠다고 하며 다그쳤다. 김돈중이 비밀리에 심부름꾼으로 하여금 서울에 들어가 안부를 묻게 하였는데, 심부름꾼이 많은 상금에 탐이 나서 고발하여 죽임을 당하였다. 죽을 무렵에 탄식하기를 "나는 실로 죄가 없다. 화살이 튀어나간 변고 때에 무고한 사람들에게 화가 미쳤으니, 오늘 이렇게 된 것도 마땅하다!"라고 하였다. 아들은 김군수金君綏이다.

김돈시는 벼슬이 상서우승尙書右丞에 이르렀으나 그 또한 피살되었다.

논하기를,

김부식은 바야흐로 이자겸이 나라를 마음대로 할 때에 의연히 정색하고 굴복하지 않았다. 그 후 인종이 요망한 승려에게 미혹되어 장차 서경에 행차하려 할 때마다 번번이 힘껏 (간하여) 그 행차를 멈추게 하였다. 그 정대한 기운과 선견지명을 누가 따라갈 수 있으리오. 묘청이 반역을 일으켜 험준함에 기대어 제멋대로 해독을 끼치자, 명을 받아 정벌을 전담하여 흉악한 괴수들을 섬멸하였으니 공렬功烈 또한 족히 칭송할

19 『휘찬여사』에는 "연복사延福寺"로 되어 있으나, 『고려사』 권98, 열전 11, 김돈중전에는 "연복정延福亭"으로 되어 있다.

20 『휘찬여사』에는 "보현사普賢寺"로 되어 있으나, 『고려사』 권98, 열전 11, 김돈중전에는 "염현사念賢寺"로 되어 있다.

만하다. 정지상이 묘청을 도와 인도하면서 안팎으로 간당을 이루니, 김부식이 그를 죽여 당여黨與를 먼저 처치한다는 의리를 얻었다. 다만 지척에 있는 궁문에 먼저 아뢰지 않고 임금의 측근 신하를 마음대로 죽였으니 논평하는 자들은 이고李高가 한뢰韓賴를 겁박한 것이나[21] 홍자번洪子藩이 오기吳祈를 붙잡은 것[22] 모두 김부식이 시작한 것이라고 하니, 과연 그렇다고 하겠다. 사찰을 창건함에 이르러서는 이는 유자儒者의 일이 아닌데, 그 아들에게 전해져 임금의 복을 빌어 총애를 탐하는 곳이 되었다. 임금을 따라 어리석어서 임금과 같이 화를 당하였으니 어찌 이모貽謀(조상이 후손을 위하여 남겨 놓은 계책)가 착하지 않기 때문이 아니리오.

김부의金富儀 윤언이尹彦頤

김부의金富儀

김부의의 첫 이름은 김부철金富轍이고 자는 자유子由이며, 김부식의 아우이다. 숙종肅宗 2년(1097)에 과거에 급제하였다. 옛 제도에 아들 세 명이 과거에 급제하면 그 어미에게 매년 양곡 30석을 주었다. 김부의의 형 셋이 앞서 모두 과거에 급제[釋褐]하였는데, 이때에 이르러 제制하여 10석을 더하도록 하였다. 재직 중에는 청렴하고 근실하였다.

예종睿宗 6년(1111)에 김연金緣을 따라 송宋나라에 갔다. 표문을 올려 벽옹壁雍(중국의 최고 학부인 국자감)에 이르러 강론을 참관하기를 청하였는데, 표문의 문장이 뛰어나고 아름다웠으므로 황제가 조詔하여 칭찬하고 이를 허락하였다. 돌아와서는 감찰어사監察御史

---

21 좌부승선左副承宣 한뢰韓賴가 임금의 총애를 믿고 거만하여 대장군 이소응李紹膺의 뺨을 때리자, 정중부鄭仲夫와 이고李高가 한뢰를 죽이려 하였다. 이에 한뢰가 어상御床 아래에 숨었는데 이고가 칼을 뽑아 위협하여 끌어내어 죽였다(『고려사』 권128, 열전 41, 반역 2, 정중부전).

22 충렬왕과 충선왕의 부자 사이를 이간시킨 오기吳祈를 붙잡아 원나라에 압송한 일이다(『고려사』 권105, 열전 18, 홍자번전).

에 제수되었다.

금金나라가 새로 요遼나라를 격파하고 사신을 보내어 형제 맺기를 청하였다. 대신들이 극력 반대하고 심지어는 그 사신을 목 베어 죽이려고도 하였다. 김부의만 홀로 상소하여 아뢰기를 "신이 가만히 보건대 한漢나라가 흉노凶奴에 대해서나 당唐나라가 돌궐突厥에 대하여 혹은 그들에게 칭신稱臣하기도 하고 혹은 공주를 시집보내기도 하면서 무릇 화친할 수 있는 것이라면 하지 않음이 없었습니다. 지금 송나라 같은 대국도 거란契丹과 더불어 서로 백숙伯叔이니 형제니 하면서 대대로 화친하고 있습니다. 천자의 존엄은 천하에 대적할 바 없는데도 오히려 이와 같이 하는 것은 곧 이른바 성인聖人은 권도權道로서 도道를 이룬다는 것으로 국가를 보전하는 좋은 계책입니다. 옛날 성종成宗 때에 변경을 지키는 일에 실책하여 요나라의 침입을 재촉한 것은 참으로 거울삼아야 할 일입니다. 신은 엎드려 바라건대 성조聖朝께서 장구한 계획과 원대한 대책으로 생각하여 후회를 초래하지 않도록 하소서."라고 하였다. 재상들이 모두 비웃고 또 배척하였다.

인종仁宗이 동궁東宮에 있을 때에 김부의는 첨사부사직詹事府司直으로 있으면서 문학文學으로 사랑을 받았다. 즉위한 후에 어사 중승御史中丞으로 발탁하였으며, 이·호·예 3부三部의 상서尙書와 한림학사 승지翰林學士承旨를 역임하였다.

왕이 일찌이 변방 일로 물으니, 아뢰기를 "두목杜牧이 시사時事를 말하기를 '상책上策은 자치自治만한 것이 없습니다.'라고 하였고, 송나라 신종神宗이 문언박文彦博과 변경 일을 의논하니, 문언박이 아뢰기를 '모름지기 먼저 자치하게 하며, 가까운 곳을 소홀히 하고 먼 곳에 힘을 써서는 안 됩니다.'라고 하였으며, 왕안석王安石은 아뢰기를 '문언박의 말이 참으로 지당합니다. 만약 능히 자치하면 70리로서도 천하의 왕이 될 수 있습니다. 맹자孟子가 말하기를 천리 땅을 가지고 남을 두려워하는 자는 없다라고 하였는데, 지금 만 리의 천하를 갖고도 남을 두려워하는 것은 자치하지 못함에 연유하는 것입니다.'라고 하였습니다. 지금 우리나라의 땅이 어찌 다만 70리에 불과하겠습니까? 그러나 남을 두려워함을 면하지 못하니, 그 허물은 먼저 자치하지 못한 데 있을 뿐입니다. 훈련된 기병[良騎]로 들판에서 만나 칼날을 부딪치며 화살을 대어 승부를 결정하는 것은 오랑캐들에게는 장점이나 중국에게는 단점입니다. 강한 쇠뇌[弩]를 가지고 성에 올라 진영을 견고하게 하여 굳게 방어하면서 적이 쇠약해지기를 기다리는 것은 중국에게는 장점이나 오랑캐에게는 단점입니다. 마땅히 먼저 장점에 힘써서 그 변동을 관찰해야 할 것이니, 이것은 양상梁商(후한後漢 때의 대장군)의 계책으로 오늘날의 형세에 매우 적합합니다. 마땅히 서울과 모든 주진州鎭으로 하여금 성을 높이고 해자를 깊이 파게 하고, 강한 쇠뇌와 독화살, 뇌석雷石과 불화살[火箭]을 비축하게 하고, 사신을 보내어 주관하는 관리를 감독하고 감찰하여 상벌을 시행하소서."라고 하였다.

묘청妙淸이 새 궁궐을 서경西京에 세우기를 청하니, 김부의가 상소하여 있는 힘껏 불가하다고 하였다. 묘청이 서경에 웅거하여 반역하므로 왕의 군대가 그것을 토벌하는데, 김부의가 서경의 적을 평정할 열 가지 방책을 올렸다. 그 대강에 아뢰기를 '서경은 성이 험하고 군량이 풍족하여 쉽사리 함락시킬 수 없습니다. 마땅히 편안히 쉬게 하여 적의 피로를 기다려 꾀로써 승리를 취해야 할 것입니다.'라고 하니, 왕이 가납하고 좌군수左軍帥로 삼았다.

얼마 후에 지추밀원사知樞密院事가 되었다. 적을 평정함에 이르러 모두 그 계책과 같이 되었기 때문에 금대金帶를 내려주었다. 김부의가 아직 현달하지 않았을 때에 집 종이 채소밭을 갈다가 구리로 된 인장[銅印]을 획득하였는데, '청당지인靑幢之印'이라는 글자가 새겨져 있었다. 뒷날 신라의 고사故事를 상고하니, 청당靑幢은 곧 좌군左軍이었다. 이때에 이르러 과연 좌군수로 임명되었다.

(인종) 14년(1136)에 죽으니, 왕이 몹시 애도하고 수사공守司空을 추증하였다. 시호는 문의文懿이다.

성품이 활달하고 호탕하였으며 살림살이를 돌보지 않았다. 일찍이 권세와 이익을 자기의 마음에 담아두지 않았다. 시와 글이 호탕하고 뛰어나서 사람들의 입에 회자되었다. 금나라 사신 한방韓昉이 왔을 때 김부의가 관반館伴이 되었다. 한방이 시에 능하여 서로 주고받기를 수십 편이나 하였는데, 김부의가 조금도 머뭇거리지 않으므로 한방은 그의 사람됨을 사모하였다. 돌아가서도 칭찬하여 말하기를 "동국東國의 김 학사金學士는 기이한 사람이다."라고 하였다.

윤언이尹彦頤

윤언이尹彦頤는 영평백鈴平伯 윤관尹瓘의 아들이다. 과거에 급제하여 인종仁宗 때에 여러 차례 승진하여 기거랑起居郞이 되었다. 좌사간左司諫 정지상鄭知常, 우정언右正言 권적權適과 함께 시정時政의 잘잘못을 논하니, 왕이 우대하여 채납하였다.

국자 사업國子司業으로 전임되어 경연經筵에 나아가 경經의 뜻을 강론하니, 화서대華犀帶 한 벌을 내려주었으며, 보문각 직학사寶文閣直學士로 승진되었다.

묘청妙淸이 반역하니, 조詔하여 김부식金富軾과 임원애任元敳를 원수元帥로 삼고 윤언이를 보좌관으로 삼아 이를 토벌하게 하였다. 이보다 앞서 윤관이 조詔를 받들어 대각국사大覺國師의 비문碑文을 지었는데 공교工巧하지 못하자 그 문도門徒가 비밀리에 왕에게 아뢰어 김부식으로 하여금 고쳐 짓게 하였다. 당시 윤관이 상부相府에 있었으나, 김부식이 사양하지 않고 드디어 짓고 말았다. 윤언이는 이를 유감스러워 하였는데, 마침 왕이 국자감에 행차하여 김부식으로 하여금 『주역周易』을 강론하게 하고 윤언이에게 질문을 하게 하였다. 윤언이는 『주역』에 매우 정통하였기 때문에 이리저리 변론하고 질문하니 김부식이 응답하기가 어려워 땀이 흘러내려 얼굴을 적시었다. 윤언이가 보좌관[幕下]으로 되자 김부식이 아뢰기를 "윤언이는 정지상과 깊이 서로 연결되어 있으니 죄를 가히 용서할 수 없습니다."라고 하였다.

이에 양주 방어梁州防禦로 폄출貶黜되었다가 후에 광주 목사廣州牧使로 삼았다. 사은謝恩하며 표문을 올리고 인하여 스스로 해명하며 아뢰기를 "신은 폄출을 받던 날 저녁에 길을 떠나던 때까지도 죄를 입은 까닭을 알지 못하여 다만 극도로 근심스러운 생각만 쌓였습니다. 중군中軍에서 아뢴 바를 보니, 이르기를 '윤언이가 정지상과 더불어 생사를 같이 하는 도당[死黨]을 맺어 크고 작은 일을 실로 같이 상의하였습니다. 임자년壬子年(인종 10, 1132)에 서경에 행차하셨을 때에 글을 올려 연호年號를 세우고 황제라 일컫기를 청하였으며 또 국학생들을 유도하여 전건前件의 일을 아뢰게 하였으니, 대개 금金나라를 격노하게 만들어 사단事端을 만들고 그 틈을 타서 제멋대로 자기 붕당 외의 사람들을 처치해서 반역[不軌]하기를 도모하고자 한 것이니, 인신人臣의 뜻이 아닙니다.'라고 하였습니다.

신은 두세 번 읽고 난 연후에 마음에 이에 안정되었습니다. 그 까닭은 연호를 세우자는 청은 임금을 높이려는 정성에 근본한 것입니다. 우리 본조本朝(고려)에서도 태조와 광종光宗의 고사故事가 있습니다. 지나간 문서를 상고해보면 비록 신라와 발해가 (연호를 세웠으나) 대국大國이 일찍이 그 군사를 가하지 않았으며, 소국小國도 감히 그 잘못을 의논하지 않았는데, 어찌 이 성세聖世에 그것을 도리어 참월僭越한 행동이라 한단 말입니까?

신이 일찍이 이것을 의논한 것에 대해 논죄한다면 그것은 그럴 수 있습니다. 무릇 생사를 같이 하는 도당을 맺었다거나 금나라를 격노하게 만들었다는 것과 같은 말은 비록 심히 크기는 하나 본말本末이 서로 맞지 않습니다. 왜냐하면 가령 강적强敵으로 하여금 우리 강토를 침범하게 만든다면, 대개 환난을 막기에도 겨를이 없을 터인데 어찌 틈을 타서 농간을 부릴 수 있겠습니까? 그 붕당이라고 지목한 자는 누구이며, 처치하고자 하는 자는 어떤 사람입니까? 만약 뭇사람이 화목하지 못하면 싸우는 대로 패하니, 또한 자기 몸도 용납할 여지가 없게 되는데, 어찌 제멋대로 모의를 할 수 있겠습니까? 하물며 신이 대화大華의 말에 참예하지 않은 것과 정지상과 더불어 의견이 일치하지도 아니한 것과 백수한白壽翰의 천거에 참여하지 않았음은 생각건대 폐하께서 이미 통촉하시는 바입니다.

한번 강호江湖에 떨어진 뒤로 이미 여섯 번이나 추위와 더위가 바뀌었습니다. 몰골이 초췌하여 앙상한 마른 가지와 같고, 혼백은 놀라고 당황하여 망연히 꿈에 취해있는 듯한데, 오늘까지 살아온 것도 성지聖知(임금께서 알아주시는 것)에 힘입은 덕택입니다.

거듭 생각하건대, 신이 지극히 연약한 몸으로 서경 정벌에 종군하여 제 몸을 잊고 나라를 방위한 것은 곧 의리와 분수에 당연한 일이고, 일을 성공한 것은 모두 다른 사람에게 연유한 것이니 무슨 근로勤勞를 족히 말하겠습니까. 다만 이제 말씀을 하려 함은 감히 공로로 삼고자 함이 아니라 다만 작은 정성을 약간 피력하여 혹 성심聖心께서 한번 살펴주시기를 빌고자 함입니다.

지난 을묘년乙卯年(인종 13, 1135)에 중군中軍은 적의 식량이 다하기를 기다리는 것으로 계책으로 내세웠습니다. 흉당兇黨이 아직 항복하지 않았고, 시일이 차츰 오래되자 대동강의 얼음도 다 풀리고 어찌할 계책이 없게 되었습니다.

신이 3월에 비로소 거인距堙[23]을 세울 것을 발의하였는데, 다른 사람에게 저지되어 시행되지 못하였습니다. 11월에 이르러 중군이 양명문揚命門에 비로소 거인을 만들면서 지병마사知兵馬使 지석숭池錫崇과 신 윤언이 등으로 하여금 번갈아 그곳에 가서 흙을 얼마나 쌓았는지 점검하게 하였습니다. 헤아려보니 몇 개월이 걸려야 가히 성 위에까지 닿을 수 있었습니다. 신이 또 전군사前軍使 진숙陳淑과 더불어 화공火攻하기로 의논하여 결정하고 판관判官 안정수安正修 등으로 하여금 화구火具 5백여 석石을 만들게 해서 그달 9일 이른 새벽에 조언趙彦이 만든 석포石砲로 쏘았는데, 불길이 번개 같고 그 크기는 수레바퀴만 하였습니다. 적들이 처음에는 역시 좇아다니며 불을 껐으나 날이 저물자 불기운이 몹시 강해져 적들이 불을 끌 수 없게 되었습니다. 밤새껏 석포로 쏘아대니 양명문과 행랑 20칸 정도와 적이 쌓아올린 토산土山이 모두 불타버렸습니다. 12일에는 모두 궤멸되어 인마人馬가 가히 드나들 수 있게 되었습니다. 신이 곧 중군에 이르러 본말을 갖추어 진술하고, 제때에 공격하여 적으로 하여금 설비하지 못하게 하자고 청하였으나 어떤 사람이 성을 내면서 불가하다고 하므로 신 또한 화를 내며 다투었습니다.

14일에 또 전군前軍에 이르러 급속히 공격하면 가히 격파할 수 있다고 건의하자, 사람들이 모두 말하기를 '흙 쌓기가 끝나기를 기다려서 바야흐로 공격하는 것이 가하다.'라고 하였습니다. 적이 벌써 전에 만들었던 목책木柵에서 방어하므로 신이 급속히 공격하자고 간절히 청하였으나 오히려 결정을 내리지 않았습니다. 16일에 원수元帥가 전군에 이르러 5군五軍의 막료幕僚들을 다 모아 놓고 의논하니, 사람마다 모두 앞의 의견을 고집하였습니다. 이날 적이 또 겹성[重城]을 쌓으니, 그 형세가 가히 뒤로 미룰 수 없었습니다. 이에 앞서 지석숭이 군에 있으면서 역사를 감독하며 신과 뜻이 맞았고, 이어 부사副使 이유李愈와 판관判官 왕수王洙·이인실李仁實 등 8명이 이에 호응하니, 이에 원수가 비로

---

23 성 안을 정찰하거나 공격하기 위하여 적의 성벽에 붙여서 흙을 높이 쌓아올려 만든 시설.

소 그 의견을 좇아 채택하였습니다.

19일에 군사를 세 길로 나누어 돌입하여 공격하는데, 마른 대[枯竹]를 쪼개는 것처럼 하나도 지체되거나 어려움이 없었습니다. 신은 이날 중군을 온전히 관장하면서 판관 신지충申至沖·김정황金鼎黃, 장군 권정균權正鈞·방자수房資守, 녹사錄事 임문벽林文壁·박의신朴義臣 등과 더불어 비밀리에 병력을 정비하여 새벽에 칠성문七星門 아래에 이르러 나무를 쌓고 불을 질렀습니다. 불길이 일어난 뒤에야 적이 깨달았으나 당황하여 창졸간에 끄지 못하고 성문과 행랑[門廊] 도합 97칸이 연소되었습니다. 텅 비어 훤히 들여다보이므로 곧장 들어가고자 하였으나 마침 날이 흐리고 비가 내리므로 군사를 거두어 군영으로 돌아왔습니다.

이튿날 새벽 적의 괴수 정덕환鄭德桓·유위후維緯侯와 소관小官 4명이 몰래 성을 빠져 나오므로 방자수가 휘하로 하여금 붙잡게 하여 군영에 이르렀는데, 신이 정덕환과 유위후는 원수부에 보내고, 별도도 별장 김성기金成器 등에게 명하여 붙잡힌 소관 두 사람을 데리고 경창문景昌門으로 가서 적들을 효유하자 적장賊將 홍걸洪傑이 나와 항복하였습니다. 이날 전군前軍은 광덕문廣德門과 함원문含元門 밖에 있었는데, 적들은 오히려 성문을 닫고 항전을 계속하였습니다. 홍걸이 박의신[24]과 상의하여 가짜 원수[僞元帥] 최영崔永을 사로잡고 이어 2영領(군대 단위로 1영은 1,000명)의 군사를 거느리고 귀순하여 왔습니다. 연후에 적의 대장 소황린蘇黃鱗·정선곡鄭先谷·박응소朴應素 등 문무文武 20여 명이 서로 잇달아 와서 항복하였으며, 나머지 잡류雜類들은 이루 헤아릴 수 없었습니다.

신은 방자수를 보내어 이징정李徵正과 항복한 적 서효관徐孝寬을 데리고 군사를 인솔하여 성에 들어가 궁궐과 창름倉廩·부고府庫를 봉하게 하고, 이징정으로 하여금 궁궐을 지키게 하였으며, 그 자물쇠와 열쇠 6, 7상자를 거두어 본영에 바치게 하였습니다. 그런데 들으니 좌군左軍이 북문北門으로부터 들어가 군사들을 풀어 대부大府의 재물과

24 『휘찬여사』와 『고려사』 모두 '의민義民'으로 되어 있으나, 앞의 내용 중에 보이는 녹사錄事 박의신朴義臣으로 여겨진다.

비단을 끄집어낸다고 하므로, 신이 박의신을 보내어 제지하였으나 듣지 않았습니다. 다시 권정균을 보내어 제지하여 대부大府가 온전하게 되었습니다. 이에 신이 저의 아들 윤자양尹子讓을 원수가 있는 곳에 보내어 사실대로 보고하니, 낮에야 원수가 바야흐로 중군에 이르러 다시 이인실과 이식李軾 등에게 명하여 궁궐·창름·부고를 봉하게 하고 인하여 표表를 갖추어 아뢰었습니다.

이것은 그 대략으로 모두 갖추어 진술하기는 어렵습니다. 이때를 당하여 스스로 나라 일에 조금이나마 공을 세웠다고 생각하였는데, 어찌하여 그 뒤에 손바닥 뒤집듯이 갑자기 무고하는 말[誣辭]를 얽어서 마침내 우둔한 저로 하여금 원통하고 억울함에 빠지게 한단 말입니까? 생각건대 지난날 연좌된 것 또한 미신微臣이 자초한 것이라 하겠습니다.

신이 엎드려 소식蘇軾이 폄직貶職되었을 때의 표문을 읽으니, 아뢰기를 '신이 먼저 서주徐州에 재임할 때에 하수河水가 성안에 범람하여 성이 거의 잠길 지경이었는데 밤낮으로 막아 지켜 우연히 안전함을 얻었고, 또 일찍이 기주沂州 백성 정비程棐를 선용選用하여 그로 하여금 상을 주며 흉당凶黨을 잡게 하여 모반한 요적妖賊 이탁李鐸과 곽진郭進 등 17명을 잡을 수 있었으니, 바라건대 요행으로 인연하여 공로와 허물을 서로 상쇄하소서.'라고 하였습니다. 자첨子瞻(소식의 자)처럼 호탕하고 뛰어난 인재도 오히려 이와 같이 구구하게 변명하는데, 하물며 윤인이는 외롭고 위태로운 처지에서도 마침내 묵묵히 있어야만 합니까? 사정의 궁박窮迫하여 그러하오니, 감히 진술함을 어찌 그만둘 수 있겠습니까?

또한 김정金精은 일찍이 형리刑吏의 심문을 받았으나 7개월 만에 다시 현관顯官으로 복직되었고 한유충韓惟忠은 같이 강남江南으로 폄출되었으나[25] 3년 만에 옛 벼슬로 돌아왔습니다. 오직 신만이 불초하여 세상과 어긋남이 많아서 이름이 이미 가혹한 법조法條에 걸려 있으니, 사람들이 다투어 뜬 비방을 일삼으며 죄를 논하여 풀리지 않은 채

25 인종 14년(1136) 5월에 추밀원부사 한유충을 군무軍務에 소홀하다고 하여 충주목사忠州牧使로 강직시킨 일.

지금까지 몇 해를 지냈습니다. 뜻밖에도 황자皇慈께서 특히 큰 도량을 베푸시어 여러 번 해당 관리에게 분부를 내리셔서 외로이 충성을 품은 자를 먼 귀양살이에서 다시 일으켜 주시고, 우러러 새로운 교화敎化에 훈도되어 끝내 악명惡名을 씻도록 해 주셨습니다.

무망誣罔이 다 풀림에 해가 뜨려 하자 집안[部屋]도 밝아지고, 시들고 썩었던 나무가 소생하려니 봄이 벌써 돌아와 단비가 내리는 듯합니다. 건장한 기운은 이미 쇠하여 평소의 옛 모습을 찾을 수는 없으나, 일편단심만은 아직도 있사오니, 맹세코 남은 생애[晩節]에 견마지로[驅馳]를 다하겠나이다."라고 하였다.

의종 3년(1149)에 정당문학政堂文學으로 죽었다. 시호는 문강文康이다.

윤언이는 문장을 잘 지어 일찍이 『주역』의 주해[易解]를 지어 세상에 전하였다. 만년에는 불교를 매우 좋아하였다. 벼슬에서 물러나기를 청하여 은퇴하여서는 파평坡平에 살면서 스스로 금강거사金剛居士라고 일컬었다.

일찍이 승려 관승貫乘과 더불어 불교[空門]의 벗이 되었다. 관승이 포암蒲奄(창포로 지붕을 이은 초가 암자)을 하나 만들었는데, 단지 한 사람이 앉을 정도였다. 먼저 죽는 사람이 여기서 좌선坐禪하여 죽기로 약속하였다. 하루는 윤언이가 소를 타고 관승을 찾아가서 작별 인사를 하고 곧바로 돌아오니 관승이 사람을 포암으로 보냈다. 윤언이가 웃으며 말하기를 "스님이 약속을 어기지 않았구나!"라고 하고, 드디어 붓을 들어 벽에 쓰기를 "봄 지나 다시 가을 되니, 꽃은 피고 잎은 지는구나! 동쪽에서 다시 서쪽으로 가니, 나의 본성眞君이 잘 길러지리라! 오늘 도중에 돌이켜 이 몸 바라보니, 만리의 높은 하늘에 한 조각 한가한 구름이었네!"라고 하였다. 글을 쓰고 나서 그 암자에서 앉은 채 죽었다. 윤언이는 몸은 재보宰輔이지만 교화[風敎]에는 관심을 두지 않고 감히 괴이한 행동을 함으로써 어리석인 속인俗人을 미혹시켰으므로 식자들이 그를 비난하였다.

논하기를,

김부의는 묘청이 대화궁을 창건할 때에는 상소하여 그 그릇됨을 배척하였다. 군사를 일으켜 반란을 정벌할 때에는 서경을 평정할 열 가지 계책을 올려 아뢰기를 "서경은 성이 험하므로 마땅히 꾀로서 승리를 취해야 합니다."라고 하였는데 결국 모두 그 말대로 되었다. 그 빛나는 업적과 문장은 김부식에게 버금가니 가히 우열을 가리기 힘든 두 사람[二難]이라 할 수 있다.

윤언이는 비록 간사한 이들을 배척하는 논의는 없었으나 백수한의 천거에 참가하지 않았으니 그 사람됨을 가히 알 수 있다. 과연 정지상과 더불어 생사를 같이 하는 당으로 결합하였으면, 김부식이 출정하는 날에 어찌 맨 먼저 불러서 임명[辟召]하였겠는가? 특히 적을 격파한 공로가 컸기 때문에 김부식의 시기를 받았을 뿐이다. 윤언이는 문장에 공교하여 『주역』의 주해를 지었는데 그것이 전해지지 않는 것이 애석하다.

최유청崔惟清 {최당崔讜 최선崔詵}

최유청崔惟清

최유청의 자는 직재直哉이고 창원昌原 사람이다. 6대조는 최준옹崔俊邕으로 태조를 도와 공신功臣으로 되었다. 아버지 최석崔奭은 문종文宗·선종宣宗·순종順宗 세 임금을 섬기고 벼슬은 수태보守太保 평장사平章事에 이르렀으며 시호는 예숙譽肅이다.

최유청은 어려서 부모를 잃었는데, 공부하는 것을 좋아하여 예종睿宗 때에 과거에 급제하였다. 이에 말하기를 "유자儒者는 마땅히 옛것을 배운 후에 벼슬길에 들어가야 한다."라고 하고, 드디어 두문불출하며 글을 읽으며 벼슬을 구하지 않았다. 천거하는 사람이 있으면 학문을 아직 이루지 못했다고 사양하였다. 후에 추천을 받아 직한림원直翰林院으로 되었다.

인종仁宗 초에 이자겸李資謙이 권력을 장악하자 대신大臣으로 자기에게 붙좇지 않는 자는 죽이거나 귀양을 보내었다. 평장사 한교여韓皦如는 강직하여 죄를 지었다. 최유청의 매부인 정극영鄭克永은 한교여의 외종제[表弟]였기 때문에 연좌되어 외방으로 유배되었고 최유청 또한 파직 당하였다.

이자겸이 패한 후에 소환되어 내시內侍에 제수되었다. 얼마 후에 간의대부諫議大夫로 금金나라에 가서 책명册命을 사례하였는데, 언어와 행동이 예절에 맞아서 금나라 사람들이 탄복하고 공문을 보내어 칭찬하면서 녹봉과 벼슬을 올려주도록 하였다. 호부시랑戶部侍郎으로 제수되었다가 외직으로 나가 동북면 병마부사東北面兵馬副使가 되었는데, 인심이 믿어서 견고하였으므로 소환하여 승선丞宣으로 제수하였다.

의종毅宗 초에 지주사知奏事로 승진하였다가 벼슬이 뛰어올라 중서시랑 동평장사中書侍郎同平章事 판병부사判兵部事로 임명되었다. 이때 낭중郎中 정서鄭敍가 대녕후大寧侯(왕경王暻)와 은밀하게 연결된 사건에 연좌되어 죄를 입었다. 최유청은 정서의 매부이므로 정서가 대녕후에게 연회를 베풀 때에 최유청이 잔치 그릇을 빌려주었다. 대간臺諫이 대신大臣의 체모를 잃었다고 탄핵하므로 남경 유수南京留守로 폄출되었다. 연이어 충주忠州와 광주廣州로 폄출되었는데, 비록 오래도록 지방에 머물러 있었지만 태도가 의연하였다. 임금도 그가 충직하고 다른 뜻이 없는 것을 깨닫고 다시 재상에 제수하려 하였으나, 저해하는 자가 있어서 이에 수사공守司空으로 치사하였다.

보현원普賢院의 변고 때에 조정에 있던 문신들은 높고 낮은 자를 불문하고 모두 살해당하고 벗어날 수 있었던 사람은 겨우 몇 사람에 불과하였다. 평장사 서공徐恭은 성품이 바르고 무사들을 예우하였다. 중서시랑 이혁유李奕蕤는 부귀하다고 남에게 교만하지 않았다. 지추밀知樞密 이광진李光縉은 성품이 온순하고 근신하였다. 형부 상서刑部尙書 한취韓就는 술수術數를 잘 알아서 이때에 모두 몸을 보전하였다. 최유청은 덕망이 세상에 알려져서 여러 장수들이 평소에 심복[厭服]하였기 때문에 군사들에게 경계하여 그 집에 들어가지 말도록 하여 기공期功[26]의 친속에 이르기까지 모두 화를 면하였다.

명종明宗이 즉위하여 지난날의 덕행[宿德]과 오랜 명망[舊望]으로 다시 평장사平章事에

26 기년복期年服이나 공복功服을 입을 만큼 가까운 친척.

제수하였다. 집현전태학사集賢殿太學士 판예부사判禮部事로 옮겨 치사하였다. (명종) 4년(1174)에 죽으니 향년 80세이다. 시호는 문숙文淑이다.

어려서부터 늙어서까지 손에서 책을 놓지 않았으며 경사자집經史子集에 널리 통하여 모르는 것이 없었다. 불경[梵書]을 독송하기를 좋아하니, 이르는 곳마다 학생과 승려로 질문하는 자들이 모여들었다. 일찍이 조詔를 받들어 『이한림집주李翰林集註』와 『유문사실柳文事實』을 편찬하였다. 저술한 문장이 수백 편인데 세상에 전해지고 있다.

아들은 여덟을 두었는데, 그 가운데 최증崔証, 최후崔詡, 최당崔讜, 최선崔詵은 과거에 급제하였다. 그 후에 여러 대에서 명경名卿이 나왔는데, 최선의 자손이 더욱 빛난다.

최당崔讜

최당은 어려서 총명하고 글을 잘 지었다. 명종 초에 정언正言이 되어 일을 논하다가 권세 있고 총애를 받는 이의 뜻을 거슬러 벼슬에서 떨어졌다. 얼마 후에 기용되어 이부원외랑吏部員外郎으로 되었다. 벼슬이 올라 서울과 지방의 관직을 두루 거치면서 모두 성적이 있었다. 네 임금을 두루 모시면서 이름이 한 시대에 중하였다. 관직이 평장사에 이르러 어질고 능력 있는 자들을 천거하여 올리고 종사宗社를 안정시켰다.

나이가 아직 쇠퇴하지 않았는데도 글을 올려 물러나기를 청하였다. 거처하던 서재에 쌍명재雙明齋라는 편액을 걸고 아우 최선 및 태복경太僕卿 장자목張自牧, 사공司空 이준창李俊昌, 비서성秘書省 백광신白光臣, 학사學士 고영중高瑩中, 사공 이세장李世長, 상서尙書 현덕수玄德守, 대사성大司成 조통趙通 등과 더불어 기로회耆老會를 만들어 사마온공司馬溫公이 만든 진솔회眞率會[27]의 고사故事에 따라 유유자적하면서 자신들의 모습을 그려 돌에 조각하니 당시 사람들이 그들을 지상의 신선이라 불렀다.

나이 77세에 죽으니, 시호는 정안靖安이다. 아들 최신윤崔臣胤은 상서尙書를 지냈다.

---

27 송宋나라의 사마광司馬光이 일찍이 조정에서 물러나 낙양洛陽에 은거하면서 항상 고로故老들과 만나 노닐면서 '술은 다섯 순배를 넘지 않고[酒不過五行], 음식은 다섯 가지 맛을 넘지 않는다[食不過五味]'라고 서로 약속하고, 이 모임을 진솔회라 일컬었다.

최신윤의 아들 최린崔璘은 평장사에 제수되었는데, 자신의 열전이 있다.

최선崔詵

최선은 명종明宗 때에 우사간右司諫으로 제수되었는데 공예태후恭睿太后가 유종乳腫을 앓고 있었다. 왕이 충희沖曦를 불러 간병하게 하였는데, 충희가 궁녀들을 많이 농락하고 또 공주와도 간통하였다. 최선이 충희의 추행을 풍자하여 간하고 그를 궁 밖으로 내보낼 것을 청하니, 왕이 매우 놀라면서 말하기를 "사간司諫이 우리 형제를 이간할 줄은 생각도 못했다."라고 하고 드디어 최선을 파면하였다. 이로부터 대간臺諫들이 감히 말하는 자가 없었고 조정 관리들이 모두 충희에게 붙좇아 뇌물이 공공연히 행해졌다.

오랜 뒤에 판비서성사判秘書省事에 제수되어 이부 상서吏部尙書 정국검鄭國儉 등과 더불어 『자치통감資治通鑑』을 교정하고, 『태평어람太平御覽』을 교정하여 간행하였다.

신종神宗 때에 여러 번 승진하여 참지정사參知政事가 되었다. 왕은 최선이 나이도 많고 덕이 있다고 하여 수태부守太傅 문하시랑門下侍郎 판이부判吏部로 뛰어 올려 제수하였다. 얼마 후에 나이로 인하여 벼슬에서 물러나 죽었다. 시호는 문의文懿이다.

최선은 문학으로 세상에 이름이 알려졌으며, 간결하면서 담백하고 말이 적었으며 어진 이를 예로서 대우하고 선비에게 몸을 낮추었다. 두 차례 지공거知貢擧를 맡아 이름난 선비를 많이 뽑았다. 아들은 넷이 있으니, 최종원崔宗源은 태자첨사太子詹事이고, 최종준崔宗峻은 문하시중門下侍中이며, 최종자崔宗梓는 좌복야左僕射이고, 최종번崔宗蕃은 승선承宣이다.

(최종준崔宗峻)

최종준은 괴과魁科에 급제하였고 고종高宗 때에 재상에 제수되어 국가 정사를 담당하면서 일들이 많았으나 시기에 맞게 잘 판단하였다.

옛 제도에 국자감國子監은 매년 4계절의 마지막 달[季月] 6아일衙日[28]에 의관 자제衣冠子弟들을 모아 『논어論語』와 『효경孝經』으로 시험하여 합격한 자를 이부吏部에 보고하고, 이부에서는 그들의 세계世系를 상고하여 초직初職을 제수하였다. 최종준이 그 아들로

하여금 시험을 보도록 하려 하니, 국자 정록國子正錄이 시험 날짜가 아니므로 허락하지 않았다. 최종준이 최우崔瑀에게 부탁하여 이에 시험을 치르게 되자 사람들이 이로써 비난하였다. (고종) 33년(1246)에 죽었다.

(최온崔昷)

최종자의 아들은 최온崔昷이다. 사람됨이 교만하여 자기의 귀함으로 남을 업신여겼다. 과거에 급제하여 또한 벼슬하여 평장사平章事에 이르렀다.

김준金俊이 최의崔竩를 죽이려고 모의할 때에 최온을 맞이하여 상의하였다. 최온의 아들 견룡牽龍 최문본崔文本이 중랑장中郎將 이주李柱와 더불어 비밀리에 편지를 써서 최의에게 보고하였다. 최의의 집을 적몰할 때에 편지 한 통을 얻었는데, 곧 최문본이 김준의 모의를 누설한 것이었다. 김준이 유경柳璥과 함께 최문본을 죽이기를 청하니, 왕이 허락하지 않았다. 유경이 굳이 청하자 최문본을 섬으로 귀양보냈다.

최온이 원망하는 말을 하자 유경과 김준이 함께 최온을 비난하면서 죄줄 것을 청하였다. 왕은 부득이 최온을 흑산도黑山島로 귀양보냈다. 압송하는 별초別抄가 곧바로 최온의 집에 들어오니 최온이 성난 목소리로 꾸짖으며 말하기를 "이곳은 곧 재상의 집이다. 너는 어찌하여 (알리지 않고) 갑자기 들어오는 것인가?"라고 하였다. 가는 도중에 강의 상류에 이르러 나룻배가 작고 또 장막이 없는 것을 보고 노하여 말하기를 "재상이 이런 작은 배를 탈 수 있느냐?"라고 하니, 별초가 즉시 바꾸어 주었다. 이듬해에 소환하여 재상으로 제수하였다. 벼슬에서 물러나 얼마 후에 죽었다.

(최문본崔文本)

최문본은 여러 차례 승진하여 친종장군親從將軍으로 제수되었다. 충렬왕忠烈王 초에 승선承宣으로 제수되었다. 응방鷹坊 오숙부吳淑富와 방문대方文大가 스스로 선전소식宣傳消息

---

28 매달 6번씩 관원들이 조회朝會하여 임금에게 정무政務를 아뢰는 날.

을 초안하여서 이정李貞을 통하여 왕에게 올려 청하기를 "나주羅州와 장흥長興의 여러 섬 및 홍주洪州의 곡양曲楊 민가 호수를 모두 응방에 소속시키고 3도三道 내에서 능히 매를 잡을 수 있는 자는 인원에 제한 없이 전부 요역을 면제하소서."라고 하니, 왕이 이를 따랐다. 최문본이 아뢰기를 "오숙부 등은 이르는 곳마다 탐욕을 부리고 백성을 학대하지만 안찰사按察使와 수령守令들이 안전安戩과 신좌선辛佐宣의 일에 혼이 난 후로는 감히 단속하지 못하고 있습니다. 또 응방을 모두 요역에서 면제한다면 국가의 조발調發은 어느 곳에 책임지우겠습니까? 마땅히 오숙부를 파면하소서. 신이 소식消息으로 제도諸道 안찰사에게 유시하면 또한 가히 판별할 수 있습니다."라고 하였다. 후에 판도 판서版圖判書로 있다가 죽었다.

최문본은 성품이 점잖고 신중하였으며, 태도와 몸가짐이 남보다 뛰어났다. 일찍이 중국 사신이 와서 어떤 사람에게 묻기를 "너희 나라에 이런 인물이 몇 사람이나 있는가?"라고 하였다.

(최평崔坪)

최종번의 아들은 최평崔坪이다. 도량이 넓었으며 말과 행동을 삼갔다. 고종高宗 때에 과거에 급제하여 시어사侍御史에 제수되었다. 권신權臣의 뜻에 거슬려 외직으로 나가 정원 부사定遠副使가 되었다가 소환되어 형부 낭중刑部郎中으로 제수되었다. 여러 번 승진하여 추밀원부사樞密院副使로 되었으나 백부伯父 최종준과 친혐親嫌이 있었기 때문에 성省에 들어가지 못하고 죽었다.

(최옹崔雍)

최선의 아우는 최양崔讓이고 최양의 손자는 최옹崔雍이다. 최옹은 어려서부터 학문을 좋아하여 동지同志 열 사람과 10년 동안 독서하기로 약속하였는데 몇 년이 못 되어 모두 포기하고 갔으나 최옹은 홀로 뜻을 더욱 확고히 가다듬고 마침내 10년을 마치니 읽지 않은 책이 없어서 당시에 박학하다고 일컬어졌다.

고종高宗 때에 과거에 급제하였다. 충렬왕忠烈王이 태손太孫으로 있을 때부터 맞아들여 사부師傅로 삼았는데, 즉위하자 문학에 유의하여 불러 국학 전주國學典酒, 세자궁 영世子宮令에 제수하고 더욱 후하게 대우하였다. 눈동자에 흰 막이 덮인 병이 있어서 결국 전고典誥는 맡지 못하였다.

뒤에 승진하여 문한학사文翰學士에 제수되었다가 죽었다. 아들은 최원중崔元中, 최원직崔元直이며, 최원직의 아들 최영崔瑩은 자기의 열전이 있다.

논하기를,

예종과 인종 이래로 재상으로서 명성과 덕망을 갖춘 이는 마땅히 최유청을 으뜸으로 한다. 행동과 언어가 예절에 맞으니 이웃 나라에서도 그 의리를 사모하였다. 신의가 남에게 미치니 흉악한 적이라도 감히 해치지 못하였다. 덕이 있는 자가 아니라면 그 능히 그러하겠는가! 그 자손에 이르기까지 모두 명예와 절조로 이어 서책[簡策]에 아름다움을 잇고, 문벌과 예의범절의 아름다움은 대녕大寧(해주海州) 최씨와 더불어 쌍벽을 이루니, 자손에게 남긴 교훈이 선한 것을 또한 가히 알 수 있다. 남북조 및 당나라에서 천하의 명가名家를 평가할 때에 박릉博陵 최씨[29]를 첫째로 삼는데, 우리나라의 최씨가 어찌 그 다음이리오! 그 어진이가 많도다.

29 박릉최씨博陵崔氏 : 한漢나라에서 수당隋唐 시기까지 북방의 저명한 대족大族. 전후로 20여 명의 재상, 장군을 배출하였고, 시랑侍郞 이상의 관원은 100여 명, 시인과 서화가 등 이루 헤아릴 수가 없다.

| 휘찬여사 권25 |

명신 4

명신名臣 4

정습명鄭襲明 신숙申淑 이공승李公升

정습명鄭襲明

연일현延日縣 사람이니 사람됨이 강의剛毅하고 정직하였으며 공부에 힘써 글을 잘 지었다. 향공鄕貢으로서 과거에 급제하여 이름이 알려지지 않았을 때에 석죽화石竹花에 대한 시를 지어 대궐에서 그것을 암송한 적이 있었다. 예종이 듣고 가상하게 생각하고 말하기를 "구감狗監이 아니었다면 어떻게 재상이 아직 있다는 것을 알겠는가?" 하고 바로 옥당에 보임하도록 하였다. 사람들이 그것을 '사십자매四十字媒'라고 불렀다.

인종 때에 국자사업 기거주 지제고國子司業起居注知制誥로 임명되었는데, 낭사郎舍 최자崔梓, 재상宰相 김부식金富軾·임원개任元凱·이중李仲·최주崔奏 등과 함께 글을 올려 시폐時弊 열 조목을 말하였다. 합문閤門 밖에 엎드려 기다린지 3일이 되어도 대답이 없어서 모두 인퇴하였다. 국왕이 집주관執奏官을 파면하고 여러 곳의 내시內侍와 내원 별고內院別庫를 줄이도록 한 후, 최자 등을 소환하여 전과 같이 일을 보라고 명령하였다. 그러나 정습명만은 진언한 내용 전부를 따르지 않았다 해서 나오지 않았다. 그때에 우상시右常侍 최관崔灌 한 사람만이 이번 상소하는 데에 참가하지 않았으므로 맑은 의논[淸議]에서는 그의 태도를 비루하게 여겼다.

정습명이 김부식의 별제別第에 거주하고 있었더니, 간원에서 정습명이 간관의 체통을 잃었다고 탄핵하여 기거주起居注로 강직되었다가 이내 예부시랑禮部侍郎으로 승진되었다. 의종 초년에 한림학사翰林學士로 임명되었고 추밀원 지주사樞密院知奏事로 승진하였다. 이전에 의종이 아직 동궁東宮으로 있을 때에 정습명이 시독侍讀이었는데, 인종은 원자(의종)가 임금될 만한 자격이 못된다고 염려하였으며 임후任后(의종의 어머니)도 둘째 아들을 사랑하여 장차 바꾸어 세우려고 하였으나 정습명이 정성을 다하여 의종을 보호한 까닭에 태자에서 폐위되지 않았다. 정습명은 오랜 기간 간관의 직무에 있으면서 바른 말로 서슴없이 간하는 간관의 기풍이 있어서 인종은 심히 그를 소중히 여기고 원자의 사부로 삼았다. 인종이 병이 위독할 때 의종에게 유훈하기를 "나라를 다스리는 데는 마땅히 정습명의 말을 들어야 된다."고 하였다. 의종도 그를 덕망이 있다고 생각하여 발탁하여 추요樞要의 지위에 두었고, 정습명은 선왕의 부탁하는 유언을 받은 이후로는 아는 것은 말하지 않은 것이 없었다. 의종은 그가 병으로 눕게 되자 그를 소홀히 하고 꺼리었다. 김존중金存中과 정함鄭諴이 밤낮으로 그를 잘못 한다고 흠 잡아 왔는데, 마침 정습명이 병에 걸리자 바로 김존중에게 그 직무를 임시 대행하게 하였다. 정습명이 왕의 의도를 짐작하고 독약을 먹고 자살하였다.

왕이 처음에 즉위하였을 때에는 정습명을 꺼려하여 감히 마음대로 하지 못하였는데, 정습명이 죽자 왕은 드디어 황음한 일을 마음대로 하였다. 한 번은 왕이 귀법사歸法寺에 갔다가 말을 달려 달령원獺嶺院까지 가서 본즉 시종하는 신하들이 아무도 따라오지 못하였다. 왕이 홀로 기둥에 의지하여 시종하는 자에게 말하기를 "만약 정습명이 살아 있었다면 어찌 내가 이렇게 행동할 수 있겠는가?"라고 하였다.

신숙申淑

고령高靈 사람이다. 여러 가지 서적을 널리 읽었으며 인종 때에 등제하였다. 그는 청렴하고 검박하며 당세에 이름이 났으며 여러 번 벼슬이 올라 어사 잡단御史雜端이 되었다.

의종 초년에 신숙이 시어사侍御史 송청宋淸과 함께 어떤 일에 대해 말을 하고 합문에 엎드려 3일 동안이나 기다렸으나 아무런 대답이 없으므로 신숙 등이 병을 핑계하고 집으로 돌아갔다. 그 후 우간의대부右諫議大夫가 되었다. 이때 정습명은 이미 죽어서 왕이 더욱 방자하였다. 신숙이 또 합문 밖에 엎드려 간언을 하였다. 평장사平章事 문공원文公元, 지 문하知門下 최자영崔子英도 처음에는 이 일에 대하여 동의하였으나 그들은 오지 않았다.

내시 윤언문尹彦文이 수창궁壽昌宮 북원北園에 가산假山을 쌓고 만수정萬壽亭이라는 조그마한 정자를 신축했는데 그 정자는 누런 비단[黃綾]으로 벽을 도배하였고 비할 바 없이 사치스럽게 치장하였다. 하루는 왕이 정자에서 연회를 하다가 흩어져 갈 무렵에 가산이 허물어졌고 또 암탉이 울었다. 그래서 어사 중승御史中丞 고영부高瑩夫와 시어사侍御史 한정韓靖, 최균심崔均深 등이 윤언문, 한취韓就, 이대유李大有, 영의榮儀 등을 내쫓을 것을 간언하였으나 왕이 듣지 않았다. 여러 어사들이 모두 인퇴하여 들어갔으나 유독 대부大夫 최윤의崔允儀만은 처음에도 그 논의에 참여하지 않았고 대각에 있으면서 일을 보았다. 신숙이 이에 급사중給事中 임경林儆 등과 함께 다시 상소하여 간절히 간하니 왕이 마지못하여 그들의 주장을 따라서 윤언문 등을 내쫓았다.

며칠 뒤에 신숙이 또 왕의 합문 밖에 엎드려 일을 말하는 것이 더욱 절실하였는데, 문공원·최자영과 평장사 유필庾弼, 정당문학 김영석金永錫 등은 이번에도 또 오지 않았다.

(의종) 12년에 지문하성사知門下省事로 전임되었는데, 당시 왕이 환관 정함鄭諴을 권지합문지후權知閤門祗候로 임명하였으므로, 신숙이 간의대부 김양金諹·유공재柳公材, 중서사인 홍원척洪源滌, 기거사인 김자번金子蕃, 좌정언 허세수許勢修 등과 더불어 상소하여 정지할 것을 간했으나 허락하지 않았으므로 신숙이 다시 혼자서 대궐로 들어가서 상소하여 정함의 관직 임명을 철회할 것을 청하였다. 왕이 말하기를 "예로부터 대신이 혼자서 간한 것은 없다."고 하니, 신숙이 대답하기를 "태조가 나라를 창건한 이래로 환관이 조정의 관리로 임명된 예도 없으며 이번이 처음이니 잘못된 일이 아닙니까? 신은 이 소식을 듣고 집에 돌아가서도 분을 참을 수 없고 밥을 먹어도 맛을 모릅니다. 그리하여 감히 이같이 와서 간청하는 바입니다. 만일 저의 말에 잘못이 있거든 저를 죽이고 옳거든 저의 청한 바를 허락하여 주기를 바랍니다."라고 하니, 왕이 정함의 관직을 삭제하였다. 그러나 너무 탄핵하는 것을 미워하여 한 달쯤 지나서 수사공守司空으로 좌천시켰다.

이듬해에 벼슬을 버리고 고향으로 돌아갔는데, 얼마 안 되어 소환되어 참지정사參知政事로 있다가 치사하였으며, (의종) 14년(1136)에 죽었다.

이공승李公升

자는 달부達夫이며 청주清州 사람이다. 삼한공신 이희능李希能의 후손이다.

이공승은 어려서부터 총명 영리하여 글을 잘 지었다. 인종 때에 과거에 급제하여 직한림원直翰林院이 여러 번 옮겨 우정언右正言이 되었다.

의종 초년에 전중시어사殿中侍御史로 임명되어 사신으로 금나라에 간 일이 있었다. 그때 금나라로 가는 사신은 관하 군인으로부터 은銀으로 일인당 한 근씩 받는 것이 상례로 되어 있었는데, 이공승은 한 푼도 받지 않으니 사람들이 그의 청백함에 감복하였다. 왕이 일찍이 달밤에 청녕재清寧齋에서 놀고 있었는데, 이공승을 지목하여 말하기를 "가을 달이 밝고 깨끗하여 한 점 티끌도 없는 것이 바로 이공승의 가슴 속과도 같다."라고 하였다.

벼슬이 여러 번 올라 우승선 우간의대부右承宣右諫議大夫로 있을 때에 왕이 (환관) 정함鄭諴의 고신告身(관직 임명장)에 서명할 것을 독촉하니 이공승이 부득이 서명하였다. 옮겨서 지어사대사知御史臺事로 임명되었을 때에 왕이 또 이공승과 중승中丞 송청윤宋淸允, 시어사 오충정吳忠正 등을 불러 말하기를 "정함은 내가 강보에 싸여 있을 때부터 고생하면서 나를 보육하여 오늘에 이르렀다. 그런 까닭에 권지합문지후權知閤門祗候로 임명하여 그의 공로에 보답하려는 것인데, 벌써 3년이나 지났는데 대관들이 그의 고신에 서명하지 않으니 실로 임금을 사랑하는 마음이 아니다. 오늘 끝내 서명을 거부한다면 너희들을 모두 육장[菹醢]으로 만들겠다."고 위협하니, 송청윤과 오충정은 모두 엎드려 진땀을 흘렸으나 이공승은 왕의 지시에 순응하지 않으니, 왕이 노하여 책망하면서 그 자리에서 쫓아냈다. 후에 왕이 또다시 대간들을 불러 정함의 고신에 서명할 것을 독촉하니 모두 예예 하며 순종하였으나 이공승만은 그래도 말을 듣지 않았다. 왕이 이공승을 꾸짖기를 "네가 전번 간관으로 있을 때에 이미 정함의 (고신에) 서명을 하였는데 이번에는 도리어 서명하지 않으니 이것은 무슨 까닭인가?"라고 하니, 이공승이 대답하기를 "신이 지난날의 잘못을 깨달은 까닭에 명령을 복종 못하겠습니다."라고 하니, 왕이 노하여 이공승을 집으로 돌아가라[就舍]고 명령하였다. 이때에 신숙은 이미 파직되어 돌아갔고 이공승이 또 배척되었으니, 이로서 조정은 고요하게 아무도 감히 말하는 선비가 없었다.

전에 왕이 관북궁館北宮에 굴실窟室과 대臺를 축조하고 금과 옥으로 극히 화려하게 장식하였다. 그리고 환관 백선연白善淵, 왕광취王光就(고려사에는 옥광취玉光就) 등과 더불어 주연을 차려 놓고 이공승과 김양, 이담 등을 그곳으로 불러 술을 실컷 마시었다. 왕이 취하여 장막으로 들어가면서 좌우의 시종하는 사람들에게 시를 지어 읊으라고 하였다. 이공승은 "공명과 부귀는 모두 다 이 꽃 아래서 마시는 석 잔 술자리에 모였다."라는 구절을 노래 부른 일이 있었다. 그런데 이제 왕의 배척을 받은 데 대하여, 사람들은 시가 조짐을 예언하였다고 말하였다.

후에 참지정사 판공부사參知政事判工部事로 치사하였다. 그는 정원에다 모정을 짓고 연못도 파며 화초를 심어 놓은 후 두건을 쓰고 여장藜杖을 짚고 그 사이에 거니는 것으로 낙을 삼았으며 손님이나 자제들이 찾아올 때면 문득 시와 술로써 서로 즐겼는데 안주로는 고기 음식을 좋아하지 않고 소채와 과실만 먹었다.

명종 3년에 이의방李義方 등이 문사文士들을 잡아 죽일 무렵에 이공승이 전일에 연복정延福亭 터를 잡았으며 큰 공사가 벌어지게 한 장본인이어서 그를 원망하는 사람이 많은 까닭에 이의방이 죽이려 하였다. 그런데 그의 문생 문극겸文克謙의 주선으로 화를 면하였다.

왕이 그의 전날의 덕德을 존중히 여겨서 중서시랑평장사中書侍郎平章事로 임명하였다. 죽은 나이는 85세였으며 시호는 문정文貞이라고 하였다. 이공승은 수염이 아름답고 동안으로 늙지 않았으며 조행이 깨끗하였으며 살림을 돌보지 않았다. 그러나 성질이 강직하고 조급하여서 남의 잘못을 보면 참지 못하고 그 즉시 욕설로 대하였다.

논하기를,

정습명, 신숙, 이공승은 희릉禧陵(의종)의 세 간신諫臣이다. 비록 그 언론과 절개는 고하의 차이가 있지만 희릉으로 하여금 빨리 그 말을 따르도록 했다면 경인년(1170, 의종 24)의 변란 같은 것이 어떻게 일어났겠는가? 전傳에 이르기를 "간언을 듣는 자는 창성하고 간언을 거부하는 자는 망한다."고 하였다. (간언을) 따라서 창성하면 간언한 자에게 상을 주어서 그 홍성함이 더욱 빨라질 것이고 거절하여 망하면 간언한 자를 죽여서 그 망함이 더욱 촉진될 것은 필연의 이치이다. 그러므로 (간언을 한) 비간比干의 배를 갈라 죽여서 은나라의 왕업王業은 폐허가 되었고,[1] 설야洩冶가 죽자 진陳나라 영제靈帝는 활에 맞아죽었으며[2] 맹소도孟昭圖를 물에 빠트려 죽이자 당나라 희종이 망하였고[3] 진동陳東을 참하자 송나라의 국운이 분열되었다.[4] 정습명이 죽고 신숙이 물러나자 의종이 폐위되고 시해되었다. 그 화복과 흥망의 이치가 어찌 비교가 되지 않는가? 옛날에 소망지蕭望之는 원제元帝의 태부太傅로 의리상 나가서 대하지 않고 죽었다.[5] 정습명은 질병을 핑계로 나아가지 않자 왕이 억지로 다른 자로 하여금 대신하게 하니 정습명이 갑자기 자결을 하였다. 그러니 강의하고 분격한 것이 소망지 보다는 낫다고 하겠다. 신숙이 조정에서 바른 말로 간쟁을 하고 늠연한 풍도로 끝내 쓰이지 않자 몸을 보전하여 물러나왔다. 그 정대한 기상과 출처의 의리를 옛날에서 찾는다면, 아마 범진, 공도보[6]의 아류가 아니겠는가.

이공승은 이미 전날의 잘못을 깨달은 즉 한 번 정함(의 고신)에 서명한 것을 크게 책망할 것은 없다. 그러나 연복정 공사나 굴실窟室에서 술을 마신 것에 대해서는 어찌 한 마디 간언을 하여 그치게 하지 않았는가? 그러나 그 사람됨은 염결하고 정직하며 즐겁고 편안하였으니 역시 한 시대의 선류善類라고 하겠다. 의종이 모두 소홀히 하고 멀리하면서 오로지 이복기, 한뢰에 맡겨서 정중부의 변란에 길들이게 하였으니 어찌 (그 책임이) 무겁지 않겠는가? 통탄할 만하다.

---

1 비간比干은 은나라 말기의 충신으로, 주왕紂王의 폭정을 간언하다가 심장이 도려내지는 잔혹한 죽임을 당하였다.

2 설야洩冶는 춘추시대 진陳나라의 대신이다. 영제靈帝가 하희夏姬와 사통私通하는 것을 간언하다가 죽임을 당하였다.

3 당나라 희종僖宗이 환관들과만 친하게 지내자 맹소도孟昭圖가 간언을 하였는데, 이에 환관과 희종이 맹소도를 지방으로 좌천시키고 가는 길에 물에 빠트려 죽였다.

4 진동(1086~1127)은 북송 흠종欽宗의 간신諫臣으로 구양철歐陽澈과 함께 국정을 문란케 하여 송나라가 남도南渡(양자강을 건너 남으로 도읍을 옮긴 것)하는 변을 당하게 한 채경蔡京·동관童貫 등의 처형을 청하는 상서를 올렸다가 도리어 저자에서 참형을 당하였다.

5 소망지는 한漢나라 난릉蘭陵 사람으로 자는 장청長倩, 벼슬은 태자태부太子太傅에 이르렀다. 선제宣帝 때 유조遺詔를 받아 정사政事를 돕고 상서尙書의 일을 보았으며, 원제元帝가 즉위하자 사부師傅로서 광정匡正한 일이 많았다.

6 범진范鎭, 공도보孔道輔 : 모두 송 인종宋仁宗 때의 간신諫臣이다. 성품이 강직하여 어떤 일에 대해 바르지 않은 것이 있으면 조금도 굽히지 않고 탄핵했다 함.

양원준梁元俊 한문준韓文俊 문극겸文克謙 임민비林民庇

양원준梁元俊

자는 용장用章이며 충주忠州 사람이다. 서리胥吏 출신으로 광주光州 감무監務가 되었다. 그의 처가 시어머니를 잘 섬기지 못하므로 내쫓으니 처와 아들이 울면서 애걸하였다. 그러나 끝내 듣지 않고 아내만을 친정으로 돌려보내었는데 어떤 사람들은 인자하지 못한 행위라고 조소하였다.

인종 때에 벼슬이 여러 번 올라 전중시어사殿中侍御史로 되었다가 상주부사尙州副使로 나갔는데 행정을 청렴하고 근실하게 처리하여 아전과 백성들의 칭송을 받았다. 의종 초년에 어사대부御史大夫로 임명되었다가 지문하사知門下事로 전임되고 (의종) 10년에 문하시랑평장사門下侍郎平章事로 올라갔으며 이듬 해에 치사하고 그 다음 해에 죽었다.

성품이 청백 검박하며 순직淳直하여 시종 한결같이 지조를 지켰다. 자기 집 살림살이는 돌보지 않으며 뇌물이나 사정이 통하여지지 않았으므로 문전이 쓸쓸하였다. 일찍이 간관諫官들과 함께 정함鄭諴의 문제를 논쟁을 할 때에 끝까지 견결히 자기의 정당한 주장을 변하지 않았으므로 당시의 여론이 그를 소중히 여겼다.

아들 양문형梁文熒도 청렴 정직한 것이 자기 아버지의 유풍이 있었으며 벼슬은 어사중승御史中丞에 이르렀다.

한문준韓文俊

대흥大興 사람이다. 그의 부친 한유충韓惟忠은 청렴하고 정직하여 당시에 존중받았으며 벼슬이 평장사平章事까지 올랐었다.

한문준은 성품이 얌전하며 어려서부터 글을 잘 하였고 뛰어나게 재질이 있었다. 그래서 한유충이 일찍이 사람에게 말하기를 “우리 가문을 흥하게 할 사람은 반드시 이 아이일 것이다.”라고 하였다. 인종 때에 과거에 급제하였는데 재주 있는 사람으로 세상에 소문이 났다. 그때에는 지방 행정에 중점을 두고 있었으므로 외직으로 나가 장주長州, 장흥長興, 남원南原 세 고을 부사副使와 남경 부유수南京副留守를 역임하였는데 도처에서 모두 백성들에게 혜택을 주는 정사를 하였다. 문인 오세재吳世材가 일찍이 시를 지어 보냈는데 "남녘에서는 세 군郡의 풍속을 바로 잡았고, 동쪽에서는 한 고을州 백성을 위무하였다[南蘇三郡俗 東撫一州民]."라고 하였더니 세상 사람들이 실상을 그대로 기록한 것이라고 평하였다.

명종 초년에 추밀원 우승선樞密院右承宣으로 등용되었고 추밀원 부사副使로 올라갔다가 송유인宋有仁의 뜻에 거슬려 판사재시사判司宰寺事로 강직되었다. 후에 벼슬이 여러 번 올라 참지정사參知政事, 보문각대학사寶文閣大學士, 정당문학政堂文學이 되었다. (명종) 14년에 문하시랑평장사 판이부사門下侍郎平章事判吏部事로 승진되었는데, 관리들에 대한 전형와 임용을 공평하고 정당하게 하였다.

이듬해에 성변星變으로 인하여 임금에게 글을 올리고 퇴직을 원하였으나 허락되지 않았으며, 나이 70세에 이르러 사임하고 집에 있으면서 날마다 품격 높은 사람들이나 시인들과 더불어 시와 술로 세월을 보냈다.

(명종) 20년(1190)에 죽었는데 시호를 정의貞懿라고 하였다. 한문준은 사람을 알아보는 식견이 있었으며 세 번이나 과거를 맡아 보았는데 그가 선발한 인재 중에는 명사들이 많았다.

문극겸文克謙

자는 덕병德柄이며 남평南平 사람이다. 그의 부친 문공유文公裕는 지문하성사 집현전대학사知門下省事集賢殿大學士를 지냈고 시호는 경정敬靖이라 하였다.

문극겸은 처음에 백부伯父 문공인文公仁의 음사蔭仕로 산정도감 판관刪定都監判官으로 임명되었다. 당시 국가 제도에 남삼藍衫을 입는 관원들은 세 번 이상 과거에 응시할 수 없게 되었다. 문극겸이 여러 차례 응시하였으나 급제하지 못하고 탄식하여 말하기를 "관직 없는 사람도 열 번 과거에 응시할 수 있는데 남삼 입는 관원에게만 어째서 세 번으로 제한하는가?"라고 하고 다섯 번을 한도로 하자고 요청한 결과 조정에서 그의 의견을 들어주어 드디어 5차 응시가 항규로 되었다.

문극겸이 벼슬에 종사하면서도 학업을 중단하지 않아 의종 때에 과거에 급제하였고 벼슬이 여러 번 승진되어 좌정언左正言으로 되었다. 합문 밖에 엎드려 상소하기를 "환관 백선연白善淵은 위복威福을 마음대로 하여 궁녀 무비無比와 추잡한 행동을 감행하였으며, 술사 영의榮儀는 미신으로 왕을 유혹하여 백순百順, 관북館北 두 궁을 설치하면서 사사로이 재물과 돈을 저장하여 두고 축리재초祝釐齋醮의 비용에 씁니다. 그는 백선연과 더불어 그 일을 주관하고 있습니다. 그리하여 무릇 양계 병마사나 5도 안찰사가 대궐에 왔다 떠날 때에는 반드시 두 궁에서 연회를 베풀어 위로나 송별을 한 후에 각각 지방 산물[方物]을 헌납하라 하여 그 공납하는 수량의 다소에 따라서 지방관의 공적을 평가하여 줍니다. 심지어 지방에서 공납하는 비용을 집집마다 추렴시킴으로써 백성들의 원망을 사고 있습니다. 지추밀사知樞密事 최유칭崔褎偁은 중요한 관직을 맡아보는데 그 세도는 일국을 움직일 정도이며 재물에 대한 탐욕이 끝이 없어서 자기에게 아부하지 않은 자는 반드시 중상中傷합니다. 그래서 수만의 재물을 긁어모았습니다. 백선연과 무비는 참하고, 영의는 쫓아내 목자牧子로 삼으며 최유칭은 파직시켜서 국민에게 사죄하게 하기를 바랍니다."라고 하였다. 상소문의 말이 왕의 내실에 관계되는 일에까지 언급되었으므로 왕이 대단히 노하여 그의 상소문을 불에 태워 버렸다. 그리고 최유칭이 대궐로 들어와서 변별해줄 것을 청하니, 왕이 문극겸을 불러 최유칭과 대질시켰다. 이때 문극겸의 말이 지극히 절실하고 대단히 정당하였으나, 결국은 황주 판관黃州判官으로 강직 당하였다.

처음 문극겸이 이 상소문을 초안하였으나 간의대부 이지심李知深, 급사중 박육화朴育和, 기거주 윤인첨尹鱗瞻 등이 서명하려 하지 않았다. 그들은 문극겸이 강직당하는 것을 보고도 심상히 여기고 일을 보았다. 그래서 그때 어떤 사람이 "같이 사귄 명사들이여! 낯이 어찌 그리도 두터운가[竝遊英俊 顔何厚之]?"란 시를 지어 풍자하였다.

문극겸이 황주에 도임한 후 아전과 백성들이 그를 사랑하고 사모하게 되었으며 정사를 잘 한다는 칭찬이 자자하였다. 그러나 고관과 근신近臣 중에 그에게 오랜 원한을 품은 자가 있어서 대수롭지 않은 과오를 왕에게 아뢰니, 임금도 역시 전일의 노염이 풀리지 않아 또다시 진주 판관晋州判官으로 강직시켰다. 담당 관리들이 말하기를 "문극겸은 충직한 말을 하는 신하인데 거듭 외직으로 강직시킴으로써 말문을 막는 것은 의당하지 않습니다."라고 하였다. 그래서 합문지후閤門祗候로 임명되었고 후에 전중내급사殿中內給事로 승진되었다.

정중부 난에 문신이 모두 피해를 입었다. 문극겸이 성省에서 수직하고 있었는데, 사변이 났다는 소식을 듣고 도망쳐 숨었더니 어떤 병정이 발자국을 따라 그를 체포하였는데 문극겸이 말하기를 "나는 전 정언正言 문극겸이다. 왕이 만약 내 말을 들었던들 어찌 오늘의 이 지경까지 되었겠느냐? 잘 드는 칼로 단번에 죽여주기를 원한다."라고 하니, 그 병정이 이상하게 생각하고 여러 장군들이 있는 곳으로 데리고 갔다. 여러 장군들이 말하기를 "이 사람은 우리가 전부터 이 사람의 이름을 좋게 들었다. 죽이지 말라!"고 지시하고 가두어 두었다. 의종이 남방으로 가면서 마상에서 한탄하기를 "짐이 진작 문극겸의 말을 들었던들 어찌 이처럼 욕을 당하겠는가?"라고 하였다.

명종이 즉위한 후에 문극겸을 석방하고 비목批目을 쓰는 임무를 주었더니, 이의방李義方이 왕에게 고하여 그를 우승선 어사중승右承宣御史中丞으로 임명하였다. 그래서 문신으로 이공승 같은 사람들도 문극겸의 힘을 입어 화를 면하였으며 무관들도 그에게 의지하여 옛일에 대한 자문을 하는 사람이 많았다. 조금 뒤에 용호군 대장군龍虎軍大將軍이 되었다.

문극겸은 미혼한 딸이 있었는데 이의방의 아우 이인隣에게 시집 보냈다. 이런 관계로 인해서 계사癸巳년 사변에 홀로 죽지 않을 수 있었다.

간성諫省에서 말하기를 "승선은 왕의 말씀을 오로지 출납하는데, 지금 이준의李俊儀와 문극겸은 중간에서 용사用事하고 밖으로 대성臺省을 총괄하고 있으니 겸임 관직을 해임하기를 바랍니다."라고 하여, 이준의를 위위소경衛尉少卿으로, 문극겸을 대부소경大府少卿으로 고쳐 임명하였다. 추밀원지주사樞密院知奏事로 전임되었다가 송유인宋有仁과 사이가 좋지 못한 관계로 수 사공守司空으로 좌천되었다.

모친 상사를 당하여 1년 만에 기복起復 명령을 받고 참지정사參知政事로 있다가 중서시랑평장사 판호부사中書侍郞平章事判戶部事로 올라갔다.

(명종) 15년에 판예부사判禮部事가 되었다. 그때 한문준韓文俊은 관등의 순위[班次]가 제2위에 있었고 그 다음이 문극겸이며 또 그 다음이 최세보崔世輔였다. 그런데 이제 한문준이 총재冢宰(수상)가 되었으니 문극겸은 응당 아상亞相의 자리에 앉아야 될 일이었

다. 그러나 최세보의 윗자리에 앉지 않으려고 최세보로 하여금 판병부判兵部로서 아상亞相 자리에 앉게 하고 자기는 그 다음 자리에 앉으려고 하였다. 그러나 최세보 역시 굳이 사양하며 말하기를 "나는 문공文公에게서 은혜를 받은 것이 많은데 어찌 감히 그 윗자리에 앉을 수 있겠습니까?"라고 하였다. 왕은 예부禮部가 병부兵部의 윗자리라 하여 판예부判禮部로 임명하여 아상亞相 자리에 두고 최세보를 다음 자리에 두었다.

이듬해에 중서문하中書門下 두 성省을 겸하고 곧 권판상서이부사權判尙書吏部事로 있다가 (명종) 19년(1189)에 죽었다. 시호가 충숙忠肅이다.

문극겸은 성격이 충직하고 자애로우며 바른 말을 잘하였다. 식찬은 몇 그릇을 넘지 않았고 의복은 무늬 있는 좋은 옷을 입지 않았다. 세 번이나 과거에 대한 직무를 맡아보아 명사들을 많이 선발하였으므로 당시 유능한 재상이라는 평을 받았다. 그러나 그는 권호權豪들의 청탁을 두려워하여 인재를 선발, 인사하는 데에 그르친 것이 많았다. 또 자기의 어린 자제들에게 한 자리씩 벼슬을 주었으며 자기의 종을 각처로 보내 전장을 많이 장만하였으므로 그때의 공론이 이것을 유감으로 여겼다.

아들은 문후식文候軾과 문유필文惟弼이다. 문유필은 벼슬이 지문하성사知門下省事까지 이르렀다.

임민비林民庇

자는 덕명德明이며 보주甫州 사람으로서 어려서부터 말이 극히 적었다. 그는 음사로 예부 주사禮部主事에 임명되었다. 의종 때에 과거에 합격하여 명주溟州 원으로 있으면서 봇도랑을 쳐서 밭에 물을 관개하게 하였으며 청렴하고 근실하였으므로 칭송을 받았다. 그러다가 태상부 녹사太常府 錄事로 임명되어 들어왔으나 원조하여 주는 사람도 없이 외롭게 9년간을 지냈다. 그러다가 사문박사四門博士로 옮겼다가 명종이 즉위하고 우정언右正言이 되었다. 여러 번 승진하여 간의대부 국자좨주諫議大夫國子祭酒로 되었다가 추밀원 승선樞密院承宣으로 임명되었는데, 그가 바른 말로 간하고 또 왕의 명령을 출납함에 있어서 왕의 뜻에 잘 맞았으므로 왕이 그와 늦게 만난 것을 한탄하기까지 하였다. 지주사知奏事로 승진되었는데 그때 이거정李居正이란 사람이 있었다. 이거정은 젊어서부터 임민비와 같이 공부하였는데 별다른 재능은 없었다. 왕이 정언正言으로 임명하려고 임민비에게 묻기를 "이거정은 어떤 인물인가? 그가 능히 말이 없고 남의 흉을 끄집어 내지 않는 그런 사람이겠는가?"라고 하였다. 임민비가 대답하기를 "이거정은 성질이 부드럽고 또 말이 적으며 쾌활한 편은 아닙니다."라고 하니, "그렇다면 정언正言으로 삼을 수 있다."라고 하고 드디어 정언으로 임명하였다.

임민비는 후에 추밀사 어사대부樞密使御史大夫로 되었는데 그는 불교를 신앙하여 항상 불경을 필사하는 공부를 하였다. 당시 일엄日嚴이란 승려가 전주全州에 있었는데 스스로 선전하기를 눈 먼 사람을 뜨게 하고 죽은 사람을 다시 살릴 수 있다고 하였다. 그래서 왕이 내시內侍를 보내 영접하여 오게 하였다. 서울로 오는 도중에 그는 머리에 채색한 첩건氎巾(면사로 짠 두건)을 쓰고 얼룩말을 탔으며 비단 부채로 얼굴을 가리고 제자 중들이 전후좌우로 옹위하여서 일반 사람들은 그를 바로 볼 수도 없게 하였다. 일엄이 천수사天壽寺로 들어와 남문 문루 위에 올라가서 앉으니 서울의 사대부의 부녀들은 다투어 가며 예배를 하고 알현하였다. 중들이 아미타불을 부르게 하니 그 소리가 십 리 밖에까지 들렸다. 그리고 그가 세수한 물, 양치한 물, 목욕한 물을 서로 다투어 마시려고 하여 이것을 법수法水라고 하면서 이 물을 마시면 무슨 병이든지 고쳐지는 약수라고 하였다. 그러다가 왕이 점차 일엄의 거짓을 징험하여 깨닫고서 그 중을 고향으로 돌려보냈다. 일엄이 당초 사람을 속일 때에 말하기를 "만 가지의 법法은 오직 마음 하나에 달렸다. 네가 만일 염불을 부지런히 하면서 내 병은 이미 완치되었다고 생각하면 병은 즉시 저절로 완치될 것이니 아예 병이 완치되지 않았다고 말해서는 안 된다."라고 하였다. 그리하여 장님은 눈이 벌써 보인다고 말하였으며 귀머거리도 말이 들린다고 거짓말을 하였다. 이 까닭에 사람들이 모두 쉽게 미혹되었다. 문극겸도 사복을 입고 찾아가서 예를 드리었고 임민비도 문루門樓 아래에서 배례하였다.

(명종) 18년에 참지정사參知政事로서 중서평장사中書平章事에 올랐다. 임민비는 재상이 되어 특출하게 옛날 재상의 품도를 가졌으며 세 번이나 공거貢擧를 담당하여 인재를 가장 많이 얻었다. 그는 남의 급한 사정을 잘 돌봐 주고 착한 일을 좋아하였으며 일에 실속이 있고 겉치레를 하지 않았으므로 무관이나 사나운 병사들까지도 그를 우

러러볼 줄 알았다. 나이 73세 때에 표문表文을 올려 은퇴할 것을 청하니 왕이 특별히 사공 중서시랑司空中書侍郎으로 치사케 하였다. (명종) 23년(1193)에 죽으니 문정文靖이란 시호를 주었다.

논하기를,

양원준은 청렴하고 정직한 것으로 현달하였고, 한문준은 치적으로 승진하였다. 그러나 재상이 되어서는 사업에 칭찬할 만한 것이 없다.

문극겸은 소년 때에는 기예하여 권간들을 참하도록 청하고 궁금宮禁을 기롱하며 배척하니 명성이 한 나라에 떨쳤다. 사람들이 급장유汲長孺,[7] 당자방唐子方[8]에 비견하였다. 그러나 어렵고 험난한 것을 겪으면서 보신할 계책이 점차 절실하여서 권흉과 통혼을 하여 화를 벗어났으며 전장田庄을 널리 늘려서 자신을 비옥하게 하니 명예와 절개가 땅에 떨어지게 되었다.

임민비는 재상이 된 몸으로 다락 밑에서 중에게 절을 하니 비록 직책이 그렇다고 하더라도 어찌 취할 만한 게 있겠는가?

유공권柳公權 조영인趙永仁 이순우李純佑

유공권柳公權

자는 정평正平이며 유주儒州 사람이다. 그의 6세조 대승大丞 차달車達은 태조를 보좌하여 공신이 되었다. 유공권은 어려서부터 공부하기를 좋아하였으며 초서와 예서를

---

7 급장유汲長孺 : 이름은 암黯. 한나라 복양濮陽사람. 무제武帝 때에 알자謁者.

8 당자방唐子方 : 이름은 개介. 송나라 강릉江陵사람. 신종神宗 때 재상.

잘 썼다. 과거에 급제하고 익양부 녹사翼陽府錄事로 되었다가, 명종 초년에 직사관直史館으로 되고 여러 번 옮겨서 병부 낭중兵部郎中으로 되었다. 후에 예빈경禮賓卿으로서 금나라에 사신으로 가서 만춘절萬春節을 축하하였는데, 금나라 사람들이 그가 예절을 잘 안다고 칭찬하였다. 후에 우부승지右副承旨로 옮겼다가 우산기상시 지주사右散騎常侍知奏事로 승진되었는데, 그가 계언하는 일이 왕의 뜻에 잘 맞아서 국사에 많은 도움이 되었다. 동지추밀원사同知樞密院事까지 승진되었다가, (명종) 25년에 병으로 퇴직할 것을 요청하니 왕이 그의 학문을 사랑하여 내보내지 않으려 하면서 말하기를 "조정에 덕망이 높은 사람이 있는 것은 사직의 복인데, 그대는 왜 그리 갑자기 물러가려 하는가?"라고 하였으나, 유공권은 더욱 힘써 퇴직을 간청하였으므로 허락하였다. 1년이 지나 병이 위독하자 집안 사람들이 약을 권하니, 유공권이 "죽고 사는 것은 명命이다."라고 말하면서 약을 먹지 않았다. 왕이 이 소식을 듣고 특별히 정당문학 참지정사政堂文學參知政事로 임명하였다. 향년 65세로 죽었으며 시호는 문간文簡이다.

성격이 공평하고 청렴하며 직무에 충실하였다. 아들은 유택柳澤인데 관직이 우복야에 이르렀고, 유언침柳彦琛은 동지추밀원사同知樞密院事였다.

조영인趙永仁

횡천橫川 사람인데 어려서부터 보통 사람들과는 달리 재상될 만한 도량을 가졌다. 학식이 해박하고 글을 잘 지었다. 의종 때에 과거에 급제하고 전주 서기全州書記로 되어 정사를 잘 하였다는 평이 있었다. 명종이 조영인에게 태자를 보도輔導하라는 명령을 주었다. 여러 번 승직되어 승선承宣으로 되어 국사를 바로잡고 인도한 것이 많아서 당시의 공론이 그를 중요한 인물로 쳐주었다. 벼슬이 뛰어올라서 참지정사 정당문학 한림학사 승지 수태위守太尉 상주국上柱國으로 임명되었으며, 신종 초년에 수태사 문하시랑평장사 판이부사守太師門下侍郎平章事判吏部事를 더해 주었다.

금나라 사신이 와서 명종明宗이 손위遜位 사건에 대하여 힐난하기를 "우리 임금의 명령이 있으니 이 조서는 반드시 전왕前王을 면대하고 전달하겠다."라고 하였으므로 조정에서 대응하기가 곤란하게 되었다. 이때 조영인이 금나라 사신에게 말하기를 "전왕이 지금 남부 지방에서 병을 치료하고 있으니 노정을 계산해 보면 30일 만이라야 대어 올 수 있다. 꼭 면대하여 전달하려거든 두 달 동안 체류하면 가능하다."라고 하니, 금나라 사신이 이튿날 왕(신종)에게 조서詔書를 전달하였다.

조영인은 눈이 어둡다 하여 퇴직할 것을 요청하였으므로 문하시중門下侍中 벼슬을 더 주고 치사케 하였다. (신종) 5년(1202)에 죽으니 나이 70세였다. 왕이 몹시 애도하고 문경文景이라는 시호를 주었다. 아들은 조준趙準과 조충趙沖이다.

이순우李純佑

자는 발지拔之이며 그의 부친 이양식李陽植은 중서 사인中書舍人 벼슬을 하였다. 처음에 이순우의 어머니 박씨朴氏가 뜰 안에서 등불을 켜고 하늘에 아들 낳을 기도를 드렸더니 홀연히 꿈에 등기둥[燈柱]로부터 어린아이가 내려오는 것을 보고 그때부터 태기 있어 아들을 낳았는데 이름을 청請이라고 지었다. 즉 하늘에 청해서 얻은 아들인 까닭이다. 후에 순우라고 개명하였다. 이순우는 어려서부터 글을 잘 지었다. 의종 때에 과거에 장원 급제하여 충주 사록忠州司錄으로 되었다가 명종 초년에 직한림원直翰林院이 되었다. 그때의 왕태후가 유창乳瘡을 앓자 왕이 이순우에게 기도문을 짓게 하였는데, 그 기도문에 "유창이 어머님 젖에 생겼으나 아픈 것은 짐의 마음에 있다."라는 문구가 있었다. 이것을 읽고 왕이 감탄하였다.

이로부터 왕이 특별한 사랑과 배려를 하여 우정언 지제고右正言知制誥로 선임하였으며 여러 차례 승직시켜 간의대부 한림학사諫議大夫翰林學士로 임명하였다. 일찍이 왕에게 건의하기를 "근래에 팔관회八關會에 약을 달이는 데 쓰기 위하여 의관醫官들에게 명하여 해마다 서울 근처[四畿]의 농민들의 소를 가져다가 젖을 짜서 끓여 초酥를 만들어 쓰는 바, 이로 인하여 암소와 송아지가 다 상합니다. 원래 약은 구급약이 아니고 다만 밭갈이하는 소만 손상시킵니다."라고 하자, 왕이 그 명을 그만 두었으므로 백성들이 대단히 기뻐하였다.

그의 벼슬이 국자 대사성國子大司成에 이르렀고, 최충헌에게 살해되었다.

논하기를,

의종, 명종 때에 벼슬을 하면서 절개를 지켰다고 할 만한 사람은 역시 드물다. 유공권, 조영인, 이순우 세 사람 같은 이는 금옥 같은 군자로 깨끗하여 티가 없는 사람이라고 하겠다. 유공권의 아들 유택, 조영인의 아들 조충은 모두 권문에 빌붙지 않고 활달한 지조가 있었으니 그 부모들이 내려준 교훈을 알 수 있다. 그러나 이순우만은 끝내 적신賊臣의 모함을 면하지 못하였으니, 슬프다!

최척경崔陟卿 함유일咸有一 염신약廉信若 이지명李知命 유자량庾資諒

최척경崔陟卿

완주完州의 아전 출신으로서 과거에 급제하였다. 의종 초년에 경산부 판관京山府判官으로 임명되었는데 성품이 청렴하고 깨끗하여 아전과 백성들이 그를 사랑하고 두려워하였다. 임기가 끝나서 서울로 돌아왔으나 세력 있는 재상의 집에 발을 들여 놓지 않은 지 10여 년이었다. 판이부사判吏部事 최윤의崔允儀는 그가 청렴하고 잘 다스린다는 말을 듣고 탐라령耽羅令으로 보내려 하니, 최척경이 두 번씩이나 지방 관리로 가기 싫다고 가지 않으려고 하니, 최윤의가 말하기를 "탐라는 먼 곳이고 또 풍속도 흉악하여 다스리기가 곤란한 곳이기 때문에 그대를 보내려는 것이니 그대가 가서 국가를 위하여 남쪽 지방을 진무하면 마땅히 좋은 벼슬로써 그대에게 보답하겠다."고 하였다. 최척경이 부득이 취임하여 주민의 이익을 도모하고 폐단을 고쳐 주었으므로 백성들이 모두 편안하게 살았다. 최척경이 서울로 돌아오니 최윤의는 이미 죽었다. 최척경은 살림이 심히 빈곤하게 되어 자립할 방도가 없어서 고향으로 돌아가려고 하였다. 마침 전라안찰사가 급보로써 보고하기를 "탐라 사람들이 '영위令尉가 포악하게 침해하기 때문에 괴로워 반란을 일으켰다고 하면서 말하기를 '만일 최척경을 영으로 다시 보내주면 무기를 놓겠다.'고 한다."라고 하였다. 왕이 재상 최유칭崔褎偁에게 이르기를 “이런 어진 사람을 두고 어째서 등용하지 않았는가?”고 하고 최척경을 불러 비단으로 상을 주고 즉시 탐라령으로 임명하였다. 최척경이 가족 동반으로 부임할 것을 청하니 왕이 허락하였다. 탐라로 부임하는 사람으로서 가족을 데리고 간 것은 최척경으로부터 시작하였다. 탐라 사람들은 최척경이 온다는 말을 듣고 즉시 빠른 배를 준비하여 마중 나왔다. 그리고 그가 탐라에 발을 들여 놓자 모두 무기를 버리고 서서 나란히 절하면서 “공께서 오시니 우리들은 살게 되었습니다.”라고 하고 전과 같이 안정되었다.

명종 초년에 첨사부 주부詹事府主簿로 소환되었다가 감찰어사監察御史로 전임되었고 우정언 지제고右正言 知制誥로 되었으며, 양광충청楊廣忠淸 안찰사로 나가 있었는데 이르는 곳마다 모두 좋은 성적이었다. 병부 원외랑兵部員外郎으로 되었다가 곧 안북도호부사安北都護副使를 지냈다. 여러 차례 예부시랑 비서감禮部侍郎秘書監을 역임하였는데 청백한 성망과 굳은 절개는 늙어서도 변하지 않았다. (명종) 16년(1186)에 죽으니 나이 67세였다.

전에 시랑 박춘령朴椿齡이 완산完山 수령으로 있을 때 여러 아이들에게 시 연구聯句를 시험하여 최척경, 최균崔均, 최송년崔松年 등을 선발하였었다. 그가 벼슬이 교체되어 돌아갈 때에 그들을 데리고 가서 공부를 시켰더니 후에 세 사람이 모두 명사가 되었다. 그때에 그들을 완산삼최完山三崔라고 불렀다.

함유일咸有一

항양恒陽 사람이며 태조의 공신인 광평 시랑廣評侍郎 함규咸規의 5세손이다. 함규의 부친 함덕후德侯는 상의봉어尙衣奉御로 있었다.

함유일은 일찍이 고아가 되어 외삼촌에게서 자랐다. 나이 15세에 서울에 왔는데, 아버지의 친구인 재상 이준양李俊陽이 긍휼히 여겨 받아주었다. 이부 기관吏部記官에 보임되어 인종 13년에 서경에서 반란이 있자 함유일은 서리胥吏로 종군하여 공로가 있어 선군 기사選軍記事로 이동되어 밤낮으로 수고를 다하여 일을 완수하여 이름이 날렸다. 집이 빈한하여 항상 해진 옷을 입고 구멍난 신을 신었다. 당시에 금군禁軍들의 식사를 규정대로 주지 않았는데 군사들이 의논하기를 "만약 저 헌 옷 입은 기사記事가 식사를 맡는다면 이렇지는 않을 것이다."라고 하였다. 마침 양부兩府에서 청렴한 아전을 추천하는 때이므로 추밀사 왕충王沖이 그를 추천하였다. 임금도 평소에 그의 이름을 듣고 있던 터이라 그를 얻은 것을 대단히 기뻐하며 내시內侍로 불러들여 군주사軍廚事(군의 식사에 관한 일)를 맡겼다. 왕이 일찍이 장원정長源亭에 놀러 가서 근신들에게 활을 쏘게 하였는데 함유일이 과녁을 맞히고 금과 비단을 상 받았다. 그러나 자기 집으로 가져가지 않고 모두 팔아서 군주軍廚에 쓸 집기什器를 사는 데 썼다. 후에 보성寶城 수령으로 가서도 청렴하고 근실하여 성적을 올렸다. 의종 때에 다시 내시로 들어가서 교로 도감橋路都監을 맡게 되었다.

함유일은 그 전부터 혹독하게 무당을 배척하였는데 그 까닭은 인간과 귀신이 함께 뒤섞이어 있으면 인간에게 재변이 많이 생긴다는 것이었다. 그러므로 그가 도감이 된 후 서울에 있는 무당들이 모두 교외로 이사하였다. 그는 민가에 있는 음사淫祀를 모조리 없애고 불에 태워 버렸다. 그리고 여러 산의 사당들도 특이한 이적이 없는 것은 역시 파괴하여 버렸다. 구룡산九龍山에 가서 신상神像을 활로 쏘았더니 갑자기 선풍이 일어나고 두 짝 문이 닫히면서 화살을 막아 냈다. 또 용수산龍首山 사당에 가서 영험을 시험한 결과 신통치 않으므로 없애 버렸더니 그 날 밤에 왕의 꿈에 신이 나타나 구원을 청하였으므로 이튿날 유사有司를 보내 사당을 다시 세웠다.

감찰어사監察御史로 전직하였다가 뒤에 삭방도 감창사朔方道監倉使가 되었을 때, 등주 성황신登州城隍神이 여러 번 무당에게 내려 국가의 길흉과 화복을 신통히 알아맞혔다. 함유일이 성황당으로 가서 국제國祭를 지낼 때 읍만 하고 절하지 않았더니, 유사가 왕의 칭찬이나 받을까 생각하고 탄핵하여 파면시켰다.

명종이 즉위한 후 그를 내시로 불러 들였다가 미구에 병부 낭중兵部郎中으로 임명하였다. 그때 무관들이 무기를 휴대하고 거리로 횡행하였는데 함유일을 보기만 하면 모두 무기를 감추고 지나갔다. 여러 번 승직하여 상서좌승尙書左丞으로 되었다.

양온령良醞令 노약순盧若純, 주사主事 한수도韓受圖가 함유일과 평장사平章事 이공승李公升, 내시낭장소감內侍郎將少監 독고효獨孤孝 등의 명의로 된 편지를 위조하여 충주忠州

에 있는 반란적 망이亡伊에게 보내 그와 결탁하여 반란을 일으키려 하였다. 그런데 망이가 그들의 심부름꾼을 붙잡아 바쳤다. 왕이 승선承宣 문장필文章弼에게 지시하여 국문케 하였더니, 노약순 등이 진술하기를 "이제 국왕을 살해한 적들이 집권하여 용사用事하고 있으므로 우리들이 분함을 참지 못하여 외방의 반란 적을 끌어 그들과 합력하여 적을 제거하고자 하였습니다. 그러나 우리들은 이름이 미약한 사람이라 혹시 믿지 않을까 염려되었습니다. 그러나 함유일과 이공승 같은 분은 전부터 명망이 있기 때문에 그분들의 위조 편지를 썼습니다."라고 하였다. 왕이 이 말을 듣고 함유일 등을 의롭게 생각하였다. 중방重房에서 그들을 처형하라고 청하였으나 왕이 허락하지 않고 죄인들의 이마에 모두 자자하여 먼 섬으로 귀양 보냈다. 함유일도 이 일로 파직되었다.

(명종) 9년에 나이가 들어 퇴직을 신청하여 공부 상서工部尙書 벼슬로써 치사하였다. (명종) 15년(1185)에 향년 80세로 죽었는데, 자기의 장례를 검박하게 치르라는 유언을 남겼다. 함유일은 평생에 베옷을 입고 식기는 오지그릇을 사용하였고 자기 집 살림살이는 돌보지 않았다. 그의 처가 말하기를 "아이들은 당신이 생존하실 때에 살림 밑천이라도 장만하려고 합니다." 하니, 함유일이 대답하기를 "나는 평생에 나 홀로 누구의 원조도 받지 못하였으며 다만 근검하고 지조를 지킴으로써 문호를 세웠다. 아이들도 그저 나의 절검한 것을 따르고 운명을 기다릴 뿐이니 어찌 빈곤한 것을 걱정하는가?"라고 하였다. 그의 아들은 함화咸和, 함희咸曦, 함순咸淳이 있는데, 함순은 과거에 합격하여 문장과 지조로 당시에 이름이 있었다.

염신약廉信若

자는 공가公可이며 봉성군峯城郡 사람이다. 인종 때에 과거에 급제하고 광주 장서기廣州掌書記로 임명되었는데 바른 도리로써 공직에 복무하였다. 부친 상사를 당하고 3년 여막에서 묘를 지키었다. 왕이 이 소문을 듣고 유사에게 지시하여 마을에 정문을 세워 주었으며 첨사부 녹사詹事府錄事로 선임하였다.

명종이 즉위한 후 전일 잠저潛邸(왕위에 오르지 않은 때) 시의 옛 은정으로 특별히 그를 등용하여 국자좨주 한림시강國子祭酒翰林侍講으로 임명하였다가 판대부사判大府事로 전임되었다. 그가 과거 시험을 맡아서 많은 명사를 선발하였으므로 왕이 더욱 그의 재능을 사랑하였다. 염신약의 토지가 봉성에 있었는데 정중부가 그 토지를 강탈하였다가 얼마 후에 돌려주었다. 염신약이 종을 보내 조租를 받아왔는데 정중부 집 종과 다투었다. 정중부가 노하여 염신약의 종을 체포하여 살해하고 중방重房에서 염신약을 탄핵하게 하니 파면시켰다.

그러나 얼마 있다가 염신약을 이부상서吏部尙書로 임명하고 후에 서북면병마사西北面兵馬使로 삼았다. 그때 금나라에서 8명의 장군을 파견하여 의주관義州關 밖에 와서 주둔하였다. 염신약이 사람을 보내 주둔하는 이유를 질문한즉 그들의 대답이 "서경西京의 조위총趙位寵이 본국과 송나라[西宋]에 병력을 청하여 우리를 침범하려 하는 까닭에 병력을 주둔하여 방비한다."라고 하였다. 염신약이 다시 사람을 보내 말하기를 "조위총은 이미 처단되었고 송나라는 큰 바다가 막고 있어서 이것은 다 거짓말이니 밀고한 자의 이름을 알리라."고 하였다. 금나라 장수가 "그는 용주龍州 사람 아무개다."라고 하므로 염신약이 사람을 보내 수색한즉 그 자는 이미 도망하였다. 잡아서 그를 국문하니, 그 사람이 과연 자복하기를 "우리 아버지가 일상 국가의 비밀을 금나라 사람에게 밀고하여 주고 상금을 많이 받아 왔는데 부친이 죽을 때 우리들에게 계속할 것을 당부하였기 때문에 내가 이번 일로써 그들을 불러서 상금을 많이 얻어 먹었습니다."라고 하였다. 그래서 그 놈은 사형에 처하고 그의 어미는 관비官婢로 몰입하였다.

추밀원부사 한림학사樞密院副使翰林學士로 발탁되고 여러 번 벼슬이 올라 정당문학 예부상서政堂文學禮部尙書에 이르렀는데 그 관직으로 치사하였다. (명종) 22년(1192)에 죽으니 나이 75세였고 시호를 효문孝文이라고 하였다.

염신약은 위인이 키가 작고 담은 컸으므로 사람들이 그를 (옛날 중국 제齊나라 사람) 안영晏嬰에 비견하였다. 그가 신부信符를 나누어 받고 부월을 가지고 이르는 곳마다 업적을 남겼다. 그는 총명하고 영리하였으며 책을 많이 읽었고 또 기억력이 대단히 좋았다. 더군다나 범엽范曄이 편찬한 『한서漢書』에 정통하였으며 당시의 유명한 문장과 큰 저작들이 그의 손에서 많이 나왔다.

이지명李知命

자는 낙수樂叟이며 한산군韓山郡 사람이다. 여러 가지 책을 많이 읽었고 사부詞賦를 잘 지었으며 초서와 예서에 능하였다. 나이 18세 때에 과거에 급제하고 황주 서기黃州書記로 부임하여 재직 중에 청렴 정직하게 일을 하였으며 굶주리는 자가 있으면 성심껏 구제하여 주었으므로 유랑민들이 젖먹이를 업고 밀려 왔다. 후에 충주 판관忠州判官으로 있을 때에도 황주에 재직할 때처럼 정사를 잘하였다.

정중부의 난에 조정 안팎에 있는 문관들이 도망가서 숨을 곳이 없었으나 충주 고을 사람들은 이지명의 선정善政을 고맙게 생각하고 그를 보호하여 주었기 때문에 이지명만은 화를 면하였다.

명종이 왕으로 즉위하게 된 후에 그가 문장과 덕행이 있다 하여 상서우승尙書右丞으로 발탁하였으며 곧이어 간의대부諫議大夫로 임명하였다. 나가서 서해 안무사西海按撫使가 되었으며 북계로 나가서 가는 곳마다에서 성적을 나타내었다. 벼슬이 정당문학 태자소부政堂文學太子少傅에 이르러 (명종) 21년(1191)에 죽으니 향년 65세이었으며 시호는 문평文平이다.

이지명이 재상이 된 후 엄연히 옛 대신다운 기풍이 있었으며 두 번이나 예조 판서禮曹判書가 되었는데 좋은 사람을 얻었다는 칭송이 있었다. 조충趙沖, 한광연韓光衍, 이규보李奎報, 유승단兪升旦, 유충기劉冲基 등이 모두 그가 선발한 사람이다. 그의 아들 이당모李唐髦는 글재주가 뛰어나서 그 아버지의 풍도風度가 있었다. 과거에 급제하였고 벼슬은 국자사업國子司業에까지 이르렀다.

유자량庾資諒

자는 담연湛然이니 평장사 유필庾弼의 아들이다. 진중하고 말이 적었다. 의종 때 문신들이 총애를 받아 용사用事를 할 때 무신들은 끼워주지를 않았다. 유자량이 선비 가문의 젊은이들과 계契를 만들기로 약속하고 무사인 오광척吳光陟, 문장필文章弼을 끌어들이려 하니 다른 사람이 모두 좋지 않게 생각하였다. 유자량이 말하기를 "사귀는 친구들 중에는 문무를 구비하는 것이 좋다. 만일 그들을 거절하면 후일에 반드시 후회할 때가 있을 것이다."라고 하니 여러 사람들이 동의하였다. 그후 얼마 안 되어 정중부가 반란을 일으키자 함께 계를 한 사람들은 오광척과 문장필의 주선을 힘입어 모두 화를 면하였다.

유자량은 문음門蔭으로 수궁서승守宮署丞으로 임명되었다가 용강현龍岡縣 수령으로 도임하였는바 그는 행정 실무에 능숙하였으며 적발하는 것이 귀신같았기 때문에 그 지방의 칭찬이 많았다. 대각臺閣을 역임하고 이르는 곳마다 명성이 있었으며, 동북 지방을 진수鎭守하고 남도를 안무하였는데 어디서나 모두 그를 무서워하고 복종하였다. 그러나 은혜와 신의로써 일을 하였기 때문에 백성들이 편안하였다.

고종 때에 여러 번 상서 좌복야尙書左僕射에 임명되었다. 나이가 들어 사임하고 (명종) 16년(1229)에 향년 80세로 죽었다. 아들은 유정庾靖, 유경현庾敬玄, 유규庾珪인 바, 모두 과거에 올랐다. 유경현은 벼슬이 간의대부諫議大夫까지 되었다.

논하기를,

최척경, 함유일, 염신약, 이시명, 유자량 다섯 사람은 모두 청렴하고 정치에 업적이 있는 것으로 의종, 명종 년간에 이름을 날렸다. 탐라에서 무기를 놓고 수령을 맞이한 것이라든가, 무부武夫가 군사를 모아서 포악한 것을 그만두게 한 것은 백성에게 충성하고 은혜를 입혀 환란을 막은 것이니 행의가 족히 사람들을 감동시킨 것을 여기에서 볼 수 있다. 염신약 같은 경우에는 홀로 삼년상을 하였으며 유자량은 무신들과 절교를 하지 않았으니, 그 효와 지혜를 족히 칭찬할 만하다.

윤인첨尹鱗瞻 두경승杜景升 현덕수玄德秀 방서란房瑞鸞 박제검朴齊儉

윤인첨尹鱗瞻

자는 태조胎兆이다. 시중 윤관尹瓘의 손자이고 정당문학 윤언이尹彦頤의 아들이다. 과거에 급제하고 의종 때에 벼슬이 여러 번 올라 시어사侍御史로 되었는데 그의 발언이 권세가들의 뜻에 거슬려서 좌사 원외랑左司員外郎으로 강직되었다가 기거주로 전직되었다. 당시 궁녀宮人 무비無比가 왕의 총애를 받았다. 최광균崔光均이란 무비의 사위가 8품 벼슬에 뛰어올라 임명되고 식목 녹사式目錄事를 겸임하게 되니{고려의 제도에 궁녀의 소생은 관직에 나갈 수 없었다.} 조정의 의논이 그것을 수치스럽게 생각하였다. 간관들은 최광균의 고신에 서명하지 않았다. 왕이 윤인첨과 간의諫議 이지심李知深, 급사중給事中 박육화朴育和, 사간司諫 김효순金孝純, 정언正言 양순정梁純精·정단우鄭端遇를 불러서 서명을 독촉하니 낭사郎舍들이 예예하고 물러나왔다. 어떤 사람이 그것을 조소하여 "말하지 않는 사람이 사간司諫이 되고 말 없는 사람이 바로 정언正言이며 말더듬이가 간의諫議로 되었으니 그들이 유유하게 앉아서 논의하는 바가 무엇일까."라고 하였다.

윤인첨은 그 후 서북면에 나가서 진수鎭戍하였는데, 인주麟州와 정주靜州 어간에 섬이 있었다. 금나라 사람들이 그곳에 많이 와서 경작하고 있는 것을 병마부사兵馬副使 김광중金光中이 공격하여 축출하고 방수防戍를 두었더니, 금나라 임금이 그 섬을 양도하라고 힐책하므로 왕은 그 섬을 돌려주고 수비병을 철수하라는 명령을 내렸으나 윤인첨 등은 국토를 타국에 할양하는 것을 치욕으로 생각하고 명령에 복종하지 않았더니 금나라 대부 영주大夫營主가 정예 군인을 파견하여 수장戍將 원상元尙을 붙잡아 갔다. 윤인첨이 의주 판관 조동희趙東曦와 밀의하고 공문을 보내 포로를 송환하여 줄 것을 요청하였더니 허락하였다. 윤인첨 등이 이 사건을 비밀에 부치고 보고하지 않았더니 일이 발각되어 힐책을 받았으나 윤인첨은 처벌당할 것이 두려워서 끝내 사실대로 보고하지 않았다.

그 후 내직으로 들어와서 우간의대부로 임명되었다. 명종이 즉위한 후 국자감 대사성으로 임명되었다가 참지정사로 승진하였고 중서시랑평장사로 올라서 동북면 병마판사가 되었다. 김보당金甫當이 병란을 일으켰을 때에 이의방李義方이 윤인첨도 그와 공모하였다는 혐의를 가졌고 또 그는 당시 문관들 중에서 영수領袖에 있었으므로 그를 체포하라는 명령이 매우 급하였다. 순검군巡檢軍이 윤인첨을 포박하여 장치 살해하려고 하였는데 유응규庾應圭의 주선으로 겨우 화를 면했다. 곧 상장군을 겸임하고 중방重房의 회의에 참여하게 되었다.

조위총趙位寵이 군사를 일으켜 정중부, 이의방을 죽인다는 명분으로 반란을 일으키자 북계의 여러 성들이 호응하였다. 왕이 윤인첨을 원수로 삼아 3군을 거느리고 서경을 공격하게 하였다. 절령역岊嶺驛에 이르자 마침 눈보라가 심한데 서경 군대가 영마루에서 내려오면서 급히 공격하니 관군이 혼란에 빠져 마침내 흩어져 달아났으며 윤인첨도 포위되니 그는 적과 더불어 싸우다가 죽으려 하는 것을 병마사 정균鄭筠이 제지하면서 말하기를 "주장이 경솔한 태도를 취해서는 아니 된다."고 하고, 칼을 뽑아 윤인첨의 말을 채찍질하여 포위를 빠져 나와 나머지 병사를 거두어 돌아왔다.

곧이어 또 다시 윤인첨을 원수로 삼고, 추밀원부사 기탁성奇卓誠을 부원수로, 지추밀원사 진준陳俊을 좌군으로, 동지추밀원사 경진慶珍을 우군으로, 상장군 최충렬崔忠烈을 중군으로, 정균鄭筠·조언趙彦을 전군前軍으로, 문장필文章弼·이제황李齊晃을 후군으로, 사재경司宰卿 하사청河斯淸을 지병마사로 임명하여 재차 서경을 공격하게 하고 승군僧軍도 출동시켰다. 윤인첨이 여러 원수를 거느리고 서편 교외에서 대오를 점검하고 있었는데, 정균이 은밀히 중 종감宗旵을 꾀어 이의방을 죽이니, 왕이 군사들의 소동이 생길까 염려하여 근신 유응규庾應奎를 보내서 유시諭示하였다. 그런데 군대에서는 정균이 모의한 것을 모르고, 문신이 사주하여 한 것으로 의심하고 윤인첨을 죽이려고 하였다. 유응규가 빨리 돌아가서 정중부鄭仲夫에게 보고하니 정중부가 사람을 보내서 설득하여 제지하였다.

승군은 이의방의 딸이 동궁의 배필로 적당하지 않으니 내쫓으라고 청하면서 보제사普濟寺에 집합하여 출발하지 아니하므로 윤인첨 등은 드디어 출발하였다.

처음에 조위총의 군사가 일어났을 때에 연주漣州{지금의 개천价川}에서 가장 먼저 귀부하고 서로 응원하였다. 윤인첨이 여러 장수들에게 말하기를 "내가 듣건대 불러서 손잡고 나갈 자는 내부로부터 붙을 것이고 반역자를 토벌할 때에는 그의 가지를 쳐야 한다는데, 만일 우리가 먼저 서경을 공격한다면 연주에 있는 자들이 북방 사람들을 꾀어 서로 호응하게 될 것이고 우리들은 앞뒤로 공격을 받게 될 터이니 이것은 좋은 계책이 아니다. 지금 연주는 서경을 믿고 우리들이 졸지에 공격하리라고는 근심하지 않고 있으니 연주를 먼저 공격하는 것이 옳다. 만약 연주가 함락되면 북부 각 성들이 반드시 모두 귀순하여 올 것이다. 그런 후에 귀순한 자들을 규합하여 역적을 토벌하면 의사가 합치되고 역량이 통일되어 성공 못할 리가 없을 것이다."라고 하고, 그 길로 연주로 진군하였다.{김부식이 묘청을 격파한 계책이다.} 포위 공격한 지 몇 달이 지나니 연주는 조위총에게 구원을 청하였다. 그래서 조위총이 장수를 파견하여 구원하러 오는 것을 관군이 지름길로 앞질러 가서 공격하여 1천 5백여 명을 죽이고 2백 20여 명을 포로로 잡았다. 관군이 망원莽院에서 또 서경군을 만나 공격하여 7백여 명을 죽였다. 연주는 오랫동안 함락되지 않고 있던 것을 후군 총관 두경승杜景升이 철관鐵關을 넘어 운중로雲中路를 따라서 연주에 이르러 공격 함락시켰다. 이렇게 되니 서북의 여러 성들이 모두 투항하여 관군을 맞이하였다. 그래서 드디어 병력을 서경으로 나아가게 하였다.

윤인첨이 말하기를 "서경은 성이 험하고 견고하니 만일 우리가 오랫동안 피로한 군대로써 개미떼처럼 모두 달라붙어 공격하는 것은 좋은 계책이 아니다. 의당 오래 포위하여 밖으로 나와서 약탈하지 못하게 하는 한편 그들에게 선무 공작을 하여 살 길을 보여 주면 성 안의 강탈당한 주민들은 점차 나와서 항복하려 할 것이다. 그렇게 되면 조위총은 결국 굶주린 한낱 죄수로 될 뿐이니 무슨 짓을 할 수 있으랴?"라고 하였다. 이어 성 동북쪽에 흙산[土山]을 쌓고 이곳을 수비하니 조위총의 군대들은 양식이 떨어져서 심지어 죽은 사람의 고기를 먹게까지 되었고 때로는 나와서 도전하나 윤인첨은 수비를 굳게 하고 나가지 않으며 포로된 자에겐 즉시 의복과 먹을 것을 주어 보내니 성 안 사람들이 이 소식을 듣고 성을 넘어 귀순하는 자가 매우 많았다. 이러는 동안 관군은 재차 서경군과 교전하여 그들을 크게 격파하고 봉황두鳳凰頭를 점령하여 거기에 성을 축조하였다. (의종) 6년에 윤인첨이 서경의 통양문通陽門을 공격하고 두경승은 대동문大同門을 쳐부시니 성 안이 크게 궤멸되었다. 관군은 조위총을 붙잡아 죽였다.

성이 아직 다 함락되기 전인데 윤인첨은 갑자기 서경 군사들이 성 위에서 시끄럽게 하는 소리를 듣고 그 이유를 물으니, "서경 사람들이 입룡立龍이라고 부르면서 축하하는 것이다."라고 하기에, "조위총은 장차 죽을 것이다. 사람과 머리를 버리면 어찌 살 수 있겠는가?"라고 하였다.[9] 한 달이 지나서 않아서 성을 격파하게 되었다. 연좌된 그의 일당 10여 명을 모두 사면하니 주민들이 안도하여 그 전과 같이 평온하게 되었다.

대첩하였다는 보고가 올라가자 왕이 이부 시랑吏部侍郞 오광척吳光陟을 파견하여 전군의 귀환을 명령하는 조서를 보내고 윤인첨에게 추충정란광국공신推忠靖亂匡國功臣 칭호와 상주국上柱國 훈위를 더 주었다. 개선하자 왕이 아우 평량후平凉侯를 마천정馬川亭까지 보내 위로연을 하사하였다.

이 해(1176)에 인첨이 죽으니 향년 67세였다. 시호를 문정文正이라 하였다. 윤인첨은 총명이 보통 사람보다 뛰어나서 비록 백 명이나 천 명을 대하더라도 한 번만 성명을 들으면 언제까지나 잊지 않았다. 정중부가 난을 꾸며 문관들이 몰락된 후 윤인첨은 무관들과 같이 일을 볼 때 매양 견제를 당하면서도 하라는 대로 복종하면서 자기 몸을 보전했을 따름이었다. 따라서 서경을 평정한 후에 상과 벌이 적중하지 못하고 조치가 합당치 못하여 서북 지방 사람들이 곧 붙었다가 바로 반란을 일으키게 하였던 까닭에 당시의 여론이 그를 나쁘게 평가하였다. 수태사 문하시중守太師門下侍中 벼슬을 추증하였다.

아들은 윤종악宗諤이 있는데 과거에 합격하였다가 정중부의 난 때에 죽었고, 윤종함尹宗諴과 윤종양尹宗諹도 과거에 합격하였다. 처음에 윤인첨은 3형제가 모두 과거에 급제하였으며 양 대에 걸쳐 그들의 어머니에게 매년 국가에서 양곡을 주는 은전을 받게 하니 당시 사람들이 그것을 영예롭게 여겼으며 마을에서 그 집을 삼제댁三第宅 또는 이수댁二帥宅이라 불렀다.

9 조위총趙位寵의 '位寵'에서 사람 인 변亻과 갓머리宀를 빼면 '立龍'(왕이 된다는 뜻)이 된다.

두경승杜景升

전주 만경全州萬頃 사람이다. 사람됨이 글자를 모르지만 소박하고 정직하며 용기와 힘이 있었다. 처음에는 공학군控鶴軍에 보임되었는데, 상장군上將軍 문유보文儒寶가 그의 장인이었다. 두경승은 수박군手搏軍이었다. 문유보가 이르기를 "수박手搏이란 천한 기예이니 장사壯士가 할일이 아니니다."라고 하였다. 그 후부터 두경승은 수박하는 대오에는 가지 않았다. 대정隊正으로 승진하여 후덕전厚德殿 견룡牽龍으로 보충되었다. 정중부鄭仲夫의 난에 무사들이 틈을 타서 남의 재물을 약탈하는 자가 많았으나 두경승만은 홀로 전문殿門을 떠나지 않았으며 추호도 범하지 않았다. 이의방李義方이 그의 명성을 듣고 내순검지유內巡檢指諭로 끌어들였다.

하루는 퇴근 후 도보로 태안문泰安門을 나가서 변복하고 어디론지 도망가서 숨었다. 집안사람들이 사흘 동안이나 찾으러 다니다가 북산北山 바위틈에 숨어 있는 것을 발견하였다. 까닭을 물으니 그의 대답이 "(입직하여 있노라니) 정신이 황홀하여지며 꿈속 같은 중에 몇 사람이 나를 죽이려 하므로 무서워서 북쪽으로 도망가는데 갑자기 수만 명이 뒤를 좇아 와서 여기에 도착하였다."고 하였다. 사람들이 경인庚寅년에 억울하게 죽은 사람들의 혼령이 나타난 것이 아닌가 하였다. 이의방이 두경승이 다시 나와서 벼슬한다는 말을 듣고 기뻐하면서 말하기를 "이런 사람은 세상에 그리 많지 않다."라고 하고 다시 지유指諭로 복직시켰다가 후에 낭장으로 올려 주었다.

동북면병마사東北面兵馬使 김보당金甫當이 병란을 일으킬 때에 남부 지방에서 모두 이에 호응하여 일어났다. 이의방이 그의 종형 이춘부李椿夫와 두경승을 남로선유사南路宣諭使로 임명하였는데, 이춘부는 성질이 포학하여 고을의 원을 많이 죽였다. 두경승이 타이르기를 "지방의 병진兵鎭에서 반역을 일으켜 여러 고을이 풍비박산이 되었다. 우리가 임명 받을 처음에는 평정하기 어려웠다. 그러나 이제는 공의 위엄으로 해서 괴수가 이미 섬멸되었고 주륙한 것이 이마 많다. 지금부터는 모두 관대히 처분하며 혹 반역의 정형과 죄행이 현저한 자에 한하여 처단하면 인심이 복종하고 위엄과 은혜가 설 것이다."라고 하니, 이춘부가 그에 따랐더니, 남방 사람들이 기뻐하였다. 이춘부가 돌아와서 두경승에게 말하기를 "처음엔 공을 비겁한 사람으로 여겼더니 알고 보니 당신은 관후하고 근신하여 능히 큰 사업을 완수할 인물임을 알았다."라고 하였다.

두경승은 이번 전공으로 장군에 임명되었고 서북면 병마부사로 되어 창주昌州를 지키고 있었다. 서경 군사가 반란을 일으킬 때에 분도 장군分道將軍 박재위朴在偉 등이 조위총을 위하여 두경승을 사로잡아 죽이려고 하였다. 두경승이 무주관撫州館에 도착하여 점심 식사를 하고 있었는데 서경군 천여 명이 돌연 나타났다. 두경승이 관문館門을 여니 서경군이 앞을 다투어 들어왔는데, 두경승이 화살을 쏘아 한 사람을 즉석에서 넘어뜨리니 적군이 패하여 달아났다.

두경승은 구로舊路를 버리고 지름길을 찾아 밤길로 가다가 산 속으로 들어가 말안장을 벗기고 중이 가리키는 길을 따라 낮에 밤을 이어 8일 간 행군하여 서울에 도착하였다. 그때 원수 윤인첨尹鱗瞻은 이미 서경으로 출병한 때이므로 왕이 두경승을 동로병마부사東路兵馬副使로 임명하였다. 두경승이 병정 5천여 명을 인솔하고 고산孤山{아마도 지금의 高山驛일 것이다.}에 이르러 서경군을 만났다. 두경승은 군대를 셋으로 나누어 좌익左翼과 우익右翼으로 하여금 서경군을 급히 공격하여 격파하였다.

이때 조위총은 김박승金朴升을 장수로 하여 화주和州에 들어와 병마부사 최균崔均{이때 최균은 병마부사였고 두경승은 바로 가발사加發使였다.}을 죽이니 여러 성들이 김박승에게 호응하여 드디어 의주宜州{지금의 덕원德源}에 들어갔다. 두경승이 군사를 끌고 의주에 이르니 김박승이 성 밖에 수레를 늘어놓고 방어하였다. 두경승이 정예군을 선발하여 성을 공격하여 함락시키고 김박승을 생포하여 참하고 서울로 머리를 보냈다. 그리하여 여러 진鎭이 점차 귀순하기 시작하였다. 그러나 정주定州, 장주長州와 선덕진宣德鎭이 여진女眞 사람을 죽이려 하였으므로 여진 사람 천여 기騎가 정주 성문밖에 왔다. 두경승은 사람을 보내어 말하여 오해를 풀어주니 여진인들이 물러갔다. 두경승이 맹주孟州에 이르니 서경군이 험한 지형을 이용하여 항거하였다. 두경승은 이의민李義旼, 석린石麟 등과 더불어 적을 격파하고 맹주孟州, 덕주德州 적병들이 성을 버리고 도망하였다. 두경승이 주민들을 위로하여 안착시켜 살게 하였다. 그러나 무주撫州는 견결히 반항하며 굴복하지 않았으며 또 운중雲中 군대가 도착하여 서로 성원하였다. 두경승이 군대를 나누어 공격을 가하니 운중 군이 퇴각하게 되고 무주도 마침내 항복하였다. 때

마침 행영병마사行營兵馬使와 4총관四摠管들이 전투에서 패하여 동쪽으로 돌아가는 도중이었는데 서경군이 길을 차단하였다. 두경승이 대동강에서 적을 맞받아 싸우기를 무릇 20회에 달하였는데 모두 승리를 거두었고 서경군은 크게 패배하였다. 두경승이 돌아와 평주平州에 이르니 왕이 사신을 보내어 교외에서 위로하였다. 서울에 도착한 후에는 왕이 이르기를 "그대는 나라를 위하여 혈전을 하여 충성과 공로가 가장 높다. 그러나 적들이 아직껏 남아서 하늘의 주륙을 기다리고 있으니 그대는 더 한층 분투노력하라."고 하고 이어 그를 후군총관사後軍摠管으로 임명하여 다시 내보냈다.

두경승이 철관鐵關을 넘고 요덕耀德, 운중雲中路으로 행군하였는데 지나는 곳마다 서경군이 바람에 쓸리듯 하였다. 서경군이 연주連州로 입성하여 그곳에서 방어하려 하므로 두경승이 흙을 성 밖에 쌓고 그 위에 대포大砲를 설치한 후 성을 공격하여 마침내 함락시켰다. 사졸들이 입성한 후 앞을 다투어 재물을 탈취하므로 두경승이 금지령을 내리고 오직 가마솥 가져올 것을 허락하였다.

이에 서북 방면의 여러 성에서 모두 항복하였으므로 드디어 서경을 공격하였다. 서인西人들은 성이 견고한 것을 믿고 오랜 기간 떨어지지 않았으므로, 관군은 연주에서 가져 온 가마솥으로 취사를 하였다. 사람들이 편리하여 "공의 계획이 이에 미치는군요."라고 말하였다. 서경군이 밤중에 성을 나와 보루의 문에 불을 지르니 두경승이 불을 끄지 않고 물건들을 취하여 불 속에 던져 넣으니 불길이 솟아 백주같이 밝으므로 서경군이 감히 더는 들어오지 못하였다. 두경승은 평소부터 은혜와 신의가 있는 사람으로 알려졌으므로 서경 사람들이 성을 나와 투항하는 자가 많았다. 이때 윤인첨은 대군을 통솔하고 포위하여 공격한지 일 년이 가까이 되는데, 부드러운 전략으로 결전을 하려고 하지 않았다. 두경승이 이르러 전투에서 여러 번 승리하고 드디어 서경을 격파하고 조위총을 잡아 참하였다.

그러나 잔여 병사가 다시 모여서 도적질을 하였으므로 또다시 두경승을 서북면병마사로 임명하고 영청永清을 진수하게 하였다. 처치사處置使 이경백李景伯이 일을 논의하기 위하여 5백 명의 기병을 보내 두경승을 청하였다. 그러나 서경 군사들이 중도에 매복하고 있다가 저격하여 기병은 거의 다 죽었다. 두경승이 이미 출발하였는데 도중에서 사변이 있다는 말을 듣고 앞서 달려 되돌아와서 성안으로 들어가니 서경군이 따라잡지 못하였다. 이경백과 두경승의 협동 작전이 원만하게 되지 못하여 수차의 전투에서 불리하였으므로 조정에서 이경백을 소환하고 그 후임으로 석린石麟을 지병마사知兵馬事로 임명하였으며, 두경승은 처치사處置使를 겸임케 하였다.

그때에 금나라 사신이 환국하는데 서경군이 길을 막고 있어서 지나갈 수 없었다. 그래서 두경승이 용사를 모집하여 적을 가로막아 공격 섬멸하니 왕이 그의 공을 가상히 여겨 상장군 지어사대사上將軍知御史臺事로 승진시키고 갑자기 수태위 참지정사 수국사守太尉參知政事修國史를 더해주고 평장사로 승진하였으며 삼한벽상공신三韓壁上功臣으로 봉하고 화공 이광필李光弼에게 명하여 그의 도형을 그리게 하였는데, 이광필이 "그림 그리는 법에는 생시에는 반신상[半像]을 그린다."고 말하니 두경승이 노하여 전신 화상을 그리게 하였다. 양부兩府와 중방이 그의 집으로 모여서 축하하고 술을 취하도록 마신 후 각기 악기를 잡고 즐겼는데 두경승은 노래를 부르고 수사공守司工 정존실鄭存實은 소관小管을 불었다. 이의민이 노하여 꾸짖기를 "재상이 어찌 광대와 같이 노래를 부르거나 악기를 불고 있단 말인가?"라고 하였으며 이어 연회를 파하고 돌아갔다.

두경승이 동료들과 함께 왕에게 고하기를 "식목도감式目都監에 보관하고 있는 판안判案들은 나라의 귀중한 참고 도서[龜鏡]인데 부질部秩이 뒤섞이어서 점차 상고하기 어렵게 되었으니 검토하고 베끼어서 보관하여 두기를 바랍니다."라고 하니 왕이 그 의견을 좇았다. 또 그가 임금에게 아뢰기를 "선 왕조의 여러 훈신勳臣들은 왕실을 보위하고 나라의 큰 사업을 이루었으므로 잊을 수가 없습니다. 의당 봉작을 추증하는 은전이 있어야 합니다."라고 하니 왕이 그의 건의를 가상히 여기고 모두 봉증封贈을 더해주고 녹권錄券을 만들어 그 후손에게 주었다.

두경승은 이의민과 함께 문하시중門下侍中으로 임명되었는데 석차가 이의민의 위에 있었다. 이의민이 중서성中書省에서 두경승에게 욕설을 퍼부었으나 경승은 웃기만 하고 대답하지 않았다. 곧이어 중서령中書令을 더해주었다. 옛 제도에 3품 이상 관리는 급이 올라갈 때마다 사양하는 글을 올리면 왕이 조서를 내리어 허락치 않은 후에야 표문을 올려 감사의 뜻을 표하고 부임하는 것이 예의었다. 그러나 두경승은 혼자 "내심으로는 사양치 않으면서 남의 붓을 빌려서 사양하는 것은 나로서는 차마 못할 일이다."라고 하였다.

왕이 연경궁延慶宮으로 처소를 옮길 때 유언비어가 있어서 왕의 행렬에서 변이 일어난다고 떠돌았으므로 호위하고 따라가던 백관들이 모두 창황히 도망가 숨었는데 오직 두경승은 말고삐를 잡은 채 안색이 태연하였다. 최충헌이 왕을 폐위시킬 음모를 꾸미고 저잣거리에서 군대를 포치하여 놓고 의논할 일이 있다는 구실로 두경승을 불렀다. 장군 유삼백柳森栢{두경승의 사위이다.}은 의심을 품고 자살하였다. 최충헌은 두경승을 자연도紫燕島로 귀양 보냈다. 두경승은 울분으로 인해서 피를 토하고 섬에서 죽었다. 일설에는 두경승이 금을 가지고 있었는데 그의 종이 금에 욕심을 내어 몰래 독약을 먹인 것이라고도 하였다.

현덕수玄德秀

연주延州 사람이며 얼굴이 철색이고 뼈가 굵으며[鐵面犀骨] 담략이 있어서 의기 있는 체하였다. 겨우 성동成童일 때에 분도 장군分道將軍 김치규金稚圭가 그를 보고 기이한 인물로 인정하고 서울로 데려다가 공부를 시켰다. 대의에 통하였으며 글도 잘 지었다. 여러 번 과거에 응시하였으나 급제하지 못하고 병으로 고향에 돌아갔다.

조위총의 군사가 일어나니 절령岊嶺 이북이 모두 그에 호응하였다. 현덕수가 그의 부친인 도령都領 현담윤玄覃胤과 더불어 자기 고을 장수들에게 말하기를 "옛날 거란의 장수 소손녕蕭遜寧이 우리나라를 침범할 때에 각 고을이 모두 항복하였으나 우리 고을만은 엄연히 고수하여 그 공적이 왕부王府에 기록되어 있다. 이제 조위총이 화심禍心을 품고 왕의 명령을 거역하니 그의 죄는 천지간에 용납할 수 없다. 만일 충의를 품은 사람이라면 어찌 차마 그에게 복종할 수 있겠는가?"라고 하고, 이어서 장수들과 함께 대궐을 향하여 요배하고 만세를 부르며 성문을 닫고 고수하니 조위총이 사람을 시켜 연주로 문서를 보내기를 "이제 북계北界 40성의 군대가 모두 이곳에 모였는데 홀로 너의 성만 오지 않았다."고 하였다. 성중에서는 현덕수를 권행병마대사權行兵馬臺事로 추대하였는데 현덕수가 기병을 보내 문서를 가지고 온 자를 참하였다. 조위총이 또 다시 문사를 보내기를 "군대를 일으켜 장차 섬멸하러 가겠다."라고 하니, 이에 고을 사람들이 자못 흉흉하여지며 어떤 자는 조위총에게 호응하려는 자가 있었다. 그래서 현덕수가 맹주猛州의 장수와 아전의 명의로 격문을 조작하여 가만히 성 밖 주민을 시켜 그 글을 성 안으로 던지게 하였는데, "상경병上京兵 10령領이 이미 철령을 넘어 동계東界로부터 바로 서경을 향하여 진격 중에 있다. 어느 주州나 진鎭이든지 조위총에게 속하는 자는 경솔히 군대를 동원하지 말고 각기 자기 고을을 굳건히 지키고 기다리라."고 하였다. 그리하여 성중 사람들은 이 글을 믿고 딴 마음을 가지지 않게 되었다.

현덕수가 그 고을 부사副使 최박문崔博文과 판관判官 안지언安之彦·김공유金公裕들과 더불어 군대를 나누어 여러 성문을 수비하기로 하였다. 병마사 차중규車仲圭가 연주로 오는 길에 운반역雲畔驛에 이르러 운주雲州 사람들에게 살해당하였으므로 분대어사分臺御史 임탁재林擢材와 녹사 이당취李唐就가 인장을 품고 샛길로 연주로 찾아왔다. 이에 고을 사람들이 현덕수의 아우 장군 현이후玄利厚에게 병마사 직무를 임시 대행하게 하고 현덕수에게는 감창사監倉使 일을 대행하라 하였으며, 이어서 부서를 바꾸고 수비를 강화하였다.

안북 도령安北都領 강우문姜遇文이 34성 도령들과 연명으로 연주의 장리長吏들에게 편지를 보내기를 "서울에서 대병력을 동원하여 북부 지방 여러 성을 토벌하려 하는데, 우리 여러 성들은 죄가 없지 않으니 주륙을 당할 것이다. 그러므로 서경의 조상서趙尙書(조위총)가 측은하고 긍휼히 여겨서 우리들 40성의 적자赤子를 구하여 주어서 대중들의 마음이 모두 떨쳐서 군사들이 모두 모였는데 귀 성만이 유독 오지 않으니 이것은 무슨 까닭인가? 만약 딴 마음을 품는다면 너희들 일족이 몰살당할 것이니 빨리 서경으로 모여 후회가 없도록 하라."고 하였다. 또 운주 낭장雲州郎將도 사자使者를 보내 편지를 가지고 왔는데 안북과 같았다. 임탁재가 사자를 참하여 성 밖에 효시하였다. 이윽고 서경 군대가 성을 공격하였으므로 임탁재가 격파하였다. 해질 무렵에 서경군이 다시 성 남쪽에 진을 치고 소리 질러 이르기를 "서경에서 거병한 것은 삼한을 바로잡으려는 것인데 너희들 성만 홀로 응하지 아니 하였다. 이는 진실로 잘못 생각한 것이다. 현이후玄利厚 형제를 베고 성을 열어 항복하는 자가 있으면 많은 상을 줄 것이나 그렇지 않으면 반드시 도륙하겠다."라고 하였다.

현덕수가 남문으로부터 나와 공격하였더니 서경군이 드디어 서울로 진격하였다. 그들이 서울 서쪽에 도착하였으나 이의방李義方에게 패배 당하였다. 그들이 말하기를 "비록 서울에서는 뜻대로 되지 못하였으나 연주는 작은 성으로서 오랜 기간 항복치 않으니 의당 다시 급공을 하자."고 하면서 다시 연주로 달려와서 몇 겹으로 에워쌌다. 현덕수가 고용지高勇之와 당취唐就 등을 시켜 급격히 돌격하여 적을 대파하였다. 포로로 잡고 참한 것이 매우 많았다. 서경군이 또다시 공격하여 왔으므로 현덕수가 또 출격하여 적을 크게 격파하고 무수한 병장기를 노획하였다.

이듬해에 금나라 고라高羅가 군대를 인솔하고 연주 지경에 와서 주둔하니 성 안 사람들이 모두 공포에 떨고 있었다. 고라가 말하기를 "우리 황제가 당신네 나라의 여러 고을에서 난을 일으키고 있으나 홀로 당신네들은 그 편에 붙지 않았으므로 오랫동안 적들의 압박을 받아 형세가 심히 위급하다는 소식을 듣고 나에게 군대를 인솔하고 가서 원조하여 주라는 명령을 받고 온 것이니 두려워하지 말라."고 하였다. 현담윤은 전부터 금나라 사람에게 은혜와 신의가 있는 사람으로 알려져 있었으므로 그가 금군의 병영으로 가서 실지대로 말하였다. 고라가 눈물을 흘리면서 하는 말이 "우리 황제의 들은 바가 과연 정말이다. 급한 일이 있으면 내가 돕겠으니 당신들은 충성과 의리를 다하여 외롭고 위태롭다고 사기를 저해하지 말라."고 하고 드디어 돌아갔다. 여러 성 군대들이 재차 연주를 공격하여 왔으나 현덕수가 이번에도 또 적군을 격파하였다.

이때 윤인첨과 두경승이 군사를 합하여 연주漣州를 공격하여 격파하니 여러 성의 군사들이 모두 관군에 투항하였고 연주延州는 포위가 풀렸다. 왕이 현담윤을 장군으로 임명하여 고향에서 살게 하고, 현덕수는 내시 지후內侍祗候로 임명하고, 안북 도령安北都領 송자청宋子淸·문신로文臣老·강우문姜遇文 등에게는 관직과 상을 각기 차등 있게 주어서 모두 서울에 거주하게 하였으니, 이는 그들이 처음 안북에서 조위총 편에 붙었다가 후에 귀순하였기 때문이다. 현덕수가 글을 올려 고신告身을 반납하고 과거에 응시하겠다고 청원하였으나 허락되지 않았으며 얼마 아니 지나서 안남도호부사安南都護副使로 나갔다 그의 정사가 청렴하고 명철하였으므로 아전과 백성들이 그를 존경하고 두려워하였다. 그는 더욱 음사淫祀를 미워하여, 금지하는 명령이 심히 엄하였다. 하루는 아전이 여무女巫를 잡아왔는데 현덕수가 자세히 보고 말하기를 "여자가 아니라 남자로다."라고 하여 신문하였으나 불복하여 벗겨서 보니 과연 남자였다. 이에 앞서 무당들이 사족士族의 집에 드나들면서 몰래 부녀들을 희롱하였으나 더럽혀진 자들이 부끄러워서 스스로 말하지 아니하여 사람들이 그가 여무가 아니라는 것을 몰랐다. 이에 이르러 온 고을이 그의 신명에 감탄하였다.

내직으로 들어가서 도관 낭중都官郎中으로 되었다. 그때에 산원散員 노극청盧克淸의 집이 빈곤하여 집을 팔려 하였는데 현덕수가 백금白金 12근을 주고 샀다. 그의 처가 받았다. 노극청은 밖에 있다가 돌아와서 현덕수를 보고 말하기를 "내가 당초에 9근으로 이 집을 사서 수년간 거주하였다. 그러나 증축이나 보수한 일을 하지도 않고 12근을 받는 것이 옳은 일인가? 청컨대 3근을 반환하겠다."고 하였다. 현덕수가 대답하기를 "그대는 능히 고인의 의리를 행할 줄 아는데 나라고 못하겠는가?"라고 하고 받지 않으니, 노극청이 말하기를 "내 평생에 남의 티끌을 하나도 취하지 않았는데 50량의 은은 하나의 티끌에 비하면 많은 것이다. 당신이 만약 따르지 않을 것이면 나의 집을 돌려달라."고 하였다. 현덕수는 웃으면서 그 돈을 받고 말하기를 "내가 어찌 노극청만 못해서야 되겠는가?"라고 하고 그 돈을 절에 희사하니, 듣는 사람들이 모두 감탄하여 말하기를 "이 세상에도 그런 사람들을 볼 수 있구나."라고 하였다.

후에 이부 낭중으로 임명되었는데, 간관諫官이 변방 출신자에게 그런 관직을 주는 것은 부당하다고 하였기 때문에 병부 낭중兵部郎中으로 고쳐 임명되었다가 파직되었다. 신종 때에 전중감殿中監으로 다시 임명되었고 여러 번 승직되어 병부상서兵部尙書에까지 올랐다가 치사하고 고종 2년(1215)에 죽었다.

방서란房瑞鸞

선주宣州의 향공鄕貢 진사進士이다. 조위총이 병란을 일으키자 여러 성들이 모두 그에게 붙었다. 방서란이 그의 형 방효진房孝珍과 방득령房得齡에게 말하기를 "조위총이 서주西州의 토호들을 위협하여 모두 관직에 임명하였는데, 우리들도 역시 그 중에 들어 있다. 그러나 나의 장인 윤중첨尹仲瞻이 병마 판관兵馬判官으로서 그의 형 윤인첨{중첨은 인첨의 사촌 동생이다.}의 지휘 하에 있으니 사위가 장인을 공격하는 것은 정의상 차마 못할 일이며 하물며 조위총은 지혜는 얕고 모략은 크니 나중에는 반드시 자멸할 것이다. 형님들은 잘 생각하라."고 하니 방효진도 그의 말을 옳게 여겼다. 그리하여 밤중에 몰래 고을 사람들을 달래기를 "조위총이 처음에는 적신賊臣을 처단하겠다는 호소를 하였기 때문에 열흘 내지 한 달 사이에 여러 성들이 향응하였다. 그런데 관군과 전투하자 바로 도망하여 궤멸하였고 패배당하였다. 아랫사람이 윗사람을 범하고 바깥에서 안을 도모하니 기세가 이미 저상되어 다시 일어나지 못할 것이다. 그들이 믿는 바는 오직 험준하고 견고한 성을 가지고 있는 것뿐이다. 만일 관군이 하루 아침에 서경을 함락시키고 대의로써 여러 성들을 힐책한다면 관서의 사대부들은 천하의 공의에 어떻게 변명할 것인가. 또 조위총은 위인이 패만하고 잘못이 있어서 그의 의도는 역적을 토벌하는 데만 있는 것이 아니니 우리들도 만약 생각을 고치지 않는다면 만세의 뒤에 그들과 같은 악명을 입을 것이니 수치가 심한 것이 아니겠는가? 그러므로 이제 결사적으로 창의하여 반역을 버리고 귀순의 길로 나가려 하는데 제군諸君의 의향은 어떤가?" 라고 하니, 고을 사람들이 모두 이에 따랐다. 낭장郎將 의유義儒란 자는 조위총의 임명을 받아 장군이 되었으므로 그 자만이 불가하다고 하였다. 방효진이 그를 죽이고 즉시 의주義州에 사람을 보내 이 소식을 전하니 의주 사람들도 역시 조위총이 임명한 장군을 죽이고 호응하였으며 사자를 보내 머리를 가지고 지름길로 달려와서 급보로 행영行營에 보고하였다. 여러 성들에서 이 소식을 듣고 모두 군사를 파하였다.

이 사실을 왕에게 보고하니 왕이 가상히 여겨 방효진에게는 산원散員 벼슬을 주고 방서란에게는 내시에 배속시켰으며 방득령은 본 고을에 거주케 하여 호장戶長으로 삼았는데, 고을 사람들이 방효진 혼자서만 벼슬을 받은 것을 질투하여 방득령과 그의 모친을 죽였다.

박제검朴齊儉

명종 때에 대장군으로서 서북면병마사로 되었다. 이때 조위총은 이미 패망한 후 잔당들이 다시 모여 세 집단으로 나뉘었는데, 사진思進·식단軾端·진국進國이란 자들이 중군 행수中軍行首로 되고, 계훈戒訓이 지유指諭로, 김보金甫가 전군 행수前軍行首로, 광수光秀가 후군 행수後軍行首로 된 후에 가주嘉州·위주渭州, 태주泰州, 연주漣州 등 고을 사이에 산재하면서 서로 연락을 취하고 약탈을 하여 백성의 큰 우환거리가 되었다. 그들은 자주慈州와 숙주肅州 두 고을을 불사르고 사찰을 도륙하였다. 왕이 군대를 파견하여 토벌하였으나 몇 차례 전투에서 모두 실패를 하였다. 박제검이 처음 영營에 이르러 여러 장교들을 나누어 홍화興化·운중도雲中道의 군대를 출동시켜 습격전을 진행하기로 하였다. 그러나 적들은 산골 숲에 의거하여 일정한 정처가 없을 뿐만 아니라 여러 지방 사람들은 대부분 적의 이목耳目이 되어 있었기 때문에 군중의 동정을 바로 적들이 먼저 알았다. 그래서 싸움을 하면 바로 패배당하여 후퇴하였다. 적들은 승리한 기세로 영주寧州 영화사靈化寺를 공격하고 중들을 내몰아 병정으로 편성하여 연주漣州를 진공하니 적들의 기세가 도로 왕성하여졌다. 그러나 적들의 도적질이 오래됨에 따라 마을들에는 섬돌이나 벽 하나 성한 것이 없고 약탈하여 다 없어졌으며 큰 성들은 모두 굳게 지키고 있었으므로 쉽게 강점할 데가 없었다. 때문에 그들은 점차 굶주리어 투항할 의도를 가지고 있었다. 박제검이 이 정보를 듣고 사람을 보내 투항을 권유하니 여러 곳에 있던 적들이 서로 이끌고 와서 투항하였다. 박제검이 매번 투항자를 접견하고 위로하기를 "너희들도 모두 다 우리의 백성이다."라고 하고 창고를 열어 진휼을 하고 여러 고을에 분산시켜 생업에 종사하게 하였다.

광수 등이 모두 투항하여 역마에 태워 서울로 보내니, 왕이 광수·김보金甫를 교위校尉로, 사진·식단·계훈을 대정隊正으로 각각 임명하였다. 그러나 진국만이 투항하지 않고 그 잔당을 데리고 여진女眞으로 넘어갈 것을 기도하였으므로, 박제검이 군대를 파견하여 그들을 모조리 잡아 죽였다. 구주龜州의 동방보東方甫 등이 적들과 관계를 맺고 왕래하였으므로 그들도 모두 잡아 죽였다. 이에 적들이 드디어 평정되었다.

후에 박제검은 지어사대사知御史臺事로 되었다. 그의 아들 박보광朴葆光은 경박하고 행실이 좋지 않았다. 그가 길에서 이소응李紹應의 처를 만났는데 그의 종이 생강을 가진 것을 보고 요구하였으나 주지 않으므로 박보광이 그를 구타하였다. 그래서 이소응의 처가 대노하여 자기 집 종들에게 칼과 몽둥이를 들리고 박제검의 집으로 가서 악을 쓰고 떠들면서 박보광을 죽이려 하였으므로 박보광이 도망쳐 숨었다. 이소응의 사위는 경대승의 동생이다. 이소응의 처가 경대승을 통해 중방重房에 고소하니, 중방에서 아뢰기를 "박보광이 길가에서 재상의 부인을 모욕한 것은 대단 무례한 일이니 응당 법에 의하여 단죄해야 합니다."라고 하였다. 박보광은 여전히 나타나지 않았으며 그의 부친 박제검은 연좌되어 관직에서 파면당하였다. 박제검은 여러 장군들을 집집마다 찾아다니면서 애걸하였으므로 장군들이 가련히 여기고 그의 복직을 요청한 결과 왕도 그의 복직을 허락하였다.

논하기를,

회채淮蔡의 전투[10]에서 도통 한홍韓弘은 진중하고 이소李愬는 경병輕兵으로 습격하여 격파하였다. 서경의 전후의 전투에서 김부식, 윤인첨은 유연하게 지구전을 하였지만 윤언이와 두경승은 의논을 정하여 급히 공격하여 드디어 성공을 거두었다. 대개 지구전과 급공전은 서로 사용하고 하나를 폐할 수 없다.

현덕수·방서란은 지방 사람으로서 뛰어난 사람이다. 녹봉을 먹지 않았는데도 죽음을 바치는 의리는 여러 성들이 무너지는 때를 당하여 반역과 순종을 잘 알아서 큰 계책을 세워 우뚝하게 움직이지 않고 여러 성을 위하여 창의하였다. 천성적으로 충의에 독실한 자가 아니면 가능하겠는가? 서경이 이미 함락되고 잔당이 아직 다 복종하지 않았을 때에 박제검은 힘을 다하여 초유하여 관서 지방이 안정이 되었으니 그 계책이 좋다고 하겠다.

10 회채의 전투: 당唐 헌종憲宗 때 오원제吳元濟가 회서淮西·채주蔡州의 절도사節度使인 오소성吳少誠을 죽이고 일으켰던 반란을 일으켰는데, 무원형武元衡과 배도裵度가 진압하였다.

조위총趙位寵

조위총의 가계世系는 사료史料에 없다. 의종 말년에 병부 상서兵部尙書로서 서경 유수西京留守가 되었는데 정중부, 이의방 등이 의종을 시해하고 명종을 세웠다. (명종) 4년(1174)에 조위총이 군사를 일으켜 정중부 등을 죽일 것을 모의하였다. "서울의 중방重房이 북계北界 여러 성의 사람들은 모두 다 사나워서 제어하기 어려우므로 군사를 일으켜 도륙하여야 한다고 하여 모의가 이미 정해졌고 대군이 곧 올 것인데, 우리 여러 성들은 무고하게 죽을 것이니 우리들이 어찌 가만히 앉아서 스스로 죽는 길을 택하겠는가?"라고 선언하였다. 이에 인심이 놀라고 의혹을 가지게 되었는데, 이어서 동북 양계에 격문을 보내 각자의 병마를 규합하여 모두 서경에 집결하라고 하였다. 그리하여 절령岊嶺(자비령) 이북 40여 성이 모두 호응하였으나 오직 연주延州만은 성문을 굳게 닫고 고수하였다.

왕이 평장사 윤인첨尹鱗瞻에게 3군을 통솔하고 서경을 토벌하라고 하였으며 또 최균崔均을 동북로東北路로 파견하여 각 성에 선유하라 하였다. 윤인첨이 절령역에 이르니 조위총이 군대를 파견하여 갑자기 관군을 급히 쳐서 대파하고 김박승金朴升을 동계에 파견하여 최균을 맞아 참하였다. 김박승은 바로 두경승에게 격파당하고 피살되었다. 조위총의 선봉이 서울 서쪽에 이르렀으나 이의방이 격파하여 궤멸 당하여 돌아갔다. 조위총이 패잔병을 수습한 후 다시 성 안으로 들어가서 고수하였다. 이의방이 오랫동안 성 밖에 주둔하고 있었는데 조위총이 이의방을 격퇴시켰다. 이의방의 군대가 조위총의 아들 조경趙卿과 장군 우위선禹爲善을 생포하여 참하였다. 이듬해에 조위총이 군대를 보내 요덕현耀德縣을 공격하여 왔다. 이때 이의방은 이미 처단된 후이므로 왕이 전중감殿中監 유응규庾應圭와 급사중給事中 사정유史正儒를 보내 조위총에게 조서를 내리기를 "짐이 신민臣民들의 추대를 받아 갑자기 왕위에 오른 지 벌써 6년이 되었는 바, 문무백관들이 나를 보좌하였기 때문에 큰 터전을 지킬 수 있었다. 그런데 근자에 반역자가 국권을 독재하여 옳지 못한 행위를 많이 하여 해독이 조정의 안팎에 파급하게 되니 백성은 원망을 하고 병란을 일으켜서 무지한 백성들에 이르기까지 살상을 많이 당하게 되니 짐은 심히 아프게 생각한다. 적신賊臣들은 이미 그대들의 보고에 의하여 형벌에 처하였다. 경은 또 사신을 보내 선유할 것을 청하였다. 그리하여 그대의 충성을 가상히 여기고 이제 사신을 보내 나의 지극한 뜻을 선유하노라." 하였더니 조위총이 표문을 올려 항복하기를 청하였다.

그러나 유응규가 돌아오자 조위총이 후회하고 날랜 기병을 파견하여 유응규의 뒤를 추격하게 하였다. 그들이 동선역洞仙驛까지 달려갔으나 따라잡지 못하였으므로 분김에 역관의 아전들을 죽이고 돌아갔다. 그리고는 뒤미처 좌영장左營將 서준명徐俊明을 보내 이의방을 처단한 것을 표문으로 축하하였다. 왕이 서준명을 억류하였다. 상경군上京軍(관군)이 몇 달 동안이나 연주漣州를 포위하고 있었으므로 연주에서 조위총에게 구원을 청하였다. 조위총이 부하 장수를 보내 구원하게 하였더니 두경승이 사잇길로 가서 구원군을 쳐서 수천 명을 살해하였으며 또 망원莽園에서 구원군을 엄습하여 격파하였다.

당시에 의종毅宗의 장사를 아직 지내지 못하였었다. 조위총이 이의방이 왕을 죽이고 장사도 지내지 않았다는 죄를 성토하였기 때문에 장례를 치르지 못하다가, 이때에 발상發喪하고 희릉禧陵에 장사 지냈다. 장군 박존위朴存威가 왕의 사신으로 운중雲中에 있으면서 (연주에서) 가마를 바친 일을 매양 자랑하였는데, 이에 이르러 운중 사람들이 조위총과 내통하였다고 하여 드디어 박존위를 죽였다.

윤인첨이 서경으로 진공하여 포위하여 지킨 지 1년 가까이 되었다. 조위총이 식량이 다 떨어져서 때때로 나와 도전하였다. 윤인첨은 보루를 굳게 쌓고 응전하지 않으니 조위총이 김존심金存心과 조규趙規를 금나라로 보내 이의방이 왕을 시해한 죄상을 알리게 하였으나, 김존심이 도중에서 조규를 죽이고 왕에게 내알하였다. (왕이) 김존심을 내시內侍로 임명하였으며 그리고 그의 장수들은 모두 관직과 상을 주었다. 조위총이 이 소식을 듣고 김존심의 처자를 죽이고 또다시 서언徐彦 등을 금나라로 보내 표문을 올리기를 "전왕前王이 본래 왕의 자리를 양위讓位한 것이 아니라 대장군 정중부와 낭장 이의방이 시해한 것이다. 신 위총은 절령岊嶺 서쪽의 40여 성이 금나라에 내속內屬할 것을 원하는 바이니 군대를 보내 나를 원조하여 주기를 바란다."라고 하였다. 금나라 군주가 서언 등을 붙잡아 동경 총관부東京摠管府로 압송하고 영덕寧德에 공문을 보내기를 "서경 유수 조위총이 세 차례에 걸쳐 96명의 사람을 보내 표문 등을 가져 왔는바, 이제 그가 파견한 서언 등의 문서에 의하면, '대정大定{금 세종의 연호} 10년에 전왕이 보현사普賢寺로 놀러 갔었는데 대장군 정중부와 낭장 이의방 등이 전왕과 그의 자손을 붙잡아 바다 섬으로 보내고 전왕의 아우 익양공翼陽公을 왕으로 삼은 후 마치 전왕이 병으로 양위한 것 같이 거짓으로 꾸며 보고하였으며, 대정 13년에 정중부 등이 사람을 보내 전왕 및 태자와 관료를 살해하였으며, 대정 14년에 조위총이 왕에게 글을 올려 정중부 등을 처단할 것을 청한 바, 금년 정월에 왕이 조서를 내리어 적신들은 이미 처단되었다고 하였는데, 뜻하지 않게 (정중부의 아들) 정균鄭筠이 신왕에게 고하지 않고 군사 수만 명으로 서경을 포위 공격하여 왔다. 그리하여 지금까지 서로 싸우고 있으나 아직도 승부가 결정되지 못하고 있다. 금년 6월에 조위총이 북계의 40여 성을 대조大朝(금나라)에 예속시키려는 의도로 사신을 파견하여 문서를 가지고 파속총관부婆速摠管府에 전하려고 하였는데 의주 관문에서 저지를 당하였고, 이어서 대사大使 김존심金存心, 조규趙規 등을 해로海路로 파견하여 아뢰었으나 그 후 소식이 없으므로 이번에 다시 서언 등을 파견하여 대조에 부속하겠다는 것과 군대를 파견하여 문죄하십시오.'라는 등의 말이 있다. 이에 '조위총의 청원에 대하여는 대국에서 허용할 바 아니니 서언 등을 그의 본국으로 넘기라.'는 황제의 명령을 받들고 서언 등과 그들의 의복, 무기 등을 관리를 통하여 인도한다."라고 하였다.

(명종) 6년에 조위총이 사람을 파견하여 거사居士로 가장하고 서북 지방의 각 주와 진에 청병하러 다니게 하였는데 정주靜州에서 체포되었다. 조위총이 상경병上京兵과 교전하다가 거짓 패한 체하고 달아나니 상경군이 추격하여 용흥龍興(황주 지방)에 이르렀을 무렵에 조위총이 돌연 반격을 가하니 상경군 측에서 전사자가 대단히 많았다. 인주麟州 사람 강부康夫·녹승祿升 등이 방수防守 채윤화蔡允和를 죽이니, 왕이 내시 최존崔存을 파견하여 그들을 타일렀으나 따르지 않았다. 또 (강부 등이) 의주분도義州分道 윤광보尹光輔, 판관判官 이언승李彦升을 죽이고 조위총에게 내응하였다. 조위총이 사람을 보내 여러 성의 추장 토호들에게 벼슬을 주었다. 인주 도령麟州都領 홍덕洪德이 모의하여 거절하므로 강부 등이 칼을 품고 홍덕의 집으로 찾아갔으나 홍덕이 문간에다 복병을 두

었다가 강부 등을 죽였다. 이때 여러 성들은 모두 조위총에게 붙었으나 오직 연주의 현덕수와 선주의 방서란만은 창의하여 거절하였다. 이로 인해서 여러 성의 군사들의 마음이 조위총을 의심하게 되고 마침 윤인첨과 두경승이 대병을 통할하여 서경을 공격하여 격파하고 조위총의 머리를 참하여 바치니 저자에 효시하였다.

논하기를,

국가에 변란이 있으면 반드시 장절仗節(기대고 절개가 있는 것)하는 신하가 있는데, 경인년(1170, 의종 24)의 변란에 다 없어졌다. 한때의 명망이 있고 절개가 있는 선비들이 거의 모두 죽임을 당하였고 구구하게나마 대의를 펴려고 한 자는 오직 김보당과 조위총 두 사람뿐이었다. 그러나 김보당은 너무 소홀해서 실패했고, 조위총은 너무 늦어서 실패하였다. 이것이 그들이 모두 패한 이유이다.

조위총은 의왕毅王(의종)이 쫓겨나 시해된 날 온교溫嶠처럼[11] 문죄問罪를 하는 군사를 일으켜 금나라 조정에서 울면서 대의를 천하에 성토하고 여러 성에 격문을 보내어 충성과 신의로 결의를 했다면 승부를 알 수가 없었을 것이다. 불행히도 패하였으나 조위총의 평양의 반란이 어찌 제갈량의 수춘[12]보다도 낫다고 하겠는가? 돌이켜보면 계산이 이에서 벗어나지 못하여 우유부단하게 시기만 기다리고 있다가 새 왕의 책명册命이 이미 내려져서 나라 사람들의 인심이 이미 정해지게 되었으니 우리나라의 의리 있는 선비들이 누가 다시 반역의 꾀를 따라서 기꺼이 조위총과 함께 패배의 길로 가겠는가? 이것이 현덕수, 최균이 복종하지 않은 까닭이다. 조위총의 죽음은 분명히 김보당같이

---

11 온교는 동진東晋 원제元帝 때의 명신名臣. 진晋나라 형세가 쇠약하여 장안長安과 낙양洛陽이 함락되자 원제가 양자강 이남 건강建康으로 천도遷都하였다. 소준蘇峻이 조약祖約과 함께 진나라에서 반란을 일으키자 온교는 도간陶侃을 맹주盟主로 추대하고 눈물을 뿌리며 사방에 격문檄文을 보냈다.(≪진서晉書≫ 권67 온교전溫嶠傳).

12 제갈탄諸葛誕은 삼국시대 위魏나라 정동 장군征東將軍. 사마소司馬昭가 가충賈充을 수춘壽春에 보내 제갈탄을 보고 선위禪位할 일을 의논하니, 제갈탄이 거센 목소리로 "경은 가예주賈豫州의 아들이 아닌가? 대대로 위나라의 은혜를 받았는데 어찌 사직을 남에게 넘겨줄 수 있겠는가. 만일 낙읍洛邑 안에 난이 있거든 내 마땅히 죽을 것이다." 하였는데, 뒤에 거사하여 이기지 못하고 피살되었다.

아래의 수는 아니지만 어찌 그렇지 않다고 하겠는가? 하물며 (금나라에) 내부內附하겠다는 요청까지 나왔으니 종사를 어디에 놓겠다는 것인가? '입룡立龍'이라고 칭하였다는 소문은 그가 본래 무군지심無君之心을 품었다는 것을 알 수 있다. 그러나 조위총이 행오行伍에서 발신하여 본래 배운 것은 없지만, 그래도 옛 군주를 위하여 원수를 갚으려고 하고 군주를 시해한 적에게는 차마 북면을 할 수 없다고 하였으니 이는 역시 기특한 것이다. 그 성패와 득실에 대해서는 여전히 깊이 변별해야 하겠다.

우학유于學儒 홍중방洪仲方 진준陳俊 경대승慶大升

우학유于學儒

목주木州 사람이다. 그의 아버지 우방재于邦宰는 힘이 절등하게 세었으며 벼슬은 우복야右僕射에 이르렀다. 우학유는 쾌활하고 기개가 있는 사람으로서 의종·명종 두 왕조에서 숙위宿衛하였는데 충직하고 근신하기 짝이 없었다. 이고李高, 이의방李義方 등이 반란을 꾸밀 때 누가 군대를 지휘할 것인가를 의논하였는데, 모두 말하기를 "오늘 일에 공(우학유)을 제쳐 놓고는 안된다."고 하였다. 그리하여 그의 집으로 찾아가서 고하니, 우학유가 말하기를 "공들의 뜻은 크다. 그러나 이 모의는 내가 미칠 바가 안된다. 우리 부친이 항상 나를 훈계하기를 '무신이 문관에게 욕을 본지 오래다. 어찌 분하지 않으랴? 문관을 제거하기는 썩은 나무를 쓰러뜨리는 것처럼 용이하다. 그러나 문무가 부딪치면 그 화가 금방 닥칠 것이니, 너는 마땅히 삼가라.'고 하셨다. 부친이 벌써 사망하였으나 그의 말은 아직도 귀에 남아 있다. 그런 까닭에 나는 죽을 망정 따를 수 없다."라고 하였다. 그 후 그들이 성공한 후에 이고, 이의방이 그가 따르지 않은 것에 유감을 품고 우학유를 모해하려 하므로, 그가 겁이 나서 이의방의 누이에게 장가를 들고 무사하게 되었다. 벼슬이 동지추밀원사同知樞密院事에 이르러서 죽었다.

홍중방洪仲方

병졸[行伍] 출신이다. 정중부가 의종을 폐위시키고 명종을 왕으로 세울 때 홍중방의 힘이 많았기 때문에 대장군으로 뛰어올랐다. 그는 바른 말을 잘 하고 아첨하지 않았으며 매양 타인의 과실을 면박하여 질책하였으므로 왕이 그를 귀중히 여겼으며 사람들도 그를 중하게 여겼다. 그때 무산직武散職의 검교檢校 장군 이하와 산원散員 동정同正 이상이 회담하여 동반東班 권무관權務官 직무를 무관들이 강압적으로 빼앗아서 겸임하려는 논의를 하였는데, 중방重房이나 대성臺省에서도 다수의 말이 무서워서 누구도 감히 말하지 못하였다. 그러나 홍중방이 홀로 말하기를 "국가가 관청을 설치하고 직무를 나누는 관제를 만들었는데, 오직 경卿이나 감監 외에는 무관으로서 문관의 직무를 겸임하지 못하게 되었다. 경인년庚寅年 이후에 우리 무관들도 대성臺省에 들어가게 되었고 조정의 관직에도 등용되었다. 교위校尉, 대정隊正들에게도 복두幞頭를 쓰는 것이 허용되었고 서반西班의 산직散職도 지방 장관으로 임명 받게 되었으나 이것은 확실히 선왕의 제도가 아니다. 그런데 이제 또 갑자기 권무관까지 탈취한다면 동서반으로 제도를 정한 것은 어떻게 되겠는가? 나는 차라리 죽을지언정 이런 의견에 따를 수 없다."고 하였으므로, 그 의논은 그만 종식되었다. 그리하여 서반 산직들이 떼를 지어 길에서 고관들을 보기만 하면 호소하기를 마지않았다. 하루는 그 자들이 홍중방을 만나 길을 가로막고 욕설을 퍼부었다. 홍중방이 팔을 걷어 올리고 말을 채찍질하여 사람들을 헤치고 중방으로 달려 와서 말하기를 "내가 오늘 거의 죽을 뻔하였다. 아랫사람이 윗사람을 능욕하는 것이 이렇게까지 할 수 있는가."라고 하였다. 이어 그는 몰래 주모자 4~5명을 체포하여 섬으로 귀양 보내고 또 그의 잔당 10여 명도 귀양 보내니 그때 여론이 그를 더욱 소중히 여겼다. 벼슬이 여러 번 올라 수사공 상서좌복야守司空尚書左僕射에 이르러 지방 관리를 임명하는 직무를 담임하게 되었는데 관직의 임명과 상벌을 자기 마음대로 독단 처리하였다. 또 애첩을 두었는데 사리사욕을 채우는 무리들이 그에게 아부하며 경쟁하듯이 뇌물을 가져다주었다. 그는 명종 9년(1179)에 죽었다.

진준陳俊

청주 여양현淸州呂陽縣 사람인데 용기가 있고 힘도 세었다. 병사 출신으로 노력한 끝에 위장군衛將軍으로 임명되어 북계北界를 경비하고 있었다. 당시 제도에 수장戍將은 정각 복두正角幞頭를 쓰지 못하게 되었는데 진준은 이것을 쓰고 다니었다. 지병마사知兵馬使 양승용梁升庸이 금하였으나 듣지 않으므로 탄핵을 받아 파직되었다. 후에 대장군으로 등용되었다. 명종 때에 여러 번 승직되어 지추밀원사知樞密院事로 되고 참지정사판병부사參知政事判兵部事로 승진되었다가 (명종) 9년(1179)에 죽었다.

진준은 성품이 순박 정직하여 당시에 칭찬을 많이 받았고 왕도 그를 중하게 여겼다. 경인庚寅, 계사癸巳년의 사변에 문신들의 집이 그에 의지하여 무사한 집들이 심히 많았다. 그때 사람들이 음덕이 있으니 후일에 반드시 번창할 것이라고 하였다. 그의 손자 진식陳湜, 진화陳澕, 진온陳溫이 모두 과거에 급제하여 문장으로 이름이 났으며, 진식은 벼슬이 어사대부에 이르렀고, 진화는 직한림원直翰林院으로 선발되어 우사간 지제고右司諫知制誥로 있다가 공주公州 원으로 나가서 죽었다. 그는 시를 잘 하였는데 시구가 깨끗하고 아름다웠으며 젊어서부터 이규보李奎報와 동등한 이름을 떨치었으며, "이정언李正言 진한림陳翰林"이라는 칭호가 있었다.

경대승慶大升

청주淸州 사람이니 그의 부친 경진慶珍은 중서시랑 평장사中書侍郎平章事 벼슬을 지냈다. 경대승은 힘이 절등하게 세었다. 일찍이 큰 뜻을 품고 살림살이는 돌보지 않았다. 나이 15세에 문음門蔭으로 교위校尉에 보용되었고 여러 번 승직되어 장군으로 임명되었다.

그의 부친 경진은 본래 탐욕스러워서 타인의 토지를 많이 강탈하였으나 그가 죽은 후 경대승은 강탈한 토지 문서[田案]를 선군選軍에 바치고 한 뙈기의 땅도 남기지 않으니 사람들이 그의 청렴함에 탄복하였다. 명종 8년에 청주 사람들이 청주 사람으로서 서울에 적籍을 두고 사는 사람들과 사이가 좋지 못하여 서울서 살던 사람들을 거의 다 잡아 죽였다. 그리하여 서울에 있던 사람들이 이 소문을 듣고 복수하기 위하여 왕의 지시를 위조하고 결사대를 모집하여 청주로 내려보냈다. 왕이 장군 한경뢰韓慶賴 등을 뒤쫓아 보내 제지하려 하였으나 미치지 못하여, 그들이 청주 사람들과 싸웠으나 이기지 못하고 백여 명이 죽었다. 그때에 경대승이 대장군 박순필朴純弼과 함께 청주의 사심관事審官으로 되었었는데 이것을 제지하지 못하였다고 하여 파직되었으며, 목사 조온서趙溫舒도 파면되었다.

경대승은 일찍이 정중부가 발호하는 것을 분히 여겨 그를 토벌하려고 생각하였으나 그 일이 크고 어렵기 때문에 참고 발동하지 않았었다. 마침 그때 정중부의 아들 정균이 공주公主에게 장가가려고 음모를 꾸미고 있었으므로 왕의 걱정거리로 되었다. 이에 경대승이 정중부를 죽일 마음을 단단히 먹었으나 정중부의 사위 송유인宋有仁의 존재가 두려워서 틈을 얻지 못하였다. 그러나 송유인이 문극겸文克謙과 한문준韓文俊을 내쫓고 난 후로 몹시 인심을 잃었으며 조정 관리들도 모두 그를 눈흘겨보게 되었다. 견룡牽龍 허승許升은 용기와 힘이 있었으므로 사람들이 복종하게 되었으며 정균도 그를 사랑하였다. 그런데 허승과 대정隊正 김광립金光立·준익俊翼 등은 모두 경대승과도 사이가 좋았다. 경대승이 허승에게 말하기를 "내가 흉적들을 처치하려는데 네가 일을 하면 이루어지겠다."라고 하니, 허승이 승낙하였다. 경대승이 말하기를 "장경회藏經會가 끝나는 날 밤에 숙위하는 무사들이 필시 피곤하여 잠들 것이니 내가 결사대 30여 명을 화의문和義門 밖에 매복하여 두었다가 네가 먼저 안에서 정균을 죽이고 휘파람을 불어 신호하면 내가 매복을 발동시켜 호응하겠다."라고 하였다. 그리하여 밤 4고四鼓에 허승이 정균의 숙직하는 집으로 들어가 그를 죽이고 휘파람으로 신호하니 경대승이 결사대를 인솔하고 왕궁 담을 넘어 들어가서 대장군 이경백李景伯과 지유指諭 문공려文公呂를 죽이고 사람을 보는 대로 죽이니 궁중이 소란하여지며 무기로써 서로 싸우게 되어 왕이 몹시 놀랐다. 경대승이 왕의 침전 밖에 이르러 큰 소리로 외치기를 "신등은 사직을 보위하려는 것이니 놀라지 말기를 바랍니다."라고 하니, 왕이 왕궁 문 밖으로 나와서 경대승 등을 불러서 친히 술을 주고 위로하였다. 경대승이 그 자리에서 왕에게 금군을 출동시켜 정중부와 송유인의 부자를 체포할 것을 요청하였다. 정중부 등이 사변이 발생된 소문을 듣고 도망쳐 민가에 숨어 있었는데 모조리 잡아 죽이고 그들의 머리를 베어 저자에 효수하였다.

왕이 경대승을 불러 "정균의 승선承宣 직임을 경에게 주겠노라."라고 물으니, 경대승이 대답하기를 "저는 글을 몰라서 감당할 수 없습니다."라고 하였다. 왕이 말하기를 "그대가 아니라면 누구 적합한 사람이 있는가? 이부 시랑 오광척吳光陟이 어떨까?"라고 하므로, 경대승이 대답하기를 "승선은 왕의 명령을 전달 보고하는 직무인즉 선비 출신이 아니고는 될 수 없습니다. 오광척이 약간 글을 알고 있으나 그래도 무관이니 정균이나 다름없을 듯합니다."라고 하니 왕은 아무 말도 하지 않았다. 경대승은 오광척이 틀림없이 승선으로 임명될 것을 짐작하고 그를 미워하였다. 경대승의 족형인 장군 손석孫碩은 평소부터 오광척을 원수로 여기고 있었으므로 경대승을 꾀어 오광척까지 죽이고 드디어 4집의 일당[四家之黨]인 장군 김광영金光英, 지유 석화石和·습련襲蓮, 중랑장 송득수宋得秀·기세정奇世貞 등을 잡아 죽이니 조정 관리들이 대궐로 들어가서 축하를 드렸다. 이때 경대승이 말하기를 "임금을 죽인 자가 아직도 남아 있는데 무슨 축하인가?"라고 하였는데, 이의민이 이 말을 듣고 대단히 무서워하였다.

무관 중에서 공개적으로 말하기를 "정시중鄭侍中이 먼저 대의의 깃발을 들고 문관을 억압하여 우리들의 여러 해 쌓였던 분을 풀어 주어 무관의 위력을 과시한 공이 막대하거늘 이제 경대승이 하루아침에 4공을 죽였으니 누가 그를 처단하려는가?"라고 하는 자도 있었다. 경대승이 겁이 나서 결사대 백 수십 명을 모집하여 집 안에 두고 내비케 하였다. 그리고 이것을 도방都房이라고 불렀으며 긴 베개와 큰 이불을 만들어 주고 날을 번갈아 가며 직숙直宿하라 하였으며, 혹은 자기도 그들과 한 이불 속에서 자면서 은혜와 신의를 보였다. 얼마 후에 사직하고 집에 있었으나 국가에 큰 일이 있으면 반드시 대궐로 나가서 결정을 내렸다. 경대승이 정중부, 송유인 등을 처치한 후로는 항상 마음이 불안하여 언제나 몇 사람을 거리로 보내 유언비어를 탐문하고는 즉시 잡아가두고 국문하여 여러 번 큰 옥사를 만들어 가혹한 형벌을 적용하였다.

그때 서울에는 도적이 많이 생겼는데, 자칭 도방이라는 이름을 붙이고 다니었다. 담당 부서에서 이런 자들을 잡아서 구속하면 경대승이 즉시 석방시켰다. 이런 까닭에 그들은 아무 꺼림 없이 공공연히 약탈을 감행하였다. 경대승의 문객 한 사람이 길에서 양가집 자제를 죽인 사건이 발생하였다. 법관이 체포하여 치죄하려 하였으나 경대승이 극력 주선하여 무사하게 만들었다. 허승과 김광립 등도 그 공을 믿고 교만을 부리면서 은밀히 불량배[惡少]를 양성하고 또 동궁을 친근하게 시종하면서 궁 후면 벽에서 누워 자며 밤새도록 노래를 부르며 풍악을 치는 등 방약무인의 행동을 하므로 경대승이 그들을 꺼리게 되었다. 그리하여 허승을 자기 집으로 불러다가 죽이고 김광립을 길에서 만나 죽였으며, 군사로 자기의 호위를 강화하는 한편 왕에게 아뢰기를 "허승 등이 방자하여 신을 죽이려 할 뿐만 아니라 불궤不軌(반역)까지 음모하고 있었는바, 사정이 절박하여 미처 아뢸 사이가 없어서 이미 죽였습니다."라고 하니, 왕이 근신을 시켜서 위로의 말을 전하였으며, 재상 이하는 모두 그의 집으로 찾아가서 축하하고 혹은 편지를 보내 치하하니 경대승이 적이 스스로 안심하고 군사의 호위를 그만두었다.

(명종) 11년에 전 대정 한신충韓信忠·채인정蔡仁靖·박돈순朴敦純 등이 반란을 음모하는 것을 영사 동정令史同正 대공기大公器가 알고 경대승에게 밀고하였다. 경대승이 왕에게 고하여 붙잡아 국문하니, 석화石和와 별장 박화朴華, 주부 이돈실李敦實도 이 사건에 관계가 있는 것이 발각되었으므로, 한신충·채인정·박돈순 등은 섬으로 귀양 보내고 석화는 남해 현령南海縣令으로, 박화는 하산도 구당사河山島句當使로 강등시켰으며, 이돈실은 광주廣州로 귀양 보냈다. 왕이 내심으로는 경대승을 꺼리었으나 외면으로는 두터운 은총을 베풀어 날마다 진수성찬과 의복, 보화를 주며 그의 청하는 일이면 좋지 않은 일이라도 허락 아니한 것이 없기 때문에 그에게 접근하려는 사람이 많았다. 그러나 학식과 용략이 있는 사람들이 아니면 경대승이 매번 거절하였으므로 무관들도 그의 위엄에 눌러서 함부로 방자스러운 행동을 하지 못하였다.

(명종) 13년(1183)에 경대승이 홀연 꿈에 정중부가 칼을 들고 호통을 치며 달려드는 것을 본 후에 병을 얻어 죽었다. 그의 나이 30세였는데, 장례식에 길가에서 통곡하지 않는 사람이 없었다.

처음 경대승이 정중부를 처단할 때에 견룡牽龍 김자격金子格이 힘을 썼다. 경대승이 그를 사랑하여 도방都房을 통솔하게 하였다. 경대승이 죽자 도방에서 돈을 추렴하여 장사를 지내고 나서 해산을 앞두고 전원이 다시 모여 술을 마시었는데, 김자격이 이것을 구실로 삼아 왕에게 무고하기를 "경대승의 도방이 자주 다시 집합하는 것은 앞으로 반란을 음모하는 것입니다."라고 하였다. 왕이 평소에 경대승을 꺼리고 있었으므로 중방에 명령하여 대장군 정존실鄭存實, 오숙吳淑 등으로 하여금 그들을 치죄케 하였다. 이름이 도방에 실린 자라면 모조리 체포하였다. 그 중에 혹 도망가서 숨은 자가 있으면 그의 부모처자나 족당을 붙잡아다가 곤욕을 주었으므로 숨었던 자도 부득이 자수하거나 혹은 자살하였다. 그래서 무릇 6십여 명을 체포하여 가두고 또 다시 정존실 등에게 지시하여 심한 고문을 가하게 하고 그의 도당들을 엄중 수색하게 하면서 일변으론 내관內官을 보내 고문을 가혹하게 하는가 안 하는가를 엿보게 하였다. 이런 까닭에 매질과 고문이 너무 혹독하였으며 모조리 먼 섬으로 귀양 보냈는데 대부분이 도중에서 죽고 생존자는 불과 4, 5명이었다.

오광척의 아버지 오정吳挺이 일찍이 낭장으로 있었는데 서경 반란에 인종이 오정에게 명령하여 조서를 가지고 은밀히 여러 성으로 다니며 설복하라는 임무를 주어 파견했다. 오정이 왕의 조서를 옷 속에 간직하고 도보로 숨어다니다가 적의 나졸邏卒에게 체포되어 옥에 갇혔다. 그때에 얼굴이 추악한 어떤 여자가 그에게 밥을 먹여 주었으므로 오정이 고맙게 생각하고 부부가 될 것을 약속하였던 바, 그 여자가 오광척을 낳았다. 후에 오정의 벼슬이 상서에 이르러 연로하여 치사하였는데 본처에게서 아들이 없으므로 오광척을 데려다가 아들을 삼았다. 오광척이 견룡 대정牽龍隊正으로 임명된 후 선비들과 교유하기를 좋아하고 무관들은 좋아하지 않았다. 의종 말년에 별장으로 되고 견룡 행수牽龍行首로 되었다. 그는 이의방과 본래 안면이 있어 천우위千牛衛 장군으로 임명되었다가 다시 금오위金吾衛 장군 이부 시랑으로 개임되었다. 명종이 오광척에게 3품 관직을 제수하려 하니, 오광척이 말하기를 "신이 연소한데 4품이 되었고 또 이부까지 겸임하였으니 저에겐 이만하면 족합니다."라고 사양하고 양충주도楊忠州道 찰방사察訪使로 나갔다. 그때 손석孫碩의 부친이 수주사水州使로 있었는데 탐오가 심하고 착취가 끝이 없었으므로 백성들이 고통을 받고 있었다. 손석이 자기 죄에 겁이 나서 오광척을 찾아보고 애걸하였으나 오광척이 용서하지 않고 기어이 탄핵하여 파직시켰다. 그래서 손석이 오광척에 대한 원한을 품고 있다가 마침내 경대승을 꾀어 오광척을 죽이게 된 것이다.

논하기를,

한나라, 당나라 말기에 환관이 집권하여 흉포를 부렸어도 여강呂强의 직간直諫[13]과 양복광楊復光의 토적討賊,[14] 장승업張承業의 충성 같은 것은 군자들이 취할 만한 것이었다. 고려 무신의 화禍[15]를 한나라, 당나라의 환관에 비교하면 가히 심하다고 하겠다. 우학유 같은 사람은 힘써 이고의 첫 음모를 거절하였고, 홍중방은 동반의 권무직을 빼앗지 않았으며, 진준은 문관들을 많이 살려서 당시의 그의 음덕을 칭송하였다.

경대승은 발분하여 토적할 모의를 하여 왕실을 호위하였으니 논평하는 사람들은 그의 뜻을 사고 그의 공을 크게 여긴다. 양자운揚子雲이 이르기를, "문안에 있으면 지휘를 하고 이적이 있으면 나아간다."고 하였는데, 정말이다. 경대승은 기미를 보아서 형세를 타서 이의민을 모두 죽이지 못하고 죽었다. 그래서 최충헌에게 손을 빌려 그 화가 더욱 컸으니 애석하다.

최세보崔世輔 박순필朴純弼 이영진李英搢 이준창李俊昌

최세보崔世輔

최세보는 본래 한미한 가정 출신으로 글을 알지 못하였다. 의종 때에 금군禁軍으로 대정에 임용되었는데, 정해년丁亥年(의종 21) 화살이 왕의 수레 옆에 떨어진 사건이 있을 때[16]에 최세보가 그 근처에 있었으므로 의심을 사서 남해로 귀양 갔었다. 후에 무관들

---

13 여강呂强 : 자는 한성漢盛. 후한後漢 말기의 환관. 어려서 소황문小黃門이 되었고, 황건적의 난이 일어나자 먼저 측근의 탐관오리를 숙청할 때에 당인黨人을 구한 공이 있다. 뒤에 중상시 조흔趙惲의 무함에 걸려 자살했다.

14 양복광楊復光 당나라의 환관으로 군공을 세웠다.

15 장승업張承業 : 당唐나라의 충신인 환관宦官으로, 진왕晉王인 이극용李克用과 그의 아들로 뒤에 후당後唐을 개국하여 장종莊宗이 된 이존욱李存勗을 섬겼다.

16 왕이 봉은사에 갔다 돌아올 때에 김돈중金敦中의 말이 당긴 활에 충격되어 화살이 왕의 옆에 떨어졌다.

이 발호한 때를 만나게 되자 다시 옛 직책으로 소환되었다. 명종 초년에 여러 번 승직되어 동지추밀원사同知樞密院事로 되고 (명종) 14년에 문하시랑평장사 판병부사 상장군으로 승진되었다.

어떤 사람이 중방에 고소하기를 "수국사修國史 문극겸文克謙이 의종이 시해당한 사건을 사실대로 직서하고 '임금을 죽인 것은 천하의 제일 큰 악이다.'라고 기록하였으니 금후에는 마땅히 무신으로 겸임시켜 다시는 직서하지 못하게 하라."고 하였다. 문극겸이 이 말을 듣고 겁이 나서 왕에게 은밀히 그 일을 보고하니, 왕은 무신들의 뜻을 어기는 것을 어렵게 여겼으나 그것이 옛 제도가 아니라는 것을 미워하면서 최세보를 동수국사同修國事로 임명하였는데, 최세보가 마음대로 사실을 바꾸고 삭제하였다. 이로 인하여 의종실록毅宗實錄에 누락되고 생략되었다. 문극겸이 일찍이 쇄사당曬史堂에서 최세보에게 농담하기를 "문관으로 상장군이 된 것은 내가 처음이요 무관으로 동수국사가 된 사람은 공이 처음이다."라고 하고 서로 껄껄 웃었다. 그때 최련崔連, 김부金富도 또한 장군으로서 모두 예부시랑禮部侍郎이 되니 무관으로서 문관직을 겸임한 것은 이 세 사람으로부터 시작한 것이다.

(명종) 19년에 최세보가 문극겸의 후임으로 판이부사判吏部事가 되었는데, 그는 천성이 탐오하여 뇌물의 다소에 따라 벼슬을 올리고 내리고 하여 수만의 재물을 축적하였다. 그 후 얼마 안 있어서 특진特進 수태사守太師를 더 받았으며 (명종) 23년(1193)에 죽었다. 아들 최비崔斐는 얼굴이 아름다웠다. 동궁東宮의 지유指諭로 있었는데, 태자가 총애하는 여종이 그를 보고 궁전 담 안에서 그를 향하여 유자를 던지면서 유혹하므로 최비가 그만 그 여자와 간통하다가 일이 발각되었다. 왕이 법으로 처치하려 하였는데 이의민의 주선에 의하여 벌을 면하였다. 태자가 그 여종을 내쫓아서 여승[尼]으로 되게 하였으나 최비가 여전히 정을 통하고 있었으므로 최충헌이 그의 죄상을 수죄하고 남쪽의 먼 곳으로 귀양 보냈다. 처음 최세보가 집을 새로 지을 때에 한 개 방坊의 4면에 각각 따로 집을 지어 자손들을 위한 영원한 계책을 세웠으나 최세보가 죽자 문호門戶가 다하였다.

박순필朴純弼

문지門地는 미천하였으나 얼굴이 매우 아름다웠다. 의종 때에 중금군中禁軍으로 수위하였는데 대단히 근면하게 복무하였으므로 첫 벼슬로 용작勇爵에 임명되었다. 명종이 임금이 되자 좌중금 지유左中禁指諭로 올라갔다. 당시 무관들이 정권을 잡고 문관들을 거의 섬멸되었으므로 공문서가 산같이 쌓였다. 그러나 박순필이 홀로 붓을 잡고 시종여일하게 태만하지 않았다. 그는 공으로 인하여 대장군으로 승직되어 군부軍府를 호령하게 되었다. 이때부터 열흘 남짓한 사이에 요직을 밟아 올라 병부상서에 이르렀다. 박순필이 바로 동궁 곁에다 집을 크게 건축하였는데, 태자가 왕에게 고하기를 "술객[術人]의 말이 '박 상서의 집이 동궁의 월건月建 방위에 해당한즉 건축하지 말아야 한다.'고 합니다. 저의 힘으로는 금지할 수 없으니 위에서 금지하여 주기를 바랍니다."라고 하였다. 왕이 말하기를 "박 상서가 아마 내 말도 듣지 않을 것이니 그저 너 자신이 수신 반성하여 재앙을 면하도록 하라."고 하였는데 듣는 사람이 누구나 통분하여 탄식 아니하는 자가 없었다.

후에 추밀원사樞密院使가 되었는데 조원정曹元正이 난을 일으킬 때에 박순필이 당직으로 있으면서 미리 알고 있었으나 병을 핑계하고 나오지 않았기 때문에 무사하게 되어 중서시랑 평장사中書侍郞平章事로 올랐으며 (명종) 21년(1191)에 참지정사參知政事로서 죽었다.

이영진李英搢

처음 이름은 총부寵夫이니 고령군高令郡(高靈郡) 사람이다. 대대로 집안이 미천하여 생선을 팔아서 생활하다가 나졸로 들어갔다. 그는 성질이 잔인하고 남이 화를 당하는 것을 기뻐하였다. 정중부 난에 이의방과 이고에게 붙어서 그의 흉포함을 마음대로 자행하여 세상에서 잔악한 자를 말할 때에는 반드시 총부라고 하였다. 경대승이 집권하여 악당들을 거의 다 처치할 때 이영진이 위축하였다가 경대승이 죽은 후 또 횡포를 부리기 시작하였다. 형부상서刑部尙書로 뛰어올라 수탈을 많이 하여 부자가 되었으며 집이 크고 화려하였다.

한번은 금나라로 사신 가는 자리를 구하여 가게 되었는데, 연로의 군과 현에서 토색하기에 여념이 없었으며 뇌물을 백방으로 받아서 추악한 소문이 사방에 퍼졌다. 그래서 금나라 사람들이 그를 보고 말하기를 "네가 지난날 의주義州 수졸戍卒로 있을 때 고을 사람들이 모두 너를 '짐승 같은 놈'이라고 불렀는데 너희 나라에 사람이 없어서 너 같은 놈을 고관으로 삼아 사신으로 보낸 것인가?"라고 하였으며, 가는 곳마다 욕설과 천대를 받았다. 그가 본국으로 돌아와서 아들에게 말하기를 "너희들은 외국으로 사신 가지 않게 되면 다행이다."라고 하였다. 병부상서로 전임되어 중병으로 휴가 중에 있었다. 그때에 마침 무관을 선발하는 일이 있어서 억지로 출근하였다가 곧 죽었다.

이준창李俊昌

명종 때에 형부 시랑刑部侍郎으로 있었다. 어떤 남자가 밤중에 수창궁壽昌宮 문에 투서하였는데, 순검관巡檢官이 그를 붙잡아 보니 이준창 형제를 무함하는 투서였다. 그때 왕은 성격이 유약하여 매사를 여러 장군들의 결정에 위임하고 왕은 다만 고개만 끄덕거리고 있을 뿐이었다. 여러 장군들은 투서 내용만 믿고 이준창을 처형하려 하였다. 왕이 이 소식을 듣고 대장군 정방우鄭邦祐를 불러 나무라기를 "계사癸巳년 이래 무고한 사람들이 많이 살해당하였으나 내가 구원하여 주지 못하였으니 그 책임은 실로 나에게 있다. 이제 이준창 등이 만약 반역을 음모한 것이 사실이라면 투서한 그 자가 떳떳이 고발할 것이지 왜 밤중에 투서를 하는가? 잘못은 그 남자에게 있다."라고 하였다. 여러 장군들이 그 사람을 고문하니 과연 무고하였음을 자백하였으므로 그를 먼 섬에 귀양 보내었다. 대개 이것은 이준창이 일찍이 그의 토지를 강탈한 것을 원망하였기 때문이다.

그후에 태복경太僕卿으로 승진되었다. 그의 어머니는 예종의 궁인 출신이었다. 궁인은 본래 천인이므로 옛 제도에 궁인의 자손은 7품 관직까지 제한되었고 과거에 급제한 사람이라야만 5품까지 주었었다. 이준창은 이에 이르러 3품관을 주었어도 대간들이 감히 말하는 사람이 없었다. 벼슬이 추밀원사樞密院事에 이르러 죽었다.

논하기를,

최세보, 박순필, 이영진은 마땅히 간신전姦臣傳에 넣어야 하나 옛 『고려사』에 이곳에 있으므로 지금 우선 이곳에 기록한다.

정언진丁彦眞 정방우鄭邦佑 정극온鄭克溫

정언진丁彦眞

신종 5년에 대장군으로 되었다. 그때 경주 사람들이 반란을 음모하고 낭장郎將 배원우裵元祐를 몰래 장군 석성주石成柱의 유배지인 고부군古阜郡으로 보내 달래기를 “고려 왕조의 운명이 거의 다 쇠진하였고 신라가 반드시 부흥될 것이니 당신이 주인이 되어 사평沙平 나루를 국경으로 하면 어떠한가?”라고 하였다. 석성주가 거짓 기쁜 낯을 보이며 배원우를 자기 집에 유숙시키고 몰래 군에 고하여 체포하여 안찰사에게 압송하였더니 안찰사가 조정에 보고하고 그를 처형하였다. 그런데 경상도 안찰사 지자심池資深이 아뢰기를 “경주의 적들이 투항할 것을 청하니 군대를 파견할 필요가 없다.”라고 하였다. 최충헌이 노하여 대장군 김척후金陟侯를 초토처치병마중도사招討處置兵馬中道使로, 형부 시랑刑部侍郎 전원균田元均을 부사副使로, 대장군 최광의崔匡義를 좌도사左道使로, 병부 시랑兵部侍郎 이이李頤를 부사로, 섭대장군攝大將軍 강순의康純義를 우도사右道使로, 지합 문사知閤門事 이유성李維城을 부사로 각각 임명하고 출동을 재촉하여 적을 토벌하게 하였다. 적들도 이 소식을 듣고 운문산雲門山과 울진蔚珍, 초전草田의 적들을 모집하여 3군을 편성하고 정국 병마正國兵馬라고 자칭하면서 이웃 주와 군들을 공갈 유인하였다. 그런데 김척후의 군대는 늙어서 싸우려 하지 않았기 때문에 적들의 기세가 날로 성하게 되었다. 그래서 이듬해에 김척후를 불러서 사기私騎(자기 말)로 돌아오게 하고 그의 후임으로 정언진을 보내었으며 대성臺省에서 탄핵하여 김척후의 관직을 파면시켰다. 적들이 기양현基陽縣에 침입하였는데, 최광의의 부대가 적을 급히 공격하여 살상자와 노획한 것이 대단히 많았다. 최충헌이 중사中使(환관)를 파견하여 조서詔書와 약藥을 전달함으로써 그들을 격려하였다. 정언진이 전선에 이르러 사은 기도를 하기 위하여 성황당에 참배하게 되었는데 적을 체포할 술책을 가만히 성황당 무당에게 지시하였다. 하루는 적의 도령都領 이비利備 부자가 성황당에 와서 가만히 기도를 드리고 있었다. 무당이 거짓말로 "도령이 군대를 일으켜 신라를 회복하려 하니 우리들도 기뻐한 지 오래다. 이제 다행히 뵈옵게 되었으므로 한 잔 술을 들이고자 합니다."고 하고 자기 집으로 데리고 가서 술을 권하여 취한 후에 결박하여 정언진에게로 압송하였다. 적들이 기계현杞溪縣을 침범하였으므로 이유성이 진격하였다. 적의 괴수 패좌孛佐는 높은 곳에 올라서 바라보다가 도망하려 하였는데 장군 방수정房秀精이 두 아들을 데리고 앞장을 서서 맹렬히 공격하니 병사들은 이에 따라 기세가 올라서 적 1천여 명을 죽이고 2백 50여 명을 포로로 하였다. 정언진이 또 대정隊正 함연수咸延壽·강숙청康淑淸을 운문산으로 보내 패좌에게 앞으로 생업에 안착하여 살게 하려고 달래었으나 그가 듣지 않았다. 적의 부괴수가 자주 함연수에게 눈짓하였다. 함염수가 그 뜻을 짐작하고 밖으로 나갔다가 칼을 가지고 들어와서 패좌를 치니 패좌가 벌떡 일어섰으나 강숙청이 쳐죽이고 그의 머리를 베어 서울로 보냈다. 이때 적의 부하들이 함연수 등을 찌르려 하였으나 적의 부괴수가 꾸짖어 못하게 제지하였기 때문에 함연수가 죽음을 면하였다. 또 최광의는 태백산太白山 적 괴수 아시阿之를 붙잡아 칼을 씌워 서울로 압송하였는데 그는 옥중에서 굶어 말라 죽었다. 최광의가 또 아뢰기를 "흥주興州의 부석사浮石寺, 부인사符仁寺와 송생현松生縣 쌍암사雙岩寺의 중들이 반란을 음모하고 있다."라고 하였으므로 병마사에게 명령하여 중들을 국문한 후 섬으로 귀양 보냈다. 또 다음 해에 최충헌이 최광의, 이의, 강순의, 이유성 등이 동경을 평정한 공이 최상이라고 하여 왕에게 보고하고 먼저 귀환하게 한 후 벼슬과 작위를 올려 주고 막료 이하에게도 승급을 각각 차이 있게 주었다. 정언진과 전원균이 서울로 귀환한 후 최충헌이 왕에게 아뢰기를 "적당을 아직 다 제거하지는 못하였으니 중군 판관中軍判官 박인석朴仁碩을 남겨 두어 안찰사로 삼고 경군京兵 2백 명을 통솔하며 진수하게 하기를 바랍니다."라고 하였다. 박인석이 적의 잔당 김순金順 등 20여 명을 체포하고 황보경皇甫經을 보내 보고하니, 왕이 황보경을 내시에게 속할 것을 명령하고 8품직을 주었다. 고종 2년(1215)에 정언진이 지문하성사知門下省事로 있다가 죽었다.

정방우鄭邦佑

전리電吏[17] 출신으로 명종 때에 여러 번 승직되어 대장군 지어사대사知御史臺事가 되었다. 그는 천한 계통으로서 대관이 되었으므로 사람들이 모두 웃었다. 서북면 병마사로 임명되니 중방에서 아뢰기를 "옛날에 진숙陳淑이 그 도의 병마사로 도임하였을 때에 정방우가 전리로 따라 갔었으므로 북부 지방의 아전이나 백성들 중에는 지금도 그의 얼굴을 기억하는 자가 있을 것입니다. 그런데 지금 정방우가 그 도를 진수하게 된다면 인심이 복종하지 않을 뿐만 아니라 도리어 국가에 인재가 없는 약점을 보이는 것이니 보내지 말기를 바랍니다."라고 하니 왕이 그 의견에 따랐다. 그러나 그 후 다시 병마사로 되었는데 이때는 대간에서도 말하는 사람이 없었다. 정방우는 공명하고 청렴하게 법을 준수하였으며 위엄과 은혜를 병행하여 베풀었으므로 지방 사람들이 그에게 감복하였다.

정극온鄭克溫

전주 상질현全州尙質縣 사람인데 그의 부친은 정원녕鄭元寧이니 대장군이었다. 정극온이 처음 양온령 동정良醞令同正으로 임명되어 내시內侍로 들어갔다가 서경 토벌전에 출정한 공으로 금오위 산원金吾衛散員으로 임명되었고 여러 번 승직되어 장군으로 올라갔는데 병사들의 신임을 얻었다. 그때 나라에서 남방의 반란군을 토벌하고 있었는데, 정극온이 소속 군대를 데리고 토벌하러 가게 되었다. 출정하여 맹훈련을 가하여 적과 교전하면 반드시 적을 격파하였으며 포로도 많이 잡았다. 돌아온 후 대장군으로 되고 어

---

17 전리電吏 : 고려시대의 이속吏屬 중 잡류직雜類職. 중서문하성에 180인이 배속되어 잡역에 종사하였다. 직명으로 봐서 민첩한 행동을 요하는 직책으로, 중서문하성과 여러 관청 간의 연락 관계를 신속하게 처리하기 위한 사령직使令職으로 보인다.

사대부 지문하성사를 거쳐 참지정사參知政事로 승진되었다. 고종 2년(1215)에 죽으니 왕이 3일간 조회를 정지하고 익렬翼烈이라는 시호를 주었다. 정극온이 성품이 온화하고 인자하고 무던해서 별로 남의 눈에 특출하게 보이는 것은 없었으나 무릇 맡은 직무를 수행할 때에는 위엄과 은혜를 베푸는 것이 적당하여 그 당시에는 비록 혁혁한 큰 명성이 없지마는 그가 떠난 후에는 모두 그의 덕을 잊지 않게 되었었다. 강종康宗 묘정에 배향配享되었다.

논하기를,

정언진은 적을 토멸한 공로가 있으며 행동에 있어서 역사에 폄하하는 기록이 없다.
정방우는 전리電吏에서 일어났지만 공정하고 청렴하였으며 법을 지켰다.
정극온은 부임한 곳에서 위엄과 은혜를 적절히 하였으니 모두 기록할 만하다.

ㅣ휘찬여사 권26ㅣ

명신 5

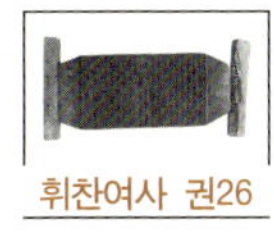

명신名臣 5

민영모閔令謨 {민식閔湜} 최여해崔汝諧 최우청崔遇淸

민영모閔令謨

황려현黃驪縣 사람으로 부친 민의閔懿는 호부 원외랑戶部員外郞이었다. 민영모는 어려서부터 공부하기를 좋아했다. 인종 때에 과거에 급제하고 벼슬이 여러 번 올라 이부원외랑이 되었다.

명종이 아직 잠저潛邸에 있을 때 꿈을 꾸었는데, 한 재상이 광화문廣化門에서 나오는데 추종하는 자들이 매우 많았다. 어떤 사람이 말하기를 "이 사람이 당신의 재상이다."라는 것이었다. 명종이 즉위한 후 민영모가 형부 시랑刑部侍郞이 되어 남성시南省試를 맡아 합격자 명단을 발표할 때 왕이 보니 그의 모습이 꿈에 보던 사람과 같았다. 이때부터 크게 등용할 생각을 가지게 되어 차례를 따지지 않고 추밀원 부사樞密院副使에 임명하더니 후에 판병부사判兵部事를 삼았다. 어사대御史臺에서 병부兵部의 관리 임명이 부당하다고 탄핵하자, 민영모가 글을 올려 중서문하성中書門下省과 중방重房의 예를 들어 반박하니 어사대 전원이 함께 죄를 청하였다. 왕이 모든 사람들에게 간곡히 타이르고 모두 나와서 일을 보라고 하였다. 얼마 지나지 않아 중서시랑 평장사中書侍郞平章事로 임명되었다가 문하시랑 평장사 판이부사 태자태사에 전임되었다.

민영모는 겁이 많고 말을 더듬었으며 절조節操와 실천이 적었다. 정권을 잡은 후에는 청탁을 숨기지 않고 받았으며 전주銓注를 함부로 하였다. (명종) 13년(1183)에 왕에게 요청하여 퇴직하고 24년(1194)에 죽으니 나이 80세였으며 시호는 문경文景이었다.

처음에 민영모가 과거에 응시할 때에 부賦를 지었는데 격식에 맞지 않아서 동지공거同知貢擧 이지저李之氐가 떨어뜨리려 하였으나, 지공거 최유崔濡가 "이 글은 기상이 활달하여 비범한 점이 있으니 합격자 끝에 붙여 주는 것이 좋겠다."고 주장하였다. 뒷날에 최유가 민영모에게 말하기를 "그대의 부賦가 비록 격식에 맞지는 않았으나 원대한 기상이 보였다. 그대는 노력하라!"고 하였다. 뒤에 민영모가 전주銓注를 맡았을 때에 최유의 손자 최지원崔祗元과 최지례崔祗禮를 선발 등용하였다.

민영모의 처 배씨裵氏의 동생이 유익겸柳益謙의 처였는데, 민영모가 아직 한미할 때에 유익겸은 벌써 현달해 있었다. 관상쟁이가 배씨 자매의 관상을 보고 "형은 부귀를 누릴 것이나 아우는 박명할 것이다."라고 하였다. 그러나 동생은 자기 남편이 이미 현달하였으므로 이 말을 믿지 않았다. (하지만) 후에 유익겸은 정중부鄭仲夫의 난에 죽고 민영모는 과연 재상 자리에 올랐으며 유익겸의 처는 빈한하고 궁박하여 언니의 도움으로 생계를 유지하였다. 아들을 낳으니 민식閔湜과 민공규閔公珪이다.

민식閔湜

과거에 급제한 후 내시內侍에 배속되었다가 신종 초에 우산기상시右散騎常侍가 되었다. 기거 사인起居舍人 장윤문張允文이 이르기를 "문하 녹사門下錄事나 당후관堂後官들이 숙직하는 식사 공궤를 자비로 부담하여 서로 다투어 풍부하고 사치스럽게 하고 종인從人을 빌려씁니다. 이런 비용을 전부 꾸어다 쓰다가 그들이 외직에 입명되면 백성들에게서 긁어다가 묵은 빚을 갚으니 관리들이 모두 탐오하고 청렴 근신한 자는 드뭅니다. 만약 수직관의 공궤를 하지 않는다면 관리에게 청렴하고 절조를 지키라고 말할 수 있습니다."라고 하였다. 재상과 낭사들이 모두 옳다고 하였으나 오직 민식과 간의諫議 이계장李桂長이 불가하다고 고집하여 드디어 이 문제가 해결되지 못하였다.

(명종) 4년(1201)에 죽었다. 그는 천성이 활달하고 큰 도량이 있어서 비록 귀하게 되었어도 옛 친구를 대할 때는 옛날과 다름없이 대하였다. 그래서 사람들이 그와 내왕하는 자가 많았다. (명종의 서자) 소군小君 홍기洪機 등이 권세를 부리며 뇌물을 받으니 조정 관리들이 다투어 그에게 아부하였으나 민식은 찾아가지 않았다. 그의 동생이 "어째서 찾아보지 않느냐?"고 물으니, 그는 "나의 뜻이다."라고 하였다. 하루는 동생이 함께 찾아가자고 청하므로 함께 갔었는데 술이 취할 무렵에 불쑥 하는 말이 "무지개 중

놈의 무리가 우리나라를 망칠 거야!"라고 하니, 동생이 깜짝 놀라서 진땀을 흘렸다. 대개 무지개는 한 끝이 하늘에 속하고 한 끝은 땅에 이어있는 것이므로 소군이 왕의 아들이지만 어머니가 천한 것을 비유해서 한 말이다. 민식의 호탕한 말이 대개 이와 같았다.

민공규閔公珪는 벼슬이 문하평장사 수문전 태학사 판병부사門下平章事修文殿太學士判兵部事에 이르렀다.

최여해崔汝諧

경주慶州 사람이다. 성품이 관후하나 재주와 학식이 부족하였다. 과거에 급제하여 울주 통판蔚州通判이 되었으나, 행정 실무에 익숙하지 못하여 가부를 판단할 바를 몰라서 서류에 서명만 할 뿐이었다. 처음에 명종이 익양공翼陽公으로 있을 때 최여해가 (익양공) 부府의 전첨典籤으로 있었는데 하루는 꿈에 태조가 나타나서 홀笏을 명종에게 주는 꿈을 꾸었다. 후에 그가 나주羅州 원[倅]이 되어 이름 있는 과일과 해산물을 구해서 명종에게 바치니 명종이 그의 성의를 깊이 생각하게 되었다. 그 후 왕으로 즉위한 후 최여해가 축하문을 가지고 서울로 올라와서 전례에 따라 조회에 참가하게 되었으나 왕이 알아보지 못하였다. (그래서 최여해가) 왕에게 하직하는 날 홀로 금문禁門 앞으로 가서 환관을 통하여 고하니, 왕이 비로소 놀라 말하기를 "최전첨崔典籤이 온 것을 내가 모르고 있었구나!"라고 하며 불러 접견하고, 크게 위로한 다음 그대로 머물러 명령을 기다리라 하더니 이어 좌정언 지제고로 임명하였다.

몇 년 지나지 않아 시어사 보문각 대제侍御史寶文閣待制를 역임하니 나이 이미 70이 되었다. 그가 왕에게 아뢰기를 "이부에서 저의 나이를 줄이고 있으나 사실은 금년에 만 70세이니 전례에 따라 당연히 치사를 해야 합니다."라고 하였다. 왕이 말하기를 "이부에서 나이를 잘못 적은 것은 하늘이 시킨 일이다. 다시 말하지 말라!"고 하고 급히 간의대부 국자좨주諫議大夫國子祭酒로 뛰어 올리어 과거 시험을 주관케 하니 사림士林들이 비웃었다. 추밀원사 좌산기상시로 임명되었는데 그가 감사 표문[謝表]에 이르기를 "자격 없는 제가 감시의 관직에 있으니 진실로 오늘의 은총과 영예를 알았으며 궐에서 축하를 드릴 때에야 비로소 지난 날 꿈의 영감을 믿습니다."라고 하고 이어 은퇴를 청하니 당시 그의 나이 77세였다. 특별히 정당문학으로 올려 주고 치사致仕할 것을 허락하였다.

(명종) 16년(1186)에 죽으니 나이 86세였다. 왕이 사흘간 조회를 정지하였으며 문정文貞이란 시호를 주었다.

최우청崔遇淸

충주忠州 고을 아전[州吏]으로서 인종 때 과거에 급제하여 진예현進禮縣 현위縣尉가 되었다. 명종이 잠저潛邸에 있을 때 최우청이 그 부府의 전첨典籤으로 있었는데 명종이 즉위한 후 옛 관료였던 관계로 특별한 사랑을 받아 여러 번 대간의 임명을 받았다.

조위총趙位寵이 반란을 일으킬 때에 최우청이 병마 부사兵馬副使로 종군하여 적을 방어하였으며, 돌아온 후 국자 좨주 좌간의대부國子祭酒左諫議大夫가 되었다가 곧 서북면 병마사西北面兵馬使로 임명되었다. 그때 정주 도령靜州都領 순부純夫와 낭장郎將 김숭金崇 등이 여러 번 반역을 음모하였으나 정부에서는 고식적으로만 대하고 토벌하지 않았는데 최우청이 그 고을 사람들을 달래어 순부 등을 죽였다. 왕이 표창하는 조서를 내리고 그를 판위위사判尉衛事로 뛰어 올렸다가 추밀원사 한림학사 승지로 승진시켰다. 퇴직을 청원하니 수사공 좌복야를 더 주고 치사케 하였는데 명종 14년(1184)에 죽었다.

최우청은 중앙과 지방 관직을 역임하면서 성적이 좋았다. 그러나 사람이 우둔하였으며 나이 72세에 이르러서야 치사를 청하였으므로 당시 사람들이 그를 조소하였다. 아들은 최항崔沆과 최겸崔謙이다.

논하기를,

상商나라 고종高宗이 꿈에 부열傅說을 얻은 것은 지성으로 하늘을 감동시켜 자연스럽게 감통感通한 것이지 어찌 꿈이라 할 수 있겠는가? 양梁 무제武帝가 꿈에 후경侯景[1]을 얻은 것이나 공민왕이 꿈에 신돈辛旽을 얻은 것은 모두 악업惡業이 불러온 것으로 재앙만 초래하였을 뿐이다.

명종이 꿈에 민영모閔令謨를 얻어 그를 재상으로 삼고, 최여해崔汝諧 역시 한 번의 꿈으로 현달하였으니, 이 두 사람은 모두 보통 사람에 불과할 뿐으로 마침내 당시에 조금도 도움이 되지 못하였다. 대저 꿈에 감동받은 일이란 몽매하여 족히 믿을 것이 못 된다는 것을 여기에서 징험할 수 있겠다.

최우청崔遇淸 역시 잠저潛邸의 인연으로 중외의 여러 직책을 역임하고 탐욕스러워 세상 사람들의 비난을 받았으니 더욱 취할 것이 없겠다.

송저宋詝 김광중金光中 {김체金蔕} 안유발安劉勃 유광식柳光植

송저宋詝

견주見州 사람이니 어려서부터 영리하였다. 의종 때에 과거에 급제한 후 벼슬이 여러 번 올라 합문 지후閤門祗候가 되었다. 정중부鄭仲夫의 난에도 사람들에게 원한을 사지 않았으므로 죽음을 면했다.

명종 8년(1178)에 어사 중승御史中丞으로 되었는데, 정중부의 가노가 금법禁法을 범하자 송저가 체포하여 죄를 다스렸더니 정중부가 노하여 그의 관직을 면직시켰으나 얼마 후 위위경 우간의대부衛尉卿右諫議大夫 서북면 병마사西北面兵馬使가 되었다.

옛 제도에 의주義州는 두 나라의 관문이므로 반드시 문관을 택하여 임명하였으며 그

---

1 후경侯景(503~552) : 자字는 만경萬景, 북위北魏 회삭진懷朔鎭(지금의 내몽고內蒙古 고양남固陽南) 선비鮮卑 화갈인化羯人. 양 무제梁武帝 태청 원년太淸元年(547년) 부족을 이끌고 양조梁朝에 투항하고 수양壽陽을 주수駐守하였다. 548년 9월, 후경侯景이 반란을 일으켜 남양南梁에 진공하였고, 551년에 황제위를 찬탈하여 스스로 황제가 되었다. 강주자사江州刺史 왕승변王僧辨 등이 군대를 이끌고 후경侯景을 공격하자, 후경侯景의 군대는 바로 궤멸되고 패하였다.

분도관分道官도 상참관常參官 중에서 명망이 있는 사람을 골라서 파견하였었다. 그러나 경인년 무신난 이래 분도관도 무신을 임명하고 국경을 지키는 장군이 병마를 겸임하여 분도가 되었다. 그러나 의주는 공문서가 왕래하는 곳이라 하여 문관과 무관 2인을 두게 되니, 의주 사람들이 이들을 공궤하는 데 어려움을 겪게 되었다. 이에 송저가 이곳에 이르자, 그 고을 사람들이 호소하기를 "지금 문무 분도文武分道를 각 한 성에서 겸하여 공궤하지 않고 편의에 따라 몇 성에서 나누어 분담하기를 청합니다."라고 하니, 송저가 옳게 여기고 왕에게 건의하여 문관을 의주 분도관으로 하여 영주靈州와 위원진威遠鎭에 예속시키고, 무관을 정주靜州 분도관으로 임명하여 인주麟州와 용주龍州를 소속케 하니 왕이 이를 제制하였다. 이에 여러 장군들이 이 소문을 듣고 서로 논의하기를 "이것은 이를 계기로 무신들의 권력을 빼앗으려는 것이다."라고 하고 크게 노하며 송저를 죽일 것을 청하였다. 왕이 그들을 설득하여 이해시키려 하였으나 마침내 송저를 거제 현령巨濟縣令으로 강직시켰다.

식자들이 이것을 평하기를 "진晋나라의 정사는 여러 군데에서 나오고, 노魯나라는 세 집안으로 갈라졌다가 패망하는 데까지 이른 것을 『춘추春秋』에서 조소하였다. 그런데 이제 중방重房에서 일을 제정하면 장군방將軍房에서 막고, 장군방에서 제의하는 일을 낭장방郎將房에서 저해하여 서로 모순이 되고 있으며, 형벌과 사형의 권리는 임금의 것이지만 지금 신하가 마음대로 사용한다. 송저가 강직당한 후로는 백성을 구제하고 폐단을 개혁하려는 건의는 다시 듣지 못하였다."라고 하였다.

후에 송저가 다시 간의대부諫議大夫에 임명되었다. 술사術士가 말하기를, "태백성太白이 상장上將을 범하였으니 무관들에게 반드시 무슨 재난이 있으리라."고 하였다. 이에 무관들이 문관에게 그 재앙을 씌우려 하여 장군 이시용李時用 등 30여 명이 대궐로 들어가서 송저를 비롯하여 우사간 최기후崔基厚, 직사관 왕허소王許召 등 6명의 죄를 얽어 귀양 보낼 것을 요청하니, 왕은 부득이 그들의 요청에 따라 먼 섬으로 귀양을 보내지 않을 수 없었다. 그래도 이시용 등은 문관을 누르는 일에 부족하여 전일에 중낭장 김자격金子格이 경대승을 도와 궁궐 담장을 넘었다는 죄를 추론하여 역시 섬으로 귀양 보냈다. 그때에 어사대부 문장필文章弼은 태백성이 여러 번 상장上將과 집법執法을 범한 것을 보고 거짓으로 글을 올려 사직하였다. 바로 그 후 태백성이 제 위치로 물러갔으며 또 송저가 그 재변에 해당하기 때문에 문장필이 다시 복직하였으나 그는 아직도 의심을 품고 매양 출입할 때마다 벽제 사령을 뒤에 따르게 하고 법관직에 있기를 싫어하는 등의 행동을 하여 하늘의 뜻을 이렇게 왜곡, 회피하였다.

오랜 기간이 지난 후에 왕이 송저의 무죄함을 생각하고 소환하여 다시 등용하려 하였으나 조정의 의견이 일치되지 못하여 실현을 보지 못하였다.

(명종) 17년(1187)에 판예빈성사判禮賓省事로 치사하고 몇 해를 지나서 등창으로 죽으니 나이 67세였다.

김광중金光中

과거에 급제한 후 의종 때 점차 올라 급사중給事中으로 승진되고 서북면 병마부사西北面兵馬副使가 되었다. 그때 인주麟州와 정주靜州 두 고을 접경에 섬이 있었는데 두 고을 사람들이 전부터 그곳으로 오가면서 밭도 갈고 고기도 잡았다. 그런데 금金나라 사람들이 틈을 타서 그 섬에서 나무도 하고 목축도 하며 거주하는 자가 많았다. 김광중이 그 땅을 회복하려고 제멋대로 군대를 동원하여 공격하여 금나라 사람의 가옥을 불태우고 이어서 군대를 주둔시켜 둔전屯田을 하였다. 그 후 김장金莊이 금나라로 사신을 갔더니 금나라 임금[金主]이 책망하기를 "근자에 국경에 약간의 분쟁이 있었는데, 너희 왕이 시켜서 한 일이냐? 만약 국경 주재 관리가 자의로 한 일이라면 응당 처벌해야 한다."라고 하였다. 김장이 돌아온 후 이 사연을 고하니, 왕이 그 섬을 금나라에 돌려주고 방수군을 철수하게 하였다.

김광중은 벼슬이 여러 번 올라 간의대부 비서감諫議大夫秘書監에 이르렀다. 김광중이 일찍이 구사驅使 박광승朴光升을 아껴 어떤 사람에게 청을 넣어 대교隊校를 시켰다. 정중부 난에 박광승이 김광중을 유인하여 민가에 숨겨 놓고 한편으로는 밀고하여 그를 죽게 만들었다.

김체金蕃

그 후 김광중의 아들 김체金蕃가 순안현령順安縣令이 되었는데 마침 배순석裴純碩이 군사를 징집하므로 김체가 군대에 가게 되었다. 그때에 박광승이 제고사祭告使가 되어 그곳으로 온다는 소문을 듣고 먼저 울주蔚州로 사람을 보내 박광승의 아비를 잡아 오고 또 박광승도 체포하여 모두 순안으로 데려 왔다. 부자를 대면시킨 후 먼저 그의 아비를 죽이며, 박광승에게 말하기를 "너의 아비의 죽음이 서러운가?"라고 물으니 박광승이 그렇다고 대답하였다. 김체는 "아버지를 사랑하는 마음은 같을 것이다. 너는 어째서 은혜를 배반하고 나의 아버지를 죽였는가?"라고 하니, 박광승이 대답을 못하였다. 드디어 박광승의 팔을 잘라 군중軍中에 두었다가 몇 고을에 조리돌린 후에 죽였다.

안유발安劉勃

명종 때에 벼슬이 여러 번 올라 시어사侍御史가 되었다. 장경 도량藏經道場을 베풀 때 참지정사 송유인宋有仁이 행향行香을 하였는데, 지후 최영유崔永濡가 찬인贊引(행사의 안내자)으로서 행사에 늦게 왔다. 대감臺監과 어사御史가 그를 탄핵하려 하니, 최영유가 안유발에게 요청하기를 "내가 이미 참정의 양해를 얻었으니 그대는 왕에게 아뢰지 말라"고 하였다. 안유발이 말하기를 "나는 말직이라 참정의 의향을 알 수 없으나 일은 왕에게 아뢰어야 한다. 그러나 그대가 왕에게 아뢰어 무사하다면 그만이다."라고 하였다. 그래서 최영유가 (왕의 아우) 승려 충희沖曦에게 부탁하여 왕에게 고하니 왕이 말하기를 "이것은 대단치 않은 과오이니 용서해도 좋다. 그러나 참정이 노한다면 딱한 일이니 여러 참정들에게 말해야 한다."라고 하였다.

후에 안유발은 이부 낭중吏部郎中으로 임명되었다. 당시 이부에서 관리를 임명할 때는 관리 후보자 명단에 점을 찍어서 왕에게 보고하고 이것을 점주點奏라고 불렀다. 이렇게 관리가 된 자들은 반드시 백금白金 몇 근씩을 뇌물로 바치는 습관이 있었다. 그리하여 판사判事 이하 영사令史에 이르기까지 이것을 상례로 여기고 서로 다투어 점을 찍고는 "아무개 모某는 모두 내가 추천한 사람이다."라고 하였다. 그러나 안유발만은 엄정한 태도를 취하고 점點을 찍지 않으며 "나는 아는 사람이 없다."라고 하였으니, 세상 사람들이 그의 청백에 감탄하였다. 벼슬이 국자 사업國子司業에 이르러서 죽었다.

유광식柳光植

전주全州 사람이다. 풍채가 우람하고 점잖으며 성질이 청렴 검박하고 욕심을 절제하였다. 음직으로 양온서령 동정良醞署令同正에 임명되었다가 영암靈岩 원[倅]으로 나아가 정사를 청백하고 엄정하게 하였으므로 아전은 무서워하고 백성들은 경애하였다. 여러 차례 승직하여 참지정사參知政事가 되었다. 중앙과 지방의 관직을 역임하면서 모두 좋은 성적을 올렸다.

고종 8년(1221)에 문하시랑 동중서문하평장사로 치사하고 유유자적한 생활을 하였으므로 세상에서 그를 장수와 부귀의 두 가지를 다 구비한 사람이라고 일렀다. 죽으니 왕이 3일간 조회를 정지하였으며 대숙戴肅이란 시호를 주었다. 아들은 유유柳儒와 유소柳韶이다.

유소柳韶는 성품이 강직하고 좀처럼 남을 칭찬하지 않았으며 살림살이엔 힘쓰지 않았다. 벼슬이 평장사에 이르렀으며, 그의 아들 유능柳能은 보문각 대제寶文閣待制로 있었는데 최의崔竩에게 아부하여 권력을 남용하다가 사람들의 원망을 샀다. 그러다가 김준金俊이 최의를 죽일 때에 유능도 또한 죽음을 당하였다. 유소는 근심과 분한으로 병이 되어 죽었고 시호는 장정莊定이다. 사람들이 그를 조소하여 말하기를 "살아서 잘 가르치지 못하였고 죽어서도 무익하다."고 하였다.

논하기를,

송저宋詝가 분도分道를 청한 것은 무슨 권력을 빼앗고자 하는 조짐이었겠는가? 그러나 장군방將軍房에서 그를 처형하기를 청하여 마침내 유배되었으니, 대개 송저가 일찍이 어사대에 있을 때 정중부의 가노의 잘못을 처단하고 홀로 풍도를 지켰으므로 무신들이 의심하고 시기한 것이다. 무신난의 변고 이래 문신으로 능히 홀연히 자기 뜻을 세워 무신의 위세에 눌리지 않은 자로서는 송저가 가장 최고라 할 수 있다.

김광중金光中은 함부로 병사를 발하여 금나라의 초동목부[金樵牧]를 공격하였으니 비록 국경을 개척하려는 뜻이 있었다 하여도 너무 신중하지 못하였다.
안유발安劉勃이 주안奏案에 낙점을 하지 않은 것과 유광식柳光植이 다스림에 청렴하고 엄숙한 것을 숭상한 것 등은 모두 높이 살 만하다 하겠다.

왕규王珪 차약송車若松 {기홍수奇洪壽} 김의원金義元 {김윤성金允成} 문한경文漢卿 {권세후權世侯 백돈명白敦明} 노인수盧仁綏

왕규王珪

자는 숙개叔玠이며 처음 이름은 승로承老이다. 시중 강렬공剛烈公 왕충王沖의 아들이요 태조의 종제 영해공 왕만세寧海公王萬歲의 7대 손이다.

나이 7세 때에 동궁의 학우學友가 되었다. 천성이 온화하고도 도량이 컸다. 처음 군기주부 동정軍器主簿同正으로 임명되었는데 문하성에서 나이 어리다고 논박하였으나 의종이 말하기를 "그의 아버지는 건국에 보좌한 공이 있는데 어찌 상례常例에 구애받을 수 있는가?"라고 하였다. 벼슬이 여러 번 올라 병부 원외랑兵部員外郞 전중 시어사殿中侍御史가 되었으며 정중부의 난 때에는 어머니를 모시느라 휴가를 하고 있었으므로 죽음을 면하였다.

왕규가 평장사平章事 이지무李之茂의 딸에게 장가들었는데, 이지무의 아들 이세연李世延이 김보당金甫當의 매부로서 정중부의 난에 죽었다. 이의방李義方이 왕규마저 살해하고자 하여 그의 처를 구속하고 그를 수색하였다. 그러나 왕규는 정중부의 집에 숨어서 무사했다. 그런데 그때에 정중부의 딸이 과부로 있었는데 왕규를 보고 마음이 끌려서 정을 통하게 되어 왕규는 마침내 본처를 버리게 되었다.

이의방이 죽은 후 왕규는 복직되어 금나라로 사신을 가게 되었는데 그때 정주靜州의 중랑장 김순부金純富가 일찍이 낭장 용순用純을 죽이려 하여 용순이 서울로 도망한 일이 있었다. 그런데 왕규가 귀국하는 도중에 정주에 도착하니 김순부 등이 왕규는 권신의 사위이므로 그를 억류하여 볼모로 삼아서 용순을 죽일 것을 요청하며 왕규에게 말하기를 "당신은 의관衣冠의 족속으로 이제 본처를 버리고 권문의 딸과 결혼하여 구차하게 목숨이 살고 있으니 장차 무슨 면목으로 사대부들과 함께 조정에 있겠느냐?"라고 하니, 왕규가 부끄러워서 대답을 못하였으나 의주 분도義州分道 왕도王度가 주선하여 곤경을 벗어나 돌아왔다. 신종 때에 어사대부御史大夫로 임명되고 참지정사參知政事로 승진되었으며 여러 번 벼슬이 올라 문하시랑 동중서평장사가 되었다.

나이 64세 때에 글을 올려 퇴직을 요청하였다. 그리고 두문불출하며 유유자적한 생활을 하였다. 그래서 세상 사람들이 칭하기를 기로耆老 중에 훌륭한 사람[耆英]은 왕규를 으뜸으로 삼았다.

고종 15년(1228)에 죽으니 나이 87세였으며 왕이 3일간의 조회를 정지하였다. 시호는 장경莊敬이다.

차약송車若松

아버지는 차거수車擧首인데 직사관直史館을 지냈다. 차약송과 그의 형 차약춘車若椿이 모두 어렸을 때에 차거수가 말하기를 "약춘은 문예로써 현달하고, 약송은 무예로써 출세하리라!"고 하였는데, 차약춘은 과연 과거에 급제하여 벼슬이 병부 시랑兵部侍郎에 이르렀고 차약송은 금위禁衛 출신으로 명종 때에 낭장을 거처 장군이 되었다.

중방重房에서 아뢰기를 "경인년 이래로 무관이 모두 문관직을 겸하였으나 내시內侍와 다방茶房 관직만은 겸하지 못하고 있으니 겸속하게 해줄 것을 청합니다."라고 하였다. 그리하여 왕이 차약송 등 43명을 모두 내시와 다방에 겸하게 하였다. 내시 다방의 관직에 무관의 겸임은 차약송 등으로부터 시작하였다.

신종 초에 추밀원부사樞密院副使로 임명되고 수사공 참지정사守司空參知政事로 올라갔다. 어느 날 차약송이 기홍수奇洪壽와 함께 중서성中書省으로 들어가서 일을 끝낸 후, 차약송이 기홍수에게 묻기를 "공작孔雀이 잘 있는가?"라고 하니, 기홍수가 대답하기를 "생선을 먹이다가 가시가 목구멍에 걸리어 죽었다."라고 하였다. 이어 모란牧丹 기르는 방법을 물으니 차약송이 자세히 설명하였다. 이에 이들의 대화를 들은 사람들은 "재상의 직위에 있는 사람들로서는 도의를 논의하고 국가를 다스릴 것에 대한 말을 할 일인데 화초나 새 기르는 이야기만을 주고받으니 이래서야 어떻게 백관들의 모범[儀表]이 되겠는가?"라고 하였다. 후에 개부의동삼사 수태위 중서평장사開府儀同三司守太尉中書平章事가 되었다가 죽었다.

차약송은 기생 첩을 두어 두 아들을 두었는데, 맏아들은 국학國學에 들어가서 복응재服膺齋 생도로 편입되고 둘째 아들은 유품流品으로 들어갔었는데 최충헌崔忠獻이 가만히 어사대御史臺에 사주하여 왕에게 건의시켜 영관伶官으로 돌리어 7품관 이하로 제한하게 되었으며 또 맏아들의 학적을 삭제하게 하였다.

기홍수奇洪壽

자는 대고大古이니 행주幸州 사람이다. 어려서부터 글씨를 잘 쓰고 글을 잘 지었다. 장성한 후는 무관으로 종사하여 명종, 신종, 희종 3대 왕을 모시고 벼슬하여 지문하시랑知門下侍郎에 이르렀으며 이부吏部로서 전주銓注를 맡았으나 실권은 최충헌에게 양도하고 자기는 연로한 것을 이유로 퇴직하였다.

거문고와 책을 벗 삼아 스스로 즐기는 생활을 하다가 죽으니 향년이 62세였다. 왕은 3일간의 조회를 정지하였으며 시호는 경의景懿이다.

김의원金義元

고종 때 사람으로서 병사[卒伍] 출신이다. 그는 날래고 힘센 사람으로서 젊었을 때에 집이 빈곤하여 무뢰배가 되었다. 하루는 걷고 있는데 어떤 사람이 돈과 의복을 가지고 지나가는 것을 보고 즉시로 빼앗아 달아났으며 또 이웃 부인이 상자에 은병銀甁과 비단을 담아 머리에 이고 가는 것을 보고는 뒤를 쫓아가 빼앗았는데, 그 부인은 알지도 못하였다. 훗날 김의원이 귀하게 되어 부인을 불러 은병과 비단을 내어 주니 부인이 놀라고 의아하여 받지 않았으나 김의원이 그 까닭은 말하지 않고 억지로 주어 보내었다. 벼슬이 문하평장사門下平章事에 이르러 죽었다.

윤성允成

원종 때에 윤성允成이란 사람이 갑곶甲串에 살고 있었는데 이웃 사는 교위校尉가 밤에 벽을 뚫고 곡식 한 섬을 훔치려 하였으나 구멍이 좁아서 나가지 못하고 있었다. 이때 윤성이 안에서 밀어서 내어 주니 교위가 도망하였다. 윤성이 쫓아가서 말하기를 "그대가 굶주림에 못 견디어 이 지경에 이르렀으니 괜찮다. 집안 사람들이 아무도 알지 못할 것이니 그대로 가져가라!"고 하였다. 교위는 그 곡식을 짊어지고 갔다. 윤성은 끝까지 그 말을 발설하지 않았으므로 집안사람은 모두 좀도둑의 소행이라고만 알고 있었다. 그 후 그 교위가 녹봉을 받게 되자 술과 음식을 가지고 와서 사례를 하였다.

문한경文漢卿

명주溟州 사람이니 그의 조부 문유보文儒寶는 우복야右僕射를 지냈다. 문한경은 탐욕스러우며 접쟁이였다. 처음에 대정隊正이 되었다가 누차 승진하여 대장군이 되었다.

고종 2년(1215)에 서북면 병마사西北面兵馬使로 나가 있었는데 병사들의 작상爵賞을 논할 때 뇌물을 많이 받았으며 인근 고을에 징구함을 한없이 하여 인심을 잃었다.

이듬해에 (거란의) 금산金山 왕자가 침입해 왔을 때 문한경이 적과 싸워서 8명을 생포하였는데 적들은 약산藥山, 남석우南石牛, 신풍新豊, 옥아玉兒 등의 역驛 근방 평야에 주둔하였다. 문한경이 각 성의 병력을 집합하여 위주渭州성 밖에서 접전하여 적 5백 70여 명을 죽였으나 아군의 죽은 사람은 30여 명에 불과하였다. 이리하여 중군병마사로 고쳐 임명되었다. 적들이 동계東界(함경도)로 침입하자 문한경이 군대를 인솔하고 의주宜州에 체류하면서 전투하려 하지 않고 무리 가운데 장인들을 데려다가 자기 개인의 물품들을 만들게 하여 심지어는 송곳, 식도 등의 물건까지 만들었다. 그러다가 적이 쳐들어와서 포위하게 된 때에는 성을 버리고 몰래 도망쳤으므로 아군이 대패하였으니 이 죄로 인하여 바다 섬으로 귀양을 갔다. 후에 소환되어 상장군으로 임명되고 병부와 공부의 상서尙書를 역임하고 추밀원부사 우복야樞密院副使右僕射로 승진되어 (고종) 13년(1226)에 죽었다.

권세후權世侯

서해도西海道 약산성掠山城의 방호 별감防護別監이 되어 몽골군을 방비하고 있었는데 성의 사면이 벼랑으로 되고 다만 한 줄기 통로가 있어서 겨우 사람과 말이 통행할 정도였다. 권세후는 지형의 험준함을 믿고 매일 술만 마시고 방비는 전혀 하지 않으면서 호언장담을 하였다. 몽골군이 와서 대포를 가설하고 성문을 공격하여 분쇄하는데 탄환이 비처럼 쏟아졌다. 또 몽골군은 사닥다리로 성벽을 올라와서 화전火箭으로 성 안의 초가집들을 쏘니 성 안의 인가들이 연소되었다. 갑옷 입은 적병들이 사방으로 돌입하니 성이 드디어 함락되었다. 권세후는 스스로 목매어 죽었으며 성 안에 죽은 자는 무려 4천 7백여 명에 달하였다. 적들은 10세 이상의 남자를 모조리 죽이고 부녀자들과 소아들을 생포하여 병사들에게 나누어 주었다.

백돈명白敦明

동주산성 방호 별감東州山城防護別監으로 있었는데, 백성들을 몰아 성 안에 넣고 일체 출입을 금지하였다. 그 고을 아전이 말하기를 "벼를 아직 거둬들이지 못하였으니 적이 오기 전에 빨리 나가서 곡식을 베어야 합니다."고 하였으나 백돈명이 듣지 않고 도리어 그를 죽이니 사람들이 분노하고 원망하여 모두 백돈명을 죽이려고 하였다. 그러다가 몽골군이 성 아래까지 이르니 백돈명이 6백 명의 정예군을 내보내 항전하게 하였으나 병사들이 모두 싸우기 전에 달아났다. 김화 감무金華監務가 성이 장차 함락될 것을 짐작하고 고을 아전들을 데리고 도주하니 몽골병이 드디어 성 문을 깨뜨리고 돌입하여 백돈명과 그 고을 부사副使, 판관判官, 금성 현령金城縣令 등을 죽이고 부녀자와 총각들은 붙잡아 데리고 갔다.

노인수盧仁綏

고종 3년(1216)에 삭주 분도장군朔州分道將軍으로 있었다. (거란의) 금산 왕자의 군대 수만 명이 침입하여 왔을 때에 노인수는 절에서 불공을 드리고 있었다. 나졸이 와서 적군이 이미 우리 경내로 침입하였다고 보고하였으나 노인수는 말하기를 "거란군도 사람인데 어떻게 차마 죽이겠는가?"라고 하며 3일간 절에서 체류하는 사이에 적들이 온 고을을 횡행하였으나 아무도 손을 대지 못하였다. 노인수는 성을 버리고 도망치다가 몸에 몇 대의 화살까지 맞고 겨우 피신하여 서울로 돌아오니 최충헌이 노하여 그의 관직을 삭탈하였다.

노인수는 늙은 어머니가 있었는데, 어머니를 버리고 승복을 입고 변산 승사邊山僧舍로 찾아가서 몇 해를 지냈다. 최이崔怡가 편지를 보내기를 "만약 그대가 온다면 복직시켜 주겠다."라고 하니 노인수가 대단히 기뻐하였다. 그는 즉시 서울로 와서 복직되었고 얼마 안 가서 대장군에 올랐으며 최이의 총애를 받아 다른 사람의 장단점을 평론하기 좋아하여 그것이 화복禍福으로 되기 때문에 사람들이 모두 그를 흘겨보았다.

좌복야左僕射 최윤광崔允匡은 평소부터 입바른 말을 잘하는 사람으로 유명하였는데 하루는 최이를 방문하니 노인수가 곁에 있었다. 최윤광이 노인수를 불러 놓고 꾸짖기를 "네가 어느 때에 대장군으로 임명되었기에 붉은 띠를 띠었느냐? 네가 삭주를 지키고 있을 때에 거란군이 침입하자 성을 버리고 도망친 것은 불충한 일이며 어머니를 버리고 나가 유람한 것은 불효이다. 불충과 불효는 천지간에 용서 못할 바인데 네가 무슨 공이 있기에 3품 직위에 있는가? 자기의 몸을 바로 잡은 후에야 남을 바로 잡는 법인데 어째서 제 잘못을 모르고 남의 잘못만 함부로 비평하는가? 너 같은 자는 응당 먼 지방으로 쫓아 보내 뒷사람을 경계해야 할 것이다."라고 하니, 노인수는 등이 젖도록 땀을 흘렸으며 이 소식을 들은 사람들이 모두 통쾌하게 여겼다.

그는 후에 주연지周演之와 더불어 최이崔怡를 모해하려는 일이 발각되었으므로 최이가 그를 잡아 물속에 던져 죽였다.

논하기를,

왕규王珪는 문음으로 관직에 나아가고, 차약송車若松과 기홍수奇洪壽는 무인으로 현달하고, 김의원金義元은 졸오卒伍에서 분발하였으나 모두 저자거리의 무뢰배들인데 벼슬이 대감 자리에까지 이르렀으니 이른바 금 주발과 옥으로 만든 술잔에 개똥[狗屎]을 담아

놓은 격이다.

문한경文漢卿과 노인수盧仁綏는 외방에서 병권을 잡고 있으면서 탐람하고 욕심이 많아서 인심을 잃었고 부처님 모시느라 쳐들어온 적을 죽이지 못해 마침내 성을 버리고 도망가야 했다.

권세후權世侯는 술에 방탕하여 약산掠山에서 목매어 죽었으며 백돈명白敦明은 사람을 함부로 죽이고 동주東州에서 패망하였으니 모두 세상 사람들의 경계가 된다. 그러나 당시 장상將相들은 권흉權凶의 복심이거나 손톱 같은 존재들이 아니면 될 수가 없었다. 이렇게 되었다고 해도 어찌 괴이하다고 할 수 있겠는가?

금의琴儀 이순목李淳牧 김창金敞 송국첨宋國瞻

금의琴儀

자는 절지節之이며 봉화현奉化縣 사람인데 뒤에 그의 적籍을 김포金浦로 하게 하였다. 삼한공신三韓功臣 금용식琴容式의 후손이다. 외모가 헌칠하고 도량이 넓었으며 어려서부터 공부에 힘써서 글을 잘 지었다. 그러나 여러 차례 과거에 응시하였으나 급제하지 못하였다. 청도 감무淸道監務로 있을 때 의지가 강직하여 고을 백성들이 그를 철태수鐵太守라고 불렀다.

명종 14년(1184)에 장원 급제하여 내시로 등용되었다. 최충헌이 국정을 장악하고 문사文士를 구할 때에 이종규李宗揆란 사람이 금의를 추천하니, 이때부터 최충헌에 대하여 아첨으로 섬겨 여러 가지 요직을 거쳤다.

신종 때에는 상서 우승尙書右丞, 우간의대부右諫議大夫, 찬선대부贊善大夫를 역임하였다. 금의는 일찍이 학사學士를 두 번, 대부大夫를 세 번 겸하였으므로 그때 사람들이 영예스러운 일로 여겼다. 그 후 집정자의 뜻에 거슬려서 장작감將作監으로 좌천되었다가 다시 좌간의대부左諫議大夫로 복직되었다.

희종 4년(1208)에 우부승선右副承宣으로서 과거의 시관試官이 되어 황보관皇甫瓘 등을 선발하였다. 황보관 등이 최충헌을 찾아가니 최충헌이 그들에게 은병銀甁 한 벌씩 주었으며, 또 왕을 뵈니 왕이 친히 술과 과실을 주고 이어 각 방상坊廂의 노래와 풍악을 감상시킨 다음 황보관 등 7명을 내시에 배속시켰다. 이것은 금의가 최충헌과의 친하였기 때문에 후대한 것이었다. 조금 후에 금의는 지이부사知吏部事로 승진하였다.

금의는 오랜 기간 기요機要의 직무를 주관하였는데, 그가 왕에게 아뢰고 응대함에 왕의 뜻을 잘 맞추었으므로 왕도 그를 중히 여겼다. 금의가 자못 권세를 믿고 교만을 부리니, 황보관이 금의에게 나아가 풍자시諷刺詩로 벼슬에서 물러설 것을 권하였더니 금의가 최충헌에게 고하여 황보관을 유배 보내게 하였다.

강종康宗이 즉위하여 금나라의 책봉 사신이 의봉문儀鳳門의 정문으로 들어오려고 하였다. 조정의 의논은 이것을 달갑지 않게 여겨 서로 논쟁을 하고 있었는데 왕이 금의에게 금나라 사신을 설득하게 하였다. 금의가 사신에게 묻기를 "천자가 지방을 순행하는 예는 예로부터 있는 일인데 대국의 천자가 소국에 들어온다면 어느 문으로 들어와야 하느냐?"고 하니, 금나라 사신의 대답이 "천자야 궁전의 중문中門으로 출입하는 것이지 다른 문으로 들어오겠는가?"라고 하였다. 금의가 말하기를 "그렇다면 신하로서 임금이 출입하는 정문으로 들어가려는 것이 옳은 것인가?"라고 하니, 금나라 사신이 크게 굴복하고 서문으로 들어왔다. 이에 왕이 금의를 가상히 여기어 한림학사 승지翰林學士承旨로 벼슬을 올려 주었다.

고종 2년(1215)에 정당문학 수국사政堂文學修國史를 거쳐 (고종) 5년(1218)에 문하시랑평장사門下侍郞平章事에 임명되었다.

일찍이 팔관회八關會에서 어사대의 아전[臺吏]이 무슨 일로 대정隊正의 멱살을 잡고 욕설을 한 것을 계기로 병사들이 소란스럽게 떠들면서 기와와 돌멩이를 어사대 천막으로 어지럽게 던졌으므로 돌멩이가 재상들의 천막을 스쳐가는 일이 발생했다. 금의가 대노하여 뜰에 내려 호령하며 꾸짖기를 "임금과 대신들이 모인 이 대회에서 너희들이 감히 이런 짓을 하느냐? 만약 소란을 일으킬 생각이 있거든 늙은 나를 먼저 죽이라!"고 하니 병사들의 기세가 약간 수그러지면서 소란이 멎었다. 그에게 평장사 판이부사

平章事判吏部事 벼슬을 더 주었으며 (고종) 7년(1220)에 연로하여 퇴직을 청원하였으므로 벽상공신壁上功臣의 칭호를 더 주고 퇴직케 하였다.

그 후 금의는 거문고와 바둑으로 벗을 삼고 스스로 즐기다가 (고종) 17년(1230)에 죽으니 나이 78세이었다. 왕이 부고를 듣고 심히 애도하고 해당 관리에게 명령하여 장례에 관한 일체를 구비하여 장례식을 치르게 하고 영렬英烈이란 시호를 주었다.

금의는 남의 잘못한 일에 대하여 기탄없이 바른 말로 면박하였으므로 그를 싫어하는 사람도 많았다. 그러나 여러 번 시험관[貢擧]이 되어 인재들을 많이 선발하였다. 「한림곡翰林曲」에 나오는 금학사琴學士는 바로 금의를 가리킨 것이다.

이순목李淳牧

합주陜州 아전이다. 어려서부터 학문에 뜻을 두었으며 글을 잘 지었다. 일찍이 부친을 따라 서울에 왔을 때 매양 글 모임[文會]에 나아가 운을 맞춰 빨리 글을 잘 지었으므로 이름이 세상에 떨치었다. 그때에 이수李需란 사람도 재식이 뛰어나고 똑똑하였으며 그 역시 글을 빨리 지었으므로 이순목과 함께 이름을 날리었다.

이순목은 과거에 급제하여 금성 관기錦城管記를 거쳐 직한림원直翰林院에 올라 음양 기술陰陽伎術로서 주연지周演之의 집에 자주 왕래하였는데, 주연지가 죽은 후에 금구 현령金溝縣令으로 좌천되었다. 그러나 최이가 그의 재주를 아끼어 때가 차기도 전에 소환하여 보문각 대제寶文閣待制로 발탁하고 판비서성사判秘書省事로 승진시켰다.

이순목은 성질이 교활하고 간사하며 의심이 많았는데, 정치를 하는 데도 청렴하고 공평하지 않았다. 그러나 문필이 우수하고 기예를 가졌기 때문에 중앙의 성省을 떠나지 않았고 항상 제고制誥를 맡았다. 최항崔沆이 어렸을 때 그를 스승으로 섬겼으므로 정권을 잡은 후에는 특히 우대하여 상서좌복야尙書左僕射로 등용하기로 하였으나 미처 임명되기 전에 죽었다.

김창金敞

안동安東 사람으로 신라 경순왕敬順王의 후손이다. 성품이 온화하여 남의 뜻을 거스르지 않았다. 희종 때에 등제하여 직사관直史館으로 있다가 여러 차례 옮겨 상서 우승尙書右丞이 되었다. 최이崔怡가 불러 정방政房에 두고 관리를 선발하는 전선銓選을 맡겼는데 당시 이부吏部, 병부兵部의 선발에 응하는 자가 무려 수만 명에 달하였으나 김창은 한 번 보면 성명을 모두 기억하였으며 무슨 일로 하소연하는 자가 있으면 즉시 질문에 응답하여 해명해 주었는데, 그 내용이 사소한 착오도 없으므로 사람들이 그의 기억력이 강한 데 대하여 탄복하였다. 그러나 전주銓注할 때에는 일일이 최이에게 문의하고 결정하였으며 자기의 견해로 가부를 정하지 않았다. 어떤 사람이 그 까닭을 물으니, 대답하기를 "하늘이 우리의 진양공晋陽公(최이)의 손을 빌리어 국정을 처리하는 것인데 나 같은 사람이 어찌 간섭하겠느냐?"고 하였으니, 그의 아첨이 대개 이러하였다.

고종 때에 문하평장사門下平章事가 되었다. 김창이 권문權門에 아부하여 오랫동안 정권에 관여하고 있었으나 항상 자격을 준수하였기 때문에 이때에야 비로소 상相이 되었다. (고종) 43년(1256)에 수태사 문하시랑평장사 판이부사守太師門下侍郎平章事判吏部事가 되었다가 죽었는데 아들은 없다. 임종 때 그의 조카 김방경金方慶에게 자기의 장례를 국장國葬으로 하지 말 것을 부탁하였다. 시호는 문간文簡이라고 하였다.

송국첨宋國瞻

진주鎭州 사람이다. 성질이 강직하여 악한 것을 원수같이 미워하였으며 글을 잘 지었다. 과거에 급제하고 직사관直史館이 되었다. 고종 때에 감찰어사監察御史에 임명되었다. 몽골 원수 살례탑撒禮塔이 대군을 이끌고 국경을 침범해 왔는데, 왕이 회안공 왕정淮安公王侹을 파견하여 강화講和하기로 하였다. 이때 송국첨이 수행하였다. 현지에 도착하여 살례탑과 회담하는데 송국첨의 언사와 안색이 엄정하니 살례탑도 탄복하였다. 그 후 정언正言과 판비서성사判秘書省事의 관직을 역임하면서 김창과 함께 최이를 섬겨 정방政房에 들어갔으나 최이에 아부하지 않으므로 최이가 자못 꺼렸다.

그 후 박훤朴暄이 권세를 함부로 부리자 송국첨은 그런 사람과 동렬에 있는 것을 수치로 생각하고 발병[足疾]이 났다는 구실로 정방에서 사직하였는데, 이때부터 최이가 그를 멀리하였다. 그러나 큰 일이 있을 때에는 반드시 송국첨을 보내어 처리하게 하였다.

이후 형부 상서刑部尙書를 역임하고 경상도 순문사慶尙道巡問使로 나가 있었다. 그때 최이에게 편지를 보내 최항崔沆의 잘못하는 일을 비평하였더니 최이가 그의 견해를 옳다고 여겼으나 최항의 참소로 인하여 송국첨을 동경 부유수東京副留守로 좌천시켰다. 그 후 최이가 죽고 최항이 정권을 물려받게 되자 송국첨은 자기에게 화가 돌아올까 염려하여 집에 들어앉았으며 최항도 그에 대한 숙감을 가지고 있으나 사람들의 공론을 고려하여 송국첨을 소환하여 우산기상시右散騎常侍에 임명하였다. 얼마 후에 지서북면병마사知西北面兵馬使로 보낸 후로는 오래도록 불러들이지 않았으므로 울분에 쌓여 죽었다.

논하기를,

금의琴儀·이순목李淳牧·김창金敞·송국첨宋國瞻 네 사람은 그 도량과 재주가 족히 스스로 분발하여 떨칠 만한데, 오히려 적신賊臣에 의탁하고 아부하여 지위를 굳건히 하였으니, 성급한 선비가 한 때의 권세와 이익을 생각하여 만세의 사론士論에 죄를 얻게 되는 것을 알지 못하였다. 역사에서 금의가 강직하고 굽히지 않았다고 하였으며, 송국첨은 성정이 강직하여 악을 보기를 원수같이 여겼다고 하였으나, 아! 신정申棖[2]과 같은 욕심을 착각하여 강직하다고 하였으니 속견俗見은 정말 그렇다고 하겠다. 이순목이 교사巧詐하고 청렴공평하지 못한 것이나 김창이 전주銓注를 한결같이 최이의 말에 따라서 한 것과 비교하면 조금 낫다고 할 것인가.

---

2 신정申棖 : 자字는 주周. 춘추시대 노나라 사람으로 육예六藝에 정통하였다. 공자 72현賢 중의 한 사람. 『논어』에서 공자가 신정을 강직하다고 평가하지 않았다. (子曰 : "吾未見剛者." 或對曰 : "申棖." 子曰 : "棖也欲, 焉得剛?")

이공로李公老 최자崔滋 채송년蔡松年

이공로李公老

자는 거화去華이니 단산현丹山縣 사람이다. 문장을 잘 지었는데, 특히 사륙병려체[四六體]에 능하였다. 명종 때에 과거에 급제하고 안변 판관安邊判官으로 나아가 자신의 재산을 내어 백성들의 부세를 대신 내어주었다. 성적이 최상으로 되어 사의서 승司儀署丞으로 소환되었다가 직한림원直翰林院으로 옮겼는데, 최충헌이 이공로는 왕실의 외척과 연관이 있다 하여 그를 제쳐 놓고 등용하지 않은 지 거의 10년이 되었다. 그의 아버지 이상재李尙才가 이를 민망히 여겨 최충헌에게 뇌물을 주어 감문위 장사監門衛長史가 되었다.

고종 초에 예부 낭중禮部郎中으로서 조충趙沖의 병마 판관兵馬判官이 되었는데, 적을 잡는 전략을 써서 성공한 것이 많았다. 한순韓恂이 반란을 일으킬 때 이공로가 선무사宣撫使로서 공을 세우고 비서소감秘書少監으로 임명되었으며 경상도 안찰사慶尙道按察使로 나가 있을 때 명령이 옳게 집행되고 관내가 대단히 잘 다스려졌으므로 왕이 가상히 여기고 형부 시랑으로 임명하였으나 계속해서 그 도의 안찰사로 두었다. 내직으로 들어와 전중감殿中監으로 임명되어 숭위부崇威府를 맡아 보게 되었는데 판결하는 품이 마치 물 흐르듯 정확하니 일을 맡은 지 5일 만에 벌써 사람들이 탄복하였다.

후에 추밀원 승선樞密院承宣, 국자 대사성國子大司成으로 승진되었으며 왕이 특별히 심복으로 삼아 장차 크게 쓰려고 하였는데, (고종) 11년(1224)에 죽었다. 그 집에는 한 섬의 쌀도 재산도 없었고 아들도 없었다.

최자崔滋

자는 수덕樹德이고 처음 이름은 최종유崔宗裕 또는 최안崔安이라고도 불렀으며 문헌공文憲公 최충崔沖의 후손이다. 성품이 순후하고 말이 적었으며 표표表表한 것{어떤 곳에는 '교격矯激'이라고 되어 있다.}을 능력으로 여기지 않았다. 어려서부터 공부에 힘써서 글을 잘 지었다.

강종 때에 과거에 급제하고 상주 사록尙州司錄이 되어 성적이 우수하였다. 국학 학유國學學諭로 중앙의 관직에 옮겼다. 최이가 조정의 관원들의 우열을 평정하여 문학[文]과 실무 능력[吏] 두 가지가 모두 우수한 사람을 1등으로, 글은 잘하나 실무 능력이 부족한 사람을 다음으로, 실무 능력은 있으나 글이 부족한 사람을 또 그 다음으로, 글도 실무 능력도 전혀 없는 사람을 최하로 하여 자기 손으로 병풍에 기록하여 두었다가 매번 전주銓注할 때마다 이것을 상고하였는데 최자의 이름이 최하에 씌어 있었으므로 10년 동안이나 이동되지 못하였다.

최자가 일찍이 「우미인초虞美人草」 노래와 「수정배水精盃」시를 지은 일이 있었는데 이규보李奎報가 그 글을 보고 기이하게 여겼다. 그 후에 최이가 이규보에게 말하기를 "누가 당신의 후임으로 문한文翰을 담당할 만한가?"라고 하니, 이규보가 대답하기를 "학유 최안(최자) 및 급제 김구金坵가 그 다음이 될 것이다."라고 하였다. 그때 이수李需·이백순李百順·하천단河千旦·이함李咸·임경숙任景肅 등도 모두 글로 이름이 났으므로 최이가 그들의 재능을 시험해 보고자 하여 그들에게 각각 표表와 서書를 지어 바치게 하고 이규보로 하여금 차례를 정하라고 하였는데, 모두 10번 시험 보아 최자가 5번은 장원에, 5번은 차석이 되었다. 최이가 또 그의 실무 능력[吏才]을 시험하기 위하여 급전도감 녹사給田都監錄事로 임명하였더니 민첩하고 또 성실하게 수행하였다.

고종 때에 여러 번 승진되어 정언正言으로 있다가 상주 목사尙州牧使가 되었는데, 송사 판결을 귀신 같이 신통케 하여 아전이나 백성들이 그를 사랑하고 두려워하였다. 안찰사按察使가 그를 추천하였으므로 임기가 차기도 전에 소환되어 전중소감殿中少監, 보문각 대제寶文閣待制에 임명되고 연이어 충청·전라도로 나아가 또한 명성과 치적을 나타냈다.

여러 차례 벼슬을 옮겨 국자 대사성國子大司成, 지어사대사知御史臺事를 지내고 상서 우복야尙書右僕射, 한림학사 승지翰林學士承旨로 전임되었다가 중서평장사中書平章事, 수태사 문하시랑守太師門下侍郞, 동중서문하평장사 판이부사同中書門下平章事判吏部事 벼슬을 더하였다.

몽골병이 대규모로 쳐들어오자 왕이 3품 이상의 대관들에게 몽골에 투항할 것인가 아니면 항전할 것인가에 대한 대책을 마련하라고 하니 중론이 분분하였더니, 최자는 추밀사樞密使 김보정金寶鼎과 함께 이르기를 "강화도[江都]는 땅이 넓으나 사람이 적어서 방어하기 곤란한즉 항복하는 것이 좋겠다."라고 주장하였다. 어느 날 최자가 김준金俊의 여러 아들을 자기 집으로 초대하고 연회를 베풀었더니 사람들이 비웃었다.

그 후 퇴직하고 스스로 호를 동산수東山叟라고 하였다. 원종 원년(1260)에 죽으니 73세였다. 시호는 문청文淸이라 하였다. 저서로는 『가집家集』 10권과 『속파한집續破閑集』 3권이 세상에 전한다. 그의 아들 최유후崔有侯는 벼슬이 밀직부사密直副使, 문한학사文翰學士를 지냈고, 최유부는 동경유수판관東京留守判官을 지냈으며, 최유엄崔有渰은 따로 전기가 있다.

채송년蔡松年

동주 평강현東州平康縣 사람이다. 어전 행수御殿行首로 있다가 낭장郎將이 되었는데 오래도록 자기가 타고 다니는 말의 재갈을 바꾸지 않았다. 최충헌이 그 까닭을 물은즉 그는 대답하지 않았으나 곁에 있던 사람들이 대신 답하기를 "그의 부친이 아직 참직參職이 되지 못하였는데 만약 표식을 바꿔 달고 조회에 나오다가 그 부친이 멀리서 바라보면 자기 아들인 줄 모르고 말에서 내려 피하여 갈까 염려하기 때문입니다."라고 하였다. 최충헌이 옳게 여기고 곧 그의 부친의 관등을 참직으로 올려 주었다. 이때부터 채송년을 최충헌은 소중히 여기게 되었다.

벼슬이 여러 번 올라서 추밀승선樞密承宣, 어사대부御史大夫, 참지정사參知政事 등을 지내고, 고종 38년(1251)에 중서시랑평장사中書侍郎平章事로 있다가 죽었다.

채송년은 용모가 단아하고 수려하였으며 성품이 온화하여 죽을 때까지 부귀를 누릴 수 있었다. 시호는 경평景平이다.

채송년의 아들 채정蔡楨은 용모가 늠름하고 지조가 견실한 사람이었다. 문음門蔭으로 추밀부사, 어사대부 벼슬을 지냈다. 원종이 원나라로 갈 때에 채정이 수행하여 많은 도움을 주었다. 그 후 참지정사에 올랐으며, 다시 세자를 따라 몽골에 갔으나 나이가 많은 관계로 청하여 먼저 돌아 왔다.

삼별초三別抄 난이 일어났을 때 채정은 강도 유수江都留守를 하고 있었는데 난리가 났다는 소식을 듣고 즉시 달려 강도를 탈출하였으므로 적이 추격하였으나 붙잡지 못하였다. 그가 서경西京으로 가서 왕에게 문안하니 왕이 그를 위로하여 주었다. 벼슬이 문하시랑평장사에 이르러 죽었으며 원종 묘정廟庭에 배향되었다.

논하기를,

이공로李公老와 최자崔滋는 문학과 정치로 한 때의 교초翹楚[3]라고 하겠다. 그러나 돌아보건대 권문의 도움을 받아 출세를 도모했다는 더러운 이름을 면할 수는 없었다. 유종원柳宗元[4]과 유우석劉禹錫[5]은 왕숙문王叔文과 왕비王伾[6]에 붙어서 끝내는 명교名教(유교)에 득죄하였으니 비록 한쪽의 장점을 갖고 있었다고 하나 어찌 족히 칭찬할 수 있겠는가. 그러나 이공로가 관직에 복귀한 것은 그의 아버지로 말미암은 것이고 최자가 발탁된 것은 이규보와의 인연이었으니, 일찍이 김창이나 이순목·송국첨 무리들과 같이 이리저리 아첨을 하고 알랑거려 악행을 한 것과는 같지 않다. 채송년이 아버지의 직책이 낮은 것을 꺼려 승진을 구하지 않았다가 마침 최충헌의 뜻에 맞아 지위에 나가고 벼슬이 현달해졌으니 어찌 모두 다 권신의 응견鷹犬이라 하겠는가?

3 교초翹楚 : 빼어나고 아름다운 숲과 나무를 교초라고 한다. 기원은 『시경詩經』 주남周南에 "翹翹錯薪, 言刈其楚"에서 나왔다.

4 유종원柳宗元(773~819) : 당나라의 유명한 문학가. 자字는 자후子厚, 세칭世稱 "유하동柳河東"이다. 당나라의 한유韓愈, 송나라의 구양수歐陽修, 소순蘇洵, 소식蘇軾, 소철蘇轍, 왕안석王安石, 증공曾巩과 함께 당송팔대가唐宋八大家로 칭해졌다.

5 유우석劉禹錫(772~842) : 자字는 몽득夢得. 당나라 중만기中晚期의 저명한 시인으로 시호詩豪라는 칭호를 들었다.

6 당唐 순종順宗 때에 정치 개혁을 영도한 왕숙문王叔文 및 그 당여인 왕비王伾를 가리킴.

이인로李仁老 오세재吳世才 조통趙通 임춘林椿

이인로李仁老

자는 미수眉叟이고 처음 이름은 이득옥李得玉으로 평장사 이오李頫의 증손이다. 어려서부터 총명하였고 글을 잘 짓고 초서草書와 예서隷書에 능하였다. 정중부鄭仲夫의 난에 머리를 깎고 승려가 되어 난을 피하였다가 평정된 후에 환속하였다.

명종 10년(1180)에 과거에 장원 급제하여 계양 관기桂陽管記로 임명되었다가 직사관直史館으로 승진하였다. 사한史翰의 직책에 재직한 기간이 대략 14년 간이었다. 당시의 유명한 선비 오세재吳世才, 임춘林椿, 조통趙通, 황보항黃甫抗, 함순咸淳, 이담지李湛之 등과 함께 나이를 따지지 않는 망년우忘年友를 맺어 시와 술로 서로 즐기니 당시 사람들이 중국 강좌칠현江左七賢에 비유하였다. 신종 때에 누천하여 예부 원외랑禮部員外郎이 되고, 고종 초에 비서감秘書監, 우간의대부右諫議大夫로 승진하였다가 69세의 나이로 사망하였다.

그는 당시 시로써 유명하였지만 성질이 편협하고 급하여 당시 사람들과 맞지 않아 크게 쓰임을 받지는 못하였다. 문집으로는 『은대집銀臺集』 20권과 『후집後集』 4권, 『쌍명재집雙明齋集』 3권, 『파한집破閑集』 3권이 있어 세상에 전한다. 아들은 이정李程, 이양李穰, 이온李溫 등이 있는데 모두 과거에 급제하였다.

오세재吳世才

자는 덕전德全이고 고창현高敞縣 사람이며 조부는 한림학사 오학린吳學麟이다. 오세재는 어려서부터 열심히 공부하여 6경六經을 손으로 써서 읽었으며 『주역周易』을 매일 암송하였다. 명종 때에 과거에 급제하였으나 성품이 소탈하고 조심성이 부족한 탓으로 세상에 용납되지 못하였다. 이인로李仁老가 세 번이나 글을 올려 천거하였으나 끝내 관직에 오르지 못하였다. 동경東京에서 곤궁하게 생활을 하다가 세상을 떠났다. 이규보李奎報와는 망년忘年의 교분이 있었으므로 이규보가 개인적으로 그에게 현정선생玄靜先生이란 시호를 주었다.

조통趙通

자는 역락亦樂이고 옥과현玉果縣 사람이다. 체격이 장대하였으며 경전과 역사책과 백가百家에 막힐 것이 없었다. 명종이 그의 명성을 듣고 여러 번 불러 보았다. 과거에 급제하고 여러 관직을 거쳐서 정언正言으로 되고 뒤에 고공 낭중考功郎中, 태자 문학太子文學으로 승진되었다.

사신으로 금나라에 갔을 때에 국가 간의 문제로 3년간 구류되었으나, 금나라 사람들이 그의 재주를 아깝게 여겨 돌려보냈다. 돌아와 지서북면유수사知西北面留守事를 지냈는데, 관후한 정치를 하고 검소하였으며 사람을 신의로써 대하였다. 벼슬이 좌간의대부左諫議大夫, 국자감 대사성國子監大司成, 한림학사翰林學士에 이르렀다.

임춘林椿

자는 기지耆之이다. 서하西河 사람으로 문장이 유명하였다. 여러 번 과거에 응시했으나 급제하지 못하고 있다가 정중부鄭仲夫의 난에 가족이 몰사하고 임춘만이 몸을 빼서 겨우 화를 면하였다. 그러나 빈한한 생활 속에서 일찍 죽었다. 이인로가 그의 유고遺藁를 수집하여 6권이 되었는데, 제목을 『서하선생집西河先生集』으로 하여 세상에 내놓았다.

논하기를,

진晉나라 사대부로 혜강嵇康,[7] 완적阮籍[8] 같은 이는 술에 취해 노래하며 마음대로 하였으

---

7 혜강嵇康(224~263) : 정시正始 말년에 완적阮籍 등 죽림竹林의 명사들과 함께 현학玄學의 새로운 기풍을 불러 일으킨 죽림 7현의 한 사람.

8 완적阮籍(210~263) : 건안칠자建安七子의 한 사람인 완우阮瑀의 아들. 일찍이 보병교위步兵校尉를 하였기 때문에 세상에서는 완보병阮步兵이라고 칭하였다. 노장학을 숭봉하고 정치적으로는 근신하고 화를 피하는 태도를 취하였다. 혜강嵇康, 유령劉伶 등 7인이 벗이 되어 항상 죽림竹林 밑에서 마음대로 술을 마시고 노래하여 세상에서는 죽림칠현竹林七賢이라고 불렀다.

니 예법으로도 구속할 수는 없었다. 핑계를 대고 도망다니면서 사마 씨司馬氏[9]에게도 굴하지 않았다고 할 수 있다. 명종과 신종 때에 적신賊臣 정중부鄭仲夫와 이의민李義旼, 최충헌崔忠獻이 서로 이어 집권하여 군부君父를 시해하며 조정의 정치를 혼란에 빠뜨려 그 죄악을 추적하면 어찌 다만 사마 씨에 그치겠는가? 이인로·조통·오세재·황보항·함순咸淳·이담지李湛之 등은 능히 시계詩契를 핑계로 숨어서 시와 술로 서로 즐기며 중국 죽림 7현의 무리에 은근히 부쳤지만 마침내는 세상에 쓰임을 받지 못하였다. 그러나 이규보李奎報의 무리들이 권간權姦의 문하에서 아첨하며 부귀를 누린 것과 비교하면 어찌 같이 일컬을 수가 있겠는가.

권수평權守平 손변孫抃

권수평權守平

권수평은 안동安東 사람이다. 족적이 미미하여 그의 족보族譜는 알 수 없다. 자태가 풍후하고 아름다웠으며 성품이 순후하고 질박하여 옛사람의 풍모가 있었다.

일찍이 대정隊正으로 있었으나 생활이 빈궁하였다. 그때 중낭中郎 복장한卜章漢이란 사람이 죄 아닌 죄로 귀양을 갔으므로 권수평이 그의 직전職田을 대신 받아 몇 해 동안의 소출을 받아왔다. 그 후 복장한이 사면을 받아 석방되어 돌아오자 권수평은 평소에 그를 알지 못하였으며 또 그 땅의 조세도 이미 운송된 때였으나, 권수평은 추수 목록을 가지고 복장한을 찾아가 주니 복장한이 이르기를 "내가 귀양 갔었으니 그대가 비록 나의 직전을 가지지 않았더라도 필경 다른 사람이 가졌을 것이다. 그런데 그대가 나의 처지를 가엾게 여기고 그 토지를 반환하여 주니 그만 해도 족한데 무슨 추수 곡물까지

9 위魏를 멸망시키고 서진西晉을 건국한 사마씨司馬氏 일족을 말함.

받겠느냐?"고 하였다. 그러나 권수평은 또 말하기를 "그대는 죄가 없었고, 나는 원래부터 밭이 없었으니 그 토지는 이미 그대의 것이오, 내가 어찌 소출을 차지하리오?"라고 하고 드디어 그 장부를 내던졌다. 복장한도 받지 않고 문을 닫고 안으로 들어가 버렸으므로 마침내 권수평은 장부에 돌을 매어 그 집 안으로 던지고 갔다. 이 모습을 본 부로父老들이 감탄하며 이르기를 "토지를 서로 쟁탈하는 것이 풍습으로 된 이 세상에서 뜻밖에 이런 사람을 얻어 보았다."라고 하였다.

견룡牽龍이란 관직은 직위가 낮으나 임무는 영예스러운 까닭에 권세 있고 귀한 집 자제들이 모두 그 자리를 원하고 있었다. 권수평은 대정隊正으로부터 견룡牽龍에 보충되었으나 집이 빈궁한 까닭에 그 직을 사절하였더니, 친구들이 말하기를 "이것은 영예로운 임명이므로 처를 버리고 다시 장가를 들어 재부를 구하는 자가 많다. 만약 자네가 부잣집 딸에게 다시 장가들려면 누가 사위로 삼지 않으리오."라고 하니, 권수평이 말하기를 "잘 살고 못살기는 천명이다. 어찌 갑자기 20년 동거한 조강지처를 버리고 부잣집 여자를 얻겠는가?"라고 하니 말하던 사람이 부끄러워하였으며 또 감복하였다.

(그 후) 권수평은 벼슬이 올라서 추밀원 부사樞密院副使까지 지내다가 고종 37년(1250)에 죽었다. 그의 아들 권위權韙는 한림학사로 있었고 권위의 아들 권단權㫜은 따로 전기가 있다.

손변孫抃

손변의 처음 이름은 습경襲卿이고 수주樹州 사람이다. 과거에 급제하여 천안부天安府 판관判官이 되었는데 정사를 이주 잘하여 공역서 승供驛署丞으로 뛰어올랐다. 고종 때에 여러 번 승직되어 예부 시랑禮部侍郎으로 되었다가 경상도 안찰부사慶尙道按察副使로 나아갔다. 당시에 어떤 사람이 남매간에 서로 송사를 제소하였는데, 그 아버지가 세상을 떠날 때에 가산 전부를 딸에게 주고 아들에게는 검정 옷[緇衣] 한 벌, 갓[緇冠] 하나, 신발[繩鞋] 한 켤레와 종이[楮紙] 한 권뿐이었다. 문권文券이 너무 분명하여 소송이 오래 되었으나 해결되지 않은 채 지나왔다. 이때 손변이 (두 남매를 불러다가) 묻기를 "너희 아버지가 죽을 때에 어머니는 어디 계셨는가?"라고 하니, "어머니가 먼저 죽었다"고 대답하였다. "그때 너희들의 나이는 각각 몇 살이었는가?" 하고 물으니, "동생은 겨우 몇 살이고 누이는 이미 시집갔다."라고 대답하였다. 손변이 남매에게 타이르기를 "부모의 마음은 자식에게는 다 같은 법이다. 그런데 이미 출가한 딸에게만 후하고 어미도 없는 총각인 아들에게는 박하게 할 리가 있는가? 생각건대 아들의 의지할 곳은 누이밖에는 없으니 만약 재산을 나누어 준다면 혹시 그 아이에 대한 누이의 사랑과 양육이 부족하지 않을까를 우려함이다. 그러니 아이가 장성한 후에는 검정 옷과 갓을 쓰고 신을 신고 관가에 가서 종이에 글을 써서 관에 고소하면 이를 잘 판단해 줄 관리가 있을 것이므로 오직 이 네 가지 물건만 아들에게 남겨 준 것이니 그 의도가 대개 이러하였을 것이다."라고 하였다. 누이와 동생이 그의 말을 듣고 비로소 깨닫고 감동되어 서로 붙들고 울었다. 재산은 반분하여 남매에게 나눠 주었다.

손변은 여러 차례 올라서 추밀원 부사樞密院副使가 되고 고종 38년(1251)에 수사공 상서좌복야守司空尙書左僕射로 있다가 죽었다. 손변의 성품은 강하고 굳세었다. 실무에 능하였으며 사건을 심판하고 송사를 재판하는 것이 마치 물 흐르듯이 신속하고 정확하게 처리하였으며 가는 곳마다 성적을 나타냈다. 그러나 그의 처가가 국가에서 정한 서족庶族이기 때문에 대성臺省과 정조政曹의 관직에 임용될 수가 없었다. 그의 처가 손변에게 말하기를 "당신은 나의 천한 신분 탓으로 청요직淸要職에 오르지 못하니 차라리 나를 버리고 세족世族 가문의 아내를 맞이하시면 어떻겠습니까?"라고 하니, 손변이 웃으면서 말하기를 "조강지처糟糠之妻를 버리고 부귀하기를 바라는 것을 나는 차마 못할 일이다."라고 하였다. 아들 손세정孫世貞 역시 과거에 응시하지 못하였다.

논하기를,

권수평은 다른 사적이 없으므로 역사서에 보이는 것만으로 그 사람의 인물됨을 알 수는 없다. 그러나 그가 사양하고 받을 때에 깨끗하게만 하는 것을 순결한 것으로 하지 않고 자연스러운 천성에서 하는 것이니 그 덕이 족히 후대에 미치는 것이다.

손변孫抃은 사무 처리에 능하여 가는 데마다 치적이 있었다. 이 두 사람의 언행을 보면 그 뜻이 명리名利에 급급하지 않고 갑자기 출세하려고 하지도 않았으며 그들이 권신에 아부하지 않았으니 그 지조를 대략 알 수 있다.

김지대金之岱 유승단兪升旦 유석庾碩

김지대金之岱

김지대의 처음 이름은 중룡仲龍이니 청도淸道 사람이다. 풍채가 뛰어나고 대범하며, 큰 뜻을 품고 공부에 힘을 써서 글을 잘하였다. 고종 4년(1217)에 (거란과의) 강동江東 싸움에 아버지를 대신하여 군대에 들어가 행군하는데, 다른 병졸들은 모두 방패 전면에 괴상한 동물을 그렸으나 김지대만은 홀로 자기가 지은 시를 썼다. 그 글에 "나라의 근심은 신하의 근심이요, 부모의 걱정은 자식의 걱정이요, 아버지를 대신하여 국은에 보답한다면 충성과 효도를 가히 한 번에 이룰 수 있으리!"라고 하였다. 원수 조충趙沖이 군대를 점검하다가 이것을 보고 놀라면서 그 곡절을 물은 후 내상內廂에 불러들이어 아껴서 부렸다.

이듬해에 조충이 지공거知貢擧가 되었을 때에 김지대는 제1등으로 되어 전례에 따라 전주 사록全州司錄에 임명되었다. 김지대는 고아와 과부와 같이 외롭고 어려운 사람들을 돌보아 주고 강호强豪들을 억눌렀으며 죄과에 대해 적발하는 것이 귀신같이 신통하였으므로 아전과 백성들이 존경하고 두려워하였다. 중앙으로 들어와 보문각 교감寶文閣校勘이 되었다가 전라도 안찰사全羅道按察使로 나갔다. 그때에 최이崔怡의 아들 승려 만전萬全이 진도珍島의 어느 절에 거주하고 있었다. 그의 도당이 횡포한 행위를 함부로 하였는데 그 중에도 통지通知라고 부르는 자가 더욱 심하였다. 그래서 그들이 청하는 것을 김지대가 다 억누르고 들어주지 않았다. 김지대가 일찍 그 절에 가니 만전이 욕설을 하며 만나주지도 않았다. 그러나 김지대는 곧바로 마루[堂]로 올라갔는데 마침 그곳에는 악기가 있었다. 김지대가 젓대를 들고 몇 곡조 불기도 하고 거문고를 당겨 한 곡조를 타니 음절이 비장하였다. 이것을 듣던 만전은 기쁜 낯빛으로 나와 말하기를 "마침 몸이 좋지 않아 공이 여기 오신 것을 알지 못하였다"라고 하고 서로 유쾌히 술 마시었다. 그리고 만전이 10여 건의 일을 부탁하므로 김지대가 그 자리에서 시행할 것을 승낙하고 그 중 몇 가지 일에 대해서는 보류하면서 말하기를 "이것은 행영行營에 가서야 할 수 있는 일이니 통지通知를 보내는 것이 좋겠다. 기다리겠노라."라고 하고 그가 돌아왔다. 며칠 후에 통지가 과연 행영에 왔다. 김지대는 그 자를 결박하라고 명령하고 그의 불법한 행위를 따진 다음 강물에 던져 죽였다. 그런데 만전이 바로 최항崔沆이다.

최항이 집권한 후 숙감을 품고 있었으나 김지대가 원체 청렴하고 잘못하는 것이 별로 없기 때문에 끝내 그를 해치지 못하였다. 김지대는 여러 차례 벼슬이 올라 판사재사判司宰事가 되었다. 그때에 몽골군병이 북쪽 변방을 침범하여 왔는데, 지병마사知兵馬事 홍희洪熙가 여색에 빠져서 군무를 돌보지 않으므로 그곳 백성들의 마음이 이탈되었다. 이에 (왕은) 김지대가 재능과 지략이 있다 하여 첨서추밀원사僉書樞密院事로 승진시키고 홍희를 대신하여 지병마사로 가서 진무하게 하였다. 김지대가 은혜와 신의로 안무하니 서북 40여 성城이 안정되었다.

원종 초에 정당문학 이부상서政堂文學吏部尙書가 되었다가 얼마 지나지 않아 글을 올려 퇴직할 것을 청하니 수태부 중서시랑평장사守太傅中書侍郞平章事를 더하고 퇴직을 허락하였다. 말년에 병을 얻어 머리를 깎고 중이 되었다가 앉은 채 죽었는데 나이 77세였으며 시호는 영헌英憲이다.

초년에 김지대가 성 남쪽에 사는 어떤 노인이 사람들의 운명을 잘 예언한다는 말을 듣고 찾아갔었다. 노인이 그를 맞아들이고 점을 치더니 이윽고 그의 어린 딸을 불러 김지대에게 뜰에서 절하라 하였다. 그리고 딸에게 말하기를 "이 어른이 후일에 반드시 귀하게 될 것이며 네가 이 어른의 도움을 입게 될 것이니 잘 알아 두라."고 하였다. 그 후 20년이 지나서 김지대가 전라도를 안찰하고 있을 때에 적들을 많이 옥에 가두었는데, 한 여자가 소리를 높여 말하기를 "옛날 성 남쪽에 살던 늙은이의 딸입니다."라고 하니, 김지대가 깜짝 놀라 그 여자를 석방하게 하고 후히 위로하여 보내었다.

유승단兪升旦

유승단의 처음 이름은 유원순兪元淳이니 인동현仁同縣 사람이다. 입이 무겁고 말이 적으며 믿음직하고 겸손하며 아는 것이 많고 기억력이 강하였다. 특히 고문古文으로는 세상에서 원순元淳의 글을 첫째로 손꼽았으며 경서와 역사에 대한 깊은 뜻을 질의하는 자에게는 의문이 풀리도록 해석하고 변증하여 주었으며 불경에 이르기까지 통달하고 있었다. 그가 일찍이 상서尙書 박인석朴仁碩의 집을 방문한 일이 있었는데 박인석은 사람을 볼 줄 아는 식견이 있는 사람이라 그를 극진히 우대하였다. 어떤 사람들이 그 까닭을 물은즉 박인석이 말하기를 "이 사람은 암흑을 비치는 야광주와 같아서 좀처럼 얻어 보기 어려운 인물이다. 그가 이처럼 찾아 주는데 내 어찌 우대하지 않겠는가?"라고 하였다. 강종康宗이 태자로 있을 때에 자기의 속료屬僚를 채용하는데 그가 과거에 선발된 후 시학侍學으로 등용되었다. 강종이 강화도로 추방당할 때에 유승단도 배척되어 쓰임을 받지 못하였다. 희종 때에 비로소 남경 사록참군南京司錄參軍이 되었으나 유수留守 최정화崔正華와 사이가 좋지 않아 심악 감무深岳監務로 강등되자 그는 부임하지 않았다. 고종이 어렸을 때에 또한 그에게 글을 배웠는데 즉위하자 유승단을 수궁서승守宮署丞에 임명하여 은총이 대단히 두터웠고 나중에는 사부師傅로 삼았다. 그 후 예부시랑, 우간의대부를 거쳐 참지정사로 올라갔다.

몽골의 대군이 경기에 가까이 침입하였을 때 최이가 재상과 고관들을 소집하고 수도를 강화도로 옮길 일을 의논하였는데 그때는 태평한 시절이 이미 오래 계속되어 경도京都(서울 즉 개성)의 가호가 10만 호에 이르렀다. 거리에는 단청으로 채색한 큰 집들이 연접되어 있었으며 사람들도 안착된 생활을 하고 있었으므로 수도를 옮기기는 어려운 실정이었다. 그러나 최이의 세력이 두려워서 감히 한 마디도 발언하는 자가 없었으나 오직 유승단이 홀로 말하기를 "작은 나라가 큰 나라를 섬기는 것은 의리이니, 예禮로써 섬기고 신信으로 사귀면 그들도 무슨 명목으로 우리를 괴롭게 하겠습니까? 도성을 포기하고 종묘와 사직을 버리고 섬으로 도망가서 구차한 세월을 보내며 사는 동안에 변방의 인민과 장정들은 창과 화살에 맞아 모두 다 죽으며 늙고 약한 사람들은 노예로 붙잡혀 가게 만드는 것은 국가를 위하여 취할 바의 장구한 대계가 아닙니다."라고 하였으나 최이는 그의 의견을 따르지 않았다. 고종 19년(1232)에 죽으니, 시호는 문안文安이라 하였고 아들은 없다.

유석庾碩

유석은 평장사平章事 유필庾弼의 증손曾孫이다. 고종 초에 괴과魁科에 뽑히어 내시內侍가 되었다. 여러 차례 벼슬을 옮겨 합문통사 사인閤門通事舍人이 되고 충청·전라 2도의 안찰사와 동남도 도지휘부사東南道都指揮副使를 역임하여 모두 성적이 좋았다. 후에 안동도호부사安東都護副使가 되었는데 때에 순문사巡問使 송국첨宋國瞻이 유석에게 공문을 보내어 산성山城을 수축케 하고 또 통첩하여 판관判官 신저申著와 더불어 같이 의논케 하였다. 신저가 본래 탐오한 사람이라 유석이 같이 일하기를 부끄러워하여 통첩한 일을 모두 신저에게 맡기고 날마다 유사儒士와 더불어 시나 지었다. 신저가 이를 미워하여 최이崔怡에게 호소하기를 "성을 수축하는 것은 큰일인데 부사副使가 이 일에 뜻이 없으니 만약 오랑캐 군사가 오면 반드시 패할 것입니다."라고 하니, 최이가 유석을 암타도巖墮島에 유배하였다. 장차 가려 하는데 어른과 아이들이 길을 막고 소리쳐 울며 말하기를 "하늘이여 우리 공公이 무슨 죄가 있습니까."라고 하며 잡아당겨 가지 못하게 하니 압송하는 별초別抄가 꾸짖어 길을 헤쳤다. 그의 처가 자녀를 데리고 가는데 사마私馬가 다만 세 필 뿐이고 혹은 걸어서 가는 자도 있었다. 고을 사람들이 울며 하루만 머물 것을 청하였으나 이루지 못하였으며 마부 등 하인을 내어 호송코자 하니, 처가 사양하여 말하기를 "우리 집 어른[家公]이 유배되었으니 처자는 모두 죄인인데 어찌 인마人馬를 번거롭게 하리요?"라고 하고 고을 사람들이 굳이 청하여도 마침내 허락하지 않으니 고을 사람들이 탄식하기를 "부인이 아니면 어찌 우리 공의 배필이 될 수 있었으리요?"라고 하였다.

복직되어 동북면 병마사가 되었는데, 이보다 앞서 한 병마사가 처음으로 강요주江瑤柱를 최이崔怡에게 바쳐서 드디어 이것이 상례가 되었다. 강요주는 용진현龍津縣에서 나는 것으로서 이것을 잡기가 매우 어려워 읍민邑民 50여 호戶가 이 때문에 업業을 잃고 도산逃散하여 거의 다 없어졌는데, 유석이 일체 이를 금절禁絶하니 유망한 자가 모두 돌아왔다. 이때에 수령이 다투어 침어侵漁하는 것을 일삼아 권귀에게 아첨하므로 유석이 공문을 보내어 이를 금하였다. 유석을 꺼리는 자가 그 공문을 취하여 최이에게 보이니 최이가 말하기를 "유석이 나에게 바치지 않으면 족할 것이지 어찌 수고롭게 도내道內에 금하느냐?"라고 하였다. 동북인東北人이 유석의 맑은 덕에 감복하여 부모라 불렀다. 임기가 차서 돌아가게 되자 3년만 더 머물게 하여 달라고 청하였으나 불러서 예빈경에 임명하고 몽골 사신의 관반館伴을 삼았다. 통역관이 실례失禮한 것을 최이에게 고하자 연화도蓮花島로 유배하였다. 최항崔沆이 정권을 물려받아 인망을 얻고자 하여 (유석을) 불러서 지형부사知刑部事를 삼았다.

상장군 김보정金寶鼎이란 자가 있어 남의 노비를 빼앗고자 송사하였는데, 유석이 곧 거짓임을 판별하니 김보정이 이를 원망하였다. 또 대장군 이보李輔가 한 진사進士와 더불어 노비를 다투었는데, 진사가 자기를 욕하고 꾸짖는다고 무고하므로 유석이 신문하여 그 망령됨을 알고 불문에 부치니, 이보가 성내며 말하기를 "상서는 동풍同風(같은 분야)의 한 작은 선비만[小儒]만 돕고 중방重房의 3품관을 돌보지 않는가?"라고 하였다. 이에 유석이 말하기를 "만약 내가 한 유사儒士를 보호하는 자라고 한다면 대장군은 온 나라의 군졸들을 모두 보호할 수 있는가?"라고 하니, 이보가 깊이 원망하여 두 사람이 서로 최항崔沆에게 고소하여 안북도호부사安北都護副使로 내쳤다.

유석庾碩의 막내딸이 소금 글을 해득하여 시를 지어 최항에게 바쳐 아버지를 머물러 두기를 빌었으므로 최항이 위로하여 달래고 인하여 곡식과 비단을 주었다. 유석이 안북安北에 도착한 후 몇 달 만에 죽었다. 성품이 강직하고 청백하여 권귀權貴에게 아부하지 않고 자주 작은 허물로 배척을 당하여도 절개를 지켜 조금도 굴하지 않았다. 뒤에 박유저朴惟氐가 안동의 수령이 되자 스스로 생각하기를 행정이 유석보다 못하지 않다 하였는데, 일찍이 홀로 군재郡齋(동헌)에 앉아 소리小吏 가운데 질박하고 근신하는 자를 보고 말하기를 "지척咫尺의 땅도 울타리로 막으면 이목耳目으로 보고 듣지 못하거든 하물며 한 당堂에 거처하면서 사경四境의 안을 살피고자 함이 또한 어렵지 않으랴. 이제 간사한 관리가 법을 희롱하여 궁한 백성이 한을 품고 있는 자가 없는가?" 하니, 소리小吏가 말하기를 "관官(수령)이 오면서부터 백성이 아전을 보지 못하니 아전이 법을 농락함을 미처 알지 못하고 백성이 한을 품음을 듣지 못하였다."라고 하였다. 박유저가 또 말하기를 "백성이 나를 유사군庾使君과 (비교해) 어떻다고 하는가?" 하니, 소리小吏가 말하기를 "백성이 유 사군을 칭찬한다."고 하고, 한참 있다가 말이 또한 이에 미치니 박유저가 부끄러워하며 굴복하였다.

유석庾碩의 증조모는 예종의 후궁後宮에서 태어났다. 예종이 일찍이 서도西都에 행차할 때 평주平州 아전의 딸을 길가에서 보았는데 자태가 심히 고운지라 불러 들여 딸을 낳아 드디어 유필庾弼에게 출가시켰다. 왕실의 서자庶子의 후손이므로 대간臺諫과 정조政曹를 지내지 못하였다.

논하기를,

난세에 벼슬하여 악인을 보고 강하게 대하면 화를 받고 선하게 대하면 반드시 욕을 받게 된다. 이러므로 어렵다고 하는 것이다. 김지대가 최항을 만나서는 왜 그렇게 부드럽게 하고 강하게 하지 않은 것일까? 김지대가 청렴하고 성실하여 허물이 적은 사람이기 때문에 최항도 끝내 해치지 않았으니 재앙을 받지도 욕도 먹지 않은 이는 김지대가 있다고 하겠다.

몽골과 화친하지 말 것을 주장하는 것[斥和]이 선비들의 정론이었는데, 수시로 여론이 달랐다. 송나라 영종寧宗 때에 한탁주韓侂胄[10]가 흔단釁端을 열었으나 선류善流들은 강화講和를 주장하였고, 고종 때는 최이崔怡가 척화斥和를 주장하였으나 유승단兪升旦은 주화主和를 주장했다. 군자의 마음은 처음부터 정해지는 것이 아니라 오직 국가에 이익이 되는 것이 중요하다고 하겠다.

유석庾碩은 지조가 남달라 늠연히 고인의 풍도가 있었으나 권간에 거슬려 여러 차례

---

10 한탁주韓侂胄 : 남송南宋 때의 권상權相. 1205년에 평장군국사平章軍國事가 되어 승상丞相의 지위에 올랐다. 그의 집권 후기에 공명심으로 북벌을 계획하여 그해 5월에 영종이 벌금伐金의 조칙을 내려 정식으로 선전포고를 하였으나 남송의 각 군대는 모두 패퇴를 하여 한탁주가 사신을 금나라에 보내 강화를 요청하였다. 1208년, 사미원史彌遠 등이 한탁주를 모살하였다.

곤액을 당하였으나 후회하지 않았다. 탁연히 한가운데에 서서 위세와 무력에 굴하지 않았으니 능력이 있다고 하겠다.

유택柳澤 황보관皇甫瓘 이유성李維城 최윤개崔允愷

유택柳澤

유택은 참지정사 유공권柳公權의 아들이다. 힘써 공부하여 등제하였다. 이때 최충헌崔忠獻이 국정을 천단하여 사람을 살리고 죽였는데, 말로 공격하는 자가 있으면 불문곡직하고 문득 죽여 사람들을 두려워 떨게 하였다. 이규보李奎報와 김구金坵 등은 모두 최충헌의 집에 가서 시부詩賦를 지어 최충헌을 칭송하며 아부하였으나, 유택과 이정립李延立만이 최충헌에 아부하는 것을 좋아하지 않았다. 고종이 일찍이 장경회藏經會를 열었는데, 유택이 지은 글에 이르기를 "비록 독실하고 근면한 생각을 가지고 감히 태만하거나 안일에 빠지지 않을까 노력할지라도 불행히 어려운 때를 만나서 능히 제어하지 못합니다."라고 하였다. 간의대부 박현규朴玄圭가 말하기를 "소위 '능히 제어하지 못한다[未能制者]'라는 대상은 분명히 진강공晉康公(최충헌)을 뜻한다." 하며 사람을 시켜 최충헌에게 알리니, 최충헌이 즉시 유택을 불러 힐문하였다. 유택은 크게 웃으며 태연자약하였으나 최충헌은 감히 그를 해치지 못하였다. 사람들은 박현규가 유택에 대해 묵은 감정이 있어서 이 일로 최충헌을 자극하려 했다고 말하였다. 유택의 아들은 유경柳璥인데 별도의 전기가 있다.

황보관皇甫瓘

황보관은 금의琴儀의 문생이다. 금의가 문장으로 세상에 귀한 이름을 얻었으나 최충헌에게 아부하여 여러 차례 화요華要의 직책에 있었고 최충헌의 권세를 믿고 교만하였다. 황보관이 금의가 직려直廬(숙직하는 집)하는 곳에 나아가 시를 지어 휴직하기를 풍자

하였더니 금의가 최충헌에게 고하여 황보관을 섬에 유배시키므로 드디어 떨치지 못하였다. 이러한 사실을 들은 사람들은 금의를 박하다고 하고 많은 사람들은 황보관의 곧음을 칭찬하였다.

이유성李維城

이유성은 대장군 이간李幹의 아들이다. 장인은 정국검鄭國儉이다. 정국검의 집이 수정봉水精峯 아래 있었는데 길이 험하고 외졌다. (하루는) 정국검이 한 부인이 잘 차린 가사袈裟를 입고 봉우리의 길을 따라 내려오는 것을 보았는데, 악소배 몇 명이 여인을 협박하여 겁탈하려 하였다. 이에 이유성이 집종들을 거느리고 이를 붙잡아 국문하니 이들은 모두 권세 있는 무관들의 자제들이었다. 법관法官이 두려워 죄를 다스리려고 하지 않으므로 형부 원외랑 조문식趙聞識이 홀로 항의하여 곤장을 쳐서 죽이니 듣는 사람이 시원하게 여겼다. 이유성은 일을 처리함에 과단성이 있고 친구를 사귐에 신의로서 하였다. 전라도를 안찰하고 한산漢山의 수령이 되어 모두 성적이 좋았고 여러 번 승진하여 좌상시가 되었다.

왕준명王濬明의 동생 정언 왕경의王景儀가 이유성과 친구였는데, 형 왕준명에 연좌되어 귀양가게 되었다. 친구들이 최충헌崔忠獻을 두려워하여 전송하는 자가 없었으나 이유성이 옛 친구로서 사람을 보내어 그를 전송하고 백금 30냥을 압송하는 관리에게 주어 능욕과 핍박을 너그럽게 하고자 하니 왕경의가 감격하여 울었다. 당시 사람들이 이를 칭찬하였다. 고종 초에 서경부유수가 되어 거문고와 노래[絃歌]로써 스스로 즐기다가 죽었다.

최윤개崔允愷

최윤개는 예부시랑 최균崔均의 손자이며 문정공文定公 최보순崔甫淳의 아들이다. 과거에 등제하여 여러 차례 벼슬을 하여 상서 우승尙書右丞이 되었다. 이때에 최씨가 나라의 권력을 잡아 4대를 이었기에 온 조정이 가서 붙었으나 최윤개는 홀로 그 문에 이르지 않았다. 김인준金仁俊이 최의崔竩를 죽이고 최윤개를 발탁하여 우부승선右副承宣으로 삼아 이부와 병부의 관리 선발을 맡게 하였다. 추밀원사 어사대부樞密院使御史大夫에 이르러 죽었다.

논하기를,

고려 왕조에서 권신이 발호하는 화禍는 이자겸李資謙에서 시작되었지만 그래도 조정의 신하로서 그들에 붙지 않은 자가 많았다. 그러나 무신이 난을 일으켜 사류士流로 다 죽여버려서 옥석玉石이 모두 타버렸으니 더 무슨 말을 하겠는가? 최씨가 과감히 사람들을 죽이고 오래 나라의 권력을 잡게 되니 당시 조정의 선비와 명류名流들이 다투어 그의 복심腹心이 되고 조아爪牙가 되었다. 그러나 홀로 최씨에 붙지 않은 자로는 김방경金方慶, 조충趙沖, 김지대金之岱 등과 같은 사람이니, 이같은 사람들은 그다지 많지 않았다. 유택柳澤은 글을 지어 풍자하였으며, 황보관皇甫瓘은 시로서 금의琴儀를 풍자하고, 이유성李維城은 금을 내어 예 친구와의 우정을 쌓았고, 최윤의崔允儀는 권세가의 집에 가지 않았으니 늠연히 옛 의사義士의 풍채가 있다하겠다. 『국어國語』에 이르기를 "빠른 바람에 강한 풀[勁草]을 알 수 있고 판탕板蕩할 때에 성신誠臣을 알 수 있다." 하였으니 어찌 정말이 아닌가! 그러나 이들은 다른 사람의 전기에 부록되어 보일뿐 이들에 대한 사적事蹟이 없으므로 지금 이들을 느러내어 표하니 논의를 좋아하는 선비들이 취할 바가 있을 것이다.

이장용李藏用 최린崔璘

이장용李藏用

자는 현보顯甫이고 처음 이름은 이인기李仁祺인데 중서령中書令 이자연李子淵의 6세 손이다. 아버지는 이경李儆인데 청렴하고 검소하며 물욕이 적은 사람으로 경사에 능통하였고 일 처리는 과단성 있게 잘하였다. 벼슬은 추밀원사樞密院使까지 지냈다. 이장용은 고종 때에 과거에 급제하고 서경 사록西京司錄을 거쳐 중앙으로 들어와 교서랑 겸 직사관校書郞兼直史館으로 있었다. 여러 번 벼슬이 올라서 국자 대사성國子大司成, 추밀원 승지樞密院承旨를 거쳐 부사副使로 승진되었고 정당문학政堂文學에 올랐다. 원종 원년(1260)에 참지정사參知政事가 되었다가 중서시랑평장사中書侍郞平章事로 승진되었다가 수태부 판병부사 태자태부守太傅判兵部事太子太傅를 더해주었다.

원종 5년(1264)에 몽골에서 왕을 입조入朝하라고 하니, 왕이 재상들을 모아 회의를 하였으나 모두 의심을 품고 결정을 내리지 못하였다. 그러나 홀로 이장용은 "왕이 몽골에 가는 것이 가합니다."라고 하였다. 김준金俊이 말하기를 "이미 불러서 가지만 만일 무슨 변이 생기면 어떻게 할 것인가?"라고 질문하니, 이장용이 대답하기를 "나는 반드시 아무 일도 없을 것으로 믿는다. 만약 무슨 사고가 생길 때에는 나의 가족까지 죽여도 좋다."라고 하여 의논이 결정되고 이장용도 왕을 수행하게 되었다. 그 당시 영령공永寧公 왕준王綧이 몽골에 가 있었는데, 그는 말하기를 "고려에는 38령領의 군대가 있고 한 령領은 각각 천 명씩이므로 총 3만 8천 명이 된다. 만일 자기를 (고려로) 보내 주면 모두 데리고 와서 조정(원나라)에 도움이 되도록 하겠다."고 하였으므로 몽골의 사승상史丞相이 이장용을 중서성中書省으로 불러다가 질문하였다. 이장용이 대답하기를 "우리나라 태조 때의 제도는 바로 이러하였다. 그러나 근래 전란과 흉년에 죽었으므로 한 령이 천 명이라 하지만 실지는 그렇지 못하다. 이것은 귀국의 만호萬戶 패자두牌子頭의 수[數目]도 꼭 숫자대로 있지 못한 것과 같다. 청컨대 왕준과 함께 본국으로 돌아가서 인원수를 점검하여 만일 왕준의 말이 맞으면 나를 죽이고 내 말이 옳으면 왕준을 죽이시오!"라고 하였다. 왕준이 곁에 있었으나 다시 말을 꺼내지 못하였다. 사승상이 또 묻기를 "고려의 주군州郡과 호구戶口가 얼마나 되는가?"라고 하니, 이장용이 "모르겠다."고 대답하였다. 승상이 말하기를 " 어찌 그대가 나라의 재상이 되어 모른다고 말하는가?"라고 하니 이장용이 창문의 문살을 가리키면서 "승상은 (저 문살이) 몇 개인지 아느냐?"고 하였다. 승상이 "모른다."고 대답하니 이장용이 계속하여 "주군의 총수는 담당 관원이 알고 있는 것이니 아무리 재상이라 하여도 어찌 다 알 수 있겠는가?"라고 하였다. 승상이 그만 잠자코 말이 없었다.

한림학사翰林學士 왕악王鶚이 이장용을 자기 집으로 청하여 연회를 베풀었는데 노래 부르는 사람이 오언고吳彦高가 지은 「인월원人月圓」과 「춘종천상래春從天上來」 두 곡을 불렀다. 이장용이 작은 목소리로 그 가사를 읊었는데 음절에 맞으니, 왕악이 이장용의 손을 잡고 경탄하며 말하기를 "그대가 중국말을 모르는데 이 곡조를 해득하고 있으니 반드시 음률에도 정통한 것이 틀림없다."라고 칭찬하며 더 한층 존경하였다. 황제가 이장용의 진술하는 말을 듣고 '아만멸아리간阿蠻滅兒里干 이재상李宰相'이라고 하였으며 다른 사람들도 이장용을 보고는 '해동 현인海東賢人'이라고 불렀다. 심지어는 화상을 그려놓고 진짜로 예를 표하는 사람들도 있었다. 몽골에서 돌아오자 왕은 이장용의 공을 높이 평가하고 그를 문하시랑 동중서문하평장사 경원군 개국백門下侍郎同中書門下平章事慶源郡開國伯으로 승진시키고 식읍 일천 호戶에 식실봉食實封 일백 호를 주었으며 태자태사太子太師 벼슬을 더해주었다.

(원종) 8년(1267)에 몽골에서 병부 시랑兵部侍郎 흑적黑的 등을 파견하여 일본을 초유招諭하라고 시켰다. 이에 이장용이 흑적에게 글을 써서 보내기를 "일본은 만 리 바다로 떨어져 있어서 비록 중국과 통교하기는 하지만 전부터 매년 공납을 바친 일도 없었으며 중국에서도 그들을 염두에 두지 않아 찾아오면 무마하고 배반하면 끊어 버렸다. 그것은 그들과 접근하더라도 왕화王化에 도움이 없고 버려도 중국의 위신에 손실이 없다고 생각하였기 때문이다. 오늘에 와서 귀국 황제가 천하에 군림하여 해와 달이 비치는 곳은 모두 칭신稱臣을 하게 되었으니 준동하는 작은 오랑캐가 감히 거역할 수 있으랴? 그러나 그의 벌 같은 독충을 어찌 무시하겠는가? 국서를 보낸다는 것은 쉬운 일이 아니다. 왜냐 하면 수隋나라 문제文帝 때에 일본에서 보내 온 글에 '해 돋는 곳에 있는 천자가 해 지는 곳에 있는 천자에게 글을 보낸다.'고 하였으니 그 교만하고 명분을 모르는 것이 이러하였다. 지금도 그런 버릇이 남아 있지 않다고 어찌 단언할 수 있으리오. 국서를 한 번 보내기만 하면 온당하지 못한 답서로써 버릇없는 언사를 할 것이니 이것을 그대로 내버려 두자니 귀국의 누가 될 것이요. 그렇다고 하여서 그를 토벌하자면 바람이 거세고 파도가 험해서 귀국 군대가 안전하게 행군할 곳이 못된다. 나도 물

론 귀국이 꼭 일본을 초유하려는 것이 아니라 우연히 전하는 말을 듣고 그들의 태도를 시험해 보려는 것뿐임을 알겠다. 그러나 종래의 일본에 대한 귀국의 정책이 그러하였으니 국서를 보내지 않는 것이 차라리 낫겠다. 또한 저들이 어찌 귀국의 위신이 높다는 소문을 듣지 못하였겠는가? 그들이 들었다면 당연히 입조入朝하였을 것으로 생각된다. 그런데 오지 아니하니 이것은 멀리 떨어져 있는 것을 믿고 있기 때문이다. 그런즉 시일을 두고 서서히 그의 동정을 살피다가 오면 복종하도록 추어 줄 일이요 오지 않으면 그대로 버려 두어 안 보이는 곳에서 그냥 살게 두는 것이 실로 귀국 황제의 너그러운 정책으로 될 것이다. 내가 거듭 귀국 조정에 가서 친히 황제의 은총을 받았으니 지금 비록 몸은 먼 데 있으나 성의만은 만분의 일이라도 보답하고자 하는 바이다."라고 하였다. 이는 대개 이장용은 일본이 끝내 오지 않을 것이며 이 일이 장차 우리나라에도 누를 미치게 될 것을 짐작하고 은근히 흑적을 깨우쳐서 그로 하여금 그 본국에 보고하여 이 문제를 그만 정지하도록 하려는 것이었다. 그러나 왕은 이를 이해하지 못하고 자기에게 미리 알리지 않았다하여 이장용을 영흥도靈興島로 귀양 보내고 관반館伴인 기거사인起居舍人 반부潘阜도 보고하지 않은 죄로 채운도彩雲島로 귀양 보내기를 결정하였다. 반부가 마침 흑적과 마주 앉아 있었는데 무사들이 달려들어서 그를 끌어내었다. 흑적이 노하여 그 까닭을 따지니 그제야 이장용의 서신을 내어 주면서 말하기를 "내가 돌아가서 이 글을 황제께 아뢰어 다행히 들어주면 천하의 복으로 될 것이요 그렇지 못하여도 당신 나라에 대하여는 아무런 죄로 될 일이 아니다."라고 하고 굳이 말리었다. 그래서 모두 무사하게 되었다.

(원종) 9년(1268)에 문하시중門下侍中이 되었다. 이장용이 일찍이 조정에 건의하기를 "우리나라에서 만약 종묘 사직에 근심이 없고 나라의 안팎을 편안하게 하려면 옛 서울로 국도를 도로 옮기는 것이 상책이다."라고 주장하였다. 그러나 김준金俊과 그의 일당이 모두 옮기려 하지 않으므로 이장용이 또 말하기를 "만일 단번에 모든 것을 옮기기 어렵다면 우선 궁전이라도 먼저 지어 여름에 송경松京에 나와 있다가 겨울에는 강도江都로 돌아가서 지내되 마치 원나라에서 두 서울을 둔 것처럼 하는 편이 좋겠다."라고 하였으므로 이때부터 송도에 출배도감出排都監을 두기로 결정하였다.

몽골 황제가 사신을 보내 우리나라에서 징병하는 동시에 이장용에게 몽골로 와서 징병한 수를 보고할 것을 요구하여 왔다. 이장용이 몽골 황제를 배알하니 황제가 하는 말이 "짐이 당신 나라에 명령하여 출병하여 전쟁을 협조하라고 하였는데 당신 나라에서는 징병 인원 수를 분명히 하지 않고 모호한 말로써 보고하였다. 왕준이 일찍이 나에게 고하기를 '우리나라에 4만 명의 군대와 잡색군雜色軍 1만 명이 있다.'고 하기에 내가 지난번 당신들에게 이르기를 '왕국에 군대가 전혀 없을 수 없으니 1만 명은 남겨두어 왕국을 보위하고 4만 명은 이리로 보내 전쟁을 협조하라.'고 하였다. 그런데 당신들이 주장하기를 '우리나라에는 5만 명의 군인이 없고 왕준이 한 말은 사실에 맞지 않는다. 만일 이것을 믿지 않거든 왕준과 함께 사람을 보내 실지 조사한 후 군대 실수가 과연 4만 명이 되면 내가 죄를 질 것이요. 그렇지 않으면 거짓 보고한 자가 벌을 받아야 한다.'라고 하였다. 만일 당신들이 군인 수를 분명히 보고하였다면 내가 이런 말을 왜 하겠는가?"라고 하고 드디어 왕준을 불러서 "어디 이장용과 대질하여 변명하여 보라!"고 하였다. 또 이장용을 향하여 "당신은 당신 나라로 돌아가서 군인 수를 빨리 알아 오도록 하라! 그렇지 않으면 당신 나라를 정벌할 것이다. 당신들은 내가 장차 대군을 어디로 보내 어떤 나라를 토벌하는지를 모를 것이다. 지금 나는 송나라와 일본을 정벌하려 한다. 이제 나는 당신 나라를 한 집안 같이 보고 있다. 그러므로 당신 나라에서 만약 어떤 곤란이 있다면 내가 어찌 구원하시 않겠는가? 내가 지금 나에게 순종하지 않는 나라를 정복하려 하니 당신들도 군대를 보내 협조하는 것이 또한 의무도 된다. 당신은 돌아가서 상의하고 쌀 3천~4천 석을 실을 정도의 병선 1천 척을 건조하도록 하라!"고 하니, 이장용이 대답하기를 "감히 명령을 거역하리까? 다만 너무 급히 독촉하면 기한에 대지 못할까 염려됩니다."라고 하니 황제가 다시 말하기를 "삼왕三王 오제五帝 이래 역대의 사실은 당신들이 다 알 것이니 번거롭게 말할 필요가 없으니 가까운 데를 들어서 말하겠다. 옛날 칭기즈칸 황제[成吉思皇帝] 때에 하서왕河西王이 딸을 바치며 화친을 청하고 맹세하기를 '황제가 여진女眞을 토벌한다면 나는 오른 손이 될 것이요 만약 회회回回를 정벌할 경우에는 왼손이 되리다.'라고 하였다. 그 후 칭기즈칸 황제가 회회를 정벌하기 위하여 조력하라고 명령하였더니 하서에서 끝내 응하지 않았다. 그리하여 황제께서 이를 토벌하여 멸망시켰으니 이 일은 당신들도 들었을 것이다."라고 하였다. 이장용이 말하기를 "우리나라에 과거에는 4만 명의 군대가 있었으나 30년간의 전쟁과 역질에 죽고 거의 없으며 백호百戶니 천호千戶니 하는 제도는 있으나 단지 빈 이름 뿐입니다."라고 하니, 황제가 또 말하기를 "죽는 자가 있다 해도 새로 출생자가 없겠느냐? 당신 나라에도 부녀들이 있는데 어찌 출생자가 없단 말인가? 당신은 나이도 많아서 일을 잘 알면서 말을 어찌 그리 함부로 하는가?"라고 하였다. 이장용이 말하기를 "우리나라는 성은聖恩을 입어 한 번 귀국 군대가 철퇴하여 간 후 생장한 자가 있기는 하나 모두 어리고 약해서 군인으로 쓸 수 없는 형편입니다."라고 하였다.

황제가 또다시 말하기를 "당신 나라에서 송나라로 가려면 순풍이면 2~3일에 갈 수 있고 일본에는 아침에 떠나서 저녁에 도착된다 한다. 이 말은 당신 나라 사람과 만자인蠻子人들이 하는 말이다. 그런데 당신 나라에서는 왜 이런 일을 말하지 아니 하는가?"라고 하였다. 이때에 또 왕준이 군사에 관한 일을 말하려 하였는데 이장용이 앞질러 말하기를 "지존至尊 앞에서 다투는 것이 옳지 않으니 사람을 보내 실험하여 보기로 하소서."라고 하니, 황제도 왕준을 향하여 "할 말은 다 끝났다."라고 하였다.

원종 10년(1269)에 임연林衍이 왕을 폐립할 것을 도모하고 있었으나 재상과 고관들이 감히 입을 열지 못하고 있었다. 이장용이 혼자서는 이 사태를 바로잡지 못할 것을 스스로 헤아리고 또 의외의 변이 생길까 염려하여 왕위를 물려준다[遜位]는 것으로 말하였다. 그리하여 임연이 드디어 왕(원종)을 폐위시키고 안경공安慶公 왕창王淐을 세웠는데 당시 세자가 몽골에 있다가 돌아오는 길에 압록강에서 난이 일어났다는 소식을 듣고 귀국하기가 어렵다고 여겨 다시 몽골로 돌아갔다. 임연이 겁이 나서 이장용을 절일사節日使로 몽골에 보내 세자를 달래서 돌아오도록 하게 하였다. 그러나 이장용이 정작 그곳으로 가서는 임연이 제 마음대로 왕을 폐립廢立한 사실을 말하니 얼마 지나지 않아 왕이 복위하여 몽골로 가게 되었다. 이듬해에 이장용이 왕을 도중에서 뵈었다. 왕이 동경東京에 이르니 행성行省에서 왕을 폐립한 까닭을 물으므로 왕은 자기가 병으로 왕위를 물려준 것이라고 대답하였다. 행성에서는 그 말이 사실이 아닌 것을 알고 이장용에게 왕을 수행하여 가도록 청하였으나 왕은 이장용이 자기의 답변과 다르게 말한 것을 미워하여 허락하지 않았다. 그러나 이장용이 연경燕京까지 좇아가서 몽골 황제를 알현하고 임연의 반역 죄상을 상세히 고하였더니 황제가 두련가頭輦哥로 하여금 군대를 인솔하고 왕을 보위하여 귀국하게 하였다. 또 그 이듬해에 몽고의 단사관斷事官 불화不花 등이 선언하기를 "임연이 왕을 폐립할 때에 공모한 자가 아직까지 조정에 남아 있으니 그들의 죄상을 다스리지 않으면 어떻게 악을 징계한다고 하겠는가?"라고 하고 드디어 이장용의 벼슬을 파면하니 이장용이 말하기를 "그때에 죽지 못하였으니 어찌 죄가 아니겠는가?"라고 하였다.

원종 13년(1272)에 72세로 사망하였다. 이장용은 풍채가 좋고 성품이 총명하고 겸손하며 또한 침착하였다. 경서와 역사에 해박하고, 음양陰陽, 의약醫藥, 율력律曆 등에 이르기까지 모르는 것이 없었다. 문장은 깨끗하고 뜻이 있으며 넉넉하였다. 또한 불교 서적을 좋아하여 일찍이 『선가종파도禪家宗派圖』를 저술하였으며 『화엄추동기華嚴錐洞記』를 윤색하였다. 유언에 따라 화장火葬하였다. 아들은 없었고 충렬왕 원년(1275)에 문진文眞이란 시호를 추증하였다.

최린崔璘

최린은 최유청崔惟淸의 후손이다. 최린은 도량이 크고 깊이 어려서부터 세세한 일은 신경쓰지 않고 호협한 사람들과 어울려 노름과 술 마시며 놀다가 나이 거의 30세에 비로소 발분하여 글을 읽고 강종康宗 때에 등제하여 대간臺諫이 되었다. 고종 때 나주부사羅州副使로 나아갔는데 원율原栗(오늘날의 전남 담양군 금성면 원율리) 사람 이연년李延年이 스스로 '백적도원수百賊都元帥'라 칭하고 산림山林의 무리를 모아 마을을 노략질하니 최린이 지휘사指揮使 김경손金慶孫과 더불어 격파하여 그 공으로 우부승선右副承宣에 뛰어올랐다. 여러 차례 승진하여 참지정사參知政事가 되었다.

몽골의 대군이 쳐들어오니 재추宰樞가 안경공安慶公 왕창王淐을 몽골에 보내 회군을 청하려 하였으나 임금이 허락하지 않았는데 최린이 홀로 나아가 아뢰기를 "자식을 사랑하는 정은 귀천이 없이 모두 같습니다. 그러나 불행히도 자식과 사별하는 자가 있으니 전하께서 어찌 자식 하나를 아끼십니까? 지금 백성으로 살아남은 자가 10명 중에

2~3명이니 몽골이 물러가지 않으면 백성은 3농三農(농사지을 때)의 때를 잃고 모두 적에게 투항할 것이오니 비록 강화江華 한 곳을 지킨다 한들 무엇으로서 나라라고 하겠습니까?"라고 하니, 임금이 마지못하여 허락하였다. 재추宰樞가 복야僕射 김보정金寶鼎으로 하여금 안경공安慶公을 따라가도록 하고자 하였으나 왕이 최린으로서 대신하게 하였다. 이에 앞서 영령공永寧公 왕준王綧이 인질로 몽골에 있었는데 안경공安慶公이 도착함에 미쳐 몽골 황제가 영녕공의 친동생이 된다고 생각하여 예로 대우하기를 심히 후하게 하였다. 그러나 황려黃驪 사람 민칭閔偁이란 사람이 황제에게 고소하기를 "왕준은 왕의 친아들이 아니고 또한 고려에서 이현李峴의 일족을 모두 죽였으며 몽골에 항복한 각 성의 관리들도 모두 주살하였습니다."고 하니, 황제가 왕준에게 말하기를 "네가 지난번에 왕자라고 칭함은 무엇 때문이냐?"고 하였다. 대답하기를 "신이 어려서부터 궁중에서 자라나 왕을 아버지로, 왕후를 어머니로 불러 왔기 때문에 친아들이 아닌지 알지 못하였습니다. 지금의 사신 최린은 실로 나를 인질로 들인 자이오니 청컨대 그에게 물으소서." 하니, 황제가 묻기를 "애자愛子와 친자親子가 다른 것인가?" 하니, "애자란 남의 아들을 길러서 자기 아들로 삼은 것입니다. 만약 자기 소생이라면 어찌 달리 애자라고 하겠습니까?"라고 대답하였다. 황제가 전의 표문表文을 살펴보니 모두 애자라고 칭하였으므로 더 이상 묻지 않았다.

벼슬이 문하시랑평장사門下侍郎平章事에 이르렀다. 일찍이 두 번이나 지공거知貢擧를 맡아 선비를 얻었다고 칭송을 받았다. (고종) 43년(1256)에 죽으니 문경文景이라 시호를 내렸다. 임종 때 처자들이 울며 말하기를 "장차 우리들은 어디에 의지하여 살겠습니까?"라고 하니, 미소를 띠며 말하기를 "너희들이 어찌 오랑캐가 되겠는가?"라고 하였더니 뒤에 과연 그들 모두 오랑캐 군사에게 살해 되었다.

논하기를,

여호문呂好問[11]은 장방창張邦昌[12]이 황제 위를 찬탈할 때 죽지 않았고 주승비朱勝非[13]가 묘부苗傅의 난에 죽지 않았듯이, 이장용李藏用이 임연林衍이 왕을 폐할 때 죽지 않고 살아 능히 일을 주선하여 왕실을 바로 잡았다. 그러나 구차하게 살려고 탐을 냈으니 큰 절개는 이미 어그러지고 공은 그 죄를 덮기에는 부족하다. 몽골과의 강화를 논의하는 데에 이르러 조정에 나가 천도하는 것을 항변하고 이장용이 몽골에 들어가 황제에 조공하도록 의논을 정하여 권신에 대해서도 굽히지 않고 사직을 안정시키는 것을 기쁘게 생각하였으니 가히 높이 평가할 만하다.

최린은 한마디 말로 왕의 자식 사랑하는 정을 할애하여 인질로 보내게 하였으니 그 공은 촉룡觸龍[14]과 비교해도 부족함이 없다고 하겠다.

---

11 여호문呂好問(1064~1131) : 북송 흠종欽宗 때(1126) 어사중승御史中丞에 임명되었다가 곧 병부상서兵部尚書가 되었다. 건염 원년建炎元年 지선주知宣州가 되고 정강靖康의 난難 뒤에 금나라 사람들이 장방창張邦昌을 세웠을 때에 여호문呂好問이 사무관事務官이 되었다.

12 장방창張邦昌 : 북송말北宋末의 대신大臣. 금나라 군사가 개봉開封을 포위하였을 때에 그는 강화를 주장하였고, 강왕康王 조구趙構와 함께 인질이 되어 금나라에 가서 할지배관割地賠款을 청하여 강화를 하였다. 송나라에 돌아온 뒤에 하북로할지사河北路割地使로 임명되었다.

13 주승비朱勝非(1082~1144) : 남송초南宋初의 대신大臣. 묘부苗傅, 류정언劉正彦이 반란을 일으켰는데 평정되자 인책을 당하였다

14 촉룡觸龍 : 전국시대의 조趙나라 대신. 관官은 좌사左師. 조趙 효성왕孝成王이 새로 들어서고 태후太后가 권력을 장악하였는데, 진秦나라가 조趙나라를 급공急攻하자 조나라가 제齊나라에 구원을 요청하였다. 제나라가 태후가 사랑하는 소자少子 장안군長安君을 인질로 요청하였는데 태후가 주려고 하지 않자 그가 나아가 간언하여 장안군長安君을 제나라에 인질로 보냈다.

| 휘찬여사 권27 |

명신 6

휘찬여사 권27

명신名臣 6

조충趙冲 김취려金就礪

조충趙冲

조충의 자는 담약湛若이고 시중侍中 조영인趙永仁의 아들이다. 태어난 지 한 달 만에 어머니를 여의었는데 점차 자라면서 돌아가신 어머니에 대해 매우 슬퍼하고 사모하였으므로 집안사람이 그를 효동孝童이라 불렀다. 명종 때에 과거에 급제하고 내시內侍에 이름을 올렸다. 조충은 널리 보고 들은 것을 잘 기억하였으며 옛 제도와 문헌에도 정통하였다. 희종熙宗대에 국자감 대사성大司成, 한림학사翰林學士가 되었는데 그 당시의 중요한 문건들의 다수가 그의 손에서 나왔다. 외직으로 동북면 병마사東北面兵馬使로 나갔다가 돌아와서 예부 상서禮部尙書가 되었다.

고종 3년(1216)에 추밀 부사樞密副使 상장군上將軍으로 승진하였다. 문관이 상장군 직을 겸임하는 것은 문극겸文克謙으로부터 시작되었는데 중간에 오랫동안 폐지되었다가 왕이 조충의 재주가 문무를 겸비하였다고 하여 특별히 임명하였다. (거란의 잔당인) 금산金山 왕자의 군대가 이르렀으므로 조충을 중군中軍 부원수로 삼았는데 전쟁에서 패하여 돌아왔다. 그리하여 강등되어 병마사가 되었는데 황기자군黃旗子軍(여진의 별부別部)을 격파하고 돌아와 평장사가 되었다.

그는 사람됨이 풍채가 좋았고 겉으로는 장중하나 속으로는 관대하였다. 사인士人을 만나면 늘 즐거워하였고 의장儀仗을 두지 않았다. 세 번 과거를 주관하였는데 선발한 자 중에 명사名士가 많았다. 외직으로 나가서는 장수가 되고 들어와서는 재상이 되었으므로 조정과 민간에서 의지하고 소중하게 여겼다. 평소에 일을 처리할 때는 날카로운 면을 드러내지 않았으므로 세상 사람들이 그를 관대하고 활달한 어른

[長者]으로만 알았다. 그러나 많은 군대를 거느리거나 큰일을 처리하는 것을 본 후에야 비로소 대범하고 범상한 인물이 아님을 알았다.

재상이 된 후 동고東皐에다 독락원獨樂園을 열어 공무를 보는 여가에 어진 사대부들을 만났으며 거문고와 술을 스스로 즐겼다. 아들은 조숙창趙叔昌, 조계순趙季珣인데 조계순은 문하 시랑까지 올랐다. 손자 조문근趙文瑾은 참지정사를 지냈다.

김취려金就礪

김취려는 언양彦陽 사람으로 예부 시랑을 지낸 김부金富의 아들이다. 김취려는 문음으로 동궁위東宮尉에 임용되어 여러 번 승진하여 장군이 되었다. 대장군으로 발탁되어 북쪽 국경을 돌며 백성들을 살폈는데 변경의 백성들이 경애하였다.

고종 3년(1216) 가을 8월에 거란의 유종遺種 금산金山·금시金始 왕자가 하河·삭朔 지방 백성을 위협하여 옛 요遼나라의 땅을 회복하려 하였다. 몽골 사람들이 정벌하여 두 왕자가 패하자 동쪽으로 개주관開州館에서 금나라 군사를 공격하고 사람을 보내 북계 병마사에게 통고하기를 "우리가 아무 날에 황기黃旗를 세울 것이니 너희들은 와서 황제의 조서를 받으라. 오지 않으면 군사를 더해 올 것이다." 하였다. 그 날에 과연 황기를 세웠는데 병마사가 가지 않았다. 다음날 그 장수 아아걸노鵝兒乞奴에게 군사를 끌고 압록강을 건너 영주寧州와 삭주朔州를 공격하게 하고 재물과 가축을 약탈하여 갔다. 또 그 다음날에 의주義州, 정주靜州, 삭주朔州, 창주昌州, 운주雲州, 연주燕州 등에 난입하여 산과 들을 가득 채우고 멋대로 곡식과 마소를 가져다 먹어치웠다. 한 달 남짓 머물다가 먹을 것이 다하자 운중도雲中道로 옮겨 들어갔다. 이에 상장군 노원순盧元純에게 중군中軍을 거느리게 하고 백수정白守貞·김온주金蘊珠를 부사副使로 삼았으며, 오응부吳應夫에게 우군右軍을 거느리게 하고 최종준崔宗峻·유세겸庾世謙을 부사로 삼았다. 김취려에게 후군後軍을 거느리게 하고 최정화崔正華·진숙陳淑을 부사副使로 삼았다. 이들에게 13령領의 군사와 신기군神騎軍을 통솔케 하였다.

3군이 출발하여 조양진朝陽鎭{개천군价川郡에서 남서쪽으로 30리 떨어진 곳에 있다.}에 이르러 적과 교전하여 관군이 약간 퇴각하였다. 낭장 정순우丁純祐가 적진에 돌입하여 둑기纛旗를 가진 자의 목을 치자 적이 흩어져 달아났다. 이기는 기세를 타서 적의 목을 벤 것이 매우 많았고 말과 소, 병부兵符, 관인, 무기, 의장 등을 획득한 것이 매우 많았다. 이에 정순우를 장군으로 삼았다.

적병이 연주連州{지금의 개천价川} 동동東洞에 주둔하고 있었는데 3군이 나아가 싸워서 100여 명의 목을 베었다. 이때에 군후軍候 오응유吳應儒, 함홍재咸洪宰 등이 구주龜州 직동촌直洞村에서 적을 만나 조용히 진격하여 목을 베고 사로잡은 것이 3,000여 명이었다. 장군 이양승李陽升도 장흥역長興驛에서 적을 격파하였다. 3군이 또 구주에서 적을 쳐부수자 적은 창주에서 연주의 개평역開平驛{연주는 지금의 영변寧邊이고 개평은 어천魚川에 속한다.}으로 주둔지를 옮겼는데 하루 종일 행렬이 끊어지지 않았다. 관군이 신기장神騎將을 보내 추격하여 적을 신리新里에서 만나 격파하고 목을 베었다. 관군이 연주에 진주하고 광유光裕, 연수延壽, 주저周氐, 광세光世, 군제君悌, 조웅趙雄 등 여섯 장군에게 사자암獅子岩을 지키게 하고 영린永麟, 적부迪夫, 문비文備에게 양주楊州를 지키게 하였다. 이튿날 아홉 장군이 조종수朝宗戍에서 적과 싸워 800여 명을 목베고 사로잡았고 획득한 말, 노새, 병장기는 셀 수 없을 정도였다.

적이 다시 군사를 나누지 않고 개평역에 모여 주둔하니 모든 군사가 감히 전진하지 못하였다. 우군은 서산西山 기슭에 있었고 중군은 들판에서 공격을 받아 독산獨山{강계부江界府에서 서남쪽으로 50리 떨어진 곳에 있다. 그러나 그 곳이 아닌 것 같다.}으로 물러나 주둔하였다. 김취려가 칼을 뽑고 말을 몰아서 장군 기존정奇存靖과 함께 적의 포위를 뚫고 드나들며 분발하여 공격하니 적병이 흩어졌다. 적을 추격하여 개평역을 지나자 적은 복병을 역 북쪽에 두었다가 중군을 급격히 공격하였다. 김취려가 돌아와 공격하니 적이 또다시 흩어졌다.

노원순이 밤에 김취려에게 이르기를 "적군은 수가 많고 우리는 적은데 우군이 도착하지 않았소. 또 애초에 3일치 식량만 가지고 왔는데 이제 그것을 다 먹었으니 퇴각하여 연주에 자리 잡고 뒤에 오는 편을 기다리는 게 낫겠소." 하였다. 김취려가 말하기를 "우리 군사들이 여러 차례 승리하여 투지가 왕성하니 한번 싸운 후에 다시 논의할 것을 청합니다." 하였다. 적이 묵장墨匠의 들에 포진하였는데 군사들의 기세가 매우 성하였다. 노원순이 김취려를 급히 부르고 검은 깃발[黑幟]을 올리는 것을 신호를 하자 병사들이 적의 칼날을 무릅쓰고 다투어 나아가니 일당백을 하지 않는 이가 없었다. 김취려가 문비와 함께 적진을 가로지르니 가는 곳마다 적군이 쓰러졌다. 세 번 싸워서 세 번 다 이겼으나 김취려의 맏아들이 전사하였다.

적들이 달아나 향산香山으로 들어가서 보현사普賢寺를 불살랐다. 관군이 적을 추격하여 목을 베고 사로잡은 것이 2,000여 명이었고 남강南江에 빠져 죽은 자도 1,000명에 달했다. 적장인 아아(걸노)가 죽고 금산이 남은 무리를 이끌고 밤중에 창주로 달아나면서 부녀자들과 어린이들을 길 옆에 버려두니 그 울음소리가 만 마리 쯤 되는 소가 우는 것 같았다.

적군 한 사람이 무기를 버리고 곧바로 앞으로 와서 청하기를 "우리들이야 죄가 있지만 부녀자와 아이들이 무엇을 알겠습니까? 우리에게 야박하게 하지 않는다면 기한을 정해 스스로 돌아가겠습니다." 하였다. 김취려가 그에게 술을 주니 기분 좋게 마시고 갔다. 조금 후에 적진에서 부문符文(신표信標)을 보내 간청하였는데 그의 말과 같았다. 3군에서 각 2,000명씩을 보내 적군의 뒤를 따라가며 보니 적군이 버린 물자, 식량, 무기 등이 길에 흩어져 있었고 소나 말은 허리를 치거나 엉덩이를 찔러서 설사 얻더라도 다시 쓸 수 없었다. 보낸 6,000명이 청새진淸塞鎭에서 사로잡고 죽인 수가 관군의 수보다 많았다. 도령都領 녹진祿進도 공격하여 70여 명을 죽였다. 적이 마침내 청새진{지금의 희천熙川이다.}을 넘어 도망갔다.

관군이 연주에 머물고 있을 때 적병의 뒤에 오는 자들이 매우 많다는 정보를 듣고 내상內廂 군사만 남겨두어 스스로 지키게 하고 나머지는 전부 출발하였다. 후군이 단독으로 양주楊州에서 적을 만나 사로잡고 죽인 것이 수십 명이었다. 양군兩軍은 먼저 박주博州로 돌아왔고 김취려는 군수 수송대[輜重]를 호위하여 천천히 행진하였는데 사현포沙現浦에 이르렀을 때 적이 갑자기 튀어 나와 공격하였다. 김취려가 양군에 급한 상황을 알렸지만 양군은 형편이 좋은 곳을 지킨다고 구원하러 나오지 않았다. 김취려가 힘을 다해 싸워 마침내 군수 수송대를 보호하여 도착하였다.

노원순이 서문 밖에 나와 맞으며 치하하기를 "갑작스레 강한 적을 만나 그 예봉을 꺾어 3군의 짐을 나른 군사들에게 조금도 손실이 없게 하였으니 공이 애썼습니다." 하고 말 위에서 술잔을 들어 오래 살기를 빌었다. 양군의 장수들과 병사들 및 여러 성의 노인[父老]들이 모두 머리를 조아리고 말하기를 "이번에 강한 적에 맞서 굴복하지 않고 우리 땅에서 싸운 것도 어려운 일이라 할 것인데 개평開平, 묵장墨匠, 향산香山, 원림原林의 전투에서 후군이 매번 선봉이 되어 적은 병력으로 많은 적을 격파하였으니 이 덕분에 우리 노인과 어린이들이 목숨을 보존할 수 있었습니다. 다만 보답할 길이 없으니 축수祝壽할 뿐입니다." 하였다.

적이 다시 무리를 모아 창주 성문 밖에서 병력의 위세를 과시하므로 공격하여 패주시켰다. 관군이 흥교역興郊驛에서 밤중에 적을 습격하여 패배시켰고 다음날 밤에는 홍법사洪法寺에서 전투를 벌여 승리하였다. 장군 김공석金公奭이 창주昌州 성문 밖에서 전투를 벌여서 또 패배시켰다. 3군이 박주博州에 주둔하여 성에 들어가 쉬는데 갑자기 적이 밤중에 청천강淸天江을 건너 서경으로 향하였다. 관군이 위주渭州{영변寧邊에서 북서쪽으로 40리 떨어진 곳에 있었는데 지금은 폐지하였다.} 성 밖에서 적과 싸웠는데 패하여 장군 이양승李陽升 등 1,000여 명이 전사하였다. 개경에서 이 소식을 듣고 성안에 있던 모든 사람이 슬퍼하며 곡하였다. 적이 서경 성 밖에 이르러 안정역安定驛과 임원역林原驛을 무찌르고 얼음 위로 대동강을 건너 마침내 서해도西海道에 들어가서는 황주黃州를 무찔렀다.

이때는 적이 국경을 침범한 지 반년이 지났으나 최충헌崔忠獻은 나라를 쥐고 흔들면서 날마다 놀러다니고 잔치하는 것에 빠져서 변경의 일을 묻지 않았다. 또 김취려가 여러 차례 승리한 소식을 듣고는 그를 의지하고 중하게 여기면서 따로 대비책을 세우지 않았다. 이즈음에 미쳐 적의 형세가 갑자기 닥치자 중군이 군사를 더 보내 도와줄 것을 청하였다.

겨울 12월에 좌승선左承宣 차척車倜에게 전군前軍을, 상장군 송거경宋巨卿을 좌군左軍을 거느리게 하여 이미 있던 3군과 합쳐 5군으로 편성하였다. 참지정사參知政事 정숙첨鄭叔瞻을 행영 중군 원수行營中軍元帥로, 추밀부사 조충趙沖을 부원수로 삼아 5영領의 군대를 통솔하게 하였다. 개경에서 직職의 유무를 따지지 않고 모두 부대에 예속하게 하고 승려들을 징발하여 군사로 삼으니 가히 수만 명 정도 되었다. 정숙첨 등이 순천관順天館에서 군사들을 점검하였는데 날래고 용감한 병사들은 모두 최충헌 부자가 차지하였으므로 관군은 모두 늙고 야윈 자들이어서 전투를 감당할 수 없으므로 원수元帥의 마음이 해이해졌다.

왕이 숭문전崇文殿에 임어하니 정숙첨과 조충이 군복을 입고 모든 총관摠管을 거느리고 전정殿庭에 들어가 예식을 행하였다. 왕이 몸소 부월을 주어 보내었다. 군사들이 흥의역興義驛에 이르러 전군前軍이 멀리서 평주平州 군사들이 돌아오는 것을 보고 적이라고 생각하여 마침내 흩어졌으나 오직 조충만은 군사들을 정돈하여 기다렸다. 정숙첨이 적이 염주鹽州, 백주白州에 이른 것을 듣고는 군사를 후퇴시켰다. 다음해 봄 정월에 정숙첨을 파직하고 지문하知門下 정방보鄭邦輔를 대신하게 하였다. 정방보와 조충이 병력을 과시하자 염주에 있던 적은 달아났다. 이때 김취려를 승진시켜 금오위金吾衛 상장군으로 삼았다. 3군이 모두 들어가 도왔고 정방보와 조충은 5군을 통솔하여 적을 추격하였다.

3월에 안주安州 태조탄太祖灘에 이르러 비를 만나 멈춰서 술자리를 베풀어 즐기는데 적 한 명이 백마를 타고 진중에 돌입하여 깃발을 들어 부르자 갑자기 적병이 몰려들어 재빨리 공격해왔다. 전군前軍이 먼저 흩어지니 마침내 중군을 깔보고 불을 질러 보루를 태웠다. 정방보와 조충이 달아났고 좌군, 우군도 패하여 5군이 모두 흩어졌다. 대장군 이의유李義儒, 백수정白守貞 등이 전사하였고 병사 중에 죽은 자들의 수는 다 적을 수 없을 정도였으며 군수 물자와 무기, 병서兵書, 군적부[文籍]를 모두 빼앗겼다. 정방보와 조충은 도망쳐서 돌아갔고 적은 승승장구하여 매우 세차게 달려들었다. 김취려는 남은 군사들을 수습하여 역공을 하고 칼을 뽑아 혼자 막았으나 창과 화살이 몸에 관통하는 부상을 당해 돌아왔다. 적이 관군을 추격하여 선의문宣義門까지 와서 황교黃橋를 불태우고 물러가니 조정과 민간에서 크게 놀랐다.

이에 대간이 정방보와 조충을 논박하여 파직하였다. 다시 5군을 점고點考하여 오응부吳應夫에게 중군을, 최원세崔元世에게 전군을, 공천원貢天源에게 좌군을, 오인영吳仁永에 우군을, 유돈식柳敦植에게 후군을 거느리고 방어하게 하였다. 적은 우봉牛峯, 임구臨

口, 장단長湍으로 달려갔고 5군은 추격하여 적성積城까지 갔으나 따라잡지 못했다. 적이 마침내 동주東州를 함락하였다. 최충헌이 아뢰기를 "거란병의 기세가 남하하려는데 5군이 머물러 있으면서 싸우지 않습니다. 오응부를 파직하고 최원세에게 대신 중군을 통솔하게 하고 김취려에게 전군을 통솔하게 할 것을 청합니다." 하니 왕이 따랐다.

적이 교하를 향하여 징파도澄波渡를 지났는데 관군이 저촌楮村에서 전투를 벌여 물리쳤다. 적이 풍양豊壤의 효성현曉星峴에 이르렀을 때 관군이 싸우려고 횡탄橫灘을 건너려 하는데 적병이 뒤쪽에서 공격하므로 좌군이 먼저 싸우다가 패주하였다. 중군과 후군이 산 밖에 나와 적의 배후를 공격하여 물리치고 노원역盧元驛까지 추격하여 목을 벤 것이 매우 많았다. 전군과 좌군도 지평현砥平縣에서 싸워 물리쳤는데 말 1,000여 필을 얻었다. 적이 안양부安養府를 함락하고 안찰사 노주한魯周翰을 잡아서 죽였다. 적이 마침내 원주에 이르자 고을 사람들이 적과 교전하였는데 모두 9차례나 싸웠다. 식량도 떨어지고 힘도 다하였으나 바깥에서 원병이 오지 않으니 성이 이에 함락되었다. 전군과 우군도 패하였다. 이에 임보任輔를 가발병마사加發兵馬使로 삼아 보냈다.

적이 황려현黃驪縣에 이르렀으므로 관군이 독점禿岾[1]으로 옮겨 숙영하였다. 최원세가 말하기를 "내일 갈 길이 두 갈래인데 내가 어떻게 하는 게 좋겠소?" 하였다. 김취려가 답하기를 "군대를 나누어 앞뒤에서 협공하는 것도 좋지 않겠습니까?" 하니 최원세가 따랐다. 다음날 맥곡麥谷에서 만나 적과 싸웠는데 목을 베고 사로잡은 것이 300여 명이었다. 제주堤州의 냇물까지 몰아치니 시체가 냇물을 덮고 내려갔다. 3일 후에 추격하여 박달朴達재에 이르니 임보도 군사를 거느리고 와서 합세하였다. 최원세가 김취려에게 이르기를 "재의 맨 꼭대기는 대군이 머물기 적당한 곳이 아니니 산 아래로 물러나 주둔하려 합니다." 하니 김취려가 답하기를 "병법에서는 유리한 땅에 먼저 웅거하는 자가 승리합니다." 하여 부대가 마침내 재에 올라가 숙영하였다.

다음날 날이 밝을 무렵에 적이 재 남쪽으로 진군하여 우선 수만 명을 나누어 좌우

---

1 『휘찬여사』에는 '독첩禿帖'으로 되어 있으나 『고려사』를 따라 '독점禿岾'으로 고쳤다.

에 있는 봉우리로 오르게 하여 요해처를 다투려 하였다. 김취려가 신덕위申德威·이극인李克仁에게 왼쪽을, 최준문崔俊文·주공예周公裔에게 오른쪽을 맡게 하고 김취려 자신은 가운데서 북을 울리니 병사들이 모두 죽을 각오로 싸웠다. 모든 군이 그것을 보고는 또한 크게 소리치며 다투어 진격하니 적이 크게 패하고 달아나 노인들과 어린이들, 남녀, 무기, 군수물자가 여기저기 흩어진 채 버려져 있었다. 이 때문에 적은 남쪽으로 가지 못하고 마침내 동쪽을 달아났다.

관군이 추격하여 명주溟州 대관산大關山에 이르러 장수와 병사들이 지치고 약해져서 10일 정도 물러나 주둔하다가 진격하니 적은 이미 재를 넘었다. 최원세와 공천원, 김취려가 적을 추격하여 모로원毛老院에서 적을 무찔렀다. 적이 명주를 포위하여 4군이 추격하였으나 후군後軍이 오지 않아 강주剛州에 주둔하였다. 적이 등주登州로 달려가므로 우군이 진공하였으나 패하였다. 적이 마침내 함주咸州에 들어갔으나 관군은 감히 뒤쫓아 가지 못했다. 김취려는 중군에서 보낸 문서를 받들어 병력을 정주定州로 이동한 후 나무로 방어시설을 만들고[鹿角垣] 세 겹이나 둘렀으며[三周其隍] 이극인李克仁, 신덕위申德威 등을 머물게 하여 지키도록 하고 흥원진興元鎭으로 이동하여 주둔하였다.

적은 여진병을 얻어 다시 세력을 떨치며 달려 왔다. 김취려가 병력을 되돌리다가 예주豫州의 생천栍川에서 적을 만나 교전하고 물러났다. 김취려가 갑자기 병에 걸리자 보좌하는 장수들이 돌아가서 의원에게 치료 받을 것을 청하였으나 김취려가 말하기를 "차라리 변경의 성에서 귀신이 될지언정 어찌 집에서 편안히 있는 것을 구하겠는가?" 하였다. 병이 심해져서 돌아와 병을 다스리라는 칙명이 있어 견여肩輿를 타고 개경에 도착하였다. 여러 달 만에 병이 나았다. 조충은 이미 파직되었는데 갑자기 서북면 병마사에 임명하고 오래지 않아 추밀사, 이부 상서를 삼자, 간관이 아뢰어 논박하였다.

겨울 10월에 여진의 황기자黃旗子군이 압록강을 건너와서 인주麟州, 용주龍州, 정주靜州{오늘날의 의주義州, 용천龍川 등지이다.}에 주둔하였다. 조충이 전투를 벌여 500여 명을 목을 베거나 사로잡았고 또 암림평暗林平에서 전투를 벌여 크게 쳐부수어 죽이고 포로로 잡은 자 및 물에 빠져 죽은 자를 다 헤아릴 수 없었다. 기자군이 도망쳐 돌아갔고 이에 조충을 복직시켰다.

김취려가 남겨둔 병력은 위주渭州에서 전투를 벌여 패하였다. 적이 다시 모여서 고주高州, 화주和州를 침범하였고 영인寧仁, 장평長平 두 진을 함락하고 이어서 예주豫州를 함락하였다. 이에 5군 및 가발병加發兵을 혁파하고 3군을 두어 문한경文漢卿, 공천원, 이무공李茂功에게 통솔하게 하였다.

다음해{무인년(1218, 고종 5)이다.}에 적의 기세가 성해지자 조충을 불러 수사공守司空에 임명하고 서북면 원수로 삼았으며 김취려를 중군병마사로 삼았다. 정통보鄭通寶에게 전군을, 오수기吳壽祺에게 좌군을, 신선주申宣胄에게 우군을, 이림李霖에게 후군을 거느리게 하고 왕이 몸소 부월을 준 후 보냈다.

일찍이 조충이 패전한 것을 원통해하며 시를 지어 뜻을 보였는데{시는 다음과 같다. 만 리를 달리는 좋은 말이 한 번 넘어져서[萬里霜蹄容一蹶] 슬피 울고 우노라고 시절 바뀐 줄 몰랐네[悲鳴不覺換時節] 만일 다시 조보造父[2]에게 그 말을 다시 타라 하면[倘教造父更加鞭] 전장을 달리며 오랑캐를 꺾으리[踏躪沙場摧古月]} 이때에 왕명을 받고 병력을 통솔하니 호령이 엄격하였으며 대오가 엄숙하여 모든 장수들이 감히 서생書生이라고 얕잡아 볼 수 없었다. 조충이 장단長湍 가는 길로 동주洞州에 이르러 적을 만나 그 장수를 사로잡고 성천成川에 머물면서 여러 도의 병력들을 기다렸다. 경상도 안찰사 이적李勣이 병력을 인솔하고 오다가 적을 만나 전진할 수 없으므로 장군 이돈수李敦守를 보내 격퇴하고 이적을 맞이하게 하였다. 적이 두 길로 나누어 곧 바로 중군을 노리므로 조충이 좌익 우익을 벌이고 북을 울리며 전진하니 적은 멀리서 기세를 보고는 흩어졌다. 이돈수와 이적이 와서 회합하였다. 장군 박의린朴義鄰이 독산禿山에서 적을 물리쳤는데 적이 흩어졌다가 다시 모여 모두 정예병으로 공격하여 왔다. 조충이 적을 맞아 크게 격파하니 적이 돌아가려 하였으니 우리가 그 돌아가는 길에 요격할까 염려하여 강동성江東城에서 안전을 도모하였다.

마침 몽골 태조가 보낸 원수 합진哈眞과 찰라札剌가 병력 1만 명을 인솔하고 동진東

---

2 백익伯益의 9세손으로 서주西周의 말을 잘 다루는 사람이다. 전설에 그는 도림桃林 일대에서 8필의 준마駿馬를 얻어 잘 길들여서 주周(목왕穆王)에게 바쳤다고 한다.

眞[3] 만노萬奴 장수 완안자연完顔子淵의 병력 2만 명과 함께 와서 거란을 토벌하겠다고 선언하고 화주和州, 맹주孟州, 순주順州, 덕주德州의 4성城{오늘날 영흥永興, 맹산孟山, 순천順川, 덕천德川 등지이다.}을 격파한 후 곧 바로 강동으로 향하였다. 공교롭게도 큰 눈이 내려 군량을 나르는 길이 이어지지 않았고 적은 성벽을 더욱 굳게 하여 지치게 하였다. 합진이 근심하여 원수부에 통첩通牒하기를 "황제께서, 거란병이 너희 나라에 숨은 지 오늘까지 3년이 되었으나 아직 소탕하지 못하였으므로 병력을 파견하여 토벌하게 하셨다. 너희 나라는 군량미를 보조하여 부족하지 않게 하라." 하였는데 그 말이 매우 엄하였다. 또 황제의 명령에 적을 격파한 후 양국 간에 형제국으로 약조를 맺으라고 하였다 일렀다. 조충은 즉시 쌀 1,000석을 보내고 중군 판관 김양경金良鏡에게 정병 1,000명을 거느리게 하고 보내어 호송하게 하였다. 합진이 크게 기뻐하여 김양경을 대우하기를 매우 성의껏 하였다.

이때 몽골과 동진이 적을 토벌하여 우리를 구한다고 명분을 내걸었다. 그러나 몽골은 오랑캐 중에서도 가장 흉악하고 사나운 데다 또 예전부터 좋은 사이도 아니었으므로 중앙과 지방에서 놀라고 두려워하며 그것이 사실이 아닐 것이라 의심하였다. 조충은 홀로 의심하지 않고 급히 아뢰기를 그치지 않았다. 조정에서는 결정하지 못하여 우물쭈물하며 회답을 하지 못하였고 그 때문에 사람을 보내 호궤犒饋하는 것도 막고 있었다.

합진이 그 늦는 것에 대해 화를 내니 조충이 사신을 보내 위로하고 화를 풀고자 하였으나 모든 장수들이 가는 것을 꺼렸다. 김취려가 이르기를 "일이 어렵다고 하여 사양하지 않는 것이 신하된 자의 절조입니다. 제가 비록 재주가 없지만 공을 위해 한번 가겠습니다." 하였다. 조충이 말하기를 "군중의 일을 단지 그대에게 의지하는데 귀한 그대가 갈 수 있겠는가?" 하였다. 김취려가 마침내 떠났는데, 신기군, 내상內廂의 열 장군과 병사들이 따랐다.

---

3 금나라의 포선만노蒲鮮萬奴가 요동에서 세운 대진大晉이 두만강 유역으로 본거지를 옮기면서 세운 동하東夏를 고려에서 부른 이름이다.

합진이 김취려에게 말하게 하기를 "귀국이 진실로 우호를 맺고자 하면 마땅히 먼저 멀리서 몽골 황제에게 예를 행하고 다음으로 만노萬奴황제에게 예를 행하라." 하였다. 김취려가 답하기를 "하늘에 태양이 두 개 있지 않고 백성에게는 두 임금이 있을 수 없으니 천하에 어찌 두 황제가 있을 수 있겠습니까?" 하고는 단지 몽골 황제에게만 절하였다. 김취려는 키가 6척 5촌으로 크고 수염이 그 배를 지나서 매번 옷을 갖춰 입을 때는 반드시 두 시녀에게 수염을 들어 올리게 한 후에야 띠를 맬 수 있었다. 합진이 김취려의 얼굴과 장대한 신체를 보고나서 그 말하는 것을 듣고는 더욱 기이하게 여겨 끌어다 함께 앉으며 말하기를 "내가 일찍이 6국을 정벌하여 많은 귀인을 보았는데 공의 모습은 어찌 그리 기이한지요. 나이가 몇입니까?" 하였다. 김취려가 답하기를 "60에 가깝습니다." 하니 합진이 말하기를 "나는 아직 50이 되지 않았고 두 나라가 한 집안이 되었으니 내가 동생인가요." 하였다. 김취려가 문을 나오니 합진이 겨드랑이를 떠받쳐서 말에 오르게 하였다.

며칠 후에 조충도 왔는데 합진이 원수와 누가 나이가 많은가를 물었다. 김취려가 답하기를 자기보다 많다고 하니 이에 조충을 윗자리에 끌어다 앉히며 말하기를 "제가 두 형 사이에 앉고 싶은데 예에 어떻습니까?" 하였다. 김취려가 말하기를 "이는 우리들이 바라던 것이나 단지 감히 먼저 말하지 못했을 뿐입니다." 하니 자리를 잡고 앉아 술자리를 벌이고 풍악을 울렸다. 몽골 풍속에는 예리한 칼로 고기를 찔러 손님과 주인이 서로 먹여주는 것을 좋아하는데 서로 주고받을 때 눈을 깜짝이는 것을 용납하지 않았다. 따라온 자들이 모두 어려워하는 기색을 보였는데 조충과 김취려는 꿇어앉고 일어서며 대응하는 것이 매우 익숙하니 합진이 매우 기뻐하였다. 합진이 조충에게 누가 술을 더 많이 마시는지 내기를 해서 지는 사람이 벌을 받자고 청하니 조충이 술을 가득 따라서 마시기를 비록 많이 하여도 취하지 않았다. 마지막에는 잔을 들고 마시지 않고 말하기를 "만약 내가 이기면 약속대로 공이 벌을 받게 되니 주인이 손님에게 벌 주는 것이 마음에 편할 수 있겠습니까?" 하였다.

합진이 그 말을 중하게 여기고 크게 기뻐하며 다음날 아침 강동성 아래에서 만나기로 약속하고 성에서 300보 떨어진 곳에 머물렀다. 합진이 성 남문에서 동문까지 해자를 팠는데 너비와 깊이가 10척이었고 서문 이북은 완안자연에게 맡겼으며 동문 이북은 김취려에게 맡겼는데 모두 해자를 파서 달아나는 적을 막았다. 적의 형세가 곤란하게 되자 나와서 항복하는 자가 많았다. 적의 괴수 감사왕자撼捨王子는 목을 매어 자살하였으며 그 관리와 군졸 5만여 명이 문을 열고 나와서 항복하였다. 합진이 조충 등과 함께 다니며 투항한 상황을 보고 왕자, 가짜 승상, 평장 이하 100여 명을 말 앞에서 목을 베었으며 나머지 사람들에 대해서는 모두 용서하였다.

합진이 말하기를 "내가 만 리나 떨어진 곳에서 와서 귀국과 협력하여 적을 격파하였으니 천 년에 한 번 있을 행운입니다. 부대의 이동이 갑자기 박두하여 국왕께 가서 절하지 못하니 이것이 한스럽습니다." 하고는 조충과 김취려에게 동맹을 맺자고 청하며 이르기를 "두 나라가 형제가 되기로 약속하였으니 만 대 자손에 이르기까지 오늘의 약속을 잊지 말게 합시다." 하였다. 조충이 잔치를 베풀어 군인들에게 먹였다. 합진이 돌아갈 때 포로로 잡은 수백 명과 부녀자, 준마를 조충과 김취려에게 주고 나머지는 모두 자신이 데리고 갔다. 조충이 의주까지 가서 전송하였는데 합진이 조충의 손을 잡고 눈물을 흘리며 차마 작별하지 못하였다.

완안자연은 사람의 됨됨이를 매우 잘 알았는데 우리나라 사람에게 이르기를 "너희 나라 원수는 뛰어나게 훌륭하여 보통 사람이 아니다. 너희 나라에 이런 원수가 있는 것은 하늘이 내리신 것이다." 하였다. 한번은 조충이 술에 취해 완안자연의 무릎을 베고 잠들었는데 완안자연은 조충이 놀라서 깰지도 몰라 조금도 움직이지 않았고 옆에 있던 사람들이 베개로 바꾸라고 청하였지만 완안자연은 좋아하지 않았다. 그의 은덕과 신의가 사람을 감동시킨 것이 이와 같았다.

몽골 병사들이 여러 장수의 말을 빼앗자 조충이 말하기를 "이 말들은 모두 관에 소속된 말이어서 비록 말이 죽더라도 가죽을 바쳐야 하니 빼앗을 수 없다." 하니 몽골 사람들이 그 말을 믿었다. 그런데 한 장수가 말을 은으로 바꾸자 조충의 말이 거짓말이라고 하여 다시 말을 많이 탈취하여 갔다. 조충이 거란의 포로를 주현州縣에 나누어 보내 사람이 살지 않아 비어 있는 땅을 골라 살게 하고 농사를 짓는 백성이 되게 하였는데 사람들이 그것을 거란장契丹場이라 불렀다.

조충이 개선하여 돌아오니 최충헌이 그를 시기하여 교외에서 환영하는 예식을 정지시켰다. 조충을 정당문학 판예부사로 삼았고 오래지 않아 수태위 동중서문하시랑 수국사를 더해 주었다.

오래 있다가 김취려는 추밀부사가 되었는데 이 해에 의주의 적 한순韓恂과 다지多智가 방어하던 장수를 죽이고 여러 성을 연결하여 반란을 일으켰는데 연주延州, 성주成州, 구주龜州, 안북부安北府만은 굳게 지켰다. 이에 이극서李克偦에게 중군을, 이적유李迪儒에게 후군을, 김취려에게 우군을 거느리고 토벌하게 하였다. 이듬해에 김취려에게 이극서를 대신해 중군을 거느리게 하니 한순과 다지 등은 금나라 원수 우가하于哥下에게 투항하였다. 우가하가 두 사람을 유인하여 목을 벤 후 그 머리를 개경에 전달하였다.

3군에서 역모를 추종한 여러 성의 죄를 다스릴 것을 청했으나 김취려가 말하기를 "그 괴수를 섬멸하면 협박 때문에 추종한 자들은 다스리지 말라는 말이 있습니다. 대군이 한 번 움직이면 아무 잘못도 없이 재앙을 당하는데 하물며 군사를 일으킨 지 4년이나 되어 관동關東이 폐허가 되었습니다. 이제 다시 군사를 일으켜 나라의 울타리를 스스로 헐어버리는 것이 옳겠습니까?" 하였다. 이에 곽원고郭元固, 김보정金甫貞, 종주뢰宗周賚 등을 의주로 보내어 유민이 안심하고 모여 살게 하였다.

종주뢰는 재물에 욕심을 내어 뇌물을 받았으며 뇌물이 없는 자는 다른 일을 빌어 죽였다. 고을 사람들이 이것을 원망하여 적의 무리인 윤창尹昌을 끌어들여 성을 타넘어 들어와 종주뢰를 죽이게 했다. 곽원고 등이 숨어서 개경으로 돌아와 보고하였다. 김취려가 대장군 조염경趙廉卿에게 병사 5천명을 데리고 가서 토벌하게 하니 적의 무리는 와해되었다.

거란의 남은 무리가 영원산寧遠山 속에 도망해 몸을 피하고 때때로 나와서 노략질하고 훔치는 것이 백성의 근심거리였다. 김취려가 이경순李景純, 이문언李文彦을 보내어 격파하니 북쪽 변경이 안정되었다. 이듬해에 김취려를 추밀사 병부상서 판삼사로 올려 임명하였고 갑자기 참지정사로 옮겼다. 9월에 평장사 조충이 죽자 왕이 놀라 애도하며 3일 동안 조회朝會를 정지하였으며 개부의동삼사開府儀同三司 문하시중으로 추증하였다. 고종 21년(1234)에 김취려가 죽으니 시호를 위열威烈이라 하였다. 김취려는 사람됨이 절약하고 검소하였으며 정직하였다. 또 충성과 의리로 스스로 분발하였다. 병사들을 지휘할 때 엄격하게 하여 사졸들이 조금도 범하지 않았다. 술이 생기면 즉시 술잔을 가지고 가장 낮은 자들과 고르게 마셨으므로 그 군사들이 사력을 다해 싸울 수 있었다. 강동에서의 역사役事를 모두 조충에게 양보하였고 전쟁에 나가서 적을 제압할 때는 여러 차례 기묘한 계략을 내어 큰 공을 이루었지만 일찍이 스스로 드러내고 자랑한 적이 없었다. 재상이 되어서는 얼굴에 엄정한 빛을 띠고 아래 사람을 통솔하여 감히 속일 수 없었다. 그의 아들 김전金佺은 문하시랑을 지냈으며 김전의 아들은 김양감金良鑑이고 김양감의 아들은 김문연金文衍이다.

논하기를,

고종대[高王之世]에 최씨 부자가 대를 이어 정권을 잡아 안으로는 정예 병력을 끼고 권력을 오로지 하며 밖으로는 파리한 병사들에게 맡겨 전쟁에 나가 싸우도록 하였다. 이러한 때를 당해서 무엇을 어떻게 하려고 하여도 역시 어려운 일이었다. 요나라의 얼자孽子(금산왕자)가 중요하고 험한 곳에 웅거하고 몽골이 장차 국경을 압박하며 군사를 요구하였다. 그에 따르자니 그 심정을 알 수가 없고 거스르자니 반드시 다른 변란이 생길 것이니 안위安危에 관련되어 조금도 (실수가) 용납되기 어려웠다.

조충과 김취려는 이에 능히 기회를 살펴 책략을 결정하였는데 떨지도 않고 두려워하지도 않으며 합진哈眞과 맹약을 하여 동맹국의 마음을 굳혔고 만노萬奴에게는 절하지 않아서 존왕尊王의 의리를 분명히 하였다. 술자리에서 담판 절충하여[折衝樽俎][4] 귀신처럼 적을 물리쳐 공을 이루었으나 과시하지 않고 사직을 평안하게 하였다. 서희徐熙, 강감찬姜邯贊도 이들보다 훌륭하다고 할 수는 없다. 이른바 영웅호걸로 어찌 여러 대를 통해 드문 인물이 아니겠는가.

---

4 절충준조折衝樽俎는 무력을 쓰지 않고 주연酒宴에서 담판하여 적을 제압하고 승리하는 것을 말하는 것으로 『전국책戰國策』에 나온다.

김인경金仁鏡 이적李勣 김군수金君綏

김인경

김인경의 처음 이름은 양경良鏡이고 경주慶州 사람으로 평장사平章事 김의진金義珍의 4대代 손이다. 그의 아버지 김영고金永固는 흥교興郊 역사驛使가 되어 청렴하고 삿됨이 없었으며 인자하게 은혜를 베풀어 한 사람에게도 태형을 가하지 않았다. 후에 김보당 때문에 영주寧州 옥에 갇혀 사형당할 처지였으나 흥교의 아전과 백성들이 처치사處置使에게 가서 눈물을 흘리며 용서해줄 것을 청하여 마침내 죄를 면할 수 있었다. 집은 이미 관에 몰수되었고 아내와 자식들은 의탁할 곳이 없었으나 흥교 아전들이 쌀과 옷감을 후히 보내주었다.

김인경은 재주와 식견이 정치하고 민첩하였으며 예서隸書를 잘 썼다. 명종 때에 을과로 급제하여 직사관이 되었다가 기거사인이 되었다. 고종 초에 조충이 강동성에서 거란을 토벌할 때 김인경을 추천하여 판관을 삼았다. 당시 몽골 원수 합진哈眞, 동진東眞 원수 완안자연完顔子淵이 군량곡을 요청하자 조충은 그 사정을 염탐하고자 하였으나 그 일을 맡을 사람을 찾기 어려웠다. 김인경이 가겠다고 청하니 조충이 말하기를 "막중에서 작전을 세우는 것이 그대의 임무이고 위험을 무릅쓰고 가서 염탐하는 것은 평소에 익힌 것이 아닌데 왜 가겠다고 청하는가?" 하였다. 김인경이 답하기를 "일찍이 들으니 몽골의 진 치는 방법이 손오병법孫吳兵法을 본받았다고 하는데 저도 어려서부터 무경육서武經六書[5]를 읽어 잘 알고 있으므로 감히 청합니다." 하였다. 조충이 허락하고 김인경을 파견하였는데 정예 병사 1,000명을 거느리고 쌀 1,000석을 가지고 가서 주게 하였다.

합진과 완안자연이 대주岱州에서 거란병을 공격할 때 주의 서쪽 독산禿山에 주둔하였다. 김인경이 가서 보니 두 원수가 풍악을 늘어놓고 잔치를 열어 위로하였는데 매

5 중국의 대표적 고전인 『손자孫子』, 『사마법司馬法』, 『위료자尉繚子』, 『이위공문대李衛公問代』, 『삼략三略』, 『육도六韜』를 가리킨다. 여기에 『오자吳子』를 더해 무경 칠서武經七書라 한다.

우 즐겁게 논 후 끝냈다. 김인경이 서문 밖으로 가서 진을 치고 두 원수는 높은 곳에 올라 바라보았다. 몽골 병사들이 갑옷을 입고 칼을 가지고 마주 섰으며 김인경은 광대들에게 군인들 앞에 줄지어 서서 북을 치고 잡희를 하게 하였다. 또 활 잘 쏘는 자들 20여 명에게 동시에 모두 쏘게 하여 화살이 성안으로 들어갔다. 거란 병사들 중 성에 올라 바라보던 자들이 모두 달아나 피하였다. 두 원수가 군대의 형편이 정돈되고 엄숙한 것을 보고 탄복하였다. 조충과 김취려가 이어서 도착하니 마침내 적을 격파하여 사태가 안정되었다. 김인경을 발탁하여 추밀원 우승선을 삼았다.

고종 14년(1227)에 동진이 정주定州, 장주長州 두 고을을 침범하였다. 김인경이 지중군병마사로 의주宜州에서 싸웠으나 패하였다. 이듬해 참소를 받아 상주 목사로 좌천되었다.{친구 중에 배웅을 나온 사람이 하나도 없었고 오직 문생門生들만 교외에서 전송하였다. 김인경이 시를 지어 이르기를 '한 번 채찍질 하여 오랑캐들을 거의 쓸어버렸는데[一鞭幾盡掃胡塵] 만 리나 떨어진 남녘에 쫓겨 가는 신하되었네[萬里南荒作逐臣] 옥순 같은 문생들 많이 나와 전송하니[玉筍門生多出餞] 깊이 고마워 눈물이 수건을 적시나 그치기 어렵네[感深難禁淚沾巾]' 하였다. 또 고을의 벽에 적기를 '감히 하늘을 원망할 건가[敢向蒼天有怨情] 벌 받아 왔으나 오히려 수령인데[謫來猶自得專城] 언젠가 지방에서 재상으로 오른다면[何時鈴閣等黃閣] 수령으로 간 것이 재상으로 가는 길이 되리[太守行爲宰相行]' 하였다. 오래지 않아 한림하사, 상시, 좌복야에 임명되어 당시에 미담美談이 되었다.}

고종 19년(1232)에 정당문학 이부상서 감수국사가 되었고 중서시랑 평장사로 승진하였다. 고종 22년(1235)에 죽었으며 시호는 정숙貞肅이다. 김인경은 문文, 무武 관리로서의 재능이 다 많았으며 타고난 기품이 맑고 순하여 조금도 세상에 얽매이는 것이 없었다. 왕명으로 간행된 책[高文大册]들이 모두 그의 손에서 나왔는데 특히 근체시近體詩를 잘 지었으므로 세상에서 '양경시부良鏡詩賦'라 불렀다.

김인경의 아들 김연성金鍊成은 과거에 장원 급제하여 벼슬이 상서좌복야 한림학사 승지에 이르렀다. 손자 김승무金承茂는 과거에 급제하여 사한史翰을 역임하였는데 김준金俊이 귀하게 여겨 여러 차례 승진하여 시어사侍御史가 되었다. 당시 승선 허공許珙이 정무를 주장하니 여러 도의 안찰사들이 물품을 보내는 것이 많았다. 강헌康軒, 한완韓玩

도 허공에게 붙어 뇌물을 받은 것이 많았다. 김승무가 모두 이들의 잘못을 논박하니 허공이 이 때문에 미워하였다.

이적李勣

이적은 지평砥平 사람으로 그의 아버지 이준선李俊善은 대장군이었다. 이적은 내시에 속하였다가 합문 지후閤門祗候로 옮겼고 여러 차례 승진하여 병부 낭중兵部郎中[6]이 되었다. 고종 3년(1216)에 거란 금산왕자金山王子의 병력이 국경을 침범하였을 때 이적은 우군 병마판관이 되어 환가역豢猳驛에서 적과 싸웠는데 적이 승승장구한 기세로 몰려와 아군이 패하여 달아났다. 이적이 홀로 두 눈을 부릅뜨고 곧 바로 전진하여 여러 명의 목을 벤 후 드디어 군사들을 꾸짖자 모두 진격하니 적이 이에 후퇴하였다. 이적이 장작감將作監으로 임명되었고 좌군 병마부사가 되어 광탄廣灘에서 전투를 벌였는데 선봉에 서서 크게 이겨 많은 수를 포로로 잡았다. 왕이 가상하게 여겨 장군직을 주었으나 굳이 사양하고 받지 않았다.

이적이 지방으로 나가 경상도 안찰사가 되었다. 이듬해(1217, 고종 4) 적이 또 크게 침입해 오자 모든 도의 안찰사에게 군사를 인솔하고 와서 돕도록 칙령을 내렸다. 그런데 당시 적이 중요한 길목을 막고 주둔하였으므로 원수가 피하라고 몰래 유시하였다. 그러나 이적이 말하기를 "무기를 들고 전쟁에 나가 적을 만나지 못할까 염려할 뿐이며 적을 만나 피하는 것은 용감하지 못한 것이다." 하고는 곧바로 적이 주둔한 곳을 향하여 갔다. 과연 적을 만나 전투를 벌여 이겨서 목을 베거나 사로잡은 수가 셀 수 없을 정도였다. 이적이 순주順州로 군량곡을 운반할 때 적이 은주殷州에서 나와 불의에 갑자기 공격해왔다. 휘하의 병사들이 100명도 되지 않았는데도 죽기를 각오하고 싸워 물리쳤다. 원수가 성에 올라 멀리서 보고 높은 곳에서 탄복하여 칭찬하고 눈물을 흘리기까지 하였다.

---

6 『휘찬여사』에는 병부 낭중兵部郎中의 병兵이 평平으로 되어 있다.

또 다음해(1218)에 상서 좌승이 되었는데 이때 적이 강동성에 들어가 보루로 삼았다. 이에 이적을 다시 병마사로 삼아 정예 병사를 뽑아 속하게 하였다. 그러나 이적은 사양하고 혼자 말을 타고 부임하였다. 적을 평정하고 그대로 머물러 동북면병마사가 되었다. 고종 6년(1219)에 우승선이 되었고 오래지 않아 추밀부사 상서 좌복야가 되었으며 여러 차례 승진하여 추밀사 어사대부가 되었다. 고종 12년(1225)에 죽으니 향년 64세였다.

이적은 사람됨이 까다롭지 않고 온유하였으며 기쁨과 노여움을 드러내지 않았다. 전쟁에 나가서 병사들의 용기를 북돋우는 것이 다른 사람들은 따를 수 없었다. 성품이 검소하여 벼슬이 높아졌어도 누추한 집에서 살면서도 편안[晏如]하였다.

김군수金君綏

김군수는 낙랑후樂浪侯 김부식의 손자로 약관의 나이에 문학으로 동년배들의 추대를 받았다. 명종 대에 과거에 장원 급제하여 직한림원이 되었다. 고종 초에 시랑에 임명되었을 때 조정의 신하 중 지방에 출장을 가서 탐욕스럽게 재물을 모으려고 백성을 침탈하는 자들이 있어 백성들이 많이 원망하였다. 김군수와 이종규李宗揆, 송안국宋安國, 김주정金周鼎 최정분崔正份 등 11명을 함께 각 도의 찰방사察訪使로 선발하여 백성들의 괴로움을 탐문하고 관리들이 청렴한지 여부를 살피게 하였다. 그때 마침 거란병이 쳐들어와 지방을 살필 겨를도 없어 이종규, 송안국, 김주정은 모두 사명을 받든 것이 부합하지 못하였다고 하여 좌천되었으나 최정빈만은 홀로 분발하여 적절하게 처리하였다.

김군수는 후에 좌간의대부에 임명되어 조충을 대신해 서북면병마사가 되었는데 청렴하고 백성을 사랑한다는 칭송이 있었다. 거란병이 숙주肅州, 영청永淸의 경계에 이르렀을 때 김군수가 여러 성의 병력을 이끌고 공격하여 430여 명의 목을 베었고 21명을 포로로 잡았으며 말 50여 필을 얻었다. 한순韓恂, 다지多智가 반란을 일으키자 김군수가 그대로 중군병마사를 맡아 토벌하였고 계책을 써서 한순, 다지의 목을 베어 함에 담아 개경으로 보냈다. 병마사 김취려가 자기에게 먼저 보고하지 않은 것에 원한을 품고 김군수를 가두었다. 또 김군수 아래의 녹사錄事 노인수盧仁綏란 자가 평소 김군수와 틈이 벌어져 그 때문에 김취려에게 자주 참소하였고 최이崔怡에게도 참소하였으므로 김군수를 한남漢南(지금의 경기도 수원)으로 유배보내니 당시 사람들이 원통해하였다.

논하기를,

동국의 사대부는 문장만을 숭상하고 병서[韜略] 보는 것을 교양이 없는 사람[麤人]의 일로 여겨 병학을 자세히 연마하는 자가 드물었다. 김인경은 어려서부터 육서六書를 읽었고 몽골 군대가 침범하자 용감하게 어려운 곳으로 달려갔으니 그 의지와 기개가 높일 만하다.

이적은 적을 만나 피하지 않았고 여러 번 전투를 치르고도 기세가 꺾이지 않았으니 옛날 용감한 장수의 기풍이 있었다.

김군수는 조충이 뒤를 이어 군사를 총괄하여 공은 있으나 죄는 없는데도 김취려에게 배척을 받았다. '군자는 베풀기를 좋아하고 그 공을 드러내지 않는다[君子之樂善不伐].'고 하는데 과연 그러한가? 『시경』에 이르기를 '참소하는 사람들이 끝이 없어 두 사람을 교란하네[讒人罔極 交亂二人].' 하였는데, 참으로 그렇다.

박서朴犀 {송문주宋文胄} 김경손金慶孫 최춘명崔椿命

박서朴犀

박서는 죽주竹州 사람으로 상서 박인석朴仁碩의 아들이다. 고종 18년(1231)에 서북면 병마사로 임명되었다. 그때 몽골 원수 살례탑撒禮塔이 철주鐵州를 도륙하고 구주龜州에 이르렀는데 박서가 삭주장군朔州將軍 김중온金仲溫과 정주장군靜州將軍 김경손金慶孫, 정주靜州·삭주朔州·위주渭州·태주泰州의 수령들과 함께 각기 병력을 인솔하고 구주에 모였다. 박서는 김중온에게 성의 동쪽을, 김경손 부대에게 성의 남쪽을 지키게 하고 도호 별초都護別抄 및 위주·태주 별초別抄 250여 명은 세 방면을 나누어 지키게 하였다. 몽골 병력이 성을 여러 겹으로 포위하고 밤낮으로 서문, 남문, 북문을 공격하였으나 성 안에 있던 군사들이 갑자기 나가 공격하여 패주시켰다.

몽골 병력이 위주 부사 박문창朴文昌을 사로잡아 그에게 성에 들어가 항복하라고 타이르게 하니 박서가 목을 베었다. 몽골 병력이 정예 기병 300명을 뽑아 북문을 공격하였으나 박서가 물리쳤다. 몽골에서 누거樓車[7]와 큰 평상[大牀]을 소가죽으로 싸서 그 속에 병사를 숨겨 성 밑에 바짝 붙이고 땅 밑으로 길을 뚫는 것을 창안하였다. 그러나 박서가 성을 뚫고 쇳물을 부어 누거를 불태웠고 땅 밑을 뚫은 곳도 무너져 몽골 병사 중 깔려 죽은 자가 30여 명이었다. 또 묵은 이엉에 불을 붙여 나무 평상을 태우니 몽골 병사들이 놀라 흩어졌다. 몽골에서 다시 대포거大砲車 15문을 가지고 성의 남쪽을 공격하여 상황이 매우 급박하였는데 박서도 성위에 대臺를 만들고 포거砲車에서 돌을 날려 적을 물리쳤다. 몽골 병력이 장작을 사람 기름에 적셔서 높이 쌓아 불을 질렀다. 박서가 물을 붓자 불이 더욱 활활 타올랐다. 이에 진흙을 가져다 물에 개어서 던지게 하니 불이 꺼졌다. 몽골 병력이 수레에 불을 싣고 불을 질러 문루門樓를 공격하자 박서가 미리 누 위에 물을 모아 두었다가 부으니 불이 꺼졌다.

몽골 군대가 성을 포위한 지 30일이 되도록 온갖 계책으로 공격하였으나 박서가 임기응변하여 굳게 지켰다. 몽골 군대가 이기지 못하고 퇴각하였다가 북계 여러 성의 병력을 몰고 와서 포거砲車 30문을 늘어놓고 공격하여 성랑城廊 50칸을 파괴하였다. 박서가 무너지는 대로 다시 쌓아 쇠줄로 봉하니 적이 감히 다시 공격하지 못하였다. 이에 박서가 성을 나가 크게 이기니 몽골 군대는 후퇴하여 주둔하고 목책을 세워 방어하였다.

살례탑이 우리나라 사람 지의심池義深을 보내 회안공淮安公 왕정王侹의 문서를 가지고

7 누거樓車는 수레 위에 망루를 설치하여 적의 성이나 진지를 내려다볼 수 있게 만든 것이다.

구주에 가서 항복하도록 타이르게 보냈으나 박서가 듣지 않았다. 몽골 군대가 다시 높은 사다리[雲梯]를 만들어 성을 공격하자 박서가 대우포大于浦를 가지고 맞서 공격하니 부서지지 않는 것이 없으므로 사다리가 접근하지 못했다. 대우포라는 것은 날이 큰 병기이다.

이듬해 왕이 간의대부 최임수崔林壽, 감찰어사 민희閔曦를 파견하였다. 이들이 몽골 사람을 인솔하고 구주성 밖에 가서 타이르기를 "이미 회안공을 보내 몽골 군대와 강화하도록 하였고 우리 3군도 이미 항복하였으니 전투를 그만두고 나와서 항복하라." 하였다. 네 번이나 권유했는데도 오히려 항복하지 않자 민희가 그 굳게 지키는 것에 분노하여 칼을 뽑아 스스로 목을 찔러 죽으려 하였다. 최임수가 다시 권유하니 박서 등이 왕명을 어기기 어려워 비로소 항복하였다.

후에 몽골 사신이 와서 박서가 성을 굳게 지키고 항복하지 않은 것을 들어 죽이려 하였다. 최이가 박서에게 이르기를 "경의 국가에 대한 충성스런 절개는 비길 데 가 없다. 그러나 적의 말도 두렵다. 경은 그에 대해 대책을 세우라." 하였다. 이에 박서는 고향으로 돌아갔다.

몽골이 구주를 포위하였을 때 그 장수 중에 나이가 70세에 가까운 사람이 있었는데 성 아래에 이르러 성벽과 무기를 둘러보고 탄복하기를 "내가 젊어서부터 종군하여 천하의 성들에서의 공격 상황을 두루 보았으나 이처럼 공격을 받고도 끝내 항복하지 않은 것을 보지 못했다. 성 안에 있는 여러 장수는 후일에 반드시 장수와 재상이 될 것이다." 하였다. 나중에 정말로 박서는 문하평장사에 임명되었다.

송문주宋文冑

당시에 송문주宋文冑도 구주성에서 전투에 참여한 사람인데 그 공으로 차례를 넘어 낭장으로 임명되었다. 고종 23년(1236){병신년}에 죽주竹州 방호별감防護別監이 되었을 때 몽골 군대가 죽주성에 와서 항복하라 타일렀으나 성안에 있던 병사들이 나가 공격하여 패주시켰다. 몽골 군대가 다시 포로 성을 공격하여 사면의 성문이 깨어지고 떨어졌으나 성안에서도 포砲로 역공을 하니 몽골 군대는 감히 접근하지 못하였다. 몽골 군대가 사람 기름을 짚에 붓고 불을 질러 공격하자 성 안에서 한 번에 문을 열고 돌격하여 몽골 병사 중에 죽은 자가 셀 수 없을 정도였다. 몽골 군대가 성을 공격한 것이 모두 15일 동안이었으나 끝내 함락하지 못하고 공격하던 도구들을 뽑아 태워버리고 떠나갔다. 송문주가 구주에 있을 때 몽골 군대가 성을 공격하는 전술을 익히 알아서 몽골의 계획을 미리 헤아리지 않는 것이 없었다. 송문주가 병사들에게 이르기를 "오늘은 적이 반드시 어떤 기계를 설치할 것이니 우리는 마땅히 어떤 병기로 대응해야 한다." 하면 적이 왔을 때 과연 그가 말한 대로였다. 성 안에 있던 사람들이 "귀신처럼 잘 맞힌다." 하였다. 공을 평가하여 좌우위장군에 임명하였다.

김경손金慶孫

김경손의 처음 이름은 김운래金雲來이고 평장사 김태서金台瑞의 아들이다. 그 어머니 꿈에 오색구름 사이에서 많은 사람들이 한 청색 옷 입은 동자를 빙 둘러 호위하고 하늘로부터 품으로 떨어졌다. 그리고는 임신을 하였는데 낳고 보니 잘 생겼고 머리 위에 용의 발톱 같이 솟은 뼈가 있었다. 성품이 장중하며 온화하고 부드러웠다. 지혜와 용기가 남보다 훨씬 뛰어났고 담력과 지략이 있었다. 평소 방에 있을 때도 반드시 손님을 대할 때처럼 조삼皀衫을 입었다. 화가 나면 수염과 머리카락이 빳빳하게 섰다.

일찍이 문음으로 관직에 나가 중요한 관직[華顯]을 역임하였다. 고종 18년(1231)에 정주靜州 분도장군分道將軍이 되었을 때 몽골 군대가 압록강을 건너 철주鐵州를 도륙하고 정주까지 침입해 왔다. 김경손이 자제[衙內]들로 죽음을 두려워하지 않는 병사 12명을 거느리고 성문을 열고 나가 싸우자 몽골 군대는 퇴각하여 달아났다. 그런데 갑자기 대군이 계속 몰려오자 고을 사람들이 성을 지킬 수 없을 것이라 생각하고 모두 흩어져 달아났다. 김경손이 홀로 12명의 병사들과 함께 산으로 올라가 밤에 행군하고 불로 음식을 하지 않으면서 7일 만에 귀주에 도착하였다. 삭주朔州의 김중온金仲溫도 성을 버리고 와서 만났다.

병마사 박서가 김중온에게 성의 동·서쪽을, 김경손에게 성의 남쪽을 지키게 하였다. 몽골 군대가 남문을 공격하자 김경손이 12병사 및 여러 성의 별초를 거느리고 성을 나가려 하면서 명령하기를 "너희들은 목숨을 돌보지 않고 죽더라도 물러서지 않을 사람들이다." 하였으나 별초들이 땅에 엎드려 응하지 않았다. 김경손이 다시 모두 성으로 들어가게 돌려보내고 다만 12병사들과 함께 나가서 싸웠는데 선봉에 선 검은 깃발을 가진 한 기병을 쏘니 즉시 거꾸러졌다. 12병사가 그것을 보고 분발하여 싸우던 중 날아온 화살이 김경손의 팔에 맞아 피가 뚝뚝 떨어졌으나 손수 북을 치는 것을 멈추지 않았다. 너댓 번 합전合戰한 후 몽골 군대가 퇴각하였다. 김경손이 진영을 정리하고 쌍소함雙小答을 불며 돌아왔다. 박서가 맞이할 때 절하며 눈물을 흘리니 김경손도 절하며 눈물을 흘렸다. 박서는 이때부터 성을 지키는 일은 모두 김경손에게 맡겼다.

몽골 군대가 성을 여러 겹으로 포위하고 밤낮으로 공격하며 풀을 수레에 가득 싣고 굴리며 진공해 왔다. 이에 김경손이 포거砲車로 녹인 쇳물을 부어 수레에 쌓인 풀을 태우니 몽골 군대가 물러났다. 몽골 군대가 다시 공격해오자 김경손이 호상胡牀에 올라 전투를 독려하는데 포탄이 김경손의 정수리를 스치고 뒤에 있던 아졸衙卒에게 명중되어 몸과 머리가 부서졌다. 옆에 있던 부하들이 상을 옮길 것을 청하였지만 김경손이 답하기를 "그렇게 할 수 없다. 내가 움직이면 병사들의 마음이 모두 흔들릴 것이다." 하고는 안색이 태연하였으며 끝내 상을 옮기지 않았다.

크게 전투를 벌인 것이 20여 일이었는데 김경손이 기회에 따라 적절히 준비하여 대응하는 것이 귀신같았다. 몽골 사람들이 이르기를 "이 성이 작은 무리로 대군에 맞서니 하늘이 돕는 것이요 사람의 힘이 아니다." 하고는 마침내 포위를 풀고 떠나갔다. 오래지 않아 대장군 지어사대사로 임명하였다.

고종 24년(1237)에 전라도 지휘사가 되었다. 그때 초적草賊 이연년李延年 형제가 원율原栗, 담양潭陽 등 여러 군의 무뢰배들을 불러 모아 해양海陽 등의 고을을 공격하여 함락시켰다. 그들이 김경손이 나주羅州에 들어간 소식을 듣고 나주 성을 포위하였다. 김경손이 성루에 올라 바라보고는 말하기를 "적이 비록 수가 많으나 짚신 신은 촌 백성들 뿐이다." 하였다. 별초 30여 명을 모집하고 부로父老들을 모아놓고 울며 타이르기를 "당신들의 고을은 어향御鄕이니 다른 고을처럼 항복해서는 안 된다." 하니 부로들이 모두 눈물을 흘렸다. 김경손이 출전을 독려하자 측근들이 말하기를 "오늘 우리 병사는 적고 적은 많습니다. 다른 고을의 병력이 올 때까지 기다리시기를 청합니다." 하였다. 김경손이 격노하여 책망하고 길에서 금성산신錦城山神에게 제사지내며 손수 잔을 두 번 올리고 이르기를 "전투에서 이기고 잔 올리는 것을 마치겠습니다." 하였다.

일산[蓋]을 펼치고 출전하자 측근들이 말하기를 "적이 알아볼까 염려됩니다." 하니 김경손이 꾸짖고 물리쳤다. 드디어 성을 나가는데 달아놓은 문[懸門]을 아래로 내리지 않았으므로 문을 지키는 자를 불러서 목을 베려 하니 현문을 내렸다. 김경손이 비로소 나왔다. 이연년이 그 무리에게 경계하기를 "지휘사는 바로 구주의 대장이다. 마땅히 우리가 생포하여 도통都統으로 삼아야 하니 화살을 쏘지 말라." 하였다. 그리하여 모두 활과 화살을 쓰지 않고 칼이나 창 같은 접근하여 싸우는 무기만 가지고 전투를 벌이게 하였다. 병사들이 교전을 시작하자 이연년은 자기의 용맹를 믿고 곧 바로 전진하여 말고삐를 잡아서 나오려 하였다. 김경손이 칼을 빼들고 전투를 독려하니 별초들이 모두 죽을 각오를 하고 싸웠다. 이연년의 목을 베고 승승장구하여 적을 쫓아가니 적도들이 크게 무너져 한 지방이 다시 안정을 찾았다.

김경손이 서울에 들어가 추밀원 지주사樞密院知奏事가 되었다. 어떤 사람이 최이에게 참소하기를 "김경손 부자가 상공相公을 해치려 합니다." 하였다. 최이가 조사해보니 사실이 아니었으므로 이에 참소한 자를 유형에 처하고{『고려사』[本史]에서는 강에 던졌다고 한다.} 김경손은 추밀원 부사로 옮겼다. 고종 36년(1249)에 최항崔沆이, 김경손이 뭇사람의 마음을 얻은 것을 시기하여 백령도에 유배보냈다. 2년 뒤에 최항이 계모 대씨大氏를 죽이고 아울러 오승적吳承績을 강에다 던졌다. 그런데 김경손이 오승적의 인척이라 하여 사람을 유배지에 보내 바다에 던지게 하였다.

김경손이 여러 차례 큰 공을 세워 조정과 민간에서 의지하고 귀하게 여겼으나 졸지에 간사한 적에게 해를 입었으니 사람들이 모두 몹시 애석하게 여겼다. 아들은 김혼金琿이다.

최춘명崔椿命

최춘명은 문헌공文憲公 최충의 후손이다. 성품이 넉넉하고 온화하였으며 절개와 지조가 있었다. 고종 18년(1231)에 자주慈州{지금의 자산군慈山郡}의 수령이 되었다. 몽골 군대가 고을을 포위하였으나 최춘명은 아전과 백성을 거느리고 굳게 지켜 항복하지 않았다. 나라에서는 살례탑이 힐책할까 두려워 내시 송국첨宋國瞻을 보내 항복하라고 유시하였다. 그러나 최춘명이 성문을 닫고 대답하지 않자 송국첨은 욕하고 돌아갔다.

3군의 원수들이 항복하자 살례탑이 회안공 왕정에게 말하기를 "자주가 항복하지 않았으니 사람을 보내 권유하는 것이 마땅하다." 하였다. 이에 왕정이 대집성大集成과 몽골 관리를 함께 보냈다. 이들이 성 아래에 도착하여 말하기를 "국가의 3군이 이미 항복하였으니 속히 항복하는 것이 마땅하다." 하였다. 최춘명이 성루에 올라 사람을 시켜 대답하기를 "조정의 뜻이 아직 오지 않았는데 어떻게 믿고 항복할 수 있겠는가?" 하였다. 대집성이 말하기를 "회안공이 이미 와서 항복을 청하였으므로 3군도 항복했다. 이것을 믿지 못하는가?" 하니 대답하기를 "성안에 있는 사람들은 회안공이 누구인지도 모른다." 하고는 끝내 거절하고 받아들이지 않았다. 몽골 관리가 대집성에게 성으로 들어가게 하니 최춘명이 가까이 있던 병사들에게 쏘게 하자 모두 달아났다.

최춘명은 끝내 항복하지 않자 대집성은 깊이 앙심을 품고 돌아갔다. 살례탑도 반드시 죽이려 하였다. 왕이 이 일을 재신과 추신들에게 물으니 모두 가벼운 죄로 처벌하라고 청하였다. 대집성이 최이에게 가서 말하기를 "최춘명을 죽이지 않으면 몽골 장수가 격노할 것이고 그러면 그 화를 헤아릴 수 없습니다. 공이 혼자 결정하셔서 죽이기를 청합니다." 하였다. 최이가 승낙하니 이에 재신과 추신들이 어쩔 수 없이 따랐다. 홀로 유승단兪升旦만이 죽여서는 안 된다고 하므로 듣는 사람들이 탄복하였다.

최이가 내시 이백전李白全을 서경으로 보내 죽이려 하였으나 최춘명은 말과 얼굴색이 하나도 변하지 않았다. 몽골 관리가 묻기를 "이 사람이 누구인가?" 하자 이백전이 "자주慈州 수령입니다." 하였다. 몽골 관리가 말하기를 "이 사람이 비록 우리에게는 명령을 거역한 사람이지만 너희에게는 충신이다. 나도 죽이지 않을 것이니 너희도 이미 우리와 강화를 약속한 마당에 성을 보전한 충신을 죽이는 것이 옳은가." 하며 굳이 석방할 것을 청하였다.

그 후에 공로를 평가할 때 최춘명을 으뜸으로 하여 추밀원 부사로 발탁되었다. 고종 37년(1250)에 죽었다. 아들은 최염崔恬인데 벼슬이 위위경衛尉卿까지 올랐다.

논하기를,

박서, 김경손은 고립된 성에서 약한 군사들을 이끌고 천하의 한창 성하고 사나운 오랑캐에 맞서서 동쪽으로 내려오지 못하게 하여 나라가 산처럼 우뚝 솟았다. 우리나라에서 성을 잘 지킨 사람으로 안시성安市城[8] 이후에 구주龜州[9]가 있는데 (이들의) 공도 작지 않다. 박서는 물러나 고향에 은거하다가 끝내 고관이 되었으나 김경손은 늙어서 권간에게 억울하게 해를 당했으니 애석하도다.

최춘명은 나라에서 이미 항복한 것을 듣고도 굳게 지키며 항복하지 않았으니 영토를 지킨 모범이 될 만하다. 최우崔瑀(최이崔怡의 개명 전 이름)에게 시기를 받을 때 많은 사람의 의견이 그에 따라 붙었으나 유승단이 홀로 다수에 대항하여 변호함으로써 충의의 기세가 죽어서도 다시 살게 하였다.

아! 세 신하는 모두 왕실에 충성을 다하고 권문에 붙지 않았으니 죽기를 각오하고 지킨 큰 절개가 빛난다. 조충, 김방경과 공이 같아 (그들만이 공을) 독차지할 수 없으니 칭찬할 만하다.

---

8 645년(고구려 보장왕 4), 안시성에서 고구려와 당나라 군대 사이에 벌어졌던 치열한 공방전을 가리킨다.

9 현종 10년(1019)에 고려에 침입한 거란군을 강감찬 등이 물리친 전투를 가리킨다.

김희제金希磾 이자성李子晟 김윤후金允侯 김응덕金應德 {진자화陳子和}

김희제金希磾

김희제는 본래 군산도群山島 사람으로 그의 선조가 상선을 따라 개성에 와서 머물러 살다가 마침내 개경에 호적을 올렸다. 그는 처음 감목監牧直으로 있다가 산원散員에 임명되었으며 여러 차례 승진하여 충청도 안찰사가 되었는데 좋은 평판이 있어 장군으로 전보되었다. 고종 8년(1221)에 몽골 사신 저고여著古與 등이 사신을 맞는 관館에서의 대접에 불만을 품고 활을 쏘기도 하고 치기도 하였다. 이에 관반館伴 최공崔珙 등이 문 밖으로 달려 나와 문을 잠궈 버려 몽골 사신이 나올 수 없었다. 김희제가 문으로 들어가 타이르자 화가 풀렸다.

동북면병마사가 몽골 사신 저가這可가 또 온다고 보고하자 왕은 몽골 사람들의 욕심이 끝이 없으니 만약 요구하는 것을 준다면 재정이 바닥나고 주지 않으면 분쟁의 발단이 될 것이라 하여 의논하게 하였으나 결론이 나지 않았다. 시중 이항李抗, 사천감司天監 박강재朴剛材가 태묘太廟에 가서 점을 쳤으나 또 결정하지 못하였다. 저가 등 23명 및 여자 사신 1명이 와서 나라의 예물을 독촉하였다. 왕은 김희제가 담력과 지략이 있고 시와 예법을 알며 말솜씨가 좋다고 하여 유회사類會使를 삼았다. 저가 등이 말하기를 "전에 안지여대왕安只女大王이 사신을 보냈으나 접대하지 않았다는 말을 듣지 못했는가?" 하자 김희제가 대답하기를 "지난해에 귀국의 은혜를 입었고 이제 사신이 우리나라에 왕림했는데 영접하는 예법이나 나라의 예물 등과 같은 일에 감히 다하지 않을 수 있겠습니까? 그러나 그대가 도호부에서 한 사람을 쏘아 살지 죽을지 알 수 없습니다. 만약 산다면 그대의 복이고 죽는다면 일행이 반드시 구류될 것입니다." 하였다. 저가 등이 무릎을 꿇고 부끄러워하며 잘못을 인정하였고 김희제가 처분하는 것이면 다 들었다.

또 몽골에서 사신 희속불화喜速不花 등이 왔다. 왕이 이들을 위해 대관전大觀殿에서 연회를 베풀었는데 희속불화 등이 활과 화살을 가진 채로 전에 오르려 하였다. 김희제가 말하기를 "두 나라가 우호 관계를 맺었으니 모두 예복을 갖추고 서로 만나야 할 텐

데 이제 활집과 화살통을 가지고 연회에 가겠다고 하시니 예법에 어떻습니까?" 하니 곧 바로 풀어 놓았다.

김희제가 또 동진東眞 사신의 관반이 되었을 때 동진 사신이 먼저 노래하기를 "동군東君이 처음으로 따뜻함을 알리네[東君初報暖]" 하자, 김희제가 즉시 화답하기를 "북제는 이미 추위를 거두었네[北帝已收寒]" 하였다. 사신이 묻기를 "무슨 뜻으로 이 구절을 지었는가." 물었다. 김희제가 답하기를 "그대가 봄의 정취를 노래했으니 나도 봄의 일로 화답하였습니다." 하였다. 사신이 탄복하고 다시는 따지지 않았다.

김희제가 의주義州 분도 장군分道將軍으로 나갔다. 고종 10년(1223)에 금나라 원수 우가하于哥下가 병력을 마산馬山에 주둔시키고 몰래 의주, 정주靜州, 인주麟州 세 고을을 침범하였다. 김희제가 가서 쳐부수게 해 달라고 아뢰었지만 그렇게 하라는 명령을 받지 못했다. 이에 김희제가 갑사甲士 100여 명을 보내 우가하의 진영을 불시에 습격하여 3명을 사로잡자 적은 흩어져 달아나다가 압록강에 빠져 죽은 자가 매우 많았다. 군수물자를 실은 배 22척을 취하여 돌아왔다. 갑자기 서북면 병마부사가 되었다.

고종 13년(1226)에 우가하가 그 군사들을 몽골 복장으로 변장하여 의주, 정주를 침범하였다. 지병마사 이윤함李允諴이 별장 김이생金利生과 대관승大官承 백원봉白元鳳에게 군사 200여 명을 거느리고 압록강을 건너 석성石城을 쳐부수게 하였다. 선무부통宣撫副統 등 5명을 죽이고 소와 말, 무기를 획득하였으나 우가하는 보지 못하고 돌아왔다.

김희제가 판관 원외랑 손습경孫襲卿, 어사 송국첨宋國瞻과 의론하기를 "우가하가 우리나라의 은혜를 배반하고 우리 변방 백성을 약탈하는데 막을 자가 없으니 나라의 수치이다. 서로 힘을 모아 쫓아가 토벌하여 나라의 치욕을 씻는 것이 마땅하다." 하였다. 마침내 보병과 기병 10,000여 명을 뽑아 김희제가 중군을, 손습경이 좌군을, 송국첨이 우군을 거느리고 20일치 식량을 가지고 석성으로 가서 토벌하였다. 우가하가 병력을 보내 구하려 하였지만 김희제 등이 전투를 벌일 때 분발하여 공격해 크게 패주시켰고 목을 벤 것이 70여 명이었다. 석성을 급습하니 성주가 군사들을 이끌고 나와서 항복하였는데 눈물을 흘리며 흙덩이를 입에 물고 하늘에 맹세하고 포위를 풀어달라고 애걸하였다. 김희제가 우가하가 은혜를 배반한 죄를 하나하나 밝히고 돌아왔다.

자포강紫布江이르니 얼음이 이미 녹아 건널 수 없었다. 이날 밤에 얼음이 다시 얼어 이에 건너와서 청로진淸虜鎭에 들어갔다.{김희제가 시를 짓기를 '장군이 되어 병기와 부월을 가지고 치욕을 씻지 못하면[將軍杖鉞未雪恥] 장차 무슨 면목으로 궁궐 조회에 참여하리[將何面目朝天闕] 한 번 분발하여 보검을 뽑아 마산을 가리키자[一奮靑蛇指馬山] 오랑캐 군대의 기세가 모두 쓰러지네[胡軍勢欲皆顚蹶] 용사들이 날고 뛰어 다섯 강을 건너니[虎賁騰拏涉五江] 성곽은 불타 재가 되었네[城郭爛爲煨燼末] 잔을 들고 장부의 마음을 펴보지만[臨杯已暢丈夫心] 돌아가더라도 아뢸 길 없으니 부끄러워 땀만 흘리네[反面無由愧汗發]' 하였다. 송국첨이 화답하기를 '인仁으로 칼등을 삼고 의義로 칼날을 삼아[以仁爲脊義爲鋒] 이는 장군의 새로운 보검이라[此是將軍新巨闕] 바다를 향해 한 번 휘두르니 고래들이 달아나고[一揮向海鯨鯢奔] 다시 들어 육지를 향하니 물소와 코끼리가 넘어지네[再擧向陸犀象蹶] 하물며 저 마산의 궁지에 몰린 미친 것들이야[況彼馬山窮猘兒] 채찍 끝으로 제압할 수 있으리[制之可以隨鞭末] 아침에 다섯 강을 건너 저녁에는 승전을 알리니[朝涉五江暮獻] 기쁜 기분이 가득하여 봄빛이 빛나네[喜氣萬斛春光發]' 하였다. 손습경이 화답하기를 '변방에는 솥도 없고 종도 없으니[塞垣無鼎又無鍾] 그 공을 기록하려 해도 빠뜨릴 수 있네[欲記元功詩可闕] 나무판에 써서 뒤에 올 이에게 알리니[書之板上告後來] 보려는 이들 앞 다퉈 넘어지고 쓰러지리[觀者爭前僵復蹶] 맹명孟明[10]이 하수를 건너 진나라 치욕을 씻었으나[孟明濟河雪秦恥] 공과 비교한다면 말석이 마땅하리[若比於公當處末] 내년에 또 다시 천산을 평정하리니[明年又可定天山] 화살 세 발 쏘아 하나도 헛 날아가는 게 없으리[三箭元無一虛發]' 하였다.}

애초에 김희제가 군사를 동원할 때 은밀하게 최이에게 서면으로 보고하였다. 최이가 돌아오자 담당 관원이 김희제가 멋대로 군사를 일으킨 잘못을 탄핵하려 하였으나 최이가 이미 알고 있었다는 것을 듣고 그만두었다. 그러나 공로에 대해 상을 주는 것은 행해지지 않았다.

이듬해(고종 14, 1227)에 전라도 순문사로 나갔다. 김희제가 일찍이 점술을 하는 승려

10 춘추시대 진秦의 대부인 백리시百里視의 자字로 백리해百里奚의 아들이다.

[術僧] 연지演之가 최이의 관상을 보고 한 말을 누설하였는데 어떤 사람이 이것을 가지고 최이에게 참소하기를 "김희제 등이 공을 해치려 모의합니다." 하였다. 최이가 사람을 보내 김희제를 체포하게 하였는데 김희제는 그때 나주에 있었다. 체포하러 온 자가 도착하자 두려워하는 빛이 없이 조용히 말하기를 "한마디만 하고 죽겠습니다." 하고는 읊기를 "청하淸河의 백 가지 은혜를 갚고자[欲報淸河百注恩] 동서남북으로 내 몸을 잊고 다녔네[東西南北摠忘身] 어쩌다 하루아침에 하늘의 미움을 받아[奈何一朝逢天厭] 도성에 있던 사람이 벽지에 있는 사람이 되었네[紫陌人爲碧海人]" 하고는 바다에 몸을 던졌다. 그 아들 김홍기金弘己 등 세 사람도 함께 물에 넣어 죽였다.

김희제는 풍채와 태도가 아름다웠고 지혜와 용기가 있었으며 경서와 역사에 통달하여 최이의 신임을 받았다. 최이가 병이 들었을 때 김희제는 병이 낫지 않을까 걱정하여 승려 연지의 집에 가서 점을 쳤는데 이 때문에 그 세력을 시기하는 자에 의해 참소를 당해 죽게 되었다.

김홍기는 상장군 조염경趙廉卿의 딸에게 장가들었는데 조염경은 김홍기가 죄 없이 죽는 것을 불쌍히 여겨 온 집안사람들이 채소만 먹었다. 하루는 최이가 양부 및 여러 장군들에게 연회를 베풀고 조염경에게 묻기를 "왜 고기를 먹지 않는가?" 하니 답하기를 "온 집안이 채소만 먹기 때문입니다." 하였다. 최이가 얼굴빛이 달라지며 말하기를 "나도 알고 있다. 민약 공이 다른 뜻이 없다면 속히 사위를 맞는 게 좋겠다." 하였다. 조염경은 두려워 그 딸을 낭장 윤주보尹周輔에게 시집보내려 하였다. 딸이 울며 말하기를 "남편이 죽고 얼마 되지 않았는데 갑자기 개가하라 하십니까?" 하였으나 조염경은 강요하였다. 혼인한 날 밤에 윤주보의 꿈에 김홍기가 음낭을 쳐서 놀라 깨었는데 갑자기 음경이 아팠다. 그러고는 다음날 죽었다.

김희제의 사위 정상鄭相은 판추밀 정통보鄭通輔의 아들인데 그는 세력을 믿고 교만하고 횡포하였다. 일찍이 대장군 지윤심池允深의 처를 간통하여 남쪽 지방에 유배되었다. 그 후에 개경을 돌아와서 밤에 수덕궁壽德宮에 이르렀을 때 이문里門이 닫혀 있었다. 정상이 그 열쇠를 맡은 자가 늦게 온 것에 분노하여 문틈으로 활을 쏘아 죽였다. 법관 대집성大集成, 김득순金得循, 최종번崔宗蕃, 홍사윤洪斯胤 등이 김희제와 정통보의 부탁을 듣고 불문에 부치려 하였으나 오직 낭중 이정핵李廷翮이 고집하여 어쩔 수 없이 가벼운 죄로 논하여 용서해 주었다. 오래지 않아 이정핵이 진양 부사晋陽副使가 되었는데 최이가 이정핵이 법을 준수한 것을 가상히 여겨 자문지유紫門指諭로 삼았다.

이자성李子晟

이자성은 우봉군牛峰郡 사람으로 아버지 이공정李公靖은 병부상서였다. 이자성은 성품이 억새고 매서웠으며 용맹하고 기력이 있었다. 활을 잘 쏘았고 여러 차례 전쟁에 나가 공을 세워 여러 번 승진하여 상장군이 되었다.

고종 18년(1231)에 몽골 원수 살례탑이 군사를 일으켜 침입해왔다. 왕이 장수에게 3군을 거느리고 방어하라고 명하여 아군은 동선역洞仙驛에 주둔하고 있었다. 마침 해가 저물 때 첩자諜者가 적이 없다고 보고하여 3군이 안장을 풀고 쉬고 있었는데 어떤 사람이 산에 올라 소치기를 “몽골 군대가 온다.” 하였다. 진영이 크게 놀라 모두 흩어졌다. 몽골 병력 8,000여 명이 갑자기 왔으니 이자성 및 장군 이승자李承子, 노탄盧坦 등 5, 6명이 죽기를 각오하고 적을 막아 싸웠다. 이자성은 적이 쏜 화살에 맞았고 노탄은 창에 맞아 말에서 떨어졌으나 병사가 구해 주어 겨우 벗어날 수 있었다. 3군이 다시 결집하여 더불어 싸우니 몽골 군사들은 차츰 물러났다가 다시 와서 우리 우군을 공격하였다. 우군에는 산원散員 이지무李之茂, 이인식李仁式 등 4, 5명이 막고 있었는데 마산馬山에서 초적草賊이었다가 종군한 2명이 몽골 군사들에게 활을 쏘았는데 쏘는 대로 엎어졌다. 관군이 승기를 잡아 격파하여 패주시켰다.

이듬해{임진년(고종 19, 1232)}에 도읍을 강화도로 옮겼다. 어사대의 노비인 이통李通이 개경이 빈틈을 타서 개경 근처 고을의 초적 및 성 안의 노비들을 불러 모아 반란을 일으켰다. 그리고 유수 병마사를 내쫓고 3군을 편성하고 여러 절에 문서를 보내 승려들을 불러 모아 공사간의 돈과 곡식을 약탈하였다. 왕이 이자성을 후군 진주後軍陣主로, 추밀부사 조염경을 중군 진주中軍陣主로, 상장군 최근崔瑾을 우군 진주右軍陣主로 삼아 토벌하게 하였다. 적들이 3군이 강화에서 온다는 소식을 듣고 강에서 막았다. 3군이 승천부昇天府 동쪽 교외에서 전투를 벌여 크게 이겼다. 별장別將 이보李甫와 정복수鄭福

綏가 야별초夜別抄를 거느리고 먼저 개성에 이르니 적이 성문을 닫고 성을 지키고 있었다. 이보가 속여 말하기를 "우리들이 이미 관군을 격파하고 돌아오는 것이니 빨리 성문을 열라." 하니 문지기가 그 말을 믿고 바로 문을 열었다. 이보와 정복수 등이 문지기의 목을 벤 후 병사들을 데리고 이통의 집으로 가서 죽였다. 이자성 등이 계속해서 오자 적의 괴수는 계책이 다하였으므로 도망쳐 숨었다. 남은 무리는 붙잡아서 죽였다.

애초에 충주 부사忠州副使 우종주于宗柱는 매번 문서 처리할 때 판관 유홍익庾洪翼과 틈이 벌어졌는데 몽골 군대가 온다는 소식을 듣고 성을 지키는 문제를 논의할 때도 의견이 달랐다. 그리하여 우종주는 양반 별초를, 유홍익은 노군奴軍과 잡류 별초를 거느렸는데 서로 시기하였다. 몽골 군사들이 오자 우종주, 유홍익은 양반들과 함께 모두 성을 버리고 달아났다. 오직 노군과 잡류들이 힘을 합쳐 격퇴하여 쫓아냈다. 몽골 군사들이 물러나고 우종주 등이 고을로 돌아와서 관청과 개인의 은그릇을 조사하자 노군들은 몽골 군사들이 약탈해 갔다고 말했다. 호장戶長 광립光立 등이 노군의 우두머리를 죽이려고 몰래 모의하였다. 노군이 이것을 알고 말하기를 "적병이 오자 모두 달아나 숨어서 지키지도 않다가 왜 적들이 약탈해 간 것을 우리에게 죄를 돌려 죽이려하는가. 어찌 먼저 대책을 세워야 하지 않겠는가." 하였다. 이에 거짓으로 장례에 참여한다며 나발을 불어 그 무리를 모았다. 그리고 먼저 자기들을 죽일 계획을 주도한 사람의 집으로 가서 불을 질렀다. 모든 세력 있는 자들 중에서 평소 원한이 있던 사람들을 빠짐없이 찾아내어 죽였다. 또 지역 안에 명령하기를 "감히 이들을 숨기는 자는 그 집을 멸할 것이다." 하였다. 이에 숨겨준 사람은 부인과 어린 아이도 모두 해를 입었다.

왕이 이자성 등에게 3군을 거느리고 가서 토벌하게 하였다. 3군이 달천達川에 이르니 물이 깊어 건널 수 없으므로 막 다리를 만들고 있었다. 노군의 괴수 몇 명이 내를 사이에 두고 통고하기를 "저희들은 모의를 주도한 사람을 죽이고 나가서 항복하려 합니다." 하였다. 이자성이 답하기를 "이와 같다면 그대들을 반드시 다 죽이지는 않겠다." 하였다. 적의 괴수 등이 성으로 돌아가 주모자인 승려 우본牛本의 목을 잘라 가지고 왔다. 관군이 2일 동안 머물러 주둔하는 사이 노군 중 용감하고 건실한 자는 모두 도망가 숨었다. 관군이 성에 들어가 잔당을 잡아서는 다 죽였고 획득한 재물과 우마는 가지고 와서 바쳤다.

또 이듬해 이자성이 중군병마사가 되어 용문창龍門倉의 적도들을 토벌하였는데 그 우두머리 거복居卜, 왕심往心 등을 붙잡아 죽였다. 또 동경東京의 적인 최산崔山, 이유李儒가 난을 일으키자 다시 이자성이 가서 격파하게 하였다. 이자성이 군사를 거느리고 단시일에 빨리 달려서 영주성永州城에 의지하여 기다렸다. 그 때 적이 여러 고을에 날짜를 정해 모이자는 격문을 전하였는데 여러 고을에서 어찌 해야 할지 결정을 못하고 있다가 이자성이 영주에 들어갔다는 소식을 듣고서야 안정되었다. 적은 이자성의 군사들이 멀리서 급히 왔으니 피로한 틈을 타서 공격하려고 영주의 남쪽 교외에 모였다. 관군이 성에 올라가 바라보고 이자성에게 보고하기를 "우리 병사들이 더위를 무릅쓰고 멀리 왔는데 적의 기세가 성하고도 날래어서 맞설 수 없습니다. 성문을 닫고 병사들을 며칠 쉬게 한 후 싸우는 것이 좋겠습니다." 하였다. 이자성이 답하기를 "그럴 수 없다. 무릇 피로한 병사들이 쉬면 더욱 나태해질 것이며 허송세월 하며 가만히 버티고 있으면 적이 우리 실정을 알아 다른 변고가 생길지 모른다. 그러니 급습하는 것이 낫다." 하였다. 이에 문을 열고 뛰쳐나가 적이 진영을 갖추지 않았을 때 힘껏 공격하여 크게 이겼다. 시신이 수십 리에 걸쳐 있었고 최산 등 수십 명의 목을 베었다. 이자성이 명령하기를 "협박 때문에 어쩔 수 없이 좇은 자들은 처벌하지 말라." 하니 백성들이 크게 기뻐하였다.

이자성이 동경을 평정한 후 장수와 병사들이 날마다 그 집에 모여들자 권귀權貴들이 꺼릴까 염려하여 병을 핑계대고 문을 닫아버리니 사람들이 기미를 안다고 칭찬하였다. 고종 38년(1251)에 문하평장사로 죽으니 왕이 놀라 애도하고 시호를 의열義烈이라 하였다.

김윤후金允侯

김윤후는 고종 때 사람이다. 일찍이 승려가 되어 백현원白峴院에 머물렀는데 몽골 군대가 오자 김윤후는 처인성處仁城(오늘날 용인)으로 피난 갔다. 몽골 원수 살례탑이 와서 성을 공격하자 김윤후가 화살을 쏘아 죽였다. 왕이 그 공을 가상히 여겨 상장군으로 임명하자 그 공을 다른 사람에게 양보하며 말하기를 "전투를 벌일 때 저에게는 활과 화살이 없었으니 어찌 감히 한 것도 없이 후한 상을 받을 수 있겠습니까." 하고는 굳이 사양하며 받지 않으므로 이에 섭낭장攝郎將으로 바꿔 임명하였다.

그 후에 충주산성 방호별감防護別監이 되었을 때 몽골 군대가 와서 충주성을 포위하고 70여 일을 지나니 비축해 둔 식량도 거의 떨어졌다. 김윤후가 사졸들을 권유하고 격려하기를 "힘을 다해 싸운다면 귀천을 가리지 않고 모두 관작官爵을 제수할 것이다. 그대들은 믿지 않는 자가 없게 하라." 하고는 관노官奴의 등록 장부를 태워버렸다. 또 노획한 소와 말을 나누어주었다. 사람들이 모두 목숨을 내놓고 적진으로 달려드니 몽골은 차츰 기세가 꺾여 마침내 다시 남쪽으로 내려오지 않았다. 그 공으로 김윤후는 감문위監門衛 상장군에 임명되었고 그 외에 군공이 있는 자들은 관노, 백정白丁에 이르기까지 차등 있게 관작을 주었다.

동북면 병마사가 되어 나갔으나 동북면이 이미 몽골에 함락되었으므로 부임하지 못하였다. 벼슬이 수사공 우복야에 이르러 치사하였다.

김응덕金應德

김응덕은 성품이 씩씩하고 겁이 없었다. 원종 11년(1270)에 나주 사록羅州司錄이 되었을 때 삼별초가 반란을 일으켜 진도珍島에 웅거하였는데 그 기세가 매우 치열하였다. 다른 고을에서 그것을 보고 맞이하거나 항복하기도 하였고 진도로 가서 적장을 알현하기도 하였다. 심지어 나주 부사 박부朴琈 등이 거취를 결정하지 못하고 있으니 상호장上戶長 정지려鄭之呂가 개탄하며 말하기를 "성루에 올라 굳게 지키지 못할 바에는 차라리 산으로 피해 도망가는 것이 좋겠습니다. 고을의 으뜸 아전이 되어 무슨 낯으로 나라를 배반하고 적을 따르겠습니까." 하였다. 김응덕이 그 말을 듣고 즉시 성을 지키기로 뜻을 정하고 나주와 나주 관할의 모든 현에 문서를 보내 금성산성錦城山城으로 들어와 지키라고 하였다. 가시나무로 목책을 세우고 병사들을 격려하였다. 적이 와서 성을 포위하고 공격하자 병사들이 모두 상처를 싸매면서까지 사수하였다. 적이 성을 7주야를 공격했으나 끝내 빼앗지 못하였다.

나주에서 김서金敍, 정원기鄭元器, 정윤鄭允 등을 보내 보고하였다. 왕이 가상히 여겨 김응덕에게 7품 관작을 주고, 김서 등은 섭오위攝伍尉를 삼았으며 쌀을 각 15석씩 하사하였다. 그 후에 김응덕이 또 진도에서 적과 전투를 벌여 배 1척을 획득하고 그 배에 타고 있던 적들을 모두 죽였다.

진자화陳子和

진자화도 나주 사람이다. 그는 큰 키에 날래고 용감하였다. 안찰사 권단權㫜이 영암부사靈巖副使 김수金須에게 병사 2백 명을 거느리고 제주濟州를 지키게 하고 또 장군 고여림高汝霖에게 병사 70명을 거느리고 뒤따라가게 하였다. 진자화는 당시 나이 19세인데도 종군하였다. 적이 제주를 공격하자 김수와 고여림 등이 힘껏 싸웠으나 전사하였다. 진자화는 곧바로 적진 가운데로 들어가 적장 곽연수郭延壽의 목을 벤 후 빠져나왔다가 또 다시 들어가서도 이같이 하니 병사들이 기뻐 뛰었다. 그리고 다시 들어갔다가 적에게 살해되었다. 적은 그 형세를 타서 관군을 모두 죽이고 마침내 제주를 함락하였다.

논찬, 결락됨.

| 휘찬여사 권28 |

명신 7

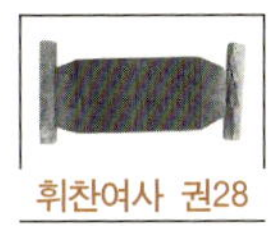

휘찬여사 권28

명신名臣 7

김방경金方慶 김주정金周鼎 유경柳璥

김방경金方慶

김방경의 자는 본연本然이고 안동安東 사람이다. 아버지 김효인金孝印은 병부 상서兵部尙書 한림학사翰林學士를 지냈다. 김방경을 임신하고 있을 때에 어머니가 구름과 안개를 들이마시고 불현듯 입 안이 상쾌해지는 꿈을 꾸었다. 사람들에게 말하기를 "내 아이는 반드시 신선들 가운데서 내려온 것이다."라고 하였다. 태어나서는 영특하고 훌륭하게 생겼으며, 거리에 누워 울면 소와 말이 그를 피하므로 사람들이 이상하게 여겼다.

고종高宗 때에 나이 16세가 되어 문음門蔭으로 식목녹사式目錄事에 임명되었다. 여러 차례 옮겨 감찰어사監察御史에 이르렀으며, 외직으로 나가서 서북면 병마판관西北面兵馬判官이 되었다가 중앙에 들어와서 견룡 행수牽龍行首가 되었다. 이때에 최충헌崔忠獻 부자가 4대 동안 권력을 잡고 있으니, 이름난 정승[名卿]과 유학자[碩儒]들로 그 농락을 당하여 이사頤使[1]를 받지 않는 사람이 없었다. 홀로 김방경만이 오로지 왕실에 마음을 기울이니 풍모와 절개가 늠름하였다. 견룡은 금위禁衛인데 왕의 충성스러운 용사[爪牙之士][2]들이 모두 최충헌의 개인 집에 가서 붙어 숙위가 매우 소홀하였다. 숙직하는 곳이 낮고 좁아서 사람들이 거처할 수가 없었는데, 김방경은 낮이나 밤이나 그 안에 거처하며 병이 나도 휴가를 청하지 않고 뜻을 더욱 굳게 가다듬었다.

원종元宗 4년(1263)에 지어사대사知御史臺事로 되었다. 얼마 후에 상장군上將軍에 제배

1 턱으로 부린다는 뜻으로, 사람을 마음대로 부림을 이르는 말이다.

2 손발처럼 왕을 보필한다는 뜻으로 믿을 만하고 도움이 되는 신하를 가리킨다.

되었는데, 권흉權凶(권세를 함부로 휘두르는 나쁜 사람)에게 미움을 받아 남경 유수南京留守로 강직되었다.

김방경이 일찍이 서북면 사람들에게 끼친 은혜가 있었는데, 이때에 이르러 서북면의 여러 성에서 상서上書하여 다시 와서 진무鎭撫하게 해달라고 청하였다. 김방경이 남경에 부임한지 겨우 3일만이었다. 돌아와 서북면을 진무하다가 (중앙에) 들어와 형부상서, 추밀원부사로 되었다.

(원종) 10년(1269)에 임연林衍이 왕을 폐위시켰다. 마침 세자世子가 원나라에 조회하고 돌아오다가 의주義州에 이르렀는데, 정변이 일어난 것을 듣고는 원나라로 돌아가 입조入朝하여 세조世祖에게 아뢰고 군사를 일으켜 이를 토벌하기를 청하였다. 세조가 몽가독蒙哥篤에게 명하여 군사들을 인솔하게 하고, 우리나라 신하 가운데에 임연의 당여가 아닌 자로 하여금 같이 가게 하려 하는데, 마땅한 사람을 구하지를 못하였다. 마침 김방경이 표문을 받들고 이르자, 이장용李藏用이 말하기를 "이 사람이 아니면 불가합니다."라고 하니, 이에 명하여 같이 가도록 하였다. 김방경이 아뢰기를 "대군이 서경西京에 도착하여 만일 대동강을 넘는다면 왕경王京에서는 스스로 혼란해져서 변고가 안에서 일어날 것이니, 마땅히 대군으로 하여금 대동강을 건너지 말게 하소서."라고 하였다. 이 뜻을 황제에게 아뢰니, 관군官軍에 조詔하기를 "대동강을 건너는 자는 죄를 줄 것이다."라고 하였다. 군대가 동경東京에 이르니, 임연이 두려워하여 왕위를 다시 회복시키고 입조入朝하게 하였다.

이듬해에 김방경이 몽가독과 함께 서경으로 들어갔다. 임연은 지유指諭 지보대智甫大로 하여금 야별초를 인솔하여 황주黃州에 주둔하고, 신의군神義軍은 초도椒島에 주둔하여 이를 방어하게 하였다. 이에 앞서 최탄崔坦과 한신韓愼이 여러 성의 수령들을 죽이고 반란을 일으켜 원나라에 붙었는데, 비밀리에 배들을 갖추어 정예 군사들을 모으고 몽가독에게 말하기를 "임연이 장차 관인官人을 죽이고 제주도로 들어가려고 하는데, 그렇게 되면 비록 천의天意에 의하여 행하는 주벌誅伐라 하더라도 가하기가 어렵습니다. 관인께서는 사냥하러 간다고 널리 선전하고 군사들을 숨겨 가서 습격하시고, 저희가 주사舟師(수군)로서 그 뒤를 잇는다면 왕경王京(개경)을 가히 취할 수 있으며, 그곳의 자녀

子女와 옥백玉帛들은 다른 사람의 소유가 아닐 것입니다."라고 하였다.

별장別將 오득공吳得公이 그 계획을 알고는 비밀리에 김방경에게 일러 주었다. 이튿날 이른 아침에 김방경이 몽가독에게 가니, 여러 군사들이 모두 모여 있었다. 몽가독이 말하기를 "오래 객지에 있어 무료하므로 생선잡이[擊鮮][3]라도 즐겨볼까 하는데, 공도 능히 따라오겠는가?"라고 하였다. 김방경이 말하기를 "어느 곳으로 사냥을 가시려 합니까?"라고 하니, 말하기를 "황주와 봉주鳳州에 이르러 초도로 들어가고자 하오."라고 하였다. 김방경이 말하기를 "관인도 역시 황제의 명령을 들었는데 어찌하여 대동강을 건너가시려 합니까?"라고 하니, 몽가독이 말하기를 "몽골 사람들은 활쏘기와 사냥을 일삼는데, 그대는 어찌하여 이것을 막으려고 하는가? 만약 천자에게 죄를 얻는다면 내가 청하여 혼자서 감당하겠노라."라고 하였다. 김방경이 말하기를 "나는 사냥을 금하는 것이 아니라 대동강을 건너는 것을 금하고자 할 뿐이오. 만일 사냥하고자 한다면 어찌 그곳밖에 없겠소? 내가 있으니 관인은 황제의 명령을 어길 수 없을 것이오."라고 하였다. 인하여 가만히 지보대 등을 설득하여 군사들을 물러가도록 명하였다. 몽가독은 김방경의 충성스러움을 알고 크게 공경과 존중을 더하여서 거짓을 꾸며 (왕경을) 멸망시키려고 한 자들을 모두 사실대로 알려주었다. 이로 말미암아 최탄의 음모가 행해지지 못하였다.

여름에 삼별초三別抄가 인민을 노략하여 진도珍島로 가서 웅거하였다. 참지정사 신사전申思佺을 추포사追捕使로 삼고, 김방경에게 명하여 송 만호宋萬戶의 군대와 함께 적의 토벌을 돕게 하였다. 김방경은 싸우고자 하였지만 번번이 송 만호에게 저지를 받았으며, 사녀士女로 적중에서 도망쳐 돌아온 천여 명을 모두 포로로 하여 돌아갔다.

원나라에서 원수元帥 아해阿海를 보내어 적을 토벌하게 하였다. 신사전은 적을 토벌할 뜻이 없었으므로 얼마 후에 달아나 (서울로) 돌아왔다. 왕은 김방경으로 대신하여 그 군사를 이끌게 하였다. 적이 육지로 나와서는 나주羅州를 포위하고 군사를 나누어

---

3 살아있는 짐승을 새로 잡아 신선한 고기를 취하는 것을 말한다.

전주全州를 공격하였다. 전주 사람들이 나주 사람들과 더불어 항복할 것을 논의하였는데, 김방경이 이를 듣고는 전주에 첩보를 보내어 말하기를 "관군官軍 만 명이 아무 날에 고을에 들어갈 것이니, 군량을 마련하여 기다리라."라고 하였다. 이에 (적들이 포위를) 풀고 가버렸다.

김방경이 아해와 더불어 삼견원三堅院에 주둔하고 적들과 여러 차례 전투를 벌여 승부가 서로 거듭되며 버티고 있었다. 마침 반남潘南 사람으로 김방경이 적과 서로 내통한다고 참소하는 자가 있어서 아해가 김방경을 개경으로 압송하였다. 다루가치가 왕에게 말하여 참소한 자를 구속하고 김방경을 풀어주었다. 상장군上將軍에 제수하여 돌아가 적을 토벌하게 하였다.

김방경이 진도에 이르니, 적들이 나와 싸우는데 그 배에다 모두 괴상한 모양의 동물을 그려 넣어 바닷물에 비치어 어른거렸다. 깃발들을 수없이 가득 펼치고, 징과 북소리는 끓어 넘치듯 울려 퍼졌다. 아해가 두려워하여 배에서 내려 달아나고자 하였다. 김방경이 말하기를 "원수가 만약 후퇴한다면 이것은 약함을 보여주는 것입니다."라고 하니, 아해가 감히 퇴각하지 못하였다. 이에 김방경이 단선單船으로 출몰하며 싸움을 독려하였다. 적병이 크게 이르러 압박해가면서 (진도로) 몰아가는데 휘하 군사들이 모두 죽음을 각오하고 싸웠으나 화살도 다 떨어지고 창에 찔려 능히 일어날 수가 없었다. 이미 진도 해안에 다다르니, 김방경은 필시 죽임을 당할 것이라 생각하고는 말하기를 "우리나라의 대신이 어찌 능히 적의 손에 죽겠느냐?"라고 하고, 바다에 몸을 던지려고 하였다. 좌우에서 붙들고 말리므로 실행하지 못하였다. 군사들이 김방경이 위급한 것을 보고 다시 일어나 소리를 지르며 급히 싸웠다. 김방경은 호상胡床에 앉아 지휘하는데 안색이 태연자약하였다. 마침 장군 양동무楊東茂가 몽충蒙衝[4]으로 돌격하여 오므로 김방경은 이에 탈출하여 돌아올 수 있었다.

이듬해에 김방경이 아뢰어서 아해를 파직시키고 흔도忻都로 대신하게 하였다. 김방

---

4 전선戰船의 일종으로, 적의 배를 쉽게 들이받을 수 있도록 폭이 좁고 길게 생겼다.

경과 흔도는 중군中軍을 거느리고 벽파정碧波亭으로부터 들어가고, 영녕공永寧公(왕준王綧)과 홍다구洪茶丘는 좌군左軍을 거느리고 장항獐項으로부터 들어가고, 김석金錫과 고을마高乙磨는 우군右軍을 거느리고 동면東面으로부터 들어갔다. 적들은 벽파정에 모여서 중군을 막으려고 하였다. 홍다구가 먼저 올라가서 불을 지르고 모든 군사가 협공하니, 적병이 크게 무너졌다. 그 진귀한 보물과 사녀士女들은 모두 몽골 군대의 손에 들어가 버렸다. 김방경은 적을 추격하여 남녀 만여 명과 전함 수십 척을 획득하여 개선하였다. 김방경은 그 공로로 태위太尉 평장사平章事의 벼슬을 더하였다.

적들이 탐라耽羅에 들어가서 험준함을 믿어 더욱 창궐하여 때때로 나와서는 노략질을 하니, 바닷가 지방이 쓸쓸해졌다.

(원종) 14년(1273)에 김방경을 중군 병마 원수中軍兵馬元帥로 삼았다. 수군 만여 명을 거느리고 흔도·홍다구와 더불어 반남현潘南縣에 주둔하였다. 제도諸道의 배들이 모두 바람에 휩쓸리어 소란하므로 단지 호남湖南의 160척만으로 추자도楸子島에 머무르는데, 밤중에 바람이 거세져 어디로 가는지 알 수 없었다. 날이 새어 살펴보니, 이미 탐라에 가까워져 있었다. 파도가 거세고 물결이 치솟아서 삼군三軍이 대경실색하였다. 김방경이 하늘을 우러러 기도하니 갑자기 풍랑이 멎었다. 중군中軍이 함덕포咸德浦로부터 들어가니, 적들은 바위 사이에 군사를 숨겨놓았다가 소리를 지르며 항거하였다. 김방경이 소리를 높여 꾸짖으면서 제군을 오르도록 독려하는데, 고세화高世和가 몸을 날려 먼저 올랐다. 나유羅裕는 정예한 군사들을 이끌고 뒤따라 진격하였다.

좌군左軍의 전함 30척이 비양도飛揚島로부터 곧바로 적들의 보루로 쳐들어가니, 적들이 마침내 지탱하지 못하고 도망쳐 자성子城으로 들어갔다. 관군이 따라 들어가서 불화살을 사방으로 쏘아대자 연기와 불꽃이 하늘에 가득 찼으며 적의 무리들이 크게 혼란에 빠졌다 적의 우두머리인 김통정金通精은 도망치고 남은 무리들이 항복해 오므로 탐라가 모두 평정되었다.

개선하여 돌아오니 왕이 승선承宣 박항朴恒을 보내어 그 다음날에 서울에 들어오라고 유시하였다. 장차 광평공廣平公(왕혜王譓)으로 하여금 교외에 나가서 김방경을 위로하려는 것이었다. 김방경은 행렬을 재촉하여 (그 날로) 들어가 왕을 뵈었다.

가을에 시중侍中으로 황제의 명령을 받고 원나라로 가니, 황제가 빨리 들어와 알현하라고 하고는 (김방경을) 승상丞相의 다음 자리에 앉히고 어찬御饌(황제의 음식)을 거두어 주었다. 이때 원나라가 홍성한지 이미 오래되어 막북漠北[5]의 모든 오랑캐들과 대해大海의 남쪽 지방에서 들어와 신하가 되지 않는 나라가 없었다. 그런데 일본만이 홀로 조회하지 않으므로 황제가 마침내 홀돈忽敦과 홍다구에게 명하여 김방경과 함께 가서 (일본을) 정벌하게 하였다. 김방경은 중군을 거느리고 박지량朴之亮은 부사副使가 되었다. 김선金侁은 좌군을 거느리고 위득유韋得儒는 부사가 되었다. 김문비金文庇는 우군을 거느리고 나유가 부사가 되었다. 몽골군 및 한군漢軍(한족漢族 출신의 군대) 2만 5천 명, 우리나라의 군사 8천 명, 수수水手(뱃군) 6천 7백 명, 전함 9백여 척이 합포合浦에서 출발하였다.

대마도對馬島를 공략하여 죽이고 사로잡은 숫자가 매우 많았는데, 홍다구와 박지량은 1천여 명을 베어 죽였다. 삼랑포三郞浦를 거쳐 길을 나누어 진격하는데, 왜병倭兵이 돌격해 와서 똑바로 중군을 공격하였다. 장검長劍이 좌우에서 부딪쳤으나, 김방경은 똑바로 서서 움직이지 않고 화살 하나를 뽑아들고 소리를 높여 크게 외치니 왜병들이 뒷걸음치며 달아났다. 박지량과 이당공李唐公·김천록金天祿 등이 힘껏 싸우니 왜병이 대패하였으며, 엎어진 시체가 삼대와 같았다. 홀돈이 말하기를 "몽골 사람들이 싸움에 익숙하지만 이보다 더할 수는 없다."라고 하였다.

김방경이 홀돈과 홍다구에게 말하기를 "병법兵法에 '천리의 현군懸軍[6]은 그 예봉을 당할 수 없다.'라고 하였는데, 우리 군사가 비록 숫자는 적지만 깊숙이 적의 땅에 들어온데다 사람마다 자진하여 싸우니, 곧 맹명孟明의 분선焚船이며[7] 회음淮陰의 배수背水입니다.[8] 청컨대 다시 싸웁시다."라고 하였다. 홀돈이 그 말을 따르지 않고 군사를 이

5 사막의 북쪽이라는 뜻으로, 고비 사막 이북인 현재의 외몽골 지방을 이르는 말.

6 이어지는 원군 없이 본대本隊와 떨어져 홀로 적지에 깊이 들어간 군사.

7 춘추春秋 때 진秦나라 사람. 목공穆公 때에 정鄭나라를 치다가 진晉나라 군사에게 세 번이나 패하였으나 마침내 강을 건너 자기 군사의 배를 불살라 물러설 곳이 없게 하고는 사력을 다해 싸워 승리를 거둠.

8 회음은 한漢나라 한신韓信의 봉호封號로 조趙나라 군사와 싸울 때에 1만 군사를 보내어 강을 등지고 진을

끌어 돌아왔다. 마침 밤에 비바람이 일어나 전함들이 많이 파손되었으며, 김선은 물에 떨어져 죽었다. 김방경이 돌아오니 상주국上柱國 판어사대사判御史臺事의 관직을 더하였다.

(충렬왕) 2년(1276)에 김방경이 원나라에 가니, 왕이 중서성에 상서上書하여 김방경에게 호두 금패虎頭金牌를 내려줄 것을 청하였다. 김방경이 폐백을 받들고 전殿에 오르니, 망송亡宋의 황제가 뒤따라 이르렀는데 두 사람이 소맷자락을 붙잡고 앞으로 인도하였다. 황제는 송나라 황제로 하여금 황태자의 아랫자리에 앉게 하였다. 담당 관리가 김방경과 송나라의 여러 신하들의 좌석 차례에서 누구를 먼저 앉힐 것인지 청하니, 황제가 말하기를 "고려는 의리를 사모하여 스스로 이르렀으나, 송나라는 힘이 모자라게 되어서야 항복하였다. 어찌 가히 같단 말인가? 오직 송나라의 복왕福王만은 그 임금에게 대부大父의 항렬이니 재상 김방경의 윗자리에 앉히라." 하고, 인하여 호두 금패를 하사하였다. 우리나라 사람이 금부金符를 차게 된 것은 김방경으로부터 시작하였다.

김방경이 우리나라로 돌아오니[東還], 왕이 성 밖에 나와서 맞이하였다. 흔도가 말하기를 "황제께서는 그대로 하여금 고려 군사를 관할하게 하였는데, 그대는 매번 일이 있을 때마다 국왕에게 미루니 어찌 된 것인가?"라고 하였다. 김방경이 말하기를 "나라 안은 국왕에게 절제를 받아야 하는 것이니, 진실로 그러하지 아니한가?"[9]라고 하였다.

김방경이 평소에 충성스럽고 근실하며 자신의 뜻을 굽혀 왕과 공주를 섬겼으므로 왕과 공주가 매우 편안해하고 가까이 하였다. 이미 여러 차례 큰 공을 세워 이름이 천하에 알려졌으며, 천자가 그 충성스러움을 믿고 온 나라가 의지하여 안위安危가 달렸는데, 소인들로 직분을 잃은 자들은 특히 불편하게 여겼다.

원나라 조정에서 임명한 흔도 등이 모두 교활하고 사나워 권세를 부리면서 서로 더불어 김방경에게 화를 끼치려 모의하고 우리나라를 함정에 빠뜨리고자 하였다. 일찍이 김선金侁이 물에 떨어져 죽을 때 김방경은 위득유韋得儒가 주장主將을 구원하지 않았

치자 군사들이 죽을힘을 다해 싸워 승리를 거둠.

9 『휘찬여사』에는 '고古'로 되어 있으나, 『고려사』 권104, 열전 17, 김방경전에는 '고固'로 되어 있다.

다고 아뢰어 그를 파면시켰다. 진도 토벌 때에는 낭장 노진의盧進義가 힘써 싸우지 않고 남의 재산만 약탈하였으므로 김방경은 그것을 몰수해버렸다. 이 때문에 두 사람이 모두 김방경에게 원한을 품고 있었다.

(충렬왕) 3년(1277)에 김방경이 석주碩州에 가서 흔도를 만났다. 돌아오니 장군과 사병들이 벽란도碧瀾渡에서 그를 맞이하였다. 노진의가 큰 술잔에 술을 가득 부어 올리자, 여러 부하들이 그가 자신들보다 앞서 잔 바치는 것에 노여워하였다. 한희유韓希愈가 말하기를 "청컨대 의리에 어긋난 자의 술을 마시지 마소서."라고 하므로, 김방경이 갑자기 일어나버렸다. 위득유는 공로에 대한 상이 없는 것을 낭패스러워 하며 머리로 한희유를 들이받았는데, 한희유가 그를 때려서 물리쳤다. 위득유는 이 일을 고하여 장차 그 죄를 다스리고자 하였으나, 김방경이 말하기를 "술을 마셔 일어난 조그마한 실수이니 군이 물을 필요가 없다."라고 하였다.

이로 말미암아 두 사람은 더욱 원망하면서 혼란을 일으키고자 생각하였다. 이에 그 고발장을 갖추어 흔도에게 고하면서 말하기를 "김방경이 아들과 사위 그리고 관리와 군사 400여 명과 더불어 왕과 공주 및 다루가치를 제거하고 강화도에 들어가서 반역하려고 음모하고 있습니다. 일본 정벌 때의 병기兵器들은 마땅히 관청에 반납해야 하는데 친속들의 집에 저장하여 두고, 전함을 많이 건조하여 반남潘南에 두었습니다. 자제와 문객門客들이 험한 요충지에 두루 웅거하고 있습니다."라고 하였는데, 열거한 일이 모두 여덟 개의 조항이었다.

이에 흔도가 3백 명의 기병을 거느리고 달려와 고하니, 왕과 공주 모두 그것이 무고인 줄은 알지만 일을 그만둘 수는 없어서 유경柳璥·원부元傅·한강韓康 등에게 명하여 흔도와 더불어 심문하게 하였다. 위득유가 이에 말하기를 "을해년乙亥年(충렬왕 원년, 1275)에 김방경이 저에게 말하기를 '네가 마땅히 나를 도와준다면 관군을 모두 섬멸시키고자 한다.'라고 하였습니다. 청컨대 그와 대질을 하게 해주소서."라고 하였다. 유경이 이에 말을 중단시키며 말하기를 "위득유가 말한 것은 여덟 가지 일보다 엄중하거늘, 어찌하여 고발장 속에 먼저 기록하지 않았는가?"라고 하였다. 김천록金天祿이 그들을 돌아다보며 꾸짖기를 "너희 두 사람은 개나 돼지 같은 놈들이다. 병사들이 군율을 범하였을 때에 대장이 그 죄를 다스리는 것은 상례이다. 너희는 이 일로 원한을 품고 대신大臣을 모함하는 것이다. 하늘이 너희들을 죽이지 않는다면 이는 하늘이 없는 것이다."라고 하였다. 왕은 더욱 그 무고하다는 것을 알고 (심문을) 중지시키고, 한희유가 갑옷을 감추어 둔 일만 다스렸다.

이에 앞서 홍다구洪茶丘도 또한 우리나라[本國]에 원한을 품고 있었는데, 위득유의 일을 듣고는 중서성에 (고려에) 와서 김방경을 국문하겠다고 청하였다. 흔도 역시 이것으로 아뢰니, 황제가 조詔하여 흔도와 홍다구가 함께 국문하도록 하였다. 이에 쇠사슬로 김방경의 목을 둘러씌우고 종일토록 알몸뚱이로 세워 놓았다. 이때 날씨가 매우 추워서 피부가 얼어 마치 먹을 뿌려 놓은 듯하였다. 게다가 참독慘毒하리만큼 혹독하게 고문을 가하므로 숨이 끊어졌다가 다시 깨어나기를 거듭하였다.

홍다구는 반드시 김방경의 자복을 받아내어 황제에게 신임을 얻고자 하였다. 이에 말하기를 "네가 능히 자수한다면 천자께서는 반드시 죽이지 않는 것으로 처리할 것이다."라고 하였다. 왕도 김방경이 장차 죽게 될 것을 딱하게 여기고 또 (홍다구의 말을) 그럴듯하게 여겨 김방경에게 말하기를 "천자께서 장차 그 실정과 거짓을 밝혀줄 것이다. 어찌하여 스스로 고통을 받고 있느냐? 이제 그만 두어라."라고 하니, 김방경이 아뢰기를 "왕은 어찌하여 이렇듯 하교하십니까? 신은 비록 간과 골수가 흙과 뒤범벅이 되더라도 나라의 은혜를 족히 갚을 수 없는데, 어찌 죽음을 두려워하여 거짓으로 자백하여 사직을 저버릴 수 있겠습니까?"라고 하고, 홍다구를 돌아다보며 말하기를 "죽이고 싶으면 죽여라! 끝까지 불의한 일로서 굴복하지는 않겠다!"라고 하였다. 결국 갑옷을 감추어 두었다는 죄를 논하여 김방경을 대청도大靑島로 유배보냈다.

인후印候를 보내어 이를 아뢰니, 황제가 묻기를 "김방경이 갑옷을 얼마나 감추어 두었는가?"라고 하였다. 대답하기를 "46벌[副] 뿐입니다."라고 하니, 황제가 말하기를 "김방경이 이것을 믿고 반역을 도모했단 말인가?"라고 하였다. 칙령을 내려 김방경 부자와 위득유 및 노진의에게 왕을 따라 입조토록 하고 장차 친히 심문하고자 하였다.

김방경이 해도海島로부터 돌아와 왕을 따라 원나라에 갔다. 노진의가 요가채姚家寨에 이르러 혓바닥이 헐어서 갑자기 죽었다. (죽음을 앞두고) 말하기를 "내가 위득유 때문에 잘못되었다."라고 하였다. 위득유가 이 말을 듣더니 두려워서 능히 먹지도 못하였다.

왕이 도당都堂에 상서上書하여 말하기를 "간악한 이들이 죄상도 없이 나라를 위태롭게 하고자 도모하여 먼저 대신을 중상하였습니다. 만약 그 실상이 그러하다면 어찌하여 나에게 고하지 않고 수부帥府(몽골의 원수부)에 아뢰었겠습니까? 하물며 갑옷을 감추어 둔 일은 김방경은 알지 못하였습니다. 김방경이 스스로 반역을 음모했다고 말하는 데에 이르러서는 위득유와 노진의 역시 일찍이 말하지 않다가 국문할 때에 이르러서야 직접 들었다고 말을 하였는데, 두 사람이 말한 직접 들었다는 날짜와 장소는 서로 맞아 떨어지지 않습니다. 한희유와 안적재安迪材는 실제는 내가 파견한 것인데, 김방경이 제멋대로 파견하였다고 지칭하였습니다. 반남潘南의 선박들은 모두 종전군인種田軍人[10] 들이 갖추어 둔 것인데, 김방경의 선박들이라고 지칭하였습니다. 그 허망된 것은 이러쿵저러쿵 따질 필요도 없이 환히 알 수 있으나 황제가 계신 대궐[天門]이 만 리 밖에 떨어져 있어 사태가 저절로 명백해지기를 기대하기 어렵습니다. 어찌 황제[聖明]에게 곡절을 자세히 살펴 구해달라고 말할 수 있겠습니까? 김방경을 이끌고 조정에 이르렀으니, 바라건대 하나하나 잘 아뢰어주소서."라고 하였다. 중서성의 관원들이 이를 보고 비로소 모두 분명히 깨달았다. 얼마 후에 위득유 또한 죽었다.

황제가 왕에게 말하기를 "김방경을 고소한 자들이 모두 죽었으니 가히 상대방이 없는 데다가 짐은 진실로 김방경의 충성스러움을 알고 있다."라고 하고, 모두 용서해주었다. 김방경이 이미 돌아와서는 다시 중찬中贊으로 임명되었다.

(충렬왕) 6년(1280) 가을에 상장上章하여 물러날 것을 청하였는데, 왕이 허락하지 않았다. 마침 황제가 장차 다시 일본을 정벌하려 하니, 왕이 조인규趙仁規를 보내어 중서성에 글을 보내 말하기를 "나의 신하[陪臣] 김방경이 나이는 비록 많으나 장한 마음만은 아직 그대로 남아 있어서 미약하나마 힘을 다하여 황제의 은혜에 보답하기를 원하고 있으니, 바라건대 원수부에 참여하게 하여 공사公事를 관장할 수 있게 해주시오."라고

10 주둔하여 농사를 짓는 군인이니 곧 둔전屯田을 운영하는 군인을 가리킨다.

하였다.

황제가 조詔하여 김방경을 중선대부中善大夫 관령 고려국도원수管領高麗國都元帥에 제수하였다. 이때 김방경이 원나라에 신년을 하례하기 위해 원나라에 가니, 황제는 대명전大明殿에 나와서 축하를 받았다. 김방경이 들어가 조회하니, 황제는 따뜻한 말로 그를 위로하고 흰밥과 생선국을 먹게 하고는 말하기를 "고려 사람들은 이런 것을 좋아하지."라고 하였다. 인하여 백우갑白羽甲, 칼 한 자루, 활 천 개, 갑옷 백 벌, 반오胖襖(솜옷) 2백 벌을 하사하여 장령將令과 군사들에게 나누어 주도록 하였다. 또 명하여 흔도·홍다구와 더불어 일본 정벌에 나아가는 군사[東路兵]들을 거느리게 하고, 범문호范文虎로 하여금 강남江南의 군사를 거느리고 6월 망일望日에 일기도一岐島에서 합세하도록 하였다.

(충렬왕 7년, 1281) 3월에 왕이 합포合浦에 이르러 대규모로 제군諸軍을 사열하였다. 김방경이 흔도·홍다구·박구朴球·김주정金周鼎과 더불어 주사舟師를 재촉하여 일본의 세계촌世界村 대명포大明浦에 이르렀다. 김주정이 먼저 왜와 전투를 벌였으나 승리를 거두지 못하였다.

6월에 김방경이 군대를 합세하여 크게 전투를 벌여 3백여 명의 목을 베었다. 왜병들이 갑작스럽게 이르므로 관군이 조금 물러났다. 홍다구는 말을 버리고 달아났다. 왕만호王萬戶가 왜를 공격하자 왜가 이에 물러났다. 다음날 또 전투를 벌였으나 패배하였다. 마침 군대 안에 유행병이 크게 돌자, 흔도가 김방경에게 말하기를 "배는 썩고 양식은 다 되어 가는데 남군南軍(범문호가 이끄는 강남 군사)은 이르지 않으니 장차 어떻게 할 것인가?"라고 하였다. 김방경이 말하기를 "황제의 명령을 받들어 3개월의 식량을 가지고 떠났는데, 지금 1개월의 식량이 아직 남아 있습니다. 남군이 오는 것을 기다려 합세하여 공격하는 것이 옳을 것입니다."라고 하였다. 얼마 후에 범문호가 강남 군사 10만 명을 인솔하고 도착하였는데, 선박은 9천 척이나 되었다. 8월에 폭풍을 만나서 강남 군사가 모두 물에 빠져 죽었으므로 마침내 회군하였다. 이에 정동행성征東行省을 혁파하였다.

(충렬왕) 9년(1283)에 상락군上洛君 개국공開國公에 책봉하였다. 김방경이 군대를 관장한 것이 여러 해가 되니 권세가 온 나라에 진동하였으며, 그의 전답과 장원莊園이 주州

와 군郡에 두루 펼쳐져 있었다. 휘하 장수와 군사들이 날마다 그의 집 문에 모여들고, 권세에 빌붙어 위세를 빌리는 자들이 서울과 지방에 횡행하였으나 금하지 않았다. 또 왜를 정벌하였을 때의 공로와 상이 공평하지 못하였으므로 사람들이 많이 실망하였다.

충렬왕 26년 경자년庚子年(1300)에 죽었다. 사람됨이 충직하고 후하였으며 엄격하고도 굳세었다. 말수가 적었으며, 능히 큰일을 결단하였다. 전고典故를 많이 알았으며, 몸가짐에 근면하고 조신하였다. 옛 친구들을 잊어버리지 않고 챙겼다. 비록 벼슬에서 은퇴하여 한가롭게 거처하면서도 나라 일을 집안일처럼 근심하였다. 나이 89세였지만, 머리카락이 희어지지 않았으며 능히 추위와 더위에도 병이 나지 않았는데, 홀연히[翛然] 운명하였다. 시호는 충렬忠烈이다. 손자로 김영돈金永暾과 김영후金永煦가 있는데 뒤를 이어 명철한 재상[明公]이 되었다. 증손 김구용金九容과 김제안金齊顔은 모두 이름이 당대에 빛났다.

김주정金周鼎

김주정은 광주光州 사람이다. 어려서부터 학문을 좋아하고 속이 깊고 후하였으며 말수가 적었다. 일찍이 부성 위富城尉로 임명되었는데, 몽골 군대[北兵]가 대거 이르자 온 나라가 놀라서 동요하였다. 김주정은 적에 대비하면서 백성을 위무하니, 위엄과 은혜가 아울러 빛났다.

충렬왕 4년(1278)에 왕을 따라 원나라에 갔는데, (왕이 황제에게) 아뢰어 다루가치[達魯花赤]와 왕경 유수군王京留守軍, 합포 진수군合浦鎭守軍, 염주鹽州와 배주白州의 둔전군屯田軍을 혁파해 달라고 요청하고, 김방경金方慶을 용서해 달라고 청한 것은 모두 김주정의 계책이었다. 왕이 더욱 그를 중히 여겼다.

돌아와서는 좌부승지左副承旨에 제수되었다. 옛 제도에 모든 나라 일은 재추宰樞가 회의하고, 승선承宣이 임금의 뜻을 받들어서[稟旨] 행하였다. 김주정이 말하기를 "지금 재추가 너무 많아서 정령政令에 계통이 없으니, 마땅히 별도로 필도치[必闍赤]를 설치하여 중요한 사무를 위임하소서. 내료內僚에게 모두 일을 아뢰도록 하는 것은 불가하니, 청컨대 사람을 택하여 신문색申聞色을 두고 나머지는 폐지하소서."라고 하였다. 염승익廉

承益과 이지저李之氐로 하여금 왕에게 넌지시 아뢰도록 하여 마침내 필도치와 신문색을 두게 되었다.

김주정 및 박항朴恒·설공검薛公儉·이존비李尊庇·염승익·인공수印公秀·조인규趙仁規·정흥鄭興·이지저·곽예郭預·안전安戩·이자분李子芬·윤문옥尹文玉·정현계鄭玄繼가 필도치로 되고, 정승오鄭承伍·김의광金義光·강석姜碩·이서李恕·하예河汭는 신문색으로 되었다. 항상 대궐 안에 모여서 중요 사무를 처결하였는데, 당시에 (이들의 모인 곳을) 별청別廳이라고 불렀다. 재추들은 조종祖宗의 옛 제도가 아니라고 하여 많이 비난하였다.

이때에 태부太府에서는 내료들의 구전口傳(입으로 왕명을 전하는 것)과 내시원內侍院의 전청傳請으로 재물이 고갈되었다. 어느 주부注簿는 사사로이 꾸어대어도 능히 지탱할 수가 없게 되자 머리를 깎고 승려가 되기까지 하였다. 김주정은 생각하기를 "지후祗候 윤해尹諧는 예전에 내시로 있었으니 반드시 그 전청傳請을 조절할 수 있을 것이다. 또 대장군 김자정金子廷과 장군 차득규車得珪는 내료의 우두머리이니, 가히 여러 내료들이 구전하는 폐단을 억제할 수 있을 것이다."라고 하고, 왕에게 아뢰어 그들을 별감別監으로 삼아서 감찰별감과 더불어 서로 태부시의 세입歲入을 조사하여 그 비용을 절약하게 하였다. 뒤에 구전이 더욱 많아지고 전청도 더욱 번다해져서 내료들이 다투어 관례를 끌어대어 (재물을) 요구하였으나, 각사各司의 별좌別坐들이 그것을 능히 금지하지 못하였다.

일본 정벌 때에는 태풍이 불어 배들이 전복되고 관군官軍이 많이 물에 빠져 죽었는데, 김주정이 계책을 내어 물에 빠진 자들을 건져내어 살린 사람이 매우 많았다. 그러나 응방도감사鷹坊都監使가 되어서는 응견으로 임금에게 아첨하여 자못 위복威福을 떨쳤다. (충렬왕) 16년(1290)에 죽으니 시호는 문숙文肅이다.

유경柳璥

유경의 자는 천년天年이고 정당문학政堂文學 유공권柳公權의 손자이다. 고종高宗 때에 과거에 급제하여 여러 번 옮겨 국자감 대사성國子監大司成에 이르렀다. 오랫동안 정방政房이 있으면서 유천우兪千遇와 더불어 최항崔沆으로부터 후대를 받았다.

몽골 군대가 침입하였을 때에 최항이 삼척산성三陟山城으로 옮기려고 하니, 삼척군의 백성들이 그렇게 하고 싶지 않아서 유경에게 은병銀甁 30개를 보내어 옮기지 않게 해 달라고 요청하였다. 유경이 물리치고 받지 않자 이에 유천우에게 보내니, 최항에게 말하여 옮기지 않게 되었다. 유경이 최항에게 말하기를 "삼척의 이주는 진실로 이해가 관계되는 것이다. 삼척군 사람들이 지금 사는 곳에 안주하여 옮기는 것을 어렵게 생각하여 일찍이 나에게 은폐銀幣를 보내왔으나 나는 감히 받지 않았습니다. 지금 옮기지 않는 것은 무엇 때문입니까?"라고 하였다. 최항은 유천우가 자기를 팔았다고 하여 뇌물로 받은 것을 추징하고 해도海島로 귀양보냈다. 이 때문에 유천우와 유경의 사이가 벌어지게 되었다.

최항의 아들 최의崔竩는 몇 대를 내려오면서 권세를 부리면서 위세와 화복을 자기 멋대로 좌우하였다. 유경이 마침내 김준金俊 등과 더불어 최의를 죽일 것을 의논하였다. 김준 등이 유경에게 와서 의논을 하는데, 유경이 드러내놓고 말하지 않고 집안사람으로 하여금 살구[杏子] 한 사발을 올리게 하니, 김준이 절하고 말하기를 "이미 깨달았습니다."라고 하였다. 행杏은 행幸과 음이 비슷하기 때문이었다.

이날 최의를 죽이고 정권을 왕실에 돌려주었다. 왕이 유경에게 말하기를 "경들이 과인을 위하여 비상한 공을 세웠다."라고 하고 잠잠히 눈물을 흘렸다. 곧바로 부승선副承宣으로 제배하였다가 얼마 안 있어 지주사知奏事 상장군上將軍으로 옮겼다. 유경은 근래에 지주知奏가 된 자들이 대개 모두 권신權臣이었기 때문에 극력 사양하였다. 추성위사공신推誠衛社功臣의 칭호를 내려주고, 채단綵緞 100필과 훌륭한 저택 및 토전土田을 주었다. 그의 고향인 유주儒州를 문화현령文化縣令으로 승격시켜 주었다.

유경이 이미 최의를 죽이고 임금에게 아뢰어 정방을 편전便殿 곁에 두어 전주銓注(인사행정)를 관장하게 하고, 모든 국가의 중요한 사무를 모두 결정하게 하였다.

김준의 아우 김승준金承俊은 스스로 공은 높은데 관품이 낮다고 생각하여 항상 불만스러워 하였다. 유경이 이 말을 듣고 김승준에게 이르기를 "그대의 공로로 말하면 비록 하루에 아홉 번이라도 승진시키는 것이 옳다. 그러나 순자법循資法[11]에 따라 제수하는 것이 나라의 일정한 규칙이다. 그대는 용렬하게 원망하지 말라."라고 하니, 김승준이 더욱 원망을 품었다. 김준에게 참소하여 왕에게 넌지시 고하게 하니, 유경을 파면하였다.

원종元宗 3년(1262)에 명을 내려 벽에다 유경의 초상화를 그리게 하였다[圖形壁上]. 이듬해에 평장사平章事에 제배하였다. 유경은 김구金坵·주열朱悅과 더불어 우의가 좋아서 자주 서로 만났는데, 유경이 김구 등에게 말하기를 "처음에 위사衛社라고 일컬은 자들은 능히 국가에 충성을 다한 사람들이었다. 지금 그 사람들을 보면 모두 소인배[群小]들이다."라고 하였다. 옛 역사를 논하다가 말이 지금 세상의 환시宦寺의 폐단에 미치니, 환관이 듣고 원한을 품고 있다가 왕에게 호소하였다. 왕이 말하기를 "이 사람은 권세를 잡으려고 하다가 김준에게 배척을 받아서 뜻을 이루지 못하였다. 어제 곡연曲宴(궁중에서 베푸는 작은 규모의 연회) 때에 재상들이 모두 즐거워하는데 유경만 홀로 기뻐하지 않았다. 내가 직접 술을 부어 권하였으나 끝내 즐거워하지 않았으니, 과연 두 마음을 품고 있다는 것이다."라고 하였다. 김구를 불러 책망하기를 "그대는 유경과 친교를 맺고 국가의 일을 논평하기를 좋아하니, 나는 이를 죄주고자 한다. 다만 그대는 사명詞命[12]을 관장하고 있으므로 특별히 용서하니, 삼가 다시는 그렇게 하지 말라!"고 하였다. 유경을 흑산도黑山島에 귀양보내고 그의 집을 몰수하였다.

유경이 본래 부유하여 일찍이 집을 옮길 때에 재산을 운반하는 수레와 말이 열흘이나 잇따른 후에야 그쳤다. 최의崔竩를 죽이고 책훈策勳[13]됨에 미치어 부유한 것이 곱절로 되어 진귀한 보물들과 그릇과 골동품 및 곡식과 비단이 이루 헤아릴 수 없었으나, 이때에 이르러 모두 적몰되었다. 얼마 후에 김준이 주살되자, 유경을 석방하여 돌아오게 했는데 (서울에) 못 미쳐 다시 다른 섬으로 유배되었다.

삼별초의 반란 때에 유경은 강화에 있었는데 온 가족을 데리고 장차 고경古京(개경)으로 돌아오려 하다가 적에게 사로잡혔다. 유경이 처자식은 작은 배에다 싣고, 재물과

11 관직마다 일정한 근무기간을 정해두고 그 근무시간을 계산하여 자급資級을 더해주거나 관직을 옮기게 하는 인사제도.

12 문신文臣이 왕을 대신하여 교서敎書나 외교 문장을 짓는 것.

13 국가나 임금 등을 위하여 공훈을 세운 사람의 이름과 그 공로를 문서에 기록하거나 찬양하여 상을 주는 것.

보배는 큰 배에다 싣고 적들과 더불어 같이 있었다. 한참 있다가 유경이 거짓으로 구토하면서 더위를 먹은 것처럼 하고는 작은 배에 가서 시원한 공기를 마시겠다고 요청하였다. 적이 허락하자 유경은 밧줄을 끊고 달아났다. 적이 추격하였으나 따라 잡지 못하였다.

왕은 유경이 적에게 붙잡혔다는 말을 듣고 혹시 적들이 유경을 주모자로 삼지 않을까 염려하였는데, 유경이 걸어와서 왕을 알현하니 왕은 크게 기뻐하여 다시 평장平章 판병부사判兵部事에 제배하였다.

충렬왕 2년(1276)에 첨의시랑僉議侍郞 감수국사監修國史 판판도判版圖[14]에 제배하였다. 이에 앞서 유경은 평장平章으로 파면되어 원부元傅가 그 뒤를 잇고, 판군부判軍簿 수국사修國史가 되었는데, 이때에 이르러 유경이 판판도로서 다시 재상이 되자 지위가 원부의 아래에 있게 되었다. 원부가 말하기를 "나는 유경에 대해서 문생門生과 같은데, 어찌 감히 윗자리에 있겠는가?"라고 하니, 유경이 말하기를 "판군부는 2재二宰가 되고, 판판도는 3재三宰로 되는 것은 그 유래가 오래되었다."라고 하며, 서로 사양하기를 오래하였다. 왕이 이것을 허홍許珙에게 물으니, 대답하기를 "유경의 말은 옛 제도를 말하는 것이고, 원부의 말은 사사로운 은혜를 내세우는 것입니다. 그러나 후진이 선진에게 사양하는 것은 예의입니다. 만약 유경에게 감수국사監修國史를 더해주이 원부보다 윗자리에 올린다면, 이 또한 사람들의 바람일 것입니다."라고 하므로, 그 말을 따랐다.

석말천구石抹天衢가 관사에서 밤에 익명서를 받았는데, (그 글에) 이르기를 "정화궁주貞和宮主가 공주를 저주하고, 제안공齊安公 왕숙王淑과 김방경金方慶·이분희李汾禧 등 40여 명이 강화로 들어가서 반역하려고 모의하고 있다."라고 하였다. 공주가 정화 궁주를 가두었다. 석말천구는 왕숙·김방경 등을 붙잡고, 재상들을 불러서 여러 가지로 심문하였다. 석말천구가 공주에게 넌지시 간하여 친히 여러 죄수들을 문초하도록 하였다. 유경이 여러 재상들과 함께 공주를 알현하기를 청하고, 무릎을 꿇은 채로 앞으

14 『휘찬여사』에는 "판반도判叛圖"로 되어 있으나, 『고려사』 권105, 열전 18, 유경전에는 "판판도사사判版圖司事"로 되어 있다.

로 나아가서 아뢰기를 "근래에 권신權臣이 국정을 잡고 고발당한 자가 있으면 일의 허실虛實과 죄의 경중을 묻지 않고 곧바로 베어 죽이기를 마치 풀을 베어버리듯 하니, 사람들이 언제 죽을지 몰라 두려워하고 있었습니다. 하늘[皇天]이 돌보시어 요망스러운 무리들을 모두 제거하고 공주로 하여금 우리나라에 와서 계시게 하시니, 신 등은 서로 경하하며 생각하기를 '다시는 전일의 화가 없으리라.' 하였는데, 지금 곧 이러한 일이 있게 되었습니다. 얻은 익명서의 일에 대해서는 신이 청컨대 변명하겠습니다. 우리나라는 인물이 쇠갈된 데다 관군이 사방에 주둔하고 있으니 누가 감히 도망해 숨을 수 있겠으며, 이름도 없는 글을 어찌 족히 믿을 수 있겠습니까? 만약 모두 그것을 믿는다면 저희 한두 대신도 다음날 면치 못할까 두려워할 것이니, 누가 감히 힘을 다하여 왕실의 일을 받들겠습니까?"라고 하였다. 유경이 눈물과 콧물이 섞여 흘러내리며 매우 간절하게 말을 하니, 공주도 감동하고 깨달아 모두 놓아주었다. 유독 정화궁주만 남겨두었으나, 유경이 다시 아뢰기를 "정화궁주의 일 또한 쉽게 변별할 수 있습니다. 공주가 시집[釐降][15]을 온 후로부터 나라 사람들이 안도하며 모두 황제의 덕에 감동하여 골수에까지 스며들었는데, 정화궁주가 사사로운 원한을 끼고 공주를 해치고자 하였다면 귀신도 알 것이니 덕을 배반한 화가 반드시 그 몸에 돌아갈 것입니다."라고 하였다. 공주가 역시 풀어줄 것을 허락하였다. 왕이 사람을 보내어 유경에게 사례하였다.

위득유韋得儒가 김방경을 무고하였을 때에 흔도忻都가 왕과 공주에게 말하여 김방경을 고문할 것을 청하므로 왕이 장차 허락하고자 하였다. 유경이 나아가 아뢰기를 "신은 변방 구석진 곳에서 나고 자라서 아직 상국上國(원나라)의 제도에 대해 모르지만, 우리나라의 법에 있어서는 먼저 고발한 자를 잡아가두고 그 다음으로 고발당한 사람을 잡아들여 왕에게 말씀드린 후에 국문을 합니다. 고발한 내용이 사실이면 상을 주고, 거짓이면 반좌反坐[16]합니다. 지금 고발한 자는 잡아가두지 않고 곧바로 피고를 고문하

15 요임금이 딸을 순임금에게 시집보낸 고사에서 유래한 말로, 왕의 딸을 신하에게 시집보내는 것을 말한다.

16 거짓으로 죄를 뒤집어씌운 자에게 그 씌운 죄에 해당하는 벌을 주는 것이니, 예를 들어 사형에 해당한 죄로 무고하면 무고한 자가 도리어 사형을 받게 하는 법이다.

려 하니 도리에 어떠하겠습니까?"라고 하니, 흔도가 아무 말도 하지 못하였다. 이 말은 김방경 열전에 있다.

(충렬왕) 4년(1278)에 글을 올려 물러나기를 요청하니, 수문전 대학사修文殿大學士로 치사하게 하였다.

(충렬왕) 15년(1289)에 죽으니, 나이는 79세였다. 시호는 문정文正이다. 유경은 몸이 뚱뚱하고 키가 작았으나 사람들이 그를 바라보면 엄숙하였다. 선천적으로 명민하고 도량이 크고 깊어서 능히 큰일을 결단하였다. 사람을 알아보는 식견이 있었으니, 원부元傅와 허공許珙은 모두 그가 추천한 이들이다.

일찍이 사관史館을 주관하면서 신종神宗・희종熙宗・강종康宗・고종高宗의 4대 왕의 실록을 편찬하였다. 세 번 예부시[禮闈]를 관장하였는데, 문장을 논함에 있어서 체제體制를 먼저 보고 글 짓는 솜씨[工拙]를 그 다음으로 보았다. 얻은 인물이 모두 이름난 명사名士들이었으니, 이존비李尊庇・안향安珦・안전安戩・이혼李混이 모두 유경의 문생門生이다.

유천우兪千遇와 더불어 같이 과거를 주관할 때에 유천우는 스스로 정문程文(과장科場에서 쓰는 일정한 법식이 있는 문장)을 쓰는 것을 좋아하여 조금이라도 착오가 있으면 반드시 배척하므로 유경은 그와 비교하지 않았다. 방목이 발표됨에 미쳐 (합격자는) 모두 과거 시험장[場屋]에서 늙은 자들이었다. 그러나 높은 관직에 이른 자는 적었다.

유경이 처음 시험을 관장하니, 좌주座主 임경숙任景肅이 자기가 띠고 있던 무소뿔로 장식한 붉은 가죽띠[烏犀紅鞓]를 풀어 그에게 주면서 말하기를 "공의 문하門下 중에서 공과 같은 자가 있으면 전해주라!"고 하였다. 이존비가 시험을 관장함에 이르러 그에게 전해주고자 하였으나, 임연林衍의 반란 때에 잃어버렸으므로 이것을 저자에서 구입하였는데, 바로 그 띠였다. 사림士林들이 전하며 신기한 일이라고 하였다.

아들은 유승柳陞으로, 관직이 첨의참리僉議參理에 이르렀다. 오랫동안 합문閤門에 있었다. 당시 예문禮文이 산실되고 없어서 유승이 신의新儀를 편찬하였는데, 매우 상세하였으므로 후세 사람들이 이를 준용하였다.

논하기를,

김방경은 고려 왕실이 만신창이가 되어 무너질 때에 외병外兵을 빌려 나라 안의 어려움을 평정하였다. 원나라 세조가 (우리나라를) 병합하여 취하려는 마음을 비밀리에 품고 명분이 없는 것을 저어하여 여러 장수들에게 우리나라의 일을 맡겼는데, 특히 흉악하고 사나워 제어하기가 어려웠다. 그런데 우리나라의 군소배로 관직을 잃은 자들이 기회를 틈타 부화뇌동하여 대신大臣을 중상모략하면서 나라를 함정에 빠뜨려 원나라에 공을 세울 것만 생각하였다. 김방경은 그 사이에 주선하면서 마음을 다하고 충절을 다 바쳐 충성스럽고 근실하게 부지런히 힘써서 이웃나라를 감동시켰다. 비록 누차 곤경과 재액을 겪었지만 마침내 그 몸을 보전하여 사직을 보위하였으니 고려가 망하지 않은 것은 김방경의 공이다.

김주정과 유경은 지모智謀가 있는 선비이다. 김주정은 다루가치를 혁파할 것을 요청하여 진수鎭戍를 철수하고 김방경을 용서해달라고 청하였으니 그 모획謀劃은 족히 칭송할 만하다.

유경은 사물에 가탁하여 비유적으로 뜻을 밝혀 4대의 권신權臣을 주살하였고, 배에 실은 재물로 적들을 꾀어서 삼별초의 변란에서 보전할 수 있었다. 다시 재상이 됨[當揆]에 미쳐서는 옥사[獄禍]가 여러 차례 일어났으나 유경은 의연히 그것을 감당하면서 어지러움을 해결하고 어려움을 풀면서 일상의 언행 속에서 기회를 잡으니 그 공이 크다. 이 두 사람은 혹은 풍모와 절개가 보잘 것 없기도 하고 혹은 청렴한 칭송이 적기도 하였지만, 군자는 단점을 버리고 그 공만을 기록한다.

한희유韓希愈 {배정지裵廷芝} 원충갑元沖甲 김흔金忻 나유羅裕 {나익희羅益禧}

한희유韓希愈

한희유는 가주嘉州의 아전이었다. 말 타고 활쏘기를 잘하였으며 대담하면서 지략이 있었다. 일찍이 고을 사람들과 더불어 불을 놓아 사냥을 하였는데 한희유가 말을 몰아 불 속을 드나드는데 마치 날아다니는 것 같았다. 사람들이 서로 돌아보며 경악해하니, 한희유가 웃으면서 말하기를 "대장부가 적진을 무너뜨리고 적에게 돌격할 때에 죽음도 두려워하지 않거늘 하물며 이것 정도야 놀랄 일인가?"라고 하였다.

대정隊正으로 임명되어 여러 번 승진하여 대장군大將軍이 되었다. 김방경金方慶을 따라 진도珍島와 탐라耽羅를 토벌하였는데 모두 공을 세웠다. 일본 정벌 때에는 김방경이 한희유를 선봉으로 삼았는데 가까운 거리에서 치열하게 싸울 때에 한희유가 맨손으로 적의 칼을 빼앗으면서 손에 부상을 입어 피가 흘렀으나 마침내 분격하여 몇 사람의 목을 베었다.

충렬왕忠烈王 때에 밀직사사密直司事에 제배되었다. 왕은 내안乃顔이 반란을 일으켰다는 소식을 듣고 장차 정벌을 돕고자 한희유를 우익 만호右翼萬戶로 삼았다. 군사들을 거느리고 출발하였는데, 황제가 이미 내안을 사로잡았다는 소식을 듣고는 병사를 파하여 돌아왔다.

판밀직判密直과 삼사사三司事를 역임하였다. 내안의 무리인 합단哈丹이 침입하여 오므로, 원나라에서 설도간薛闍干과 나만대那蠻歹{음은 알遏이다.} 대왕을 보내어 군사들을 나누어 인솔하여 와서 원조하게 하였다. 우리나라 군대는 먼저 설도간과 함께 밤낮을 가리지 않고 행군하여 적을 연기燕岐에서 격파하였다. 그런데 갑자기 적이 정예 기병이 더해져 이르렀다. 나만대가 뒤에 이르러 장차 적과 싸우려고 하였다. 적들 가운데 용사 한 사람이 있어 활을 당겨 우리 군사를 쏘는데, 쏘기만 하면 (우리 군사가) 번번이 쓰러졌다. 한희유는 1길[丈] 8자[尺]의 긴 창을 휘두르면서 말을 달려 적진에 돌입하니, 적들이 놀라 한쪽으로 쏠리는데 용사를 움켜잡고 나와서 그를 베어 죽이고 그 머리를 긴 창에 걸어 적에게 보이자 적들의 기세가 꺾였다. 별장別將 배정지裵廷芝가 칼을 빼어들고 말을 달리니 향하는 곳마다 풀이 바람에 쓰러지듯이 무너졌다. 빗나간 화살에 턱을 관통하였으나 상처를 싸매고는 다시 싸워서 사로잡거나 목을 벤 것이 매우 많았다. 대군을 휘몰아 공격하여 나아가 적을 크게 격파하였다. 적들 가운데 노적盧的(합단의 아들) 등 2천 여 기병이 포위를 뚫고 달아났다. 마침내 회군하여 석파역石破驛[17]에 머무르는데, 나만대의 사신이 설도간에게 말하기를 "적의 괴수가 아직 잡히지 않았으니 추격하지 않을 수 있겠는가?"라고 하니, 설도간이 말하기를 "황제의 명령대로 하면 그만이지 무엇하러 끝까지 추격하겠는가?"라고 하였다. 설도간은 군령軍令이 엄숙하여 군사들이 두려워하므로 지나는 곳마다 추호도 범하는 것이 없었다. 두 번 싸워서 이긴 것은 모두 그 힘이다. 왕이 한희유에게 명하여 남은 적들을 뒤쫓아 잡도록 하였다가 소환하여 강도江都에 남아 지키게 하였다.

외직으로 나가 동북면 도지휘東北面都指揮로 제배되었는데, 황제는 명하여 회원대장군懷遠大將軍으로 삼고 3주 호부三珠虎符, 활과 화살, 옥띠를 하사하였다. 인후印侯가 배정지를 데리고 원나라에 가니, 원나라 황제가 불러 보고 말하기를 "용사勇士이다."라고 하고는 백금 50량을 내려주었다. 얼마 후에 지첨의부사知僉議府事로 임명되었다.

충선왕忠宣王이 세자로서 북경北京의 저택[燕邸]에 있을 때에 교위校尉 김신보金臣甫가 하소연하며 아뢰기를 "신은 처음에 홍수洪綏(한희유의 사위)를 따라 왔는데, 한희유는 제가 홍수를 배반하고 저하邸下(왕세자에 대한 존칭)에게 붙었다고 하며 제 집안을 업신여기고 못살게 굴고 있습니다. 한희유는 어떤 사람이라서 홀로 저하가 계시다는 것을 모르는 것입니까?"라고 하였다. 왕이 조인규趙仁規에게 명하여 한희유를 심문케 하고 한희유를 소환하였다. 한희유는 마침 손님과 더불어 술을 마시고 있었는데, "나는 죄가 없다."라고 말하며 태연자약하게 술을 마셨다. 왕이 노여워하며 묶어오도록 명하고는 호부虎符를 회수하였다. 한희유는 성품이 강직하였으므로 자신은 죄가 없다고 생각하여 굴복하지 않으니 이에 조월도祖月島로 유배되었다. 한희유는 여러 번 군공軍功을 세웠고 이름이 원나라에도 알려져 있었기 때문에 사람들이 이를 원통해 하였다.

후에 수사공守司空 중경유수中京留守에 제배되었다. 얼마 후에 찬성사贊成事 판판도判版圖로 고쳐 임명되었다.

만호萬戶 인후印侯는 한희유와 사이가 좋지 않아서 반역을 꾀한다고 무고하여 해도海

---

17 『휘찬여사』에는 "석파기石破騎"로 되어 있는데, 『고려사』 권104, 열전 17, 한희유전에는 "석파역石破驛"으로 되어 있다.

島로 유배보냈다가 소환하였다. 사신을 보내어 원나라에 보내 이를 변명하게 하니, 원나라에서 한희유를 붙잡아 돌아갔다. 마침 왕이 원나라에 입조入朝하여 한희유와 인후의 잘잘못을 아뢰니, 이에 한희유를 석방하였다. 얼마 후에 중대광重大匡 첨의중찬僉議中贊에 제배되었다.

환관 이숙李淑이 원나라로부터 와서 재추宰樞를 궁궐 문에 모이게 하고는 말하기를 "중찬 홍자번洪子藩과 함께 하는 자는 왼쪽으로 가고, 한희유와 함께 하는 자는 오른쪽으로 가라."라고 하였다. 이때에 한희유가 권력을 잡고 있어서 왕이 그에게 의존하여 중용하였기 때문에 양부兩府(첨의부와 중추원) 관원들이 모두 오른쪽으로 갔다. 한희유가 왕을 따라 원나라에 입조하였다.

(충렬왕) 32년(1306)에 원나라에서 죽었다. 성품이 청렴하고 솔직하였다. 집이 매우 가난하였다. 매번 왕을 따라 사냥하러 갔는데, 화살을 쏘아 명중하였기 때문에 말을 내려주자 역시 자신이 기르지 아니 하고 번번이 다른 사람에게 주었다.

인후가 그를 형으로 섬겼는데, 일찍이 그의 집에 이르러서는 말하기를 "아! 내 형의 가난한 것이 이와 같았단 말인가!"라고 하고, 왕에게 아뢰어 곡식 수백 곡斛을 내려주도록 하였다.

배정지裴廷芝가 법을 범하므로 한희유는 법대로 다스리고자 하였다. 인후가 용서해 달라고 요청하였으나 한희유가 허락하지 않았다. 인후가 말하기를 "내 덕을 잊어버렸단 말인가?"라고 하였다. 한희유가 노여워하며 칼을 뽑아들고 인후를 겨누었다. 홍자번洪子藩이 자리에 앉아있으면서 배정지에게 눈짓을 보내어 배정지가 그 칼을 빼앗았다. (인후가) 달아나자 한희유가 뒤쫓았으나 따라잡지 못하였다. 다른 날에 배정지가 한희유에게 가서 용서를 빌자 한희유가 말하기를 "그대가 아니었더라면 나는 하마터면 인후를 죽일 뻔하였다."라고 하였다.

문객門客 유보柳甫가 한희유가 사랑하는 기녀와 통하였는데, 한희유는 그것을 알고는 유보를 꾸짖었다. 유보가 말하기를 "저는 당신을 따라 종군從軍하면서 불을 때서 밥을 지은 공로가 있는데, 지금 기생 하나 때문에 나와 인연을 끊어버리는 것입니까?"라고 하니, 한희유가 웃으면서 유보에게 그 기생을 주었다.

평소에 거처하면서 비록 늙어서도 활과 화살 및 갑옷을 수선하기를 마치 전쟁에 나갈 때처럼 하였다. 매양 달이 밝은 밤이면 긴 창을 잡고 달리기도 하고 뛰기도 하면서 말하기를 "나의 힘이 아직은 쓸 만하다."라고 하였다.

충렬왕이 다시 복위한 이래 왕유소王惟紹와 송린宋璘 등이 권세를 잡고 왕의 부자 사이를 이간질하였다. 한희유는 자신이 군사[行伍]로부터 승진하여 지위가 재보宰輔에 이르렀기 때문에 왕의 은덕에 감사하며 오직 왕의 뜻을 받들어 따르는 데에만 힘썼다. 충선왕忠宣王은 한희유가 왕유소와 송린에게 당부黨附한다고 생각하여 그에게 유감을 품고 있었다. 한희유가 죽자 그의 아들 한검韓儉을 가주嘉州에 귀양보냈다.

배정지裵廷芝

배정지는 행정 처리에 재간이 있었다. 충청·전라忠淸全羅를 안렴할 때에 정치에 청렴하고 공평하였다. 여러 차례 승진하여 밀직부사密直副使가 되었다. 충숙왕忠肅王 8년(1321)에 당쟁黨爭으로 인한 옥사가 일어나니 형장을 맞은 다음에 유배되어 죽었다.

원충갑元沖甲

원충갑은 원주原州 사람이다. 사람이 키가 작고 조그마하였으나 기운이 세고 눈이 번개처럼 빛났다. 어지러움에 임하여서는 자기 몸을 돌보지 않았다.

충렬왕忠烈王 신묘년辛卯年(충렬왕 17, 1291)에 합단哈丹이 철령鐵嶺을 넘어 침입하여 원주에 주둔하면서 소와 말을 노략질하였다. 원충갑이 향공 진사鄕貢進士로서 보졸 6명을 인솔하고 가서 그들을 몰아내고 적의 말 여덟 필을 빼앗았다.

적 도라도都剌闍 등이 군사 4백 명을 거느리고 또 성 아래에 이르니, 원충갑이 죽음을 무릅쓰고 싸우려는 중산仲山 등 7명과 함께 적의 진영에 들어갔다. 중산이 한 명을 베어버리자 (적들이) 모두 안장 없은 말들을 버리고 달아났다.

적이 다시 와서 깃발을 많이 펴들고 북을 치면서 성을 몇 겹이나 포위하였다. 적 하나가 글을 가지고 와서 (항복을) 권유하였는데, 원충갑이 돌진해 나가서 그를 베어 버렸다. 그 글을 머리에 매달아 던져버리니, 적들이 모두 물러나 더욱 성을 공격할 도구를 갖추어서는 북을 치고 소리를 지르면서 진격해왔다. 온갖 술책을 다하여 성을 공격하니 화살이 빗발치듯하였으며 성이 거의 함락될 지경에 이르렀다.

홍원창 판관興元倉判官 조신曹愼이 성 밖에 나가서 적들과 싸우고 원충갑은 돌격하여 동쪽 봉우리에 올라 적 하나를 베어버렸다. 적들이 조금 혼란해지자 별장別將 강백송康伯松 등이 합세하여 공격하여 싸움을 도왔다. 조신이 북[桴鼓]을 치는데 화살이 오른쪽 팔뚝을 꿰뚫었으나 북소리는 줄어들지 않고 산악에 진동하였다. 도라도 등 60여 명을 베어 죽이고, 화살로 쏘아 죽인 적의 숫자가 거의 절반에 이르렀으며, 적은 대패하였다. 이로부터 적의 예봉이 꺾이고 여러 성에서도 또한 굳게 방어하니, 이것은 모두 원충갑의 힘이다.

충선왕忠宣王 때에 응양군 상장군鷹揚軍上將軍으로 임명하고, 공신의 칭호를 내려주었다. 신유년辛酉年(충숙왕 8, 1321)에 죽으니, 시호는 충숙忠肅이다.

김흔金忻

김흔은 상락공上洛公 김방경金方慶의 아들이다. 문음門蔭으로 산정도감刪定都監의 판관判官으로 임명되었다. 세 번 관직을 옮겨 장군將軍이 되었다. 아버지를 따라 탐라耽羅를 토벌하고 일본을 정벌하였다.

충렬왕忠烈王 5년(1279)에 독로화禿魯花로 원나라에 들어갔다. 우리나라 사람인 유주庾賙가 황제에게 아뢰기를 "오랑캐를 시켜서 오랑캐를 치는 것은 중국의 대세입니다. 청컨대 고려와 만자蠻子[18]로 하여금 일본을 정벌케 하고, 몽골 군대는 보내지 마소서. 그리고 고려로 하여금 군량 20만 석을 준비하도록 하소서."라고 하니, 황제가 이를 허락하였다. 김흔이 유주에게 말하기를 "너는 유금필庾黔弼의 후손이 아닌가? 그런데 본국을 이와 같이 무너뜨리고자 하는가?"라고 하니, 유주가 말하기를 "너의 임금은 진흙으로 만든 부처[泥塑佛]와 같다. 윤수尹秀·이정李貞·원경元卿·박의朴義·양선대梁善大 등

18 남송南宋의 귀순병을 중심으로 하여 조직한 군대.

이 백성을 착취하여 긁어모으는 것만으로도 군량을 마련하는 것이 충분하다. 나는 간신들을 제거하고 다시 삼한三韓을 바로잡으려 하는 것이다."라고 하였다. 김흔이 대답하지 않았다.

후에 아버지의 관직을 계승하여 금호부金虎符를 차고, 대장군大將軍 고려군만호高麗軍萬戶에 제수되었다. 승진하여 첨의참리僉議參理로 되었다.

(충렬왕) 15년(1289)에 황제는 해도海都[19]의 군대가 변방 지역을 침범하자, 사신을 보내어 군사를 징발하였다. 왕은 김흔을 보내어 군대를 인솔하고 요양遼陽으로 가게 하였다.

후에 합단哈丹이 북로北路를 따라 침입하여 오니, 김흔은 환가현豢猳縣{고성高城의 영현領縣이다.} 경계에 주둔하면서 이를 방비하였다. 철령 방수鐵嶺防守 정수기鄭守琪가 두려워 도망해 왔다. 철령의 길은 좁아서 겨우 한 사람씩 줄을 지어야 통행할 수 있으므로 적들이 말에서 내려 물고기를 꿴 것처럼 줄지어 올라왔다. 이때 적들은 몹시 굶주렸으나 정수기가 버리고 간 식량을 거두어서는 며칠 동안 실컷 먹고 북을 울리면서 전진해 왔다. 철령을 넘어 교주交州에 침입하니, 김흔 역시 달아나서 피하였다. 적들이 마침내 양근楊根을 함락하였다.

이때에 황제가 원수 설도간薛闍干을 보내어 와서 적들을 토벌케 하였다. 김흔은 우군右軍을 인솔하고 설도간과 함께 목주木州에 주둔하였다. 나졸邏卒이 보고하기를 "적이 연기현燕岐縣에 주둔하고 있습니다."라고 하므로, 목노적木奴赤을 보내어 가서 염탐하게 하였다. 한밤중에 모든 군대가 목주를 출발하여 동이 틀 무렵에 연기에 이르렀다. 적들은 정좌산正左山 아래에 진을 치고 있었는데, 모든 군대가 이를 포위하자 적이 크게 놀라서 험준한 곳에 의지하고자 산으로 올라갔다. 우리 군사가 협공하자 적의 앞면과 뒷면이 제압을 당하여 모두 말을 버리고 숲 사이에 숨었다. 우리 군대의 선봉이 의심하고 두려워하여 감히 전진을 하지 못하자, 김흔이 꾸짖고 말하기를 "감

19 원 태종의 손자로 금산金山에 봉해졌다가 세조가 즉위하자 변란을 일으켰다.

히 후퇴하려는 자는 베어 죽이겠다."라고 하였다. 이에 보병들이 앞을 다투어 올라가서 죽음을 무릅쓰고 싸웠다. 이석李碩・전득현田得賢 등이 돌진해 나아가서 적의 선봉을 베어버리고 승승장구하여 크게 부르짖으며 대군이 합세하여 공격하니 적의 기세가 궁하게 되어 무너졌다. 추격하여 공주강公州江에 이르렀는데 죽어 넘어진 시체가 30여 리에 잇달았고, 물에 빠져 죽은 자도 매우 많았다. 적의 정예 기병 1천여 명은 강을 건너 달아났다. 그들의 부녀자와 의복, 안장을 얹은 말, 귀중하고 보배로운 그릇 등이 노획한 것이 이루 헤아릴 수 없을 정도로 많았다. 사람을 보내어 승리를 고하니, 왕이 또 김흔을 죽전竹田에 보내 남은 적들을 추격하여 토벌케 하였다. 판밀직사사判密直司事에 제수하고, 황제는 활과 화살, 안장, 옥띠, 은 1정錠을 하사하여 전공을 포상하였다. 판삼사사判三司事로 승진시켰다가 얼마 후에 지도첨의사사知都僉議司事로 임명하였다.

인후印侯가 한희유韓希愈를 무고하였을 때에 김흔은 인후와 더불어 군사를 동원하여 한희유를 체포하고는 좌승左丞 합산哈散에게 고하여 그를 국문하게 하였다. 한희유가 굴복하지 않으므로 인후와 김흔이 장차 원나라로 가서 황제에게 호소하려 하였다. 왕이 그들을 만류하였으나 따르지 아니하였다. 왕 또한 사신을 보내어 원나라에 가서 그것이 무고임을 변명하게 하였다. 때마침 사면령이 있어서 김흔 등도 죄를 면하게 되었는데, 아버지 상을 당하여 귀국하여서는 복상을 마치고 다시 원나라로 갔다.

이때에 한희유가 재상이 되었기 때문에 김흔은 돌아오기를 내켜하지 않아서 연경燕京에 7년간 머물렀다. 한희유가 죽음에 이르러 삼중대광三重大匡에 제배되고 상락공上洛公으로 이어받아 봉해져서 우리나라로 돌아왔다. 아버지의 유언에 따라 만호萬戶를 사양하므로 형의 아들인 김승용金承用을 (만호로) 제수하였다. 죽으니 나이 59세였다.

나유羅裕

나유는 나주羅州 사람으로 삼한공신三韓功臣 나총례羅聰禮의 10대 손이다. 아버지 나득황羅得璜은 백성들을 착취하여 재산을 긁어모아 최항崔沆에게 아첨하여 장흥 부사長興副使로 되었다. 최항의 농장農莊이 임피臨陂에 있었기 때문에 그를 승진시켜 전라안찰사

全羅按察使로 삼았다.

나유는 문음으로 경선점 녹사慶仙店錄事로 임명되었다. 임연林衍이 사사로운 원한으로 나유의 장인인 조문주趙文柱를 죽이고는 나유를 협박하여 이혼시키려고 하였으나 의리를 이유로 이를 거절하였다. 여러 번 승진하여 장군將軍으로 되어서는 원수 김방경金方慶을 따라 삼별초를 진도珍島에서 토벌하면서 전공을 세웠다. 당시 조정 관료의 부인들이 많이 반적들에게 붙잡혀갔으므로 대개 다시 장가를 들었다. 적이 평정됨에 미쳐 부인들이 돌아온 자들이 있었건만 모두 내버리고 말았다. 나유 역시 새로 부인을 얻었으나 뒤에 적들 속에서 옛 처를 찾아내고는 다시 처음과 같이 부부가 되었다. 듣는 사람들이 모두 의롭다고 하였다.

김방경이 탐라耽羅를 토벌하니 나유는 또 대장군大將軍으로 선봉대를 이끌고 먼저 해안에 상륙하여 죽이고 사로잡은 자가 매우 많았다. 경략사經略使가 사로잡은 남녀를 상으로 주고 황제에게 상주하여 중통보초中統寶鈔(원나라의 화폐)를 내려주었다. 또 김방경을 따라서 원나라 장수 홀돈忽敦 등과 함께 일본을 정벌하고, 승진하여 응양군 대호군鷹揚軍大護軍이 되었다.

왕이 내안乃顔을 친히 정벌하겠다고 청할 때에 나유에게 호두패虎頭牌를 내려주어 중익 부만호中翼副萬戶로 삼았다. 회군하여 돌아오니 1등 공신으로 기록하였다. 내안의 무리인 합단哈丹의 아들 노적老的이 평양平壤을 노략질하고 장차 강도江都를 공격하려고 하므로 왕은 나유에게 명령하여 이를 막게 하였다. 해안을 따라 험준한 곳을 넘어 평양에서 적을 만나 합라哈剌·상가桑哥 두 사람의 적장을 베어 죽이니 적들이 무너졌다. 또 연기燕岐에서도 싸워서 크게 격파하니 남은 무리들이 여진 땅으로 도망쳐 들어갔다. 왕이 나유를 교주交州로 보내어 뒤쫓아 사로잡게 하니, 노적은 죽전竹田을 넘어 다시 평양으로 갔다. 나유가 장차 배를 버리고 상륙하려고 하니, 현문혁玄文奕이 말하기를 "언덕과 습지가 뒤섞여 있어서 복병이 있을까 두렵다."라고 하였으나 나유는 그 말을 듣지 않았다. 미처 대오를 정비하지 못하고 있는데 적군이 크게 들이닥쳤다. 나유는 군대를 지휘하며 물러나 배에 올라탔으나, 낭장郎將 이무李茂 등 수십 명은 미처 배에 오르지 못하였다. 현문혁이 배 위에 서서 이무를 부르며 말하기를 "힘껏 싸워서 뛰어난 공을 세워라. 어찌 오랑캐에게 몸을 맡기어 처자가 죽음을 당하게 하겠는가?"라고 하였다.{강도江都 삼별초의 변란 때에 현문혁玄文奕이 도망하여 옛 서울로 돌아오는데 적선이 이를 추격하였다. 현문혁이 화살을 쏘자 적도 화살을 쏘아대어 서로 근접하였다. 아내가 그의 옆에 있으면서 화살을 뽑아 주자 적이 감히 가까이 오지 못하였는데, 현문혁의 배가 얕은 여울에 걸리므로 화살에 맞아 쓰러졌다. 그의 아내는 두 딸을 끌어안고 강에 빠져 죽었다. 현문혁은 결국 적에게 붙잡히게 되었는데 적이 그 용맹스러움을 아깝게 여겨 죽이지 않았다. 얼마 뒤에 현문혁은 계책을 서서 빠져나와 돌아왔다.} 이무가 독산獨山으로 달아나자, 적장이 말에서 내려 호상胡牀에 앉아 있으면서 그 무리들을 풀어 산을 포위하고 올라가게 하면서 화살을 쏘아대는데 마치 비 오듯 하였다. 이무가 나무에 붙어 서있는데, 해는 저물고 매우 배고팠다. 마른 떡을 꺼내 먹이고는 군사들에게 말하기를 "사나이라면 마땅히 죽음 속에서 살 길을 찾아야 한다. 두려워하지 말라."라고 하였다. 활을 당기어 왼쪽으로 쏘아 적장의 목을 맞히는데 활시위 소리가 나자마자 고꾸라지자 적들이 스스로 혼란에 빠져들었다. 이무가 인하여 크게 고함을 치며 공격하여 베어 죽이고 포로로 잡은 것이 헤아릴 수 없이 많았다.

(충렬왕) 18년(1292)에 죽었다. 나유는 용감하고 날랜 것이 뛰어났으며 예의를 잘 익혔다. 소송과 옥사를 명백하게 처결하였으며, 어려움에 임하여서도 두려워하지 않아서 여러 번 변방에서 군공을 세웠다. 아들은 나익희羅益禧이다.

나익희羅益禧

아버지의 작위를 계승하여 금성군錦城君에 봉해졌다. 나이 57세에 그 아들에게 세작世爵(상속하는 작위)을 물려주고 17년간 한가로이 거처하면서도 매번 백성들의 즐거움과 근심, 인재의 등용과 버리는[用捨] 것을 염려하였는데 근심이 얼굴에 드러났다.

충목왕忠穆王 초에 첨의참리僉議參理가 되었는데 나이도 많고 용모도 매우 수척하였으나 일에 임하여서는 강개한 마음으로 처리하면서 조금도 해이해짐이 없었다.

하루는 이제현李齊賢에게 말하기를 "주상 전하가 나이 어려서 정치를 재상에게 위임하고 있는데, 요행을 바라는 무리들이 전일의 실패[20]를 경계하지 않고 있다. 나는 장차 관직에서 물러나고자 하는데 공은 어떻게 하겠는가?"라고 하니, 이제현이 사례하면서 말하기를 "저의 방책이 시행되는 것을 보지 못하였으므로 항상 능히 용감하게 물러나지 못하는 것을 부끄러워하였습니다. 어찌 감히 공의 말씀을 따르지 않겠습니까!"라고 하였다. 10일 후에 (나익희가) 죽었다.

나익희는 어려서 무예를 익혀 글을 읽을 여가가 없었다. 그러나 성품이나 지조가 곧아서 절의를 사모하였다. 어머니가 일찍이 재산을 분배할 때에 특별히 노비 40구口를 남겨주자 사양하며 말하기를 "외아들로서 다섯 명의 딸 사이에 있으면서 어찌 차마 구차하게 조금 더 차지하여 여러 자녀를 골고루 화목하게 살도록 하는 거룩한 어머니의 뜻[鳲鳩之仁]을 더럽히겠습니까?"라고 하니, 어머니가 의리에 맞다고 하면서 그의 말을 따랐다. 시호는 양절良節이다.

논하기를,

이 네 사람은 내안乃顔이 침범한 때를 당하여 모두 전공을 세웠다. 한희유·김흔·나유는 모두 설도간薛闍干을 따라 연기燕岐에서 적을 격파하였는데, 한희유의 공이 가장 컸다. 원충갑은 원주原州의 한 명의 포의布衣(벼슬 없는 선비)에 불과한데, 고을 군사를 규합하여 고립무원의 성을 굳게 지켜 기세를 떨치는 오랑캐를 물리쳐 모든 성에서 호응하게 하니, 그 공렬功烈이 더욱 빛나도다.

20 충혜왕忠惠王 때의 일을 말한다.

주열朱悅 설공검薛公儉 오윤부伍允孚 이승휴李承休 백문절白文節 {백이정白頤正} 곽예郭預

주열朱悅

주열의 자는 이화而和이고 능성현綾城縣 사람이다. 고종高宗 때에 과거에 급제하였다. 일찍이 나주羅州·정주靜州·승천昇天·장흥長興의 수령을 역임하였는데, 모두 명성과 공적이 있었다.

충청·경상·전라 3도를 안찰함에 이르러서는 위세와 명성이 날이 갈수록 높아져서 사람들이 모두 존경하고 두려워하였다. 나라에 큰 일이 있어서 사신을 선택하게 되면 반드시 가장 먼저 천거되었다. 예부 시랑禮部侍郞이 되어서는 임연林衍에게 미움을 받아 해도海島로 유배되었다. 임연이 죽자 소환되어 동경유수東京留守로 되었다가 간의대부諫議大夫로 전임되었다.

원나라에서 홀림적忽林赤을 보내 군대를 인솔하고 합포合浦에 진수하게 하였다. 공급이 너무나 많고 번거로운데다 군사들이 침학하여 한 고을이 어수선하니, 왕은 주열을 경상 안무사慶尙安撫使로 임명하였다. 주열은 합포에 이르러 군수품과 쓸데없는 잡비를 열에 일곱, 여덟을 감축하였다. 군사들이 분노하여 팔꿈치를 걷어붙이고 덤볐으나 주열은 임연히 서서 미동도 하지 않고 대면하여서는 의리로 타일렀다. 군사들이 염퇴斂退하니 백성들이 이에 의뢰하여 편안하여졌다.

충렬왕忠烈王이 즉위하자 주열의 재주와 명성을 중히 여겨 한림학사翰林學士에 제수하였다가 삼사사三司使로 옮기게 하였다. 이때에 여러 차례 병란을 겪었으므로 백성들로 유망流亡한 자가 많았다. 주열을 경상도로, 곽여필郭汝弼을 전라도로 보내어 그들을 불러 모으게 하였다. 내고內庫의 처간處干(소작인)들은 역役에 동원하지 말라고 명하였었으나 주열 등이 그 말을 따르지 않았으므로 그로 인하여 파면되었다. 얼마 있지 않아서 판도판서版圖判書로 제배되었다가 밀직密直을 거쳐 전법판서典法判書로 승진하였다.

(충렬왕) 13년(1287)에 나이 많음을 이유로 벼슬에서 물러나기를 청하니, 지도첨의知

都僉議로 치사致仕케 하였다.

주열은 성품이 곧고 굳세며 엄중하여서 세상과 더불어 부화뇌동하지 않았다. 나쁜 자는 미워하기를 마치 원수처럼 하여 반드시 소리 높여 크게 꾸짖었다. 일찍이 어떤 일 때문에 상부相府(첨의부)에 갔다. 재상이 그와 더불어 이야기를 하는데 주열이 앉아서 들으니 모양새가 매우 거만하였다. 재상이 아전을 시켜서 힐난하며 말하기를 “재상이 말을 하면 마땅히 땅에 엎드려 들어야 한다.”라고 하니, 주열이 말하기를 “재상의 말을 땅에 엎드려 듣는다면 임금의 말씀은 장차 땅을 파고 들어가서 들어야 하는가?”라고 하고 끝내 굴하지 않았다.

윤수尹秀와 이정李貞이 왕에게 호소하기를 “주열이 우리들을 경멸하고 모욕하면서 우리 아비까지 욕질을 하니 청컨대 임금께서 힐책하여 주소서.”라고 하였다. 왕이 말하기를 “주열은 천성이 그러하니 힐난할 필요가 없다.”라고 하였다. 다시 청하므로 왕이 사람을 시켜서 물으니, 대답하기를 “두 사람의 말이 무고인 것은 가히 밝힐 수 있습니다. 강도江都에 양삼養三이라는 갈림길이 있습니다. 일찍이 무뢰배인 양삼養三이라는 남자가 이 갈림길에서 횡행하였던 까닭에 이 이름을 얻게 된 것입니다. 듣건대 양삼은 곧 윤수의 아비라고 합니다. 이정의 아비 같은 경우는 누군지 알지도 모르는데 어찌 그 아비의 이름을 가지고 욕을 했겠습니까?”라고 하였다. 대개 이정의 아버지는 천인이었기 때문에 그렇게 말한 것이다. 왕이 말하기를 “나는 주열에게서 반드시 이런 말이 나올 줄 알았다.”라고 하면서 다시 묻지 않았다.

주열은 활달하고 관후한 도량이 있었으며, 집안 살림을 돌보지 않아 비록 고관이 된 뒤에도 그의 생활은 가난한 선비와 같았다. 문장력이 풍부하고 글씨 또한 잘 썼다. 용모가 못생겨서 마치 썩은 귤橘과 같았다. 공주가 처음 와서 전殿 위에서 군신에게 잔치를 베풀었는데, 주열이 일어나서 축수하였다. 공주가 놀라서 말하기를 “어째서 늙고 못생긴 남자로 하여금 앞에 가까이 오게 하십니까?” 하니, 왕이 이르기를 “이 노인은 용모가 추하여 귀신같으나 마음은 맑기가 물과 같소.”라고 하니, 공주가 존경하고 중히 여겨 잔을 들어 마셨다. 주열은 술을 좋아하여 일찍이 하루도 마시지 않는 날이 없었다. 죽음에 임하여 그의 처가 술을 갖다 올리자, 주열이 말하기를 “이 잔은 이별주로

다!" 하고 드디어 다 들여 마시고는 죽었다. 시호는 문절文節이다.

설공검薛公儉

설공검은 순창군淳昌郡 사람이다. 아버지 설신薛愼은 관리로 유능하여 관직이 추밀원부사樞密院副使에 이르렀다. 조씨趙氏에게 장가들었는데, 네 개의 젖꼭지가 있어서 여덟 명의 아들을 낳았다. 그 가운데 세 명이 과거에 급제하였으므로 국대부인國大夫人에 봉해졌다.

설공검은 고종高宗 말에 과거에 급제하였다. 원종元宗 때에 세자를 따라 원나라에 갔는데, 그 공로로 인하여 여러 번 승진하여 우부승선右副承宣으로 임명되었다. 충렬왕忠烈王 초에 밀직부사密直副使로 승진하여 필도적必闍赤으로 되었다. 감찰대부監察大夫 지첨의부사知僉議府事를 역임하고, 얼마 후에는 참리參理로 승직하였다. 나이가 많음을 이유로 관직에서 물러나기를 청하니 중찬中贊으로 올려서 치사致仕케 하였다. 죽으니 나이 79세이고, 시호는 문량文良이다.

성격이 청렴하고 근실하며 정직하였다. 남을 대할 때에는 공손하고 자기 몸은 검소하게 지냈다. 조정 관리로서 6품 이상 되는 자가 부모상을 당하면 비록 평소에 모르던 사람일지라도 반드시 소복을 입고 가서 조문하였다. 자기를 찾아오는 사람이 있으면 높은 이나 낮은 이를 막론하고 버선발로 달려 나와 맞아들였다. 일찍이 앓아누워 있을 때에 채홍철蔡洪哲이 가서 문병을 했는데, 베 이불을 덮고 왕골자리를 깔고 누워 있어서 쓸쓸하기가 절간 같았다. 나와서 탄식하며 말하기를 "우리 같은 자들과 공을 비교한다면 그야말로 흙속의 벌레와 황학黃鶴과의 차이와 같다."라고 했다. 충렬왕의 묘정廟廷에 배향되었다. 아들은 설지충薛之冲으로, 찬성사贊成事를 지냈다.

오윤부伍允孚

오윤부는 부흥군復興郡 사람이다. 대대로 태사국太史局의 관리를 지냈으며, 충렬왕忠烈王 때에 여러 번 승진하여 판관후서사判觀候署事로 임명되었다.

오윤부는 점치고[占卜] 별자리를 살피는[候星] 것에 정통하여 밤새도록 잠을 자지 않았으며, 비록 몹시 춥거나 더위가 맹위를 떨쳐도 병으로 앓지 않으면 하루 밤이라도 빠진 적이 없었다. 어떤 별이 천준원天樽垣을 침범하자, 말하기를 "반드시 술 잘 마시는 자가 사신으로 올 것이다."라고 하고, 어떤 별이 여림원女林垣을 침범하자, 말하기를 "반드시 사신이 와서 처녀를 선발할 것이다."라고 하였는데, 모두 들어맞았다.

또 점을 잘 쳤으므로 원나라 세조가 불러서 시험하기도 하였다. 충렬왕이 친히 태묘太廟에서 협제祫祭를 지내고 시책諡册을 올리는데, 공주 또한 제사에 참여하려 하였다. 오윤부가 아뢰기를 "태묘는 조종祖宗의 신령이 있는 곳이므로 매우 경외敬畏해야 합니다."라고 하니, 공주가 두려워하여 그만두었다. 오윤부가 공주에게 아뢰기를 "천변天變이 여러 차례 나타나고 게다가 심한 가뭄이 들었으니, 청컨대 궁궐의 영선營繕 공사를 늦추고 덕을 닦아 재변을 멈추게 하소서. 뒤에 후회되는 일이 있으면 말하지 않은 죄를 입을까 두려워하여 아뢰는 것입니다."라고 하였다.

공주가 원나라에 가면서 출발할 무렵에 재추宰樞들을 불러서 택일하여 궁실을 짓게 하였다. 오윤부가 아뢰기를 "금년에 토목 공사를 시작하는 것은 임금에게 불리하니, 신은 감히 택일을 못하겠습니다."라고 하였다. 공주가 노하여 장차 관직을 삭탈하고 태형笞刑을 가하려 하였다. 유경柳璥이 간하여 말렸다. 재추들이 사람을 보내어 공주에게 아뢰기를 "침전寢殿의 재목과 기와는 이미 준비되었으나 일관日官 오윤부가 택일을 하지 않고 있으니, 청컨대 문창유文昌裕에게 명하여 점치게 하소서."라고 하였다. 공주가 노하여 오윤부를 귀양보내려 하니, 왕이 부득이 그 관직을 파면하고 장형杖刑을 가하였다. 오윤부가 아뢰기를 "택일하는 것은 흉조를 피하고 길함을 맞이하려는 것입니다. 위협하여 날을 점치게 한다면 이는 점치지 말라는 것이나 마찬가지입니다. 신은 차라리 죽음을 당하더라도 감히 주상의 지시에 아첨하지는 못하겠습니다."라고 하였다. 또 아뢰기를 "화성이 달을 가리는 것은 예사로운 재변이 아닌데, 어찌 승려들에게 밥을 먹이고 부처를 섬기는 것만으로 능히 물리칠 수 있겠습니까? 바라건대 그 시행하는 일을 모두 삼가서 재변이 사라지게 하소서"라고 하였다. 이에 직언直言을 구하고 조성도감造成都監의 역도役徒를 돌려보냈다.

원나라 세조가 내안乃顔을 정벌하니, 충렬왕이 군사를 인솔하고 정벌을 도우려 하여 행군하여 평양平壤에 이르러서는 먼저 유비柳庇를 보내어 원나라에 가게 하였다. 오윤부로 하여금 이를 점치게 하니, 대답하기를 "아무 날에 유비가 반드시 돌아올 것이며, 전하께서도 여기에서 되돌아가시겠습니다."라고 하였다. 그 시기에 이르러 왕이 성용전聖容殿 뒷산에 올라 북쪽을 한참 동안 바라보다가 오윤부를 돌아보며 말하기를 "너의 점이 잘못되지 않았느냐?" 하고, 좌우로 하여금 결박지으라고 하였다. 오윤부가 나와서 아뢰기를 "지금 아직 해가 저물지 않았으니 조금만 더 기다리소서."라고 하였다. 조금 있으니 역말이 먼지를 날리며 오는데 과연 유비였다. 이르러서는 아뢰기를 "이미 내안을 평정하였으므로 군사를 거두라고 하였습니다."라고 하니, 왕이 마침내 돌아왔다.

오윤부가 별에 괴변이 있음으로 인하여 임금에게 아뢰기를 "별에 괴변이 있는 것은 왕과 공주에게 이롭지 않습니다."라고 하니, 왕이 그것을 물리칠 수 있는 방법을 물었다. 대답하기를 "백성들의 원망이 없으면 가히 물리칠 수 있습니다. 전라도와 경상도의 별감別監 및 공주의 식읍을 혁파하는 것이 가장 좋습니다."라고 하니, 왕이 공주의 식읍을 혁파하고 그 포백布帛을 좌창左倉으로 돌려 백관의 녹봉에 충당하게 하였다.

오윤부는 성품이 간절하고 곧았다. 매번 재이災異가 있을 때마다 매우 간절하게 고하였으며, 시정時政에 이르러서도 말할 것이 있으면 곧바로 들어가서 간하였다. 왕이 듣지 않으면 눈물을 흘리면서 굳세게 간쟁하여 반드시 자기 말에 따르도록 꾀하였으므로 왕은 이를 꺼렸다.

일찍이 봉은사奉恩寺에서 고삭告朔(새해 초하루를 아뢰는 제사)을 지냈는데, 절을 올리고 또 울면서 아뢰기를 "태조이시어! 태조이시어! 당신의 나랏일이 날로 그릇되고 있습니다."라고 하고, 이내 흐느껴 울며 스스로를 억제하지 못하였다. 그의 정성이 간절함이 이와 같았다.

사람됨이 얼굴은 못생기고 말과 웃음이 적었다. 공주가 일찍이 왕에게 아뢰기를 "어째서 이 사람을 자주 불러들입니까?" 하니, 왕이 이르기를 "오윤부는 나의 최호崔浩[21]입니다. 용모는 비록 못생겼으나 버릴 수 없는 사람입니다."라고 하였다. 공주가 자못 태도를 고쳐서 그를 예우하였다. 관직이 첨의찬성사僉議贊成事에 이르러 치사致仕한 후에 죽었다.

이승휴李承休

이승휴의 자는 휴휴休休이고 경산부京山府 가리현嘉利縣 사람이다. 어려서 아버지를 잃고 학문에 힘써 고종高宗 때에 과거에 급제하였는데, 두타산頭陀山 구동龜洞에 들어가서 몸소 밭을 갈며 어머니를 봉양하였다.

10여 년이 지난 후에 이장용李藏用과 유경柳璥의 추천으로 경흥부慶興府 서기書記로 임명되었으며 중앙에 들어와 도병마 녹사都兵馬錄事로 되었다.

삼별초가 반란을 일으켜 적들에게 붙잡히게 되었으나 탈출하여 왕이 있는 곳으로 왔으므로 원종元宗이 크게 기뻐하였다. 이승휴는 이로 인하여 적들을 토벌할 방책을 건의하였으나 양부兩府에서 쓰지 않았다.

당시에 군수 물자들이 지급되지 않아서 전국에서 불법적으로 거두어들이고 영선營繕 사업이 크게 일어나서 백성들이 매우 고통스러워하였으므로 이승휴는 글을 올려 그 폐단을 극언極言하였다.

후에 본인의 죄가 아닌 일로 파면을 당하여 장차 고향으로 돌아가 여생을 보내려고 하였다. 마침 순안공順安公 왕종王琮이 원나라에 가니, 양부에서 이승휴를 천거하여 서장관書狀官으로 임명하였다. 이승휴가 늙은 것을 이유로 사양하였으나 왕이 말하기를 "경오년庚午年(1270, 원종 11)에 그대의 성명을 벼루 갑에 써둔 것이 지금도 아직 책상 위에 놓여 있다. 그대는 힘써 거행하라!"고 하였다. 인하여 백금白金을 내려주었다.

이승휴가 원나라에 가니 황제는 연회를 베풀어 주고 옷을 내려주었다. 표문을 올려 사례하였는데 사어詞語가 웅장하고 아름다웠다. 날마다 관반館伴인 학사 후우현侯友賢과

---

21 중국 북위北魏 태무제太武帝 때 박사이고 고문이었던 사람.

더불어 창화唱和하였는데, 후우현은 (이승휴의) 시를 보고 충심으로 탄복하며 그것을 외웠다.

왕(원종)이 홍거하여 또 원나라에 가서 부고를 전하였다. 세자에게 넌지시 간하여 황제에게 상언上言하여 의관衣冠과 전례典禮를 모두 우리나라의 옛 제도에 의거하게 하였다. 귀국하여서는 감찰어사監察御史, 우정언右正言에 제배되었다. 우사간右司諫으로 승진하였다가 외직으로 나가 양광楊廣·충청忠清 2도를 안렴하였다. 탐관오리 7명을 탄핵하고 그들의 가산을 적몰하였다. 이로 말미암아 원망하고 비난하는 소리가 대단히 높았다. 얼마 후에 동주 부사東州副使로 강직되니 스스로 동안거사動安居士라는 호號를 지었다. 얼마 있다가 소환되어 전중시사殿中侍史로 제배되어서는 열 가지 일에 대해 조목별로 진술하고, 또 상소하여 정치의 이해를 극론極論하였는데 왕의 뜻에 거슬려 파면되었다. 구동龜洞의 옛집으로 돌아와 은둔하면서 따로 용안당容安堂이라는 집을 지어 불교 서적들을 보면서 『제왕 운기帝王韻記』와 『내전록內典錄』을 저술하였다.

10년 후에 충선왕忠宣王이 선위를 받았는데, 교서를 내려 말하기를 "경은 글 짓는 재간이 있고 관리로서의 능력이 지금 시대에 드물 뿐만 아니라 충성과 굳은 절조는 능히 임금의 마음의 잘못을 바로잡을 수 있다. 때를 잘 만나지 못하여 대각臺閣에서 물러나 헛되이 시골에서 늙고 있으니, 내 일찍이 이를 민망스럽게 여긴 바이다. 내가 곁에 두려는 뜻을 잘 알아서 행여나 나이 늙었다고 사양하지 말라!"고 하였다.

이승휴가 글을 올려 늙고 병이 있다는 것으로 사양하였다. 왕이 다시 교서를 내려 이르기를 "과인은 평소에 경의 명성을 듣고 함께 정치를 해보고자 하여 이제 경을 사림시독詞林侍讀 좌간의대부左諫議大夫에 제수하는 바이다. 바라건대 나라 백성을 위하여 한번 나오라."라고 하였다. 이승휴가 이르자 왕은 그와 더불어 이야기하면서 크게 기뻐하였다. 그리하여 민간에게 이로운 것과 폐해가 되는 것, 시국 행정의 잘잘못을 묻고는 조용히 그 의견을 받아들이고자 했다. 갑자기 판비서사判秘書事로 임명되었다가 동첨자정원사同僉資政院事로 승진되었다. 상언하기를 "우리나라의 제도에는 나이 70이 넘어서 높은 관직에 임명된 자가 없습니다."라고 하니, 왕이 웃으면서 말하기를 "선생은 다른 사람과 비교할 처지가 아니다."라고 하면서 만류하였다. 얼마 후에 힘껏 청하므로 왕은 마지못해 그 말을 따랐다. 밀직부사密直副使로 치사하였다.

(충렬왕) 26년(1300)에 죽으니 나이 77세이다. 성품이 정직하여 세상에 바라는 것이 없었으며, 불교를 매우 좋아하였다.

백문절白文節

백문절의 자는 빈연彬然이고 남포군藍浦郡 사람이며 신라 간관諫官 백중학白仲鶴의 후손이다. 고종高宗 때에 과거에 급제하여 한원翰院(한림원)에 들어갔다가 이부 시랑吏部侍郎을 역임하였다.

충렬왕忠烈王 때에 사의대부司議大夫로 임명되었다. 이때 공로도 없으면서 세루世累[22]가 있는 자들로서 관직에 임명되는 자들이 많았으므로 낭사郎舍들이 임명장[告身]에 서명하지 않았다. 왕이 여러 번 독촉하였으나 따르지 않았다. 어떤 사람이 이에 불평을 품고 왕의 측근과 결탁하여 왕의 노여움을 격화시켰다. 마침 승지 이존비李尊庇가 감찰사의 장계를 가지고 나아가니, 왕은 첨의부僉議府의 장계라고 생각하고는 이존비를 꾸짖으며 물러가게 하였다. 또 홀적忽赤 최숭崔崇에게 명하여 백문절 및 간관 김서金情·김지서金之瑞·최수황崔守璜·이익배李益培·이행검李行儉·이인정李仁挺·정문鄭文·장석張碩 등을 결박하게 하였다.

이존비가 이로 인하여 다시 나아가 변명하려고 하니, 왕은 그가 낭사를 구원하려는 것으로 의심하여 꾸짖어 멈추게 하고는 곧바로 백문절 등의 관직을 파면하였다. 이지저가 큰 소리로 아뢰기를 "임금께서는 신의 마음을 살펴보지도 않으니 신이 어찌 감히 왕명 출납을 맡겠습니까? 청컨대 이 자리에서 저를 면직시켜 돌려보내주소서."라고 하였다. 이지저李之氐가 나아가 아뢰기를 "이존비가 아뢰고자 한 것은 감찰사의 장계이며 첨의부의 장계가 아닙니다. 임금께서는 이것을 살피지 않으시고 낭사에게 죄를 주고

---

22 가문家門에 허물이 있어 높은 관직에 임명될 수 없는 자.

이존비를 꾸짖은 것입니다. 또 첨의부는 백관百官의 우두머리인데, 한 사람의 홀적으로 하여금 밤중에 모든 낭사들을 결박케 하였으니, 나라의 체면에 어떻겠습니까?"라고 하였다. 왕이 그 장계를 취하여 보고는 후회하여 그들을 석방하였다.

얼마 안 있어 국학 대사성國學大司成, 보문각 학사寶文閣學士로 승진하였다. (충렬왕) 8년(1282)에 죽었다. 백문절은 문사文詞가 풍부하여 붓을 잡고 쓰면 글이 비 쏟아지듯 줄줄 나왔기 때문에 한 시대에 추앙을 받았다.

원종元宗이 다시 왕위에 올라 원나라에 가니, 임연林衍은 그의 아들 임유간林惟幹과 그의 심복으로 하여금 왕을 호행扈行하여 굳이 강요하여 폐립廢立에 대한 일을 말하지 못하게 하였다. 왕이 백문절로 하여금 표문을 짓게 하면서 임연의 뜻대로 하게 하니, 백문절이 붓을 놓고 울면서 간하였다. 왕이 감동하고 깨달아서 사실대로 (황제에게) 상주하였다. 백문절은 평소에 게을렀으나 이때에 이르러 사람들이 그에게 지조와 절개가 있음을 알게 되었다. 아들은 백이정白頤正이다.

백이정白頤正

백이정은 천성이 순후純厚하여 재상[公輔]으로서의 기질이 있었다. 충선왕을 섬기면서 올바르게 인도하는 데에 뜻을 두었으나 충선왕이 능히 쓰지 않았다. 관직은 첨의평리僉議評理에 이르렀으며, 후에 상당군上黨君에 책봉되었다.

이때에 정주程朱의 학문이 처음으로 중국에서 행해졌는데, 백이정이 원나라에 있으면서 이것을 전수받았다. 우리나라에 돌아와서는 이제현李齊賢과 박충좌朴忠佐가 가장 먼저 그를 스승으로 모시고 배웠다. 우리나라 성리학이 이로부터 시작되었다.

곽예郭預

곽예의 자는 선갑先甲이고 청주淸州 사람이다. 고종高宗 때에 과거에 장원으로 급제하여 전주 사록全州司錄으로 임명되었다.

원종元宗 초에 첨사부 녹사詹事府錄事로 보임되어서는 홍저洪泞와 함께 화친에 대한 첩문牒文을 가지고 일본에 갔다. 곽예는 재행才行이 있었으나 이끌어주는 자가 없어서

한직에 머물며 승진을 하지 못하다가 사관史館의 추천으로 예빈 주부禮賓注簿 겸 직한림원直翰林院이 되었다.

충렬왕忠烈王이 평소에 그의 명성을 듣고 있었으므로 즉위함에 이르러 비로소 발탁하여 등용하였다. 여러 차례 승진하여 판도 정랑版圖正郞, 보문서 대제寶文署待制, 지제고知制誥를 역임하고 필도적必闍赤으로 되어 국가 기무機務에 참여하게 되니 사림士林에서 적임자를 얻었다고 일컬었다.

춘궁 시강학사春宮侍講學士를 역임하고 우부승지右副承旨가 되어서는 소와 말의 도살을 금지할 것을 건의하였다.

동지공거同知貢擧로 임명되어서는 판서判書 김서金惰의 지위가 자기보다 높다고 하면서 임명을 고쳐줄 것을 청하니, 사람들이 그의 겸양함을 칭찬하였다. 마침 김서가 상을 당하여 다시 곽예로 시험을 관장하게 하였는데, 선발한 자 가운데에는 (후에) 이름이 알려진 인사들이 많았다. 국자 대사성國子大司成 문한학사文翰學士로 승진하였다. (충렬왕) 12년(1286)에는 지밀직사사知密直司事로서 원나라에 가다가 도중에 죽었다.

사람됨이 평범하고 담백하였으며 굳세고 곧았다. 겸손하고 화기애애하였으며, 존귀하고 현달한 지위에 이르러서도 벼슬살이를 하지 않던 시절과 같았다. 글을 잘 지었다. 서법書法은 가늘면서도 굳세어서 자기만의 독특한 서체를 이루었으므로 당대에 이를 모방하여 일시에 쏠리어 (서법이) 한번 크게 변하였다. 그가 한림원에 있을 때에 (비가 내리면) 매번 빗속에 맨발로 우산을 받쳐 들고 혼자서 용화지龍化池에 가서 연꽃을 감상하여 시를 읊조리니, 후대 사람들이 그의 풍치風致를 높이 평가하여 그 일에 대한 시를 많이 읊었다.

논하기를,

주열朱悅과 설공검薛公儉은 온갖 어려움 속에서도 조행操行을 가다듬어[冰蘖][23] 옛 사람의 절개가 있었으니 이 가히 숭상할 만하다.

오윤부伍允孚는 일이 있으면 바로 간언하였고, 백문절白文節은 폐립시킨 일을 숨기려고 하는 것을 간하였으니 군자가 말하는 "충성스럽다."는 것이다.

곽예郭預는 온화한 용모로 사액詞掖[24]하면서 풍류가 먼 곳까지 알려졌고 이승휴李承休는 재주와 뛰어남을 숨기다가 만년에 임금의 지우를 만났다. 그러나 그 사업은 일컬을 만한 것이 없다.

홍규洪奎 김지숙金之淑 {김인연金仁沇} 이주李湊 {이행검李行儉} 엄수안嚴守安 김훤金晅 정인경鄭仁卿 {김부윤金富允}

홍규洪奎

홍규의 처음 이름은 문계文系이며 남양南陽 사람이다. 아버지 홍진洪縉은 동지추밀원사同知樞密院事를 지냈다. 홍규는 성품이 조용하고 담백하였으며 욕심이 적었다. 뜻이 크고 기개가 있어서 얽매이지 않았다.

원종元宗 때에 어사중승御史中丞으로 제배되었다. 임연林衍이 죽고 아들 임유무任惟茂가 계승하여 집권하였다. 홍규는 임유무의 자부姉夫(손윗누이의 남편)였으므로 임유무는 매번 일이 있을 때마다 홍규와 송송례宋松禮에게 의논하였다. 홍규와 송송례는 겉으로는 따르는 척하면서도 마음속으로는 항상 분개하며 한탄하였다.

왕이 원나라로부터 돌아왔는데 임유무가 (왕의 명령에) 거역하고자 하므로 온 나라가 흉흉하였다. 왕이 이분성李汾成을 보내어 비밀리에 홍규에게 유시하기를 "경은 여러 대를 내려오면서 벼슬한 후손이니 마땅히 의리와 형세를 헤아려 사직을 이롭게 하여 조상들을 욕되게 하지 말라."라고 하니, 홍규가 두 번 절하고 이분성에게 말하기를 "내일 부문府門(승천부昇天府의 문) 바깥에서 나를 기다려 주시오."라고 하였다. 곧바로 송송례

23 얼음을 마시고 황벽나무를 먹는 한고寒苦에 처해도 절조를 지킨다는 뜻.

24 직한림원·지제고 등의 문한직文翰職을 역임한 사실을 말한다.

와 더불어 의논하고는 삼별초를 집결시켜 대의大義로서 유시하여 임유무를 사로잡아 저자에서 베어 죽였다. 드디어 왕을 행궁行宮에서 알현하고 세자를 따라 원나라로 갔다. 황제는 비단 도포[錦袍]와 안장 얹은 말을 주면서 그 공로를 표창하고 우리나라에서 1품의 관직에 제수하라고 명하였다. 이에 좌부승선左副承宣으로 제배되었다.

나라 일이 날이 갈수록 잘못되어 가고 동료들이 뜻을 굽혀 비굴하게 권세가들의 비위나 맞추므로 그들과 더불어 나란히 있는 것을 부끄러워하여 관직을 사퇴하였다. 추밀원부사樞密院副使로 승진시키므로 또 사양하여 취임하지 않았다. 이때 나이가 아직 40이 되지 않았다.

충렬왕忠烈王이 공주와 더불어 양가良家의 처녀를 선발하여 장차 황제에게 헌상하려 하는데, 홍규의 딸도 선발 가운데에 포함되었다. 권세 있고 지위 높은 자들에게 뇌물을 주었으나 빠지지 못하였다. 한사기韓謝奇에게 말하기를 "내가 딸의 머리카락을 잘라서 (중을 만들려고 하는데) 어떻겠는가?"라고 하니, 한사기가 말하기를 "아무래도 화가 공에게 미칠 것 같다."라고 하였다. 홍규가 그 말을 따르지 않고 결국 머리카락을 잘라버렸다.

공주가 이것을 듣고는 크게 노하여 홍규를 잡아 가두고 혹독하게 형을 가하였으며 그 집을 적몰하였다. 또 그 딸을 잡아 가두고 심문하였는데, 딸이 말하기를 "내가 스스로 잘랐습니다. 아버지는 실로 알지 못합니다."라고 하였다. 공주가 땅바닥에 자빠뜨리고 쇠로 만든 채찍으로 난타하니 몸에 온전한 피부가 없었으나 끝내 굴복하지 않았다.

재상이 아뢰기를 "홍규는 나라에 큰 공이 있으므로 가히 미미한 죄로 인하여 중형[重典]에 처할 수는 없습니다."라고 하고, 중찬中贊 김방경金方慶 역시 병석에서 부축을 받고 나와 용서를 청하였으나 듣지 않고 해도海島에 유배보냈다. 얼마 안 있어 홍자번洪子藩이 힘껏 청하므로 명하여 가산家産을 돌려주게 하였다. 그러나 노여움이 아직 풀리지 않아 그의 딸을 원나라 사신 아고대阿古大에게 내려주었다. 다음해에 소환하고, 그의 공로를 표창하여 철권鐵券(공신의 훈공勳功을 적은 서책)을 내려주었다.

충선왕忠宣王 초에 익성군益城君으로 책봉하였다. 충숙왕忠肅王 3년(1316)에 남양부원군南陽府院君으로 죽었다. 시호는 광정匡定이다. 아들은 홍융洪戎이고, 딸은 곧 명덕 왕후明

德王后(공민왕의 어머니)이다.

김지숙金之淑

김지숙은 화평부化平府 사람이며, 참지정사參知政事 김련金鍊의 아들이다.

김지숙은 원종元宗 때에 장군將軍으로 되어 삼별초三別抄가 반란을 일으켰을 때에 적의 포위에 빠져나올 계책이 없었으므로 몸을 바다에 던졌다. 파도치는 대로 가라앉았다 떠올랐다 하는데 적들이 작은 배로 추격하여 잡았다. 진도珍島에 이르러 장차 목을 베어 조리돌리려 하는데 승화후承化侯 왕온王溫이 구원하여 풀어주고 그로 하여금 한 방면을 담당하게 하였다. 김지숙은 은밀히 적의 상황을 두 차례나 관군에게 알렸다. 진도가 패하게 되니 왕은 그의 충성과 의리를 가상히 여기어 상으로 벼슬을 주었다.

충렬왕忠烈王 때에 판삼사사判三司事로서 원나라에 가서 성절聖節(황제의 생일)을 축하하였다. 이때 교지交趾 사람이 먼저 들어가 (예물을) 뜰에 가득 펼쳐놓고 있었다. 김지숙이 상주上奏하기를 "우리나라가 비록 조그마하나 태조 황제가 용흥龍興하는 초기부터 맨 먼저 신복臣服하여 형제의 맹약을 맺었으며 장인과 사위의 인친 관계가 있습니다. 원컨대 먼저 폐백을 베풀어 축하하게 해주소서."라고 하였다. 황제가 그 말을 따르고 제후왕諸侯王의 반열에 앉히었다. 김지숙의 예의와 몸가짐이 찬찬하고 우아하였으므로 보는 자마다 칭찬하였다.

첨의참리僉議參理를 역임하고 얼마 후에 찬성사贊成事로 고쳐 임명되었다. 이때에 활리길사闊里吉思가 행성평장行省平章(정동행중서성평장사征東行中書省平章事)으로 되었는데, 모든 노비를 부모 중에 한 사람이 양인인 자는 양인으로 되는 것을 들어주고자 하였으나 재상으로 그것으로 저지시키는 자가 없었다. 김지숙이 말하기를 "세조 황제께서 일찍이 첩첩올帖帖兀을 보내와서 우리나라를 감독할 때에 조석기趙石奇라는 자가 양인으로 될 것을 호소하니, 첩첩올은 상국上國(원나라)의 법을 적용하고자 하였습니다. 일을 아뢰자 세조께서는 조서를 내려 본국의 옛 풍속을 좇으라고 하였습니다. 이 전례가 갖추어져 있으니 변경할 수 없습니다."라고 하니, 활리길사가 감히 다시 말하지 못했다.

중찬中贊을 더해주어 치사致仕하였다. 충선왕忠宣王 2년(1310)에 죽으니 나이 73세였다. 성품이 청렴하고 고결하였으며 강직하고 곧았다. 내직과 외직을 두루 역임하였는데, 모두 명성과 치적이 있었다. 아들은 김인연金仁沇이다.

김인연金仁沇

충숙왕忠肅王 때에 호군護軍으로 되었다. 이때 왕은 참소를 입고 원나라에 머물고 있었다. 김인연은 경사만慶斯萬 등과 더불어 왕이 우리나라로 돌아올 것을 청하였는데, 심왕瀋王의 무리들이 이것을 미워하여 순군巡軍에 가두었다.

후에 지신사知申事로 제배하였다가 또 찬성사贊成事를 더하였다. 왕이 훙거하니 정동성 원외征東省員外 한첩목아불화韓帖木兒不花와 낭장郎將 노영서盧英瑞 등과 더불어 원나라에 가서 충혜왕에게 왕위를 계승시킬 것을 청하였다. 원나라에서 충혜왕을 형부刑部에 유폐시킴에 이르러 김륜金倫 등과 함께 옥에 갇혔다. 충혜왕이 본국으로 돌아오자 녹공錄功하고 광산군光山君으로 책봉하였다.

이주李湊

이주의 자는 호연浩然이고 금마군金馬郡 사람이다. 고종高宗 때에 과거에 급제하여 직사관直史館으로 임명되었다. 김창金敞이 그의 재주로서 천거하여 관직을 두루 역임하고 청요직으로 승진하였다.

원종元宗 때에 상서 좌복야尙書左僕射를 더해주고 치사케 하였다. 충렬왕忠烈王 4년(1278)에 죽으니 나이 78세였다. 본디 청렴하고 간소하여 죽음에 이르러 집에는 쌀 한 섬의 저축도 없었다. 아들은 이행검李行儉이다.

이행검李行儉

과거에 급제하여 직사관直史館으로 임명되었다. 외직으로 나가 지홍주사知洪州事가 되었다가 삼별초의 반란 때에 적에게 붙잡혔다. 적들이 그에게 선법選法(인사 행정)을 관장하게 하였다. 김방경金方慶이 적을 격파함에 이르러 이행검은 그의 아버지 김효인金孝印의 문생門生이 된다고 하여 살려주었다.

충렬왕忠烈王 때에 사간司諫으로 제배되었다. 이때에 정랑正郎 임정기林貞杞는 응방鷹坊으로 총애를 받고, 봉의랑奉議郎 고밀高密은 맛있는 술로 권세 있는 자에게 잘 보여 요행으로 관직을 얻었다. 이행검이 시사侍史 김홍미金弘美 등과 더불어 두 사람의 임명장[告身]에 서명을 하지 않았다. 왕이 서명하도록 독촉하는데도 오히려 따르지 않았다. 왕이 노하여 이행검 등을 해도海島에 귀양 보내었다. 이존비李尊庇가 상장군 염승익廉承益에게 말하기를 "이행검은 80세 되는 노모가 있는데 밤낮으로 울부짖고 있으니, 공이 능히 모자간에 서로 만날 수 있게 해 준다면 조정에서 효도로 다스리는 법도[孝理之體]에 오히려 의뢰함이 있을 것이다."라고 하였다. 염승익이 들어가 아뢰자, 왕은 말없이 한참 있다가 말하기를 "이행검의 죄는 가히 용서할 수 없지만 지금 이존비의 말을 들으니 나로 하여금 측은한 마음이 들게 하는구나."라고 하고, 그를 석방하라고 명령하였다.

후에 전법랑典法郎으로 되었다. (이때) 정화원비貞和院妃가 왕에게 총애를 받고 있었는데 양민인줄 알면서도 노비로 삼았다. 양민이 전법사에 호소하였는데, 왕의 지시[內旨]로 결정을 내려 정화원비에게 주라고 독촉하였다. 판서 김서金愲가 동료들과 함께 장차 이를 따르려 하는데, 이행검이 불가하다고 고집하였다. 마침 병이 나서 말미를 받자 김서 등이 그가 없는 것을 다행으로 여기고 곧바로 노비로 결정하여 버렸디. 어떤 사람이 꿈을 꾸는데 날카로운 칼이 하늘에서 내려오더니 전법사의 관리들을 베어버렸다. 얼마 후에 김서가 갑자기 죽고 동료들도 또한 서로 잇달아 죽었으나 이행검만 홀로 죽음을 면하였다.

여러 관직을 거쳐 보문각 학사寶文閣學士, 언부 전서讞部典書를 더하여 치사하고, 충선왕忠宣王 2년(1310)에 죽었다. 아들은 이직李稷과 이애李崖이다. 이직은 관직이 대사성大司成에 이르렀다. 이애의 아들은 이공수李公遂이다. 딸은 기자오奇子敖에게 시집가서 영안왕부인榮安王夫人에 책봉되었는데 순제順帝(원나라 15대 황제) 황후의 어머니이다.

엄수안嚴守安

엄수안은 영월군寧越郡의 아전이었는데 키가 크고 담력이 있었다. 원종元宗 때에 과거에 급제하여 도병마 녹사都兵馬錄事로 임명되었다.

(원종) 9년(1268)에 원나라에서 사신을 보내어 권신權臣 김준金俊의 부자와 그 아우 김충金沖을 불러서 원나라 서울로 오라고 하였다. 그 무리가 두려워하여 사신을 죽이고 해도海島로 옮기고 인하여 김준을 받들어 왕으로 세우고자 모의하였다. 엄수안으로 하여금 양부兩府에 아뢰게 하니, 양부가 모두 얼굴빛이 변하였으나 감히 맞서려는 자가 없었다. 김충金沖이 마침 병 때문에 집에 있었는데, 엄수안이 김충에게 이르러 조용히 말하기를 "옛날부터 군사가 서로 싸우더라도 사신은 그 사이를 왕래하였다. 지금 까닭 없이 천자의 사신을 죽인다면 장차 어떻게 될 것인가? 이것은 안전을 도모하는 계책이 아니다."라고 하니, 김충은 그 말을 옳게 여기고 그 음모를 중지시켰다.

이 해에 임연林衍이 김준을 죽였다. 김준의 아들 김주金柱가 도방都房과 제군諸軍을 모아서 저항하려고 꾀하였는데, 엄수안이 고발하여 체포케 하였다. 그 공로로 어사御史에 제수되었고, 외직으로 나가 동경 판관東京判官으로 임명되었다.

(원종) 11년(1270)에 장차 옛 서울[개성]로 돌아가고자 하니, 임연의 아들 임유무任惟茂는 이것을 거역하고자 하여 야별초夜別抄로 하여금 사방으로 나가서 인민들에게 입보入保(산성이나 해도로 들어가 지키게 함)하도록 타이르게 하였다. 야별초가 금주金州(지금의 경상남도 김해)에 이르렀을 때에 엄수안은 안렴사 최유崔儒에게 말하기를 "권신의 명령만으로 백성들을 경솔하게 움직이는 것은 옳지 않다."고 하였다. 최유가 그 말에 따라 별초를 붙잡아 가두었다. 얼마 되지 않아 임유무는 죽음을 당하였다.

삼별초가 진도珍島에 들어가 웅거함에 이르러 선언하기를 "별초를 가두는 자는 먼저 죽이겠다."고 하였다. 금주의 수령 이주李柱가 두려워하여 도망쳐버리자, 엄수안이 권지주사權知州事가 되었다.

(원종) 12년(1271)에는 밀성密城 사람 박경순朴景純이 그 수령을 죽이고 반란을 일으켰다. 안렴사 이숙진李淑眞이 금주로 달아나자 적들이 뒤쫓았으나 붙잡지 못하였으며, 스스로 개국병마사改國兵馬使라고 일컬었다. 엄수안이 금주의 수령 김훤金晅과 함께 군대를 동원하여 토벌하려고 도모하자, 적들이 괴수를 베어 가지고 와서 항복하였다.

충렬왕忠烈王 11년(1285)에 남경 부사南京副使로 임명되었다. 왕이 남경에 행차하자 엄수안은 안렴사 최백홍崔伯興과 함께 백성들에게서 과도하게 징수하여 왕에게 연향을 베풀었는데 풍성하고 사치스러웠다. 인하여 왕에게 권하여 삼각산三角山에 행차하게 했는데, 새로운 길을 닦느라고 한 고을이 시끄러웠다. 왕은 엄수안이 능력이 있다고 하여 3품의 품계를 내려주었다. 충청도와 서북면西北面의 지휘사, 서경 유수西京留守를 역임하였는데 이르는 곳마다 유능하다는 명성이 있었다. (충렬왕) 24년(1298)에 죽었다.

김훤金晅

김훤의 자는 용회用晦이며 의성현義城縣 사람이다. 원종元宗 원년(1260)에 과거에 급제하였다.

임연林衍이 왕을 폐립廢立할 때에 충렬왕은 세자로 원나라에 있었다. 원나라 황제가 그를 동안공東安公으로 책봉하고 군대를 보내어 와서 임연을 토벌하고자 의논하였다. 마침 김훤이 성절사聖節使(황제나 황후의 생일을 축하하러 보내는 사신)의 서장관書狀官으로 원나라에 가서는 상서上書하여 아뢰기를 "적들이 만약 세자가 책봉을 받아 공公으로 되었다는 말을 듣게 되면 반드시 나라 사람들을 회유하기를 '원나라에서 이미 왕의 작호를 깎아 없애 버렸으니 나라도 당연히 없어질 것이다. 죽음으로 나라를 지키는 것만 같지 못하다.'라고 할 것이니, 사람들이 모두 그 말을 믿게 될 것입니다. 이와 같이 되면 시간이 흘러 평정하기도 어려울 것이니, 조정에게도 이익이 되지 않을 것입니다."라고 하였다. 황제가 그의 말을 승인하였다.

(원종) 11년(1270)에 외직으로 나가 금주 방어사金州防禦使가 되었다. 밀성密城(지금의 경상남도 밀양) 사람들이 그 수령을 죽이고 반란을 일으키고 군현郡縣에 통첩을 보내니 모두 바람처럼 휩쓸려 따랐다. 김훤이 정예 병사를 출동시켜 적들의 길을 차단하고 경주판관慶州判官 엄수안嚴守安을 불렀다. 서로 함께 군사를 동원하여 안렴사 이숙진李淑眞에게 적을 토벌할 계획을 보고하였는데, 이숙진이 겁을 먹고 술승術僧을 불러 길흉을 점친 까닭에 시간이 지체되었다. 김훤이 손수 칼로 그 승려를 내리치자 이숙진이 두려워하면서 따랐다. 적들이 이 소식을 듣고 우두머리를 베어 가지고 와서 항복

하였다.

삼별초가 반란을 일으키고 군사를 나누어 경상도로 향하고자 하였는데, 금주가 해변에 있어서 먼저 적의 침입을 받게 되었다. 김훤이 계략으로 저항하므로 적들이 침입하지 못하였고, 경상도 전체가 이에 의뢰하여 편안하였다. 그 공로를 논상論賞하여 본부本府를 금녕부金寧府로 승격시키고, 김훤은 예부 낭중禮部郎中에 제배하고 그대로 도호都護로 삼아서 그곳을 진수케 하였다.

충렬왕忠烈王 원년(1275)에 총랑摠郎으로 전라도 부부사全羅道部夫使로 나가게 되었다. 안찰사 노경륜盧景綸이 역전驛傳으로 내선內膳(궁중의 음식)을 운송하는 것을 보고 그 사사로이 실어 보내는 짐을 자세히 조사하여 국고國庫에 귀속시켰다. 노경륜이 왕에게 호소하여 김훤의 관직을 면직시켰다가 얼마 후에 양주 부사襄州副使로 좌천시켰다. 여러 차례 승진하여 좌간의대부左諫議大夫, 밀직학사密直學士, 정당문학政堂文學을 역임하였다. 충선왕忠宣王이 원나라에 있을 때에 김훤은 춘궁 시독春宮侍讀으로 따라갔다가 참소를 당하였다. 귀국하여서는 병이라고 칭탁하고 출근하지 않았다. 찬성사贊成事를 더해 주었다. 성품이 깨끗하고 청렴하고 고결하여 악한 자를 원수같이 미워하였기 때문에 가는 곳마다 사람들이 그를 꺼려하였다.

정인경鄭仁卿

정인경은 서주瑞州 사람이다. 고종高宗 말에 몽골 군대가 내침하여 신창新昌에 주둔할 때에 정인경이 종군從軍하여 보루堡壘를 공격하여 공을 세웠으므로 제교諸校에 보임되었다.

충렬왕忠烈王이 세자로서 원나라에로 갈 때에 정인경도 따라갔다. 세자가 귀국하다가 파사부婆娑府에 이르렀는데 임연林衍의 변고를 알려주는 사람이 있었다. 이때 정인경의 아버지 정신보鄭臣保는 인주麟州의 수령으로 있었다. 정인경이 비밀리에 압록강을 건너 아버지에게 가서 임연의 반역 상황을 구체적으로 알아가지고 와서 보고하였다. 세자는 경사京師(원나라의 수도인 북경)로 되돌아가서 황제에게 상주하고 군사를 청하여 임연을 토벌하려고 하였다. 여러 시종 신료들이 모두 귀국할 것만 생각하고 머뭇거리고 있었는데, 정인경이 홀로 강력하게 권하므로 세자가 그 말을 따랐다.

김부윤金富允

김부윤이라는 자가 있는데, 토산군兎山郡 사람이다. 교위校尉로서 역시 일행 중에 있었는데, 절개를 지켜 마음을 움직이지 않았다. 충렬왕이 즉위하여 모두 2등 공신에 책록하였다.

(충렬왕) 16년(1290)에 왕이 동녕부東寧府를 폐지하여 우리나라에 복귀시킬 것을 청하였는데, 정인경이 아주 자세하게 상주하여 황제가 듣고 허락하여 주었으므로 왕이 기뻐하였다. (충렬왕) 25년(1299)에 중찬中贊을 더하여주고 치사致仕하게 하였다. 또 명하여 벽상壁上에 초상화를 그리게 하였다.

(충렬왕) 31년(1305)에 죽으니 나이 69세이다. 시호는 양렬襄烈이다. 성품이 근실하고 올곧았다. 처음에는 통역[舌人]으로 이름이 알려졌는데, 이르는 곳마다 명성과 치적이 있었다. 일찍이 황제의 명령으로 김부윤과 더불어 모두 정동성 이문관征東省理問官으로 제수되었다. (충렬왕) 29년(1303)에 김부윤은 찬성사贊成事로 죽었다.

논하기를,

남제南齊의 사조謝朓[25]는 장인인 왕경王敬이 변란을 모의하자 사조가 고발하여 이를 토벌하였다. 홍규洪奎는 대대로 벼슬살이한 명문가로서 비록 권신의 사위로 얽매여 있었지만 어찌 그를 (진정으로) 붙좇았겠는가? 이에 마음으로는 왕실을 섬겨 적을 소탕하였으니 그 충성과 수고로움을 비교해보면 사조보다 낫다고 하겠다.

김지숙金之淑과 이행검李行儉은 같이 적(삼별초)에게 붙잡혔다. 그러나 김지숙은 도망쳐

---

25 사조謝朓(464~499) : 남조南朝 제齊나라의 시인詩人. 자字는 현휘玄暉. 고조高祖는 사안謝安의 형. 아버지는 위緯이고 산기시랑散騎侍郎이었으며 어머니는 송宋 문제文帝의 딸 장성공주長城公主이다. 사조謝朓는 가세가 고귀하였고 어려서부터 학문을 좋아하여 남제南齊 번왕藩王이 중히 여겼다. 499년, 제위帝位를 탈취하려는 모의에 참여하지 않았으나 도리어 무함을 받아서 하옥되었다가 죽었다.

돌아오다가 (붙잡혀) 참수를 당할 번 하였는데, 구해주는 자가 있어서 죽음을 면하였다. 그러나 삶을 도모하고 구차하게 살려는 자가 아니었다. 그러므로 소원명蘇源明[26]에게 비교하더라도 거의 부끄러움이 없다. 이행검은 시종일관 적을 따랐으니 정건鄭虔[27]의 꾸지람을 받더라도 가하다고 하겠다. 그럼에도 불구하고 두루 청현직淸顯職을 역임하였으니 어찌 그것이 요행이 아니겠는가.

엄수안嚴守安은 적신賊臣의 아우(김충金沖)를 깨우쳐서 그 흉모를 막았으며 천자의 사신을 맞이하여 국가가 무사하게 하였으니 가히 공이 사직에 있다고 하겠다.

김훤金晅은 세자가 동안공東安公으로 책봉되는 것을 그치도록 상서上書를 하였고, 정인경鄭仁卿은 세자를 권하여 (원나라에) 되돌아가서 구원을 청하게 하였으니 충성과 의리가 모두 가상하다.

---

26 소원명蘇源明 : 당唐나라의 문인. 초명初名은 예預, 자字는 약부弱夫. 진사에 합격하여 동평 태수東平太守가 되었다가 국자 사업國子司業이 되었다. 안록산安祿山이 서울을 함락시키자 소원명蘇源明은 병을 칭탁하고 관직을 받지 않았다.

27 정건鄭虔(685~764) : 자字는 약제若齊, 성당盛唐 시기의 저명한 문학가, 시인, 서화가. 또한 천문, 지리, 박물博物, 병법兵法, 의약醫藥 등에 정통하여 거의 백과전서적인 일대一代의 통유通儒이다.

| 휘찬여사 권29 |

명신 8

휘찬여사 권29

명신名臣 8

정가신鄭可臣 안유安裕 홍자번洪子藩 허공許珙

정가신鄭可臣

자字는 헌지獻之이고 나주羅州 사람이다. 그의 아버지 정송수鄭松壽는 향공 진사鄉貢進士였다. 정가신이 나면서부터 영특하여 글을 잘 지었다. 시골 중 천기天琪가 데리고 서울로 왔는데 선당禪堂에서 기식하였다. 천기가 정가신을 위하여 그를 부잣집에다 데릴사위로 보낼까 하여 그럴 만한 자리를 구하였으나 아무도 응하는 자가 없었다. 대부소경 안홍우安弘祐가 허락하였으나 약속을 한 뒤에는 후회하기를 "내가 비록 가난하지마는 사족士族의 집안인데 어찌 향공 진사의 아들을 받아들일 것인가."라고 하였다. 얼마 안 있어 안홍우가 죽고 집안 살림이 날로 가난하게 되니 그제야 허락하였다. 천기가 정가신의 손을 잡고 걸어서 가니 한 노파가 문에서 맞아들였는데 섶에 불을 붙여 비추었다. 천기가 정가신의 재주를 생각하여 그가 천하고 가난한 것을 슬퍼하여 눈물을 흘리며 돌아왔다.

고종 때에 과거에 급제하여 충렬왕 3년에는 보문각 대제寶文閣待制로 임명되었다. 그때 이분희李汾禧의 형제가 홍다구洪茶丘에게 붙어서 김방경의 죄를 만들어냈다. 정가신은 그들과 같이 조정에서 일하는 것을 치욕으로 알고 왕에게 요청하여 자기 집으로 가서 어머니를 봉양하겠다고 하였다. 그러나 왕이 그를 위로하고 타일러서 보내었는데 세상 사람들이 그를 크게 생각하였다. 얼마 후 소환되어 비서윤秘書尹으로서 필도적必闍赤(필도치)으로 되고 승지承旨로 임명되었다. 감찰사에서 말하기를 "여러 도의 안렴사按廉使는 그 직분이 관리들의 다스리는 것을 감찰하고 백성들의 고통을 물어 보는데 있음에도 불구하고 지금 모두 임금에게 바친다는 구실 밑에 백성들의 명주, 닥[楮], 명표지名表紙 등의 물품들을 거두어 들여 권세 있고 지위가 높은 자들에게 뇌물로 보내고 있으니 자기 자신이 벌써 올바르지 못한 이상 어찌 남을 옳게 바로잡을 수 있겠습니까? 청컨대 모두 처벌하기를 바랍니다."라고 말하였다. 왕이 정가신더러 말하기를 "닥은 땅에서 생겨나는 것인데 종이쯤이야 무슨 폐단이 되겠는가?"라고 하니, 정가신이 대답하기를 "제가 일찍이 전주全州의 관기管記(장서기掌書記와 같은 직무)로 있었으므로 종이를 만든다는 것이 아주 힘들다는 것을 잘 압니다. 지금 저의 관직도 높아져서 쓰는 종이도 역시 많아졌으니 스스로 부끄러움을 금할 수가 없었습니다."라고 하였다. 왕이 다만 명표지만은 제외할 것을 허락하였다.

원나라에서 우리나라에 일본을 정벌할 것을 명하였을 때 왕은 윤수尹秀의 말을 듣고 유사儒士(유학을 배우는 선비)들까지 종군시키려고 하였는데, 정가신이 말하기를 "옛날 임금들이 인재를 쓸 때에 각각 그 재간에 따라서 썼는데 그것을 우리 몸에 비긴다면 왼팔, 오른팔의 소용이 각각 다른 것과 같습니다. 그렇기 때문에 원나라[上國]의 법에 유호儒戶는 군사에 참여시키지도 않습니다. 그런데 지금 유생들에게 갑옷을 입히고 무기를 들게 하여 원정에 참가시킨다면 그것은 성세盛世의 일이 아닌 것 같습니다."라고 하니, 왕이 그렇겠다고 하였다.

정가신은 정당문학을 역임하였다. (충렬왕) 16년에 세자가 원나라에 갔는데 정가신 및 민지閔漬 등이 따라 갔다. 하루는 황제가 편전에서 세자를 불러다가 보았는데 팔걸이에 기대어 누워서 "너는 무슨 책을 읽었느냐?" 하고 물었다. 세자가 대답하기를 "저에게는 유학자인 스승 정가신, 민지가 여기까지 따라 와 있어서 숙위宿衛의 여가가 있을 때면 제때에 『효경孝經』, 『논어』, 『맹자』에 대하여 질문합니다."라고 하니, 황제가 크게 기뻐하면서 "그래. 그러면 정가신을 시험 삼아 한번 불러 오라."고 하였다. 세자가 그와 함께 다시 들어가니 황제가 갑자기 일어나서 관면冠冕을 쓰면서 세자를 책망하기를 "너는 비록 세자지마는 나의 조카가 아닌가. 그러나 정가신으로 말하면 제후의 신하[陪臣]라 하더라도 유학자이다. 왜 나로 하여금 관을 쓰지 않고 유학자를 만나게 한단 말인가."라고 하였다. 그리고 곧 자리에 앉으라고 하고 우리나라의 풍속과 역대의 정치가 잘되고 못된 일에 대하여 물어 보았다. 들으면서 지루하게 생각하지를 않았다.

그 후 대신들에게 명령하여 교지交趾(월남의 남부지방)를 정벌할 것인가를 의논하게 하였는데 고려의 세자사世子師 두 사람과 함께 상의하라는 조서를 내렸다. 정가신 등이 진술하기를 "교지는 먼 곳의 오랑캐인데 군사들을 괴롭히면서 토벌한다는 것은 사신을 보내 귀순하여 오도록 권고하느니만 못합니다. 만일 그래도 완미하게 항거한다면 천하에 그 죄악을 널리 성명하고 정벌하는 것이 한 번 행동하여 만사가 다 잘되도록 하는 도리인 줄로 압니다."라고 하였는데, 그 대답이 황제의 뜻에 부합되었다. 이에 정가신에게 한림학사 가의대부의 관작을 주었으므로 당시 사람들이 그것을 영광스러운 일로 생각하였다.

이로부터 황제의 대우가 날로 융숭하여 갖옷貂裘을 하사하기도 하였다. 한번은 황제가 한림학사 살라만撒剌蠻으로 하여금 정가신에게 우리나라가 원나라에 귀순한 시일을 물었다. 정가신이 대답하기를 "태조(원나라의 성길사한成吉思汗) 황제가 삭방에서 처음 나라를 건립하였을 때에 요遼나라의 서자뻘이 되는 금산金山 왕자란 놈이 있어 나라를 대요大遼라고 자칭하고 중도中都(지금의 북경)의 어린 아이들과 옥, 비단 등을 약탈해 가지고 동으로 도주하여 강동성江東成(강동)에 들어가 문을 닫고 지키게 되었는데, 원나라에서는 합진哈眞, 찰라札剌를 보내 추격 토벌케 하였습니다. 그때 마침 눈이 많이 와서 쌓였고 길은 험하여 군사들에 대한 식량 공급이 두절되었는데 우리나라에서는 조충趙沖, 김취려金就礪를 보내 원병과 식량을 가지고 가서 도와서 더러운 오랑캐들을 섬멸케 하였으며 그 길로 황제께 글을 올려 동번東藩으로 될 것을 요청하였더니 황제는 사신을 파견하여 그에 대한 칭찬의 조서로 답하였습니다. 또 말하기를 '그대 나라 사람들은 추위와 더위를 견디기가 힘들어 하니 공물을 가지고 오기가 아주 어려울 것이다. 그러므로 토산물을 바치는 것은 내가 사람을 보내 받아 오도록 하겠다.'고 하셨습니다. 이 일은 무인년에 있었으니 지금까지 무릇 76년이 됩니다."라고 하였다. 황제가 수긍하였다.

뒷날 세자가 자단전紫檀殿에서 알현하였는데 정가신이 여기에 따라 가니 황제는 그의 나이를 물어보고 갓을 벗으라고 하면서 말하기를 "수재秀才는 꼭 편발編髮을 하지 않아도 되니 두건頭巾을 쓰는 것이 좋을 것이다."라고 하였다. 황제의 책상 앞에 어떤 물건이 있었는데 큰 쪽은 둥글고 작은 쪽은 뾰족하며 색깔이 정결하고 하얗고 속에 술 몇 말을 부을 수 있었다. 이것은 마하발摩訶鉢 국에서 진헌한 낙타조駱駝鳥(타조)의 알이라고 하였다. 황제는 세자더러 그것을 구경하라 하고 정가신에게 시를 지으라고 명령하였다. 정가신이 시를 지어 바치기를 "독처럼 커다란 저 알[卵], 그 속에는 불로不老의 술이 담겼으니, 황제께옵서 천년토록 오래 사시어, 우리 동녘 사람들께도 은혜를 베풀으리!"라고 하였더니, 황제가 가상하게 여겼다.

한번은 황제가 「요동수정도遼東水程圖」를 보고 수역水驛(수로에 두는 역참)을 설치하려고 생각하면서 정가신에게 말하기를 "너희 나라에서 산출되는 물건이래야 오직 쌀과 베뿐인데 만약 육지로 수송한다면 길은 멀고 물건은 무거우니 운반해 오는 것이 운반비도 부족할 것이다. 그래서 지금 그대에게 행성 좌승行省左丞의 직함을 주어 해운을 주관케 하여 국용을 넉넉하게 할 것이다."라고 하였다. 정가신이 대답하기를 "고려의 산천은 숲덤불이 10의 7이나 되고 밭 갈고 베 짜는데 노력을 하여도 겨우 자급이나 하는 정도입니다. 하물며 바닷길에 익숙하지 못하니 그렇게 하는 것이 도리어 불편할까 합니다."라고 하니 황제가 그 말을 옳게 여겼다.

얼마 후에 찬성으로 임명되었다. (충렬왕) 22년에 중찬中贊의 관직을 더 받았고 (충렬왕) 24년에 글을 올려 은퇴하려 하였으나 허락지 않고 닷새에 한 번씩 조회에 나오게 하였다. 얼마 있다가 그는 갑사기 죽었는데 시호는 문정文靖이었다.

그는 성격이 정직하고 단정하였으며 일을 처리함에 있어서는 상세히 살피었다. 정방政房에 있을 때에 전고典故(옛 규례)를 잘 알고 있었으므로 인재의 선발, 배치[題品銓注]가 모두 여러 사람들의 기대에 들어맞았고 당시의 사명詞命(왕의 명령으로 지은 글)은 그가 지은 것이 많았다. 일찍이 『금경록金鏡錄』이란 책을 편찬하였으며 자기 거처에 '설재雪齋'라는 편액을 걸고 날마다 현명한 사대부들과 고금의 일들을 토론하였다. 정가신은 본래 가난하고 검약하여 거처나 입는 옷은 소슬한 것이 마치 서생書生과 같았다. 그가 총재冢宰(수상)가 되자 사람들이 태평세월이 오리라고 기대하였는데 죽게 되니 나라 사람들이 놀라고 애도하였다. 어떤 사람이 말하기를 "왕이 선양禪讓(왕위를 물려주는 것)을 요청하였을 때 정가신이 황제에게 올리는 표문을 지었는데 사람들이 그 표문 가운데에는 왕의 뜻이 아닌 것이 있어서 황제가 만일 그 이유를 힐난할까 하여 정가신이 근심하고 두려워 약을 마시고 죽었다."라고 하였다.

안유安裕

홍주興州 사람이다. 아버지 안부安孚는 그 고을의 아전으로 의관醫官을 본업으로 하였는데 벼슬이 밀직부사에까지 이르렀다. 안유가 어릴 때부터 학문을 좋아하더니 원종 초년에 과거에 급제하여 직한림원直翰林院이 되었다.

삼별초의 난이 일어났을 때 안유는 적들에게 붙잡혔는데 적들이 일찍부터 그의 명성을 들어왔던 터이라 장차 그를 이용해 먹으려고 유혹도 하고 협박도 하였다. 그러나 안유가 꾀를 꾸며 빠져 나왔다. 왕이 그의 행동을 옳게 여겨 그에게 상을 주었다. 서도西道에 파견되었는데 청렴하기로 알려졌고 내시원內侍院에 소환되어서는 왕에게 아뢰어 원내의 오랜 폐단들을 없애 버렸다. 얼마 후 감찰어사로 옮겼다.

충렬왕 원년에는 상주尙州 판관으로 나갔는데 당시 여자 무당 세 사람이 있어서 요망한 신을 받들고 여러 사람들을 유혹하고 있었다. 그들은 여러 군현들을 돌아다니었는데 사람들이 분주히 제사를 지냈다. 수령으로서도 그와 같은 행동을 하는 자가 있었다. 그들이 상주에 오자 안유는 그들을 붙잡아서 곤장을 치고 칼을 씌워 놓았더니 무당들이 귀신의 말이라고 하면서 자기들을 붙잡아 두면 화를 면치 못한다고 위협하였으므로 상주 사람들이 모두 겁을 내었으나 안유는 동요하지 않았다. 며칠이 지나서 무당들이 용서해 달라고 빌므로 요망한 귀신이 드디어 끊어졌다. 그후 부지밀직사사로 합포에 나가서 진수鎭戍하였는 바, 군사들을 잘 어루만져 주고 백성들을 구제해 주었기 때문에 부근의 주군들이 평온할 수 있었다.

충선왕이 즉위하자 그를 참지 기무參知機務 행동경유수行東京留守 집현전 대학사 계림부윤으로 임명하였다. 충렬왕이 복위하게 되자 충선왕을 따라 원나라에 가게 되었다. 하루는 황제가 승상丞相을 통하여 말을 전하기를 "그대의 왕은 왜 공주를 가까이하지 않는가?"라고 하니, 안유가 대답하기를 "안방 깊은 데서 일어나는 일을 외부에 있는 신하로서 어찌 알 일입니까? 오늘 이것을 가지고 물으시니 어찌 만족할 만한 대답을 해

드릴 수 있겠습니까?"라고 하니, 승상이 그대로 황제께 아뢰었다. 황제가 말하기를 "이 사람은 대체大體를 알고 있는 사람이라 할 수 있다. 어찌 먼 외국 사람이라고 경시할 수 있겠는가?"라고 하였다.

찬성사로 전임되었는데 안유가 학교가 날이 갈수록 소퇴되는 것을 근심하여 양부兩府(첨의부와 밀직사)와 의논하기를 "재상의 직임은 인재를 교육하는 것이 제일 긴급한 일인데 지금 양현고養賢庫가 완전히 탕진되어 선비들을 양성할 비용이 없으니 6품 이상 인원들은 각각 은 1근씩, 7품 이하 인원들은 베를 차등 있게 내게 하여 그 본전을 남겨 두고 이식만을 가져다 쓰도록 하되 이름을 섬학전贍學錢이라고 하기를 바란다."라고 하니, 양부가 왕에게 아뢰었다. 그리하여 왕이 내고內庫의 돈과 양곡을 내주어 도왔다. 그런데 밀직 고세高世는 자기는 무인이라고 하여 돈 내기를 싫어하였다. 안유가 여러 재상들을 보고 말하기를 "부자夫子(공자)의 도는 만대의 규범으로 되어 있다. 신하가 임금에게 충성을 다하고 아들이 어버이에게 효도를 다하여 아우가 형에게 공손히 대해야 한다고 한 이것은 누구의 가르침인가? 만일 '나는 무인인데 하필 돈을 내어 그대들 생도들을 양성한단 말인가.'라고 한다면 이것은 공자를 무시한 것이니 그래도 좋단 말인가?"라고 하였더니, 고세가 그 말을 듣고 아주 부끄러워하면서 즉시에 돈을 내었다.

안유가 또 남는 돈을 중국에 보내 공사 및 70자七十子(공자의 유명한 제자 70명)의 초상화을 그리게 하고 또 제기, 악기, 6경六經, 제자사諸子史 등의 서책을 사서 오게 하였으며, 또 이산李㦃, 이전李瑱을 추천하여 경사교수도감사經史教授都監使로 임명하게 하였다.

(충렬왕) 32년에 치사하고 죽으니 나이는 64세이다. 안향은 위인이 장중하고 편안하며 자상하였으므로 사람들이 모두 두려워하고 존경하였으며, 상부相府(첨의부, 밀직사)에 있으면서 옳은 판단을 잘 하였기 때문에 동료들도 그의 말이라면 순순히 듣고 따랐다. 그는 항상 학문을 일으켜 현명한 인사들을 양성하는 것을 자기의 임무로 삼았고 비록 관직에서 물러나서 집에 있을 때라 할지라도 한시도 마음속으로 그것을 잊어버린 일이 없었다. 문장은 깨끗하면서도 박력이 있어 볼 만하였다. 또 감식안이 있어서 김이金怡, 백원항白元恒이 아직 현달하지 못하였을 때 안유가 그들을 보고 말하기를 "모두 귀

한 사람이다."라고 하였다. 이제현李齊賢, 이이李異는 같은 해에 과거에 급제한 학생들로서 모두 유명한 사람들이었는데 안유가 불러서 시를 짓게 하고는 말하기를 "이제현은 반드시 귀인이 되고 또 장수할 것이다. 그러나 이이는 오래 살지를 못할 것이다." 라고 하였는데 과연 모두 그렇게 되었다.

늘그막에 와서 항상 회암晦庵(주희) 선생의 초상화를 걸어 두고 그를 사모하고 드디어 자기 호를 회헌晦軒이라 지었다.

금내禁內(궁중) 학관學館에 내시, 3도감三都監, 5고五庫에서 배우려는 선비 및 7관七管 12도十二徒의 여러 생도로 경전을 걸어놓고 수업을 받는 자가 모두 수백 명이었다. 시호는 문성文成이다. 장례에는 7관 12도가 소복을 입고 길에서 제사를 지냈다. 충숙왕 6년에 문묘에 종사從祀할 것을 의논하였다. 그러나 안유가 비록 숭학을 건의하였으나 어찌 이것을 가지고 종사를 할 수 있는가 하는 논란이 있었으나 그의 문생인 신천辛蕆이 힘써 청하여 종사하도록 허락하였다.

홍자번洪子藩

자字는 운지雲之인데 좌복야 홍관洪灌의 후손이다. 홍자번은 성격이 민첩하고 학문을 좋아하여서 유경柳璥이 그릇으로 여겨 과거에 응시하기를 권하여 응시하였으나 합격되지 못하였다. 나가서 남경南京(한양) 유수, 판관이 되었다.

원종 때에 우부승선이 되어서 임금에게 아뢰기를 "요즈음 전하께서 친히 정사를 처리하지 않고 각 관청의 보고와 상주문들을 모두 환관들에게 위임하여 출납케 하고 있으니 전국 사람들이 실망하고 있습니다. 그러므로 친히 모든 정사들을 돌보아 백성들의 희망대로 맞게 하여 주기를 바랍니다."라고 하였다. 당시 대성臺省과 시종侍從들이 모두 입을 다물고 있음으로써 자기 지위를 보전하고 있었는데 홀로 홍자번이 곧 바른 건의를 하였기 때문에 당시 사람들이 그를 크게 생각하였다.

왕이 천변이 있다 하여 죄수들을 놓아 주라고 명령하였는데, 홍자번이 아뢰기를 "경한 죄를 범한 자들은 석방할 수 있으나, 종이 상전을 거역하였다거나 아들이 어버이에게 불효한 자까지도 면제시켜 준다면 하늘의 뜻에 어떻다고 하겠습니까? 이것은 덕을 닦는 것이 아니라 실은 재앙을 스스로 초래하는 것입니다. 만일 덕을 닦으려면 태부太府에서 임금에게 바치는 비용을 줄이고 저자의 상점에서 억지로 헐값으로 빼앗아 내는 폐단을 없애는 것 같은 일을 하는 것보다 나은 것은 없을 것입니다."라고 하였으나 왕이 아무 말도 하지 않았다.

이전 제도에는 승선이 어보御寶(임금의 도장)를 받들고 시원試院(과거 시험 장소)에 이르면 동지공거同知貢擧(시험관의 우두머리)는 뜰에 나와 마중하고 지공거는 북쪽을 보고 집 대청 위에 서 있게 되어 있었다. 당시에 김구金坵가 지공거로 되었었는데 홍자번이 어보를 가지고 가게 되었다. 왕에게 아뢰기를 "승선이 어보를 받들고 공원貢院(시원과 같음)에 가면 지공거로서 어떤 사람은 계단을 내려오고 어떤 사람은 가만히 있으니 지금 어느 편 예식을 따르는 것이 좋겠습니까?"라고 하니, 왕이 말하기를 "어보를 가지고 있으면 계단을 내려서는 것이 마땅할 것이다."라고 대답하였다. 홍자번이 공원에 이르러 김구를 힐난하면서 말하기를 "나는 왕명을 받고 어보를 받들고 왔는데 지공거가 뜰에 내려와 맞이하지 않으면 나는 감히 들어갈 수 없다."라고 하였다. 김구가 대답하기를 "승선이 재상한테 오면 재상은 앉아서 그를 기다리는 법이다. 지금 내가 일어나 자리를 피한 것만 하여도 지나친 예식이라고 하겠거늘 하물며 뜰에 내려 맞겠는가?"라고 하였으나, 홍자번은 그래도 "왕의 명령이 그렇다."라고 하였다. 그리하여 해가 곧 기울어지게 되었으므로 김구가 할 수 없이 계단을 내려왔는데 마지막 한 계단을 다 내려가지도 않았을 때에 홍자번이 들어갔다. 어떤 사람은 김구가 자리에서 일어나 피하는 것으로 가할 것인데 조급하게 계단을 내려 선 것은 역시 대신의 체면을 잃은 일이라고 하였다.

충렬왕이 병에 걸렸을 때 두 가지 죄(참형, 교형) 이외의 죄수와 섬에 귀양 보냈던 자들을 석방하였다. 홍자번이 말하기를 "지난 해에도 대사령이 있었는데 이제 또 대사령을 내리면 지나치게 잦지 않겠습니까? 그렇게 하면 범죄자가 더 많아질까 걱정됩니다. 그러므로 지금 서울(개성)에 갇혀 있는 자들에게는 구두 전달로 용서한다는 것을 전하게 하십시오."라고 하였다.

일본을 정벌하게 되었을 때 홍자번은 판밀직사사로서 전라도도지휘사로 되어 전함 건조를 독려하였다. 그때 이존비李尊庇가 여러 도들의 군량을 합포로 운반하고 있었는데 홍자번은 수군의 군량과 전함을 모으니 한꺼번에 모여지게 되었다. 그 때문에 백성들이 논밭을 갈고 씨를 뿌릴 수 있었다. 원나라의 사신 합백나哈伯那가 홍자번의 재능에 깊이 탄복하였다.

홍자번이 급보로 본도(전라도)에 굶주린 백성들이 많으니 군량 창고를 열어서 진대賑貸하도록 하자고 아뢰니 왕이 이에 동의하였다. 얼마 후에 지첨의부사로 되고 또 찬성사로 승진하였다.

합단哈丹의 변란이 일어났을 때 왕이 강화도에 옮겨 갔는데 어떤 사람들은 강물 하나의 지세를 믿고만 있을 수 없다고 하여 전국의 인심이 흉흉하였는데 홍자번은 성을 수축하고 경비를 강화하였기 때문에 사람들이 그를 믿고 안정되었다.

(충렬왕) 20년에 첨의 중찬으로 임명되었고, 이듬해에는 첨의령의 벼슬을 더 받았다가 치사하였는데, 그 다음해에는 다시 우중찬右中贊으로 임명되었다. 이때 백성들에게 편리한 일 17가지를 조목 별로 왕에게 아뢰니 왕이 그것을 가상히 여기고 받아들였다. 충렬왕이 다시 왕위에 오르자 그에게 벽상삼한壁上三韓 공신의 칭호를 주고 경흥군 개국후慶興君開國侯로 봉하였다. 얼마 있다가 다시 좌중찬으로 임명하고 상아로 만든 지팡이를 주었다.

충선왕이 원나라에 있을 때 오기吳祁와 석천보石天補가 왕(충렬왕)의 총애를 받아 정권을 좌우하게 되었는데 이들이 왕의 부자간에 이간을 조성하여 나라 사람들이 고통을 받게 되었다. 원나라에서는 단사관斷事官 첩목아불화帖木兒不花를 파견하여 재상 최유엄崔有渰, 한희유韓希愈, 유비柳庇와 석천보, 그의 아비 석주石胄, 아우 석천경石天卿·석천기石天琪를 체포하여 서울(북경)에 데려 가게 되었다. 홍자번이 나라 일을 맡게 되었다.

황제의 지시로 왕은 일이 크건 적건 모두 홍자번에게 물어보고 처리하게 하였는데, 이에 홍자번은 오기의 죄악을 열거하여 첩목아불화에게 말하였다. 첩목아불화는 오기가 자기를 해칠까 봐 방비를 아주 엄하게 세우고 있었으며, 오기 역시 의심하고 두려워하여 왕의 옆을 떠나지 않고 있었다. 홍자번이 여러 재추宰樞와 함께 3군三軍을 인솔하여 왕궁을 포위하여 호군 오현량吳玄良은 곧바로 왕의 처소에 들어가서 오기를 붙잡아 가지고 나오니 왕이 나인內人을 시켜 오기를 남겨 둘 것을 요청하였다. 여러 재상들이 어떻게 할지를 몰라서 머뭇거리고 있었으나 홍자번은 큰 소리를 내지르면서 말하기를 "전하께서 이미 허락하셨으니 무슨 의심할 것이 있는가?"라고 하면서, 호군 최숙천崔淑千을 독촉하여 원나라에 압송해 가게 하였다.

처음에 홍자번이 왕궁을 포위하자는 것을 의논에 붙었을 때 참리參理 정해鄭瑎는 옳지 않다고 반대하기를 "간신 하나를 물리치는 데는 무신武臣 한 사람의 힘만 쓰면 될 것인데 어째서 군사들을 동원하는 데까지 이르겠는가?"라고 하였다. 그러나 홍자번은 듣지 않았는데 그 후에 원나라에서 그것이 좋은 말이었다고 하였다는 말을 듣고서야 후회하였다.

충렬왕이 충선왕이 귀국하는 것을 막기 위하여 원나라로 떠나가다가 서경(평양)에 이르렀더니 황제가 오는 것을 허락지 않았으므로 되돌아왔다. 황제는 오기가 이미 연경으로 향하여 떠나갔다는 것을 알지 못하고 병부상서 탈탈첩목아脫脫帖木兒를 보내어 오기를 체포하게 하였다. 탈탈첩목아가 왕을 만나보고 측근에 있는 사람들을 물러가라 한 다음에 말하기를 "황제께서 명령하기를 '왕이 비록 자기 나라를 떠났다 하더라도 반드시 되돌아가게 하라.'고 하였습니다. 그런데 내가 감히 묻겠습니다마는 왕의 입조를 여러 재상들이 좋다고 하였습니까?"라고 하니, 왕이 "그렇소."라고 대답하였다. 홍자번은 옆에 있었으나 감히 그렇지 않다는 말을 하지는 못하였다. 탈탈첩목아가 또 묻기를 "왕께서 입조한다면 무슨 말을 하고자 합니까?"라고 하였으나 왕이 대답하지 못하였다. 탈탈첩목아가 말하기를 "재상과 의논하여 보십시오."라고 하였다. 그리하여 홍자번이 왕에게 다가가서 의논을 하였다. 그리고 나서 왕이 대답하기를 "오기 및 석주의 부자가 불법 행위를 많이 하여 그 소문이 황제에게까지 들리게 되었으나 과인은 실상 아무것도 모른다. 그러나 누가 내가 모른다는 것을 곧이듣겠는가? 그렇기 때문에 내가 가서 직접 황제께 그러한 사정을 말씀드리고자 하였을 뿐이다."라고 하였다.

탈탈첩목아가 올 때 재상들이 서보통西普通(개경 영평문 밖에 있는 원의 이름)에까지 마중 나갔는데 탈탈첩목아가 묻기를 "홍재상이 왔소? 안 왔소? 그가 왔다면 내가 이 자리를 피한 후에 들어와야 하겠소."라고 하므로 홍자번이 두세 번 굳이 사양하였다. 그리하여 서로 상읍례相揖禮(대등한 예)를 아주 공손히 하였다. 탈탈첩목아는 함께 앉으려고 하였으나 홍자번이 굳이 사양하기를, 배신陪臣(제후의 신하)이 어찌 감히 황제의 사신과 나란히 앉겠는가고 하였으나, 탈탈첩목아가 강요하므로 사양하다 못해 한 줄에서 자리를 굽히어 앉았다. 이로 보아서 그가 홍자번을 어떻게 존경하였던가를 알 수 있다.

홍자번은 다시 재상으로 되어 미봉하고 조절하여 왕의 부자로 하여금 처음과 같이 아들을 사랑하고 어버이에게 효도를 다하게 하려고 노력하였다. 그러나 오기와 석주의 일당들이 왕(충렬왕)에게 자주 홍자번을 해쳐서 말하였기 때문에 (충렬왕) 31년에 그는 재상의 직에서 파면되었다.

이해에 왕이 원나라로 갔는데 충선왕은 왕유소王惟紹, 송린宋璘의 무리들이 원나라의 수도에 따라 와서 흉악한 음모를 제멋대로 꾸밀까 봐 두려워하여 승상 탑라한塔剌罕에게 암시하여 홍자번, 최유엄, 유비, 김심, 김연수金延壽 등으로 하여금 왕을 따라 입조하도록 하여 달라고 하였으므로, 승상이 황제에게 아뢰어 그들을 부르게 하였다. 홍자번이 원나라에 가서 승상을 만나서 왕유소 등의 죄악을 들어 말하고, 또 두 왕(충렬왕, 충선왕)을 모시고 귀국하려고 하였으나 그 일이 성사되지 못하고 이듬해에 죽었는데 나이 70세였다. 승상이 황제께 아뢰어 그의 관을 수레에다 실어 본국에 돌려보내게 하였으며 충선왕은 사람을 보내 제사를 지내게 하였다. 후에 교서하기를 "홍자번은 사직에 큰 공로가 있어 영원토록 잊을 수 없으니 벽상삼한삼중대광의 작위를 줄 것이다."라고 하고, 충정忠正의 시호를 주었다.

홍자번은 위인이 장대하고 걸출하였으며 재간이 누구도 따르지 못할 만큼 뛰어나서 젊었을 때부터 사람들이 모두 그가 재상이 되리라고 기대하였다. 김준金俊이 홍자번의 아버지와 서로 마음이 맞지 않아 화목하지 못했는데, 홍자번이 김준에게 가서 힘써 변명하였더니 김준이 말하기를 "기특하다. 세상에 이런 아이가 또 어디 있단 말인가."라고 하였다.

그가 재상으로 있을 때에 새벽이고 밤중이고 일을 게을리 한 적이 없었으며 무엇이든지 의리에 맞지 않는 일이 있으면 그때마다 자기의 견해를 고집하여 양보하지 않았으므로 비록 지위가 그보다 높은 자들이라도 아무도 그것을 고쳐 내지 못하였다. 당리堂吏가 매양 무슨 일에 대해서 말할 때면 그의 인품과 지식에 눌려서 감히 농간을 하려

하지도 못하였으며, 홍자번이 서명을 한족 물러가서 좋아하면서 "홍공께서 이미 승인하셨으니 나머지는 용이하게 된다."라고 하였다. 그가 아상亞相이 되어 매번 사업을 논의할 때면 반드시 수상인 허공許珙과 서로 맞서게 되었는데, 허공은 간혹 억지로라도 홍자번의 말대로 하자고 하였다. 일찍이 양제兩制(내지제고와 외지제고)가 지은 상소문의 글을 검열하게 되었는데 홍자번이 흠집을 지적하고 오랫동안 탓하여 마지않았다. 허공이 문첩 녹사文貼錄事더러 말하기를 "고양이가 쥐만 잘 잡으면 그만인 것이다."라고 하였으니, 이것은 문한文翰이 자기의 직무가 아니라는 것을 조소한 것이다. 이 말을 들은 홍자번은 성이 나서 낯빛이 변하였으나 비평하기를 그만두었다. 그래서 사람들이 두 사람의 사이가 서로 좋지 못하다고 말하였다. 허공이 죽고 난 뒤 홍자번이 한탄하기를 "그는 공명하고 근엄하고 정직하여 자기가 아는 것이면 말하지 않는 법이 없었다. 세상에 또다시 허공과 같은 이가 있겠는가!"라고 하였다.

홍자번이 어머니를 먼저 여의고 아버지를 섬겼는데 효성이 있어 공무가 바쁜 때라도 조석으로 문안을 드리는 것을 그만두지 않았다. 또 성질이 깨끗한 것을 좋아하여 매일 목욕을 하고 옷을 바꾸어 입을 때마다 반드시 손을 씻었으며 밤에는 반드시 의관을 바로잡고 별을 향하여 절하였다. 세 번 수상이 되었는데 무엇을 논의하든지 바른 것을 견지하여 대신으로서의 풍모를 잃지 않았다. 그러나 왕이 참소를 듣고 그를 임용하였어도 전권을 주지 않았다. 아들 홍경洪敬은 관직이 찬성사에 이르렀다.

허공許珙

자는 온궤韞匱요 처음 이름은 허의許儀였으니 공암현孔巖縣 사람이다. 그의 부친 허수許遂는 추밀부사에까지 이르렀다. 허공은 사람됨이 트였고 민첩하며 상쾌하고 걸출했다. 고종 말년에 과거에 급제하였는데 승선 유경柳璥이 허공 및 최녕崔寧, 원공식元公植을 추천하여 모두 내시內侍에 속하게 하여 정방 3걸政房三傑이라고 불렀다. 원종 초에 합문 지후로 임명되고 여러 관직을 지나 호부 시랑에 이르렀으며 신종神宗·희종熙宗·강종康宗 3대 왕의 실록을 편찬하는데 참여하였다.

(고종) 10년에 우부승선·이부시랑·지어사대사로 임명되었다. 당시 임연이 나라의

정권을 잡고 위세와 화복을 제멋대로 좌우하고 있었는데, 그의 아들 임유무로 하여금 허공의 딸과 결혼시키려고 하였는데 허공이 허락하지 않았다. 임연이 강요하고, 왕이 허공을 불러다가 이르기를 "임연은 간사하고 흉악한 사람이니 그에게 반감을 사서는 안될 것이다. 그러니 그대는 깊이 생각해서 처리하라."고 하였다. 허공이 대답하기를 "신이 차라리 화를 입더라도 저의 딸을 역적된 신하의 집안에 감히 시집보내지는 않겠습니다."라고 하니 왕이 그 뜻을 의롭다고 여겼다. 임연이 마음 속 깊이 이 일을 언짢게 생각하고 있었다.

임연이 김준을 죽이게 되자 문무 관료들이 많이 그에게 살해당하였다. 허공은 때마침 처의 장사를 치르느라고 양천陽川에 가 있었는데 돌아오다가 통진通津에 이르러 변란이 일어났다는 말을 듣고 임연에게 죽음을 당할까 봐 두려워하여 강물에 투신자살하려고 하였다. 이윽고 혼자 말하기를 "죽고 사는 것은 하늘이 결정하는 일이다."라고 하고 그 길로 서울로 들어갔다. 그런데 임연이 조정에 있던 여러 신하들을 죽이고 보니 그와 함께 관리 선발 임명을 의논할 만한 자가 없었다. 옆에 있는 자들을 보고 묻기를 "허공은 돌아왔나 안 왔나?"라고 물었다. 허공이 이 소식을 듣고 임연의 집에 가니 임연이 크게 기뻐하여 맞아들이고 좌석을 잡은 다음에 허공에게 사과의 말로 "나는 일이 있어서 장사 지내는 데 조문을 가지 못하였소."라고 하면서 드디어 관리 선발, 임명의 직무를 맡겼다. 허공이 선발, 임명의 일을 옳게 하였으므로 임연이 기뻐하면서 왕에게 아뢰어 상을 아주 많이 주게 하였다.

임연이 왕을 폐위하고 왕이 병으로 인하여 왕위를 물려주는 것이라고 하는 거짓 표문을 몽골에 보내었다. 몽골은 그것이 허위임을 알고 왕에게 직접 입조入朝(황제를 보는 것)하여 황제 앞에서 직접 사실을 말하라고 독촉하여 왕이 길을 떠났다. 시종하는 신하들에게 묻기를 "동경東京 행성에 가서 만일 임연이 왕을 폐립한 사실을 물으면 무엇이라고 대답할까?"라고 하였다. 허공 및 이분희李汾禧, 강윤소康允紹 등이 임연의 뜻에 순종하여 말하기를 "황제께 올린 표문의 내용대로 말하는 것이 좋겠습니다."라고 말하였다.

유초庾超란 자는 승선 유홍庾弘의 아들이다. 그는 일찍이 중이 되었다가 속세 사람으로 되돌아와서 이장용李藏用의 손주딸과 결혼하였으며 이장용을 따라 원나라에 갔었는데 황제에게 말하기를 "고려 허공, 강윤소, 공유孔愉가 함께 공모하여 상국을 배반하려 하고 있습니다."라고 하였다. 황제가 불화不花에게 명령하여 허공 등을 체포케 하여 유초와 대질시켰더니 유초는 그가 거짓으로 고발하였음을 자인하였다.

충렬왕 원년에 관제官制를 개편하자 그를 감찰 제헌監察提憲으로 임명하였다. 허공이 일찍이 정당문학 윤극민尹克敏의 딸과 결혼하였는데 처가 죽은 후에 다시 집에서 기르던 처제의 딸과 결혼하였으므로 사헌부에서는 이 사실을 탄핵한 바 있었다. 판밀직, 지첨의부사의 관직들을 역임하였다.

원나라 세조가 일본을 정벌하게 되었을 때 도지휘사들을 나누어 파견하여 전함 건조를 감독케 하였다. 허공은 경상도에 가고 홍자번은 전라도에 갔었는데, 홍자번이 일을 아직 절반도 못했을 때 허공은 벌써 다 끝내고 돌아왔으므로 홍자번이 그의 유능함을 탄복하였다.

그 후 참문학사參文學事(정당문학의 개칭)로 전임되어 한강韓康, 원부元傅와 함께 『고금록古今錄』을 편찬하고 중찬이 되었다.

(충렬왕) 16년에 왕이 원나라에 있었고, 허공이 홍자번과 함께 남아서 왕경(개경)을 지키고 있었는데, 합단哈丹을 두목으로 하는 적들이 장차 동쪽 변방을 침입하려고 할 때 유언비어가 돌기를 벌써 침입해 들어왔다고 하여 전국이 흉흉하였다. 홍자번 등은 강화에 피난할 것을 의논하게 되었는데, 허공과 최유엄만은 불가하다고 주장하면서 말하기를 "지금 왕이 원나라 서울에 있는데 어찌 유언비어를 믿고 함부로 나라의 수도를 옮기겠는가?"라고 하였다. 홍자번 등이 기로耆老 재상들을 모아서 이 문제를 의논하니 모두들 "마땅히 옮겨야 한다."고 하였다. 허공이 중지시킬 수가 없어서 당리堂吏(도당의 아전)에게 말하기를 "여러 사람들의 의논이 이러하니 막을 수 없다. 그러나 나는 그대와 함께 서울(개경)을 지키면서 왕의 명령이 오기를 기다리려고 한다."라고 하였다. 여러 재상들이 모두 말하기를 "사람들이 허중찬이 국가를 평온 안정케 한다고들 말하는데 지금은 나라의 일을 그르치지나 않는가?"라고 하였다. 허공은 여러 아들들을 불러다 놓고 말하기를 "나는 마땅히 여기에 남아 있어야 한다. 너희들 가운데

나를 따르지 않는 자가 있다면 그것은 나의 자손이 아니니 반드시 법대로 처리할 것이다."라고 하였다. 얼마 후에 인후印侯가 원나라로부터 돌아와서 "황제가 다시 강화에 수도를 옮겼다는 말을 듣고 장차 주모자를 잡아 오라고 하였다."라고 하였다. 나라 사람들이 이 말을 듣고 비로소 허공에게 복종하였다.

이듬해 원나라가 군사를 보내 합단을 토벌하였을 때 허공도 역시 군대들을 발동시켜 이에 호응하고 여러 날 동안 말에서 내려 쉬지를 않았는데 허공은 그때 감기에 걸렸다. 그럼에도 불구하고 몇 달 동안을 드러눕지 않고 싸우다가 8월에 이르러 병이 심해져서 죽으니 나이 59세였다. 시호를 문경文敬이라 하였는데 왕이 제문을 지어 제사 지내게 하였다.

허공은 성품이 공경하고 검소하여 산업을 일삼지 않았고 직위가 높아졌으되 식사는 한 그릇에 불과하였으며 베 이부자리와 짚 깔개를 쓰고도 근심하지 않았으며, 여러 사람이 모인 곳에서는 말을 함부로 하지 않았고 혼자 편안히 있을 때에도 기대어 앉지를 않아서 마치도 큰 손님이라도 대하고 앉은 것 같았다. 나이 젊을 때에 항상 종 한 사람을 데리고 다니면서 사람의 뼈와 시체를 파묻어 주었는데 그런 일을 매일처럼 하였다. 또 내버려 둔 시체를 보면 스스로 업어다가 묻어 주었다.

허공이 일찍이 달밤에 금琴을 타고 있었는데 이웃집 처녀가 담장을 뛰어넘어 왔으나 허공은 가까이하지 않고 예의로 순순히 타일러 주었더니 여자가 부끄러워하고 뉘우치면서 돌아갔다.

아들은 허평許評, 허관許冠이다. 허평은 양천군陽川君에 봉해졌고, 허관의 아들 허백許伯도 양천군에 봉해졌다.

논하기를,

정가신은 이분희가 혼탁하게 난을 일으켰을 때에 함께 조정에 있다는 것을 수치스럽게 생각하여 호연浩然하게 관직을 그만두고 돌아갔으며 다시 조정에 돌아와서는 힘써서 민막民瘼을 제거하려고 애썼다. 당시의 사대부로서 거취의 의리에 통달한 자로서 정가신과 같은 사람은 드물었다. 만년에 재상이 되어서는 그 시행하는 일들이 철저하지 못하였다.

안유는 학교가 끊어지고 교육이 폐기된 나머지 학교를 일으키고 인재를 육성하는 데 힘쓰는 것을 자기의 임무로 생각하였다. 건의하여 섬학전을 설치하고 그 규모와 제도를 키우고 (공자 등의) 유상을 만들고 제기[籩豆]를 설치하여 비로소 예법대로 하였으니, 그에게 우리 유학[斯文]에 공이 있다고 해도 될 것이다.

허공은 왕실에 충성을 다하였고 임연과 통혼하는 것을 옳다고 생각하지 않았다. 왕회조王懷祖[1]와는 어떠한가? 이에 딸을 군사에게 시집보냈으니 풍의風義가 비슷하다. 국왕을 따라서 원나라에 가서는 임연이 자신을 살린 것을 칭송하고 국왕을 폐립하였다는 일은 감추었으니 그것은 백문절白文節이 붓을 버리고 읍간한 것과 비교하여 어떠한가? 허공의 뜻은 황당하다고 하겠다.

홍자번은 군주 측근의 소인들을 제거하려고 하여 뜻은 비록 옳았으나 군사를 이끌고 궁궐에 가서 왕을 협박하여 (소인들을) 내보내게 하였으니, 안타깝다. 홍자번이 불학무식한 것은 거의 구평중寇平仲[2]과 비슷하다. 초楚나라 신하가 군사를 가지고 간언하는 것[兵諫][3]과 같은 궤도詭道를 어찌 말세에 행할 수 있겠는가? 그가 정색을 하고 조정에 서니 사람들은 감히 사사로이 하지 못하니 가히 재상의 풍도가 있다고 하겠다.

---

1 왕회조 : 회조懷祖는 왕술王述의 자字. 진晉 나라 사람. 시호諡號는 간簡. 성품이 침착하였고 30세가 넘어서 형주자사荊州刺史가 되었다.

2 구평중寇平仲 : 평중은 송宋 나라 구준寇準의 자字. 내국공萊國公에 봉해졌으므로 구내공寇萊公이라고도 불려짐. 태종 때 재상의 지위에 있으면서 인재를 등용함에 차서대로 하지 않아 동료들이 좋아하지 않았다. 진종 때 거란이 침입했을 적에 조정의 의론을 반대하고 거란을 칠 것을 주장하여 격퇴시키고 불가침동맹을 맺게 하는 데 주도적인 역할을 하였다. 그가 북쪽 변방의 성문을 지키고 있으면 북쪽 오랑캐들이 침입해오지 못했다 한다(『宋史』 卷281 寇準列傳).

3 병간兵諫 : 춘추 시대에 초왕楚王이 정치를 잘못하니 그 신하 육권鬻拳이 간하다가 임금이 듣지 않으므로 군사를 일으켜 궁성宮城을 포위하고 임금을 협박하여 바로잡은 사실을 말함.

유천우兪千遇 조인규趙仁規 {조연趙璉 조위趙瑋} 박항朴恒

유천우兪千遇

자子는 지일之一이요 처음 이름은 양亮이었다. 그는 장사현長沙縣 사람으로 고종 때에 과거에 합격하고 내시內侍에 소속되었다. 상서 김창金敞이 그를 높이 평가하여 최이崔怡에게 추천하였더니, 최이가 말하기를 "얼굴은 잘 생기지는 못했으나 정말 좋은 사람이다."라고 하면서 그를 정방에다 두었다.

여러 번 관직을 옮겨 이부 시랑이 되었는데 최항崔沆이 안찰사들로 하여금 귀양 간 자들의 전곡田穀(해당 토지에서 받게 되어 있는 곡물)을 거두어들이게 하려고 하였는데, 유천우가 말하기를 "유랑하는 백성들이 아직 안착 집결되지 못하였으니, 이러한 명령을 내렸다가는 백성들이 반드시 고통을 당하게 될 것입니다."라고 하였더니 최항이 그렇겠다고 인정하고 그 일을 그만두었다.

몽골 군대가 침입해 오자 삼척三陟 고을을 산성에다 옮기려고 하였는데 고을 사람들이 이거하는 것을 싫어하여 유천우에게 은병 30개를 보내 주고 옮기지 않게 되었다. 최항이 이것을 알고 유천우를 책망하기를 "그대는 글을 읽어서 의리가 무엇인지 아는 사람인데 어찌 이와 같은 탐오 행위를 했단 말인가?"라고 하면서 그를 섬에다 귀양 보내었다. 얼마 안 되어 그를 용서하여 돌아오게 하였으나 또 일이 생겨서 섬에 귀양 보내었다. 그의 어머니가 김승준金承俊에게 뇌물로 주니, 김승준이 그의 형 김인준金仁俊(즉 김준)에게 말하기를 "정방에 있는 최윤개崔允愷는 주견이 없어 무엇이든지 분간하여 처리할 능력이 부족하고 그 나머지 사람들은 모두 새로 들어온 사람들이 되어서 함께 일을 의논할 만한 사람이 없으니 유천우를 불렀으면 좋겠습니다."라고 하여 김인준이 왕에게 아뢰어 유천우를 소환하게 하였다. 그는 또 총애를 받는 환관에게 뇌물을 후하게 주어서 다시 정방에 들어갔으며 병부 시랑으로 되었다.

원종 초년에 추밀원 우부승선으로 임명되었으며 얼마 후 지주사知奏事가 되어 전선銓選을 맡아보게 되었는데, 동년同年(같은 해에 과거에 합격한 자)인 전문윤田文胤·최목崔牧을 이끌어 언관으로 삼았다. 여러 공신들이 유천우가 자기와 친한 사람들을 발탁하여 대성臺省에다 배치한 것은 서로 원조케 하려는 것이라고 의심하였다. 공신들은 대개 김인준을 의지하여 그 족속들에게 관직을 주었으며, 유천우는 매번 의리가 그렇게 될 수 없다 하여 그것을 억압하였으므로 이로 인하여 공신들과 틈이 생겼다.

백취문白就文이란 자는 그전에 유천우의 문생으로서 과거에 급제한 자인데 내료內僚 김연金衍의 딸과 혼인하였다. 그런데 김연은 또 김인준의 장인이었다. 그래서 김연이 김인준에게 청하여 백취문을 해양부海陽府 녹사로 임명해 달라고 하니, 유천우가 듣지 아니하였다. 한편 대장군 오수산吳壽山 역시 그의 조카 주연朱然을 위하여 녹사의 관직을 구하였다. 유천우는 불가하다고 하고 비서랑秘書郎 최충약崔沖若을 썼다. 오수산이 길을 가다가 최충약을 만나서 채찍으로 그를 치니 최충약이 말에서 떨어졌다. 오수산은 자기가 탄 말을 뛰게 하여 그를 밟아 죽이려고 하여 최충약은 공포로 인하여 마침내 앓아 죽었다. 오수산이 조정에서 말하기를 "유승선이 인사를 제멋대로 좌우하니 마땅히 함께 죽여야 한다."라고 하면서 여러 무신들과 함께 예빈성禮賓省에 모여서 기다리고 있었다. 어떤 사람이 유천우에게 그 소식을 알려 주니, 유천우는 웃으면서 말하기를 "그것도 운명이지!" 하였을 뿐이었다. 김승준이 오수산을 불러 말하기를 "관직을 주고 뺏는 권리는 임금님께 있는 것이 아닌가? 너희들이 감히 승선에게 모욕을 준다면 이것은 임금도 모르고 영공令公도 모르는 것이니 그래서야 되겠는가?"라고 하였다. 이렇게 되어 여러 무인들은 모두 흩어져 갔다.

유천우의 아우 장군 유원적兪元勣이 낭장 정수경鄭守卿과 더불어 김인준을 없애버리려는 모략을 꾸미다가 미연에 발각되었다. 김인준이 유원적을 잡아 가두고 유천우를 불러다가 묻기를 "당신의 아우가 나를 죽이려고 하였는데 당신은 이것을 알고 있었던가?"라고 하니, 유천우가 대답하기를 "아우가 하는 일을 형이 어찌 모르겠습니까?"라고 하였다. 김인준이 "왜 나에게 알리지 않았는가?"라고 되묻자, 유천우가 "원적이가 그전에 나에게 그런 말을 하기에 '그럼 같이 일을 꾸미는 자가 어떤 자인가?'라고 물으니 아우가 하는 말이 '아무개입니다.'라고 하였습니다. 나는 '이런 자들과 일을 해서 무슨 큰 일을 치르겠느냐?' 하고 아우를 곤장으로 쳐서 쫓아 버렸습니다. 나는 그가 반드시 실패하리란 것을 알고 있었지만 늙은 어머니가 계시므로 어머니의 마음을 상하게 할까 두렵고 또 사람들이 내가 동생을 잡아먹고 자기는 면했다고 말할 것이기 때문에 감히 고하지 않았을 뿐입니다."라고 대답하였다. 김인준이 말하기를 "당신이 만일 몰랐다고 대답한다면 사람들의 의심의 더 살 뿐일 것이다. 그런데 지금 사실대로 말하였으니 책임 추궁은 해서 뭐 하겠는가? 또 나도 본래부터 당신이 어머니를 사랑한다는 것을 잘 안다. 이전에 나의 아우가 손님을 대접하였을 때 당신만은 감을 먹지 않기에 그 까닭을 물었더니 그 감을 어머니에게 드리려 한다고 하였다. 지금 어머니의 마음을 상하게 할까 두려워서 말을 못했다고 하니 이것은 정말 믿을 수 있는 말이다."라고 하고 유원적을 죽이고 유천우는 (죽음을) 면할 수 있었다.

유천우가 오랫동안 국가의 중요한 직무를 맡아 보면서 사방에서 보내오는 뇌물을 많이 받았으므로 마침내 부자로 되었다. 그러나 그가 모은 재산을 다 털어 불사佛事(부처 및 승려들을 공양하는 의식)를 진행하여 김인준을 위하여 복을 빌었다.

그 후 지문하성사를 역임하였다. 당시 임연林衍이 왕을 퇴위시키고 새 왕을 들여앉히는 일을 의논에 붙이게 되었는데 여러 재상들에게 차례로 물었으나 아무도 감히 대답하는 자가 없었다. 유천우가 말하기를 "이 일은 큰일이니 공께서는 반복해서 생각하기를 바랍니다. 하물며 지금 세자가 원나라에 가 있으니 그가 돌아오는 것을 기다려 의논하더라도 늦지는 않을 것입니다."라고 하였으나 임연이 결국 듣지 아니하였다.

임연의 아들 임유무林惟茂가 왕의 명령을 거부하는 것을 의논할 때, 유천우는 말하기를 "왕과 세자가 원나라[上國] 군대를 이끌고 왔으니 성문을 닫고 거절한다는 것은 어찌 신하의 도리라고 하겠습니까? 그리고 비록 굳게 지키려고 한들 그것이 가능하겠습니까?"라고 하였더니 임유무가 아주 싫어하였다. 때마침 임유무가 살육되었으므로 화가 그에게 미치지 않았다. 평장사로 전임되었다. 충렬왕이 즉위하여 관제官制를 고쳤을 때 유천우의 직을 낮추어 참문학사參文學事가 되었다.

유천우는 몸집이 조그맣고 키가 작았으나 총명하고 민활하였다. 젊었을 때 유경柳璥과 더불어 명성을 날렸는데 덕성과 도량에 있어서는 유경보다 멀리 뒤떨어졌다. 그는 기지가 많아서 말은 잘 맞추었으나 언행이 일치되지 못하였고 겉모양을 보면 부지런하고 공손한 듯하였으나 속심은 그렇지 못하였다. 그래서 사람들이 그의 효도, 형제간의 우애, 친구간의 신의는 다만 명예를 구하기 위해서 그런 것이라고들 하였다. 그의 도량은 좁고 얕아서 남을 이기려고 애썼으며 자기가 구하는 것을 얻지 못하면 곧 마음속으로 성을 내었으며 눈을 한 번 흘긴 것과 같은 사소한 일도 반드시 그 앙갚음을 하고야 말았다. 또 의복과 주택도 아주 사치하고 화려하게 하였다. 일찍이 사관史官으로 되었는데 사고史藁(역사 편찬을 위한 초고)를 만들지도 않으면서 말하기를 "당시의 국가적 사업은 모두가 진양공晉陽公이 하는 일인데 내가 그에게 은덕을 많이 받고 있으면서 어떻게 감히 후세에다 그의 나쁜 행동에 관해서 전하여 주겠는가?"라고 하였다. 그는 나이 68세에 죽었고 시호는 문도文度였다. 아들은 없었고 외손자 박전朴顓은 과거에 급제하여 관직이 찬성사에까지 이르렀는데 청렴하고 간결한 것을 자기 소임으로 삼았으며 불교를 믿었다.

조인규趙仁規

자는 거진去塵인데 평양부 상원祥源 사람이다. 조인규는 나면서부터 영특하였고 차차 자라나서 공부하여 글의 뜻을 대략 알 만큼 되었다. 그때 나라에서는 나이 어린 자제들로 똑똑한 자들을 골라서 몽골어를 배우게 하였는데 조인규도 여기에 선발되었다. 문을 닫아걸고 3년 동안 주야로 노력한 결과 마침내 명성을 얻게 되어 제교諸校(교위급의 관직)로 임명받을 수 있었다. 그 후 여러 번 옮겨 장군으로 승진하였다.

왕이 원나라에 청하여 왕경 단사관王京斷事官이 되었다. 처음에 나라 사람들이 몽골어를 배우기는 하였어도 잘 응대할 줄 아는 자가 없었으므로 우리나라 사신이 원나라 서울로 가면 반드시 총관摠管 강수형康守衡으로 하여금 인도해 들어가서 황제께 아뢰게 하였다. 한 번은 조인규가 금으로 그림을 그린 자기를 황제께 바친 일이 있었는데, 세조世祖가 묻기를 "금으로 그림을 그리는 것은 그릇이 견고해지라고 하는 거냐?"라고 하였다. 조인규가 대답하기를 "다만 채색을 붙이려는 것뿐입니다."라고 하였다. 또 묻기를 "그 금을 다시 쓸 수가 있느냐?"라고 하였으므로, "자기란 것은 쉽게 깨어지는 것이므로 금도 역시 그에 따라서 파괴되고 맙니다. 어찌 다시 쓸 수가 있겠습니까?"라고 대답하였다. 세조가 그의 대답이 잘 되었다고 칭찬하며 자기에다가 금으로 그림을 그리지 말고 진헌하지도 말도록 하고 또 고려 사람이 국어(몽골어)를 이렇게 잘하는데 하필 강수형이에게 통역케 할 필요가 있겠느냐 하고 지금부터는 바로 들어와서 일을 아뢰라고 하였다.

그 후 원나라 사신 한 사람이 우리나라와 감정을 품고 있다가 우리의 고유한 풍속을 바꾸게 하려고 황제에게 제소하였는데 일이 어떻게 될지 예측할 수가 없게 되었다. 조인규가 혼자 들어가 황제를 뵙고 명확하게 시비를 가려서 말하였기 때문에 그 일을 그만두게 되고 서북西北의 두 변방이 우리나라에 되돌아오게 되었으니 이 역시 조인규가 전대專對한 공로이다.

충렬왕이 조인규를 중찬으로 임명코자 하니 조인규가 말하기를 "홍자번은 덕망이 있어 총재冢宰가 되었는데 신이 갑자기 그보다 높은 지위에 오르게 되면 여러 사람들의 공론이 어떻게 되겠습니까?"라고 하면서 굳이 사양하였다. 얼마 있다가 중찬으로 임명되었다.

(충선왕) 24년에 사도司徒의 직이 더해졌다. 처음에 조인규의 딸이 충선왕의 왕비가 되었는데 무고巫蠱한 일[4]로 조인규가 원나라에 잡혀가서 국문을 당하고 안서安西로 유배되었다가 곧 석방되어 귀국하였다.

충선왕이 원나라에 있으면서 조인규를 평양군에 봉하고 개부開府하게 하고 승지 김지겸金之兼을 보내 왕에게 아뢰기를 "조인규는 나라의 원로가 되었으니 조회 때에 옥으로 만든 띠를 띠게 하며 찬배贊拜(의식 때에 관직 이름을 불러서 절 시키는 것) 때에는 이름을 부르지 않게 하며 나라에 큰 일이 있을 때에는 밀직이 그의 집에 가서 물어 보고 그 대답을 받도록 하되 만일 조인규의 말을 듣지 아니하거나 또 최유엄崔有渰과 약속한 것을 듣지 않는 자는 위법으로 취급하여 처벌하도록 하기를 바랍니다."라고 하니 왕이 이에 따랐다.

(충렬왕) 34년에 그가 죽었는데 나이는 72세이었으며 정숙貞肅이란 시호를 받았다.

---

4 조인규의 처가 무당을 시켜서 왕이 공주를 사랑하지 않게 저주하고 자기 딸에게 사랑을 집중하도록 축원하였다고 하는 사건.

조인규는 한미한 가문에서 나와서 역관[舌人]으로 진출하였다. 왕이 매번 황제에게 아뢸 일이 있으면 반드시 조인규를 보내었다. 그가 사신으로 원나라에 간 것이 30회나 되었는데 그의 근면하고 노력한 바가 상당히 많았다. 그래서 짧은 시일 내에 국가의 중요한 권력을 잡았고 사람됨이 부드럽고 성실하기 때문에 왕의 총애를 받아 항상 왕의 침소에까지 출입하였으며 권세가 한 때를 기울만 했으며 아들 사위들이 모두 장군과 재상의 지위에 올랐다.

조연趙璉

아들 조연趙璉은 충숙왕 때에 찬성사가 되었다. 충숙왕이 원나라에 갔을 때에 조적曹頔, 채하중蔡河中 등이 심왕瀋王의 좌우에 있으면서 충숙왕을 여러 가지로 참소하였는데, 조연은 그 아우 조연수趙延壽 및 김원상金元祥 등과 더불어 제멋대로 참소의 내용을 꾸며 대었다. 조연은 원나라의 명령을 받고 고려 왕부 단사관王府斷事官이 되어 권성사權省事(행성의 임무를 대리로 하는 것)를 한 것이 무릇 5년이었다. 그래서 원나라 사신들이 그칠 새 없이 왕래하였는데 대개 제 기분대로 행패를 하였으나 조연이 좋은 말로 달래어 그들의 성을 바로 풀어주곤 하였기 때문에 그가 죽자 나라 사람들이 모두 울었다. 그러나 그는 심왕에게도 마음을 두고 있어서 신하로서의 절개가 완전치 못하였다. 조연의 아들 조덕유趙德裕는 관직이 판서에까지 이르렀다. 조덕유의 아들 조린趙璘은 신돈을 없애 버리려고 꾀하다가 신돈에게 살해되었다.

조위趙瑋

조련의 아우 조위趙瑋는 충숙왕 때에는 총부 전서摠部典書 직을 역임하였으며 충숙왕이 심왕과 사이가 벌어져서 다투고 있을 때에 어떤 사람이 조위를 비방하여 왕과 사이가 멀게 하여 그에게 원윤元尹의 직위를 주어 산지散地(실제의 직무가 없는 지위)에 있도록 하였으나 왕이 다른 연고가 없음을 알고 밀직으로 임명하였다. 그 후 갑작스레 찬성사로 승진하였다. 충숙왕이 근무하는 데 싫증이 나서 정치를 재상들에게 맡겼는데 조위는 되도록 원칙을 주로 하고 세세한 일은 따지지 않았으며 사람들이 그가 아버지(조인규)의 기풍이 있다고 하였다. 충목왕 3년에 부원군에 봉해졌다가 죽었다.

박항朴恒

자는 혁지革之이고 춘주春州(춘천)의 아전이었다. 고종 때에 과거에 급제하였다. 몽골군이 춘주를 함락시켰을 때 박항은 서울(개성)에 있어서 부모가 어디서 죽었는지 알지 못하였다. 성 밑에 시체가 산더미처럼 쌓였는데 그는 시체 가운데서 얼굴이 비슷하게 생긴 사람들은 모두 거두어서 묻었다. 그 후 어머니가 포로로 되어 연나라燕에 가 있다는 말을 듣고 두 번이나 가서 찾았으나 결국 찾지 못하였다.

선발되어 한림원의 관직에 임명되었고 충주忠州의 수령으로 갔었는데 그 정치의 성적이 으뜸이었으므로 소환되어 우정언右正言으로 임명되었다. 그 후 경상, 전라의 두 도에 안렴사로 가서 명성과 공적이 있었다.

충렬왕 때에 승선으로 임명되어 전주銓注를 맡아보게 되었다. 이전에는 정방政房에서 전주銓注를 할 때에는 자기 집에서 잤기 때문에 만나자고 요청하는 자들이 그들의 문 앞에 가득 찼다. 그러나 박항은 전주를 끝내고서야 나왔다. 그리하여 이후의 사람들이 드디어 이것을 상례로 삼게 되었다.

박항은 동지밀직사사로 왕을 따라 원나라로 갔었는데, 평장 합백哈伯이 외랑外郎을 시켜서 재상들에게 묻기를 "흔도忻都가 말하는데 '천자께서 고려의 여러 섬들에 있는 백성들을 육지에 올라와 살라고 하였는데 고려에서는 다시 섬에서 살도록 하여 구당사勾當使를 섬에 파견하였다.'라고 한다. 그런 일이 있는가?"라고 하였다. 박항이 대답하기를 "지원至元 7년에 우리나라는 황제의 명령으로 다시 옛 서울에 수도를 정하였으나 그때 여러 섬들에 사는 백성들에게는 육지로 나오라는 지시가 있은 적이 없다. 다만 삼별초가 반란을 일으켜 진도, 탐라에 의거하였기 때문에 초토사招討使 김방경이 적도의 거점들에 가까운 섬들에 대하여 육지에로 나와 노략질을 피하라고만 지시하였을 뿐이었다. 그리고 육지에 나와 있는 자들을 안착시키지 않을 수가 없기 때문에 구당사를 파견하게 된 것이다."라고 하였다. 또 그가 묻기를 "섬사람들이 배를 타고 무리를 지어서 오가고 한다 하니 무슨 사변이라도 생기면 어떻게 하겠는가?"라고 하니, 박항이 대답하기를 "섬에 사는 사람들이 물고기와 자라 따위를 잡아서 먹고 입고 하니 왔다 갔다 하면서 고기잡이와 낚시질을 하는 것은 관리들의 금지할 바 아니다. 또 흔도는 원수로서 염주鹽州에 주둔하고 있는 지 이미 오래이나 서해 바다의 여러 섬들 예컨대 교동喬桐, 용매龍媒는 수부帥府와 서로 바라다 보이는 곳에 있건만 흔도는 왜 가만히 앉아서 보기만 하고 육지로 나오라 하지 않는가?"라고 하니 합백이 감히 더 따지지를 못하였다.

그는 참문학사로 임명된 지 얼마 후에 찬성사로 승진하였다. 왕이 이전 제도에 따라 신급제新及第(과거에 새로 합격된 자들)를 다시 친히 시험해 보려고 하였는데, 중 조영祖英이 왕에게 총애를 받고 있던 자로서 그의 조카 오자의吳子宜를 위하여 과거 합격의 연한이 길고 짧은 것을 한정하지 않고 모두 시험장에 참가할 수 있게 하려고 하였다. 왕이 유경柳璥에게 물으니, 유경은 신구의 급제자 및 양반의 자제들로 남삼藍衫(9품 이하 관리의 예복)을 입은 자는 모두 다 시험 보러 가게 하는 것이 좋다고 대답하였다. 유경도 그의 손자인 유인명柳仁明과 손자 사위인 권영權永을 위해서 그렇게 한 것이다.

장군 이지저李之氐가 말하기를 "전시殿試(친시)의 법은 의종 이래 폐지하고 실시하지 않은 지가 수백 년이나 되었으며 또 지금 국가에 일이 많으니 꼭 그렇게 할 겨를이 없다고 봅니다. 또 우리나라 사람들로서 원나라에다 무슨 구실을 만들어 참소하는 자가 많으니 전시를 천장天場(황제가 친시하는 곳)이라고 무고해서 참월하다는 책임을 묻게 될까 두렵습니다."라고 하였으며, 또 대제待制 곽예郭預 역시 일찍이 이것을 말린 일이 있었기 때문에 왕이 시험 기일을 연기하라고 명령하였다.

조영祖英이 왕에게 강요하여 친시를 시행하였는데, 박항이 옛 제도에 따라 시험을 치게 하자고 요청하였으나 왕이 허락하지 않았다. 조영이 오자의 등의 시험 답안을 가지고 왕께 가서 풀로 붙여 봉한 것을 떼고 과목科目을 결정할 것을 요청하여 15명을 선발하니 오자의가 으뜸으로 되었다. 왕이 박항을 불러다 놓고 말하기를 "나는 두루 다 검토해 보지 못하였으니 그대가 조영과 함께 등급을 결정하라."고 하였다. 조영이 박항에게 말하기를 "전일에 전하께서 오자의가 지은 시부詩賦를 보고 벌써 을과乙科로 결정하였는데 하필 다시 살필 필요가 있는가?"라고 하였다. 박항이 왕에게 말하여 곽예, 최수황崔守璜, 이자분李子芬 등과 함께 등급을 결정하였는데 방榜이 나간 후에 보니 조간趙簡이 으뜸이 되었고 오자의는 쫓아냈다.

일본을 정벌하면서[東征之役] 세조가 전함, 군량을 모두 다 본국에서 조달하라 하였으며 흔도, 홍다구洪茶丘 등을 보내 감시, 독촉케 하였다. 그리하여 임금이고 신하고 모두 손을 모아 복종할 뿐이었으나 실제에 있어서는 우리의 힘으로 감당해 낼 수가 없었다. 박항이 왕에게 아뢰어 구체적 실정을 써서 원나라에 보고하게 하였다. 원나라 황제는 왕에게 좌승상 행중서성사行中書省事의 관직을 주고, 김방경을 정동 도원수로 임명하였으며 이하도 모두 선명宣命(황제의 관직 임명)과 신부信符(병부와 인신)를 주었다. 이 때문에 흔도 등이 제멋대로 결정하지 못하였다. 나라가 그것을 신뢰하였다. 필요한 비용과 군량 등의 조치와 군사 기밀에 관계되는 여러 업무들이 모두 박항에게서 나왔다.

(충렬왕) 7년에 죽으니 나이는 55세였고 시호는 문의文懿이다. 그는 사람됨이 너그럽고 후하여 남을 잘 접대하였으며 근면하게 공무에 복무하였고 관리로서의 실무에도 능하였다. 그러나 무슨 일을 처리함에 있어서는 자기 의견을 고집하고 다른 사람의 말을 참작하지 않았으며 그가 선발한 인재는 그에게 은혜가 있던 자였다. 그가 일찍이 전시殿試를 심사하였는데 선발된 자 9명 가운데서 5명은 박항의 문생이었으므로 사람들이 그것을 약점으로 생각하였다.

논하기를,

유천우가 최씨에게 붙은 것은 마치 치초郗超가 환온桓溫에게 붙은 것,[5] 송제구宋齊丘[6]가 서온徐溫에게 붙은 것과 같으니 그 죄는 죽어도 용납할 수가 없다. 그러나 임연이 국왕의 폐립을 의논하는 데에서는 이장용·허공이 그 협박이 두려워 머리를 숙여서 따랐

---

5 치초郗超는 동진東晉 때 사람으로, 모반을 꾀하려는 마음을 품고 있던 환온桓溫의 막빈幕賓이 되어 여러 가지 일을 획책하였다.

6 송제구는 오대五代 시대 당唐나라 사람으로 원훈元勳을 세우기 위해 남을 무함하는 등 온갖 음험한 짓을 다 하였다.

으나 유천우는 불가함을 힘써 변론하였으니 이장용과 허공이 도리어 미치지 못하는 것이다. 『논어』에 "한 자가 짧을 수도 있고 한 치도 길 수도 있다[尺有所短 寸有所長]."고 하였으니 어찌 이것을 말한 것이 아니겠는가!

조인규는 장사치, 아전[商胥]으로부터 출세하여 성류盛流(가문이 좋은 사람들)들이 끼워주지 않았다. 그러나 국가의 조상 대대로 내려오는 토지가 상국(원나라)에 할양되어 있는 것을 지모가 있는 신하나 용맹한 장수도 회복할 수 없었다. 그런데 조인규는 입으로 그것을 되찾았으니 그 공이 어찌 작은 것이겠는가!

일본 원정 때에 원나라 명나라의 장수와 사졸들이 지방을 침해할 때에 누구도 감히 어쩔 수가 없었는데, 박항이 건의하여 황제에게 아뢰어 왕에게 승상의 지위를 주어 그 이후에 호령이 왕으로부터 나오게 되니 나라가 그를 신뢰하게 되었다. 만약 박항의 계책이 아니었으면 우리나라는 거의 위태롭게 되었을 것이다.

정해鄭諧 {정포鄭誧} 조간趙簡 이혼李混 윤신걸尹莘傑 {박효수朴孝修} 안전安戩 최수황崔守璜

정해鄭諧

자는 회지晦之요, 대장군 정의鄭顗의 손자이다. 어려서 고아가 되어 학문에 힘써 과거에 급제하여 사한史翰(춘추관과 예문관)에 임명되었다.

충렬왕 때에 필도적必闍赤으로 되어 이혼李混, 윤보尹珤와 함께 명성이 있었다. 전주銓注를 맡아서는 법규대로 고집하여 누구에게도 아첨하지 않았다. 그 후 지밀직이 되었는데, 인후印侯가 한희유韓希愈를 잡으려고 하였을 때 여러 대신들을 모조리 불렀는데 대신들이 모두 인후의 마음을 짐작하고 아무도 감히 가지 못하였다. 그러나 정해는 홀로 무슨 영문인지 알지 못하고 갔다가 이내 돌아왔으나 그 사건에 연루되어 파직당하였다.

얼마 후 다시 등용되어 판삼사사, 첨의 참리를 역임하였다. 이때 왕유소王惟紹, 송방영宋邦英이 충선왕을 폐하려고 음모하였는데 정해가 그들이 하는 것을 분하게 생각하였으나 아직 폭로시킬 수가 없었다. 마침 송방영이 사신으로 되어 원나라에 가게 되어 양부의 대신들이 그를 전송하려 나갔었는데 송방영이 길에서 정해를 만났다. 송방영은 자신이 사신으로 되어 역마를 타고 간다는 것을 구실로 말을 탄 채 읍례揖禮를 하려고 하였다. 정해가 그의 무례함을 노하여 못본 체하고 천천히 말에서 내려서 서로 인사를 다 하고 난 뒤에 길을 비키라고 갈도喝道하였는데도 비키지 않았다는 것을 책망하면서 그의 빰을 후려갈겼더니 송방영이 부끄러워하였다. 정해가 돌아와서 병이 나서 의사에게 진찰을 받은즉 의사가 말하기를 "병은 성을 낸 데서 발생한 것이나 오래 되어야 낫겠다."라고 하였다.

(충렬왕) 31년에 찬성사로 승진하였다가 곧 죽었다. 그는 안은 굳세었으나 바깥은 온화하였고 자기 감정을 표시하지 않았으며 보통 편안히 쉴 때에는 마음이 너그럽고 격식을 차리지 않았으나 무슨 일을 만나면 정력이 왕성하여 굽힐 수 없는 사람으로 되었다.

그의 아들은 정책鄭幘과 정이鄭怡이다. 정책의 아들에 정오鄭頫와 정포鄭誧가 있다.

정포鄭誧

정포의 자는 중부仲孚인데 나이 18세에 과거에 급제하였고 예문관 수찬修撰으로서 표문을 가지고 원나라에 갔다. 때마침 충숙왕이 귀국하는 길이었는데 정포가 도중에서 왕을 만나니 왕이 그를 사랑하고 만류하여 자기의 호종으로 삼았다. 그리고 그의 관직을 급속히 승진시켜 좌사간左司諫으로 삼았다. 충혜왕 때에 대간이 되어 봉박封駁하는 것이 매우 많아서 권력을 장악하고 있던 자들이 그를 미워하여 관직을 박탈하였다. 그리하여 집에서 지내고 있는데 또 참소하기를 "정포의 형제가 원나라로 도망가서 대불大佛을 도와줄까 두렵습니다."라고 하였다. 그리하여 정오를 영해寧海에 정포를 울주蔚州에 귀양 보내었다. 정포가 귀양살이를 하면서도 시를 읊고 휘파람을 불어 태연자약하게 지냈으며 개연히 원나라에 가서 벼슬하려는 생각을 두었다. 그가 일찍 말하기를 "대장부가 어찌 세상의 한 구석에서 답답한 생활을 하고 있겠는가?"라고 하였다. 그 후 연도燕都(북경)에 여행하였는데 승상 별가불화別哥不花가 그를 한 번 만나 보더니 크게 그를 사랑하여 장차 원나라 황제에게 추천하려 하였다. 그러나 때마침 병을 만나서 죽으니 나이 37세였다. 그의 저술에 『설곡집雪谷集』이 있어 세상에 유포되고 있다. 그리고 그의 시사詩詞가 간명하고 높았다. 그의 아들은 공권公權이다.

조간趙簡

김제현金堤縣 사람인데 충렬왕 5년에 과거에 장원으로 급제하였다. 이듬해에 왕이 친히 시부詩賦로 문신들을 시험한 일이 있었는데 조간은 이번에도 1위를 차지하였으므로 왕이 그에게 황패黃牌를 주었다. 여러 번 옮겨서 보궐補闕(정6품직 사간의 개칭)로 되었는데 아버지가 죽어서 시묘살이를 3년간 계속하였다. 왕이 가상하게 생각하여 특례로 그에게 기거주起居注의 벼슬을 주었다.

충선왕이 왕위를 이어받자 그는 우간의대부가 되었다. 당시 내료 이지저李之氐가 양부兩府의 관직을 임명받았는데 조간이 그의 고신에 서명을 하지 않았다. 왕이 조간을 불러서 말하기를 "대관大官 한 사람이 그대에게 반감을 품고 있으니 그대는 조심하는 것이 좋을 게다."라고 하였다. 충렬왕이 다시 왕위에 오르게 되자 그에게 서명해 줄 것을 두세 번씩이나 은밀히 부탁하였으므로 조간이 할 수 없이 서명하였다. 왕이 조간에게 선법選法(관리의 선발, 임명) 주관할 것을 명령하였으나 굳이 사양하였다. 그 후 우부승지로 승진하였으며 동지공거가 되어 선비를 뽑았는데, 그가 새로 합격한 자들을 데리고 수녕궁에 가서 왕을 뵈니, 조간이 전시문생殿試門生(왕이 직접 시험을 보여서 선발한 자)이었다고 하여 왕이 합격자들이 있는 자리에 나와 앉아서 그들에게 주연을 베풀어 주었다.

그 후 첨의평리를 역임하고 찬성사로 있다가 죽었다. 조간이 늙은 뒤에 목에 종창[疽]이 나서, 의사가 말하기를 "뼈가 한 절반쯤 썩었을 것입니다. 그것을 긁어내면 고칠 수 있습니다."고 하였다. 조간이 말하기를 "죽기만이나 하겠지? 한 번 해봅시다."라고 하였다. 그리하여 잘 드는 칼로 도려내니 과연 뼈가 썩고 있었다. 기절해서 눈을 감고 있는 것이 이틀이나 계속되었다. 상락군上洛君 김순金恂은 조간이 과거에 급제되었을 때 제2위로 합격한 사람이었다. 조간에게로 문병을 갔다가 이 모양을 보고 눈물을 흘리어 마지않았더니 조간이 문득 눈을 뜨고 말하기를 "어찌 마음속으로는 좋아하면서 겉으로는 슬픈 체한단 말인가?"라고 하였다. 김순이 말하기를 "그게 무슨 말이요." 하니, 조간이 말하기를 "내가 죽으면 합격자들 가운데에 당신보다 앞선 자가 없을 게 아닌가?"라고 하니, 김순이 눈물을 거두고 웃으면서 "이 늙은이는 죽지 않겠다."라고 하였다.

이혼李混

자는 태초太初인데 전의全義 사람이다. 17세에 과거에 급제하여 충렬왕 때에 전조 판서銓曹判書 집현전 대제학集賢殿大提學으로 임명되었다가 얼마 안가서 파면되었다. 왕이 좌우의 신하에게 말하기를 "신하들의 지조가 점차 옛날만 못하여 간다. 옛날 이혼과 윤보尹珤가 전선銓選를 주관하던 때에는 과인이 이혼의 아우 이자화李子和를 행수行首로 삼고자 하니 이혼은 사양하여 말하기를 '신이 전조銓曹의 임무를 맡고 있는데 이제 저의 아우를 행수로 삼는다면 사람들이 저를 뭐라고 말하겠습니까?'라고 하였으며, 또 윤보의 아들 윤안비尹安庇를 권무權務로 삼으니 윤보도 역시 말하기를 '저의 아들이 연소할 뿐 아니라 저 자신이 전선銓選을 맡은 처지에 감히 받을 수 없습니다.'라고 하여 그들은 모두 재삼 사양하였다. 그런데 이제 와서는 전선銓選을 주관하는 자들이 좋은 벼슬을 그들의 친척에게 주고도 과인에게는 알리지 조차 않는 형편이니 더구나 사양은 말도 되지 않는다. 이것은 바로 염치가 날로 없어지고 세상의 도덕 기풍이 날로 추락되기 때문이다."라고 하였다. 그러나 이혼이 오래 전선銓選을 맡자 자못 염치가 없다는 비방이 있었다.

충선왕이 다시 관제를 개정하여 이혼이 권준權準과 함께 비판批判(원나라 조정에서 비준한 문건)들을 가지고 원나라에서 돌아왔다. 충선왕이 환국하자 모든 나랏일을 예문관藝文館에서 신주申奏하도록 하고 이혼을 대사백大詞伯으로 임명하였다. 그 후에 첨의 정승僉議政丞으로 되었다가 치사하였다.

윤신걸尹莘傑

자는 이지伊之이니 기계杞溪 사람이다. 5경五經에 다 통달하여 충렬왕 때에 과거에 급제하고 대학 박사大學博士로 추천되었다. 충선왕 초에 강릉부 익선江陵府翊善으로서 충숙왕의 사부師傅가 되었다. 그 후에 충선왕은 윤신걸이 충숙왕의 총애를 받는 것을 미워하여 강직시켰다.

충숙왕이 즉위하자 보문각 제학寶文閣提學으로 임명되었다가 예문 대제학藝文大提學으로 승진하였다. 충선왕이 윤신걸과 이제현에게 명령하여 시관試官이 되게 하였다. 윤신걸이 주군州郡에 간청하여 학사연學士宴을 차리려 하였다. 이때 왕은 그것이 충선왕의 명령에 의한 것이라 하여 윤신걸이 자기에게 두 마음을 품은 것으로 의심하고 곧 윤신걸을 파면하고 박효수朴孝修로써 대신케 하였다.

윤신걸은 사람됨이 엄격하고 진중하며 오래 전선銓選을 주관하면서 사사로이 일의 경중을 논하지 않았으므로 당시 장자長者라고 칭하였다. 죽자 장명莊明이라고 시호를 하였다.

박효수朴孝修

박효수는 본래 깨끗한 것으로 이름이 있었다. 윤신걸을 대신하여 선비를 선발하게 되자 왕이 그 청백함을 기특히 여겨 은병 50개와 쌀 백 석을 내주어 학사연을 치르게 하였다. 이로써 박효수의 청백한 절조는 더욱 널리 알리게 되었다. 후에 연창군延昌君의 봉호를 받고 죽었다.

안전安戩

죽주竹州 사람인데 젊어서 과거에 급제하여 시어사侍御史를 역임하고 충렬왕 초년에는 전라도 안찰사로 되었다. 당시 응방鷹坊 오숙부吳淑富 등이 자기 세력을 믿고 제멋대로 행동을 하고 있었는데 안전이 장흥 부사長興副使 신좌선辛佐宣과 함께 그를 미워하여 그를 만나도 인사도 하지 않았다. 오숙부 등이 돌아가서 왕에게 참소하였다. 장차 죄를 받을 뻔 하였는데 승선 박항朴恒이 역설하여 면하였다. 그 후 안전은 내료 이지저에게 부탁하여 정방政房에 들어갔으며 얼마 있다가 좌승지로 되었다. 왕이 어떤 내환內宦

(내료, 환관)에게 참관參官(참상관)을 주려고 하였는데 안전이 안 된다고 고집하였다. 하루는 왕이 안전에게 말하기를 "이 사람은 나의 좌우에서 복무한 지 이미 몇 년이 되었으니 그대는 나를 보아서라도 주어야 할 것이 아닌가?"라고 하였다. 그리하여 안전이 할 수 없이 그를 낭장으로 내정하였다. 얼마 후에 그가 사직하겠다고 하면서 말하기를 "제가 재간도 없이 왕을 가까이 모시고 전주銓注의 제품題品을 맡아보고 있는데 이것은 제가 감당해낼 바가 못됩니다. 현명한 자를 선택해서 제 대신으로 임명해 주기를 바랍니다."라고 하였는데, 그의 말이 아주 진정으로 우러나오는 말이었다. 왕이 성을 내어 자리에게 일어서 안으로 들어가 버렸다. 안전이 왕의 뒤를 따라 가면서 말하기를 "신의 죄가 마땅히 파면되어야 합니다. 그러나 내수內竪의 임명은 후일로 미루어야 합니다."라고 하니, 왕이 이미 문지방을 넘어섰다가 큰 소리를 질러서 "좋다."라고 하였다. 좌우가 모두 겁을 내었고 안전도 물러가면서 천천히 말하기를 "전하께서 이미 신에게 허락하시었다."라고 하면서 그 자리에서 제목除目(관리 임명 장부)에 있는 이름을 지워 버리니 보는 사람들이 모두 감탄하였다.

안전이 일에 임하여 굽히지 않은 것이 이와 같아서 당시 사람들이 철고鐵餻(무쇠떡)라고 하였다. 곧이어 밀직사사가 더해졌다. 그 후 합단哈丹 적이 침입해 오자 군사 업무가 한창 바쁘게 되어 안전은 경상, 충청, 서북西北의 3도의 도지휘사를 역임하였다. (충렬왕) 24년에 죽었다.

최수황崔守璜

명주溟州 사람인데 성질이 정직하고 청렴하고 검약하였다. 집이 가난하여 의식을 제대로 꾸려 나갈 수 없었으나 그런데 마음을 사로잡혀 지내지는 않았다. 고종 때에 과거에 급제하여 기거 사인을 역임하였고 충렬왕 때에는 좌승지로 있으면서 동지공거가 되어 선비들을 선발하였다.

최수황이 불교를 좋아하여 학사연學士宴 때에도 설비를 간단하게 갖추었으며 음식도 모두 고기를 장만하지 않았다. 왕지 별감王旨別監 임정기林貞杞가 흰쌀을 배 한 척에다 가득 싣고 와서 그에게 보내었더니, 최수황이 말하기를 "내가 왕이 주시는 것도 오히려 받지 않았거늘 하물며 백성들의 기름에서 나온 것을 받겠는가?"라고 하면서 종내 받지 않았으므로 당시의 여론이 그 사실을 크게 생각하였다. 여러 번 옮겨서 첨의찬성사에 이르러 치사致仕하였다.

(충렬왕) 27년에 죽었다. 그가 젊었을 때에 병마 녹사로 있었을 때, 하루는 문서를 가지고 여러 재상들의 집을 돌아다녔는데, 어떤 재상이 관冠을 쓰지 않고 손님과 앉아 있었다. 최수황이 문서를 안고 물러가서 꿇고 앉아서 멈칫거리고 있었다. 재상이 그제야 까닭을 알고 들어가서 관을 쓰고 나왔다. 이로부터 그의 명성이 알려지게 되었다.

논하기를,

정해는 질박하고 정직하며 아부하지 않고 악을 원수처럼 미워하는 것이 마치 천성같았다. 정포의 위인은 고매하여 개연히 이 세상에 뜻을 두었고 그가 세상을 만나 뜻을 행하였으나 돌아보면 추구한 것을 알 수 없으니 어찌하겠는가?

고려의 여러 신하들이 3년상을 행하지 않은 것이 오래되었는데, 조간이 홀로 능히 행하였으니, 정문충공 이전에는 겨우 이 사람을 볼 수 있을 정도이니 역시 족히 귀하다고 하겠다.

이혼과 윤신걸은 모두 전선을 장악하여 한 때의 명신이 되었다. 윤신걸은 한 번도 사사로움에 빠져서 경중을 헤아리지 않았으나 이혼은 보궤簠簋의 비방[7]을 면할 수가 없었으니, 그 우열을 알 수 있다.

안전은 일을 당하여 의연한 태도를 취하였다. 그가 내시에게 부탁하여 정방에 들어가니 선비의 여론이 유감으로 생각하였다.

최수황은 왕이 하사한 것도 받지 않고 또 총애를 받는 신하의 뇌물도 거절하였으니 이는 칭찬할 만한 것이다.

---

7 보개簠簋는 뇌물을 뜻하는 것으로 보개지방簠簋之謗은 관리가 재물을 탐하여 뇌물을 받았다는 비방.

심양沈暘 추적秋適 {이인정李仁挺 채우蔡禑}

심양沈暘

그의 세계世系에 대해서는 역사 기록에 실린 것이 없다.

충렬왕 초년에 공주公州 부사가 되었는데 장성현長城縣의 한 여자가 말하기를 "금성 대왕錦城大王이 나에게 내려와서 '네가 만약 금성 신당神堂의 무당이 되지 않는다면 나는 반드시 네 부모에게 화를 입힐 것이다.'라고 하였기 때문에 나는 놀란 나머지 그 말에 따랐습니다."라고 하였다. 그 여자가 또 같은 현의 사람인 공윤구孔允丘와 사통하였다. 그가 귀신의 말이라 하면서 "내가 장차 원나라에 가겠는데 반드시 공윤구를 데리고 갈 것이다."라고 하였다. 그리하여 나주羅州의 수령이 역마驛馬를 그에게 내주었다. 하루는 우리郵吏(역의 관리)가 도병마사都兵馬使에게 급히 달려와서 보고하기를 "금성 대왕이 옵니다."라고 하니 도병마사가 한편 놀라고 한편 괴이하게 생각하고 있었다.

나주 사람으로서 조정에 벼슬살이를 하는 자가 있어서 그 무당이 신기하고 또 영험이 있다는 것을 들어 왕에게 말하여 왕이 맞이하도록 하였다. 때문에 그 무당 일행이 지나가는 고을에서는 모두 수령들이 예복을 입고 교외에까지 나가서 맞이하였다. 그런데 그가 공주에 도착하니 심양이 그들에게 인사를 하지 않았다. 무당이 성을 내면서 귀신의 말이라고 전달하기를 "나는 반드시 심양에게 재앙을 내릴 것이다."라고 하고 그들은 도로 물러가서 일신역日新驛에서 숙박하게 되었다. 밤에 심양이 사람을 시켜 그들이 무엇을 하는가를 엿보게 하였더니 그 여자는 공윤구와 함께 자고 있었다. 그리하여 그들을 체포하여 문초하니 모두 사실을 자백하였다.

그 후 감찰 시사監察侍史로 임명되어 잡단雜端 진척陳倜, 시사 문응文應, 전중 시사殿中侍史 이승휴李承休 등과 함께 왕에게 말하기를 "지금 나라에 어려운 일이 많습니다. 날씨는 가물고 백성들은 굶주리고 있으니 사냥이나 연회에 몰두할 때가 아닙니다. 그런데 전하께서는 어찌 백성들의 일을 긍휼히 여기지는 않고 사냥에만 몰두하고 계십니까? 게다가 아직 훈련이 잘 되지도 못한 날랜 말을 타고 알지도 못하는 길을 달리니 무슨 변이 갑자기 생기게 된다면 그때 가서 후회한들 무슨 소용이 있겠습니까? 만일 사냥을 그만둘 수 없다면 다만 군사들에게만 평원 지대에서 짐승들을 쫓게 하고 전하께서는 높은 곳에 올라가 바라보기만 하여도 좋지 않겠습니까?

또 홀적忽赤, 응방鷹坊이 궁내에서 서로 앞을 다투어 연회를 차리는데 금을 오려서 꽃을 만들며 명주실을 조여 가지고 봉황새를 만드니 그 사치스러운 것이 한정 없어 이루 말로써 다 하지 못하였습니다. 한때의 오락을 위하여 쓸 데 없는 비용을 많이 들이는 것과 원나라의 법을 따라 간단하고 쉽게 하는 것이 어느 쪽이 좋겠습니까? 또 성악聲樂을 쓸 때에는 항간의 속된 음악을 물리치고 교방敎坊(악공, 무용, 성악을 가르치는 부서)에서 법식대로 하는 곡조를 쓰도록 하는 것들이 전국 사람들의 희망입니다.

상장군 윤수尹秀는 궁전에서 왕을 모시고 연회에 참가했을 때 상床위에 올라가서 춤을 추니 불경한 것이 심합니다. 선사禪師 조영祖英은 음란하고 더러운 짓을 많이 하여 좋은 행동이라고는 아무 것도 한 것이 없습니다. 전하가 주무시는 곳에 출입하고 있으므로 보는 사람과 듣는 사람들이 크게 놀라고 있습니다. 그러므로 그들을 쫓아내고 책벌을 주어 나머지 사람들에게 경종을 울리도록 해주기를 바랍니다.

또 지금 나라에 사고들이 많고 인민들이 곤궁하니 학사연學士宴도 중지하는 것이 좋을 것입니다."라고 하였더니 왕이 허심하게 그들의 말을 받아들이고 고치겠다는 생각을 가지게 되었다.

그런데 윤수와 조영이 서로 짜고 그들을 참소하였다. 그러므로 왕이 크게 성을 내어 장군 임비林庇, 지윤보池允輔 등에게 명령하여 숭문관崇文館에서 심양을 문초케 하였다. 그들이 누가 먼저 그런 말을 하자고 제기하였는가를 물었으며 목색木索(나무로 만든 형틀)으로 주리를 틀며 기와 조각을 다리 사이에 끼우고 사람을 시켜 그 위에 올라가 짓밟게 하니 피가 터져서 땅바닥에 흘렀다. 그러나 심양이 끝끝내 말하지 않으니 드디어 순마소巡馬所에 가두었는데 길 가는 사람들이 형틀에 묻은 핏자국을 가리키면서 "이것은 대관의 피다."라고 하였다.

이튿날에 진척과 문응을 해도에 귀양 보내고 이승휴는 파직시켰다. 뒷날 왕이 진달래꽃[杜鵑花]이란 시를 짓고 문학을 하는 신하들에게 그 운자에 맞추어 시를 짓게 하였다. 백문절白文節 등이 그것을 계기로 삼아 왕에게 말하기를 "신들은 맑은 금중에서 노닐며 임금님의 글에 화답하게 하니 이는 영광과 행운이 지극한 것입니다. 심양이 진언을 하다가 전하의 뜻을 거슬렀으니 그 죄가 진실로 중하다고 하겠으나 그 역시 선비입니다. 너그러이 용서하여 전하께서 문학을 소중히 여기는 미덕을 빛나게 해주기를 바랍니다."라고 하니, 왕이 말하기를 "간쟁하는 것은 성랑省郎(중서문하성(첨의부)의 낭관들)의 임무이다. 그런데 심양은 법리法吏니 간쟁은 그의 임무가 아니다. 그리고 말도 공손치 못하기 때문에 먼저 발의한 자가 누구인가를 알고자 하였을 뿐이다. 그러나 지금 그대들을 보아서 용서한다."라고 하면서 즉시 석방하라고 명령하였다. 그리고 얼마 안 되어 진척, 문응 등도 석방하였다.

심양이 바른 말을 하고 다른 마음이라고는 없었으며 중외의 관직에 있으면서 모두 명성과 공적을 올렸다. 그가 시사侍史로 임명되자 큰 뜻을 품고 조정의 기율을 다시 떨치게 할 것을 자기의 임무로 삼았다가 불행히도 한 번 참소를 만나 감옥에 갇히게 되었으니 이러한 일은 역대 왕 때에는 일찍이 있어 보지를 못한 일이다. 이로부터 언로가 드디어 막히고 말았다.

추적秋適

충렬왕 때 사람인데 성격이 활달하고 거침새가 없었으며 과거에 급제하여 안동安東 서기書記로 임명되었다가 직사관直史館으로 선발되었으며 그 후 여러 관직들을 거쳐 좌사간이 되었다. 환관 황석량黃石良이 연줄을 얻어 세력을 쓰게 되었는데 그의 고향인 합덕 부곡合德部曲을 승격시켜 현縣으로 하였다. 추적이 그 문서에 서명을 하지 않았더니 황석량이 내수內豎 석천보石天補, 김광연金光衍과 더불어 기회를 타서 왕에게 추적을 참소하였다. 왕이 성을 내어 즉시 그를 칼 씌워 순마소에다 가두라고 명령하였다. 그를 호송하는 자가 추적에게 말하기를 "지름길로 가는 것이 좋겠습니다."라고 하였는데, 추적이 그렇게 하지 말라고 하면서 "무릇 죄가 있는 자는 모두 해당 관청으로 가는 법이요, 왕소王所에서 칼枷과 철쇄를 씌우는 법은 아직도 없다. 나는 응당 네거리로 지나가서 나라 사람들에게 이 모양을 보도록 하여야 한다. 간관으로서 칼을 쓰고 가는 것도 영광으로 생각한다. 그런데 하필 아녀자들의 본을 따서 거리에서 얼굴을 가리겠는가?"라고 하였다.

그는 관직이 민부 상서, 예문관제학에 이르러서 치사하게 되었다. 그는 늙어서도 오히려 밥을 잘 먹었는데 항상 말하기를 "손님 대접은 흰 쌀밥이나 짓고 생선을 썰어서 국이라도 끓이면 가하거늘 하필 많은 돈을 써가며 8진미八珍味(여덟 가지 진미)를 구해 올 필요가 있겠는가?"라고 하였다.

이인정李仁挺

그와 때를 같이 하여 이인정李仁挺, 채우蔡禑라는 자들이 있었는데, 이인정은 정언正言이 되어 여러 낭사郎舍들과 함께 말하기를 "요사이 내수內豎들 가운데 신분이 미천한 자들도 모두 왕을 따라다닌 공로가 있다 하여 벼슬길을 열어 주었기 때문에 문무관이 잡탕이 되고 말았으니 이는 역대 왕의 제도와는 어긋나는 것입니다. 그러므로 이미 내린 명령들을 거두어 주시기를 바랍니다."라고 하였다. 왕이 이에 대하여 성을 내었으나 그들의 하는 바를 보려고 거짓으로 허락하였다. 얼마 후에 그 장문狀文(임금에게 올린 글)을 거두어 가더니 낭사들이 바로 복종하려고 하지 않았다. 왕이 조문 주사詔文主事 유홍柳興을 잡아 가두고 이인정에게는 사무를 보지 말라고 명령하였다. 나중에 그 장문을 가져다가 비답을 쓰기를 "이미 내린 명령은 고치지 말라."고 하였다.

그 후 어떤 사람이 익명으로 달로화적達魯花赤에게 투서를 하기를 "정언 이인정 등 백여 명이 달로화적을 죽이려 한다."라고 하였기 때문에 달로화적이 이인정을 체포하여 칼枷을 씌우고 철쇄로 얽어매더니, 얼마 후 그것이 무고임을 알고 석방해 주었다.

이인정은 성격이 억세어 어떤 관직에 임명되는 자에 대하여도 반드시 그 공로와 과실의 유무를 구명하였으며 한 번도 소홀하게 고신에 서명하는 일이 없었기 때문에 그를 원망하는 사람들이 많았다.

채우蔡禑

채우는 감찰사監察史가 되어 좌창左倉에서 녹봉을 나누어 주는 것을 감독하였는데 내수 한 사람이 왕이 쌀 약간 섬[斛]을 운반해서 궁인宮人(궁녀)에게 주라고 했다는 것이었다.

채우가 말하기를 "오늘 나누어 주는 곡식은 부위府衛의 장교들의 녹봉인데 만일 그것을 떼어서 나인內人에게 준다면 그것은 왕의 갸륵한 덕성에 손상을 줄 우려가 있다."고 하면서 굳이 말리었다. 왕이 노하여 그를 섬에 귀양을 보내었다.

논찬, 결락됨.

한강韓康 원부元傅 권단權呾 {권부權溥 권준權準}

한강韓康

처음 이름은 한경韓璟이요 청주淸州 사람이다. 성질이 불교 교리를 아주 좋아하였다. 고종 때에 과거에 급제하여 여러 관직들을 거쳐 감찰 어사로 승진되었고 지방관으로 나아가 금주金州(김해)의 수령으로 되었다. 이보다 앞서 (금주에는) 전부田賦(토지에서 거두는 세)가 항상 규정된 수량에 도달하지 못하였기 때문에 수령들이 파직당하는 자가 많았는데 한강이 처음 부임하자 폐지하였던 둔전屯田을 정리하여 곡물 2천여 섬을 얻어 내었기 때문에 아전들은 나쁜 행위를 하지 못하게 되고 백성들은 편안히 살 수 있게 되었다. 그의 다스린 성적이 으뜸이라 하여 소환되어 예부 시랑이 되었다. 그 후 한림학사를 역임하였다.

충렬왕 때에 판삼사사로 전임되었는데, 당시 양부에서 나라 일을 토의하는데 서로 미루기만 하고 누구 하나 주관하려는 자가 없다 하여 비로소 재추소 사존宰樞所司存이란 관직을 설치하고 한강을 그 직위에다 임명하였다. 그 후 그는 찬성사로서 치사하였다.

왕이 한강을 불러 말하기를 "과인이 왕위에 있은 지도 이미 오래되어 금년에는 환갑 나이가 되었으니 더욱더 근신하여야 하겠다. 경은 실행해야 할 만한 일들을 일일이 말해 주도록 하라."고 하였다. 그리하여 한강이 종묘宗廟를 보수하고 악기들을 갖추어 1

년 4시절마다 진행하는 제사를 엄격히 절차대로 할 것과 여러 관사官司들에서 시장의 물품들을 낮은 값으로 강제 매상하는 것을 금지할 것과 유기된 해골과 시체들을 매장해 줄 것과 생물들을 놓아주고 도살하는 것을 금지시킬 것과 사냥 놀이를 그만두고 맛있는 음식들을 절약해서 쓸 것과 겨울철 아주 추울 때나 여름철 아주 더울 때에는 장죽漿粥을 끓여 굶주리고 목마른 자들을 구제해 줄 것 등을 요청하니 왕이 가상하게 생각하였다.

그가 죽으니 문혜文惠라는 시호를 주었다. 아들은 한사기韓謝奇이고 한사기의 아들은 한영韓永과 한악韓渥이다. 처음에 한사기가 독로화禿魯花가 되어 가족들을 데리고 원나라에 들어가 있었는데, 한영은 인종仁宗 황제를 섬겨서 관직이 하남부河南府 총관에까지 이르렀다. 한악韓渥은 충선왕 때에 우대언으로 임명되었으며, 충숙왕이 즉위하자 밀직사사의 관직을 주었다. 원나라에서 조서를 내리어 왕에게 입조入朝하라 하였을 때 한악이 왕을 따라갔었다. 당시 심왕瀋王 왕고王暠가 왕위를 노리어 갖가지 일들을 꾸며서 왕을 참소하였다. 한악이 기묘한 계책을 써서 왕을 화에서 빠져나올 수 있게 하였으므로 그는 1등 공신으로 되었고 상당부원군上黨府院君으로 봉하였다.

원부元傅

원주原州 사람인데 9세조 원극유元克猷는 태조(왕건)를 보좌하여 공로가 있었다. 원부는 과거에 급제하여 직사관直史館으로 있었으며 원종 때에 평장사가 되었다. 충렬왕 초년에 찬성사로 고쳐 임명되고 유경柳璥, 김구金坵와 더불어 『고종실록』을 편찬하였다. 이때 전 추밀 임목任睦의 사고史藁(역사 기록의 원고)를 열어 보니 빈 종이뿐이었다. 주열朱悅이 그를 탄핵하려고 하였으나 원부는 유경과 함께 그것을 말리어 공개하지 않도록 하였으니 이는 원부 역시 한때 직사관으로 있으면서 사고를 바치지 않았기 때문이었다.

얼마 후 중찬으로 임명되었다. 문생門生 몇 사람이 와서 내알하였다. 원부가 그들에게 묻기를 "세상 사람들이 나더러 무엇이라고 논의하던가?"라고 하였다. 방우선方于宣이라는 자가 대답하기를 "사람들이 말하기를 공公의 정사는 공의 성(元, 선하고 또 원칙이라는 뜻)과 같다고들 합디다."라고 하니, 원부가 크게 웃으면서 말하기를 "그대는 그대의 성(方, 정직하다는 뜻)을 본받아 일할 것인가?"라고 하였다.

끝내 건의한 것 없이 죽었다. 아들은 원관元瓘과 원경元卿인데, 원관은 관직이 찬성사에 이르렀고 원경에게는 따로 그의 전傳이 있다. 원관의 아들은 원충元忠인데 충선왕을 연저燕邸(연경에 있는 저택)에서 모셔서 총애가 있었으며 왕씨의 성을 하사받고 이름을 고쳐 주鑄라고 하였다. 그 후 평리를 역임하였다.

충숙왕이 원나라에 머물 때에 왕을 따르던 대신들이 모두 표리부동하게 놀았으나 원충은 홀로 시종일관에게 충숙왕에게 충성을 하였다. 아들 원호元顥는 아버지의 세력을 등에 업고 나쁜 행동을 다 부렸다. 그런데도 여러 관직들을 거쳐 삼사좌사로 되었고 덕녕 공주德寧公主(충혜왕의 왕비)에게 의탁하여 합포合浦를 진수鎭戍하였다. 공민왕 때에 찬성사로 임명되었다. 원호는 원나라에서 장사성張士誠을 토벌하기 위하여 우리나라에서 장수를 모집한다는 소문을 듣고 그것을 회피하려 하면서 양광도 순문사로 될 것을 요구하였으나 왕이 허락하지 않고 그를 부원군으로 봉하여 원나라에 파견하였으며 그가 갔다 온 후에 판삼사사로 임명되었다. 그런데 이전에 원호가 홍언박洪彦博을 대신하여 정권을 잡으면서 홍언박이 다른 뜻을 가지고 있다고 왕에게 참소하였고, 또 한가귀韓可貴, 구영검具榮儉 등이 기철奇轍의 일당을 끝까지 체포하지 않았다고 참소하였다. 이에 원호, 한가귀, 구영검을 감옥에다 가두고 서로 대치하게 하였는데, 왕이 본래 원호를 미워하였으므로 이몽고대李蒙古大로 하여금 옥중에서 원호를 방망이로 때려 죽이게 하였으며 그의 일당인 낭장 이연손李連孫의 시체와 함께 다리 밖에다 버리게 하였다.

권단權晅

자는 회지晦之이다. 그는 일찍이 이 세상에서 은둔할 생각을 가졌었는데 그의 아버지 한림학사 권위權韙가 억지로 만류하고 조정에다 요청하여 문하 녹사로 임명케 하였으므로 권단이 하는 수 없이 취직하였다. 유경柳璥이 그에게 이르기를 "그대는 문사文詞를 잘 하니 행정 실무를 맡는 것은 마땅치 않다."라고 하면서 과거에 응시하라고 권하니 과연 과거에 급제하였다. 합문 지후로 승진되었으며, 4개 군의 수령으로 나가서 모두 청렴하고 근면하다는 이름이 났었다.

그가 동경 유수로 있을 때의 일이었다. 그보다 앞서 동경에는 창고 하나가 있어서 백성들에게서 능라綾羅를 부과, 징수하여 저장해 두고 이름을 갑방甲坊이라 하였다. 갑방의 물품들은 왕에게 바치는 공물을 충당하고도 남는 것이 아주 많았는데 모두 다 유수가 사사로이 써버리는 것으로 되었다. 권단이 갑방을 철폐하고 1년에 거두어들이는 것으로써 3년간의 공물을 바치게 하고, 사호司戶(조선시대의 호방 같은 아전)로서 백성들의 조租를 훔친 자가 있었는데 뜰에서 그의 골을 쳐서 죽이니 보는 사람들이 무서워서 떨었다. 일찍이 3도에 안렴사로 파견되어 갔던 일이 있었는데 문서를 보낼 때에 다만 영판鈴板만을 사용하였으나 명령은 실행되었다.

그가 경상도 안렴사로 있을 때 진주 부사 백현석白玄錫은 부임하기도 전에 먼저 진주의 아전이 가지고 있던 은폐銀幣(은화)를 쓰고 부임 이후 백성들에게서 가혹하게 수탈하였으며 왕의 의복에 쓸 능라의 실 값을 받아 사사 일에 소비하였으며, 보주甫州 부사 장전張悛은 집이 단산丹山에 있어 보주와 가깝기 때문에 보주 사람을 시켜서 자기 집의 토지를 경작시켰다. 권단이 이 두 사람을 탄핵하였는데 장전은 과거에 장원으로 급제한 자요, 백현석은 이전에 성랑省郎(중서문하성의 낭관)으로 있었던 적이 있었던 자였는데, 함께 오명을 받아서 사림士林들이 이것을 부끄럽게 여겼다.

진주의 수령 최담崔昰이 바친 공물 능라綾羅가 굵었으므로 왕이 조사하도록 명하였다. 진주의 아전이 권단이 안렴사로 되어 실 값을 감소시켜 계산하여 주었기 때문이라고 대답하였으므로 권단과 함께 파직 당하였다. 재상이 권단이 백성들을 위하여 폐단들을 없애려고 하다가 파직되었으니 앞으로는 누가 백성을 위하여 근심하겠는가고 말하였기에 얼마 있다가 다시 판위위시사判衛尉寺事가 되어 과거 시험을 관장하게 되었는데 이름 있는 인사들을 많이 선발하였다. 권단은 밝고 개결介潔하여 남의 비위에 맞추지를 않았다. 그리하여 3품관으로 임명되고 난 뒤 10년 동안이나 승진하지를 못하였다. 밀직제학으로 승진하였으나 관직에서 물러날 것을 아주 간곡하게 요청하였다. 그 후에 찬성사 치사로 되었다가 충선왕 3년에 죽으니 나이 84세였다.

그는 성질이 청렴 검소하고 겸손하였으며 불교를 깊이 믿었다. 스스로 호를 몽암거사夢菴居士라고 하였다. 강남江南(양자강 이남)의 중 소경紹瓊이 바다로 고려에 왔을 때 권단은 출가出家하여 그를 스승으로 섬기려고 하였는데, 아들 권부가 막아서 뜻대로 하지 못하였다. 마침 권부가 어디 나가고 없는 틈을 타서 선흥사禪興社에 도망해 들어가서 머리를 깎아 버렸다. 권부가 달려와서 큰소리를 내어 통곡하였으나, 권단은 말하기를 "나의 깎은 수염과 머리를 다시 붙이겠느냐? 이것은 나의 평소부터의 뜻이었다."라고 하였다.

그의 손자 권준權準이 왕에게서 총애를 받았기 때문에 특례로 문청文淸이란 시호를 주었다.

권부權溥

권부의 자는 제만齊萬이요 나이 18세에 과거에 급제하였으며 다시 전시殿試에 합격하였고 여러 관직들을 거쳐 첨의 사인僉議舍人이 되었다. 충선왕이 선위를 받아 왕위에 오르자 사림원詞林院을 설치하였는데, 권부는 박전지朴全之 등과 더불어 학사로 되어 왕의 총애를 누구보다도 더 많이 받았다. 충렬왕이 복위하자 전선銓選을 맡았고 밀직학사로 승진하였다. 충선왕이 복위하자 찬성사가 되었고 충숙왕 때에 첨의 정승政丞이 되었으며 영가부원군永嘉府院君이 되었다.

권부는 성품이 충성스럽고 효도하였으며 일가친척들에 은혜를 베풀었고 동료나 벗들과는 사이좋게 지냈으며 아들이나 조카들을 만나도 모두 예의를 갖추었다. 글 읽기를 즐겨 하여 늙어서도 그만두지 아니 하였다. 일찍이 주자의 『사서집주四書集註』를 출판하자고 건의하여 실행하였다. 또 아들 권준權準과 함께 역대의 효자 64명의 행적을 수집하여 사위 이제현李齊賢에게 찬贊을 지으라고 하고 그 책명을 『효행록孝行錄』이라고 붙였는데, 이 책은 세간에 전해지고 있다.

권부의 아들 권준, 권고權皐, 권후權煦, 권겸權謙과 사위 이제현 및 종실 왕숙王璹, 왕순王珣이 모두 군君으로 책봉되었으며, 또 한 아들은 출가하였으나 역시 광복군廣福君으로 책봉되었으므로 세상에서 "일가구봉군一家九封君"이라고 하였다. 나이 85세에 죽었는데 시호는 문정文正이다. 사람됨이 모나지 않았고 오래 전형銓衡(인사)을 맡아서 관작을 팔아서 재산을 영위하니 당시 사람들이 그의 아비 권단의 청렴함과 비교하여 아득하게 멀다고 하였다.

권준權准

권준은 과거에 급제하고 연저燕邸(연경의 저택)에서 충선왕을 만나 뵙고 등용되어 대언으로 발탁되었다. 이로부터 은혜와 총애가 날로 두터워졌고 상으로 주는 물품이 일일이 셀 수 없을 만큼 많았다. 또 황제에게 아뢰어 권준을 무위 장군武衛將軍 합포 만호로 임명케 하였다. 그 후 밀직부사로 되었고 왕이 국신 도감國贐都監에 명령하여 중찬 안유安裕의 집을 사서 그에게 하사하도록 하였다.

권준이 권세에 기대어 뇌물을 받아서 부유하고 사치하기가 나라에서 제일이었다. 한번은 충숙왕이 권준의 저택에 처소를 옮겼는데 가옥의 건축이 아름다운 것을 두루 돌아보고 나서 탄식하기를 "과인이 감히 감당할 수 없네."라고 하였다. 왕과 심왕瀋王 왕고王暠가 서로 대립되어 있었을 때 여러 불순한 무리들이 심왕 편에 붙었으나 권준은 의리를 지켜 충숙왕에 대한 충성을 바꾸지 아니 하였다. 사건이 진정되자 그는 찬성사로 임명되었다.

조적曹頔의 변란 때 권준은 문을 닫고 나가지 않았다. 조적이 실패하자 (충혜왕이) 그를 길창부원군吉昌府院君으로 봉하였다. 권준의 외손녀를 받아들여 왕비로 삼으니 이것이 곧 화비和妃이다. 충목왕이 죽으니 권준은 기구 대신耆舊大臣들과 의논하고 원나라에 글을 올려 공민왕을 세울 것을 요청하였다. 그가 죽으니 나이 70세(고려사에는 72세)였다.

논하기를,

한강, 원부는 여러 차례 시종신이 되었다가 재보宰輔의 지위에 올랐다. 처음에는 명신이었고 큰 과오 없이 끝냈으니 그 하는 일을 보면 알 수 있다.

권단은 백성에 임해서는 다스리고 변별하는 것으로 알려졌고 조정에 들어가서는 염퇴

恬退(조용히 물러섬)로 칭송되었다. 그의 만년의 행적은 뜻을 선정禪靜에 두어 명교名敎가 저절로 낙토라고 하였으니 어찌 형체를 훼손하고 도망하여 숨어서 인륜에 죄를 짓는가? 권부의 복록과 영광스런 명예는 일대에 최고였으니 어찌 충성과 효도 그리고 선을 즐긴 효험이 아니겠는가? 권준은 대를 이어서 너무 사치하여 그 집안의 규범을 떨어트렸으나 심왕의 일에 있어서는 의리를 붙들고 흔들리지 않았으니 이는 또한 족히 칭탄할 만하다.

민지閔漬 허유전許有全 최성지崔誠之

민지閔漬

여흥驪興 사람인데 평장사 민영모閔令謨의 5세손이다. 원종 때에 과거에 장원 급제하였고 충선왕이 세자로서 원나라에 갔을 때 민지가 정가신鄭可臣과 함께 따라갔다. 하루는 황제가 대신들에게 교지交趾(월남의 남부에 있는 지명)를 정벌하는 문제를 토의하라 하면서 조서를 내려 민지 등도 함께 토의하게 하였는데, 민지 등의 대답이 황제의 뜻에 맞았으므로 한림직학사翰林直學士의 관작을 주었다.

그 후 원나라에서 다시 일본을 정벌하려고 하면서 본국(고려)으로 하여금 전함들을 건조하게 하였으므로 왕이 입조하여 그만 두도록 아뢰려고 하였는데 민지는 좌부승지로서 왕을 따라갔다. 민지가 우연히 두씨杜氏의 『통전通典』을 보다가 당나라 태종이 고구려를 정벌할 때에 위징魏徵이 '고려는 돌밭[石田]과 같아서 그 땅을 얻는다 하여도 아무 소용이 없습니다.'라고 한 데를 보게 되었다. 이것을 첨원僉院 홍군상洪君祥에게 갖다 보이면서 말하기를 "왜倭와 대원大元과의 관계가 어찌 당나라와 고구려의 관계와 같을 뿐이겠습니까? 하물며 지난 연간에 일본 정벌 때문에 우리나라의 백성들은 힘을 다하였습니다. 지금 다시 무익한 군사를 일으킨다면 우리 백성들을 어떻게 할 것이겠습니까? 오직 공께서 잘 처리해 주기를 바랍니다."라고 하였다. 홍군상이 허락하고 갔다.

민지가 홍군상의 말을 전하면서 왕을 따라갔던 신하들과 의논하여 전함 건조를 중지시키려고 하였더니 인후印侯와 장순룡張舜龍이 말하기를 "이것은 원나라 조정의 큰 일인데 어찌 한낱 첨원僉院의 말을 듣고 중지하겠는가?"라고 하였다. 민지가 말하기를 "이것으로 죄를 받는다면 내가 스스로 감당하겠으니 여러분들이 알 바 아니다."라고 하면서 그 길로 왕에게 말하여 그 일을 중지시켰다. 그 말을 듣고 그것을 위대하게 생각하였다.

그 후 밀직학사로 승진되었는데 얼마 후 파직되었다. 왕이 일찍이 내료內僚 고여주高汝舟를 보내 민지에게 시를 지으라고 한 일이 있었다. 민지가 고여주에게 백주白酒와 오이[靑瓜]를 내어다가 대접하였다. 고여주가 돌아가서 왕에게 아뢰기를 "민지는 재상이지마는 그 가난함이 이루 비길 데가 없습니다."라고 하였더니, 왕이 곧 쌀 백 석碩을 민지에게 주었다. 오랜 시일이 지나서 집현전 대학사의 관직을 그에게 주었고, 판밀직사사를 더해 주었다.

충선왕 초년에 첨의 정승으로서 치사하였다. 충숙왕 8년에 그를 다시 수정승守政丞으로 임명하고 여흥군驪興君으로 책봉하였다. 이때 충선왕이 원나라에서 죄를 입어 토번吐蕃에 유배되었다. 민지는 가락군駕洛君 허유전許有全과 흥녕군興寧君 김거金賰와 함께 원나라에 가서 표문表文을 올려 충선왕을 소환할 것을 요청하였는데 민지 자신이 그 표문을 지었다. 그 표문은 대략 다음과 같다.

"조그마한 우리나라는 대국에 의지하게 되었습니다. 태조 황제가 건국할 때에 여러 나라보다 앞서서 귀부하여 대를 이어 가면서 충직하게 근무하였다 하여 공주를 배필로 주셨으니 전왕前王(충선왕)은 공주의 소생입니다. 나이 16세에 황제의 명령을 받고 황궁에 가서 시종 인원으로 있게 되었는데 세조 황제가 그를 세자로 책봉하고 조서를 내렸습니다. 그 조서에 이르기를 '왕위 계승자로 말하면 그대의 적자嫡子이지만 친등親等으로 말하면 나의 외손자이다.'라고 하였습니다. 이로부터 연경에 남아서 황제를 모시고 5대(황제)를 계속 섬기면서 그 덕택과 총애를 너무도 많이 받았기 때문에 다만 좋은 일을 하여 충성을 다하리라고 기약하였습니다. 그런데 뜻밖에도 길을 잘못 들어 황제께 죄를 지었습니다. 신들은 일찍이 우리 왕의 잘못을 고치고 구제하지 못하였고 결국 그로 하여금 넘어지게 하였습니다. 때문에 마음이 더욱 아프며 간절히 애원하는 바입니다. 엎드려 바라건대 우리 왕이 다른 뜻이 없음을 가긍히 여기며 또 여러 신하들이 군주를 그리워하는 정을 살피셔서 장 속에 갇힌 학이 돌아갈 날개를 얻어서 옛 보금자리로 돌아가게 하시고 바다 거북이가 다시 모시는 나이까지 항상 성스러운 계책을 축원합니다."라고 하였다.

또 도당都堂에 글을 올리기를 "지금 천하의 토지는 넓고 인민이 많은 것이 우주가 생긴 이래로 드물어 오늘날과 비할 수가 없습니다. 그러나 아직 한 사람이라도 제 있을 곳에 있지 못하고 한 물건이라도 제 역할을 하지 못하는 일이 있다는 말을 듣지 못했으니 이는 실로 여러 재상들이 황제를 도와서 섭리한 공로에 의한 것입니다. 우리의 전왕은 세조의 외손으로서 5대의 황제를 섬겨서 무릇 30여 년입니다. 다만 널리 좋은 선비들과 종유하면서 황제의 장수를 축원하는 것만을 자기의 임무로 삼아왔었습니다. 그런데 어쩌다가 잘못 되어 황제께 죄를 지어 멀리 서쪽 땅에 귀양간 지 이미 4년이 지났습니다. 어찌 애통한 일이 아니겠습니까? 우리나라의 인민들은 누가 개나 말처럼 자기 임금을 사모하지 않는 자가 있으리오만 머나먼 땅에 있으니 그들의 가냘픈 목소리를 황제께 전달할 길이 막혀서 다만 밤낮으로 울부짖고 있을 따름입니다. 더군다나 민지 등은 일찍이 전왕의 임명을 받아 은덕을 입고 이에 보답하지 못하면서 지위가 오를 대로 다 올랐으며 나이도 또한 늙었으니 그의 정이 어찌 보통 사람보다 100배나 더하지 않겠습니까? 놀랍고 아프며 걱정하여 두려워 할 뿐이어서 어찌할 바를 모르겠습니다. 지금 여러 상국相國(재상) 각하께서 천하의 만물을 다 제 있을 곳에 두게 하려고 하고 있습니다. 그런데 이때 만일 저희들의 지극한 정을 알리지 않고 아침 이슬처럼 먼저 죽게 된다면 이것은 홀로 태평 시절을 등지는 것으로 될 것이니 저희들의 원한은 황천에 가서도 남아 있게 될 것입니다. 그렇기 때문에 서로 부여잡고 기어오다시피 하여 여기까지 왔습니다. 바라건대 여러 재상들께서는 황제에게 잘 아뢰어서 인자한 은혜를 베풀어 우리 임금으로 하여금 만리에서 돌아오게 해준다면 민지 등은 비록 늙었으나 구구하게 덕을 갚고자 하는 마음을 어찌 죽어서도 잊겠습니까?"라고 하였다. 민지가 허유전 등과 원나라에 반 년이나 머물러 있었으나 심왕瀋王의 일당의 방해를 받아 마침내 자기 뜻을 이루지 못하고 돌아왔다.

(충선왕) 13년에 나이 79세로 죽었다. 충렬왕이 일찍이 민지에게 정가신鄭可臣이 찬술撰述한 『천추금경록千秋金鏡錄』을 증보 수정할 것을 명령하였는데 이때에 국가에 사변이 많아서 겨를이 없었다. 후에 권부權溥와 함께 그 책을 교열하여 편저하고 이름을 『세대편년절요世代編年節要』라고 하였는데 여기서는 호경虎景(고려 태조의 7대조 대왕)으로부터 시작하여 원왕元王(원종)에 이르기까지를 7권으로 나누었으며 또 세계도世系圖를 완성하여 동시에 왕에게 바쳤다. 또 『본국편년강목本國編年綱目』도 편찬하였는바, 여기에서는 위로는 국조國祖 원덕元德(고려사에는 문덕文德) 대왕으로부터 시작하여 아래로는 고종에 이르러 끝맺었는데 무릇 42권이었다. 여기에 실린 소목昭穆(사당에서 부자를 홀수, 짝수로 좌우에 배열하는 법)에 관한 논의는 『(세대)편년절요編年節要』의 것과 같지 않았다. 민지가 약간 글을 지을 줄 알았지마는 심술이 바르지 못하였다. 또 성리학性理學이 무엇인지 알지 못하여 그 논의에는 정도正道(공자의 학문)에 배치되는 것이 있었으며 심지어는 주자朱子의 소목에 대한 이론을 잘못이라고까지 하였으니 그의 소견이 편파됨이 이와 같았다.

허유전許有全

김해金海 사람이다. 원종元宗 말에 과거에 급제하고 충렬왕 때에 감찰 어사監察御史로 되었다. 왕이 폐행嬖幸(측근의 총애하는 자)의 참소를 믿고 허유전을 순마소巡馬所에 가두고 저자에서 매를 치려고 하였는데 누구도 감히 그를 구하는 자가 없었다. 그런데 순마 지유巡馬指諭 중에 왕의 총애를 받는 자가 있었는데, 그가 틈을 보아서 왕에게 아뢰기를 "감찰은 왕의 이목이 되어 모든 관원을 탄핵하는 소임인데 이제 소인의 참소로써 매를 치면 사람들이 전하를 어떤 임금이라고 하겠습니까?"라고 하고 재삼 비유하여 해설하였으므로 허유전은 죄를 면할 수 있었다.

후에 전조 시랑銓曹侍郞, 지밀직사사知密直司事로 되었다가 충숙왕 초에 가락군駕洛君의 책봉을 받고 정승政丞이 되었다. 충선왕이 토번吐蕃으로 귀양가자 허유전이 민지 등과 원나라에 가서 왕을 소환할 것을 청원하기로 하였다. 그때 허유전은 나이 81세였고 처도 늙어서 병석에 있었다. 허유전이 한탄하기를 "사람은 누구나 다 한 번은 죽는 것이다. 어찌 처가 병들고 내 몸이 늙었다 하여 우리 임금을 잊고 안일을 취하리오?" 하고 마지막 작별을 한 후 떠났다. 그 후 9일 만에 처가 죽었으니, 그 소식을 들은 사람들은 한탄을 하였다.

최성지崔誠之

자는 순부純夫요 평장사 최보순崔甫純의 4세손이다. 최성지는 과거에 급제하고 사한史翰 벼슬을 지냈다. 충선왕이 원나라에 가니 당시 집정執政들이 충선왕을 무서워하고 미워하여 백방으로 최성지를 달래어 왕의 곁을 떠나게 하려 하였다. 최성지는 웃으며 말하기를 "곤궁과 영달은 하늘에 달려 있는 것이니 이욕에 연연하는 것은 선비가 아니다."라고 하였다. 충선왕이 내란을 평정하고 무종武宗을 옹립할 때 최성지가 곁에 있으면서 많은 공이 있으므로 충선왕이 즉위한 후에 집의執義가 되었다.

경릉慶陵의 장례를 지낼 때에 구례舊例에 중승中丞이 현궁玄宮에 서명하게 되어있었다. 이날 이언충李彦沖은 집의를 사직하여 왕이 최성지에게 명령하여 서명하여 봉하고 또 말하기를 "그대의 앞길이 내게 달려 있지 않은가?"라고 하고 벼슬을 급속히 올려 대사헌大司憲으로 임명하고 찬성사贊成事로 승진하여 광양군光陽君으로 책봉하였다.

충숙왕 7년에 원나라에서 충선왕을 토번의 살사결撒思結로 귀양보내었는데, 그곳은 원나라 서울로부터 만 5천 리나 떨어진 곳이었다. 이때 최성지는 충선왕을 따라 원나라에 있으면서도 따라가는 것을 꺼려하여 도망하였다. 직보문각直寶文閣 박인간朴仁幹과 대호군 장원지張元祉 등 18인이 유배지에 따라갔다. 이때부터 나라 사람들은 당파로 갈라져 서로 원나라에 제소하였으며 원나라 조정에서는 이 나라를 본국과 같이 성省으로 만들려고 의논하고 있었다. 최성지는 김정미金廷美, 이제현李齊賢 등과 함께 원나라 도성都省에 문서를 보내 이해득실을 세세히 설명하였으므로 그 의논이 드디어 종식되었다.

심왕瀋王의 도당이 국가의 득실을 원나라 조정에 상소하여 말하려고 할 때 최성지가 그 문서에 서명을 거부하였더니, 주모자들이 함께 부중府中에 앉아서 녹사錄事를 시켜 서명을 요청하였다. 최성지는 언성을 높여 말하기를 "내가 일찍이 재상을 지냈는데 녹사 따위가 대체 누구를 협박하려는가."라고 하였더니 사람들은 모두 기가 죽었다. (충선왕) 11년에 사직하고 광양군光陽君으로서 집에 있다가 7년 만에 죽었다.

최성지의 시문은 함축성이 있고 더욱 음양추보법陰陽推步法에 관한 연구가 깊었다. 충선왕이 원나라에 있을 때 태사원太史院이 역수曆數에 정교한 것을 보고 최성지에게 내탕금內帑金 백 근을 주어 스승을 구하여 공부하라 하였다. 역술曆術을 다 배운 후에 우리나라에 돌아와서 이 학문을 전하였다.

{『동사찬요東史簒要』에서는 충선왕이 서번에 유배될 때에 최성지가 그의 아들 최문도崔文度와 조롱洮隴에 분문奔問하였다고 하였는데, (『고려사』) 본전本傳에서는 충선왕이 토번에 유배될 때에 최성지가 도망하고 숨어서 나타나지 않아서 사람들이 "최성지는 대신으로서 군주가 욕을 당하고 있는데 은혜를 잊어버리고 있으니 군신간의 의리가 땅에 떨어졌다."고 하였다고 한다. 『동사찬요』의 기록과 같지 않으니 우선 둘 다 기록해두고 뒷날의 참고가 되도록 한다.}

논하기를,

충선왕이 원나라에 죄를 지어서 이역으로 포로가 되어 갔을 때에 그의 신하가 된 자들은 의당 머리를 돌려 따라가야 하고 천자의 뜰에서 호읍을 하여서 우리 군주를 회복시켜달라고 하고, 허락하지 않으면 계속해서 죽어도 될 것이다. 바야흐로 그때에 충숙왕과 심왕이 왕위를 서로 다투고 있어서 남을 생각할 겨를이 없었을 것이니, 한때의 여러 신하들도 또한 전전긍긍하면서 자기 보호에 겨를이 없어서 걱정하고 통탄해하는 마음이 적었을 것이니, 그 군신, 부자 간의 의리는 무너졌다고 하겠다. 지금 민지가 쓴 (천자에) 애걸하는 글을 보니 글의 기운이 유치하여 남의 마음에 감동을 주기에 부족하고 하물며 악에 작당을 하고 정통을 더럽혀서 심왕을 세우자고 요청을 하였으니 그 죄는 죽고도 남음이 있다.

최성지는 처음에는 이미 도망을 해서 뒤에 비록 분문奔問을 했다한들 어찌 일에 도움이 되겠는가?

허유전은 80의 나이에 만리를 멀다하지 않고 군부君父의 급함을 구하기 위하여 나갔으니 천성이 충의에 독실한 자가 아니라면 가능했겠는가? 당시에 절개를 지킨 자는 한 사람뿐이라고 하겠다.

김이金怡 최유엄崔有渰 김태현金台鉉 {김광재金光載}

김이金怡

자는 열심悅心이니 복주福州 춘양현春陽縣 사람이다. 처음에 그의 어머니가 꿈에 하늘이 환한데 해가 붉은 무리를 띠고 품안으로 들어오는 것을 보고 곧 태기가 있었다. 김이는 나서부터 외모가 큼직하게 생겼고 어려서부터 큰 포부를 가졌다. 안유安裕가 일찍이 그를 보고 말하기를 "후에 귀하게 되리라."고 하였다. 나이 10세 남짓하여 도평의사都評議司의 연리掾吏로 있었는데 일은 비록 비루한 것이었지마는 그것을 개의하지 않았으므로 식견있는 사람들은 그를 심상치 않게 여겼다.

충렬왕 14년에 장흥부長興府 수령이 되었다. (충렬왕) 16년에 합단哈丹이 침입하였다. 나라에서는 주현에 명령하여 요해처에서 방위하고 백성들이 들에 나가 농사짓는 것을 금하라 하였다. 명령이 내리자 사람들은 모두 공포에 싸였다. 김이는 안렴사 강취姜就에게 말하기를 "원나라의 병력[天兵]이 이 보잘 것 없는 추물들을 제압하는 것은 마치 도마 위의 고기와 같을 따름입니다. 어찌 감히 변방까지 침입할 수 있겠습니까? 또 먹을 것은 백성 생활의 가장 중요한 물건이며 농사는 때를 놓칠 수 없는 것이니 밭갈이를 허락하여 주기를 바랍니다."라고 하니, 강취가 말하기를 "명령을 거역하면 견책을 받아야 할 것이니 어떻게 하겠는가?" 하였다. 김이는 물러 나와 탄식하기를 "만일 명령에 따라서 경작하지 않으면 주려 죽는 자가 허다할 것이며 명령을 따르지 않아 농사를 짓게 한다면 죄를 지는 자는 나 하나 뿐이다."라고 하고 백성에게 농사지을 것을 명령하였다. 그 후 합단이 과연 연기燕岐까지 와서 섬멸되었는데 다른 고을은 모두 폐농이 되었으나 장흥부에서만은 대풍작을 이루어 원근 고을들이 그 혜택을 입었다.

(충렬왕) 18년에 충선왕이 왕위를 물려받았다가 얼마 안가서 교체되어 원나라에 갈 때에 김이가 따라갔다. (충렬왕) 30년에 유청신柳淸臣, 박경량朴景亮 등이 정권을 독점할 야망으로 충선왕을 꾀어 말하기를 "본국 도첨의사사都僉議使司는 원나라 세조 황제가 이미 그 직품職品을 2품으로 올리고 직품인職品印까지 주어 총애한 바 있습니다. 그리하여 지금도 그 관원에 대해서는 원나라 임금의 명령을 거친 후에 임명하여 원나라 조정의 관직과 일체로 임명합니다. 때문에 원나라 대신들도 감히 번국藩國으로 보지 않을 것이니 이는 만전의 대책입니다."라고 하였다. 충선왕이 그 말을 그럴듯하게 여기고 장차 표문으로 아뢰려고 하였다. 이에 대녕군大寧君 최유엄崔有渰이 비밀히 김이에게 말하기를 "만일 두 사람의 말대로 된다면 우리나라는 끝장나고 말 것이다. 정령政令(정사와 명령)이 중국으로부터 나오게 되면 병합당한 것과 무엇이 크게 다르겠는가?"라고 하였다. 김이가 틈을 타서 충선왕에게 설명하여 중지시켰다.

그 후에 왕이 충선왕과 함께 원나라에 있게 되자 왕이 소인배의 참소를 듣고 충선왕을 폐하고 충선왕의 계국薊國 공주를 서흥후瑞興侯 왕전王典에게 개가시키고 아들로 삼으려고 하였다. 이때에 두 왕의 신하들은 두 편으로 갈려서 서로 다투었다. 김이는 앞으로 무슨 화가 일어날 것을 우려하여 몰래 충선왕을 책봉한 조책詔冊을 꺼내어 허리에 띠고 다른 종이를 빈 선갑宣匣(황제의 선지를 내린 갑)에 넣어 전과 같이 봉하여 두었다. 수일 후에 그 함은 과연 도적을 맞았으며 충선왕이 크게 놀랐다. 김이가 말하기를 "제가 꺼내어 간직해 두었습니다."라고 하니 왕이 비로소 안심하였다. 소인배들이 빈 갑을 가지고 그 속에 아무 것도 없다는 것으로 의심하여 장차 왕을 무함하였으나 김이가 간직한 책명冊命을 내놓고 증거로 증명한 결과 드디어 그만두게 되었다. 그 후에 여러 관직을 거쳐 판도 정랑版圖正郎이 되었다.

(충렬왕) 34년에 왕이 죽고 충선왕이 복위하여 환국하였다. 처음에 충선왕이 원나라에 있을 때에 용도가 결핍되었으므로 뭇 사람이 의논하기를 우선 부호들의 돈을 돌려

쓰고 다음에 본국에 명령하여 갚게 하자고 하였다. 김이가 말하기를 "본국에는 본디 축적이 없고 또 근자에는 부왕父王이 원나라에 머물러 있는 것과 관련하여 부고府庫가 비고 민간에서도 거둘대로 거둔 후가 되어 관가와 민간이 다 같이 비어있습니다. 그런데 이제 또 관가에서 차용한 것을 민간에서 갚도록 한다면 백성은 어떻게 감당하겠습니까?"라고 하니, 왕이 이에 동의하였다.

(충선왕) 원년에 우부승지右副承旨로 승진하였다. (충선왕) 5년에 왕이 원나라에 있으면서 김심金深과 이사온李思溫을 매를 쳐서 임조臨洮로 귀양보내면서 김이를 김심金深 등의 당파로 의심하고 찬성사 권한공權漢功 등을 보내 김이와 그 아들 김문귀金文貴를 순군에서 심문한 후 김이를 강직시켜 기장 감무機張監務로 내려보내고 김문귀를 합포合浦로 귀양보냈으며 그의 가산을 몰수하였다.

충숙왕이 왕위를 물려받은 후, 첨의평리添議評理가 되었고 공신 칭호를 하사받았다. 의비懿妃가 원나라에서 죽었는데 상구喪具가 갖추어지지 않았다. 김이가 몸소 시체를 태워서 함으로 짠 관에 넣어 매장하고 매달 초하루 보름으로 양고기와 술을 갖추어 제사지냈다. 그 후에 왕이 유골을 원나라 서울 서산西山에 매장하려 하였으므로 김이는 백방으로 만류하였으나 왕이 듣지 않았다. 이에 풍수에게 돈을 먹이고 그를 시켜 궤변으로 왕을 달래어 연릉衍陵에 안장하였다.

(충숙황) 7년에 찬성사贊成事의 관직을 더하고 경산군慶山君의 봉호를 받았다. (충숙왕) 8년에 유청신柳淸臣, 오잠吳潛 등이 심왕瀋王 왕고王暠를 왕위에 들어앉히려고 책동하다가 마침 원나라 영종英宗이 죽고 태정제泰定帝가 등극하게 되었으므로 유청신 등의 책동이 미수에 그쳤다. 그러나 이번에는 또 우리나라에 행성行省을 설치하고 국호를 없앨 것을 청원하였다. 원나라 황제는 이것을 그럴듯이 여겼다. 충선왕이 토번吐藩으로부터 돌아와 이 말을 듣고 김이를 보고 탄식하기를 "내 조상이 삼한을 통일한지 이미 4백여 년이다. 우리 충헌왕忠憲王은 솔선하여 원나라와 관계를 맺었으며 충경왕忠敬王은 친히 조어산釣魚山에 가서 조회를 하고 또 세조 황제를 변량汴梁(하남성 개봉)에 가서 만나 아버지 충렬왕은 원나라 황제의 부마가 되었다. 이리하여 계속 원나라 황제의 우대를 받음으로써 모든 나라들에서까지 우리나라의 영예를 흠모하게 되었다. 그런데

불행하게도 하필 내 대에 와서 두세 간신의 모략으로 인하여 드디어 나의 조상의 업적이 무너지게 된단 말인가? 내 조상은 무슨 죄로 자손의 제사를 받지 못하게 되는가?" 라고 하고 이어 눈물을 흘리며 김이에게 이르기를 "예전 황경皇慶(원나라 인종의 연호) 초기에 반역자의 후손 홍중희洪重喜 등이 원나라 황제에게 행성行省을 설치하고 국호를 삭제할 것을 호소하였을 때 경이 우리 선조들의 원나라에 신복한 공로를 역력히 들어 천명하고 드디어 원나라 황제의 결재를 받아 행성行省을 폐지하게 되었었다. 오늘날의 일도 경이 응당한 대책을 강구하기 바란다."라고 하였다. 김이는 이에 최성지, 이제현李齊賢 등과 더불어 원나라 도당都堂에 상서하여 이해득실을 진술하였다. 원나라 전 사인舍人 왕관王觀도 승상에게 상서하여 힘을 다하여 말하니, 입성 논의는 드디어 끝나게 되었다. 첨의정승僉議政丞으로 승진하고 이듬해에 중찬中贊의 관직이 더해졌으나 죽었다. 충숙왕 14년이다. 시호를 광정匡定이라 하였다.

김이는 성질이 활달하여 장자長者의 기풍이 있었다. 오랫동안 충선왕을 따라 발섭한 공로가 있는 것이 시종여일하였다.

최유엄崔有渰

평장사 최자崔滋의 아들이다. 성질이 침착하고 겸손하여 명예를 구하지 않았으므로 벼슬을 한 지 10년 동안 이동이 없었다. 충렬왕은 오래 전부터 그의 이름을 듣고 있었으므로 즉위하자 그를 감찰 잡단監察雜端으로 임명하였다. 시승侍丞으로 옮겼는데, 상소하여 시사時事에 대하여 직언하다가 왕의 비위에 거슬려 대청도大靑島로 귀양갔다. 승지 조인규趙仁規가 왕에게 말하기를 "최유엄은 힘써서 절개를 지켜 왕에게 충성을 다하는 사람이니 경솔히 버려서는 안됩니다."라고 하고 재삼 굳이 청하였더니 왕의 노여움이 조금 풀려 소환되었다.

여러 번 전임하여 판삼사사判三司事 도첨의찬성사都僉議贊成事를 역임하였다. 원나라 황제가 배신陪臣들 중에서 현명한 자를 불렀는데 최유엄이 지명되어 원나라에 갔다. 이때 행성에서 본국의 노비법奴婢法을 개혁하려고 하였는데, 최유엄이 황제에게 말하여 옛 제도대로 둘 것을 청한 결과 황제가 응낙하였다.

왕이 한 때 세자 충선을 폐하고 서흥후瑞興侯 왕전王琠으로 후계자를 삼으려 하였다. 최유엄이 왕에게 말하기를 "전하는 일찍이 경령전景靈殿에 제사 지낸 적이 없습니까? 거기에는 태조의 영정과 친묘親廟(왕의 아버지)의 영정들이 다 있습니다. 만일 서흥후를 왕으로 세우고 그 할아버지와 아버지 즉 서원후西原侯와 시양후始陽侯를 추존追尊하여 종묘에 들어앉힌다면 전하의 친묘를 옮기지 않을 수 없을 것입니다. 저는 고종高宗, 원종元宗을 섬겨 왔고 나이 이제 이미 늙었습니다. 그런데 차마 졸지에 제사를 그만둘 수는 없습니다. 제가 만일 이에 간언을 하지 않는다면 선왕을 지하에서 뵐 수 없습니다."라고 하였더니 왕이 오랫동안 슬픈 기색을 띠었다.

이때 충선왕이 원나라 법제를 따라서 군인과 백성을 갈라놓으려 하였는데 최유엄이 간하여 정지시켰다. 충렬왕이 죽고 충선왕이 왕위를 물려받았는데, 최유엄에게 옥대玉帶를 주었다. 이어 수첨의정승守僉議政丞으로 전임시키고 대녕군大寧君으로 책봉하였다.

처음에 상서 이덕수李德守의 딸이 선발되어 원나라에 들어갔었는데 그가 황제의 총애를 받는 신하의 첩으로 되었다. 그가 승지 채종린蔡宗璘과 노비 문제로 다투게 되자 총애를 받는 신하가 황제에게 말하여 합라대哈剌台를 보내 채종린의 형제를 구속하고 문권文券을 빼앗으려 하였다. 이때 최유엄이 강하게 다투어서 언사가 심히 격렬하고 절실하였으므로 합라대는 문건을 빼앗을 수가 없어서 등사해서 갔다. 나라 사람들이 모두 감탄하여 말하기를 "참으로 재상이다."라고 하였다. 왕은 최유엄의 나이 많다 하여 닷새에 한 번씩 도당에 나와 나라의 중대한 문제를 토의케 하라 하였다.

충숙왕 때에 다시 등용되어 정승이 되었고 대녕부원군大寧府院君으로 책봉되었다. 그가 하정사賀正使로 원나라에 갔을 때 원나라에서 우리나라를 성省으로 만들 것과 세록노비법世祿奴婢法을 개혁하려고 하였다. 최유엄은 중서성中書省에 가서 극력 청원하여 이것을 저지시켰다. 최유엄이 본국으로 돌아오자 온 나라 사람들이 안심하며 손을 들어 이마에 대며 말하기를 "우리 삼한을 보존한 분은 최시중崔侍中이다."라고 하였는데, 그때 최유엄의 나이는 86세였다. 충혜왕 원년(고려사에는 6년)에 죽으니 나이 93세였다. 시호를 충헌忠憲이라 하였다. 4대 왕조에 걸쳐 벼슬을 하였고 나라의 원로로 되어 모든 사람의 신뢰와 존경을 받았다.

김태현金台鉉

자는 불기不器요 광주光州 사람이다. 사공司空 김길金吉의 후예이고 아버지 김수金須는 담략이 다른 사람보다 뛰어났다. 삼별초三別抄의 난에 영광靈光의 수령을 하다가 죽었다. 어머니 고씨高氏가 꿈에 밝은 별이 품안으로 들어오는 것을 보고 김태현을 낳았다. 김태현은 10세 때에 아버지를 여의고 학업에 근면하여 발전이 빨랐다. 풍모가 단정하였으며 눈매가 그린 듯하였다. 일찍이 선배의 집에 가서 공부하였는데 그 집에는 새로 과부된 딸이 있어 시를 약간 이해하여 보고는 매우 기뻐하였다. 어느 날 시를 지어 던져 주었다. 김태현은 이로부터 발을 끊고 가지 않았다. 숙부 김주정金周鼎이 김태현의 문장을 보고 비범하게 여겨 말하기를 "우리 가문을 크게 할 자는 반드시 너다."라고 하였다.

충렬왕 원년 나이 15세 때에 감시監試에 1등으로 합격하고 이듬해에 과거에 급제하였다. 후에 또 전시殿試에 합격하여 직문한서直文翰署 벼슬을 지냈다. 여러 번 옮겨서 밀직부사密直副使가 되었다. 원나라 임금의 생일을 축하하기 위하여 원나라에 가니 마침 황제가 삭방朔方에 가 있었으므로 제로諸路에 조서를 내려 사신은 모두 서울까지만 오게 하라고 지시하였다. 김태현이 중서성中書省에 말하기를 "우리나라[下國]가 사대한 이래로 명절마다 축하를 빠트린 적이 없었다. 이번 공물을 (원나라) 서울까지만 보내라는 것이 황제의 명령이나 행재소까지 가라는 것은 우리 임금의 명령이다. 내가 차라리 황제께 죄를 지을지언정 우리 임금의 명령을 저버릴 수는 없다."라고 하니, 중서성이 허락하였다. 그리하여 행재소까지 가니 황제가 그의 충성을 갸륵하게 여기고 많은 상과 음식을 주어 그를 우대하였다.

지첨의사사知僉議司事로 승진하였다. 이때 간신들이 당파로 갈라져 왕의 부자를 이간하였으므로 부자 간의 정이 서로 통하지 않았다. 김태현은 그 어간에서 조정하기를 한결같이 공정하게 한 결과 아무도 그에게 대하여 허튼말을 못하였다.

충선왕이 원나라 인종仁宗을 도와 내란을 평정한 후 본국의 관료들 중 반심을 가진 자들은 모두 처벌 유배하고 김태현을 자의찬성사咨議贊成事로 삼았다. 그는 관례적으로 파직되어 10년간의 은거 생활을 하였다. 충숙왕 8년에 판삼사사判三司事로 기용되었다.

충선왕이 토번으로 귀양가고 충숙왕 역시 원나라에 억류되자 국내에서는 당파가 생겼다. 그 동안에 김태현은 비록 2부二府의 우두머리에 있었지마는 아랫사람이 권세를 잡고 있었으므로 사업상의 알력이 많았다. 그러나 김태현에 의존하여 진정되었고 마침내 나라를 그르치는 데까지는 이르지 않았다.

충숙왕이 다시 돌아 와서 정치하면서 여러 신하들 중에 심왕에게 붙은 자를 토죄討罪하였는데, 김태현에 대해서는 말하기를 "끝까지 딴 마음이 없었던 자는 이 노인네이다."라고 하였다. 그러나 마침내 파면하였다. (충숙왕) 17년에 충혜왕이 세자로서 원나라에 있을 때 왕이 그에게 전위할 것을 청하였다. 원나라에서는 사신을 보내 국왕의 인장을 회수하고 김태현에게 행성行省의 직무를 대행하라 하였다. 원나라 사신이 돌아가자 재상이 충숙왕의 명령으로써 김태현을 불러다가 행성의 인印을 빼앗은 다음 김태현을 구속하였다. 이에 김태현 가족을 데리고 금강산으로 유람 갔으니 이는 대개 혐의를 멀리하기 위함이다. 충혜왕이 사신을 보내 재상이 제 마음대로 성인省印을 빼앗은 것을 추궁하고 역마를 보내 김태현을 불러 다시 행성行省의 직무를 대행하게 하였다. 김태현은 이 해에 죽어서 시호를 문정文正이라 하였는데 나이는 70세였다.

김태현은 사람됨이 장중하고 우아하여 언어와 행동이 예절에 맞았으며 낮에도 드러눕지 않았고 더워도 옷깃을 풀어 헤치지 않았다. 남과 화목하였고 어머니에게 효성을 다하였다. 자손을 가르침에 있어서 일정한 규범이 있었고 사람들과의 교제를 함부로 하지 않았다. 세 왕조에 걸쳐 벼슬하는 동안에 의리로서 진퇴를 하였고 일의 결재를 정밀하고 민첩하게 하였으므로 세상에서 그의 명철함을 탄복하였다. 또 그는 지난 시대의 사적에 대하여 말하기를 어제 생긴 일 같이 하였으며 나라에서 해결하기 어려운 문제가 제기될 때마다 그에게 물어 처결하였다. 일찍이 자기 손으로 우리나라 사람들의 시문詩文을 수집하여 『해동문감海東文鑑』이라 하였는데 세상에 유포되어 있다. 호는 쾌헌快軒이다.

아들은 김광식金光軾, 김광철金光轍, 김광재金光載, 김광로金光輅인데 모두 과거에 급제하였다.

김광재金光載

김광재의 자는 자여子輿이다. 충선왕 때에 과거에 급제하고 성균 학관成均學官으로 충혜왕을 따라 원나라에 갔다. 그 공로로 도관 정랑都官正郞이 되었다. 조적曹頔이 난을 일으켰다가 처형되고 왕이 원나라에 잡혀갈 때에 김광재가 말하기를 "우리 임금이 위험하게 되었는데 나만 차마 위험을 회피할 수 있는가?"라고 하고 왕을 따라 갔다. 왕이 복위하여 돌아오자 그를 군부 총랑軍簿摠郞으로 임명하고 전선銓選에 참여케 하였다. 후에 여러 관직을 거쳐 판전교시사判典校寺事로 승진하였다. 왕은 평소에 김광재의 엄격하고 강직한 것을 꺼리었다. 그리고 왕 좌우의 소인의 무리들도 많이 그를 꺼렸으나 잡을 구실이 없었으므로 그들이 말하기를 "김공金公은 한적한 것을 사랑하여 벼슬살이는 그 본의가 아니다."라고 하였다. 왕은 그 말을 믿고 그의 관직을 교체하였다.

충목왕이 즉위한 후에 우부대언右副代言으로 임명되었다가 지신사知申事로 전임하였다. 그때 권세를 가진 대신이 김광재가 자기에게 붙지 않는 것을 미워하여 왕께 아뢰어 판도 판서版圖判書로 전직시켰다. 왕이 곧 후회하였다. 충정왕이 즉위한 후에 서연書筵을 열고 김광재를 선생으로 삼으려 하였으나 군이 사양하였으므로 첨의평리僉議評理로 임명하고 전과 같이 전선銓選을 주관하게 하였다. 이때 덕녕공주德寧公主가 자못 정사政事에 간섭하였으나 왕이 제지하지 못하고 있었으므로 김광재가 분연히 나가버렸다. 공주가 두 번이나 불렀으나 마침내 응하지 않았다. 좀 있다가 삼사우사三司右使로 전직하였다. 그는 왕에게 아뢰기를 "문선文選은 이조吏曹에서 주관하고 무선武選은 병조兵曹에서 주관하는 것인데 이것을 정방政房에서 다 주관하는 것은 권신權臣이 생긴 후부터 시작된 것이며 좋은 제도가 아니니 옛 제도를 복구하기를 바랍니다."라고 하였다. 왕이 이에 따랐다.

공민왕이 즉위하자 무릇 12년간 두문불출하고 어머니를 봉양하였는데 아침저녁으로 그 예절을 다 하였으며 어머니가 죽은 후에는 시묘살이 하며 복제를 마쳤다. 또 제사 때마다 눈물 흘려 울기를 마지않았다. 왕이 그 소문을 듣고 가상히 여겨 사람을 보내 말하기를 "그대를 만나 말할 일이 있는데 만나볼 수 있겠는가?"라고 하였다. 이때 김광재는 병든 몸으로 부축을 받아 궁중으로 들어가서 왕을 뵈니, 왕이 말하기를 "연령과 얼굴은 그다지 심하게 쇠하지 않았는데 이렇게 병을 앓는 것은 웬일인가?" 하고 담당 기관에 명령하여 그가 거주하는 곳을 표창하여 '영창방 효자리靈昌坊孝子里'라고 하였다.

김광재는 행동을 억제하는 것이 매우 높고 재산 늘리는 데에 관심을 두지 않았으며 곁에는 거문고와 책이 있어서 생활이 아주 담박하였다. 죽을 때 처에게 이르기를 "남자는 부인의 손에서 운명하지 않는 것이 예법이다."라고 하였다. 시호는 문간文簡이다.

아들 김흥조金興祖는 호협하고 지조가 있었다. 벼슬이 군기감軍器監에 이르렀고 김제안金齊顔, 김정金精 등과 신돈辛旽을 처단할 것을 계획하다가 일이 누설되어 살해당하였다.

논하기를,

군자가 없다면 나라가 되겠는가? 김이, 최유엄, 김태현 세 신하와 같은 자는 가히 군자라고 할 만하다. 충렬왕이 늙어서 여러 소인들에게 황혹荒惑해서 장차 정적正嫡을 폐하고 얼조카를 세우려고 하니, 그 세력이 이루어져서 군신과 부자 간의 변란이 극에 달하여 나라가 장차 나라꼴이 아니게 되었다. 세 신하는 혹은 몰래 선갑宣匣(왕의 명령을 넣은 상자)을 취하여 그 기아機牙를 무너트리고, 혹자는 조용히 인도하여 군주의 생각을 감동시키고, 혹자는 그 사이에서 주선하여 한결같이 공정하게 하여 마침내 왕 부자를 바르게 하였으니, 나라가 그에 의존하여 보존되었다. 그 충성스러운 업적은 위대하다. 김이에 이르러서는 나라에 충성을 다하고 험난한 것도 견디는 하나의 절개를 지켰고, 최유엄은 옛 헌장을 확고히 지켜서 조야가 무겁게 의존하였으며, 김태현은 위인이 개결하고 교만하지 않았으며 다른 사람들과 소통하였으나 유폐에 빠지지 않았다. 나라를 맡아서는 빈껍데기였으나 정성을 다하여 일을 진정시켰으니, 경전에 이른바 "육척의 고아를 부탁할 수 있고[可以託六尺之孤] 백리의 명을 의탁할 수 있다[可以寄百里之命]."는 뜻과 같다. 큰 절개로 임해서 빼앗을 수 없으니 거의 부끄러움이 없다. 아! 어찌 군자가 아니겠는가?

| 휘찬여사 열전1 |

영인본

木齋家塾彙纂麗史卷之二十

王后

嗚呼易基乾坤詩首關雎夫婦人倫之始風化之原國家理亂罔不由之可不愼哉歷攷中朝東國帝王家法之不正未有若高麗之甚也麗王氏嘗謂王族至貴不可與羣下交配王氏自相通婚定爲一代之制往往以公主正位中壼諱稱外姓其瀆亂人紀淫穢宸極可謂甚矣國統不卽斁絶迄五百年而亡者特幸耳春秋書吳孟子卒譏取同姓也吳與魯屬疏矣春秋猶譏之況於至親之間乎傳曰同姓之婚子孫不蕃王氏滅絶無後豈非天道也哉今輒依經旨以姑姊妹近屬冊后者皆削而不書亦春秋爲中國諱之義也嗚呼可不監哉

太祖神惠王后柳氏 三重大匡天弓之女天弓貞州富家也邑人稱爲長者太祖爲將軍引兵過貞州息馬古柳下后立路傍川上見其有德容問誰氏女對曰此邑長者家女也太祖因至宿焉女家饗一軍甚豐以后侍寢旣還絶不相聞后誓不嫁剃髮爲尼太祖聞之召以爲夫人弓裔末洪儒裴玄慶申崇謙卜智謙詣太祖第將議廢立不欲令后聞之謂后曰園

中豈有新瓜乎可摘來后覺其意出從北戶入帳中竊聽之於是諸將遂言推戴之意太祖拒之甚堅后遽從帳中出謂太祖曰擧義代虐自古而然今聞諸將議妾猶奮發況大丈夫乎手提甲領以被之諸將扶擁而出遂卽位太祖十六年後唐明宗遣太僕卿王瓊等來冊后官告曰能從夫以貴者是爲宜其家矣封邑之制彝典所垂俾增伉儷之光以稱國君之爵太保使持節玄菟州都督高麗國王妻河東柳氏內言必正同獎固多贊虎幄之嘉謀保魚軒之寵數輔成忠節諒屬柔明爰降殊榮載踰常等勉助勤王之志是謂報國之規可封河東郡夫人薨謚神惠王后祔葬顯陵

莊和后吳氏 羅州人父多憐君世家州之木浦多憐君娶沙干連位女德交生后后嘗夢浦龍來入室中驚覺以語父母奇之未幾太祖領水軍出鎭羅州泊木浦望見川上有五色雲氣至則后浣布太祖召幸之宣于寢席后心動有娠生子是爲惠宗面有席紋世謂之襵主常以水灌寢席用大瓶貯水洗臂不厭眞龍子也年七歲太祖知有繼統之德恐母微不得嗣位以故笥盛柘黃袍賜后后示大匡朴述熙揣知

其意請立正胤后薨諡莊和王后
神靜后皇甫氏黃州人太尉悌恭之女生戴宗及太
穆王后封明福宮夫人成宗二年七月薨成宗早喪
宣義太后鞠於后故哀慕盡禮率百僚臨殯殿上諡
曰神靜大王太后冊文曰德侔附寶功比姜嫄曾表
異於手文亦炳靈於胎教端逢聖祖始卜好逑膺妙
選於六宮贊昌基於庶政克修婦道爰備坤儀節儉
之風行乎閨閫箴規之義播在朝廷密贊鴻業寔佐
賢謀旋屬駕在商山天崩杞國孀居四紀鞠育諸孫
名在景鍾事光彤管顧惟眇質早遘閔凶蓋因撫養

以至纘承豈期太史書氛靈臺告祲松齡未享蘭質
俄捐魚軒靜兮鑑殿並空十亂缺兮百身難贖九族
茹靡依之歎眾民含罔極之悲今則遠日已臻玄宮
欲閟啓殯堂兮殯儀必備仍泉隧兮窆具將加特命
禮官敎徵茂實考前芳而累行表徽號而易名今遣
某官某謹上諡曰神靜大王太后葬壽陵文宗十年
加諡慈景冊文曰鷲石開祥鳩洲協德漲家成國內
申弼贊之勞翼子謀孫旁及慈和之訓嬪風載踶王
化由宣所以契二儀合配之尊處百代不遷之廟臣
仍叨慶系彌注孝思奉舉序以合升執簿羞而親饋

屬茲龜獻仍益鴻稱謹奉冊加上尊諡曰慈景
惠宗義和王后林氏鎭州人大匡曦之女太祖四年
冊惠宗爲正胤以后爲妃生興化君薨諡義和葬順
陵
定宗文恭王后朴氏昇州人三重大匡英規之女薨
諡文恭葬安陵
景宗獻肅王后金氏新羅敬順王之女也薨諡獻肅
祔景宗廟
成宗文和王后金氏善州人贈侍中元崇之女稱延
興宮主生貞元王后顯宗二十年封爲大妃

顯宗元成王后金氏安山人侍中殷傅之女生德宗
靖宗仁平王后初顯宗南幸州縣官皆竄匿往往構
亂次公州殷傅爲節度使備禮郊迎王嘉之及賊退
還至公州后製衣以進仍納之稱延慶宮主尋冊爲
王妃
元惠后金氏亦殷傅之女生文宗孝思后稱安福宮
主顯宗十三年卒諡元惠十六年追贈王妃
文宗仁睿順德王后李氏仁州人中書令子淵之長
女號延德宮主文宗六年封爲王妃冊曰咨爾延德
宮主李氏含章有順飭性無虧覆以王衣早膺嘉瑞

貯之金屋亮協幽求爰將五可之稱來演六宮之慶葛覃之詠采著於睢和蘭夢之徵誕彰於蕃衍執組紃之妙致景慕共姜蹈閫壼之令猷思齊太姒顧惟弘懿宜示正封遂頒命於鷃銜俾加榮於翟服今遣使其官某持節備禮冊爲王妃后生順宗宣宗肅宗及常安公琇金官侯丕卞韓侯愔樂浪侯忱宣宗三年冊封爲太后諸道皆表賀州縣並獻布十萬餘疋乇羅亦來賀獻方物九年九月薨于西京歸葬戴陵后好佛刱國清寺願銀書瑜伽顯揚論至肅宗乃成

宣宗思肅王后李氏仁州人工部尚書碩之女號延

和宮妃初宣宗爲國原公納平章事李預女爲妃生敬和后而卒謚貞信貞信卒乃納后生獻宗宣宗卽位冊爲王妃獻宗嗣位尊爲王太后置府曰永寧王冲弱不能聽斷機務太后稱制凡軍國大小事咸取決焉獻宗薨罷永寧府后薨謚思肅睿宗二年王欲以貞信祔宣宗諫官奏曰貞信爲國原公妃年月不久思肅自嬪公府以至踐阼內助居多又太子繼統臨朝稱制者三年獻宗遜位乃退居舊宮終無失德宜以思肅升祔制曰嫡庶之分不可不別更詳禮典以聞諫官復奏曰春秋之義國君卽位未踰年者不合列序昭穆國君尚如此況后妃乎請以思肅祔王從之

肅宗明懿王后柳氏貞州人門下侍中洪之女號延德宮主后生睿宗上黨侯佖帶方公俌大原公侾齊安公偦通義侯僑睿宗卽位尊爲王太后殿曰天和府曰崇明生辰曰至元節三年冊曰臣聞冊后之制歷代相因稱皇太者秦漢之通規以子貴者春秋之大訓凡爲後胤合效前脩伏惟我聖母德備母儀位居坤極神資淑哲蚤儲沙麓之祥性蘊貞明獨稟塗山之訓遂令大業永保中興臣叨膺顧命嗣守宗祧

自承鞠育之恩誓奉慈嚴之教雖日以萬錢之養未克展於孝誠而尊加三字之封庶永光於信牒虔尋舊典率籲羣情爰擇良辰用上尊號臣不勝大願謹遣某官某奉玉冊金寶上尊號曰王太后伏願遵前古之憲章膺上穹之眷佑俯同睿鑑誕受嘉稱七年七月病革王馳詣請入大內行至信朴寺薨王率百官上謚明懿王太后八月葬崇陵明年遼遣使致祭百官奏曰本朝自祖宗以來太后昇遐隣國未嘗遣使弔祭今始見是禮而前夕雨雪暴作及車駕行禮日色清明人心喜悅宜令百官朝賀王從之

睿宗文敬王后李氏朝鮮國公資謙第二女選入宮
號延德宮主睿宗四年生元子於私第是爲仁宗九
年冊爲王妃冊曰在天成象尚有軒星之纏理國齊
家必崇坤極之位上以承宗廟下以厚人倫永惟興
替之本靡不由此焉朕若稽於典憲祈協于神民洽
爾李氏性惠而明儀靜而肅惟乃烈祖克勤王家篤
生聖后世繼哲王覃及後昆產茲懿媛粤朕登位來
嬪于京誕生冢嗣密輔朕躬宜加顯號以表中闈今
冊命爾爲王妃夫惟先王釐厥士女始自內理御于
邦家爾其益礪芳猷永綏遐福十三年薨后性柔嘉

聰慧有寵於王自寢疾親調藥餌及薨王慟悼葬綏
陵王祖送于神鳳門外俄幸魂堂諫官上疏曰初喪
悲哀過度及葬祖祭拜獻臣民瞻望竊謂過禮今又
屈至尊以臨靈帳恐傷大體王曰嘗聞宋帝祖送請
和皇后出端門外親酌拜奠故傚而爲之况一幸魂
堂何害於義仁宗卽位追尊爲文敬王太后

仁宗恭睿王后任氏中書令元厚之女門下侍中李
瑋之外孫也妃誕夕瑋夢黃大旗竪其第中門旗尾
飄縈於宣慶殿鴟尾旣誕瑋奇愛之曰此女後當遊
宣慶殿及笄平章事金仁揆子聘之婚夕壻至門妃
暴疾乃謝遣卜者賀曰勿憂也此女貴不可言時李
資謙已納兩女于王聞其言惡之卽奏貶元厚爲開
城府使歲餘府倅夢太守廳事樑棟折作大寶黃龍
從寶而出詰朝倅具朝服詣元厚慶之曰公其識之
會仁宗出資謙女后被選入宮初仁宗夢得荏子五
升黃葵三升以語拓俊京俊京對曰荏者任也納任
姓之兆也其數五者誕五子之祥也黃者皇也葵者
揆也黃葵者皇王執道揆御邦家之瑞也其數三者
五子之中三子御國之象也后旣入果生五子毅宗
明宗神宗相繼卽位毅宗初尊爲王太后殿曰厚德

立府曰善慶置官屬初后愛次子欲立爲太子以故
王怨之一日侍坐語侵后后跣下殿仰天而誓忽雷
雨大震電光入座王驚懼俛入太后衣下俄而震殿
柱王悔悟遂爲母子如初旣而王荒淫不恤政事武
臣作亂廢弑之大寧侯璟后第二子元敬國師第四
子也璟在毅宗末得罪貶卒明宗十二年國師死居
數月后聞意諸將害之憤恚得氣疾是時神宗以平
諒公在私第亦有疾久不入覲后遂疑平諒與國師
同禍王命輿平諒入謁后泣曰吾不意復見爾面平
諒公曰毋后之疾勞心致爾可張樂悅解於是奏管

絃王與平諒公上壽爲樂氣少下尋復篤薨壽七十五葬純陵

元宗順敬太后金氏慶州人莊翼公若先之女高宗二十二年元宗爲太子納之封賢妃生忠烈王而薨元宗三年追封靜順王后

忠烈王齊國大長公主名忽都魯揭里迷失元世祖皇帝之女母曰阿速眞可敦元宗十五年忠烈以世子在元尚公主是時高麗削弱受制於權臣迨至百年及事元以來不堪策應元宗患之思托婚大朝以強王室上表請婚世祖乃許之元宗薨世子嗣位東

還遣樞密院副使奇蘊逆公主于元王幸西北面迎之妃嬪宮主外世婦百官延于國清寺門王與公主同輦入京父老相慶曰不圖百年鋒鏑之餘復見太平之期明年正月冊爲元成公主宮曰敬成殿曰元成府曰膺善置官屬以安東京山府爲湯沐邑九月生元子于離宮是爲忠宣王貞和宮主始安公絪之女王之妃也燕賀於離宮就正寢置平牀爲公主坐侍者曰平牀之坐欲使同於宮主也公主怒遽令移席西廂西廂舊有高榻故公主居之及宮主行酒王顧公主公主曰何白眼視我豈以宮主屈膝故邪乃罷宴下殿哭走吾兒處乳媪挽止之不果行王遣式篤兒如元請朝式篤兒者公主從臣也臨行謂大將軍印公秀曰公主使我奏宮主事將不利於國何以處之公秀曰閨閤妬娼之言何足上聞式篤兒然之有投書于達魯花赤者曰貞和使女巫呪詛公主公主幽宮主於螺匠家封其府庫賴宰相柳璥力辨事得白然居宮主於別宮迄公主薨不得與王相見興王寺有金塔重三千兩公主命取入來將毁之王不能禁涕泣公主尋從王幸興王寺僧乞還塔不許又令括太府銀入內會王有疾宰臣請公主停營繕縱

鷹鶻公主許之工匠皆從北京來提領盧仁秀請辭歸公主大怒詰宰相曰我令罷役徒奈何悉遣木匠乎對曰罷役是日官之言臣等不知也公主益怒曰何得蔑視我邪吾將懲一宰相以警其餘李槢進曰營繕旣休工匠自以其意辭歸召而作之尚未晚也公主意解宰臣仍請曰王疾彌留凡可以禬禳者無不盡心興王金塔尚在宮中願還之公主乃許王大喜令承旨李尊庇還其塔于興王寺三年夏公主所生母訃至滿月宴纔罷祕之後五日乃告公主慟哭膳肉如舊翼日設收淚宴四年王及公主如元抵京

謁帝置宴王率羣臣入自東南隅立庭中公主張小
紅傘率永寧公及諸姬媵入自東北隅獻金銀紵布
拜訖上殿從臣元傅李汾禧朴恒宋玢姜允紹等皆
與焉公主以世子及小王女謁皇后太子妃妃名世
子曰益智禮普化皇后賜公主彩段一車東還五年
王在元公主獨居無聊出內府樂器命伶官奏樂竟
日達曙結彩棚于宮中押生虎至登園亭觀之皇子
愛牙赤流大青島公主延于城外張樂燕慰從者止
之曰皇子以帝命之貶所豈可耽樂遂罷世子誕日
燕新宮以東征事急命停女樂奏漢樂羣臣執贄世

子奉觴舞王與公主歡甚序元使也速達僉議下崔
仁著上將軍下也速達曰吾與崔知事一也何坐下
也公主曰仁著蒙漢邪高麗也則坐上將軍下足矣
也速達慙七年皇后訃至公主奔喪帝敕還國八年
從王獵忠清道十三年入覲至西京聞賊起咸平府
道梗乃還十九年王與公主如元二十年世祖崩成
宗卽位冊封安平公主二十二年王與公主如元明
年晉王將之國帝幸其第王與公主侍宴酒酣公主
歌王起舞是年五月歸國御壽寧宮苑中芍藥盛開
公主命折一枝把玩良久感泣尋得疾薨壽三十九

皇元兵力甚彊前世無比高麗服事甚謹公主以帝
女尊重驕橫用事王奉承其意猶恐不及嘗燕元使
公主坐居中王在其左元使臣以次在其右王少失
意輒被呵詬裒刻公私財物略無顧憚將入覲科斂
銀布選士大夫良女以行使忽赤搜索遍遠近中外
怨嘆廣平公譓嘗奪郎將王涓奴婢涓訟得之譓獻
其奴婢於公主公主召老奴問其奴婢與譓家奴連
姻者三百餘人竝取之譓叩頭宮門乞還不許有一
媼獻白苧細膩刺花示大賈曰至寶也問何從得此
媼曰家有賤婢能織之公主遂奪其婢媼愕然嘗齎

人參松子詣吳越市錦繡輒分遣內官求之諸道怨
苦然公主性嚴見王過失輒規責之往往有補益其
獵于湖西也召尹秀詰之曰此地無鵝鶬爾輩誘王
來何也仍責王曰遊畋非急務何爲引我至此奈國
事何王慚憤火獵損民稼者償其直公主曰民病矣
從者亦勞矣可以歸矣乃還王好音律嘗令內豎與
伶官鼓樂公主遣人告曰以絲竹理國家非所聞也
遂罷之王嘗以內僚金子廷爲東京副使公主謂王
曰予聞東京是王之母鄕然乎王曰然曰然則家奴
爲邑宰可乎南班人得居中外重任始自何代王曰

自元廟始公主曰王眞元王之子也王有勲色王畏公主羣臣亦畏戢頗改前度不敢擅權專行如向時東征諸將達魯花赤亦皆畏公主不敢肆東國頼之九月葬高陵謚莊穆仁明王后忠宣受禪二年武宗降制追封皇姑齊國大長公主高麗國王妃

忠宣王薊國大長公主寶塔實憐元晉王甘麻剌之女忠烈二十二年忠宣以世子在元尚主二十四年公主自元來忠烈率金郊百官郊迎如迎王禮是年忠宣受禪號公主宮曰中和府曰崇敬公主妬趙妃專寵作畏吾兒字書付闊闊不花闊闊歹二人如元達于皇太后（畏吾兒古回鶻也元古無字八思巴始制蒙字然往來書多用畏吾兒字）其書云趙妃詛呪離間王公主王使朴景亮問二人書中事二人不應反歐之王懼白忠烈忠烈率公主所慰安之又以所籍亂人家產賜闊闊不花闊闊歹章吉徹里等欲解公主怒公主竟遣之與大將軍金精吳挺圭等如元告之頃之有人貼宮門云趙仁規妻使神巫詛公主公主下仁規及其妻于獄又囚仁規子瑞璉琍遣徹里如元告貼榜事貼榜者乃司宰注簿尹彦周也上洛伯金方慶等詣公主乞留徹里不從闊闊不花等與太后使者還自元以帝命拘崔冲紹及將軍柳温于巡馬所又繫趙妃元遣使來鞫仁規家凡乘傳者百餘乃以仁規歸之元鞫仁規妻極配妻不勝苦誣服元遂遣使執趙妃及宦者李温以歸太后遣番僧道士來祓公主呪詛遣洪君祥享王欲使王與公主合歡是年忠烈復位王與公主如元二十七年忠烈遣都僉議司使閔萱表請改嫁公主萱不敢進而還三十二年王惟紹等譖于皇后欲以瑞興侯琠改尚公主琠貌美忠烈使之袨服數往來以觀公主公主素不謹與內僚諸人亂王益不屑故亦屬意於琠語在惟紹傳王復位二年元封爲韓國長公主五年與王還國王使順妃淑妃迎于金巖驛覲用幣公主所乘車二兩飾以金銀綺紈後車五十兩氈帳大者可載十四車金瓮一鍾二大鍾子只里麻鍾子銀札思麻察剌盞兒猪觜瀼子各十數摠金四十餘錠銀七十餘錠（諸器名皆蒙古語）車服斷送之盛前世所未有也忠肅二年公主如元帝遣院使闊闊歹等迎之忠宣時在元請迎于道帝許乃至薊州之南迎之公主在元薨奉柩東還帝命中書省御史臺百官奠于道明年喪至自元百官玄冠素服延于郊殯永安宮葬以禮

彙纂麗史卷之二十 十三

彙纂麗史卷之二十 十四

忠肅王明德王后洪氏南陽人府院君奎之女生而聰慧端恪王卽位選入宮冊爲德妃動遵禮法王甚重之二年生子禎是爲忠惠王又生恭愍王後忠肅尚元濮國長公主后出居定安公第王數夜幸之尹碩孫奇等密白王移御定安公第遷后於鄰家以便往來忠惠旣襲位忠肅用讒者勸后歸田里不許母子相見元執忠惠以歸宰相享后以慰之后引見政丞蔡河中曰卿爲首相何不匡救君惡以至於此其阿諛順旨不一諫者徒欲固其祿位也今王被執而去卿曾不遣一介奔問起居靦然無恥今雖具酒食

予何忍下咽泣而却之初立府曰德慶及恭愍卽位改號文睿尊爲大妃十年王以紅賊逼京奉后南狩十五年辛旽方得幸勢甚熾從王入見后不賜坐旽趨出王曰僉議國之柱石何不賜坐后正色曰吾未亡人何敢與外僧共坐王默然旽銜之讒間王母子十七年侍中柳濯以諫馬巖役繫獄后使人諭王釋之王不聽十八年夏旱王謁后語及旱灾后曰王知天之所以旱乎去年不雨百姓餓死今又大旱民不聊生王孰與爲君奈何委政臣下多殺有功無罪之人大興土木以傷和氣乎王爲元子時百姓屬望惟恐王不爲君怨忠惠無道我亦以爲然忠惠時感憂豐而殺人少今何反不及耶且王年非幼何假國柄他人手乎因泣下王有不豫色曰母后何彰子之過歟第多殺人非臣罪禁亂臣耳自是王怨后旽之讒間亦行孝遂衰十九年 太祖高皇帝遣尚寶司丞偰斯來錫王命賜后段線羅紗王搆佛宇上樑壓死者二十六人肢體異處不可忍視后聞之請罷役不聽二十年旽伏誅王以濯爲旽黨將殺之后使人請赦王怒縛使者繫獄自是久闕定省及后有疾乃往省之二十一年正月王上尊號赦二罪以下冊曰王

化之本莫先於孝人子之職宜顯其親況聖善之有恩盍封崇之以禮恭惟王大妃夙傳家業克著母儀貞靜本乎天資柔順形於日用配先考專治于內警戒無違保小子式至于今劬勞罔極年垂八秩位冠東闈以言其德則宗社之所由安以言其功則臣民之所共賴持蠡抱管雖未足以形容檢玉泥金庶少伸於愛敬考本朝之舊典遵歷代之通規謹率百官奉金寶玉冊上尊號曰崇敬王太后茂對鴻名誕膺鉅慶躋于萬壽祚我三韓夏旱后使人告王曰天之久旱由人所召辛旽黨人妻妾沒爲官婢者可令放

之婦人何與焉王從之惟旽妻妾不赦二十二年王欲以辛禑爲嗣請就學命成均直講李崇仁授書后不欲託辭曰兒尚幼稍長就學未爲晚王曰今不立嗣社稷誰托且影殿之役誰繼吾志后曰影殿壯麗天下罕比水旱災變靡不由此宜罷其役人臣出從王事入治家產而金興慶等諸子弟日夜在內不得歸家豈不怨王王嘗偏信賊旽不聽予言幾至誤國人又若爾何也宜令子弟輪番宿衛且萬幾至煩宵旰勤政猶懼不及今王日中而起軍國之務豈無稽滯王宜夙興夜寐親聽國政以孝老母王不悅欲辭

去后再三言之王對曰謹從命又問何不御妃嬪王曰無如公主者仍泣下后笑曰一死理之常王亦終不免矣何慟之甚也人必笑之愼勿復爾二十三年九月甲辰王見弒后欲擇立宗室侍中李仁任率百官立禑五年禑乳媼張氏有罪百官請下獄禑使人問於后曰古亦有出乳母者乎后曰豈可以古今有無論但因時制宜耳百官固請禑不聽后曰豈可使一女之故令擧國缺望召張氏趣下獄張氏在禑前不出后怒命華欲幸別宮禑由是竟出張氏六年春正月薨壽八十三前夕執禑手曰我國傳世之久將

五百年大抵人君率不聽臣僚言願王稽大疑決大事必咨慶復興李仁任崔瑩愼勿徑情直行且君擧必書不可數出遊觀二月葬令陵諡曰恭元三年禮曹請曰忠肅王妃洪氏乃忠惠恭愍之母后忠惠王妃尹氏乃忠定王母后以正統君王之妃迄今不祀實爲闕典乞二妃忌祭及眞殿祭悉倣近代先后禮從之

忠惠王德寧公主亦憐眞班元鎭西武靖王焦八之女忠肅十七年忠惠在元尚主生忠穆王忠惠薨忠穆幼冲卽位公主方盛年居中裴佺與康允忠出入

得幸有人錄佺罪惡貼匿名狀于版圖門公主召諸宰相曰自今裴佺勿復近侍後佺猶在公主宮中用事忠穆不豫公主徙居私第庶務皆取決王薨公主命奇轍王煦攝行征東省事忠定時公主頗與政王不能沮二年如元恭愍三年還王以主屬爲嫂事之甚謹供奉視二殿辛禑元年薨葬頃陵

恭愍王徽懿魯國大長公主寶塔失里元宗室魏王之女王以江陵君在元娶公主元朝封爲承懿公主王親迎于北庭及卽位與之東還寵愛甚篤每事如其言置府曰肅雍元年王將祼于太室公主敎王侍

臣曰若等詣太廟則吾必罪之由是王不得行五年王幸奉恩寺聽僧普虛說法公主從之太后繼至侍女僧徒雜遝無別後邀普虛于內殿公主太后見之喜泣下霑襟八年宰相白公主曰大王卽位九年前星未耀願選良家女以備後宮公主許之乃納李齊賢女爲妃公主後悔不肯進膳王亦悔之十年紅賊至從王南幸事出倉卒去輦而騎見者泣下明年至興王寺金鏞作亂王入太后密室蒙毯而匿公主坐當其户亂定王乃出十四年公主有娠彌月病劇王焚香端坐不離其傍公主遂薨王悲慟殊甚不知所

出崔瑩請移御他宮亦不從焉設國葬四都監十三色都監各置判事使副判官色置別監以供喪事令諸司設奠賞其豐潔於是爭務華侈稱貸以辦王素信釋敎且以公主好佛每七日令羣髡梵唄隨魂輿而行自殯殿至于寺門幡幢蔽路鐃鼓喧天金銀彩帛羅列左右觀者眩眼王將火葬柳濯不可乃止四月葬於正陵上號曰仁德恭明喪事依齊國大長公主例竊奢極侈前代無比王手寫公主眞對食日夜悲泣三年不進肉膳令朝臣除拜及出使者皆詣陵下如閤門行禮十五年刱影殿于王輪寺東南令百官輦木石數百夫挽一木尚不能進呼邪聲動天地晝夜不絕十六年元賜公主諡王幸魂殿告錫命奏新撰樂詞王對坐公主眞侑食如平生御丁字閣奏胡歌獻酬而歸十九年置守陵户納土田臧獲于雲巖寺王與羣臣同盟曰有國有家配匹莫重矧玆內助之賢宜在不忘魯國大長公主分派天潢來嬪我家潛邸燕京備嘗艱難迨乎東旋再定禍亂辛丑避亂播遷于南贊成克復興王之變賊在跬步橫身障蔽克謀攘竊國璽乃能出奇密護俾我邦家式至于今此功提甲亦無忝焉况賴箴戒多所匡救尚冀終

始共守宗祧乃以彌月之辰竟致薨殞與言及此痛楚尤深上國贈徽懿之號羣臣獻慈睿之諡仰稽太祖以來歷代成規增益光大期盡于心肆與羣臣同發誓願於仁熙殿立千手道場納田二千二百四十結奴婢四十六口以資冥福置陵户百有十四期至不替佛天在上宗社在下今我同盟及後代君臣不遵此盟或有侵奪偷耗神必殛之

諸院妃傳

高麗之制嫡稱王后妾稱夫人貴妃淑妃德妃賢妃並正一品次曰尚宮尚寢尚食尚針皆有員次靖宗

以後或稱宮主院主翁主改復無常未可詳也及至忠宣忠惠恭愍之時閨門不正倫紀大壞其於君臣父子之際瀆亂甚矣夫始之以正繼之以亂況王氏國初立法不正宮壼之內未免有鳥獸之行雖以顯宗文宗之賢恬焉莫之怪也逮其衰也淫穢褻瀆刬滅人紀以底乎亂亾何足怪哉何足怪哉作妃嬪傳

淑昌院妃金氏忠烈王後宮也妃衛尉尹良鑑女有姿色嘗嫁進士崔文早寡齊國薨忠宣殺幸姬無比欲慰解忠烈以金氏納之封院妃忠烈薨忠宣烝殯殿遂幸妃兄文衍第與妃相對移時人訝之尋移御

文衍第烝焉進封淑妃妃百態蠱媚王惑之不親政請於皇太后賜妃姑姑蒙古婦人冠名妃戴姑姑燕元使宰臣以下用幣賀妃嘗以四月八日張燈後園設火山具絃管以自娛其黃簾繡幕皆供御之物觀者如市三日乃罷

順妃許氏珙之女嫁平陽公昡生七男女昡死忠宣納之冊爲妃及淑妃得幸順妃之女入侍皇太子謀辱淑妃白太子令淑妃赴都中郎將尹吉甫以擊毬得出入東宮故請於太子止之元遣使賜順妃姑姑百僚宴賀王令淑妃往賀終宴之間二妃五出更衣以服飾相高忠宣入元淑妃獨遊朴淵或飯僧寺院出入無度車服衣仗與公主等忠肅後四年順妃卒

慶華公主蒙古女也忠肅王在元娶之後二年與東來開府置官屬王薨忠惠宴公主于永安宮公主邀忠惠宴酒罷忠惠佯醉不出暮入公主臥內公主驚起遂烝焉翼日公主恥之欲西還使市馬忠惠禁止元使頭麟等來進御酒于公主執忠惠以歸忠惠五年公主卒

忠惠禧妃尹氏贊成事繼宗之女生忠定王忠定遜于江都供膳不充憂愁號泣妃請恭愍往見之雷數

日還辛禑六年卒

銀川翁主林氏商人信之女賣沙器爲業王見而幸之遂有寵三年王將納和妃洪氏林妬之乃封爲銀川翁主以慰其意時稱沙器翁主王起三峴新宮其制度不類王居庫室百餘間實穀帛多置碓磑廊廡置綵女有二女被選當入泣下王怒以鐵椎擊殺之皆翁主意也王好褻樂諸妃嬪不能當御惟翁主得幸生釋器忠定即位祝釋器髮置之萬德寺恭愍時元將召釋器王聞之召置都下五年護軍林仲甫等謀奉釋器爲亂事覺按治前政丞孫守卿密直洪峻

監察大夫孫湧等十餘人悉繫獄湧方坐臺承命者入捕湧同座皆錯愕失措獨持平全遇祥正色曰臺官雖有罪當罷臺後就獄爾何可直入臺中縛辱臺官乎治事如常湧詣巡軍獄官詰仲甫曰汝識孫湧乎對曰不知乃釋之斬守卿仲甫等貶康允忠東萊縣令安置釋器于濟州令李安鄭寶押行擠之水釋器得不死亾匿於平壤十二年西北巡撫使田祿生密探以聞遣慶復興林堅味等往捕獲所謂釋器斬之傳首京師遂斬李安鄭寶林信等大赦境內然釋器事曖未著而遽殺人頗疑之祿生之搜捕也釋器

亾走投安峽白彥麟家辛禑元年慶復興李仁任聞之密奏以睦仁吉雅認釋器與趙仁璧領兵往捕仁吉等奄至彥麟家捕之果釋器也仁吉相對慘然釋器形貌奇偉言語不凡觀者皆謂此眞王子也仁吉遣人於朝請赦之是時太后老不視事禑亦年幼仁任疑有變詭曰伏誅平壤者卽釋器也今何妄稱邪屢遣中使督殺之猶不忍殺崔仁哲至叱之曰庸僧妄稱王子惑亂人心遂斬之始知死於平壤者乃釋器同行僧也

恭愍王惠妃李氏雞林君齊賢女益妃韓氏德豐君王義女定妃安氏竹城君克仁女愼妃廉氏曲城君悌臣女也王嘗宴內殿益妃起爲壽王怡然顧謂近臣曰美如何邪及王得心疾令洪倫韓安等强辱諸妃李氏廉氏固拒不從安定妃被髮徒跣欲縊死王懼而止次及益妃妃拒之王怒抽劍欲擊妃懼從之自是倫等矯旨往妃所妃亦知其詐然不拒也妃與倫合而有娠及生乃女也恭愍以弑薨辛禑立殺其女臺諫請鞫妃禑不許曰是彰先君之失也李惠妃廉愼妃皆剃髮爲尼安定妃年尚少美而豔禑每戲之曰予後宮何無如母氏者乎或夜至妃第頗有醜

聲聞於外妃見其弟淑老女於禑納爲賢妃人謂妃恥之以自掩也十三年立府曰慈惠明年禑遜于江華又明年我　太祖與諸大臣定策奉妃教迎立恭讓王王奉冊寶尊妃爲貞淑宣明王大妃

宗室

高麗封宗室親而尊者曰公次曰侯踈者爲伯幼者爲司徒司空摠稱曰諸王皆不任事所以保親親也然王氏本支不甚蕃衍太祖二十五子多無嗣穆宗末獨大良君在及其亾也王氏存者不滿百人夫以盛德之後廢絶如此者豈無其以也誠不足錄也特

採其可爲監戒者錄焉

太祖二十五子莊和后吳氏生惠宗神明后劉氏生定宗光宗神靜后皇甫氏生戴宗旭成宗考也神成后金氏新羅宗室億廉女生安宗郁是爲顯宗之考高麗歷代皆郁之後或曰郁李氏所生也餘皆夫人氏出贈太子者十人嫡統之系如此史逸其名故今不悉記

平壤公傳

平壤公名基顯宗第四子文宗母弟也顯宗二十二年冊開城國公文宗初改封平壤公加中書令二十

三年卒追封靖簡王子璡琚瑛初校尉巨身謀廢文宗立基基歿事泄誅巨身流璡于海南瑛封樂浪伯生禎禎生杞杞有三子曰瑊璞玶瑊生沆禎承化侯溫永寧公綧皆沆之孫也元宗十一年三別抄叛逼溫爲王據珍島敗死綧慷慨有志略善騎射讀書通大義高宗二十八年稱王子入質蒙古四十年從也窟大王圍忠州王賜綧書曰昔爾入侍天庭誠心獨斷以一介孤身代三韓萬姓而往者豈有他慮哉爲國家全忠孝耳十餘年間備嘗險艱然夙志如彼能不盡殫誠懇今大王以寬仁字小爲任汝當迫切號

籲俾大軍解圍反師則功在社稷名流百世汝宜勉之旣而蒙帝知綧非親王子然哀綧志遇之如舊尋從車羅大東來攻諸郡至尙州而還郎將蔡取和嘆曰捐妻子從公絶域冀安國家耳今無一毫事利國與叛臣何異遂亡去綧聞追斬之珍島之役綧二子雍熙從軍綧命獲溫活之洪茶丘先入斬溫禎好文學有子曰侹封淮安公(奉使書辭)故侹生琒琒有二子曰淑瀲淑爲人廉正諳鍊典故稱宗室儀表尙元宗女封齊安公忠宣在元以淑權署征東省事淑之子曰璹禎璹封順正君元仁宗在東宮璹妹伯顔忽篤得

幸璹被召如元授翰林學士璹籍宮掖勢多行不法見王亦倨傲無禮奪占海州田五十結州空虛海州納印于都堂瀲封帶方公如元爲禿魯花瀲之五世孫曰聃封順寧君恭讓三年聃謂司藝柳伯淳曰諸將受命攻遼逗遛反師宜若無功而今反受褒賞其回軍也沮王氏立子昌者亦勢然也大臣以此繫獄毅宗朝武臣之亂宜可鑑也今儒者鄭道傳等誤弄國柄倘有前日之變則吾等恐陷於禍言泄與伯淳同被鞫削屬籍四年與益川君緝寧原君琦壽延君珪保寧君福同流遠地珪福帶方之玄孫緝琦永寧

之玄孫也玡有子曰縝崔忠粹謀廢明宗立縝竟不果

齊安公傳

齊安公名偦睿宗母弟也元年封齊安侯十七年進封公帶方公俌太原公傅齊安母兄也仁宗初李資謙譖權奏貶俌孝及諸有名望者偦懼請去侍衛軍士杜門不接賓客縱酒自晦故免於禍九年卒謚思節

大寧侯傳

大寧侯名暻毅宗母弟也二年毋爲侯王素信圖讖忌諸弟暻有度量得衆心盆惡之會寵宦鄭諴見斥於諫官思以中之密誘散員鄭壽開誣告臺省及臺吏李份等怨王謀推暻王惑之按問無驗流告者先是諫官金存中與郎中鄭敍承宣任克正有隙敍太后妹壻克正太后弟也敍輕躁有文藝從暻遊嘗邀暻燕其第日夜褻狎延字梁碧判官金義鍊亦與焉至是諴與存中遂言曰外戚朝臣出入大寧侯家其意叵測構飛語以聞王愈疑之宰相崔惟清等率諫官伏閤請罪暻御史臺拘敍碧義鍊及府典籤錄事王胥之咎流暻奴及樂工崔藝等臺諫伏閤再請知

臺事崔允儀持之益力於是召還告者杖流敍碧義鍊等敍之餉暻也惟清假燕器遂論惟清失大臣體貶之以雜端李綽升不參劾亦貶之皆敍之妹壻也十一年流暻天安府貶逐任克正承宣金貽永等先是崔藝遇赦還與妻不協妻誣藝不悔罪往來大寧第鞫之無驗然王疑猶不釋密諭諫臣論劾大寧及克正恐太后救之先遷太后於普濟寺陽若不得已而允之王幸普濟還侍臣金敦中馬驚觸矢房矢躍落輦傍王大驚疾驅還宮宮城戒嚴逮捕者甚衆王疑大寧侯家僮羅彥有成黃益等鞫問彥等誣服皆斬之暻尋卒

襄陽公傳

襄陽公名恕熙宗母弟也崔忠獻廢熙宗遷于江華放恕于喬桐縣卒恕生絪絪生瑛瑛生玢玢生柔柔生鈞鈞封定原伯生恭讓王恭讓即位二年追爵鈞爲三韓國公柔馬韓國公玢辰韓國公瑛卞韓國公以弟琯封定陽府院君主國公祀至 本朝封瑀爲麻田郡歸義君卒謚景禧求興君環玢之孫也環妻弟辛珣附旽誅環坐流武陵島不知存没者十九年妻辛氏聞環漂至日本請於都堂令家奴賫千金入

日本物色之辛昌元年環至爲人不類不知祖父名辛氏從弟克恭及姻親朴天祥朴可興李崇仁河崙曰吾等識環熟此非環也辛氏訟于憲府與郎舍典法司雜治對辨環二子及宗室諸君皆曰眞永興也環壻判書李崇文崇仁弟也對以不辨眞僞鞫之乃曰眞吾婦翁也於是天祥克恭等坐誣流南平君和福原君諮玢之曾孫也恭讓四年與順寧君聃皆遠流玢之弟曰琠封瑞興君以禿魯花如元忠烈王欲廢忠宣令琠繼尚薊國與王惟紹斬於文明門外

順安公傳

順安公名琮元宗第三子慶昌宮主出也四年封爲侯慶昌宗室女元宗嬖之諸子琮最愛十年王如蒙古命琮監國十四年琮如元賀冊封帝以琮王愛子賜白金七千餘兩賞賚比世子行有加進封公初慶昌謀奪嫡忠烈之封太子也慶昌譖之曰太孫聞殿下東還稍無喜色且儲副君之貳也豈可立權臣之甥乎王惑之金侅力諫乃冊立忠烈故忠烈憾之忠烈三年琮素多病慶昌召瞽僧設醮以禱埋眞幣內豎梁善大誣慶昌呪詛上欲令琮尚公主爲王王命金方慶許珙趙仁規鞫慶昌不服王召琮鞫之事稍白然公主怒甚將籍之柳璥諫曰宜先奏聞上國遣仁規聞于帝未還竟籍之元宗賜琮珍貨奇玩甚多公主悉取之仁規還帝曰順安公母子任王處置於是廢慶昌爲庶人流琮于海島十一年召還復爵公

瀋王暠傳

瀋王暠者江陽公滋次子也忠烈納貞和生滋旣而尚晉國公主故貞和不得正位中壼滋年居長而不得立爲嗣忠烈五年置滋於牙州東深寺以避世子九年召還公主賜衣封江陽公三十四年卒有三子曰珣暠塤皆嗜利無行義忠宣立封珣丹陽院大君

忠肅時權省事旨良民至千數都監申理歸良珣憾之將訴于元過鴨綠江捕還後與典理判書印安等降紅巾賊平憲司劾奪籍田民錮其後暠蒙名完澤禿忠宣愛暠如己子養之宮中忠宣在元久朝廷趣令東歸忠宣不肯忠宣念江陽公以長不得立眷暠彌篤至是請于帝傳國王位於忠肅乃以瀋陽王印章授暠自稱太尉王由是暠得封爲瀋王尚梁王女梁王者忠宣后薊國兄也薊國以珍寶資之暠乃散財結客令迎謁於忠宣益樹黨以傾忠肅國人多歸心者會英宗卽位忠宣王得罪竄吐番暠素得幸於

英宗曹頔蔡河中等乘時構亂謀廢忠肅立暠譖忠
肅於英宗詔徵入朝初上王在京師也以司僕正白
應丘幹瀋王府事應丘逃還至是暠奏遣阿都刺敕
王發應丘還都王不時奉行暠因譖之曰麗王不敬
帝命手裂制敕英宗大怒王入朝詰責之收國王印
章遣翰林待制沙的等訊之使者絡繹於道暠先遣
其臣朴鼂寄書宰相曰爾王嗣位以來荒淫無道不
恤政事不遜帝命夜縱羣小變服微行倖臣乘間招
權納賄信用讒言枉害無辜官人以私罔念賢勞父
王勳舊之臣流放籍沒王所爲若此而爾等徒事逢

迎國綱大毀事大之禮後於諸國前者阿都刺賫去
聖旨旣不奉行且失所在沙的到日明査以對沙的
至行省執阿都刺代言安珪以歸鞫於宗正寺珪辭
及於王王不能自明丞相伯顏疑不能決暠惡本國
輸錢幣王所遣其臣楊成柱以帝命責徵所輸錢物
尋復遣人稱鈞旨曰國王入朝時倉廩已罄抽斂民
戶充備盤纏及被天譴至嚴規免罪過行賂權貴
盡向來盤纏輒與倖臣李恭安文凱桓允全金忻全
成萬等謀議別加橫斂剝割民財東國生靈殆何以
堪天子震怒拘文凱于宗正府押送恭允全成萬等

俾本國罪之爾等受國重任曾不救正反相煽助虐
民病國自今一切禁斷違者痛理於是杖流允全成
萬恭及護軍康吕于島中恭性抗直王在東宮恭遇
事輒諫怒蹴其目眇及卽位念其忠擢爲護軍與康
吕爲王覘暠動靜允全成萬載布二萬疋輸王由是
皆得罪暠遣其臣祭酒白文珽等以帝命封府庫因
遣其黨十餘人遽從都下東來宣言暠已得國於是
權漢功等上書中書省請立暠聚百官署名宰相侍
從多不從者忠宣素子視暠忠肅其親子也忠宣遭
不測之禍鄙在西番忠肅與暠曾不憂念君父惟事

傾奪英宗被弑泰定帝卽位召忠宣歸京師明年敕
忠肅東還賜印章忠宣猶念暠諭王及國人曰姦臣
文構請立瀋王者愼勿罪之民部典書李伯涇掌令
李東吉議郞趙湜成均樂正權賀等皆黨暠上書請
立者忠肅皆宥之後二年忠肅如元東還暠來謁行
宮從王還王薨暠復如元止平壤陰與曹頔謀簒國
忠惠遣鷹坊忽只六十餘騎追暠不及忠惠後五年
暠東還忠穆元年卒子德壽封汪陵大君有二子曰
篤朶不花帖古不花篤朶不花襲封瀋王奇轍之誅
也皇后與太子憾恭愍欲廢恭愍立篤朶不花篤朶

不花辭曰叔父無嗣百歲後國將焉往今叔父無恙
吾忍奪叔父位耶乃以德興君爲王天下莫不賢之
恭愍聞而嘉之問遺甚厚帖古不花仕元爲平章事
塤封府院大君忠穆二年卒

東齋彙纂麗史卷之二十　三十三

東齋家塾彙纂麗史卷之二十

木齋家塾彙纂麗史卷之二十二

名臣一

洪儒　裴玄慶　申崇謙　卜智謙

洪儒初名術義城府人仕弓裔與裴玄慶申崇謙卜智謙同爲騎將時裔恣行無道日事誅殺諸將怨懼人人不自保儒遂與玄慶等密謀夜詣太祖第言推戴之意太祖殊大驚不肯從儒等曰仗大義以奉天時弘大順以濟生民從之亟興逆之必敗理固然也今者民庶無辜而受毒將相功高而遭虐今之德望未有居公右者衆情所以望於公也公若不從吾儕

彙纂麗史卷之二十二　十

亾無日矣太祖不許儒等反覆不已辭氣慷慨太祖拒彌確會柳夫人提甲而被之於是諸將扶擁而出令人周走而號曰王公擧義旗矣裔駭竄死太祖即位詔策勳以儒玄慶崇謙智謙俱爲一等賜金銀錦繡綺羅特厚太祖慮青州反側儒與庾黔弼領兵千餘人鎭鎭州以備之青州得無事遷大相太祖二年赴禮山縣安集流民十九年從太祖擊百濟滅之卒謚忠烈

玄慶初名白玉衫慶州人起行伍累進大匡太祖以青州人玄律爲巡軍郎中玄慶與崇謙駁曰林春吉之圖不軌典兵權而恃本州故也太祖從之太祖征討四方玄慶功居多十九年疾篤太祖幸其第執手曰卿子孫在予不敢忘也太祖出門玄慶卒遂駐駕芘喪事而還謚武烈

崇謙光海州人長大有武勇太祖十年與甄萱戰於公山桐藪不利萱兵圍太祖甚急崇謙時爲大將與元甫金樂力戰死之東史纂要曰崇謙容貌酷類太祖使太祖隱於礙藪今符仁寺代乘御車力戰死之太祖甚哀之謚壯節官其一弟二子並爲元尹

智謙卒謚武恭成宗十三年皆贈太師配享太祖廟庭恭讓朝左常侍尹紹宗上疏有之曰我太祖征伐四十年稱功臣者只六人金樂金哲代太祖死尚不與六功臣之列其代太祖死一款紹宗稱樂哲而不及崇謙或以此爲疑然崇謙乃是六功臣此紹宗所以不並稱崇謙也當以纂要爲正

彙纂麗史卷之二十二　二

庾黔弼　朴述熙　王式廉　朴守卿

庾黔弼平州人事太祖爲馬軍將軍累轉大匡太祖以北界鶻巖鎭數爲蕃胡侵掠遣黔弼鎭之黔弼即日率開定軍三千以行至鶻巖於東山築大城以居招集蕃酋三百餘人飮以酒脅之諸酋皆懾服悉留之因遣使招諭諸部落來附者千五百人又歸被擄三千餘人自是北方晏然八年爲征西大將軍攻百濟燕山鎭斬將軍吉奐破任存郡殺獲三千餘級太祖與甄萱戰於曹物郡萱兵銳甚勝負未決黔弼引兵遽至軍勢大振萱懼乞和太祖許之欲召萱至營

論事黔弼諫曰敵意難測豈可輕狎乃止十一年受詔城湯井郡時百濟將金萱哀式等領三千兵獵青州黔弼登郡南山坐睡感異夢驚覺急提兵趨青州與戰破之追至禿岐鎭斬獲甚多賊遂退馳詣中原府見太祖具白戰狀太祖曰桐藪之戰失吾名將今聞卿語朕意稍安十二年甄萱圍古昌郡黔弼從太祖往救至禮安鎭太祖與諸將議曰戰若不捷奈何公萱洪儒曰竹嶺不利旋師亟宜預修間道黔弼慨然曰兵凶戰危有死之心無生之計然後可以決勝今臨敵不戰先慮折北何也若不及救以古昌三千

餘衆拱手與敵豈不痛心臣願進軍急擊太祖從之黔弼乃自猪首峯奮擊大破之太祖入其軍謂黔弼曰今日之捷卿之功也十四年被讒竄鵠島明年甄萱海軍將尚哀等攻掠大牛島太祖遣大匡萬歲等往援不利太祖憂之黔弼上書曰臣雖在罪貶乃心王室聞百濟侵掠海句臣已募聚諸島丁壯又修戰船以禦之願上勿憂太祖見書泣曰信讒逐賢是予不明也遣使召還慰之曰卿無罪貶竄曾不怨憾惟思報國予甚靦顔歷疇庸延賞報卿忠節又明年爲征南大將軍守義城府太祖使人謂曰今聞百濟兵

侵掠羅境已至槥山雞林國都卿宜進援黔弼選壯士八十人赴至槎灘與士卒約曰此行遇賊吾不生還爾等各自爲計士皆泣曰死生共之豈可使將軍獨死而吾輩生還乎士氣益厲旣涉灘遇百濟統軍神劒等將戰濟兵見黔弼部伍精銳自潰而北黔弼至新羅老幼出城迎拜泣謝留七日還遇神劒於子道與戰大捷擒其將今達奐弓等七人殺獲甚衆及還復命太祖下殿迎執其手曰如卿之功古亦罕有黔弼曰臨亂忘私職耳聖上何至如斯太祖益重之十七年太祖自將征運州今洪州黔弼爲右將軍甄萱

聞之簡甲士五千至曰戰必無全罹殃和則各保封疆太祖會諸將議黔弼曰願上觀臣等破賊勿疑也遂乘萱未陣以輕騎數千突之斬獲無筭擒勇將尚達崔弼等熊津以北三十餘城望風款附十八年太祖謂諸將曰羅州界四十餘郡久服風化近爲百濟刼掠海路不通迄今六年誰爲我撫之洪儒朴述熙等皆請行太祖曰凡爲將貴得人心公萱悌弓等奏曰黔弼可太祖曰頃者新羅之役黔弼勞勤甚矣予弗今再勤于外也黔弼拜謝曰臣雖老敢不竭力太祖喜垂涕乃以爲都統大將軍送至禮成江賜御艦

遣之翌三日黔弼下海乃還黔弼至羅州經略而還又幸禮成江迎之十九年從太祖擊百濟滅之二十四年卒黔弼有將略得士心每出征受命即行不宿於家及凱還太祖必迎勞終始寵遇諸將莫及謚忠節成宗十三年贈太師配享太祖廟庭

朴述熙 槥城郡今沔川人父大丞得宜述熙性勇敢嗜啗肉蟾蜍螻蟻喫之無難色年十八爲弓裔衛士後事太祖累功至大匡惠宗生七歲太祖欲立之毋吳氏探微旨以告述熙述熙乃請立惠宗爲正胤太祖臨薨顧述熙曰卿善輔太子也述熙奉遺詔立惠宗

惠宗寢疾述熙與王規相惡以兵百餘自隨定宗疑有異志流于甲串規因矯命殺之後謚嚴毅贈太師

王式廉 大匡平達之子太祖從弟也爲人忠勇勤恪太祖以平壤荒廢徙民實之命式廉往鎮又城安水興德鎮有功轉左丞式廉久鎮平壤常以衛社稷拓封疆爲己任王規將構亂定宗密與式廉謀式廉自西京引兵入衛規敗誅王倚賴益重四年卒謚威靜

朴守卿 平州人父大匡尉遲胤守卿性勇烈多權智事太祖爲元尹百濟數侵新羅太祖命守卿往鎮甄萱再至守卿輒以奇計却之戰于曹物郡也太祖部分三軍以帝弓爲上軍王忠爲中軍守卿爲下軍及戰二軍失利下軍獨捷太祖喜陞元甫守卿辭曰臣兄守文爲元尹臣何忍處其上遂命並陞元甫勃城之役太祖被圍賴守卿力戰得出又從太祖討神劒後定役分田視人性行功勞特賜守卿田二百結定宗平內難守卿功居多進大匡光宗十三年子左丞承位承景大相承禮等被讒下獄守卿憂恚卒後贈司徒

論曰 自古帝王之興必有佐命之臣若洪儒申崇謙裴玄慶卜智謙贊謀一夜之間蔚爲柱石之佐五代

之季石守信趙普迫於衆心冊立點撿可謂異世同符矣崇謙既立殊勳又仗大節何其偉也至其東征西討屢建大勳則庾黔弼當爲第一奮忠於罪廢之中勵節於衰邁之際雖古烈士何以尚焉王式廉朴述熙朴守卿皆有定策平難之功有足稱者述熙擁兵媒禍未免矯制之誅臣不密則失身豈不信哉

王順式 李悤言 堅金 尹瑄 龔直 朴英規

王順式 溟州人爲本州將軍不肯歸附太祖患之會順式父許越爲僧在內院令歸諭順式遂遣其長子守元歸款以州兵六百入衛尋領衆來朝賜姓王官

其諸子太祖討神劒順式自溟州領兵會戰破之又
有李悤言堅金尹瑄與達善弼泰評等皆自羈旅慕
義款附爲一時功臣李悤言於羅李保碧珍郡時羣
盜充斥悤言嬰城固守民賴以安太祖遣人諭以戮
力定亂悤言奉書甚喜遣其子永領兵從上征討太
祖以宗室女妻永拜悤言本邑將軍加賜傍邑丁户
輸廣忠竹州倉儲鹽穀四千石給之賜手札誓諭悤
言感激團結軍丁儲峙資粮以孤城介於羅濟必爭
之地屹然爲東南聲援二十一年卒堅金青州人爲
本州將軍太祖卽位以青州多變詐遣州人能達文

彙纂麗史卷之二十二　七

植明吉等往覘能達還奏無他唯文植私語州人金
勤謙寬駿曰未足恃也堅金率其副將來謁遇之厚
堅金言臣等願竭愚忠然本州人與勤謙寬駿等其
心異同去此數人保無後患太祖曰朕心存止殺況
此數人皆有扶衛之勞得一州而殺忠賢朕不爲也
堅金慙懼勤謙等聞之請留堅金以觀變太祖亦不
許謂堅金曰今雖不從爾言深嘉爾忠可早歸以安
衆心堅金曰臣欲露忠讜輒陳利害反類讒誣不以
爲罪誓赤心報國然本州人各異心終恐難制願得
王師彈壓以察非常太祖然之遣洪儒庾黔弼等領

兵鎭鎭州以備之
尹瑄鹽州人沈勇曉韜鈐仕弓裔慮禍及率其黨走
北邊聚衆二千餘人居鶻巖城召黑水蕃衆爲邊郡
害太祖卽位率衆來附北邊以安興達爲甄萱高思
葛城主太祖徇康州興達遣其子奉款於是百濟軍
吏多降附太祖嘉之各賜興達及其三子州稅以褒
其功善弼爲新羅載巖將軍慕威德歸附由是通好
新羅捍賊屢有功入朝年已老寵渥優厚稱以尚父
泰評鹽州人涉書史始從賊後歸太祖開國之際與
有力焉擢授郎中

彙纂麗史卷之二十二　八

龔直燕山(今文義)昧谷(今懷仁)人有勇略羅末爲本邑將
軍附於甄萱以長子直達次子金舒及一女質後百
濟直嘗朝萱度其必亡密語直達曰是邦無道若此
吾不願復來聞高麗王公有受命之符予欲歸款於
汝何直達曰百濟將亡愚智擧知矣大人翊戴明主
保守一方不亦美乎吾當與弟妹俟隙拔歸縱不得
歸賴大人之明餘慶流於子孫則直達雖死無恨直
遂決策來附太祖十五年與其子英舒來朝曰臣遠
在僻邑夙慕風化雖無補天之力願竭爲臣之節太
祖喜曰卿灼見事機背逆歸順朕甚嘉之褒秩優賞

遣歸郡萱怒甚囚直達金舒及其女烙斷股筋直達死後金舒得還二十二年直以佐丞卒遣使致弔贈政匡謚曰奉義

朴英規 昇州今順天人娶甄萱女爲萱將軍及萱附高麗英規密語其妻曰大王鴻業甫定奄遭家禍今若背吾主以事賊子則何面目見天下之義士乎况高麗王公仁聖得民心殆天啓也盍遣人奔問我王兼致意於王公以徼將來之福妻從之十九年二月英規奉書歸款且請爲内應太祖喜厚賜其使令歸報英規曰王師南下當先謁將軍次拜夫人兄事而姊尊之終必厚報也九月平百濟授英規左丞賜田千頃官其二子

論曰季布臣項羽魏徵臣建德而史無貶辭何也王太祖受命龍興不下漢唐則歸附諸臣於義無愧歟與順式鎭東溟忩言殿南服堅金據湖西皆能結以恩信得其死力可謂得駕馭之術矣龔直割愛以效忠英規謀婦以納款非深達於逆順理亂之故能爾邪

崔凝　崔彦撝　王儒　崔知夢

崔凝 黃州土山人父大相祐達凝母有娠家有黃瓜蔓忽結子邑人以告弓裔弓裔卜之曰生男則不利於國勿擧也父母竊擧之幼力學通五經善屬文爲裔翰林郎草制誥甚愜其意裔曰所謂聖人殆斯人歟一日裔召太祖誣以謀叛太祖辨之事將不測凝爲掌奏在側故取筆下庭以悟太祖由是得免語在世家太祖卽位仍舊職知元鳳省事俄拜廣評郎中凝有公輔器曉達吏事甚獲時譽遇知太祖夙夜恪勤有獻替之益太祖嘗曰卿學富才高兼識治體古之名臣無以過也遷内奉卿尋轉廣評侍郎凝辭曰同僚尹逢長於臣十年請先之太祖多其禮讓從之凝恒齋素嘗有疾太祖遣東宮勸肉凝辭太祖幸其第

謂曰卿有二失使慈闈不得終養不孝也使寡人早喪良弼不忠也凝乃肉疾果愈十五年卒年三十五贈太子太傅謚熙愷顯宗十八年配太祖廟庭

崔彦撝 舊名愼之新羅人年十八遊學入唐登第與渤海宰相烏炤度子光贊同年會炤度入朝見光贊名在彦撝下援故事表請陞光贊唐朝才彦撝不許天下大亂彦撝始東歸新羅拜瑞書院學士及太祖開國挈家來朝拜太子師傅委以文翰之事宮號殿額皆令撰定官至翰林院令平章事惠宗元年卒謚文英子光胤行歸光遠光胤以賓貢入晉陷契丹以

才見用密爲書報契丹動靜光宗得書置光軍司行
歸遊吳越授秘書郎東還事光宗爲倖臣坐死光遠
子沇

王儒 姓朴氏字文行光海州人性質直通經史初仕
弓裔遷東宮記室見裔政亂乃出家隱於山谷聞
太祖登極被褐來謁太祖喜曰致理之道惟在求賢
今卿之來如得傅巖渭濱之士賜冠帯令管機要有
功賜姓王玄孫字之事睿宗至參知政事謚章順

崔知夢 舊名聰進靈巖郡人元甫相昕之子性慈儉
受學於大匡玄一博涉經史尤精卜筮星緯年十八

太祖聞其名召使占夢賀曰統御三韓之兆也太祖
喜錫今名授供奉常從征討不離左右統合之後恒
侍禁中備顧問惠宗二年王規謀害王弟知夢奏流
星犯紫微國必有賊惠宗寢疾知夢密白移御由是
規謀不果行定宗卽位賜臧獲鞍馬銀器扈光宗幸
歸法寺被酒失禮貶隈傑縣景宗五年召還拜東萊
候一日知夢奏客星犯帝座宜申警宿衛未幾王承
等謀逆伏誅賜御衣金帶成宗元年加内史令賜弘
文崇化致理功臣號爵其父母知夢年七十八三上
表乞骸不從六年知夢疾篤成宗親幸問疾飯僧三
千以禱卒年八十一謚敏休贈太師

論曰 崔凝豐才絶識奇偉不凡之儔也奉封政亂不
能遠引者何也君子病焉彥撝以文翰自奮知夢以
機謀柄用亦一時之才傑也王儒遭亂高蹈時淸際
會合於出處之義有足稱焉

徐弼 崔承老 韓彥恭 金審言

徐弼 利川人事光宗爲大匡内議令弼始由刀筆進
然廉直無私好規諫光宗賜宰臣王咸敏皇甫光謙
及弼金巨羅弼獨辭曰服用明等衰奢儉關理亂臣
用金器君將安用光宗曰卿能不以金玉爲寶予以

卿言爲寶弼嘗進見曰願上莫賞無功無怠有功光
宗默然翌日遣近臣問有功無功者爲誰對曰有功
者元甫式會是也無功者若輩是也其以此奏時光
宗厚禮華士取群臣第宅美者使居之一日弼奏曰
臣居第稍寬請以爲獻光宗問其故對曰今投化人
擇官而仕擇屋而處臣愚誠爲子孫計宰相居第非
其有也及臣之存使彼取之臣以俸祿之餘更營小
第遺子孫以安也光宗怒然卒感悟不復奪群臣第
宅内廏馬死光宗欲罪主者弼引孔子不問馬之說
存之主者得免十六年卒年六十五謚貞敏

崔承老慶州人父殷舍仕新羅至元甫承老聰警善
屬文年十二太祖召見使讀論語嘉之肆元鳳省學
生賜鞍馬成宗元年拜正匡上柱國時下教求言承
老上書曰臣以至愚際會明時叨玷近侍久竊殊榮
雖微長策可以匡時猶有片心期於報國竊見開元
史臣吳兢撰進貞觀政要勸玄宗修太宗之政蓋以
事體相近不出一家而其政休明可爲師範也臣伏
見太祖之刱業垂統所謂祖有功也諸宗之嗣位守
成所謂宗有德也祖既有國有家以啓子孫之福慶
宗乃或興或廢未免一時之過愆所以然者政有理

荒事有善惡多不愼終如始至於危亂是誠可痛也
自我太祖開國以來臣所及知者皆誦在臣心今謹
錄五朝政化善惡之跡可鑑可戒者條奏以聞伏惟
我太祖神聖王之御極也撥亂誅暴膺圖受命値金
雞自滅之期乘丙鹿再興之運不離鄉井便作闕庭
定遼浿之驚波得辰韓之舊地十有九載統一寰瀛
可謂功莫高矣德莫大焉契丹與我連壤修好若自
此先而彼既遣使求和我乃絶其交聘其深策遠籌
防患乎未然者有如此也渤海既滅其世子官屬慕
義來歸太祖延遇款至賜姓附籍使奉其本國禋祀

其急於存亡繼絶而能使遠人來服者又如此也甄
萱悖亂弒君虐民太祖聞之不遑寢食行師致討匡
復王室其不忘舊主定傾扶危者又如此也及其羅
曆告訖君臣慕德自歸讓至再三然後受之濱海百
邑莫不來服其能以禮讓而人無不服者又如此也
惟南平百濟不得已而用兵然鋒刃既交不欲殺傷
可謂仁者無敵也甄萱積惡既深卒爲逆竪所拘逃
奔于我厚禮迎致及其殞沒賻贈亦優其道貫幽明
義周存沒者又如此也洎平百濟車駕入城哀恤窮
民號令嚴肅秋毫不犯蓋南北久分新舊又別而太

祖撫之如一終始不渝其含弘寬大又如此也自成
一統以來事大以禮交鄰以道居安無逸接下思恭
貴道德崇節儉好賢樂善捨己從人恭儉禮讓之心
發於天性蓋以生長民間人之情僞無不周知故賞
罰不失其宜知人善任使濬明帝王之體任賢勿貳
去邪弗疑重儒術尊釋教爲君之令德斯備有國之
嘉猷可遵但以刱業之初致平日淺其於禮樂文物
未遑留意而弓劍遽遺爲可痛也惠宗久在東宮尊
禮師傅由是令名聞於朝野踐位之初衆擧欣然有
人譖定宗兄弟有異圖聞而不答遇之如初人皆服

其大度旣而德政不修沈湎作祟床枕之間淹延歲月於是朝臣賢士一不獲近前鄕里細人常居卧內左右前後以甲士自隨蓋緣疑人太甚大失爲君之體晏駕之日粗得免禍可勝悼哉定宗自在藩邸令聞夙彰及王規搆亂鑒機察變密與西都忠義之將定計爲備及內亂將作衛兵大至故羣凶受誅宗社不搖自定宗迄今三十有八年其間洪祚之不絶亦定宗之功也夙夜孜孜銳精求理秉燭而延朝士旰食而膺萬幾及乎誤信圖讖決議遷都天性剛毅固執不移大役暴興羣情不服怨讟由是而興災應速於

影響矣光宗以英奇之表岐嶷之姿鴒原襲慶鳳扆傳華禮有加於接下鑒不失於知人不阿親貴無棄疎賤抑豪右惠鰥寡故得八載之間政教淸平及雙冀柄任以來崇重文士恩禮過豐不核其實遽加遷擢未浹歲時便爲卿相以致後生競進舊德漸衰雖重華風不務雅典雖禮華士不得賢才徒浚百姓之膏血剩得四方之虛譽加以酷信佛事過重法門專求福壽但作禱祈竭有涯之財力造無限之因緣以其目前無事將謂法力使然略計常時一歲之費足爲太祖十年之需末年猜暴忌克多殺無辜上下離

心羣臣解體宿將舊臣相次誅夷骨肉姻親亦被屠勦而況惠宗之克全同氣定宗之能保邦家論其功德可謂重也兩朝惟有一子不使保其性命非惟不得酬恩乃復滋結其冤至於晩節疑忌己子故景宗方在東宮不能自安噫使光廟恒思節儉勵精如初則豈有不享遐筭功業止此而已乎其不克終誠爲可惜也景宗生於深宮之中長於婦人之手門外之事不曾聞知但以天性聰明當光考末年能免悔尤追乎嗣位焚積年讒毀之書放累歲無辜之獄寃憤悉除朝野稱慶第以不諳政體專任權要繼以色荒

耽樂終日左右惟中官內竪而已由是君子之言無自而入小人之語有時而從所謂靡不有初鮮克有終忠臣義士孰不痛之此乃聖上所親見而知者也然景宗有足稱者焉蓋惠景嗣位皆自春宮人無異望至於兄弟之間非有分明付托則爭端必起故惠定光三宗相繼之初兩京文武半已殺傷景宗遘疾未及危毒遂於卧內引見聖上執手與言付囑軍國不惟社稷之福斯乃臣人之幸也伏覩殿下以上聖之德際中興之期因先王遜讓之恩纂列聖厖鴻之業所謂天授人與者也聖上若克遵太祖之遺風何

與玄宗追慕文皇之故事也聖上又能取捨四聖之近事則惠宗有保全骨肉之功可謂友于之義也定宗先認亂兆克定蕭墻之難而再安宗社可謂智謀之明也光宗八年之政可方三代而朝廷儀制頗有可觀所謂得失之均也景宗放寃獄燒讒書所謂寛仁之至也凡四朝為政之跡大略如是聖上宜取其善者而行之見其不善而誡之除不急之務罷無益之勞但要君安於上民悅於下因善始之心慮克終之美日愼一日雖休勿休貴為君主而不自尊大富有才德而不自驕矜唯敦恭己之情不絶憂民之念則福不求而自至災不禳而自消聖壽胡不萬年王業豈惟百世而已哉臣謹錄時務若干條別封以進

國家統三以來四十七年而士卒未得安枕轉餉勞費者以西北鄰於戎狄而防戍之所多也夫以馬歇灘為界太祖之志也鴨江邊石城為界大朝之所定也乞將此兩處擇要害以定疆域選土人能射御者充其防戍則京軍免更戍之勞芻粟省飛輓之費矣

侍衛軍士在太祖朝其數不多光宗信讒疑惑簡州郡有風彩者增置宿衛繁而無益景宗稍減見數不少乞遵舊制餘悉罷遣

統合之後欲置守令蓋因草創未遑經營今竊見鄉豪侵暴民不堪命宜設外官以委撫字

我太祖專心事大然數年一遣行李以修聘禮而已今不但修聘利於貿貨使价繁夥恐為中國之所賤且因往來船敗殞命者多今當以時修聘買賣之事一切禁斷可也

新羅之制公卿百僚朝會則著公襴具穿靴退朝便服百姓不得服文綵所以別貴賤辨尊卑也由是公襴雖非土産百官亦自足用今則勿論貴賤任意服著綾羅錦繡皆非土産而人人得著則恐於他國使臣延接之時百官禮服不得如法以取耻焉乞令百僚朝會一依中國羅制庶人不得服紗縠

華夏之制不可不遵然四方習俗各隨土性似難盡革其所當法者詩書禮樂君臣父子之教也若其車馬宮室冠服制度可依土風使奢儉得中可也

良賤之法其來尚矣剏業之初羣臣無奴婢者或從軍獲俘或貨而役之聖祖嘗欲放俘為良慮動功臣之意許從便宜光廟始令按驗本籍勳舊之家莫不嗟怨太穆皇后切諫不聽賤隷得志構捏虛僞謀陷本主者不可勝記光宗自作禍胎不克遏絶至於末年枉殺甚多失德大矣伏願深鑑前事毋使以賤陵貴昔晉德衰而欒郤胥原狐續慶伯降在

臣隷三韓功臣子孫詔旨每云褒錄未聞因此得官混於賤隷怨咨以興光宗誅黜舊臣不許承襲世緒之家多失倫序伏望第其功載錄其苗裔臣伏見聖上命迎屈山僧如哲入內愚謂哲果能福人其所居水土朝暮飲啜皆是君賜也必有圖報之心每以祝釐爲事何煩延致然後施福曩有善會避役出家光宗致敬至今爲笑況聞聖上設功德齋親爲碾茶磨麥臣愚深惜聖體之勤勞也此亦始於光廟崇信讒邪多殺無辜惑於浮屠果報之說欲除罪業多作佛事設毗盧遮那懺悔法或齋僧毬庭或無遮大會又

禁御廚肉膳不使宰夫屠殺至令臣民悉皆懺悔擔負米豆施與道路史策書之豈不貽笑千載乎今聖上所行本意縱與光廟不同念此瑣屑所損不細願勉帝王之大體不作無益之閒事噫崇信佛法雖非不善然帝王士庶功德不同若庶民所勞者自身之力所費者自己之財害不及他帝王則勞民之力費民之財昔梁武帝以天子之尊修匹夫之善而人以爲非是以帝王深慮其然事皆酌中弊不及民者良以此也臣聞人之禍福貴賤皆稟於有生之初當順受之況崇佛教者只種來生因果鮮有益於見報理國之要恐不在此且三教各有所業而行之者不可混而一之也行釋教者修果之本行儒教者理國之源修果是來生之資理國乃今日之務今日至近來生至遠舍近求遠不亦謬乎人君惟當一心無私普濟萬物何用役不願之人費倉庫之儲以求必無之利乎承老見王有志而可與有爲乃進是書二年轉門下平章事七年拜守侍中封清河侯八年卒王慟悼賻布千餘疋香茶雜物無算贈太師孫齊顏事文宗至門下侍中卒謚順恭初太祖訓要逸於兵燹齊顏得而進焉由是傳於世

韓彦恭 湍州人父聰禮光祿少卿彦恭性敏好學年十五屬光文院書生轉內承旨請赴進士舉不第成宗朝如宋謝恩宋以彦恭儀容中度授金紫光祿大夫彦恭奏請大藏經帝賜藏經四百八十一函彦恭還請依中朝樞密院設中樞院從之置使副以彦恭爲副尋爲使穆宗初授內史侍郎平章事四年王廻州郡至長湍縣謂彦恭曰卿貫鄉也念卿功勞特陞爲州時全用錢幣禁麤布民頗患之彦恭上疏論其弊王納之王嘗幸平州日暮寒甚駐輦道傍酣飲不行彦恭進曰臣等醉飽宿衛士何王嘉之賜貂裘趣

駕入行宮遇事輒言多類此七年卒年六十五謚貞信後贈太師

金審言靜州靈光縣人初從常侍崔暹學暹坐寐夢審言頂上出火氣屬于天心異之妻以女成宗朝登第累進右補闕兼起居注九年七月上封事王下教襃奬曰朕自御洪圖思臻盛業內設百僚外分牧守無曠分憂之任欲施利俗之方忝冲人之庸昧想政教之陵夷昨省右補闕兼起居注金審言所上封事二條其一曰周開盛業姬旦上無逸之篇唐啓中興宣宗製百僚之誡按說苑六正六邪文曰夫人臣之行有六正六邪行六正則榮犯六邪則辱何謂六正一曰萌芽未動形兆未見昭然獨見興亡之機預禁乎未然之前使主超然立乎顯榮之處如此者聖臣也二曰虛心白意進善通道勉主以禮義諭主以長策將順其美匡救其失如此者良臣也三曰夙興夜寐進賢不懈數稱往古之行事以勵主意如此者忠臣也四曰明察成敗早防而救之轉禍爲福使君終已無憂如此者智臣也五曰守文奉法任官職事辭祿讓賜飮食節儉如此者貞臣也六曰國家昏亂所爲不諛敢犯主之嚴顔面言主之過失如此者直臣

也是謂六正何謂六邪一曰安官貪祿不務公事與世沈浮左右觀望如此者具臣也二曰主所言皆曰善主所爲皆曰好隱而求主之所好而進之以快主之耳目偸合苟容與主爲樂不顧其後害如此者諛臣也三曰中實陰詖外貌小勤巧言令色妬善嫉賢所欲進則明其善而隱其惡所欲退則明其過而匿其美使主賞罰不當號令不行如此者姦臣也四曰智足以飾非辯足以行說內離骨肉之親外構亂於朝廷如此者讒臣也五曰專權擅勢以爲輕重私門成黨以爲富家擅矯主命以自貴顯如此者賊臣也六曰諂主以佞邪陷主於不義朋黨比周以蔽主明白黑無別是非無間使主惡布於境內聞於四鄰如此者亡國之臣也是謂六邪賢臣處六正之道不行六邪之術故上安而下理又按漢書刺史六條政一則察民庶疾苦失職者二則察墨綬長吏以上居官政者三則察盜賊民之害及大奸猾四則察田犯律四時禁者五則察民有孝悌廉潔行修正茂才異者六則察吏不簿入錢穀放散者請將六正六邪文及刺史六條俾委攸司於二京六官諸署局及十二道州縣官廳堂壁各寫其文出入省覽以備龜鑑其二

曰設職分司帝王令典開都列邑古今通規我國家
以西京境壓鯨津地連鴈塞憑金湯而設險模鐵瓮
以築城署百官置萬戶分司文武甚多而廉恥者無
人薦奏非違者無人糾彈涇渭同流薰蕕一致請依
唐東都置知臺御史例分司憲一員使得糾理則下
情上達黜陟惟明物泰時雍非朝卽夕所奏如是予
甚嘉之汝心敦補政志切匡時錄正邪二理諷我襟
懷令內外諸司用爲勸戒其下內史門下頒示內外
司所在依奏施行穆宗朝出爲州牧務農恤民甚獲
時譽顯宗卽位擢右散騎常侍遷禮部尚書五年轉

高麗史卷之九十三　二十三

內史侍郎平章事出爲西京留守九年卒輟朝三日
諡文安
論曰徐弼辭受不苟有懷輒陳及遣使詰問有功無
功則正色昌言曾不少屈可謂有宰相之風焉崔承
老達於治體匡導剴切深陳奉佛之害請減無益之
費麗朝大臣一人而已豈非卓然人豪也哉韓彥恭
隨事獻替但奉使上國以藏經爲請雖謂之辱命可
也金審言一篇陳疏適契主意士之遭遇庸非命也
乎

崔沆　蔡忠順　皇甫兪義

崔沆字內融彥撝之孫年二十擢甲科成宗嘉其才
授右拾遺知制誥穆宗尤倚重政無大小必與圖議
轉吏部侍郎中樞院使王寢疾金致陽謀不軌沆與
蔡忠順等定策立顯宗拜翰林學士尋下教曰王者
事三老五更所以稽古崇德也崔沆可特授政堂文
學以爲寡人師初成宗罷八關會至是沆奏復之十
一年檢校太傅平章事封淸河縣開國子年未七十
表請致仕十五年卒賻絹布八百段米麥二千石子
有孚稱遺命固辭不受沆沈訥寡言善斷事以儉素
持家手不接金玉婦女不施粉黛及卒家無甔石之

高麗史卷之九十三　二十四

儲焉諡曰節義
蔡忠順穆宗朝累遷中樞院副使王寢疾忠順與劉
瑨崔沆直宿銀臺一日王召忠順入臥內辟左右出
示枕中二封書其一劉忠正書云金致陽覬覦非望
求內援於臣臣拒之不敢不奏其一大良君書也云
姦黨屢遣人以毒藥逼臣謀危若此願上救之忠順
覽畢奏曰宜早圖之王曰太祖孫惟大良君在卿與
崔沆宜盡心匡扶忠順出以語沆忠正遣監察高英
起謂忠順沆曰我欲往議騶從甚繁冀兩君見枉忠正
渤海人與庾行簡同被寵遇以水房人吏分屬兩人故騶從甚盛
沆與忠順詣忠正

定議密迎大良君王命選文武各一人領軍校往迎忠順沉曰宣徽判官皇甫俞義自其父祖有勳勞於國計當盡忠不墜家聲宜無踰此人且軍校多則行遲恐爲姦黨覺知莫如遣數人徑往迎來遂命俞義領郎將文演別將李成彥高積等十人往三角山又命參軍金延慶領兵一百郊迓部書旣定王歎曰國本未定衆心動搖是予過也卿等其各盡心王泣下忠順亦泣王命忠順草與大良君書其書曰國家大事素定則人心安今予疾彌留姦邪窺覦以寡人不豫爲之所故爾卿太祖嫡孫宜速上道寡人不至大

漸得面授大事歿無遺恨儻延餘齡使處東宮以定羣疑又令書其尾曰道途險阻變起不虞行李愼重也書成授俞義往迎大良君于神穴寺遂卽位是爲顯宗以忠順直中臺俄還吏部侍郎王避丹兵南行忠順扈駕王次廣州從行諸臣聞河拱辰等被執皆驚竄獨忠順與侍郎忠肅張延祐周佇不去累轉吏部尙書參知政事封濟陽縣開國男奏軍士有父母年八十以上者免軍歸養文武官僚父母年七十以上者不許補外從之十二年拜內史侍郎平章事十八年遷門下侍郎判西京靖宗二年卒謚貞簡

皇甫俞義 穆宗朝爲宣徽判官奉書迎顯宗卽位授殿中侍御史進吏部侍郎尋直中樞院與張延祐建議削京軍永業田上將軍崔質等作亂縛俞義請罪之王重違衆志除名流配質等誅起授給事中轉御史大夫歷參知政事吏部尙書陞門下平章事判戶部靖宗二年改門下侍郎八年卒

論曰 千秋之變國統將絶崔沆蔡忠順密贊機謀策立正嫡以啓麗室四百年之業功類曲逆忠方絳侯或庶幾焉皇甫俞義膺命危疑之際翊戴大叔入纘宗統視諸宋昌厥績懋焉

徐熙 訥

徐熙 小字廉允內議令弼子也性嚴恪十八擢甲科超授廣平員外郎累遷內議侍郎光宗二十三年奉使如宋禮貌甚虔藝祖嘉之授檢校兵部尙書成宗二年從幸西京成宗將爲微行遍遊名刹熙上疏諫乃止賜鞍馬以賞之十二年契丹東京留守蕭遜寧來侵以熙爲中軍使與侍中朴良柔門下侍郎崔亮軍于北界禦之成宗欲自將幸西京進次安北府遜寧已進兵攻陷蓬山郡(地志無蓬山疑作松山今王定州東有古定州卽其地)還西京熙引兵趨蓬山遜寧移書云大朝奄有四方

爾國侵犯疆域卽期掃蕩亟謀降款熙得書還奏有
可和狀王遣禮賓少卿李蒙戩如丹營請和遜寧曰
上國遣八十萬兵問罪爾國若不出江投降卽須殄
滅一時君臣同赴軍前議事蒙戩還王會羣臣議或
言令重臣詣軍降或言割西京以北與之便王將從
割地議開西京倉令百姓取米餘尙多王令投大同
江中熙奏曰食足則城可守戰可勝也兵之勝負不
在强弱但能觀釁而動豈容先自去食況暴殄民天
恐非天意無寧爲敵資乎王然而止熙乃曰契丹東
京至我安北府數百里間爲生女眞所據光宗取之

彙纂麗史卷之三十二　二十七

築嘉松二州今契丹之來其志不過取此爾今見其
兵勢太盛遽割西京以北與之則三角以北亦句麗
舊地彼欲得之亦將從乎況割地與敵萬世之恥一
戰之後議之未晩王然之遜寧以蒙戩無回報進攻
安戎鎭（安戎鎭光宗二十五年築是時郭山以南非高麗境安戎必在嘉山定州之間○考地圖安戎在安州清川東）中郎將大道秀等與戰却之遜寧不復進
兵遣使趣降王以閤門舍人張瑩拜通和使赴丹營
遜寧曰宜別遣大臣詣軍門面對王會羣臣問曰孰
能赴敵營以口舌却虜立萬世之功乎羣臣莫有應
者熙遂請行王悅出餞江頭握手送別熙奉國書如

遜寧營使譯者問相見禮遜寧曰我乃大朝貴臣使
者宜拜於庭熙曰臣之於君拜下禮也兩國大臣相
見豈有是禮往復再三遜寧不許熙怒還卧所館不
起遜寧異之許升堂行禮於是熙至營門下馬而入
與遜寧分庭揖升行禮東西對坐遜寧曰汝國興新
羅地高麗界至上國境也而汝侵蝕之又與我接壤
而越海事宋故有今日之役若割地以獻朝聘以時
則可保無事熙對曰不然我國卽高句麗舊地故國
號高麗都於平壤若論地界上國東京皆在我境何
得謂之侵蝕乎鴨江內外本我疆界女眞竊據其間

彙纂麗史卷之三十二　二十八

頑黠變詐道途梗澁難於涉海朝聘之不通女眞之
故也今若逐狡虜還舊疆繕亭隧通行李則不腆土
宜其敢後於諸國遜寧不能答熙據義正辯辭氣彌
厲遜寧知不可屈以聞于丹主許媾好罷兵熙將還
遜寧設宴熙曰本國雖無失道致大朝勞師遠來上
下皇皇暴露有日吾何忍獨樂遜寧曰兩國大臣相
見可無歡好之禮乎固請然後許之極歡乃罷熙留
丹營七日而還遜寧贈駱駝羊馬千餘頭錦綺五百
段王大喜出江口迓熙至卽遣良柔爲禮幣使朝契
丹熙曰臣與遜寧約逐女眞復舊域然後始通朝聘

今纔收江內俟得江外修聘未晚王曰恐有後悔遂
遣之轉拜平章事十三年率師逐女眞城長興歸化
二鎭明年築安義興化又明年城宣孟二州嘗扈駕
海州王幸熙幕熙曰幸臣行幕至尊不當臨幸命進
酒曰臣酒不堪獻也王停幕外進御酒乃罷供賓令
鄭又玄論時政忤旨王將罪以越職熙曰古者諫無
官越職何罪臣不才竊位廊廟使官卑者論時政得
失是臣罪也又玄論事切直合行褒奬王感悟擢又
玄監察御史賜熙鞴鞍內廐馬以慰之十五年熙在
開國寺疾篤王駕幸問疾以御衣駿馬千鍾粟施寺
僧禱焉穆宗元年卒年五十七謚章威贈太師子訥
訥成宗十五年擢甲科顯宗朝累遷吏部侍郎王納
訥女爲妃授中樞使尋進門下侍中靖宗時判都兵
馬使王遣戶部郎中庾先如契丹謝安撫訥奏曰往
歲契丹於鴨江東加築城堡今復講好可附表請罷
王從之八年加三重大匡內史令卒謚簡敬哀榮終
始略與熙等初弼父神逸郊居有鹿帶箭犇神逸閾
之獵者至未獲夢神人謝之曰鹿吾子也公活之當
令公子孫世爲卿相以報公德神逸八十生弼弼熙
訥果相繼拜相

論曰國家隆盛之時必有世臣巨室令名福祿爲一
代宗臣徐氏三世作相比諸李吉甫父子忠信仁厚
殆過之矣章威公單騎赴敵營片言折强虜功業卓
然郭汾陽富鄭公不得專美矣至於公忠直亮隨事
納忠可謂有大臣之風焉

姜邯贊 智蔡文

姜邯贊舊名殷川衿州人父弓珍事太祖爲壁上功
臣邯贊少好學多奇略成宗朝擢甲科累遷禮部侍
郎顯宗元年契丹主自將來侵進攻西京羣臣議降
邯贊獨曰今日之事罪在康兆然衆寡不敵當避其
鋒徐圖興復耳遂勸王南幸二年轉拜翰林學士進
中樞使請修社稷壇令禮官定儀注有田十二結在
開寧縣白王給軍戶九年除西京留守同內史門下
平章事王嘉南幸之策製詩題告身中詩云庚戌年中有虜塵干
戈深入漢江濱當時不用姜公策舉國皆爲左衽人世榮之契丹蕭遜寧來侵
軍號十萬以邯贊爲上元帥大將軍姜民瞻副之舍
人朴從儉兵部郎中柳參爲判官領兵二十萬屯寧
州進次興化鎭選騎萬二千伏鎭傍谷中以大繩貫
牛皮塞城東川以待賊至決塞發伏大破之遜寧引
兵直趨京城民瞻追及於慈州來口山又大敗之侍

郎趙元又敗之馬灘斬首萬餘級明年正月邯贊以丹兵逼京遣兵馬判官金宗鉉領兵一萬倍道入衛東北面兵馬使亦遣兵入援於是遜寧向兵至漣漣今州渭州邯贊掩擊之二月丹兵過龜州邯贊邀戰於東郊兩軍相持勝負未決會宗鉉引兵至忽風雨南來旌旗北指我師乘勢奮擊勇氣自倍丹兵奔北追擊之涉石川至于盤嶺僵尸蔽野俘獲人口駝馬甲仗不可勝計契丹之敗前此未曾有也丹主聞之大怒遣使責遜寧曰汝輕敵深入以至於此何面目見我乎朕當皮面而戮之邯贊凱還王迎于迎波驛結彩棚宴將士以金花八枝揷邯贊頭左握手右執觴贊歎不休邯贊謝不敢當遂改驛名曰興義賜郵吏冠帶邯贊上表請老不許封天水縣開國男檢校太傅邯贊以京都無城郭請築羅城王令王可道築之德宗卽位授開府儀同三司檢校太師進爲侯致仕歸城南別墅著樂道郊居集卒年八十四諡仁憲命百官會葬賻贈一依侍中劉瑨例邯贊性淸儉不營產業體貌矮陋衣裳垢弊不踰中人正色立朝臨大事決大策屹然爲邦家柱石時歲豐民安中外晏然人以爲邯贊之功也

民瞻晉州人穆宗朝登第顯宗初東女眞寇淸河民瞻與文演李仁澤等督州兵擊走之民瞻起自書生不閑射御然志氣剛果從邯贊屢立戰功賜功臣號知中樞事兵部尙書卒文宗朝圖形功臣閣

智蔡文鳳州人顯宗元年補中郎將契丹兵至將兵鎭和州及康兆敗命移兵援西京與軍容使崔昌次剛德鎭契丹令降者盧顗齎檄至西京諭降副留守元宗奭等已修降表蔡文聞之卽引兵至西京門閉諭令開門入屯故宮南廊諷宗奭固守不從蔡文密與昌謀遣兵候顗還掩殺之取表焚之城中疑惑蔡文出鎭城南獨大將軍鄭忠節從會西北都巡檢卓思政領兵至遂與思政合入城王上表請和丹主許之禁停掠以馬保佑爲開城留守王八副之使乙凜將騎兵護送保佑等先遣閤門使韓杞領突騎二百至西京北門呼曰皇帝昨遣盧顗等詔諭何至今不還留守官僚出聽指揮蔡文遣驍騎突出擊斬杞餘悉擒之無一騎還者乙凜至蔡文爲先鋒出擊之乙凜敗走城中稍定丹主復遣乙凜來攻蔡文迎擊于林原驛南斬首三千餘級翼日蔡文復出戰丹兵北城中壯士登城望競逐之至馬灘賊回兵擊之我師

敗還城被圍丹主次城西思政懼給將軍大道秀曰君自東門吾自西門出前後夾攻蔑不勝矣遂引兵宵遁道秀出東門始知見給率所部降于契丹諸將皆潰城中洶懼統軍錄事趙元鎭將姜民瞻郎將洪叶等共禱神祠推元爲兵馬使收散卒閉城固守蔡文奔還奏西京敗軍狀王遂南行蔡文從衛士纔五十餘人宵至積城縣丹棗驛武卒堅英聚驛奴張弓矢犯行宮蔡文射却之賊潰復從南山突出遮道蔡文又却之至昌化縣有吏謁之曰王認吾名面乎王陽不聞吏將構亂使人呼曰河拱辰將兵來蔡文曰

何故來吏曰欲擒蔡忠順金應仁耳應仁等皆竄逸蔡文與忠順周佇等在夜賊又至宦官皆亡惟二王后侍蔡文隨機應變賊不敢近及曉蔡文先請二后從北門出手控御馬間行入道峯寺賊不知也忠順繼至蔡文曰去夜賊必非拱辰臣請往跡之王恐其亡不許蔡文指天誓乃許往至昌化縣遇拱辰等領敗卒數十人南來且言賊急詰之果非拱辰所爲也蔡文與拱辰搜昌化獲賊所竊馬十五疋鞍十部將還蔡文曰吾與諸君偕進王必驚動諸君後獨行詣道峯門者望之報曰智將軍來王喜出門迎蔡文具

奏以實拱辰踵至王引見勞之還遣拱辰往丹營請和明年正月王次廣州失二后所之蔡文尋之饒吞驛得奉還三日發廣州將士多亡賊有乘夜竊發者蔡文請爲幟揷衛士以辨從之次陽城金應仁柳宗等請遣二后歸鄉以問蔡文哭對曰今君臣失道播越如此正當動由仁義以收人心棄中壼以求全其可忍乎王曰將軍言是也行過蛇山縣蔡文見羣鴈下田躍馬驚鴈翔翻身射墜之下馬取進曰有臣如此盜賊何足憂也王大笑慰奬至天安府應仁宗亡次巳山王謂蔡文曰玄德后有娠不可遠行善州后

鄉也距此不遠可遣歸蔡文執前議王曰勢不獲已遂遣之王次礪陽縣將卒有離心蔡文奏曰聖主統合時有功者雖微必賞況今艱危若此宜先懋賞以固衆心王從之授玄安之等十六人爲中尹至參禮驛全州節度使趙容謙野服迎駕朴暹曰全州古百濟也聖祖亦惡之願上毋幸王然之宿長谷驛容謙謀止王挾以號令與轉運使李載巡檢使崔檝殿中少監柳僧虔竪白幟鼓譟犯行宮蔡文閉門堅守賊不敢入蔡文登屋問曰汝等何敢如是柳僧虔來否賊曰來又問汝爲誰賊曰汝亦爲誰蔡文答以他語

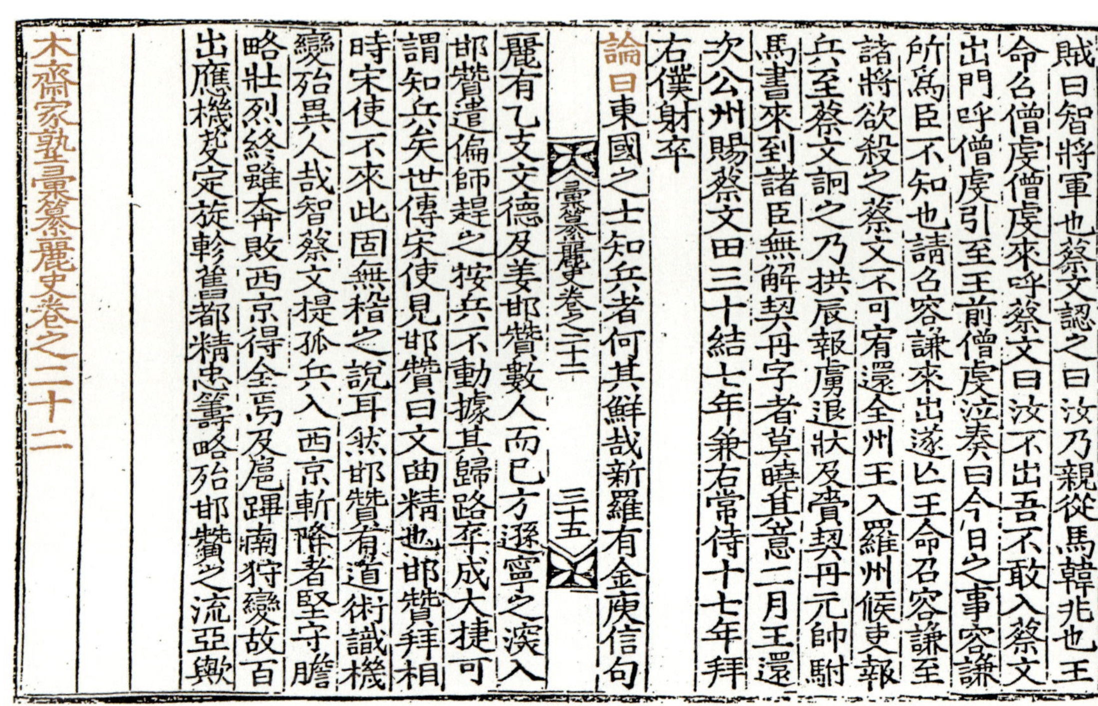

賊曰智將軍也蔡文認之曰汝乃親從馬韓兆也王
命名僧虔僧虔來呼蔡文曰汝不出吾不敢入蔡文
出門呼僧虔引至王前僧虔泣奏曰今日之事容謙
所爲臣不知也請名容謙來出遂亾王命召容謙至
諸將欲殺之蔡文不可宥還全州王入羅州候吏報
兵至蔡文詗之乃拱辰報虜退狀及賚契丹元帥馹
馬書來到諸臣無解契丹字者莫曉其意二月王還
次公州賜蔡文田三十結七年兼右常侍十七年拜
右僕射卒

論曰東國之士知兵者何其鮮哉新羅有金庾信句

麗有乙支文德及姜邯贊數人而已方遜寧之深入
邯贊遣偏師踶之按兵不動據其歸路卒成大捷可
謂知兵矣世傳宋使見邯贊曰文曲精也邯贊拜相
時宋使不來此固無稽之說耳然邯贊有道術識機
變殆異人哉智蔡文提孤兵入西京斬降者堅守膽
略壯烈終雖奔敗西京得全焉及倉踔南狩變故百
出應機設定旋軫舊都精忠籌略殆邯贊之流亞歟

木齋家塾彙纂麗史卷之二十二

木齋家塾彙纂麗史卷之二十三

名臣二

崔冲

崔冲字浩然海州大寧人少好學性操堅貞穆宗八年擢甲科歷拾遺翰林學士諫大夫德宗初拜同知中樞事請書金審言說苑文於各司廳壁從之靖宗朝判西北路兵馬事王命冲行邊置堡遠平虜二鎭及十四堡還拜內史侍郎平章事文宗即位命考定律令兼都兵馬使奏去歲邊稼不登修繕城寨外悉令禁斷工役東蕃酋長鹽漢等犯罪勒留京師者八十六人必懷怨憾供費亦多請皆放還從之明年兼式目都監使奏及第李申錫不錄氏族宜削門下省御史臺奏氏族不錄乃其祖父之失申錫積功翰墨身無痕咎不當削制曰都監所奏固是令典然立賢無方不宜拘常例其依御史臺議七年冲引年乞退加內史令致仕冲聞王將遣使就第賜告身禮物上章辭王不許遣平章事金元鼎同知中樞王懋崇就第賜詔後改內史門下省爲中書門下省以冲爲中書令致仕冲雖家居軍國大事悉就咨焉二十二年卒王遣太醫監弔其子惟善自顯廟以來干戈纔息

未遑文教冲慨然以教育人材爲己任奬諭後進訓勵不倦遠近學徒坌集所居不能容因分爲九齋曰樂聖大中誠明敬業造道率性進德大和待聘凡應擧子弟先隷徒中名屬九齋謂之侍中崔公徒擇徒中學優未官者爲教導授以九經三史間或刻燭賦詩第其高下童冠列左右奉樽俎有揖讓進退之節酬唱畢日暮作洛生詠以罷觀者嘉歎及卒謚文憲故稱文憲公徒一時儒臣有立徒者十一曰弘文公徒(鄭倍傑)曰匡憲公徒(盧旦)曰南山徒(祭酒金尙賓)曰西園徒(僕射金無滯)曰文忠公徒(侍郞殷鼎)曰良愼公徒(平章金義珍)曰貞敬公徒(平章黃瑩)曰忠平公徒(柳監)曰貞憲公徒(侍中文正)曰徐侍郞徒(徐碩)曰龜山徒(未詳)與文憲公徒並稱焉世號十二徒而冲徒爲最盛東方學校之興蓋由冲始時謂海東孔子子惟善惟吉惟吉之子思諏皆名臣冲子孫以文行登宰輔者凡數十人惟善登第文宗朝累遷中樞院事王刱興王寺于德水縣移其縣楊川惟善上書切諫語在世家王優答之異日入侍王從容慰奬曰諫諍是忠從好佞惟善對曰創垂猶易守成難拜中書門下平章事吏部尙書事侍御史盧旦奏事不稱旨王怒命曳出縛之惟善奏人臣有犯當付憲

司王意解惟善拜中書令惟吉攝尚書令是時冲年高尚無恙王嘗燕國老惟善惟吉扶冲入侍燕一時豔稱之惟善進門下侍中二十九年卒謚文和惟善繼世儒宗匡輔兩朝雖無赫赫之稱人皆重之子思齊官至門下平章事卒謚良平思齊之子瀹登第事睿宗時國家閒暇王尚詞賦喜遊宴嘗幸西京泛大同江與侍臣唱和瀹上書諫曰唐文宗欲置詩學士宰相奏詩人多輕薄若承顧問恐撓聖聰文宗乃止帝王當好經術日與儒雅討論經史咨諏政理安有事雕篆小技數與輕薄詞臣吟風嘯月以蕩天衷之

淳正邪王優納之有一詞臣乘間白王曰所謂儒臣除臣等別有何人瀹短於詩故有此言王怒左遷春州府使瀹作詩見志王聞之召還官至禮部尚書翰林學士允儀者冲之玄孫也登第官至門下侍郎平章事判吏部事論事明白慷慨典銓選注擬平允能文章嘗奉詔撰古今詳定禮五十卷行于世毅宗十六年卒

論曰宋至仁宗世胡瑗孫復石介以師道自任教誨後進胡氏學徒最盛世稱湖學規模爲大學取法性理之學蓋自是倡焉東國十二徒當文宗朝與彼同時豈其聞風而興起歟是時高麗畏契丹不得與宋通十二徒蓋不聞中國有湖學之法也抑人文漸啓適與之契歟雖然冲之九齋授學節目亦密矣考其程課特詞章之習耳於性理之學未之有聞也何足取哉何足取哉

李子淵

黃周亮 邵台輔 柳仲 文正 王寵之 任懿 元厚 魏繼廷

李子淵仁州人其先新羅大官奉使入唐天子嘉之賜姓李後裔徙居邵城縣卽仁州也有曰許謙者封邵城伯生右僕射翰子淵翰之長子也擢魁科靖宗朝累轉中樞院使文宗卽位陞內史侍郎王納其女

爲妃加子淵門下侍郎平章事封其妻金氏雞林國大夫人進侍中判尚書吏部奏曰天地災祥每與刑政得失相應吏刑部務要辨理稽留未決者尚多也宜令兩部員寮精覈裁斷考官吏勤怠黜陟之則有合於聖主勤政恤刑之意庶冤抑銷而休祥至也從之興王之役移德水縣於楊川縣民甚困奏蠲德水縣租一歲制特蠲二歲爲式目都監使奏製述業康師厚十擧不中合依令式許脫麻而師厚儒林郞堂引上書之曾孫戊子年制電吏所由堂引門僕子孫工製述登科或有武功者許陞朝行又據丙申制上

項人子孫入仕者依祖父仕路量授今師厚不當脫麻參知政事金顯等奏師厚曾祖職雖堂引得兼儒林郎宜許師厚脫麻詔從子淵議加中書令封慶源郡開國公有四子顥頲顗顓皆位宰相三女悉配文廟長仁睿后次曰仁敬妃次曰仁節妃顥之子曰資謙資諒頲之子曰資仁資義資玄資德者顥子也資諒從尹瓘征女眞有功奉使如宋徽宗御睿謨殿召陪臣賜宴賦詩命和之資諒卽和進徽宗稱賞將還密諭招女眞資諒陳其不可語在世家仁宗朝拜中書侍郎卒資諒好讀孫吳兵書以功名自喜娶從姪

女爲妻時議耻之資仁登第遷侍御史文順相繼薨資仁如遼告喪遼主不許入館詰曰二君連逝必有其故資仁對曰國公素有疾諒闇哀毁遂至大漸實無他故願留臣遣使本國究問臣言誣臣請就死遼主御城外氈殿引見慰之後遷諫大夫王以八關會幸神衆院雨雪羣臣皆霑服及還天霽月明駐輦昌德門外將擧觴資仁與左諫議金上錡補闕魏繼廷等諫止之累拜中樞院副使卒子淵之後多達官不可數門户之盛與大寧崔氏敵然連姻王室以驕貴致敗往往有謀變死者以行義持家世享豐膴爲一代名家則不及崔氏云

黃周亮登第德宗朝拜政堂文學判翰林院事靖宗卽位歷吏部尚書參知政事威雞州女眞部卒與其都領開老爭財乘醉毆殺事下輔臣議徐訥等請論如法周亮等議曰律文諸化外人同類自相犯者各依本俗法宜出犯人財物輸開老家以贖其罪王從周亮議拜門下侍郎平章事進侍中上柱國卒謚景文契丹陷京都書籍煨燼周亮奉詔訪問撰集太祖以來七代事蹟三十六卷以進

柳伸少登第以清謹名狀貌不踰中人有膽量嘗出

牧清州民敬之肅宗欲移都南京令諸臣議大臣百官皆以爲可伸與左散騎常侍庾祿崇獨言其不可凡論國事悉主忠義時議多之事五朝官至政堂文學卒

王寵之登第靖宗朝拜右承宣與兵馬副使朴成傑等奏東路靜邊鎭蕃賊窺伺請築城以備從之十年與兵馬使金令器城長定二州及元興鎭文宗初以中樞使兼西北面中軍使尋加上柱國都兵馬使奏傳曰安不忘危又曰無恃敵之不來恃吾有備國家每當仲秋會東西班於郊外習射况諸衛國之爪牙

宜於農隙教以金鼓坐作之節兵馬尤不閑習請選前鋒騎兵每一隊給馬甲十副俾習馳射令御史臺兵部掌其教閱從之尋拜門下侍郎上章辭兵馬使不許陞侍中二十一年以中書令致仕卒諡景肅

魏繼廷文宗朝登第以文章名世宣宗時爲御史中丞王有嬖妾起第壯麗繼廷請毁之不報拜樞密承宣王以燈夕宴羣臣酒酣命繼廷起舞辭曰有伶人何用臣舞王不得强乃止肅宗卽位拜門下侍郎平章事上表乞退不許繼廷固稱疾手詔敦諭乃入省視事臺臣駁奏繼廷請告彌年假盡累旬然後視事

無大臣禮請罷之不許二年三上表乞閑始許之再表辭祿詔曰卿因疾解官又從而辭祿非朕所以優賢敬老之意也令給二分祿卒諡忠烈繼廷淸儉謇直副李資義使中國資義多市珍貨繼廷一塵不染及登兩府不改素節國俗好佛事上下靡然無敢斥者繼廷獨否國人想望大用及爲相已病勢不可爲循默無所建明而卒

邵台輔文宗末授戶部侍郎宣宗朝拜中書侍郎平章事奏北路將士多自南州充入故丁田在遠資產匱乏脫有緩急何以得死力宜令入遼使臣揀其壯健者爲傔從因使覘疆域形勢且有互市之利人必競勸制從之李資義謀變台輔使王國髦領兵入衛伏甲斬資義肅宗受禪擢拜守太尉門下侍中八年上表乞退不許尋守太傅判西京留守致仕明年加守太師卒諡忠謙台輔有吏幹盡心軍務嘗奏國學養士徒費廩粟貽弊於民且中朝之法難以行於我國請罷之不報識者譏之

文正長淵縣人文宗初登第累遷諫大夫參知政事進拜中書侍郎東蕃作亂以正爲判行營兵馬事與兵馬使崔奭廉漢副使李顗將步騎三萬屯定州夜

分道銜枚趣賊壘遲明皆會鼓譟震地賊大駭因奮擊斬四百級擒渠帥三十九人攻破廬落十餘所獲牛馬器械甚多奏捷王喜降勑奬諭賜諸將銀合各一副加正檢校司徒上柱國封長淵縣伯宣宗十年卒

任懿定安縣人力學登第遷諫議大夫宋哲宗崩副侍郎白可臣如宋弔慰行中皆黷貨懿獨廉謹宋人稱之賚帝賜神醫普救方來王喜增秩尋拜御史大夫歷吏部尚書左僕射睿宗朝進授中書侍郎平章事卒子元厚元濬元厚初名元凱登第累遷殿中內

給事仁宗納元厚女爲妃授御史雜端驟擢參知政事上書乞斬妙清白壽翰以絶禍萌不報尋拜中書侍郎西京叛詔以元厚及金富軾將中軍旋命留衛京都改授門下侍郎表讓崔溱不許判吏部銓注平允人比山公啓事毅宗卽位封定安侯令上殿行禮諫官駁之進封公開府曰壽寧十年卒元厚器局嚴整通經史爲宰相勤謹公廉妙清以邪說惑衆宰執皆傾信元厚獨擯之人服其明子克忠克正溥濡沇克忠平章事克正户部尚書溥吏部侍郎濡初名克仁性恬暢不以勢位驕人雖臧獲賤隷未嘗詬罵歷

事五朝有勤恪之稱掌制誥十六年高文大冊多出其手四闢文闈所擧皆名士若趙冲李奎報金敞俞承旦其尤也卒謚良淑子景爾官至門下平章事元濬亦拜平章事一門平章事前後六人

論曰李子淵令名壽祿誠一代宗臣也資諒資仁俱有專對之才徽宗欲通女眞資諒輒諫其失計可謂有先見之明惜乎宋人之不用也黃周亮以文辭顯柳伸以清節著王寵之文正皆有恢遠之略而鮮可指之疵焉魏繼廷請毁嬖姬之第恥受伶優之畜清操益勵於晚節儒論獨振於衆楚歷初諸臣知以奉僕爲非者崔承老後僅見一人君子哉邵台輔優於吏幹盡心奉公至其慳於浮費欲罷養士何其不達於大體也任懿元厚廉謹忠厚世位宰輔比之徐章威父子亦無愧焉

尹瓘　吳延寵

尹瓘字同玄坡平人高祖莘達佐太祖爲三韓功臣瓘少有遠志慕金庾信之爲人慨然以功業自期登第歷拾遺侍講學士累遷吏部尚書翰林學士肅宗九年拜行營都統使征東女眞女眞者靺鞨之遺種也隋唐間爲高句麗所幷句麗亡聚居于蓋馬山蓋馬山在端州北百五十里

東據句麗氏舊地世修職貢及完顔部興於黑水盈哥烏雅束得衆心部族漸强東女眞往往附黑水朝議患之至是女眞兵屯定州關外邊將疑之誘執酋長許貞羅弗等械訊之果謀我也留不遣李日肅等奏女眞虛弱失今不取後必爲患會烏雅束與別部夫乃老有隙發兵相攻王命平章事林幹往備之幹邀功引兵深入擊之敗女眞乘勝入定州宣德關殺掠無算以瓘代幹爲兵馬都統使遣之瓘至邊與女眞戰敗死傷甚多軍遂不振請和而還奏曰臣之所以敗者賊騎我步不可敵也於是建議

立別武班自文武散官吏胥至商賈僕隷有馬者爲神騎無馬者爲神步跳盪梗弓精弩發火等軍年二十男子皆屬神步西班與州府鎭軍四時訓鍊揀僧徒壯勇者別爲一部養士畜穀以圖再擧進拜瓘同平章事會王薨師不果出睿宗二年疆吏報蕃酋以一胡蘆懸雉尾轉示諸部其心叵測王乃議討之初肅宗聞瓘敗發憤告天地藏誓疏於重光殿至是出以示兩府諸大臣奉讀流涕請述先志議乃定以瓘爲都元帥知樞密吳延寵副之王幸西京御威鳳樓授瓘鈇鉞遣之瓘承命慷慨曰臣嘗奉聖考密旨今復

謬膺重任敢不竭力效節繼之以死延寵頗自疑微語瓘瓘嘆曰微公與我誰能出萬死之計以雪國家之恥乎延寵默然遂行至東界屯兵于長春驛凡十七萬軍號二十萬遣兵馬判官崔弘正入定州紿曰國家放還許貞羅弗等可來聽命設伏以俟蕃酋信之古羅等四百餘人至飲以酒殲之壯黠者六十餘人至關門疑不肯入使金富弼拓俊京分道設伏擒斬殆盡瓘自領五萬三千兵出定州大和門中軍兵馬使金漢忠以三萬六千兵出安陸左軍兵馬使文冠以三萬四千出定州弘化門右軍兵馬使金德珍

以四萬三千八百人出宣德鎭水軍別駕梁惟竦元興都部署鄭崇用鎭溟副使甄應圖等以舟師二千六百出道鱗浦女眞見軍勢甚盛皆遁惟畜産布野瓘過大乃巴只村至文乃泥賊入保冬音城瓘遣兵馬鈐轄林彦與弘正急攻破之左軍到石城下遣譯者諭降女眞答曰一戰以決何謂降遂入城拒戰矢石如雨軍不能前瓘呼俊京曰事急矣爾其勉之對曰俊京嘗犯律公請于朝宥之微公俊京得有今日乎今日是俊京殺身報效之秋也因擐甲至石城(石城在吉州南四十里相對處有土城)下突入陣中擊殺酋豪數人於是

瓘麾下與左軍殊死戰大破之賊自墮巖下死一城殲焉賞俊京綾羅三十疋又遣弘正富弼擊伊位洞克之斬千餘級中軍破高史漢三十五村俘斬六百餘級右軍破廣灘(疑卽咸興廣浦也)三十二村俘斬五百餘級左軍破滾昆三十村斬九百級瓘軍破三十七村斬二千百餘級虜五百人奏捷王大喜賜詔獎諭行賞有差瓘乃分遣諸將畫定地界東至火串嶺北至弓漢嶺西至蒙羅骨嶺遣日官相地於蒙羅下築城廓九百五十間號曰英州安嶺軍兵民一千二百三十八戸(在吉州南)火串下築城廓千餘間號曰雄州寧海

軍兵民千四百三十六戶（在吉州北）吳林村築七百七十
間曰福州（端川）兵民六百三十戶弓漢村築六百七十
間曰吉州兵民六百八十戶曰公嶮鎭（會寧）兵民五百
三十餘戶皆置防禦使以咸州爲鎭東軍大都督府
兵民二千餘戶皆徙南界民以實之明年瓘延寵率
精兵八千出加漢村瓶項賊設伏叢薄間候瓘至急
擊之軍潰圍瓘數重延寵中流矢勢甚急俊京率勇
士十餘騎將救之其弟俊臣止之俊京曰爾可歸養
老父我以身許國義不可止乃大呼突陣擊殺十餘
人會弘正冠珍等引兵至賊解圍走追敗之瓘入英

彙纂麗史卷之二十三　十三

州撫俊京泣曰自今我視汝猶子汝視我猶父承制
授閤門祗候番酋阿老喚等詣軍門降俄而賊步騎
二萬屯英州城南大呼挑戰瓘與林彥曰彼衆我寡
但當固守而已俊京奮然曰今不出戰敵兵日增城
中糧盡而外援不至則危道也石城之捷諸公不見
今日誓盡心破賊諸公登城觀之乃率敢死士出城
與戰擊斬前鋒賊敗北俊京鼓笛凱還瓘下樓迎俊
京拜賀瓘還都督府承宣王字之自公嶮鎭領兵詣
督府猝遇虜酋史現兵戰失利俊京卽引勁卒往救
敗之女眞兵數萬來圍雄州弘正訓勵士卒衆皆思

鬪卽開門齊出奮擊大敗之獲兵車數百兩時俊京
在城中州將謂之曰軍餉將罄外援不至公若出城
收兵還救則此城可保也俊京微服縋城而下歸定
州勒兵道通泰鎭自也等浦至吉州遇賊大敗之城
中感泣是役也女眞兵尚强瓘儒將臨陣決勝非其
所長而拓俊京驍武絶倫瓘能結以恩信故每戰輒
先登奮擊得破强虜拓地建鎭悉復句高麗舊地皆
以俊京之功瓘遣其子彥純奉表稱賀王遣內侍康
英俊賜諸將羊酒並賜軍人銀鐁鑼一面銀瓶四十
事瓘城英福雄吉咸州及公嶮鎭立碑于公嶮以爲

彙纂麗史卷之二十三　十四

界句麗時碑跡尚有存者又城宜州（德源）通泰平戎二
鎭與六城號曰北界九城拜瓘門下侍中判尚書吏
部事凱還命具鼓吹軍衛遣帶方侯俌迓於東郊瓘
延寵詣景靈殿納鈇鉞王御文德殿引見問邊事夜
分乃罷師旣還女眞圍雄州遣延寵援之尋復遣瓘
告捷封瓘鈴平縣伯又明年女眞圍吉州延寵與戰
敗復命瓘征之瓘延寵自定州勒兵將赴吉州女眞
公兄褭弗史顯等叩咸州門曰太師烏雅束欲請和
使我控兵馬使兵交不敢入關乃遣記事李管仲語
女眞將吳舍曰講和非兵馬使所得專爾可入奏天

庭女眞將大喜請以官人交質瓘以孔沃李管仲爲
質裹弗等入朝請還九城初邊將謂伊位界上連山
斗起並海險阻峻狹人馬不得通間有一徑曰瓶項
[瓶項在磨雲嶺上嶺有四門巖第一門兩崖壁立今稱大虛門第二門稱門巖第三門沿崖立石爲門今有鑿臼可驗長城自此始築稱內石門所謂瓶項卽此地也第四門稱外虛門各相距數百步武又按睿宗世家引漢里外遠山壁立惟有一逕可通則似指磨天嶺而言今兩存之以俟博聞]得其地
扼之狄患永絶朝議信之及往觀與前聞絶異女眞
既失巢誓必報復烏雅束阿骨打雄勇曉兵號令諸
部首尾繼援連歲來爭殺傷相當國家屢調兵中外
騷動議者皆咎瓘等而女眞亦厭苦請和王集羣臣

議竟以九城還女眞輸戰具資粮于內地撤其城初
中書舍人朴景仁從瓘征討墜馬留定州寄書于瓘
曰國威已振宜戢師旅以圖萬全更深入敵地列置
城鎭今雖已成後恐難守瓘不能用瓘命諸軍撤內
城村瓦以輸九城兵馬使金漢忠執不可曰外城未
就內城且毁脫有緩急民將何報雖帥府有命吾不
敢從後皆如其言於是崔弘嗣金景庸任懿李瑋等
入對宣政殿極論瓘延寵敗軍罪當治王命收其鈇
鉞勒歸私第諫官金緣李載等伏閤爭請下瓘吏王
不許諫官爭不已命削功臣號尋拜瓘守太保門下

侍中上柱國瓘上表辭王不許曰朕聞李廣利之伐
大宛也僅獲駿馬三十匹漢武帝以萬里征伐不錄
其過陳湯之誅郅支也矯制興師宣帝以威震百蠻
封爲列侯卿之北伐體聖考遺旨身冒鋒鏑深入賊
境闢土設鎭以雪國恥功則大矣頃緣蕃酋納款朕
遂許還其地有司執法頗有論劾朕終不以卿爲咎
庶幾有孟明之復濟今之所授卽卿舊職何足辭也
六年卒謚文敬改謚文肅瓘好學手不釋卷及爲將
相在軍中常以五經自隨子彥仁彥純彥植左僕射
彥頤自有傳彥旼

吳延寵海州人素貧賤力學善屬文登第肅宗五年
副王嘏如宋賀登極受王旨購太平御覽宋人祕之
延寵表請得還王喜曰此書文考求之不得今朕得
之使者之能也拜延寵中書舍人王以延寵有輔相
才宜試臨民出知全州爲政寬平以最聞召拜樞密
院左承宣轉翰林侍講學士睿宗卽位出爲東北面
行營兵馬使奏神騎軍有父母年老獨子免一家三
四丁從軍者免一丁宰臣樞密之子非自應募者亦
免從之遷檢校司空刑部尚書是時王惑於符讖就
西京龍堰闕命兩府及長齡殿讎校儒臣會議

皆以爲可延寵獨曰南京之役甫畢豈可再興鉅役平章事崔弘嗣等奏請移御龍堰受朝頒令則基業可延也延寵駁之曰龍堰之役有三不可以文考明睿惑於術數刱役西京尋復悔悟終不巡御徒費財力不可一也南京刱闕迄今八年吉應不臻不可二也西京舊宮與龍堰密邇地應吉凶不容頓殊術家之說杳茫難徵遷都重舉豈可徇不經之言而決於一朝乎不可三也王卒從弘嗣等言時議惜之二年伐女眞以延寵副尹瓘是役也諸大臣皆贊成之延寵獨自疑不敢言遂行破女眞建九鎭錄功授尚書

左僕射師還女眞圍雄州遣延寵救之雄州被圍二十七日鈐轄林彥巡檢使崔弘正分兵固守力竭將潰延寵使文冠金晙王字之等領精銳一萬分四道水陸俱進至烏音志沙烏嶺下賊先據嶺師爭登急擊之賊奔北復整陣拒戰官軍奮擊大敗之斬二百九十級賊燒柵而遁城中壯士不待援輒出戰敗使士氣沮喪延寵入城責之凱還女眞率諸部圍吉州去城十里築小城立六柵攻圍甚急副使李冠珍等奬勵士卒一夜築重城且戰且守女眞添生兵至城幾陷延寵聞之奮然欲行復遣之行至公嶮鎭賊遮路掩擊我師大敗將卒投甲而散諸城陷沒延寵具狀自劾與瓘勒兵將赴吉州會女眞遣使請和乃還朝議請治敗師之律勒歸私第削功臣號尋復守司空中書侍郎平章事延寵表辭不許累加上柱國歷判吏禮兵部事十一年卒謚文襄延寵飭躬謹行以忠儉自許當官持論未嘗以私害公故王重之

論曰王者興師拓境當先觀義之是非蓋馬山東卽句高麗舊地尹瓘建議收復誠是也惡可以成敗論也是時完顏部興於黑水兵勢漸强九城撤還其勢自然耳當其破勁虜闢九鎭東國之威幾於復振晝

定疆界後世賴之其功盛矣吳延寵當國持論輒不苟亦足稱焉

崔思諏 金仁存 高令臣 郭尚 崔弘嗣

崔思諏字嘉言文憲公冲之孫也少力學工文初名思順既登第文宗聞思諏名家子博學多聞召入內侍省與語對稱旨文宗悅賜今名宣宗朝知尚書戶部事出爲西京留守駕幸西京遼使王鼎來思諏爲館伴鼎每夜獨坐屬稿思諏以計取其文奏之乃諫疏也其疏極言遼昇平日久武備不修又及大宋伐南夏事王嘉其儐接之能令從駕還拜御史大夫尋

拜吏部尚書大將軍高文蓋等圖不軌思諏按治之以功拜侍中九年守太保三上表乞退不許燕壽春宮召思諏思諏起爲壽王酌而酬之曰卿若固退誰與圖理朕優賢敬老不忍從也思諏求退益懇王許之睿宗納李資謙女爲王妃思諏外孫女也推恩進封大寧侯卒令百官會葬謚忠景思諏勤謹廉平立朝四十年無少過失爲相論議務存大體不敢輕改舊章門人子弟來謁者常訓以事君之道語不及私雖謝事家居憂國之心終始不衰有二子源尚書僕射溱門下侍郎資謙及文公美柳仁著皆其女壻門

閥之盛一時無比

金仁存字處厚初名緣新羅角干周元之後也父上琦平章事謚文貞仁存性明敏少捷第直翰林院嘗言事忤旨左授兵部員外郎遼使孟初至仁存爲接伴初見其年少頗易之初喜作詩仁存輒酬之初愕然曰天才也由是情好甚篤及別解金帶贈之轉吏部郎中兼春坊學士是時睿宗在東宮講論語仁存撰新義進講肅宗薨仁存告哀于遼入東京所經州府輒張樂待之仁存皆固辭言動中禮遼人許之抵遼京乞除吉服舞蹈孟初至言曰殿庭服色從吉除

舞蹈可也還拜諫大夫王封僧曇眞爲王師以仁存爲封崇使辭曰臣已言封師不可旣未蒙允又從而封之豈諫臣之體乎王强之固辭不奉旨東征之役大臣皆贊成之仁存獨上疏切諫及尹瓘破女眞築九城與女眞苦戰相持我兵喪失甚多女眞亦力困請和乞還舊地羣臣議異同王猶豫未決仁存言土地本以養人今爭城殺人莫如還其地以息民今不與且與契丹生釁王問其故仁存對曰九城之始築也表稱弓漢里乃我舊地居民亦我編氓敢肆寇抄故收復而築之表辭如是然弓漢酋長多受契丹官

職故契丹不信我言回詔云土地户口已勑有司檢勘相次別降指揮以此思之我若不還九城契丹必加責讓國家東捍女眞北備契丹則臣恐九城非三韓之福也王然可奉使入宋徽宗遇之用殊禮賜宴豐腆燕享皆用白玉仁存有遠識見時事侈夸曰甚羣竪得志度中國必有變故嘆咤而歸至慶源聞父喪以使事付其介奔喪人譏其失禮歷翰林學士政堂文學進拜中書侍郎平章事金兵破契丹以仁存判西北面兵馬使遼來遠刺史常孝孫率州民泛海入遼以來遠抱州歸于我仁存遣兵據二城收兵仗

物皆甚多鴨江舊地始復爲我有王宴宗親兩府于
清讌閣命仁存記其事其文曰王以聰明淵懿篤實
輝光之德崇儒術慕華風於大內之側延英之北創
寶文清讌二閣一以奉聖宋御製詔勅必拜稽肅容
然後仰觀一以集周孔軻雄以來古今書籍日與名
儒學士討論敷暢先王之道焉越今歲夏召帶方公
臣俌太原公臣侾齊安侯臣偦通義侯臣僑守太保
臣景庸門下侍郎臣璹臣資謙臣緣中書侍郎臣仲
璋參知政事臣晙臣至和樞密使臣軌臣字之同知
事臣安仁等會于清讌閣諭之曰予寡德不類賴天

降康廟社儲祉金革偃於三邊文軌同乎中夏凡設
施儀則咸準崇寧大觀之制經筵訪儒雅密席延輔
臣雖禮有豐殺而優賢尚能之意其致一也今進貢
使資謙賚桂香御酒龍鳳茗團珍果寶器來歸嘉與
卿等樂斯盛美臣僚皆惶駭退伏辭以不敢干盛禮
王趣令就坐備物以饗其帷帟器皿之列觴豆果核
之品則六尚之名珍四方之美味無不具焉復有上
國玻瓈瑪瑙犀兕瑰奇之物交錯於案上塤篪控揭
琴瑟鍾鼓雅正之音合奏於堂下乃命近臣監勸盡
量或獻或酬和樂孔皆及觴酒九行且令退休續有

中貴人押賜襲衣寶帶以將其厚意既而復召促席
而坐或開懷言笑或縱目觀覽石山峙於軒外方沼
引於庭除峭岑萬狀清渟四澈洞庭吳會幽勝之趣
生而終宴無憚暑之意盡醉劇飲夜艾而罷於是搢
紳士大夫舉欣然相告曰吾王以慈儉爲寶衣不御
文繡器不用雕鏤猶慮匹夫不得所一事不合度焦
勞惻怛於宵旰之中至於燕羣臣嘉賓則發內府之
珍藏傾上國之異恩而竆日之力以火繼之其尊賢
重禮之心可謂至矣臣聞魯公用天子禮樂以化成
風俗故於泮宮則先生君子與之爲樂其詩曰魯侯

戾止在泮飲酒既飲旨酒永錫難老燕於路寢則大
夫庶士與之相宜其詩曰魯侯燕喜宜大夫庶士邦
國是有既多受祉今我王奉天子恩意以寵遇臣鄰
故公卿大夫懷天保報上之意言語法從賦我有嘉
賓之詩聲節歌工作君臣相悅之樂懽欣交通禮儀
卒度當是時也人靈之和氣天地之休祥應焉豈止
錫難老多受祉而已邪必將億萬斯年享太平而對
揚天子明命嗚呼休哉命學士洪瓘書諸石王幸西
京欲行太子冠禮仁存奏曰冠者禮之始也冠於阼
三加彌尊所以尊其禮著成人之義也今以元子之

貴冠於外非所以法先王示後代仁存文名清節冠當代王演器之恩禮優重及仁宗嗣位李資謙用事仁存懼禍及稱病篤遂罷相判秘書省王密遣內侍問仁存及李公壽曰欲奪資謙權置散地如何皆對曰上生長外家恩不可絕況彼黨與滿朝不可輕動及變起王避火坐山呼亭嘆曰恨不用仁存之言以至於此尋拜門下侍中金兵入汴邊報忘傳金人敗宋師乘勝深入鄭知常金安曰時不可失請出師應宋以成大功是時王在西京遣近臣馳問仁存曰傳聞之事恒多失實豈可遽興師旅以怒強敵金富軾入宋將還姑待之及富軾還邊報果誤五年卒仁存好學老不釋卷一時詔誥多出其手嘗與崔璿李載李德羽朴昇中等刪定陰陽地理諸書賜名海東秘錄又與昇中撰時政策要注貞觀政要三子永錫永胤永寬皆登第拜平章事仁存弟浩亦以文學顯官至平章事

高令臣開州人少孤力學善屬文文宗朝登第進右諫議大夫論議慷慨人不敢屈睿宗初授散騎常侍慶尚道大水令臣奉使安撫奏蠲公田稅民賴以穌歷吏禮部尚書拜檢校司空參知政事時王銳意致理公卿爭進新法令臣以爲祖宗成憲具在但守而勿失可也致仕十一年卒年七十二謚良敬平生以清儉自守及卒家無羨財

郭尚字元老清州人起小吏事宣宗于國原邸宣宗卽位擢監察御史累遷樞密院左承宣肅宗在邸召見遺以犀帶尚辭不受及宣宗大漸尚侍疾臥內肅宗至寢門欲入問疾尚曰今上疾彌留王子若無召命不宜遽入閉而不納肅宗立以尚事先君無二心欲大用拜戶部尚書出知西京留守政未滿召爲刑部尚書驟遷尚書右僕射時平章事尹瓘請行錢幣尚以爲非風俗所宜上疏爭之不得尋致仕家居睿宗元年卒年七十三謚順顯尚質直無他技能平生不事生產家無餘貲子曰坦輿

崔弘嗣字國老中原府人少力學登第歷拾遺補闕出宰平州有惠政肅宗朝授樞密院使奉使如宋忽爲颶風所飄舟人拊心泣弘嗣神色自若及至宋觀者稱其儀度中規帝厚禮之加賜金幣口宣云顧惟樞近之臣宜有褒嘉之寵館伴曰此語如待朝廷近臣可見皇帝寵使臣也還拜守司徒平章事乃老十七年卒年八十謚貞敬弘嗣清介寡欲朝無黨援家

居不言公事妻子未嘗見戲笑人有饋遺雖蔬果不受王深重之然少寬容見人小過輒不忘世以此短之

論曰崔思諏爲相務存大體不改舊章金仁存爲諫官不封王師及拜相能以雅量鎭物裒然爲一代名臣之首高令臣謹守成憲郭尚不納王子可謂純臣矣崔弘嗣寡欲無黨其介足尚焉

李資玄 郭輿

李資玄字眞精仁州人知樞密顗之子中書令子淵之孫容貌魁偉性恬淡聰敏登第爲大樂署丞忽棄官入淸平山遍遊海東名山訪古聖賢遺跡居山蔬食布衣嗜禪悅道逍遙自樂睿宗遣內臣賜茶香金帛累詔徵之資玄上表辭曰以鳥養鳥庶無鍾鼓之憂觀魚知魚俾遂江湖之性王覽表知不可致特幸南京遣其弟尚書資德諭赴行在手書賜詩曰願得平生見思量日漸加高賢志難奪其奈予心何資玄赴召王曰道德之老嚮風久矣不宜以臣禮見命上殿拜賜坐茶湯從容相語命留三角山淸凉寺及再見問養性之要對曰莫善於寡欲遂進心要一篇王歎賞旣而固請還山乃賜道服以寵其行仁宗三年乙巳卒年六十五

郭輿字夢得右僕射尚之子也爲人瓌偉無髯目若懸珠少力學工文道釋醫藥陰陽射御琴碁靡所不治登第爲禮部員外郎歸隱金州睿宗以舊知徵以烏巾鶴氅常侍禁中談笑唱和時人謂之金門羽客輿固求退賜京城若頭山一峯構室以居名曰東山齋王一日微行至山齋輿適入城徘徊久之賦詩十韻題壁（詩曰何處難忘酒尋眞不遇回書窓明返照玉篆擁殘灰方丈無人守仙扉盡日開園鶯啼老樹庭鶴睡蒼苔道味誰同話先生去不來輿追和云何處難忘酒虛經玉輦回朱門追小宴丹竈落寒灰鄉飮通宵罷天門待曉開杖還蓬島遲屐惹洛城苔樹下靑童語人間玉帝來）王後屢幸

寵遇無比及卒遣近臣祭之輿自少不娶妻守洪州私一妓期滿潛攜至京色衰遣還又於山齋以婢妾隨之物議譏之

論缺

韓安仁 李永 韓冲 鄭沆 金若溫

韓安仁字子居端州人戶部侍郎圭之子也肅宗朝登第直翰林院睿廟在東宮安仁與李永李汝霖侍學睿宗卽位以舊恩寵擢用事歷右副承宣翰林學士刑部尚書上章乞外不許移拜禮部尚書同知樞密院事仁宗初拜中書侍郎平章事安仁明敏好學

為一時士流領袖有機數躁競好利卒以此敗安仁始得志輒引兄弟姻婭分據要路士大夫趨勢者多附之始與汝霖善汝霖不肯附擠之使不復起有金尚碑李惟寅者廉直有聲績未嘗干謁故年高未調安仁請加擢用以收人望其在樞院也御史臺嘗奏公私讌集器皿華侈請依舊制申禁王可之八關習儀樞密院果卓踰制臺官繫治執事安仁與院使王字之乘醉怒罵使釋之臺官不從安仁輒引告王不得已左遷臺官然後方起視事麗初不置實錄廳安仁奏曰睿宗十七年事業宜載史冊貽厥後世請依

彙纂麗史卷之二十三　二十七

宋朝故事置實錄編修官從之是時李資謙以國舅用事威勢震赫崔滋盛許載等皆傾心附之獨安仁與李公壽金富軾等不附資謙權日盛安仁謀奪資謙權爲資謙搆害安仁死黨與貶殺殆盡朝臣一空自是內外大權悉歸於資謙矣初安仁與文公美崔弘宰及資謙弟資諒同在樞府資諒憑勢安仁公美恃寵雖外和而內忌弘宰黨於資謙故亦與安仁相惡安仁以資謙國上宰事皆關決而尊重不肯視事因尊資謙封上公不親細事使承宣韓桂奏可實欲奪其權諸李銜之及睿宗薨安仁公美以太醫崔思

全視疾不謹欲論以法由是思全怨之資謙以崔惟迪爲給事中物議譁然內給事張應樞聞惟迪以奴婢賂資謙得職密語安仁安仁誦言于省中惟迪訴於資謙資謙怒請辨御史臺安仁慚懼告休在家因與公美鄭克永李永等數相會侵夜而散思全密認譖於資諒弘宰曰安仁公美結黨陰謀將不利於李令公資謙信之搆成其罪奏流安仁昇州島中沈殺之流公美忠州韓桂靈光郡李永鄭克永海島尚書右丞安中禮部郎中韓冲侍御史林存閤門祗候李仲若右正言崔巨鱗員外郎任元濬以安仁親黨姻

彙纂麗史卷之二十三　二十八

婭悉皆流竄坐死奪者不可勝數安仁善屬文易筮多奇中與權臣相軋死非其罪聞者惜之資謙敗贈謚文烈

李永字大年安城戶長子也幼從師學選補京軍父歿欲繼永業田爲胥吏以狀付政曹主事揖之主事怒且罵永裂其狀曰吾當取科第作朝官何禮汝輩爲肅宗朝擢乙科直史館林彥請討東女眞永諫止王不許遂從軍師敗坐免累遷諫大夫知御史臺事寶文閣學士永天資才直不爲權貴所撓以安仁黨坐流或告之曰公毋將沒官永歎曰吾內省不疚故

忍死以待今禍及老母苟活何爲飮酒一斗憤懣而
卒資謙遣衛士瘞道側牛馬避不践資謙敗改葬屍
不變

韓冲端川吏也中第除右補闕宋差官許立林大容
將還睿宗欲許陞階拜辭冲與左司諫崔巨鱗侍御
史崔弘略諫曰差官雖奉勑來曾到我國與市井販
賣㐌拜階下從之尋遷中書舍人左遷爲西京副留
守安仁死坐流冲剛直政尚廉惠資謙敗召拜禮部
侍郎官至樞密院副使卒

鄭沆字子臨東萊郡人父穆大府卿沆性穎悟好學

肅宗時中第補尚州司錄州人以年少易之及臨事
善斷皆嘆服州人數司錄二鄭一韓謂沆及鄭克永
韓冲也秩滿直翰林院隨李資謙如宋館伴學士王
黼見所製表章稱之還拜右正言論事讜直爲權貴
所忌通判全州尋召還爲右司諫歷按楊廣忠清兩
道仁宗幼冲卽位李資謙威勢震赫郡守及奉使者
競聚歛以媚之沆獨否資謙敗拜樞密院承宣勸王
讀書學業日就王以妙清言幸西京妙清鄭知常欲
王長御西京諷諫官請停修上京宮闕沆上疏請修
葺舊宮還御言甚切直王從之十四年沆有疾王遣

內醫診視疾革遂知樞密院事禮部尚書翰林學士
承旨命下翼日卒沆素清貧家無儋石之儲王聞之
歎曰三十年近侍十一年承制貧如是可嘉也加賻
米百碩布二百疋御筆特謚文安子敍仕至內侍郎
中以恭睿太后妹壻有寵於仁宗性輕薄有才藝從
大寧侯遊常與遊戲鄭誠金存中等誣搆敍罪以聞
毅宗疑之臺諫劾敍陰結宗室夜聚宴飮乃流于東
萊敍將行王謂曰今遣卿迫於朝議行當召還矣敍
旣流召命久不至乃撫琴作歌詞極悽惋敍自號瓜
亭後人名其曲爲鄭瓜亭

金若溫字柔勝初名義文光陽縣人侍中良鑑之子
力學登第自尚衣奉御通判廣州入拜中書舍人歷
閤門使知樞密院事叅知政事仁宗卽位拜中書侍
郞平章事加守司空上柱國十八年以門下侍中致
仕卒年八十二謚思靖性恭儉廉靜未嘗以富貴驕
人李資謙以國舅當國士之喜利者爭附之若溫與
資謙爲堂兄弟而不相比世多其守正

論曰高麗權臣之禍始於李資謙當時士大夫靡然
附之許載崔滋盛以一時名臣或傾心諂附或執事
其第餘尚何道哉韓安仁首斥資謙卒被仇害雖由

於權位相軋使安仁不死資謙不得肆其視金仁存
聞街謠墜馬氣象不侔矣李永韓冲黨安仁取敗何
足恨哉鄭沆不肯聚斂以媚權貴金若溫以表從不
相比亦可尚焉

木齋家塾彙纂麗史卷之二十三

彙纂麗史卷之二十三　三十一

木齋家塾彙纂麗史卷之二十四

名臣三

李公壽　崔思全　金珦

李公壽舊名壽字元老父預平章事祖子祥尚書右僕射翰之曾孫也自幼器度凝遠外祖崔惟善賞異之力學登第直翰林院遷左拾遺轉西京留守判官睿宗幸西京公壽供頓不擾民王嘉之駕還命扈從辭曰故事旋駕惟知留一人扈行安可要異恩以撓常典王從之秩滿拜禮部員外郎轉兵部侍郎委以軍務凡十四年以能聞累遷工部尚書一時輩流多

彙纂麗史卷之二十四　一

踐宰府公壽雅望素允而久稽大拜人以為晚公壽處之裕如仁宗即位擢檢校司徒參知政事進中書侍郎平章事公壽忠直有大節不為權勢所撓李資謙當國顓權朝士多附者獨公壽與洪瓘金縝鄭克求崔奇遇等不附資謙者公壽之再從兄弟也既而資謙叛逆公壽日夜憂痛思滅親翦兇以靖王室默斡機謀彌綸國步使黃道幽而重赫宗社亾而再血者公壽之功也資謙遣拓俊京引兵犯闕縱火爇東華門公壽責之俊京不聽及王在山呼亭事機危急王恐遂被害作書請禪於資謙資謙猶豫不敢發公壽颺言於座曰上雖有詔李公豈有是心資謙色遂沮惶駭固辭資謙與俊京議亂作日直宿者無貴賤皆殺之公壽不可乃止資謙幽王於延慶宮去其仗衛將害之王密與崔思全謀誘俊京以效忠公壽實預其謀反正之日兩府大臣獨公壽至廣華門門已閉王命啓一扉納之因奉王出御軍器監悉捕資謙之黨誅之王嘉其功賜推忠衛社同德功臣之號

崔思全耽津人初為內醫睿宗患背疽召思全視之思全以為微腫必無患不即理疾遂大漸覺宰相韓安仁文公美請置於法仁宗薄其罪思全嗛之搆安

彙纂麗史卷之二十四　二

仁公美于李資謙貶戮之尋轉軍器少監後資謙搆逆執王而幽之悉屏侍衛獨思全以醫故得出入王所王密與思全謀之思全曰資謙所以跋扈者惟恃拓俊京若得俊京則兵權內屬資謙特一夫耳王曰俊京與國公連姻為其腹心俊臣及純皆為官兵所害以此疑之乃筮得吉兆思全詣俊京諭之曰國家啓統綿踰百年世無失德豈容中絕太祖列聖神靈在天禍福可畏也李資謙特藉宮掖之勢爾非有智謀權略可僥倖以集事者且無信義不可與同好惡公宜一心奉國以立殊勳千載一時不可失也俊京

心然之遂決策去資謙王錄俊京功擢思全兵部尚
書賜推忠衛社功臣號加守司空轉參知政事進門
下侍郎平章事自以起寒地位極寵戀乞致仕乃許
之賜甲第一區詔曰朕聞疾風知勁草板蕩識貞臣
歲丙午禍起蕭牆板蕩之勢已極在朕左右忠義之
士尚催鋒刃誰復出力以衛社稷惟卿奮不顧身密
諭逆順雖俊京之悍黠亦揮淚感激轉禍爲福復安
宗社卿之功也加開府儀同三司十七年卒謚莊景
子弁烈思全嘗與金罍各一具及歿妾竊其一弁怒
欲鞭之烈曰先君所鍾愛當傾貲恤之况此物邪弟

所得者尚存請以遺兄王聞而嘉之曰可謂孝且仁
矣御筆賜名曰孝仁

金珦字富民安東府人起胥吏無學識清愼能幹事
仁宗朝由閤門祗候出爲慶源郡使政尚廉謹召拜
監察御史累遷兵部尚書同知樞密院事女嫁李資
謙子之甫然不以姻婭附及資謙謀弑逆事迫急王
密遣宦者以手書招俊京俊京以示珦下席跪號天
泣曰君父危急如此臣子之義雖殺身湛族豈可不
赴遂與俊京謀執資謙討之竟不自言人莫知其功
王常稱之曰有功不求人知可謂賢矣賜衛社功臣
號加檢校司徒進中書侍郎門下平章事上表乞退
十三年卒謚元靖

論曰李公壽雖在大臣位權力已去終能奮畧運籌
反正王室忠類茂弘功方太眞可謂兼之矣舊史不
言公壽與思全之謀然廣華門開公壽先到則密畫
本於公壽可見矣崔思全始附資謙終以神道禍福
感悟姦兇金珦問君父危急跪泣號天出於誠心故
並錄焉

鄭克永　崔奇遇　高兆基　金守雌

鄭克永字師古樹州金浦人明敏好學擢魁科睿宗
時累遷左諫議大夫中書舍人嘗上表請延訪羣臣

曰臣聞忠無不報信不見疑古嘗爲然今實有望竊
惟國家政令垢亂君臣道衰習亂安危無有修省馴
致灾變不自覺知道貴因循耳蔽箴誨或以疎遠公
正爲不肖或以親信權貴爲上賢或猶豫而莫辨所
從或偏信而不知所惑縱欺罔而不能制混智愚而
不能分况近歲以來民苦賦役大兵之後歲仍飢荒
獻計者以徒法擾民心當官者以苛政傷國體公私
耗竭姦宄熾興上縱弛於王綱下鬱伊於物議若事
變之一起雖歎息而何爲伏見陛下聖智天生聰明

自負以前古聖賢爲陳迹以當世臣輔爲備員宵旰無稽古之勤几筵無延英之訪內微宗室維持盤石之勢外鮮腹心承衛社稷之忠唯常與近狎之徒僕隷之輩雜進巧說以成禍基陛下孤立而不自謀朝臣太息而無敢諫臣故扼腕痛心泣血叩閽近與拾遺韓冲各上疏具言此事又宰相與諫官繼陳延訪之請至今未見允許施行延頸企踵彷徨咨嘆伏望陛下惕慮虛懷博延羣彥稽朝綱之所致紊辨政道之所致疵何施而國勢可安何惠而生靈可活推之原本責以將來使和氣克充於海隅則太平可齊於

隆古臣又未知陛下以微臣爲拙而不足信謂狂言雖切而不足徵故謹並繕寫唐陸贄奉天論延訪朝臣表一道隨表以聞仁宗初拜翰林學士遷寶文閣學士以韓安仁表弟忤李資謙流南裔資謙敗召還授東京留守五年判衛尉寺事翰林知制誥尋卒年六十一克永工文詞嘗從崔弘嗣入宋其著述爲中國人稱許

崔奇遇字正甫舊名巨鱗中第補尚州司錄以清謹聞睿宗朝歷齊安太原府僚二侯皆敬之朝廷用兵東鄙以李資諒爲將奇遇上書言資諒王后叔父萬一失律不宜加刑由中書注書出爲清州通判爲政嚴於御吏矜恤小民嘗行部途中遇暴雨避村舍有神託人曰前有猛獸宜小休雨霽行虎果傷八于路王聞而異之秩未滿徵爲右正言上書言六事不報王幸安和寺還駐蹕王輪南街奇遇諫曰爲樂非其所請還宮從之累遷左司諫御史起居舍人出爲西海道按察使李資諒營院館侵奪吏民田園掌其事者因緣謀利爲民害奇遇奏禁之一方肅然李資謙遣使求鐵于海州囑曰勿令崔按察知之仁宗卽位資謙專制國命奇遇言陛下新登寶位宜有善政以

慰民心而日近憸佞疎遠學士大夫此臣所缺望乞常御便殿詳延儒臣訪問今古引見兩府咨諏國事一遵太祖遺訓又言朝鮮國公不宜區區親細務其意欲陽示尊崇而陰奪其權也王留其疏不下或有言國公尊貴百僚宜拜奇遇曰非王氏而拜之如朝廷禮何其年冬雷震開國寺浮圖奇遇又上言漢延光中冬雷屢作實由閻皇后兄弟專秉威權之名也灾不妄作願陛下悟皇天之譴告圖所以消變之術言甚切直資謙聞而銜之及韓安仁等被禍奇遇以姻黨竄高城縣資謙敗召拜戶部員外郞尚州牧副

使轉吏部郎中起居注賜金紫有疾王遣內醫賜御藥卒年五十八奇遇爲人魁梧身長七尺有文藻負氣槩爲事不肯碌碌隨人卒以直道流落不得展其志

高兆基初名唐愈耽羅人父維右僕射兆基性慷慨涉獵書史尤工五言詩睿宗初登第出守南州淸白奉公仁宗朝拜侍御史李資謙修弘慶院以僧正資富及知水州奉佑董其事州縣苦之資謙敗資富坐流奉佑素結宦官得復職兆基駁理之忤旨左遷工部員外郎後復爲臺官資謙之亂朝臣皆脅從失節

其支黨貫綠苟免至宰輔者多兆基悉欲斥去屢上書力爭曰雖聖上寬大掩其疵疾何面目立朝廷見日月乎王雖是兆基言不忍盡棄諸臣尋擢兆基爲禮部郎中實奪臺職也毅宗卽位拜政堂文學轉參知政事進中書侍郎平章事時金存中用事兆基屈己偷合時議非之爲諫官所劾降爲左僕射賴存中救不數月復拜平章事尋致仕十一年卒

金守雌字谿南尚州人少孤負笈遊學四方中第調金壤尉遷國學學諭棄官去杜門不出置圃鬻蔬以自給仁宗初直史館李資謙之亂宮闕連燒守雌負國史至山呼亭北坎地瘞之得不焚遷直翰林院未幾有疾不樂在近職且以母老乞郡出爲禮州防禦使卒毅宗時吏部奏守雌於丙午之變入直史館衝冒烈燄移藏國史昔唐韋述爲史官祿山之亂抱國史藏南山身陷賊中汚僞官賊平流渝州死廣德初以功補過贈右散騎常侍夫述失節之臣猶論其功今守雌有功無累例補外官而死未蒙顯賞深可惜也乞依古例贈以褒秩乃贈吏部侍郎翰林侍讀學士知制誥

論曰鄭克永表請延訪雖不敢直斥資謙之姦其曰

猶豫而莫知所從偏信而不知所惑陛下孤立而不自謀朝臣太息而無敢諫者爲資謙而發也其忠感矣及議國舅禮數一何謬也崔奇遇有懷輒言不拜國公及遇雷震之變直引閻后之事以證當時其言之痛切比之克永不尤較著乎向使睿宗早從其言豈有丙午之變哉高麗諫臣奇遇宜爲首稱焉高兆基論斥逆黨欲一切洗滌其言正矣及秩崇年邁脂韋自保人言士君子晩節尤難信矣金守雌負史避火職耳論者謂有功無累茲爲可貴歟

李之氐　林完　朴挺蕤

李之氐字子固仁州人公壽之子也好讀書屬辭如宿構擢魁科直翰林院授右正言持論公正忤時宰出按海西道時資謙當國嗜利者爭附之氐雖與爲族而獨不相比資謙使者交午州郡競取財賄之氐痛禁轉拜平州使資謙敗召還累遷爲起居注妙淸白壽翰結近侍以妖術惑衆之氐獨深斥之曰此輩必誤國王幸西京知常妙淸等誣言大同江有瑞氣請順天心稱尊號以壓金國王以問之氐對曰金强敵不可輕也況兩府大臣留守上都不可偏聽一兩人言以決大議王從之西京叛久不下之氐與李仲

上疏曰虎兕出柙龜玉毁櫝是誰之過西賊之謀久矣一二大臣非惟不能防閑反信其謀而張之致今日之患請討其黨與蓋指文公仁林景淸輩也官至政堂文學守司空參知政事卒謚文正之氐風標英雅衷心寬厚文章事業冠冕一時性嗇於財父歿不與弟妹析時議譏之

林完宋人也仁宗時自中國來登第遷禮部員外郞轉國子司業知制誥仁宗置書籍所于壽昌宮側完與金富轍諸儒臣更直備顧問王以灾變下詔求言完上疏曰臣嘗謂進言非難而聽其言者爲難聽言非難而行其言者爲尤難故忠臣之事君也言切直則不用而身危不切直則不足以明道臣請直之傳曰應天以實不以文所謂實者德也所謂文者若今之道場齋醮之類是也人君修德以應天不與福期而福自至焉若不修德而徒事虛文則非徒無益適足以瀆天而已天之於人相去遼絶非可言諭而福善禍淫疾若影響比年以來灾變屢作饑饉荐臻近者白虹貫日正陽之月雷震特異(十二年正月戊寅白虹貫日四月震將作監崔孝淑)此近古未聞也意者陛下應天以文而不以實邪何其醮祭之煩而變異之多邪天之譴告如此

足以見天心之仁愛陛下猶父母之譴告其子欲扶持而全安之也陛下豈可不勉强以實而應之邪勉强以實在乎革當今之弊革今之弊在乎遵太祖之遺訓擧文宗之舊典而已太祖之訓其詳臣不得以聞伏思當時撥亂反正設紀陳綱必有神謀睿筭國乘所載可考而知至如文宗之遺風餘烈距今未遠時或聞先生長者之言不覺涙行霑襟觀其躬行節儉進用賢才名器不假於匪人威權不移於近昵雖戚里之親而無功者不妄賞左右之愛而有罪者必加罰宦官給事擇其謹愼十數輩以備灑埽所司庶

官各竭其能冗官省而事簡費用節而國富家給人足時號太平此誠朝賢聖之君也近代以來一切反是設官倍前驕侈日滋挾權恃勢刻削誅求加以重斂勞役人心胥怨臣竊爲陛下計責躬修省上答天譴若行祖宗之良法善政而已今欲行祖宗之法[illegible]於權貴故雖有善政朝行夕改法度無常實非陛下修德之意也惟陛下至誠發於聖心責諸輔相痛抑左右欺蔽之姦絶其陰陽怪誕之說使鴻業增光以延無疆之休近日怪誕之說起於妙清臣覩妙清文飾姦術欺君罔上與宋朝林靈素無異也靈

彙纂麗史卷之二十四 十一

素挾左道眩惑上皇躁進之士屈己諂事以求榮顯當是之時災變屢見而上皇不悟終於敗亂雖誅靈素何益於事此陛下之所親聞也覆車之轍其可蹈乎陛下寵信妙清左右近習及諸大臣交相贊譽以爲聖人根深蔕固牢不可拔自大華宮之役勞民動衆百姓怨咨往歲駐蹕災發佛塔今年巡幸流星馬禍相繼而作十三年二月王幸西京三月己未流星墜地大如斗天其或者警悟陛下陛下豈可惜一姦臣而違天意乎願陛下奮乾剛之威斬妙清之首上以答天戒下以慰民心此天下之公言非愚臣之敢私也惟陛下察之直門下省李仲侍御史文公裕等亦上疏言妙清白壽翰皆妖人也其言怪誕不可信金安鄭知常等結爲心腹相與褒歎指爲聖人又有大臣從而和之禍將不測願遠斥遠言甚切直先是樞密使任元凱上書請誅妙清以絶禍萌皆不報於是妙清遂反

朴挺蕤 竹州人性寬厚睿宗時登第調慶源郡判官仁宗初累遷左正言事忤旨出知仁州卽慶源也前後莅政如一課爲當時最擢殿中侍御史自是出入臺諫幾二十餘年論議務舉大綱不爲苛細嘗與知御史臺事崔瓘侍御史印毅崔述中安淑等論樞

彙纂麗史卷之二十四 十二

密使陳淑嘗從討西京受人奴及寶帶伏閤三日不報皆杜門不出仁宗召諭令視事挺蕤與述中固爭不就職淑由是竟免挺蕤尋遷右副承宣進退都雅應對明敏王重之拜樞密院副使兼太子賓客二十三年卒年五十七謚忠質父永侯嘗誡以忠孝之道挺蕤亦以自勵然奪其舅妾田廬使其母子寒餓而死時議薄之

論曰 李之氐不怵於資諭之權勢不惑於妙清之妖幻其風節識量不愧乃父矣林完自中國來目睹林靈素之事故其引諭親切辭義懇篤仁宗終不悟也

惜哉朴挺蕤出入臺諫二十餘年論議務持大體亦可尚焉

金富軾

金富軾慶州人新羅之裔孫也肅宗時登第補安西司錄遷直翰林歷右司諫中書舍人仁宗即位拜寶文閣待制時李資謙以國舅當國王詔曰資謙於朕爲外祖班次禮數不可與百官同令大臣侍從會議學士鄭克永崔濡議曰傳云天子有不臣者三后之父母居其一資謙宜上表不稱臣及大宴會不與庭賀徑詣幕次拜上答拜而後坐殿衆議雷同富

軾獨曰漢高祖初定天下五日一朝太公家令說太公曰皇帝雖子人主也太公雖父人臣也柰何令人主拜人臣高祖善家令言上尊太公曰太上皇以此論之雖天子之父若無尊號不可令人主拜也不其侯伏完獻帝皇后父也鄭玄議曰不其侯在京師禮事出入宜從臣禮若后息離宮及歸寧父母則從子禮東晉穆帝母褚太后見父之禮羣議不一博士徐禪依鄭玄議曰王庭正君臣之禮私覲全父子之親是大順之道也魏帝父燕王宇上表稱臣雖父子至親禮數尚如此況外祖乎按儀禮五服制母之父母

服小功五月與己父之尊親相遠豈得與上抗禮宜令上表稱臣在王庭則行君臣之禮宮闈之內以家人禮相見如此則公義私恩兩相順矣王以兩議問資謙資謙曰富軾之議實天下公論也微斯人羣公幾陷老臣於不義詔從富軾議尋與朴昇中鄭克永修睿宗實錄二年轉禮部侍郎王追封資謙祖考昇中請於焚黃日賜教坊樂富軾以爲宗廟用樂象平生若墳墓則以素服從事至於涕泣豈可用樂昇中又欲號資謙生日爲仁壽節富軾曰生日稱節自古所無唐玄宗始稱皇帝生日爲千秋節未聞人臣有

稱節者平章事金若溫曰侍郎議善四年拜御史大夫歷戶部尚書翰林學士承旨進平章事加守司空十二年秋王以妙清言欲幸西京避災富軾奏曰今夏雷震大華三十餘所西京果是吉地天意必不如此避災於此不亦左乎況今西成未穫禾稼必致踐損仍與諫官上疏極言王曰所論至當朕不西行十三年正月妙清與趙匡柳旵等據西京反王以富軾爲元帥將中軍金正純(後拜平章事)鄭旌淑盧令琚林英尹彦頤李瑱高唐愈(墉卿兆)劉英佐之吏部尚書金富儀將左軍金旦李愈李有開尹彦旼佐之知御史臺

書李周衍將右軍東溪梁祐忠陳景甫王洙佐之西人矯詔徵兵兩界王聞之令右軍分將二千人自東路往諭諸城左軍先趣西京將出師富軾與諸相議曰西都之叛鄭知常金安白壽翰等與謀不去是人西都不可得平諸宰然之乃召知常等三人使勇士斬於宮門外乃奏之人言富軾素與知常齊名於文字間積不平託以內應而殺之是日右軍先行中軍次金郊驛擒得西牒者解縛遣之曰歸語城中大軍已發有能自新可保性命時士卒頗驕謂朝夕凱還裝褚單索會天雨雪士馬凍餒衆心解弛富軾撫循

賙給軍情乃安先是王以洪彛敘李仲孚爲西人黨授詔往諭彛敘至生陽驛懼不能前使驛吏傳詔而還富軾拘彛敘于平州次寶山驛閱兵三日集將佐問計皆曰兵貴拙速宜卷甲倍道掩賊不備蕞爾小醜計日可擒富軾曰不然西京謀叛已五六年其戰守之具既備然後乃舉今欲掩其不備不已晚乎且我士有輕敵心器仗未整猝遇伏兵一可危也頓兵堅城之下天寒地凍壁壘未就遽爲賊所乘二可危也又聞西賊矯制徵兵兩界列城狐疑莫卞眞僞倘有姦人應之表裏相結則道路梗塞莫若引軍從間

道繞出賊背取諸城糧峙以餉大軍告諭逆順使西人絶然後益兵休士飛檄賊中徐以大兵臨之此萬全之計也遂引兵發平州趣管山驛左右軍皆會中軍由射巖驛新城徑到成州休兵一日道漣州抵安北府右軍分將者亦自東界來會馳檄諸城諭以大義先是西路人心皆懷顧望及大軍至列城震懼出迎官軍中軍繼遣掾僚入西京曉諭數四匡等知不可抗欲降猶豫平州判官金淳夫賫詔入城西人遂斬妙清柳旵等使分司大府卿尹瞻少監趙昌言偕淳夫請罪于朝投書中軍曰謹奉詔旨及帥府之令

已斬渠魁馳獻闕下請以羊酒犒從者於是富軾遣錄事白祿珍奏之貽書兩府曰宜厚遇瞻等以開自新之路宰相文公仁崔濡韓惟忠謂祿珍曰汝元帥不直趣西京循迂路赴安北吾等奏遣單价賫詔諭降非元帥之功爾來何爲淳夫至郊面縛瞻等而入兩府遣法司加以鉗杻王命解縛入見賜衣勞慰旋命下獄梟妙清首于市賜富軾詔書獎勉後圖匡等聞瞻下獄謂必不免於是復反王遣殿中侍御史金阜內侍黃文裳與瞻往頒詔阜出言輕肆西人怨怒二月諷亂兵殺阜文裳及諸從者瞻奉太祖眞逃出

捕殺之中軍遣人往諭又殺之富軾與諸將祭皇天后土山川神祇告以西京民伐罪之意以西京北負山岡三面阻水城且高險難以猝拔宜環城列營以逼之乃分爲五軍列據要害中軍屯川德部左軍屯興福寺右軍屯重興寺西大同江爲往來之衝賊若先據道梗不通使大將軍金良秀侍郎楊齊寶員外郎金精崔子英權景亮等將兵屯守號後軍陳淑王毅全鎔安寶龜等將兵屯重興寺東號前軍且城外民戶甚多自兵興丁壯入城爲戰卒其餘竄入山谷若不招撫勢必嘯聚爲賊耳目分遣軍吏招諭至則皆

給衣食使得安居賊沿江築城自宣耀門至多景樓凡一千七百三十四間置六門以拒之先是王遣祗候鄭襲明等往西南海島募弓水手四千餘人將戰艦百艘入順化縣南江禦賊船續遣上將軍李祿千等令舟師助討祿千至鐵島欲徑趨西京會日暮潮退襲明請待明朝乘潮而發祿千不聽行至半途水淺舟膠賊以小舸十隻載薪灌油隨潮放之先於岸傍伏弩數百約以火發齊舉及火船相迫延燒戰艦衆弩俱發兵仗皆燒士卒溺死殆盡祿千僅以身免由是西人始輕官軍遂率鍊兵爲拒守計益堅富軾

慮後軍寡弱夜密送步騎一千以益之賊黎明涉馬灘直衝後軍應募僧冠宣擐甲荷斧出擊賊殺數十人官軍乘勝大破之斬三百餘級賊兵蹂躪赴水死者甚衆賊勢頓挫富軾以諸軍野屯春夏之交水潦荐至爲患滋大令五軍各築城堡又於順化縣王城江皆築小城數日而畢峙兵積穀閉門休士雖或交兵無大勝敗州鎭兵番休就農欲以持久困之王遣近臣崔褎抗下詔招諭富軾亦遣人入城百計開諭許以不死每獲賊諜及樵蘇者皆給資遣還匡等殊無降意幸其有外患使王師自罷金使至欲遮刺之

以構釁大國官軍覺之候察甚至故賊不敢發患其黨降附詐爲中軍牒示衆曰諸俘降人無問老少皆殺之城中頗惑之俄聞撫慰降者甚厚始皆釋然歸附寖衆時有朝臣獻議國家雖與北朝和親其意難測今興師數萬彌年不決若鄰敵乘釁而動加以盜賊不虞之患何以制之請遣重臣董督師旅不計死傷刻日破賊王以示富軾富軾奏曰臣觀西都天設險固兵多備嚴未易攻拔雲梯衝車皆無所用童稚投甎猶爲勍敵設使五軍傳城而攻不出數日驍將銳士盡斃於矢石矣賊知力屈鼓譟而出敗衄是憂

何暇備外虞哉今聯兵數萬彌年不決老臣當任其
咎然邊鄙之警盜賊之變不可不虞故欲以全策勝
之不傷士卒不挫國威耳願以討賊付老臣使得便
宜從事臣必破賊以報王亦以爲然卒排群議而委
之三月五軍會攻不克涉夏徂秋與賊相持不決賊
粮盡簡老翁婦女驅出之戰卒往往出降富軾知有
可取之狀命諸將起土山先於揚命浦山上竪柵列
營移前軍據之發丁夫僧徒數萬負石輸材使將軍
盧沖積等將精卒八千餘人爲遊軍以備剽掠十一
月諸軍就前軍營起土山跨浦高八丈長七十餘丈

抵賊城西南隅纔數丈晝夜督役賊衆大駭以銳士
出戰於城頭設弓弩砲石拒之官軍隨宜捍禦鼓譟
攻城以分賊勢作砲機置山上其制高大飛石重數
百斤撞城樓糜碎繼投火毬焚之賊不敢近五軍會
攻又不克賊夜分軍爲三直犯前軍富軾令僧軍荷
斧逆擊賊兵敗退明年二月賊以我起土山逼之亦
於城內築重城尹彦頤池錫崇曰大軍之出今已二
年曠日持久事變難料不如潛師突擊破重城可以
成功富軾不許彦頤固請於是分銳兵爲三道陳景
甫王洙等將三千人爲中道錫崇全鎔等將二千人

爲左道李愈李永章等將二千人爲右道將軍公直
入石浦良孟入唐浦且使諸軍分道攻城無令賊全
備西南部分訖厚賜軍士富軾還抵中軍夜四鼓馳
入前軍勒諸將大舉丁巳昧爽景甫入揚命門拔柵
進攻延正門錫崇踰城入攻含元門李愈亦入攻興
禮門富軾以衙兵攻廣德門賊以我土山未就不設
備於是惶遽無措富軾與正純督戰將士爭奮諸軍
亦鼓譟縱火燒城屋賊兵大潰官軍乘勝恣其斬馘
富軾令曰擒賊者賞殺降及剽掠者死士皆斂刃而
進會日暮雨作麾兵而退城中潰亂匡闔家自焚死

郎中維偉侯彭淑金賢瑾鄭克升崔公泌等皆自殺
戊午西人執賊魁崔永等出降富軾受之下吏使雜
端李仁實御史林軾封府庫分兵守諸門使正純彦
頤領兵三千人入屯觀風殿號令城中禁虜掠己未
令郎中申至沖收拾兵仗李侯諭百姓安居祗候李
若訥修營客館崔褒偁白思淸巡檢城內辛酉富軾
備軍儀入景昌門坐觀風殿西序受五軍兵馬將佐
賀使人祠城隍廟遣判官曾洙奉表獻捷壬戌承朝
旨斬崔永及大將軍黃鱗將軍德宣判官尹周衡等
梟于街以分司戶部尙書宋先宥自兵興稱疾闔門

掌書記吳先覺佯愚不附賊大倉丞鄭聰以孝行聞皆旌表門閭初西人斬妙清乞降即請中軍差留守官如平時富軾遣廬令琚將入城賊欲邀殺之醫學博士金公鼎密告其謀使令琚不入少監韋瓘英以有老母不能背賊與韓儒琯安德偁金永年僞爲轎車送耆者將出門事洩瓘英儒琯被執栲掠炮烙消爛而死終不援引故德偁永年得免公鼎瓘英儒琯德偁永年及尹瞻親屬與老幼癈疾者皆原之餘並執送京師其勇悍者黥西京逆賊四字流海島其次黥西京字其次分置諸州妻子許良匡求知常壽翰

諸逆黨妻子並沒爲東北諸城奴婢王遣丞宣李之氐賜富軾鞍馬衣服金帶詔拜輸忠定難靖國功臣檢校太保門下侍中判尚書吏部事賜四軍兵馬使副判官以下銀絹綾羅有差四月凱還賜富軾甲第一區十六年加檢校太師王嘗召富軾置酒命讀司馬光遺表及訓儉文歎美久之曰光之忠義如是時人謂之姦黨何也富軾對曰以與王安石不相能耳其實君子也王曰宋之亡未必不由此二十年三上表乞退許之加功臣號詔有大議論當與聞二十三年上所撰新羅高句麗百濟三國史毅宗即位封樂

浪郡開國侯命撰仁宗實錄五年卒年七十七謚文烈爲人豐貌碩體面黑目露以文章名世宋使路允廸徐兢見富軾善屬文通古今樂其爲人著高麗圖經載富軾世家圖形以歸奏于帝詔司局鏤板以廣其傳由是名聞天下後奉使如宋所至待以禮三掌禮圍以得士稱贈中書令有文集二十卷子敦中敦時敦中擢魁科毅宗時累遷侍御史不署鄭誠告身左遷户部員外轉侍郎初吏部侍郎韓靖與李元膺構隙罷王別刱佛宇於仁濟院爲祝釐所會元膺死靖復職爲王祝釐甚勤敦中與弟敦時重修富軾所

刱觀瀾寺亦以祝釐爲稱王謂敦中敦時靖曰聞卿等歸福寡人甚嘉之朕將往見敦中以寺之北山童聚民植杉檜異卉築壇爲御室飾以金碧王幸寺敦中等饗王器皿饌羞極其珍侈王歡甚賜敦中敦時白金各三錠丹絲七十斤二十一年敦中拜左承宣燈夕王如奉恩寺夜還至觀風樓敦中馬素不調聞鼓聲益驚觸騎士矢房矢躍出落輦傍敦中急不自首王大愕以儀衛繖扇擁輦疾馳還宮購捕死者甚衆是時王數幸延福寺與韓賴李復基許洪材等燕飲將移幸普賢寺乘輿已駕置酒舟中夜分忘歸敦

中前白王曰衛士飢倦咸懷離心夜且晦冥有何觀覽王不悅而出已向曉矣普賢之變敦中亦從王行在途聞變逃入紺嶽山鄭仲夫購之急敦中密使從者入京城候之從者利重賞以告殺之敦中臨死歎曰吾實無罪流矢之變禍延無辜今日之及宜矣子君綏敎時官尚書右丞至是亦被殺

論曰金富軾方資謙顓國之時毅然正色不爲屈撓其後仁宗惑於妖髡將幸西京輒力止其行其正大之氣先見之明孰尚焉及妙淸構逆憑險肆毒受命專征殲蕩兇醜功烈亦足稱矣鄭知常贊導妙淸表

裏爲姦則富軾誅之有得於先治黨與之義但咫尺宮門不先聞奏擅誅君側之臣議者謂李高之刼韓賴子藩之執兵祈皆富軾啓之斯果爾邪至其剏造寺觀非儒者之事傳及其子爲祝釐媒寵之地從君於昏與之同禍豈非貽謀之不善歟

金富儀 尹彦頤

金富儀初名富轍字子由富軾之弟也肅宗二年登第舊制三子登科歲廩毋三十石富儀兄三人先皆釋褐至是制加十石在職廉謹睿宗六年從金緣如宋上表乞赴辟雍觀講表辭偉麗帝詔褒許之還拜監察御史金新破遼遣使請結爲兄弟大臣極言不可至欲斬其使者富儀獨上疏曰臣竊觀漢之於匈奴唐之於突厥或與之稱臣或下嫁公主凡可以和親者無不爲之今大宋與契丹迭爲伯叔兄弟世踐舊好以天子之尊無敵於天下而猶如此者乃所謂聖人權以濟道保全國家之良策也昔成宗之世禦邊失策以速遼人入寇誠爲可鑑臣伏願聖朝思長圖遠策毋致後悔宰相皆笑且排之仁宗在東宮富儀爲詹事府司直以文學被眷遇及卽位擢御史中丞歷吏戶禮三部尚書翰林學士承旨王嘗問邊事

奏曰杜牧言時事云上策莫如自治宋神宗與文彦博議邊事彦博曰須先自治不可略近勤遠王安石曰彦博言固當若能自治七十里可以王天下孟子曰未有千里而畏人者今以萬里之天下而畏人者由不自治也今我三韓之地豈特七十里而已哉然而不免畏人者其咎在乎不先自治而已騎野合文鋒接矢決勝當時戎狄之所長而中國之所短也強弩乘城堅營固守以待其衰中國之所長而戎狄之所短也宜務先所長以觀其變此梁商之策甚合於今日之形勢宜令京城及諸州鎭高城深池畜強

弩毒矢雷石火箭遣使督察主吏以賞罰之妙淸請營新宮於西京富儀上疏極言不可妙淸據西京叛王師討之富儀上平西十策其大槩以爲西京城險粮足不可猝拔當以逸待罷以計取勝耳王嘉納之以爲左軍帥尋知樞密院事及賊平皆如其策賜金帶富儀未顯時家僮治圃得銅印文曰靑幢之印後考新羅故事靑幢乃左軍也至是果爲左軍帥十四年卒王震悼贈守司空謚文懿性坦蕩不事家產未嘗以勢利嬰其心詩文豪邁膾炙人口金使韓昉來富儀爲館伴昉能詩酬唱數十篇富儀略無滯思昉

慕其爲人歸而稱之曰東國金學士異人也

尹彥頤鈴平伯瓘之子也登第仁宗朝累遷起居郎與左司諫鄭知常右正言權適論時政得失王優納之轉國子司業赴經筵講論經義賜華犀帶一腰遷寶文閣直學士妙淸叛詔以金富軾任元凱爲帥彥頤爲佐討之先是瓘奉詔撰大覺國師碑不工其門徒密白王令富軾改撰時瓘在相府富軾不讓遂撰彥頤嗛之會王幸國子監令富軾講易彥頤問難彥頤頗精於易辨問縱橫富軾難於應答汗流被面及彥頤爲幕下富軾奏彥頤與鄭知常深相結納罪不可赦於是貶梁州防禦後爲廣州牧使謝上表因自解云臣受貶之夕臨行之時因知得罪之端徒極積憂之念及覩中軍所奏曰彥頤與知常結爲死黨大小之事實同商議在壬子年西幸時上請立元稱號又諷諭國學生奏前件事蓋欲激怒大金生事乘間恣意處置朋黨外人謀爲不軌非人臣意臣讀過再三然後心乃得安竊是立元之請本乎尊主之誠在我本朝有太祖光宗之故事稽其往牒雖新羅渤海以得爲大國未嘗加其兵小國無敢議其失奈何聖世反謂僭行臣嘗議之罪則然矣若夫結爲死黨激

怒大金語言雖甚大焉本末不相坐矣何則假使强敵來侵我疆夫惟禦難之未遑安得乘間而用事其指朋黨者誰氏其欲處置者何人衆若不和戰之則敗且容身之無地何恣意以爲謀況臣不預大華之言與知常而同異不參壽翰之薦惟陛下所洞明自一落於江湖已六更於寒暑形骸憔悴兀若枯枝精魄驚忪慈如醉夢活至今日有賴聖知重念臣以至弱之姿從西征之役忘身以衛其國乃義分之當然成事皆因於人何勤勞之足道今將有說非敢爲功只期微懇之粗伸或乞宸心之一照昨於乙卯年中

軍以賊粮盡爲策然兇黨未降日月漸久江氷釋盡
計無所出臣於三月始立距堙議爲人所沮未得施
行至十一月中軍於揚命門始作距堙令知兵馬使
池錫崇與臣彥顧等遞番到彼檢視積土多少計至
數月可附到城上臣又與前軍使陳淑議定火攻令
判官安正修等作火具五百餘石越九日早晨以趙
彥所制石砲投放其焰如電其大如輪賊初亦從而
滅之至日暮火氣大盛賊不得救通夜打放其揚命
門并行廊僅二十間及賊所積土山悉皆焚盡十二
日并遣人馬可以出入臣卽至中軍具陳本末請及

彙纂麗史卷之二十四　二十七

時攻擊無使賊設備人有忽然以爲不可者臣亦作
氣力爭十四日又至前軍議急擊可破人人皆曰候
積土畢方可攻賊已於前所設木柵以禦臣懇請急
攻猶未之決十六日元帥至前軍悉集五軍僚佐議
之人人皆執前議是日賊又築重城其勢不可後之
先是池錫崇在軍監役與臣意協繼有副使李愈判
官王洙李仁實等八人和之於是元帥始從其議取
十九日分兵三道突入用事破如枯竹一無留難臣
於是日領掌中軍與判官申至沖金鼎黃將軍權正
鈞房資守錄事林文璧朴義臣等齊整軍旅早至七

星門下積木火之火發然後賊覺驚惶倉卒不得救
燒蕩門廊計九十七間望之虛豁擬欲直入會天陰
雨收兵入營翼日曉頭賊魁鄭德桓維緯侯小官四
人潛出城資守令麾下捕至營臣送德桓緯侯於元
帥所別令別將金成器等率所捕小官二人往景昌
門諭賊賊將洪傑出降是日前軍在廣德舍元門外
賊尚閉拒傑與義民商議捉僞元帥崔永仍率二領
軍士來歸然後賊大將蘇黃麟鄭先谷朴應素等文
武二十餘人相繼來降其餘雜類不可勝數臣遣資
守領李徽正及降賊徐孝寛率兵入城封宮闕倉廩

彙纂麗史卷之二十四　二十八

府庫令徽正守闕收其鑰匙六七櫃納營而聞左軍
入自北門縱兵發大府財帛臣遣義臣止之不聽更
遣正鈞止之大府得完於是臣遣男子讓於元帥所
報以實日午元帥方至中軍更命李仁實李軾等封
宮闕倉廩府庫因表奏此其大略難以具陳當此之
時自謂少輸於國事胡爲厥後翻然忽搆於誣辭遂
使惷愚陷於寃枉永惟平昔之所坐亦是微臣之自
貽臣伏讀蘇軾受貶時表曰臣先任徐州日河水浸
城幾至淪陷日夜守捍偶獲安全又嘗選用沂州百
姓程棐令購捕兇黨致獲謀反妖賊李鐸郭進等十

七人庶幾因緣僥倖功過相除以子瞻豪邁之才尚譊譊之若是況彥顧孤危之迹遂嘿嘿而已乎竄迫使然冒陳奚已而又金精曾經於吏訊浹七月而復顯官惟忠同廢於江南至三年而還舊位惟臣不肖與世多乖名既掛於滚文人爭逞其浮議論罪未解歷年于茲豈謂皇慈特推大度每煩訓諭於有司再起孤忠於遠竄仰陶新化終滌惡名罔誣僅釋日將出而蔀屋明枯朽其蘇春已還而時雨降壯氣已衰無復平生之髣髴丹心尚在誓殫晚節之驅馳毅宗三年以政堂文學卒謚文康彥顧工文章嘗作易解

傳於世晚年酷好佛法請老退居坡平自號金剛居士嘗與僧貫乘爲空門友貫乘作一蒲菴止容一坐約先逝者坐此而化一日彥顧跨牛造貫乘告別徑還貫乘遣人送蒲菴彥顧笑曰師不負約遂取筆書于壁曰春復秋兮花開葉落東復西兮善養眞君今日途中反觀此身長空萬里一片閒雲書畢坐其菴而逝彥顧身爲宰輔不以風教爲念敢爲詭異之行以惑愚俗識者譏之

論曰金富儀當妙淸翃宮之時上疏斥其非及行師伐叛上平西十策以爲西京城險當以計取勝卒皆如其言其勳業文章亞於富軾可謂二難矣尹彥頤雖無斥邪之論不參壽翰之薦則其爲人可知果與知常結爲死黨則富軾出師之日何以首被辟召耶特因破賊功重爲富軾所忌耳彥頤工文章作易解惜其無傳焉

崔惟淸 讜 詵

崔惟淸字直哉昌原人六世祖俊邕佐太祖爲功臣父奭事文順宣三朝位至守太保平章事謚譽龍惟淸少孤嗜學睿宗朝登第乃曰儒者當學古入官杜門讀書不肯仕有薦者辭以學未就後被薦直翰林

院仁宗初李資謙當國誅斥諸大臣不附己者平章事韓皦如以剛直獲罪惟淸妹壻鄭克永者皦如表弟也坐貶流外惟淸亦罷及資謙敗召拜內侍尋以諫議大夫如金謝册命言動中禮金人歎服移牒褒之使增祿秩拜戶部侍郎出爲東北面兵馬副使入忠恃而爲固召拜承宣毅宗初陞知奏事進拜中書侍郎同平章事判兵部事時郎中鄭敍坐陰結大寧侯得罪惟淸室敍妹敍饗大寧惟淸假籩豆臺諫劾以失大臣體貶南京留守連貶忠廣二州雖久淹外寄處之怡然王悟其忠直無他欲復拜相有沮者乃

以守司空致仕普賢之變在廷文臣無問大小屠戮
殆盡其得脫者僅數人平章事徐恭雅喜禮遇武士
中書侍郞李延壽不以富貴驕人知樞密李光縉性
溫謹刑部尚書韓就工術數至是皆獲全而惟淸德
望蓋世諸將素所厭服戒軍士勿入其第以至期功
之親俱免於禍明宗卽位以宿德舊望復拜平章事
集賢殿太學士判禮部事致仕四年卒年八十諡文
淑自少至老手不釋卷經史子集靡不淹貫好誦梵
書所至學生沙門質問者坌集嘗奉詔撰李翰林集
註柳文事實所著文章數百篇傳世有八子詵詡讜

彙纂麗史卷之三十四 三十二

詵登第其後奕世名卿詵之子孫尤顯
讜少聰悟善屬文明宗初爲正言論事忤貴倖落職
尋起爲吏部員外郞歷中外皆有聲績歷仕四朝
名重一時官至平章事薦進賢能鎭安宗社年未衰
上章乞退扁所居齋曰雙明與弟詵及大僕卿張自
牧司空李俊昌祕書省白光臣學士高瑩中司空李
世長尚書玄德秀大司成趙通等爲耆老會依溫公
眞率會故事逍遙自適圖形刻石時人謂之地上仙
年七十七卒諡靖安子臣胤尚書臣胤之子璘拜平
章事自有傳

詵明宗時拜右司諫恭睿太后患乳腫王召冲曦入
侍冲曦多亂宮女又與公主通詵諷曦穢行請出之
王大驚曰不意司諫離間我兄弟遂罷詵自是臺諫
無敢言者朝臣皆附曦賄賂公行久之判祕書省事
與吏部尚書鄭國儉等讎校資治通鑑刊正太平御
覽神宗朝累遷參知政事王以詵年高有德超拜守
太傅門下侍郞判吏部旣而引年致政卒諡文懿詵
以文學名世簡淡寡言禮賢下士再知貢擧多取聞
人有四子曰宗源太子詹事曰宗峻門下侍中曰宗
梓左僕射曰宗蕃承宣宗峻擢魁科高宗朝拜相當

彙纂麗史卷之三十四 三十三

國多事臨機善斷舊制國子監以四孟月六衙日集
衣冠子弟試以論語孝經中者報吏部吏部考世系
授初職宗峻欲令其子試之國子正錄以非試日不
許宗峻屬崔瑀請之乃得試人以此譏之三十三年
卒宗梓之子曰昷爲人驕貴倨傲登第亦仕至平章
事金俊之謀誅竩也邀昷畫事昷子宰龍文本與中
郞將李柱密爲書報竩及籍竩家得書一通乃文本
洩俊謀也俊與柳璥請殺文本王不許璥固請流文
本于島昷有怨言璥俊並訴昷請罪之王不得已流
昷黑山押行別抄直入昷第昷厲聲叱曰此乃宰相

家也爾何得遽入乎行到江上見津船小且不設幄怒曰宰相乘此小舸邪別抄卽改之明年召還拜相致仕尋卒文本累拜親從將軍忠烈初拜承宣鷹坊吳淑富方文大自草宣傳消息因李貞以進請羅州長興諸島及洪州曲楊民口悉屬鷹坊三道內能捕鷹者勿限數免其役王從之文本言淑富等所至貪暹按察守令懲安戩辛佐宣事莫敢相校且鷹坊者悉免賦徭則國家調發責諸何地宜罷淑富臣自以消息諭諸道按察亦可辨也後拜版圖判書卒文本性沈重儀表絕人嘗有中國使者問於人曰東國若

此流幾人乎宗蕃之子曰坪有局度謹言行高宗朝登第拜侍御史忤權臣出爲定遠副使召拜刑部郞中累遷樞密院副使以伯父宗峻親嫌不得入省而卒誠之弟曰讓讓之孫有曰雍者少嗜學與同志十人約十年讀書不數年皆棄去雍獨勵志彌確迄逾十年無書不讀時以博洽稱高宗時登第忠烈自太孫時迎以爲傅及卽位留意文學名拜國學典酒世子宮今眷遇尤重以目有圓翳終不得典誥後進拜文翰學士卒子元中元直元直子瑩自有傳

論曰詹仁以來相業名德當以崔惟清爲首稱動容中禮則鄰國慕其義孚信及人則凶賊不敢害非有德者其能然乎迨其子孫皆以名節趾美簪纓門户禮範之懿與大寧崔氏埒貽訓之善亦可知矣南北朝及唐評天下名家以博陵崔氏爲第一東國之崔豈其後歟何其多賢也

木齋家塾彙纂麗史卷之二十四

木齋家藏彙纂麗史卷之二十五

名臣四

鄭龔明　申淑　李公升

鄭龔明延日縣人爲人剛毅正直力學善屬文以鄉貢登第未知名嘗賦石竹花詩有大闇誦之睿宗聞而嘉賞曰非狗監何以知相如尚在邪卽令補玉堂人謂之四十字媒仁宗朝轉國子司業起居注知制誥與郎舍崔梓宰相金富軾任元凱李仲崔奏等上書言時弊十條伏閤三日不報於是皆引告王爲罷執奏官減諸處內侍及內院別庫召梓等令視事龔

明獨以言不盡從不起右常侍崔灌獨不與上書清議鄙之龔明寓居富軾別第諫院劾龔明失諫臣體落起居注尋陞禮部侍郞毅宗初授翰林學士進樞密院知奏事初毅宗在東宮龔明侍讀仁宗慮元子不克負荷任后亦愛次子有易樹之意龔明盡心調護故得不廢龔明久居諫職有諍臣風仁宗深器之使傅元子臨薨顧謂毅宗曰爲國當用龔明之言毅宗亦德之擢居樞要龔明自以先朝顧託知無不言毅宗寢形疎忌金存中鄭諴日夜短之會龔明屬疾卽以存中權代其職龔明揣王意仰藥而死王初卽位憚龔明不敢肆龔明死王遂縱意於荒淫之事矣嘗幸歸法寺馳馬至獺嶺院從臣皆莫及王獨倚柱謂侍者曰鄭龔明若在吾豈得至此

申淑高靈人博學羣書仁宗朝登第以忠謇廉白著名當世累遷御史雜端毅宗初淑與侍御史宋清伏閤言事三日不報淑等謝病歸第後拜右諫議大夫是時龔明已死王益縱恣淑又伏閤以諫平章事文公元知門下崔子英始與同議旣而不至內侍尹彥文築假山于壽昌宮北園闢小亭其側號曰萬壽被以黃綾窮極侈麗王一日燕于亭將罷假山頹牝雞

鳴御史中丞高瑩夫侍御史韓靖崔均濬等請黜彥文及韓就李大有榮儀等不聽諸御史皆引入獨大夫崔允儀始不與論在臺視事淑乃與給事中林徽等復上疏切諫王勉從之黜彥文等後數日淑又伏閤言事益切公元子英及平章庾弼政堂文學金永錫又不至十二年轉知門下省事王以宦臣鄭諴權知閤門祗候淑與諫議大夫金諹柳公材中書舍人洪源滌起居舍人金子番左正言許勢修上疏諫止不許淑復獨詣闕上疏請削諴職王曰古無大臣獨諫者對曰自祖聖創垂以來亦無宦寺拜朝官者至

聖朝始有之無乃不可乎臣聞此以還居常憤懣食不知味故敢來請若臣言非請誅臣是則賜俞允王乃削誠職然惡其彈劾不已月餘左遷守司空明年棄官歸鄉尋召還以參知政事致仕十四年卒

李公升字達夫清州人三韓功臣希能之後少頴悟能屬文仁宗朝擢第直翰林院累遷右正言毅宗初轉殿中侍御史奉使如金時使金者例收管下車銀人一斤公升不取一錢人服其清王嘗乘月遊清寧齋目公升曰秋月澄清無一點塵正如公升胸中累官右承宣右諫議大夫王督署鄭誠告身公升不得

已署之轉知御史臺事王又召公升及中丞宋清允侍御史吳忠正等曰鄭誠自寡人襁褓時辛勤阿保以至今日故除權知閤門以酬其勞已經三載臺官不署告身實非愛君之心今不署之若屬皆葅醢矣清允忠正俯伏流汗獨公升不奉旨王怒譴出之後王又召臺官督署誠告身皆唯唯公升猶不奉旨王責公升曰汝嘗爲諫官旣署誠矣今反不署何也對曰臣悟昨日之非故不奉詔王怒勑公升就舍是時申淑已罷歸公升又斥由是廷中寂然無敢言之士矣初王於館北宮作寢室築臺飾以金碧與宦者白善淵王光就等置酒召公升謁聃縱飲王醉入幕命左右唱和公升句云功名富貴盡驅花下之三盃至是見斥人以爲詩讖後以參知政事判工部致仕園中結茅宇穿沼築塢植花卉幅巾藜杖逍遙其間賓客子弟有造謁者輒以詩酒相娛不喜喫肉殽以蔬果而已明宗三年李義方搜殺文士公升嘗卜延福亭基遂興鉅役人多怨之以故義方欲殺之賴門生文克謙免王尊舊德拜中書侍郎平章事卒年八十五謚文貞公升美鬚髯童顔不老操行高潔不事生產性剛直而躁不能容人之過輒慢罵

論曰鄭襲明申淑李公升禧陵三諫臣也雖其言論節槩有高下之殊使禧陵早從其言則庚寅之變何自而作乎傳曰從諫者昌拒諫者亡夫從焉而昌則賞諫者其興宜矣速拒之而亡則戮諫者其亡固宜促必至之理也故比干剖殷業墟洩冶死陳靈射昭圖沈唐僖滅陳東斬宋祚裂襲明死申淑退而毅宗廢弒其禍福興亡之理豈不較然哉昔者蕭望之自以元帝太傅義不就對而死鄭襲明屬疾王迫而代之襲明遽已引決則剛毅奮激殆過於望之矣申淑當朝謇諤風裁凜然度終不用奉身而退其正大之

氣出處之義求之於古抑范鎭孔道輔之流亞歟李公升既悟昨日之非則一署鄭誠不足深責然延福之役窟室之飲何不一言諫止邪若其爲人廉直樂易亦一代之善流也毅宗皆疎而遠之偏任李復基韓賴馴致仲夫之變豈不重可歎也夫

梁元俊 韓文俊 文克謙 林民庇

梁元俊字用章忠州人起自胥吏監光州務妻事姑不謹黜之妻與子號哭乞哀終不許至使其妻獨還人或譏其不仁仁宗時累遷殿中侍御史出爲尚州副使政尚廉勤吏民稱之毅宗初拜御史大夫轉知

門下事十年進門下侍郎平章事明年致仕又明年卒性淸儉淳直終始一節不事產業不通餽謝門巷蕭然嘗與諫官論鄭誠堅執不變時議重之子文熒淸直有父風官至御史中丞

韓文俊大興人父惟忠以廉直見重於時官至平章事文俊性雅整少能屬文有逸氣惟忠嘗語人曰興吾門者必此兒也仁宗朝登第才名聞於世時方重外寄歷長州長興南原三郡副使南京副留守皆有惠政門人吳世材嘗投詩曰南蘇三郡俗東撫一州民世謂實錄明宗初擢樞密院右承宣陞副使忤宋有仁降授判司宰寺事累官參知政事寶文閣大學士政堂文學十四年進門下侍郎平章事判吏部銓叙平允明年因星變上劄乞退不許及年七十謝事家居日與高人韻士逍遙詩酒二十年卒謚貞懿文俊有識鑑三掌禮闈所取多名士

文克謙字德柄南平人父公裕知門下省事集賢殿大學士謚敬靖克謙初以伯父公仁蔭補刪定都監判官國制以藍衫就試者例不過三赴克謙屢擧不中嘆曰白衣且十赴藍衫何止三邪請以五赴爲限朝議從之遂爲恒規克謙從宦未嘗廢業毅宗時登

第累遷左正言伏閤上疏曰宦者白善淵專擅威福與宮人無比爲醜行術人榮儀執左道取媚于上置百順館北兩宮私藏財貨以支祝釐齋醮之費而與善淵掌其務凡兩界兵馬五道按察陛辭之日必於兩宮置酒慰餞令各獻方物隨其貢奉多少以爲殿最至使家抽戶斂以召民怨知樞密事崔褒偁職掌樞要勢傾中外貪黷無厭不附已者必中傷之財累鉅萬請斬善淵無比黜榮儀充牧子罷褒偁以謝一國因語及宮禁帷薄之事王大怒焚其疏褒偁詣闕請辨王召克謙對辨克謙言甚切至遂貶黃州判官

初克謙草疏諫議李知深給事中朴育和起居注尹鱗瞻等不肯署名及克謙罷視事自若時人誦延遊英俊顏何厚之句以譏之克謙在黃州吏民愛慕政聲藹然有貴近挾宿憾構微過奏之王亦怒前事又貶晉州判官有司奏克謙直臣不宜遠貶外以防言路乃授閤門祗候還殿中内給事庚寅之亂文臣皆被害克謙直省中聞變逃匿有兵跡而獲之克謙曰我前正言文克謙也上若從吾言豈有今日願以利劒決之兵與之擒詣諸將諸將曰吾輩雅聞此人勿殺也拘之於是克謙獨得不死毅宗南行於馬上嘆

曰朕若早從克謙言安有是辱明宗即位釋克謙使書批目李義方白王拜克謙右承宣兼御史中丞文臣若李公升等多賴以免武官亦倚之多咨訪故事尋拜龍虎軍大將軍克謙有女在室義方弟鄰娶之由是癸巳之亂又獨得不死諫省謂承宣專管出納今李俊儀文克謙居中用事外摠臺省請解兼職乃改俊儀爲衛尉少卿克謙爲大府少卿轉樞密院知奏事與宋有仁構隙左遷守司空丁母憂踰年起復拜參知政事進中書侍郎平章事判戶部十五年判禮部事初韓文俊於班次居第二次克謙次崔世輔及文俊爲冢宰克謙當遷亞相然不欲居世輔上使世輔判兵部登亞相已居其次世輔亦牢讓曰我於文公受恩則多敢處其上王以禮部次先兵部特拜克謙判禮部爲亞相世輔次之明年兼中書門下兩省尋權判尚書吏部事十九年卒謚忠肅性忠慈謇直食不過數器衣不服文繡三掌禮圍所舉多勝流時稱賢宰相然依權豪干請銓注多舛又官其髫齔子弟令遣僕從廣植田園時議惜之子惟軾惟弼官至門下省事

林民庇字德明南川人少沈訥蔭補禮部主事毅宗

朝擢第出守溟州濬渠溉田以廉勤稱入太常府錄事孤立無援九歲乃遷四門博士明宗即位拜右正言累遷諫議大夫國子祭酒拜樞密院承宣嚴諫出納多稱旨王根相知之晚陞知奏事有李居正者少與民庇同學無他才能王欲授正言問民庇曰居正何如人能沈默不臧否人物者乎對曰居正性和而訥非耿介者也王曰若爾宜爲正言乃授之民庇後爲樞密使御史大夫性好佛常寫梵經有僧日嚴在全州自謂能使盲者復視死者復生王遣内侍迎之在道冒彩鬉巾乘駿馬以綾扇障其面徒衆遮擁人

不敢仰視迎入天壽寺居南門樓上都人士女奔波
禮謁僧令唱阿彌陀佛聲聞十里其盥漱涓滴之水
爭相掬飮稱爲法水能理百病已而王漸驗僧詐放
還其鄕初僧誑人曰萬法惟一心汝若勤念佛曰我
病已愈則病隨而愈愼毋言疾之不愈於是盲者言
已視聾者言已聞以故人易惑文克謙微服致禮民
庇亦拜於樓下十八年參知政事進中書平章事民
庇爲相挺然有古風三掌貢擧得人最多好善周急
確實無華故武夫悍卒亦知景仰年七十三上表乞
骸特授司空中書侍郞致仕二十三年卒謚文靖

論曰梁元俊以淸直顯韓文俊由治績進及其拜相
事蕪無稱焉文克謙少年氣銳乞斬權姦譏斥宮禁
聲震一國人以比汲長孺唐子方逮其備歷艱險保
身之計漸切則通姻權凶以脫禍廣植田園以自肥
名節埽地矣林民庇身爲宰輔拜妖覡於樓下雖有
與職之稱何足取哉

柳公權　趙永仁　李純佑

柳公權字正平儒州人六世祖大丞車達佐太祖有
功公權少好學工草隷登第調翼陽府錄事明宗初
直史館累遷兵部郞中後以禮賓卿如金賀萬春節
金人稱其知禮轉右副承旨陞右散騎常侍知奏事
啓事稱旨多裨益進同知樞密院事二十五年以病
乞退王愛其文學不欲去嘆曰朝廷有耆德社稷之
福卿何退之遽公權請益力從之居一年疾革家人
進藥公權曰死生有命却不飮王聞之特拜政堂文
學參知政事卒年六十五謚文簡性公廉居官不懈
子澤官至右僕射彥瓌同知樞密院事

趙永仁橫川人少不羣有宰相器度博學善屬文毅
宗朝登第調全州書記政有聲明宗立命永仁輔太
子累拜承宣匡導居多物議重之驟拜參知政事政

堂文學翰林學士守太尉上柱國神宗初加守太師
門下侍郞平章事判吏部金使詰明宗遜位事曰有
勑必以詔親授前王朝議難其對永仁謂金使曰前
王養疾南州計程三十日方至必欲親授公淹兩月
其可金使翼日傳詔于王永仁以眼昏乞退加門下
侍中致仕五年卒年七十王悼甚贈謚文景子準沖

李純佑字拔之父陽植中書舍人初純佑母朴氏點
燈祈嗣于庭中忽夢小兒從燈柱而下因有娠及生
名之曰請以請而得之也後改純佑幼能屬文毅宗
時擢魁科調忠州司錄明宗初直翰林院時王太后

患乳瘡王命純佑製醮章有瘡生母乳癰在朕心之
句王覽而嘆之自是眷注彌篤擢除右正言知制誥
累遷諫議大夫翰林學士嘗奏近因八關煎藥命醫
官歲取四畿民牛絞取乳汁煎而成酥牸犢俱傷藥
非備急徒損耕牛遂罷之民感悅官至國子大司成
爲崔忠獻所殺
論曰仕於毅明之際以完節稱者不亦鮮矣哉若柳
公權趙永仁李純佑三人者可謂金玉君子粹然無
瑕者也公權之子澤求仁之子冲皆不附權門有磊
落之操其垂訓可知已純佑竟未免於賊臣之搆害

悲夫

崔陟卿 咸有一 廉信若 李知命 庾資諒

崔陟卿完山吏登第毅宗初補京山府判官性廉介
吏民畏愛秩滿還京足不至權門者十餘年判吏部
崔允儀聞陟卿有清操能治劇欲授耽羅令陟卿以
再除外不欲行允儀曰耽羅遐遠俗獷難治故以子
補之子第往爲國家鎭撫南徼則還當以美官酬之
陟卿不得已就任興利革弊民安之及還允儀已卒
陟卿貧甚無以自存將還鄉會全羅按察使馳奏耽
羅苦令尉侵暴以叛乃曰若令陟卿再莅者當釋兵
王謂宰相崔褒偁曰有賢如此何不用之召賜綾絹
卽除耽羅令陟卿請挈家以赴王許之任耽羅者與
室偕自陟卿始耽羅人聞陟卿來卽具輕艦迎之比
入境皆投戈羅拜曰公來吾屬活矣按堵如故明宗
元年以詹事府主簿召還轉監察御史拜左正言知
制誥出按楊廣忠清所至皆有聲績遷兵部員外郎
尋出爲安北都護府使累歷禮部侍郎祕書監清名
勁節老而不衰十六年卒年六十七初侍郎朴椿齡
守完山以聯句選郡童得陟卿崔均崔松年及遞還

與之偕勸令就學後三人皆爲名士時號完山三崔
咸有一恒陽人太祖功臣廣評侍郎規之五世孫也
父德侯尙衣奉御有一早孤養於舅年十五至京父
友宰相李俊陽矜而客之補吏部記官仁宗十三年
西京叛有一以胥吏從軍有功調爲選軍記事夙夜
刻苦以擧職聞家貧常衣弊屣穿時禁軍廚食不如
式軍士議曰若得弊衣記事必不如是會兩府擧廉
吏樞密使王冲薦之上素聞名得之甚喜召入內侍
句當軍廚事王嘗幸長源亭命近臣射有一中的受
金帛不入於家盡賣之具軍廚什器後倅寶城廉勤

有政績毅宗朝復入内侍掌橋路都監有一嘗酷排
巫覡以爲人神雜處人多疵癘及爲都監凡京城巫
家悉徙郊外盡取淫祀而焚之諸嶽祠無異跡者亦
皆毁之詣九龍山射神像忽旋風起闔門兩扇以禦
矢遂至龍首山祠試靈無驗夷之是夜王夢有神求
救者翼日命有司復構其祠轉監察御史後爲朔方
道監倉使登州城隍神降於巫奇中國家禍福有一
詣祠行國祭揖而不拜有司希旨劾罷之明宗即位
召入内侍尋除兵部郎中時武夫執兵横行街巷間
及見有一莫不倒兵而過累遷尚書左丞有良醞令

盧若純主事韓受圖詐爲有一及平章事李公升少
監獨孤孝等書投忠州賊亾伊欲引與爲亂亾伊執
其使獻之王命承宣文章弼鞫之若純等曰今弑君
之賊當路用事吾輩不勝憤激欲引外賊與之誅剪
顧吾輩名微不足以動人聽以公升有一爲中外倚
仗故詐爲其書耳王聞而義之重房請誅之王不許
黥配遠島有一由是亦罷九年引年乞退以工部尚
書致仕十五年卒年八十遺命薄葬有一平生衣用
麻布器用陶瓦不事生産其妻謂之曰諸兒欲及公
存頗立産業答曰予孤立無援勤儉守節以立門户

兒輩但當遵吾節儉以俟命耳何戚戚於貧寠子子
和曦淳淳登第以文章節行名於時

康信若字公可峯城郡人仁宗時登第調廣州掌書
記屢遷奉公丁父憂廬墓三年命有司旌閭選充詹
事府錄事明宗即位以潛邸舊恩特授國子祭酒翰
林侍講轉判大府事掌試所取多名士王益器之信
若有田在峯城鄭仲夫奪其田俄還之信若奴取其
租與仲夫奴鬪仲夫怒捕信若奴殺之重房劾信若
罷之尋拜吏部尚書後爲西北面兵馬使金遣八將
軍來屯義州關外信若遣人詰之答曰聞西京趙位

寵請兵本國及西宋欲伐我故屯兵以備之耳信若
又遣人曰位寵已誅宋又阻海告者之妄也願得其
人名金將曰龍州人某也信若購捕已逃矣獲而鞫
之其人果服曰吾父嘗以國家密事告金人獲重賂
及將死囑我故我今以此告之邀彼厚賞耳遂斬之
没其母爲官婢擢樞密院副使翰林學士累遷政堂
文學禮部尚書致仕二十二年卒年七十五諡孝文
爲人體短膽大世比晏嬰分符仗鉞所至有聲性聰
警博覽强記尤長范曄漢書一時高文大冊多出其
手

李知命字樂叟韓山郡人博覽羣書善詞賦工草隸年十八擢第調黃州書記居官廉直民有饑者盡心賙恤流民襁負而至後爲忠州判官政如在黃時鄭仲夫之亂內外文臣逋竄無所容州人感知命惠政護之知命獨免及明宗立以知命有文章德行擢尚書右丞尋除諫議大夫出按西海尋鎭北界所至稱治官至政堂文學太子少傅二十一年卒年六十五謚文平知命爲相有古大臣風再掌禮闈以得人稱若趙冲韓光衍李奎報俞升旦劉冲基皆其所取子唐髦詞藻俊逸有父風擢魁科仕至國子司業

庾資諒字湛然平章事弼之子也莊重寡言毅宗朝文臣貴寵用事不齒介胄流資諒與儒家子弟少者約爲契欲倂引武士吳光陟文章弼家不肯資諒曰文遊中文武具備可矣若拒之後當悔從之未幾鄭仲夫亂作同契者賴光陟章弼俱免於禍資諒蔭補守宮署丞尋除龍岡縣諳練吏治摘發如神一方稱之歷任臺閣所至有聲出鎭東北廉按南道無不畏威讋服然濟以恩信故民便之高宗時累拜尚書左僕射引年乞退十六年卒年八十子靖敬玄珪皆登第敬玄官至諫大夫

論曰崔陟卿咸有一廉信若李知命庾資諒五人者皆以淸名政績顯於毅明之際若耽羅繹兵以延倅武夫斂兵以戢暴忠民感惠而捍患則行義有足以動人者斯可見矣至於信若獨行達衷資諒不絶噲伍則其孝與智足稱焉

尹鱗瞻　杜景升　玄德秀　房瑞鸞　朴齊儉

尹鱗瞻字胎兆侍中瓘之孫政堂文學彥頤之子也登第毅宗朝累遷侍御史言事忤權貴降授左司員外郎轉起居注時宮人無比得幸於王生女嫁崔光

鈞超授光鈞八品職兼式目錄事（麗制宮人所生不通仕路）朝議恥之諫官不署光鈞告身王名鱗瞻及諫議李知深給事中朴育和司諫金孝純正言梁純精鄭端遇督署之郎舍唯唯而退有人嘲之曰莫說爲司諫無言是正言口吃爲諫議悠悠何所論後出鎭西北面麟靜州境有島金人就耕其中兵馬副使金光中擊逐之置防戍金主詰讓王命還其島撤戍鱗瞻等恥削上不從金大夫營主遣銳卒入島執戍將元尚以歸鱗瞻與義州判官趙冬曦密謀移牒請還俘獲許之鱗瞻祕不奏事覺詰之鱗瞻懼得罪竟不報以實入

爲右諫議大夫明宗立授國子監大司成陞參知政
事進拜中書侍郎出爲東北面兵馬判事金甫當起
兵李義方疑鱗瞻預其謀且爲儒紳領袖購捕甚急
廵檢軍縛鱗瞻至將害之賴庾應圭獲免尋兼上將
軍參署重房議事四年西京留守趙位寵舉兵叛以
誅仲夫義方爲名北界諸城應之王命鱗瞻爲元帥
率三軍往擊西京至岊嶺驛會大風雪西京兵從嶺
而下急擊之官軍亂遂潰鱗瞻被圍欲赴闘死兵馬
使鄭筠止之曰主將不宜自輕因拔劒揭鱗瞻馬潰
圍而出收餘兵還尋復以爲元帥樞副奇卓誠副之

知樞密陳俊將左同知事慶珍將右上將軍崔忠烈
居中軍鄭筠趙彦爲前軍文章弼李齊晃爲後軍司
宰卿河斯清知兵馬事復攻西京僧軍亦行鱗瞻引
諸帥治兵西郊筠密諭僧宗旵斬義方王慮軍中驚
擾遣近臣庾應圭諭之軍中不知筠謀疑文臣嗾之
欲害鱗瞻應圭亟還報鄭仲夫遣人諭止僧兵以爲
義方女不宜配東宮請出之因聚普濟寺不發而鱗
瞻等遂行初位寵兵起漣州今价川首先歸附互爲應
援鱗瞻謂諸將曰我聞招攜者附于內伐叛者披其
枝若我先攻西京則在漣州者招諭北人共爲犄角

我腹背受敵非策之善也今漣州恃西都不虞我猝
至宜先攻漣州漣州下北州諸城必皆歸順然後統
順攻逆則意全力一蔑不濟矣遂趣漣州用金富軾破妙淸之
策攻圍累月漣州請救於位寵位寵遣將救之官軍
從間道擊之斬一千五百餘級虜二百二十餘人官
軍又遇西兵于斧院掩擊之斬七百餘級漣州久不
下後軍摠管杜景升踰鐵關從雲中路抵漣攻拔之
於是西北諸城皆復迎降乃移師趣西京鱗瞻曰西
京城險固今以久疲之師蟻附而攻非計也宜久圍
之無使出掠且復招懷開示生路則城中被劫者漸

謀出降位寵特一餓囚耳何能爲乎乃於城東北築
土山守之位寵食盡啗屍爲粮時出挑戰鱗瞻堅壁
不出有擒獲者輒與衣食而遣之城中聞之縋城來
附者甚衆旣而官軍與西兵戰大敗之取鳳凰頭城
之六年鱗瞻攻西京通陽門景升攻大同門破之城
中大潰擒位寵斬之城未破鱗瞻忽聞西兵讙譟城
上問之云人呼立龍而賀之鱗瞻曰位寵將死矣去
人與頭豈復生乎甫踰月而城破坐其黨十餘人悉
有之居民安堵如故捷奏王遣吏部侍郎吳光陟詔
班師加鱗瞻推忠靖亂匡國功臣上柱國凱還遣介

弟平凉侯賜宴于馬川亭是年卒年六十七謚文定鱗瞻聰悟過人雖千百人一聞姓名終不忘自鄭仲夫作亂朝紳褫氣鱗瞻與武臣同事每被掣肘脂韋自保而已故平西之後賞罰不中措置失宜致使西北之民乍附旋叛物議少之贈守太師門下侍中子宗諤登第死於仲夫之亂宗誠宗諹亦中第初鱗瞻兄弟三人登第再世廩母時人榮之里閭號其家爲三第宅又號爲二帥宅

杜景升全州萬頃人爲人目不知書質直有勇略初補控鶴軍上將軍文儒寶景升舅也手搏者抬景升爲伍儒寶曰搏戲技也非壯士所爲景升乃不往陞隊正充厚德殿牽龍仲夫之亂武士乘時多劫人財獨景升不離殿門秋毫無犯李義方聞其名引爲内廵檢指諭一日退朝步出奉安門易服而竄家人跟之三日得北山巖罅中云恍若有數人謀殺已懼而北走餓數萬人逐之因以到此人謂庚寅枉死者祟之也義方聞景升復出喜[illegible]此人世不多有復授指諭遷郎將東北面兵馬使金甫當起兵南方皆響應義方以其從兄椿夫及景升爲南路宣諭使椿夫性暴多殺邑宰景升諭之曰方鎮構逆列郡風靡受命

彙纂麗史卷之二十五 十九

之初恐難底定賴公威靈巨魁折首誅戮既多宜行寬宥脫有反狀情迹昭著然後誅之則人心服而威惠立矣椿夫從之南民大悅椿夫還謂景升曰始以公爲懦乃今知公長者能濟大事以功拜將軍出爲西北面兵馬副使成昌州及西京兵起分道將軍朴存偉等爲位寵擒殺景升至撫州館方午餐西兵千餘人奄至景升洞開館門西兵競入景升射一人殪之西兵敗走景升捨舊路乃間道夜行入山中卸鞍間路有僧指之景升日夜兼行八日而至京是時元帥尹鱗瞻已出軍王以景升爲東路兵馬副使景升領兵五千餘人至孤山(疑今高山驛)遇西兵景升分軍爲三以左右翼急擊破之是時位寵將金朴升入和州殺兵馬副使崔均(時崔均爲兵馬副使景升卽加發使)諸城皆應朴升遂入宜州(今德源)景升引兵至宜州朴升列車城外禦之景升選銳攻拔其城擒朴升斬之傳首于京諸鎮稍稍歸附定長州宣德鎮欲殺女眞女眞千餘騎到定州門外景升遣人諭解女眞乃退景升至孟州西兵據險以拒景升與李義旼石麟等擊破之孟德州兵棄城遁景升恤其居者令按堵撫州爲西京堅守雲中兵又至爲聲援景升分兵擊之雲中兵退撫乃

彙纂麗史卷之二十五 二十

降行營兵馬使及四摠管戰不利東還西兵遮邀截
其路景升迎擊于大同江凡二十合皆捷西兵大敗
景升還至平州王遣使郊勞及至王曰卿爲國血戰
忠勞最著然叢爾小醜迄淹天誅卿其勉之仍命爲
後軍摠管復遣之景升踰鐵關從羅德雲中行西兵
望風而潰入保漣州景升積土城外列大砲攻拔之
士卒入城爭取貨寶景升下令禁之惟聽取釜鼎於
是西北諸城皆降乃進攻西京西人負固久不下軍
中取漣州釜鼎爨炊便之曰公之慮及此西兵宵出
爇壘門景升令毋得撲火因取物投之火益熾明如

晝賊不敢入景升恩信素著西人多出城降者是時
鱗瞻統大軍攻圍彌年雍容籌略不肯決戰及景升
至戰屢捷遂破西都擒位寵斬之餘黨復聚爲寇乃
復以景升爲西北面兵馬使鎭永淸處置使李景伯
邀景升議事遣五百騎迎之西兵設伏狙擊騎盡沒
景升已就途聞之馳還賊不及景伯與景升不協戰
數不利召景伯還以石麟代知兵馬事景升兼處置
使僉使將還西兵梗路不得過景升募勇士掩殺之
王嘉其功陞上將軍知御史臺事驟加守太尉參知
政事修國史進平章事封三韓壁上功臣勑畫工李

光弼圖形光弼曰畫法生時作半像景升怒使具體
兩府重房就第宴賀酒酣各執樂器景升歌守司空
鄭存實吹小管李義旼怒罵曰安有宰相自同伶人
歌吹也乃罷歸景升與同列奏式目都監所藏判案
國之龜鏡部秩錯亂漸難稽考宜加檢討謄寫以藏
從之又奏先王朝諸勳臣光輔鴻業功不可忘宜有
追爵之典王嘉之悉加封贈爲錄券錫其後與義旼
同拜門下侍中位義旼上義旼在中書大詬景升笑
而不答尋加中書令舊制三品以上每遷級表讓降
詔不允然後表謝上官景升獨曰內不欲讓而假人

筆以文之吾不忍爲也王移御延慶宮訛言變生輦
下扈駕百官皆蒼黃竄歸景升獨按轡神色自若崔
忠獻謀廢王勒兵市街託議事召景升將軍柳森柏
景升壻疑之自刎乃流景升于紫燕島景升憂憤嘔血
卒于島中或云景升憙金其奴利而毒之

玄德秀延州人爲人鐵面犀骨有膽略以意氣自高
南成童分道將軍金稚圭見而奇之攜至京讀書通
大義善屬文累舉不第有疾歸鄉里趙位寵兵起岊
嶺以北皆應之德秀與其父都領覃胤謂州將曰昔
契丹遜寧長驅犯境列城迎降而吾州獨屹然固守

功載王府今位寵包藏禍心旅拒王命天地所不容
苟懷忠義者可忍從邪仍與州將望闕拜呼萬歲閉
城固守位寵遣人牒延州趣之曰北界四十城兵畢
會而獨爾城不至敢請其以城中推德秀權行兵馬
臺事遣騎擒牒者斬之位寵再牒云舉兵將往滅之
於是州人頗洶洶有欲應位寵者德秀詐爲孟州將
吏書密令城外民投城中曰上京十領兵已踰鐵嶺
自東界直擣西都凡州鎭爲位寵詿誤者不可輕出
兵其各堅守以待城中信之無二心德秀與州副使
崔博文判官安之彥金公裕等分兵屯守諸門兵馬

使車仲圭趣延州至雲畔驛爲雲人邀殺分臺御史
林擢材錄事李唐就等懷印間行達於延州於是州
人以德秀弟將軍利厚權行兵馬使事德秀監倉使
事因易置部署嚴兵守之安北都領姜遇文與三十
四城都領致書延州長吏曰上京將發大兵殘毒我
北藩諸城我諸城不可無罪受戮故西京趙尚書惻
然矜愍欲活我四十城赤子衆心齊奮士馬畢會而
貴城獨不至何也倘懷異謀合致赤族之誅宜亟馳
赴西都毋貽後悔雲州郎將遣使賫書如安北指擢
材斬使者梟示城外俄而西兵來攻城擢材破之至

暮西兵屯城南大呼曰西都舉兵欲正三韓而爾城
不應良由詿誤有斬利厚兄弟開門出降者加以厚
賞不爾將屠之德秀自南門出擊之西兵遂趣京都
至京西爲李義方所敗乃曰雖不能得志上都延州
以小城久不下宜復急攻復趣延州圍數重德秀遣
高勇之唐就等急擊大敗之擒斬甚衆西兵復至德
秀又出擊破之獲兵仗無筭明年金遣高羅領兵來
屯延州境上城中懼高羅曰帝聞爾國列鎭構亂獨
爾城不從久爲賊逼故命予援之毋懼也覃胤素以
恩信聞于金詣金營以實告之高羅下淚曰帝所聞

果信也有忌吾當助之爾等宜益勵忠義毋以孤危
自沮遂去諸城兵復攻延州德秀擊破之是時尹鱗
瞻與杜景升合兵攻漣州破之諸城兵悉降於官軍
延州圍解王拜覃胤爲將軍使居其鄕德秀爲內侍
祗候安北都領宋子淸文臣老姜遇文職賞有差並
令居京以安北初附位寵而後背之也德秀上書請
納告身應舉不許尋出爲安南都護副使爲政廉明
吏民敬畏尤惡淫祀禁令甚嚴有吏執女巫至德秀
熟視曰男子也訊之不服裸視果男子也先是巫出
入士族家潛亂婦女被汚者善之不自道故人不知

其非女巫也至是一方服其神明入爲都官郎中散員盧克清素貧將賣宅德秀以白金十二斤貸之其妻受之克清從外歸見德秀曰予初以九斤買宅居數年無所增飾而得十二斤於吾心獨無愧乎請還三斤德秀曰爾能行古人之義而獨予未邪克清曰予平生不取人一芥五十兩銀視一芥則多矣子若不從請復吾宅德秀笑而受之曰予豈不逮克清者乎施諸佛宇聞者歎息曰今世得見此事邪後拜吏部郎中諫官言不宜授邊人乃改授兵部罷神宗朝起拜殿中監累遷兵部尚書致仕高宗二年卒

房瑞鸞 宣州鄉貢進士趙位寵兵起諸城皆附瑞鸞謂其兄孝珍得齡曰位寵脅誘西州土豪悉署官職吾曹亦與其中然婦翁尹仲瞻以兵馬判官在其兄鱗瞻（仲瞻即鱗瞻從弟）麾下壻攻婦翁於情不忍況位寵智淺謀大終必自敗兄宜熟計孝珍然之夜密諭州人曰位寵始以誅賊臣爲名故旬月之間諸城響應及與官軍交鋒動輒奔潰以下犯上從外圖內情見氣懾不可復振所恃者惟險固耳若王師一朝拔西京責諸城以大義則關西士大夫何以自解於天下之公議乎且料位寵爲人悖謬其志不止討賊吾州若不改圖萬世之後同被惡名不亦可恥之甚者乎今欲決死倡義去逆效順於諸君意何州人皆從之有郎將義儒受位寵署爲將軍獨不可孝珍殺之乃馳告義州義州亦殺位寵所置將以應遣使賫首從間道報行營諸城聞之皆罷兵事聞王嘉之授孝珍散員瑞鸞屬內侍得齡留本州爲户長州人嫉孝珍獨得官殺得齡及其母

朴齊儉 明宗時拜大將軍爲西北面兵馬使是時趙位寵既敗餘黨復聚分軍爲三有思進軾端進國者爲中軍行首戒訓爲指諭金甫爲前軍行首光秀爲

後軍行首散居嘉渭泰漣之間首尾行劫大爲民患焚慈肅二州屠勳寺刹王遣兵討之屢戰失利齊儉始至部分諸校發興化雲中兵爲掩襲計賊依藪山林居無定所諸郡人多爲賊耳目軍中動靜輒先知之戰始交輒敗北引還賊乘勝掠寧州靈化寺驅僧兵進攻漣州賊勢轉盛然其遊寇日久閭閻無塢壁者燒劫幾盡大城皆堅守未可猝拔由是漸就飢窘謀欲降齊儉聞之遣人招諭諸屯賊相率來降齊儉每見降者輒撫循之曰汝等皆吾赤子開倉賑之分處諸州使之安業光秀等皆來降給傳赴京王以光

秀金甫爲校尉思進軾端誠訓爲隊正獨進國不降率其黨欲投女眞遣兵擒斬龜州東方甫等與賊交關者悉按誅之賊遂平齊儉後知御史臺事其子葆光輕躁無行道遇李紹膺妻見從婢賚董求之不與葆光毆之紹膺妻大怒率家僮握刀入齊儉第叫譟欲殺葆光葆光走匿紹膺之壻慶大升弟也紹膺妻因大升訴重房重房奏葆光道辱宰相妻大無禮宜置於法事下重房治葆光竟不出齊儉坐免歷抵諸將家乞哀諸將請復其官王許之

論曰淮蔡之戰都統韓弘持重而李愬以輕兵掩襲

破之西京前後之役金富軾尹鱗瞻擁容持久而尹彥頤杜景升定議急攻遂獲成功蓋持久之與急攻互相爲用而不可偏廢也玄德秀房瑞鸞鄉民之秀者也無食祿致死之義當列城崩析之際能曉逆順建大策屹然不動爲諸城倡非天性篤於忠義者而能之乎西京旣拔餘黨未附朴齊儉盡力招諭關西底定其策善矣

趙位寵

趙位寵史失世系毅宗末以兵部尚書爲西京留守鄭仲夫李義方等弑毅宗立明宗四年位寵謀起兵誅仲夫宣言上京重房以北界諸城桀驁難制將擧兵屠之謀議已定大軍垂至我諸城實無辜豈容坐受誅戮由是人心驚惑因檄召東北兩界令糾合士馬悉赴西京於是岊嶺以北四十餘城皆應之獨延州閉城固守王遣平章事尹鱗瞻統三軍討西京遣崔均于東北路宣諭諸城鱗瞻至岊嶺驛位寵遣兵急擊破之遣金朴升于東界邀斬崔均朴升尋爲杜景升破殺位寵先鋒至京西義方擊敗之潰還位寵收散卒復嬰城固守義方久屯城外位寵擊却之義方兵獲位寵子鄕及將軍禹爲善斬之明年位寵遣兵擊耀德縣是時義方已誅王遣殿中監庾應圭給

事中史正儒詔位寵曰朕因臣民推戴奄登大寶于今六年賴文武協輔獲守丕基頃有賊臣專擅國政多行不義害及中外民怨兵起至於無知小民殺傷尤多朕甚痛之其賊臣已依卿奏明正典刑卿又請降使宣諭嘉乃忠誠遣使諭朕至意位寵上表請降應圭還位寵悔之遣精騎追至洞仙驛不及憤怒斬館吏而還尋遣左營將徐俊明表賀誅義方留俊明不遣上京兵圍漣州累月漣請救於位寵位寵遣將援之杜景升從間道擊破斬數千級復掩擊于夵院

破之時殺王犹未葬以位寵罪狀義方弑君不葬乃發喪葬之禧陵將軍朴存威奉使在雲中每誇納釜之事至是雲中人遂斬存威以應位寵鱗瞻進攻西京圍守彌年位寵食盡時出挑戰鱗瞻堅壁不出位寵遣金存心趙規如金奏義方放弑之罪存心於道殺規來謁王王拜存心內侍其軍將皆加職賞位寵聞之殺存心妻子位寵復遣徐彥等如金上表曰前王本非避讓大將軍鄭仲夫郎將李義方弑之臣位寵請以岊嶺以西四十餘城內屬請兵助援金主執送彥等東京摠管府牒寧德云西京留守趙位寵三

次遣使九十六人賫告奏表文等事今勘得所遣人徐彥等狀稱大定（金世宗年號）十年前王遊普賢寺大將軍鄭仲夫郎將李義方等執前王及其子孫送海島立前王弟翼陽公爲王託以因病讓位上表大朝大定十三年仲夫等遣人殺前王及太子官僚十四年位寵上表請王討仲夫今年正月王下詔諭賊臣已誅不期鄭筠等不告新王領兵數萬攻圍西京至今未決勝負今年六月位寵與北界諸城願屬大朝遣使賫牒婆速摠管府至義州爲關門所阻害續遣大使金存心趙規等泛海奏聞不知消息節次再遣彥

等其欲屬大朝請兵問罪等事委是端的欽奉帝命位寵陳乞事則非大國所容將彥等付彼國施行其彥等衣甲差官交割六年位寵使人詐爲居士服請兵於西北州鎭至靜州執之位寵與上京兵戰佯敗走上京兵追至龍興部位寵回兵擊之上京兵敗死者甚衆麟州人庫夫祿升等殺防守蔡允和王遣內侍往諭夫等不從遂殺義州分道尹光輔判官李彥升以應位寵位寵遣人署諸城酋豪麟州都領洪德謀拒之夫等袖刃詣德伏兵於門斬之是時諸城皆附位寵惟延州玄德秀宣州房瑞鸞倡義拒之由

是諸城軍心貳於位寵會尹鱗瞻杜景升統大兵攻西京破之斬位寵首來獻梟于市

論曰國家有變則必有仗節之臣庚寅之變可謂極矣一時名節之士翦戮殆盡而區區欲伸大義者獨金甫當趙位寵兩人而已然而甫當失之疎位寵失之晚此其所以俱敗也爲位寵者當毅王放弑之日舉逼嶠問罪之師洒泣金庭聲大義於天下檄諭諸城仗忠信而自結則勝負未可知也不幸而敗位寵之平壤豈遽下諸葛之壽春邪顧乃計不出此淹延待時新王之冊命已降一國之人心已定則東韓義

士誰復從逆節之謀甘與位寵同敗乎此玄德秀崔均之所以不服而位寵一死分明出於甫當下者詎不然歟況乎出内附之請則置宗社於何地聞立龍之呼則可見其素蓄無君之心矣然位寵拔於行伍素無學術猶知爲舊主報仇不忍北面於弑君之賊斯亦奇矣其成敗得失尚何潑辨也哉

于學儒、洪仲方 陳俊 慶大升

于學儒木州人父邦宰膂力絕人官至右僕射學儒倜儻有氣槩宿衛毅明兩朝忠謹無他李高李義方等將作亂議主兵者衆皆曰今日之事舍于公不可因詣其第告之學儒曰公等有大志然是謀非吾所及也吾父常誡予曰武臣見屈於文官久矣能無憤乎去之易如拉朽然文武交激禍不旋踵汝宜慎之吾父雖歿言猶在耳死且不從及事定高義方憾其不從謀害學儒學儒懼求娶義方姊得免官至同知樞密院事卒

洪仲方起自行伍鄭仲夫廢毅宗立明宗仲方與有力驟拜大將軍性謇直不阿每面折人過王器之人亦倚重時武散檢校將軍以下散員同正以上聚議欲奪處東班權務官重房臺省畏衆口莫敢誰何仲方獨曰國家設官分職唯御監外武臣不兼文官自庚寅以後吾儕得處臺省布列朝班校尉隊正許著幞頭西班散職差任外官固非先王之制若復遽奪權務官其如東西定制何吾寧死不從議遂寢於是西班散職羣聚於路每見達官控訴不已一日遇仲方遮道慢罵仲方攘臂跋馬排突至重房曰吾今日幾死矣下之陵上至如是邪乃密謀捕首謀者四五人配島又流其黨十餘人時議右重之累官至守司空尚書左僕射掌外官長吏之職進退與奪惟意所恣又畜嬖妾嗜利者附之爭納賄賂九年卒

陳俊清州呂陽縣人有勇力起行伍積勞拜衛將軍戍北界戍將例不得著正角幞頭獨俊著之知兵馬事梁升庸禁之不從劾罷之起爲大將軍明宗朝累拜知樞密院事進參知政事判兵部事九年卒性質直頗得時譽王亦器重庚癸之亂文臣家賴俊全活者甚多時人謂有陰德後必昌孫湜澕溫皆登第有文名湜官至御史大夫澕選直翰林院以右司諫知制誥出知公州卒善爲詩詞語清麗少與李奎報齊名時號李正言陳翰林

慶大升清州人父珍中書侍郎平章事大升膂力絕

人早有大志不事家産年十五蔭補校尉累遷將軍珍性貪鄙多奪人田及卒大升恐以田案納選軍一無所取人服其淸明宗八年淸州人與州人係京籍者構隙捕殺幾盡其黨在京者聞之欲報仇矯旨募死士向淸州王遣將軍韓慶賴追止不及遂與州人戰不克死者百餘人時大升與大將軍朴純弼爲本州事審官以不能禁斷見罷牧使趙遇舒亦罷大升嘗憤鄭仲夫跋扈謀欲討之以其事艱大隱忍未發會仲夫子筠潛圖尙公主王患之大升銳意討仲夫畏其壻宋有仁未得間及有仁斥逐文克謙韓文俊

大失人心朝臣皆側目牽龍許升有勇力爲衆所服筠愛之升及隊正金光立俊翼皆大升所善大升謂升曰我欲去兇徒汝能從事可成矣升諾之大升曰藏經會畢之夜衛士必皆困睡吾令死士三十餘人伏和義門外汝先殺鄭筠於内以嘯聲爲約則我發伏應之夜四鼓升入筠直廬殺之仍嘯大升率死士踰宮墻入殺大將軍李景伯指諭文公呂所見輒殺宮中喧譟鋒刃交接王驚愕大升至寢殿外大聲曰臣等衛社稷請上無恐王出御宮門外召大升等手賜巵酒以慰之大升因請發禁軍分捕仲夫及有仁

父子仲夫聞變逃匿民家悉捕斬之梟首于市王呼大升問曰欲以筠承宣之任授卿大升曰臣不識字不敢當王曰非卿則誰可者吏部侍郎吳光陟何如對曰承宣出納王命非儒者不可光陟稍知書然亦武臣恐似鄭筠王嘿然大升知光陟必拜承宣惡之大升族兄將軍孫碩素與光陟有仇誘大升幷殺之遂分捕四家之黨將軍金光英指諭石和襲連中郎將宋得秀奇世貞等殺之朝士詣闕賀大升曰弑君者尙在焉用賀爲李義旼聞之大懼武官或宣言曰鄭侍中首倡大義沮抑文士雪吾曹積年之憤以張

我武功莫大焉今大升一朝而尸四公孰討之邪大升懼招致死士數百人留養門下以備之號都房爲長枕大被令輪日直宿或自共被以結恩信未幾辭職家居然國有大事必就闕決大升自去鄭宋以來心不自保常令數人潛伺里巷偶聞飛語輒拘囚鞫問屢起大獄用刑深峻時京城寇盜多起自稱都房有司逮捕因之大升輒釋之由是公行奪掠無復畏忌大升門客殺一良家子於路有司捕欲治大升力救得免升光立等恃其功偃蹇自肆陰養惡少昵侍東宮寢卧後壁歌吹徹夜旁若無人大升忌之召升

于其第斬之道見光立殺之以兵自衛奏云升等縱恣非唯欲殺臣且圖不軌事迫不暇奏聞已誅之王命近臣慰諭宰相以下皆就第或致書而賀大升稍自安罷其兵衛十一年前隊正韓信忠蔡仁靖朴敦純等謀作亂令史同正大公器知之以告大升白王捕鞫之辭連石和及別將朴華注簿李敦實乃流信忠仁靖敦純等于島貶和南海縣令華河山島句當使流敦實于廣州王內忌大升外示優寵日賜珍羞服玩奏請無不曲從故人多趍附然非有學識勇略者大升輒拒之武官皆畏其威不敢縱肆十三年大

升忽夢仲夫握劒叱咤因得疾卒年三十及葬道路莫不哀哭初大升之討仲夫也牽龍金子格有力焉大升愛之俾領都房大升卒都房斂錢以葬將散復聚飲子格誣告曰大升都房往往復會者將為亂也王素忌大升命重房使大將軍鄭存實吳淑等治之名在都房者悉加搜捕其或逃匿縛其父母妻子及族黨困苦之匿者自出或自刃死凡得六十餘人復論存實等嚴加拷掠窮索其黨又令內官伺用刑苛緩於是捶楚甚酷並流遠島多死于路存者不過四五人光陟父挺嘗為郎將西都之叛仁宗命挺賫詔密諭諸城挺藏詔衣中徒步間行被邏卒擒繫獄有一醜女食之挺德之約為夫婦遂生光陟後挺累官至尚書以老致仕妻無子乃召光陟為嗣光陟補牽龍隊正喜與儒士遊不好武毅宗末為別將牽龍行首與李義方有素拜千牛衛將軍改金吾衛將軍吏部侍郎明宗欲授三品職光陟曰臣年少拜四品又兼吏部於臣足矣遂辭出為楊忠州道察訪使時孫碩父為水州使性貪鄙侵漁無厭百姓苦之碩懼就光陟求哀光陟不聽竟劾罷之碩由是與光陟隙誘大升殺之

論曰漢唐之季宦官執權肆凶有若呂强之直諫楊復光之討賊張承業之盡忠則君子取之高麗武臣之禍比諸漢唐宦官可謂甚矣若于學儒力拒李高始謀洪仲方不奪東班權務陳俊多活文官時稱陰德慶大升奮謀討賊捍衛王室論者取其志而多其功揚子雲曰在門牆則麾之在夷狄則進之信矣大升不能相機乘勢並誅義旼卒之假手忠獻貽禍益烈惜哉

崔世輔　朴純弼　李英搢　李俊昌

崔世輔系本微寒不解書毅宗時以禁軍充隊正丁

亥流矢之變以世輔在側疑之流南海後武人得志召復舊職明宗初累拜同知樞密院事十四年進門下侍郎平章事判兵部事上將軍有人訴重房曰修國史文克謙直書毅宗被弒事弒君天下之大惡立令武臣兼之使不得直書克謙聞之懼密奏王王重違武臣意然惡其非舊制乃授世輔同修國史世輔擅改削事實由是毅宗實錄多脫略克謙嘗於曬史堂戲世輔曰儒官之爲上將軍自我始武官之同修國史自公始相與一噱時崔連金富亦以將軍並爲禮部侍郎武人兼儒官自三人倡十九年世輔代克

謙判吏部事性貪汚視賄多寡爲陞黜財累鉅萬尋加特進守太師二十三年卒子斐美容儀爲東宮指諭太子嬖婢從宮垣內擲橘挑之斐遂私之事泄王欲寘諸法賴李義旼營救獲免太子逐婢婢爲尼斐猶通焉崔忠獻數其罪流南裔初世輔構第遍一坊四面各置第宅爲子孫計世輔死門戶尋盡

朴純弼門地賤微姿表甚美毅宗時以中禁軍入衛頗勤恪始補勇爵明宗立遷左中禁指諭時武人秉政文臣殲盡簿書雲委純弼獨操筆終始無怠以功授大將軍號軍府自是不淹旬日踐歷華要至兵部尙書純弼直東宮之傍大營私第太子白王曰街人以朴尙書第於東宮爲月建方不宜營造臣力不能禁請上禁之王曰雖我於朴尙書何汝但修省以消災爾聞者莫不憤嘆後拜樞密院使曹元正之作亂也純弼當直逆知之移病以免進中書侍郎平章事二十一年以參知政事卒

李英搢初名寵夫高令郡人家世微賤漁爲生充邏卒性殘忍喜禍鄭仲夫之亂附李義方李高恣其兇暴世之言殘虐者必曰寵夫慶大升用事誅戮凶黨殆盡英搢畏懾及大升卒復橫肆驟遷刑部尙書漁

奪無厭以致鉅富屋宇壯麗嘗求使于金沿路需索郡縣賂遺萬計穢聞四達金人見之曰汝向爲義州戍卒州人皆呼爲獸汝國無人俾汝拜高官銜使命邪所至皆慢罵不禮及還語其子曰汝輩免使異國幸矣轉兵部尙書疾篤在告會有武選力疾而出尋卒

李俊昌明宗時爲刑部侍郎有男子夜投匿名書于壽昌宮門巡檢官捕得之乃譖俊昌兄弟也王性柔弱事皆決於諸將但頷之而已諸將信其書乃欲誅俊昌王聞之召大將軍鄭邦佑責曰自癸巳以來無

辜多見害予不能救然嘗在予今俊昌等若謀不軌彼必顯告豈夜投書乎曲在男子諸將栲問男子果服其誣流遠島蓋怨俊昌嘗奪其田也後拜太僕卿俊昌毋睿宗宮人出也宮人本賤隷舊例宮人子孫限七品惟登科者至五品俊昌至是拜三品臺諫無敢言者官至樞密院事卒

論曰崔世輔朴純弼李英搢當附姦臣傳舊史在此今姑錄之

丁彦眞 鄭邦佑 鄭克温

丁彦眞神宗五年爲大將軍時慶州人謀反密遣郎

將裴元祐往將軍石成柱配所古阜郡說曰高麗王業幾盡新羅必復興以公爲主沙平渡爲界何如成柱佯喜留元祐于家潛告郡捕送按察使以聞誅之慶尚道按察使池資深奏慶州賊請降不必發兵崔忠獻怒以大將軍金陟侯爲招討處置兵馬中道使刑部侍郎田元均副之大將軍崔匡義爲左道使兵部侍郎李顧副之攝大將軍康純義爲右道使知閤門事李維城副之趣發兵往討賊聞之募集雲門山及蔚珍草田賊分爲三軍自稱正國兵馬誘脅州郡陟侯師老不戰使賊勢日盛明年徵陟侯以私騎還

遣彦眞代之臺省劾罷陟侯賊入基陽縣匡義師兵急擊殺獲甚多忠獻遣中使賫詔賜藥以奬之彦眞旣至因祈恩詣城隍祠密以謀授覡一日賊徒都領利備父子至祠潛禱覡紿曰都領舉兵將復新羅吾屬喜之久矣今幸得見請獻一盃邀至其家飮之醉遂執送彦眞賊掠杞溪縣維城進兵擊之賊魁孛佐乘高望見將遁將軍房秀精率二子先登奮擊士卒乘之斬一千餘級虜二百五十餘人彦眞又遣隊正咸延壽康淑清往雲門山誘孛佐使安業不聽賊副屢目延壽延壽知其意出持劒入擊孛佐孛佐奮起

淑清擊斬之傳首于京賊麾下欲刺延壽賊副呵禁之得免匡義執太白山賊魁阿之械送于京瘐死獄中匡義又奏興州浮石符仁等寺及松生縣雙巖寺僧徒謀亂命兵馬使鞫之配島又明年忠獻以匡義顧純義維城等平東京功最多奏令先還並加爵秩僚佐以下賞賚有差彦眞元均等還忠獻奏曰賊未盡除宜留中軍判官朴仁碩爲按察使率京兵二百鎭之仁碩擒餘賊金順等二十餘人遣皇甫經以聞王命經屬内侍加八品職高宗二年彦眞以知門下省事卒

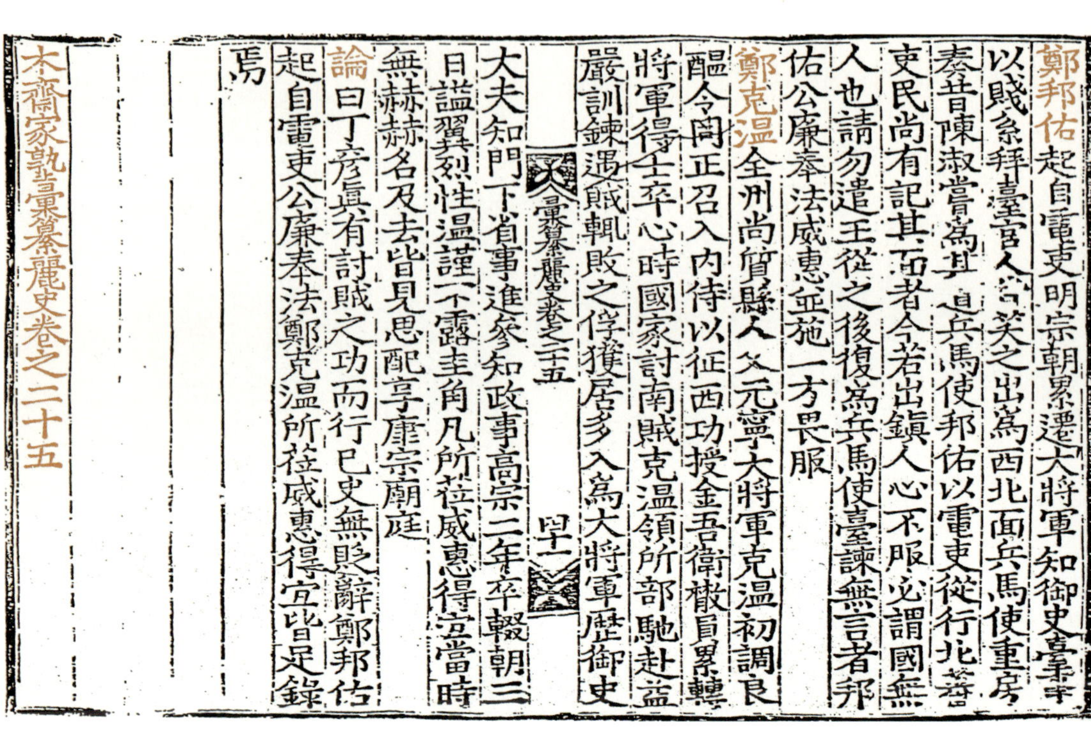

鄭邦佑起自電吏明宗朝累遷大將軍知御史臺事以賤系拜臺官人皆笑之出為西北面兵馬使重房奏昔陳淑嘗為其道兵馬使邦佑以電吏從行北蕃吏民尚有記其面者今若出鎮人心不服必謂國無人也請勿遣王從之後復為兵馬使臺諫無言者邦佑公廉奉法威惠並施一方畏服

鄭克溫全州尚質縣人父元寧大將軍克溫初調良醞令冏正召入內侍以征西功授金吾衛散員累轉將軍得士卒心時國家討南賊克溫領所部馳赴益嚴訓鍊遇賊輒敗之俘獲居多入為大將軍歷御史大夫知門下省事進參知政事高宗二年卒輟朝三日謚翼烈性溫謹一不露圭角凡所莅威惠得宜當時無赫赫名及去皆見思配享康宗廟庭

論曰丁彥眞有討賊之功而行已史無貶辭鄭邦佑起自電吏公廉奉法鄭克溫所莅威惠得宜皆足錄焉

大東彙纂麗史卷之二十五　四十一

本齋家塾彙纂麗史卷之二十五

木齋家塾彙纂麗史卷之二十六

名臣五

閔令謨 湜 崔汝諧 崔遇淸

閔令謨黃驪縣人父懿戶部員外郎令謨少好學仁宗朝登第累遷吏部員外郎明宗在潛邸夢一宰相出自廣化門騶從甚盛有人曰此公之宰相也及卽位令謨以刑部侍郎掌南省試至放榜王見之與所夢者肖始有大用之志不次遷擢授樞密院副使後判兵部事御史臺劾兵部銓注失當令謨上章自列中書門下及重房交劾御史臺合司乞罪王敎諭皆

令出視事尋拜中書侍郎平章事轉門下侍郎平章事判吏部事太子太師令謨性怯訥少虧操履及典政柄請謁公行銓注猥濫十三年乞退二十四年卒年八十謚文景初令謨赴擧所作賦失律同知貢擧李之氐欲不取知貢擧崔濡曰是篇落落有不凡之氣宜署榜尾他日濡謂令謨曰爾賦雖不中律然其辭有遠大之氣爾宜勉之後令謨掌銓注擢用濡孫祗元祗禮令謨妻裴氏娣爲柳益謙妻令謨微時益謙已居顯秩有相者相裴氏兄弟曰兄當享富貴弟則薄命娣以其夫通顯不以爲然後益謙死於鄭仲夫之亂令謨果登第位冢宰益謙妻寒窘常資兄以生子湜公珪

湜登第籍內侍神宗初爲右散騎常侍起居舍人張允文曰門下錄事堂後官私辦直宿供億競事豐侈從人假貸及補外科斂以償宿債故吏皆貪汚鮮廉謹若除直宿官供億則可責吏淸節宰相郞舍皆以爲可獨湜與諫議李桂長執不可議遂寢四年卒性豁達有大度雖貴顯視故舊一如平日人以是多之小君洪機等招權納賂朝士爭附獨湜不往其弟曰兄盍往湜曰亦吾志也一日弟請與俱往酒酣忽曰虹沙彌敗國家弟愕然流汗蓋以虹一端接地一端

屬天喩小君王子而母賤也湜之放曠多類此公珪官至門下平章事修文殿大學士判兵部事

崔汝諧慶州人性寬厚才學淺短登第補蔚州通判不閑吏事無所可否但署紙而已初明宗爲翼陽公汝諧爲其府典籤一日夢太祖授笏於明宗後倅羅州求名果海脯厚餽於明宗深感之及卽位汝諧賫表至京隨例赴朝王不之知也陛辭日獨詣禁門因宦官以奏王始驚曰崔典籤來矣朕不省也引見甚慰藉之令留待命乃拜左正言知制誥不數年歷侍

御史寶文閣待制年已七十矣奏曰吏部減籍臣年今實滿七十例當致仕王曰吏部錯書天使然也勿復有言驟遷諫議大夫國子祭酒掌監試士林竊笑拜樞密院使左散騎常侍謝表云西垣備職豈知此日之恩棨北關朝天始信當年之夢感仍乞骸骨時年七十七特授政堂文學仍令致仕十六年卒年八十六輟朝三日謚文貞

崔遇清忠州吏仁宗朝登第調進禮縣尉明宗在潛邸遇清爲府典籤及卽位以舊僚寵任累歷臺諫趙位寵起兵遇清以兵馬副使從軍禦之及還擢國子

祭酒左諫議大夫尋出爲西北面兵馬使時靜州都領純夫郞將金宗等謀逆朝廷姑息不卽討遇清誘州人斬純夫等王下詔褒之超授判衛尉事進樞密院使翰林學士承旨尋乞骸骨加守司空左僕射致仕十四年卒遇清歷任中外有聲績然性癡闇年至七十二乃乞退時人譏之子沅謙

論曰商高宗夢得傅說至誠格天自然感通豈夢也哉梁武夢得侯景恭愍夢得辛旽則惡業所招禍殃垂至爾明宗夢得閔令謨而相之崔汝諧亦以一夢而顯然兩人者特出凡流耳竟無一事裨益於時者夫夢感之事亦昧不足憑也於斯驗矣崔遇清亦以潛邸舊恩歷任中外以貪戀見譏亦無取焉

宋詝 金光中 帶 安劉勃 柳光植

宋詝見州人少聰悟毅宗時登第累遷閤門祇候鄭仲夫之亂以不忤人免害明宗八年爲御史中丞仲夫家奴犯禁詝捕治之仲夫怒遂罷尋授右諫議大夫西北兵馬使舊制以義州爲兩國關門必擇文臣諳之其分道官亦以常參有名望者遣之自庚寅以來分道官皆用武臣戍邊將軍皆帶兵馬之任爲分道義州以文牒交通兼置文武二人由是州人困於

供費及詝至州人訴曰今文武分道並住一城供費不給請以便宜分管數城詝然之具奏請以文官爲義州分道隷靈州威遠鎭武官爲靜州分道隷麟州龍州制從之諸將軍聞之相謂曰此欲因以奪武臣權也大怒請斬詝王諭解之貶詝巨濟縣令識者曰晉政多門曾分三家以至敗滅春秋譏之今重房制事將軍房沮之將軍出議郞將房沮之互相矛盾况刑殺人主之柄而臣下擅之自詝貶救民革弊之言無聞矣復拜諫議大夫術士言太白犯上將武官厄於是武官欲移災文官將軍李時用等三十餘人詣

闕構訐及右司諫崔基厚直史館王許召等六人罪請流王不得已竟從其請並流遠島時用等猶慮未足以厭勝追論中郎將金子格嘗助慶大升踰入宮牆之罪亦流于島時御史大夫文章弼屢以太白犯上將執法詐上表辭既而太白退舍既遠而訐又當其灾故章弼復就職然尚懷疑每出立喝道馬後不欲當執法位其誣天如此久之王念訐無罪召還將復用朝論未諧不果十七年以判禮賓省事致仕居數歲疽發背卒年六十七

高麗史卷之二十六　五

金光中登第毅宗時稍遷給事中爲西北面兵馬副使有島在麟靜二州之境二州民嘗往來耕漁金人乘間樵牧因多居焉光中欲復地邀功擅發兵擊之火其廬舍仍置防戍屯田後金莊奉使如金金主讓之曰近稍有邊警爾主使然邪若邊吏自爲則固宜懲之莊還奏王命歸其島撤防戍光中累官至諫議大夫秘書監嘗愛驅使朴光升與衣食畜之請於人補隊校鄭仲夫之亂光升引光中匿人家密告害之後光中子帶爲順安縣令會裴純碩徵兵帶鍊軍以應聞光升爲祭告使來先遣人捕光升父于蔚州又執光升俱至順安令父子相見殺其父謂光升曰哀汝父乎光升曰然帶曰愛父一也奈何背恩殺吾父乎光升無以對遂斷其臂置軍中巡歷數縣然後殺之

安劉勃明宗時累遷侍御史藏經道場參知政事宋有仁行香祇候崔永濡以賛引後至臺監御史欲劾之永濡請劉勃曰吾已乞參政得解願勿奏劉勃曰我未識參政意事須聞奏第君白王寢之耳永濡託沖曦以聞王曰此小過可赦宋參政怒何宜告諸參政劉勃後拜吏部郎中吏部點入仕者姓名以奏號曰點奏於是入仕者必賂白金數斤爲贄自判事至令史習以爲常競占下點曰某某皆自我出也唯劉勃毅然不點曰我無所知世服其清官至國子司業卒

高麗史卷之二十六　六

柳光植全州人風儀瓌偉清儉節欲蔭補良醞署令同正出倅靈巖政尚清嚴吏畏民懷累遷參知政事揚歷中外皆有聲績高宗八年以門下侍郎同中書門下平章事致仕逍遙自適世稱壽富雙全卒輟朝三日謚戴爾子甡韶韶性剛亢少許可不事產業官至平章事子能爲寶文閣待制詔事崔竩弄權斂怨及金俊誅竩能亦被誅韶憂憤成疾卒謚莊定人譏

之曰生不教死無益

論曰宋訏分道之請有何奪權之漸而將軍房至於請斬竟貶流之蓋以訏嘗在御史臺時捕治仲夫家奴獨持風裁故爲武臣疑忌耳變故以來文臣能屹然樹立不爲威武屈者訏爲首稱焉金光中擅發兵掠金樵牧雖有拓境之志計則踈矣安劉勃不點奏案柳光植政尙清嚴斯足尙焉

王珪　車若松 奇洪壽　金義元 允成　文漢卿

權世侯 白敦明　盧仁綏

王珪字叔玠初名承老侍中剛烈公冲之子太祖從弟寧海公萬歲七世孫也年七歲爲東宮學友性溫厚有器局初授軍器注簿同正門下省以幼駁之毅宗曰其父有佐命之功豈可拘常例累轉兵部員外郎殿中侍御史鄭仲夫之亂珪乞告覲母故免珪娶平章事李之茂女之茂子世延以金甫當妹壻死於其亂李義方欲並害珪拘其妻索之匿仲夫家獲免時仲夫女孀居見珪悅而通焉珪遂棄舊室義方死珪復職奉使如金靜州中郎將金純富嘗欲殺郎將用純用純逃至京及珪還至靜州純富等以珪爲權臣壻欲劫留爲質請誅用純因謂珪曰公衣冠之族

今背舊室託婚權門以圖苟活名義已虧將何顔與士大夫共立於朝乎珪縮恧無以對賴義州分道王度諭解之乃脫歸神宗朝拜御史大夫進參知政事累拜門下侍郎同中書平章事年六十四遂上章乞退杜門懸車優游自適世稱耆英以珪爲首高宗十五年卒年八十一輟朝三日謚莊敬

車若松父擧首直史館若松與其兄若椿俱幼擧首曰若椿以文藝顯若松則以武才進若椿果登第仕至兵部侍郎若松出身禁衛明宗時由郎將拜將軍重房奏自庚寅以來武官皆兼文官而內侍茶房獨不得兼請許兼屬王以若松等四十三人皆兼內侍茶房武官兼屬自若松輩始神宗初拜樞密院副使進守司空參知政事若松與奇洪壽同入中書省上說若松問於洪壽曰孔雀好在答曰鯁咽而死因問養牧丹之術若松具道之聞者曰宰相之職在論道經邦但論花鳥何以儀表百僚若松後拜開府儀同三司守太尉中書平章事卒若松畜妓生二子長入國學補服膺齋生次入流品崔忠獻陰嗾御史臺奏屬伶官限七品又削學籍洪壽字太古幸州人少善書工文及壯從武班歷事明神熙三朝官至門下侍

郎以吏部掌銓選讓于忠獻引年乞退琴書自娛卒年六十二輟朝三日謚景懿

金義元高宗時人起卒伍驍勇少家貧爲無賴行一白有一人持錢財衣物過者卽奪掠而走又有鄰婦笥載銀瓶段帛而去義元從後取之婦不知後義元貴呼其婦給銀帛婦驚恠不受義元不言其故强與之官至門下平章事卒元宗時有允成者居甲弗里鄰有校尉夜穴壁偷穀一石穴小未能出允成自内推出之校尉乃走允成追及之曰汝迫飢餓以至此亦何傷家人無知者可取去校尉遂負而歸允成終

不言後校尉受俸具酒食來致謝

文漢卿溟州人祖儒寶右僕射漢卿性貪而怯初補隊正累遷大將軍高宗二年出爲西北面兵馬使論軍卒爵賞多受賂金又徵求州郡無厭因失人心明年金山王子兵入寇漢卿與戰擒八人賊屯藥山南石牛新豐玉兒之野漢卿會諸城兵戰于渭州城外斬五百七十餘級我軍死者三十餘人改中軍兵馬使賊闌入東界漢卿擁兵宜州逗遛不戰聚百工營中造私物剌盡錐刀及賊來圍棄城潛逃我軍大敗以罪流海島後召還拜上將軍歷兵工二部尚書進

樞密院副使右僕射十三年卒有權世侯者爲西海道掠山城防護別監禦蒙古兵城四面壁立唯一逕僅通人馬世侯恃險縱酒不爲備且有慢語蒙古設砲攻城門碎之矢下如雨又梯石壁而上以火箭射草舍延爇城中人家甲卒四入城遂陷世侯自縊死城中死者無慮四千七百餘人屠男口十歲以上擒其婦女小兒分與士卒又有白敦明者爲東州山城防護別監驅民入保禁出入州吏告曰禾未穫迨敵兵未至請迭出刈之敦明不聽遂斬之人心憤怨皆欲殺之及蒙古兵至城下敦明出精銳六百拒戰士

卒不戰而走金華監務知城將陷率縣吏而逋蒙古兵遂攻門突入殺敦明及其州副使判官金城縣令等虜婦女童男而去

盧仁綏高宗三年爲朔州分道將軍金山王子兵數萬來侵仁綏唯事奉佛在山寺邏卒報賊已闌入我境仁綏曰契丹亦人耳可忍殺邪留寺三日賊橫行州境無敢誰何仁綏棄城逃身中數矢僅免還京崔忠獻怒奪其職仁綏有老母卽棄之被緇投邊山僧舍居數年崔怡寄書曰若來當復舊職仁綏大喜卽還京遂復職俄遷大將軍因得幸於怡好論人長短

爲禍福人皆側目左僕射崔允匡素以謇直稱一日謁怡仁綏在側允匡呼而數之曰汝何時拜大將帶紅鞓邪汝鎭朔州契丹兵入寇棄城逃奔不忠也棄老母遊方外不孝也不忠不孝天地所不容汝有何功位至三品邪正已而後正人何不自揣妄談人得失邪若爾者宜竄遐裔以戒後來仁綏俯伏汗流洽背聞者快之後與周演之謀殺怡事洩怡執之投水中

論曰王珪以門蔭進車若松奇洪壽以武階顯金義元以卒伍奮皆市井無賴位躋台座所謂金椀玉盃

而盛狗屎也文漢卿盧仁綏持兵於外或以貪饕失人心或以奉佛不殺敵卒之棄城逃竄權世侯縱酒縊於掠山白敦明濫殺敗於東州可爲世戒當時將相非權兇之腹心爪牙不得爲也致此禍足怪焉

琴儀　李淳牧　金敞　宋國瞻

琴儀字節之奉化縣人後賜籍金浦三韓功臣容式之後體貌奇奕器度雄偉少力學善屬文屢擧不第出監淸道務剛直不撓民目爲鐵太守明宗十四年中魁科籍內侍崔忠獻當國求文士有李宗揆者薦儀因謁事忠獻歷敭華要神宗朝拜尚書右丞右諫議大夫贊善大夫儀嘗帶二學士又兼三大夫世以爲榮忤執政左遷將作監復拜左諫議大夫熙宗四年以右副承宣掌試取皇甫瓘等瓘等謁忠獻忠獻贈其隨從銀甁各一事及謁王親賜酒果仍觀各坊廂歌吹一棚七人皆屬內侍儀爲忠獻客故待以厚禮如此尋遷知吏部事儀久典機要奏對稱旨王倚以爲重儀頗恃勢驕恣瓘詣儀諷休官儀以告忠獻流之康宗卽位金遣使冊命金使欲入儀鳳正門朝議不肯往復相詰王命儀往諭儀問曰天子之巡狩方岳者自古有之若大國枉蹕小國當入自何門金

使曰天子出入舍中門而何儀曰然則人臣入君之正門可乎金使大服乃入自西門王嘉之進翰林學士承旨高宗二年拜政堂文學修國史五年尋拜門下侍郞平章事嘗於八關會臺吏以事辱隊正軍將大譟亂擲瓦礫于御史臺幕飛石過宰相幕儀大怒下庭立厲聲罵田若等在君臣大會敢爾邪苟欲爲亂先殺老夫軍將稍沮亂得不作加平章事判吏部事七年引年乞退加壁上功臣仍令致仕以琴碁自娛卒年七十八王聞訃悼甚命有司庀喪葬諡英烈儀與人面折無所諱人多憚之屢典貢擧所選多名

士翰林曲有稱琴學士者是也

李淳牧陝州吏少志學善屬文嘗隨父至京每於文會應韻走筆名動一時時有李需者才識敏悟亦能屬文與淳牧齊名淳牧登第調錦城管記遷直翰林院以陰陽伎術往來周演之家及演之死左遷金溝縣令崔怡愛其才未幾召還驟加寶文閣待制進祕書省事性巧詐多疑所莅政不廉平但以文墨技藝不離省闥常典制誥崔沆少時師事之及執政待以殊禮擢尚書左僕射未拜而卒

金敞安東人新羅敬順王之後性温和無忤於人熙

宗朝登第直史館累遷尚書右丞崔怡召置政房掌銓選時應吏兵部選者無慮數萬敞一見無不記其姓名有陳訴輒應無少謬人服其強記然銓注一聽於怡不可否其間或問其故答曰天假手我晉陽公吾何間焉其諂佞如此高宗朝拜門下平章事敞附權門久典政柄然猶以資格進至是始拜相四十三年以守大師門下侍郎判吏部事卒無子臨歿屬其姪方慶辭國葬謚文簡

宋國瞻鎭州人性剛直疾惡如讎善屬文登第直史館高宗朝拜監察御史蒙古元帥撒禮塔大舉入境王遣淮安公侹講和國瞻從行及至與撒禮塔言辭色嚴正撒禮塔嘉嘆歷正言判祕書省事與金敞同事崔怡入政房耿介不阿怡頗憚之朴暄擅權國瞻恥與同列託以足疾辭政房怡自此疎之然外有大事必遣國瞻治之由刑部尚書出爲慶尚道巡問使寄書於怡論沆事怡然之復用沆譖貶國瞻東京副留守及怡死沆襲權國瞻畏禍屏居沆亦懷宿憾顧嫌物議召爲右散騎常侍未幾出知西北面兵馬事久不召憤懣卒

論曰琴儀李淳牧金敞宋國瞻四人者其局度才諝

足以自奮顧託附賊臣取媚固位夫躁進之士怵於一時之勢利不知得罪於萬世之公論也史稱儀剛直不撓國瞻性剛嫉惡如讎噫錯認申棖之慾以爲剛者俗見固爾邪較諸淳牧之巧詐不廉平金敞之銓注一聽於怡可謂差勝者邪

李公老 崔滋 蔡松年

李公老字去華丹山縣人文章富贍尤工四六明宗朝登第調安邊判官出私財代民賦以最徵爲司議署丞遷直翰林院崔忠獻以公老連戚里擯不用者幾十年其父尚村憫之賂忠獻拜監門衛長史高宗

初以禮部郎中爲趙沖兵馬判官獻擒賊之策多有中者韓恂之反公老爲宣撫使有功拜秘書少監出爲慶尚道按察使令行禁止部內大理王嘉之授刑部侍郎仍按其道入拜殿中監典選崇威府剖決如流視事五日民多稱服進樞密院承宣國子大司成王倚爲腹心將大用之十一年卒家無甔石無子

崔滋字樹德初名宗裕又名安文憲公沖之後天資淳訥不以表表(一作矯激)爲能少力學能屬文康宗朝登第補尚州司錄以政最聞入補國學學諭崔怡品題朝士以文吏俱優者爲第一文而不能吏次之吏而

高麗史卷之一百二 十五

不能文又次之文吏俱不能爲下皆手疏屛風每當銓注輒考閱之滋名在下故十年不調滋嘗作虞美人草歌水精盃詩李奎報見而奇之後怡謂奎報曰誰可繼公典文翰者曰有學諭崔安者及第金坵其次也時李需李百順河千旦李咸任景肅皆有文名怡欲試其才令製書表使奎報第之凡十選滋五魁五副怡又欲試吏才授給田都監錄事亦敏而勤高宗時累遷正言出牧尚州剖決如神吏民愛畏按察使薦之秩未滿召拜殿中少監寶文閣待制連按忠淸全羅有聲績累官國子大司成知御史臺事轉尚書右僕射翰林學士承旨進拜中書平章事加守太師門下侍郎同中書門下平章事判吏部事蒙古兵大至令三品以上各陳降守之策衆論紛紜滋與樞密使金寶鼎曰江都地廣人稀難以固守出降便一日滋邀金俊諸子宴其第時人譏之上章乞退自號東山叟元宗元年卒年七十三諡文淸家集十卷續破閑集三卷行於世子有侯密直副使文翰學士有拯東京留守判官有濟自有傳

蔡松年東州平康縣人以御殿行首拜郎將久不改銜崔忠獻問其故不答旁有人曰其父今未拜參若

高麗史卷之一百二 十六

改銜出朝路恐乃父望見不知其子而下馬避走耳忠獻義之尋拜父參職松年由是爲忠獻所重累歷樞密承宣御史大夫參知政事高宗三十八年以中書侍郎平章事卒姿端秀性和平能終始富貴諡景平子楨容儀峻爽志操謇諤以蔭進累遷樞密副使御史大夫元宗如蒙古楨扈從多所裨益進參知政事又從世子如蒙古以年老請先還三別抄之難楨留守江都聞亂卽馳出賊追不及謁王于西京王慰諭之官至門下侍郎平章事配享元宗廟庭

論曰李公老崔滋文學政事亦一時之翹楚也顧末

免染指權門以圖進取如柳宗元劉禹錫附麗伾文終以得罪於名教雖有片長惡足稱哉然而公老復官由於其父滋之遷拔緣於奎報未嘗躁競諂媚從臾爲惡如敞淳敎國瞻輩之爲也蔡松年嫌父職之卑不肯求進適契忠獻之意致位通顯惡可槩以權臣鷹犬也哉

李仁老 吳世才 趙通 林椿

李仁老字眉叟初名得玉平章事頫之曾孫自幼聰悟能屬文善草隸鄭仲夫之亂祝髮以避亂定歸俗明宗十年擢魁科補桂陽管記遷直史館出入史翰

凡十有四年與當世名儒吳世才林椿趙通皇甫抗咸淳李湛之結爲忘年友以詩酒相娛世比江左七賢神宗朝累遷禮部員外郞高宗初拜祕書監右諫議大夫卒年六十九以詩名於時性褊急忤當世不爲大用所著銀臺集二十卷後集四卷雙明齋集三卷破閑集三卷行於世子程穰穩皆登第

吳世才字德全高敞縣人祖翰林學士學麟世才少力學手寫六經以讀日誦周易明宗時登第性踈雋少檢不容於世仁老三上書薦之竟未得官僑寓東京窮困而卒與奎報爲忘年交奎報私謚曰玄靜先生

趙通字亦樂玉果縣人軀幹魁梧經史百家無不貫穿明宗聞其名屢召問登第累遷正言轉考功郞中太子文學奉使如金會有徵詰拘留三年金人愛其才遣還後知西北面留守事政寬而儉待人以信官至左諫議大夫國子監大司成翰林學士

林椿字耆之西河人以文章鳴世屢擧不第鄭仲夫之亂闔門遭禍椿脫身僅免卒窮夭而死仁老集遺藁爲六卷目曰西河先生集行於世

論曰晉世士大夫如嵇康阮籍酣歌自放若不可繩

之以禮法然有託而逃焉不屈於司馬氏其氣節有足尚者明神之際賊臣仲夫義旼忠獻相繼執權遂弑君父濁亂朝政跡其罪惡豈特司馬氏而止哉李仁老趙通吳世才皇甫抗咸淳李湛之等乃能託契沈晦以詩酒相娛竊附於七賢之流卒以偃蹇不遇其視李奎報輩喣濡於權姦之門以取富貴者豈可同日而語哉

權守平

權守平安東人蹟微不知其族世姿豐美性醇厚貧直有古人風嘗爲隊正貧居有中郞上章漢以非罪

見竄守平遮食其田有年及章漢遇赦還守平素不相識會輸租已至守平袖租簿就與之章漢曰當吾竄謫君雖不食吾田豈無他人君今矜我還其田足矣何用租爲守平曰子則無罪我固無田田既屬君我寧取租遂投其簿章漢不受閉門而入守平竟以簿繫石擲之而去父老歎曰今爭奪成風不圖獲見若人宰龍職卑而任寵權貴子弟皆願爲之守平由隊正得補辭以家貧親舊曰此榮選也率多易妻求富君若改娶富家誰不願授室守平曰貧富天也何忍棄二十年糟糠之妻以求富室耶言者赧服積官至樞密院副使高宗三十七年卒子韙翰林學士韙子晅自有傳

孫抃初名襲卿樹州人登第調天安府判官政最超拜供驛署丞高宗朝累遷禮部侍郎尋授慶尚道按察副使民有弟與姊相訟者其父將死悉以家財與其女而所遺子者緇衣一冠一繩鞋一兩楮紙一卷而已文券甚明訟久未決抃問曰父歿時母安在曰先亡若等於時年各幾何曰弟方數歲而姊已嫁抃因諭之曰父母之心於子均也寧厚於有家之女而薄於無母髫齔之兒耶顧兒之所賴者姊也而受財與姊等恐其愛之或不至養之或不專耳使兒幸而長成則衣緇冠玄穿繩鞋書狀於紙以告於官而將有能辨之者其獨遺四物意蓋如此弟與姊聞而感泣中分其財而與之抃累官樞密院副使三十八年以守司空尚書左僕射卒性剛毅長於吏事剖決如流所至有聲以妻派聯國庶不得拜臺省政曹妻謂抃曰公因我系賤不踐清要何不更娶世族抃笑曰棄糟糠之妻以圖富貴吾不忍爲也子世貞亦不得赴舉

論曰權守平無他事蹟見於史者其爲人不可考然察其辭受之際非以皎皎爲潔而出於天性之自然其德足以單乎後見者矣孫抃長於吏事所至有政績觀兩人之言其志不汲汲於名利以求驟進則其不附權臣志操可槩也

金之岱 俞升旦 庾碩

金之岱初名仲龍清道人風姿魁梧倜儻有大志力學能文高宗四年江東之役代其父隸軍隊以行隊卒皆於楯頭畫奇獸之岱獨作詩書之曰國患臣之患親憂子所憂代親如報國忠孝可雙修元帥趙沖點兵見之驚問召入內廂器使之明年沖知貢舉之

岱擢第一名例補全州司錄恤孤寡抑強豪發擿如神吏民敬畏入拜寶文閣校勘後爲全羅道按察使崔怡子僧萬全住珍島一寺其徒橫恣號通知者尤甚有所謁之岱皆抑不行嘗至其寺萬全慢罵不見之岱直入升堂堂上有樂器乃橫笛數弄操琴鼓之音節悲壯萬全欣然出曰適有微疾不知公至此相與歡飮因託以十餘事之岱卽行之留數事曰至行營乃可爲耳空遣通知相候還營數日通知果至之岱命縛之數其不法投之江萬全卽沆也雖挾前憾以之岱廉謹少過竟莫能害累遷判司宰事時蒙古

兵犯北邊知兵馬使洪熙嗜女色不恤軍務一方離心以之岱有才略陞簽書樞密院事代熙出鎭撫以恩信西北四十餘城賴以安元宗初拜政堂文學吏部尙書未幾上章請老加守太傅中書侍郎平章事致仕得疾剃髮坐逝年七十七諡英憲初之岱聞城南有叟善星命往見之叟迎入推占因令少女拜庭下云此公後必貴活汝者也謹識之後二十年之岱按全羅賊黨多繫獄之岱按囚一婦呼曰舊日城南叟女也之岱驚釋之厚慰而遣

兪升旦初名元淳仁同縣人沈訥謙遜博聞強記尤工於古文世稱元淳文經史奧義有問者辨釋無疑至於釋典亦能旁通嘗過尙書朴仁碩仁碩有藻鑑待之盡禮人問其故答曰此人如照夜神珠求不可得況自致乎康宗爲太子時選補僚屬擢第爲侍學康宗放江華升旦亦被斥不調熙宗朝始授南京司錄參軍與留守崔正華有隙降授瀫岳監務不起高宗在幼冲亦受學及卽位除守宮署丞恩眷甚厚遂爲師傅歷禮部侍郎右諫議大夫進參知政事蒙古大擧侵及京畿崔怡會宰樞議遷都江華時昇平旣久京都戶至十萬金璧相望人情安土重遷然畏怡

無敢發一言者升旦獨曰以小事大義也事之以禮交之以信彼亦何名而困我哉棄城郭捐宗社竄伏海島苟延歲月使邊氓丁壯盡於鋒鏑老弱係爲奴虜非爲國長計也怡不聽十九年卒諡文安無子

庾碩平章事弼曾孫高宗初擢魁科籍內侍累遷閤門通事舍人歷忠淸全羅二道按察東南道都指揮副使皆有聲績後爲安東都護副使巡問使宋國瞻移牒於碩令修山城又牒判官申著同議著素貪汙碩恥與共事所牒事皆委著日與儒士嘯咏而已著嗛之訴于崔怡曰修城大事也副使不留意狄兵若

來必敗怡流碩于巖墮島將行老幼遮道號哭曰天乎我公何罪攀挽使不得行押送別抄呵叱路得開妻攜子女以行私馬只三匹或有徒行者邑人泣請留一日不得出騶從護送妻辭曰家公流配妻子皆罪人也敢乘官馬乎邑人固請竟不許邑人嘆曰非夫人豈得配我公復起爲東北面兵馬使先是有一兵馬使始以江瑤柱餽怡遂爲常例江瑤柱出龍津縣捕之甚艱邑民五十餘户因之失業逃散幾盡碩一禁絶流亡盡還時守令爭事侵漁以媚權貴碩移牒禁之有忌碩者取牒示怡怡曰碩不餽我足矣何

苦禁道内東北人感碩清德呼爲父母秩滿當還請借三年召拜禮賓卿爲蒙古使館伴譯者以失禮告怡乃配蓮花島崔沆襲權欲收人望召知刑部事有上將軍金寶鼎欲奪人奴婢訟之碩立辨其爲寶鼎枉之大將軍李輔與一進士爭奴婢誣告進士碩訊知其妄不問輔恚曰尚書右同鳳一小儒不顧重房三品官乎碩曰若謂我護一儒士者大將軍可盡護一國武士乎輔甚銜之二人交訴于沆貶安北都護副使碩季女稍解書獻詩于沆乞留父沆慰諭之因與穀帛碩至安北數月而卒性剛直清白不阿權貴屢以微過見斥執節不少屈後朴惟氐守安東自謂爲政不下於碩嘗獨坐郡齋見一小吏質愼者語曰咫尺之地障以蓬蘺耳目無所施況處一堂欲察四境之内不亦難哉今得無姦吏弄法窮民飮恨者乎小吏曰自官之來民不見吏弄法之吏飮恨之民未之聞也曰民以我何如庾使君小吏曰民稱庾使君有間然後語亦及之惟氐慙服碩曾祖母睿宗後宮出也睿宗嘗幸西都平州吏女在道左觀之姿甚豔睿宗召入生女遂嫁弼以國庶之後不得踐臺諫政曹

論曰仕亂世見惡人強則必取禍柔則必取辱此其所以難也若金之岱之遇崔沆何其婉而不迫也以之岱廉謹少過沆終莫之害則不取禍不取辱者之岱有焉庾和士流之正論而隨時低昂宋寧宗時韓侂胄啓釁而善流主和高宗之世崔怡斥和而俞升朝主和君子之心初無適莫惟利國是急爾庾碩清操勁節凜然有古人風忤權姦屢瀕困阨而不悔豈卓然有立于中不爲威武所屈故能爾邪

柳澤　皇甫瓘　李維城　崔允愷

柳澤參知政事公權之子也力學登第是時崔忠獻

當國擅生殺人有語逼者不問曲直輒戮之以威衆李奎報金珽等皆詣忠獻第賦詠贊頌以媚忠獻澤挺立不肯附高宗嘗設藏經會澤製疏曰雖自篤克勤之念罔敢怠荒不幸遭多難之時未能制御諫議大夫朴玄圭曰所謂未能制者非指晉康公邪使人告之忠獻呼澤詰問澤大笑自若忠獻不敢害人謂玄圭與澤有憾以此激之澤官至右僕射翰林學士子璥自有傳

皇甫瓘者琴儀之門生也儀有文章負當世重名諂附忠獻歷踐華要拜忠獻車下瓘鄙之嘗詣儀直廬

作詩諷休官儀怒告忠獻流瓘于島遂不振聞者薄儀而多瓘之直

李維城大將軍幹之子也婦翁鄭國儉家在水精峯下路險僻國儉見一婦人盛飾著袈裟由峯路下惡少數人劫而姦焉維城率家僮捕獲鞫之皆權勢武官子弟也法官懼不欲治刑部員外郎趙聞識獨抗議杖殺聞者快之維城遇事剛果交友以信按金羅守漢山皆有聲績累拜左常侍王濬明之弟正言景儀維城友也濬明之被禍也景儀坐配流親舊畏忠獻莫有送者維城餞其行贐白金三十兩遺押吏得寬陵逼景儀感泣時人多之高宗初爲西京副留守以絃歌自娛卒

崔允愷禮部侍郎均之孫文定公甫淳子也均當位寵之亂杖節以死甫淳相高宗爲名臣允愷登第累轉尚書右丞是時崔氏柄國已四世矣擧朝靡然趨附允愷獨不至其門金仁俊之誅竩也擢允愷右副承宣掌吏兵部選官至樞密院使御史大夫卒

論曰麗朝權臣之禍始於李資謙朝臣不附者尚多也及武臣作亂士流芟刈殆盡玉石俱焚尚何言哉崔氏敢於殺戮柄國累世當時朝士名流競爲腹心

爪牙特立不附如金方慶趙冲金之岱者不多見也若夫柳澤製疏託諷皇甫瓘作詩諷儀李維城贐金舊交崔允儀不至權門凜然有古義士之風語云疾風知勁草板蕩識誠臣豈不信哉然皆附見他傳事蹟晻昧故今表以出之尚論之士庶有取焉爾

李藏用 崔璘

李藏用字顯甫初名仁祺中書令子淵六世孫父儆清儉寡欲通經史善斷事官至樞密院使藏用高宗朝登第調西京司錄入補校書郎兼直史館累遷國子大司成樞密院承旨陞副使拜政堂文學元宗元

年參知政事進中書侍郎平章事加守太傅判兵部
事太子太傅五年蒙古徵王入朝王命宰相會議皆
持疑未決藏用獨曰王覲則可金後曰既就徵萬一
不幸乃何曰我以爲必無事也脫有不幸甘受孥戮
議乃定因從王入朝時求寧公綧在蒙古言高麗有
三十八領領各千人通爲三萬八千人若遣我當取
來爲朝廷用史丞相召藏用至中書省門之藏用曰
我太祖之制蓋如此比來死於兵荒雖曰千人其實
不然亦猶上國萬戶牌子頭數目未必足也請與綧
東歸點閱綧言是斬我我言是斬綧綧在傍不敢復
言又問高麗州郡戶口幾何曰不知曰子爲國相何
爲不知藏用指牕欞曰丞相以爲凡幾箇丞相曰不
知藏用曰州郡戶口之數則有司存宰相焉能盡知
丞相默然翰林學士王鶚邀燕其第歌人唱吳彥高
人月圓春從天上來二曲藏用微吟其詞中音節鶚
執手嘆賞曰君不通華言而解此曲必深於音律者
也益敬重帝聞藏用陳奏謂之阿蠻滅兒里干李宰
相見者亦謂海東賢人至有寫眞以禮者王還以功
進門下侍郎同中書門下平章事慶源郡開國伯食
邑一千戶食實封一百戶加太子太師八年蒙古遣

兵部侍中黑的等令招諭日本藏用以書遺黑的曰
日本阻海萬里雖或與中國相通未嘗歲修職貢故
中國亦不以爲意來則撫之去則絕之以爲得之無
益於王化棄之無損於皇威也今聖明在上日月所
照盡爲臣妾蠢爾小夷敢有不服然蜂蠆之毒豈可
無慮國書之降亦甚未易隋文帝時上書云日出處
天子致書于日沒處天子其驕傲不識分義如此安
知遺風不存乎國書既入答以不恪之辭欲捨之則
示不武於四夷欲取之則風濤艱險非王師萬全之
地陪臣固知大朝非必欲致之偶因人言試之耳然
取捨如彼尺一之封莫如不降之爲得也且彼豈不
聞大朝功德之盛哉既聞之計當入朝然而不肯者
恃其遠耳然則期以歲月徐觀其爲至則奬其內附
否則置之度外任其蚩蚩自活於相忘之域實聖人
天覆無私之至德也陪臣再覲天陛親承睿渥今雖
在遐陬犬馬之誠思效萬一耳蓋藏用度日本竟不
至將累我國故密諭黑的欲令轉聞寢其事王怒其
不先告配靈興島館伴起居舍人潘阜亦坐不告
流彩雲島阜方對黑的坐武士突入曳出黑的怒詰
知之乃還藏用書且曰我若歸奏此書幸而聽乎天

下之福也雖不聽於汝國則忠矣固止之由是皆獲
免九年拜門下侍中藏用嘗言於朝欲使宗社無虞
中外晏然莫如還都舊京金俊及其黨皆不欲之藏
用曰縱不能大歸且令作宮室夏居松京冬返江都
如上國之有兩都可也於是置古京出排都監蒙古
遣使徵兵勅令藏用來奏軍額及藏用謁帝帝曰朕
命爾國出師助戰爾國不會將軍數分明奏聞王綧
奏高麗有四萬軍又有雜色一萬故朕昨日勅爾等
云王所不可以無兵其留一萬以衛王國將四萬來
助爾奏云東國無五萬軍綧之言非實也請遣使與

告者偕往點其軍額若實有四萬陪臣受罪否則坐
告者因呼綧令與對辨又勅曰爾還爾國亟奏軍額
不爾將討之爾等不知出軍將討何國朕欲討宋與
日本耳今朕視爾國猶一家爾國若有難安敢不救
乎朕征不庭之國爾出師助戰亦其分也爾歸語王
造戰艦一千艘可載米三四千石者藏用對曰敢不
惟命第督之則恐不及事帝曰三王五帝以來歷代
之事爾等所知不必更說朕取近言之昔成吉思皇
帝時河西王納女請和曰皇帝若征女眞我爲右手
若征回回我爲左手後成吉思皇帝將討回回命助

征河西竟不應帝討而滅之爾亦聞乎藏用對曰東
國昔有四萬軍三十年間死於兵疫殆盡雖有百戶
千戶但虛名耳帝曰死者尚有獨無生者乎爾國亦
有婦女豈無生者爾老諳事說何妄耶對曰小邦蒙
荷聖恩自罷兵以來有生長者然皆稚弱不堪從軍
帝又曰爾國於宋風順則可兩三日至日本則朝發
夕至此爾國與蠻人之言也汝國何不主是事綧至
欲言軍事藏用曰至尊前不當爭辨遣人可驗帝謂
綧曰言已畢矣十年林衍謀廢立宰樞莫敢言藏用
度不能止且恐有不測乃以遜位爲言衍遂廢王立

安慶公淐時世子在蒙古回至鴨綠江聞難還入朝
衍懼以藏用充節日使如蒙古欲令說世子而返之
至則具陳衍廢立未幾王復位入朝明年藏用謁王
于道王至東京行省問廢立之故王以有疾遜位對
行省覺之請以藏用從王惡藏用言與己異故不許
藏用追謁于燕具奏衍逆狀帝使頭輦哥率兵衛王
還國又明年蒙古斷事官不花等宣言林衍廢立時
與謀者尚在不正其罪名何以懲後因免藏用官藏
用曰當時不死豈非罪乎十三年卒年七十二美風
儀性聰明端重博學經史陰陽醫藥律曆靡所不通

爲文章淸警優贍又喜浮屠書嘗著禪家宗派圖潤色華嚴錐洞記遺命火葬無子忠烈王元年追謚曰文眞

崔璘惟淸之孫也器局宏深少不護細行與豪俠子薄遊蒱酒間年幾三十始發憤讀書康宗朝登第歷臺諫高宗時出爲羅州副使時原栗人李延年自稱百賊都元帥嘯聚山林寇掠州郡璘與指揮使金慶孫擊破之以功超拜右副承宣累遷參知政事蒙古大擧入侵宰樞請遣安慶公淐如蒙古乞班師王不許璘獨前奏曰愛子之情無貴賤一也然不幸有死別者殿下何惜一子兵興累年人民存者十不二三蒙兵不還則遺民失其農業皆投於彼竄伏一島何以立國王不得已領之宰樞欲使金寶鼎從淐行王以璘代先是永寧公綧質蒙古及淐至帝以爲實永寧母弟禮待甚厚黃驪人閔偁訴於帝曰綧非王親子且高麗族誅李峴降城官吏亦皆誅殺帝謂綧曰汝前稱王子何也對曰臣少養宮中以王爲父后爲母不知非眞子也今使臣崔璘實以我入質者也請問之帝問璘對曰綧乃王愛子非親子也所進表在可驗帝曰愛子親子異乎曰愛子者養人之子以爲己子也若所生子則何更稱愛乎帝驗前表皆稱愛子遂不問官至門下侍郎平章事嘗再知貢擧號稱得士四十三年卒謚文景臨絶妻子泣曰我輩何依而生璘微笑曰爾輩其爲戎乎後果俱沒戎兵

論曰呂好問不死於張邦昌之簒朱勝非不死於苗傅之亂李藏用不死於林衍廢立之際終能斡旋事機反正王室然貪生苟容大節已虧功不足以掩罪矣至於主和之論則升朝抗辯於遷都藏用定議於入覲不然於權臣而安社稷焉悅皆可尙焉崔璘一言悟王割情遣質力視觸龍亦無歉焉

木齋家塾彙纂麗史卷之二十六

㳫齋家藏彙纂麗史卷之二十七

名臣六

趙沖 金就礪

趙沖 字湛若侍中永仁之子生一月母亡稍長極哀慕家稱孝童明宗時登第籍内侍博聞强記諳練典故熙宗朝拜國子大司成翰林學士一時典冊多出其手出為東北面兵馬使還拜禮部尚書高宗三年進樞密副使上將軍文臣兼上將軍自文克謙始中廢久王以沖才兼文武特授之及金山兵至拜中軍副元帥兵敗而還降授兵馬使破黄旗子軍仍拜都元帥金山兵復至沖與中軍帥金就礪協力破之及還拜平章事為人風姿魁偉外莊重内寛和凡遇士愉愉然不施戟級三掌文闈所選多名士出將入相朝野倚重平時莅事未嘗露稜角故世徒知其為寛厚豁達長者及統大衆臨大事然後乃知為磊落不常之器嵩相開獨樂園于東皐每公餘引賢士大夫以琴酒自娱子叔昌季珣季珣官至門下侍郎其孫文瑾拜參知政事

金就礪 彥陽人禮部侍郎富之子也蔭補東宮衛累遷將軍擢大將軍巡撫北塞邊民畏愛高宗三年秋

八月契丹遺種金山金始王子脅河朔民圖復舊遼遣人告北界兵馬使曰我於某日樹黄旗汝來聽皇帝詔不來將加兵至其日果樹黄旗兵馬使不往明日使其將鵝兒乞奴引兵渡鴨綠江攻寧朔掠財畜而去又明日闌入義静朔昌雲燕等州彌漫山野恣取禾穀牛馬而食之居月餘食盡移入雲中道於是以上將軍盧元純將中軍白守貞金蘊珠副之兵應富將右軍崔宗峻庾世謙副之就礪將後軍崔正華陳淑為副十三領軍及神騎屬焉三軍啓行至朝陽鎮在价川郡西三悌里南與賊遇官軍稍却郎將丁純佑突入賊中斬持纛者賊奔潰乘勝斬虜頗多獲牛馬符印器仗甚衆乃拜純佑為將軍賊屯于連州今价川東洞三軍進戰斬百餘級是時軍候兵應儒咸洪宰等遇賊于龜州直洞村銜枚進擊斬獲三千餘人將軍李陽升亦破賊于長興驛而三軍又敗之于龜州賊趨昌州移屯延州之開平驛延州今寧邊開平屬魚川終日絡繹不絶官軍遣神騎將追之遇賊于新里破斬之官軍進次延州以光裕延壽周氏光世君悌趙雄等六將守獅子巖求麟迪夫文備守楊州翼日九將戰于朝宗戍斬

虜八百餘人獲驢騾兵仗無筭賊不復分兵聚屯開平驛諸軍莫敢前右軍據西山之麓中軍受敵于野退屯獨山(在江界府西南五十里然恐非其地)就礪拔劍策馬與將軍奇存靖直衝賊圍出入奮擊賊兵潰追過開平驛賊設伏驛北急擊中軍就礪回擊之賊又潰元純夜謂就礪曰彼衆我寡右軍不至始賫三日粮今已盡不如退據延州以俟後便就礪曰我師屢捷鬪志尚銳請一戰而後議之賊布陣墨匠之野軍勢甚盛元純馳召就礪且揚黑幟爲信士卒冒白刃爭赴無不一當百就礪與文備橫截賊陣所向披靡三合三克就

礪長子死焉賊奔入香山燒普賢寺官軍追擊之斬獲二千餘人溺死南江者亦以千數賊將鵝兒死金山引餘衆夜遁昌州婦女小兒委棄路傍號哭聲如萬牛有一人棄兵直前請曰我等有罪婦子何知且無薄我刻日自返就礪與之酒快飮而去俄而賊陣送符文陳乞如其所言三軍各遣二千人躡其後見賊所棄資粮器仗狼藉於道牛馬或斫其腰或刺其後使得之不復用也所遣六千人戰于淸塞鎭擒殺過當都領緈進亦擊殺七十餘級賊遂踰淸塞陣黔川道去官軍次延州聞賊兵後至者甚盛唯留內廂

自衛其餘悉發後軍獨遇于楊州擒殺數十百級兩軍先回博州就礪護輜重徐行至沙現浦賊突出狙擊就礪告急於兩軍守使宜不出就礪力戰却之卒護輜重而至元純出迎西門外賀曰卒遇強敵能摧其鋒使三軍負荷之士無一毫之失公之力矣馬上擧酒爲壽兩軍將士及諸城父老皆扣頭曰今者與強寇角立而自戰其地可謂難矣而於開平墨匠香山原林之役後軍每爲先鋒以少擊衆使我老弱存其性命顧無以報但祝壽而已賊復聚衆耀兵於昌州門外擊走之官軍夜襲賊于興郊驛敗之明日夜

戰于洪法寺克之將軍金公奭戰于昌州門外又敗之而三軍屯博州入城休卒賊夜涉淸川江指西京官軍與賊戰于渭州城外(在寧邊西北四十里今廢)敗績將軍李陽升等千餘人死京都聞之哭者滿城賊至西京城外屠安定林原驛躡氷濟大同江遂入西海道屠黃州是時賊犯境逾半年而崔忠獻顓國日耽遊宴不問邊事且聞就礪屢捷倚以爲重不設備及是賊勢猝逼中軍奏請濟師冬十二月乃以左承宣車倜將前軍上將軍宋臣卿將左軍並前三軍爲五軍而參知政事鄭叔瞻爲行營中軍元帥樞密副使趙沖副

之統五領軍括京都不論有無職悉隷部伍發僧爲兵共可數萬叔瞻等點兵於順天館驍勇之士皆爲忠獻父子所占官軍皆老羸不堪戰元帥心懈王御崇文殿叔瞻沖以戎服統諸摠管入庭行禮王親授鉞遣之師至興義驛前軍望見平州軍還認爲賊遂潰惟沖勒兵以待叔瞻聞賊至鹽白州乃退師明年春正月罷叔瞻以知門下鄭邦輔代之邦輔沖耀兵鹽州賊遁去是時就拜就礪爲金吾衛上將軍三軍皆入援而邦輔沖統五軍追賊三月行至安州太祖灘遇雨而止置酒宴樂有一賊乘白馬突入陣中舉

旗而麾俄而賊兵遽至急攻前軍先潰遂薄中軍縱火燒壘邦輔沖奔左軍左軍亦敗五軍皆潰大將軍李義儒白守貞等戰死士卒死者不可勝記輜重器仗兵書文籍悉爲所奪邦輔沖遯歸賊乘勝馳突就礪收餘兵逆擊奮劒獨拒槍矢交貫于身病創而還賊追官軍至宣義門焚黃橋而退朝野大震於是臺諫論邦輔沖罷之更閱五軍以吳應夫將中軍崔元世將前軍貢天源將左軍吳仁永將右軍柳敦植將後軍以禦之賊趣牛峯臨口長湍五軍追至積城不及賊遂陷東州忠獻奏丹兵勢將南下五軍逗遛不

戰請罷應夫以崔元世代統中軍以就礪統前軍從之賊指交河過澄波渡官軍與戰于楮村却走之賊至豐壤曉星峴官軍欲戰將渡橫灘賊兵尾擊之左軍先戰敗走中軍後軍自山外出賊背擊却之追至盧元驛斬馘居多前軍左軍亦戰于砥平縣敗之獲馬千餘匹賊陷安陽府執按察使曾周翰殺之遂抵原州州人與賊相持凡九戰食盡力竭外援不至城乃陷而前軍右軍亦敗以任輔爲加發兵馬使遣之前軍右軍遇賊楊根砥平屢戰破之秋七月諸軍追賊至黃驪縣移次元帖元世曰明日之路二吾行如

何則可就礪曰分軍掎角不亦可乎元世從之翼日會于麥谷與戰斬獲三百餘級逾于堤州之川流屍蔽川而下後三日追至朴達峴任輔亦將兵來會元世謂就礪嶺上非大軍所止欲退屯山下就礪曰兵法先據地利者勝師遂登嶺而宿質明賊進軍于嶺南先使數萬人分登左右峯欲爭要害就礪使申德威李克仁當左崔俊文周公裔當右就礪從中鼓之士皆殊死鬭諸軍望之亦大呼爭前賊大潰老弱男女兵仗輜重狼藉委棄賊由是不果南遂東走追至溟州大關山將士疲懦退屯旬日乃進賊已踰嶺元

世天源及就礪追之毛老院敗之賊圍演州四軍趕
之後軍不及屯於剛州賊趨登州右軍進攻敗績賊
遂入咸州官軍莫敢追躡就礪承中軍牒移兵定州
築鹿角垣三周其隍留李克仁申德威等守之移居
興元鎭賊得女眞兵復振長驅而來就礪回兵遇於
豫州楂川交綏而退忽遘疾將佐請歸就醫就礪曰
寧爲邊城鬼豈可求安於家乎疾甚轎歸理疾肩輿
至京累月乃瘳沖既罷旋拜西北面兵馬使尋授樞
密使吏部尙書諫官奏駁之冬十月女眞黃旗子軍
渡鴨綠來屯麟龍靜州(今義州龍川等地)沖與戰斬獲五百

餘級又戰于暗林平大破之殺虜及溺死不可勝數
旗子軍遁還乃復沖職而就礪所留兵戰于渭州敗
績賊復聚寇高州和州陷寧仁長平又陷豫州於是
罷五軍及加發兵置三軍以文漢卿貢天源李茂功
統之明年(戊寅)賊勢寢盛名拜沖守司空爲西北面元
帥就礪爲中軍兵馬使鄭通寶將前軍吳壽祺將左
軍申宣胄將右軍李霖將後軍王親授鉞遣之初沖
恨軍敗作詩見志(詩曰萬里霜蹄容一蹶悲鳴不覺換時節倘教造父更加鞭踏躪沙場摧胡月)
及是受命統衆號令嚴明部伍整肅諸將莫敢
以書生易之沖道長湍至洞州遇賊擒其將帥次成

州以待諸道兵慶尙按察使李勣引兵來遇賊不得
前遣將軍李敦守擊之以迎勣既而賊從二道直指
中軍沖張左右翼鼓而前賊望風而潰敦守勣來會
將軍朴義鄰敗賊于禿山賊散而復集盡銳來攻沖
迎擊大破之賊欲引還慮我邀其歸路入保江東城
會蒙古太祖遣元帥哈眞札剌領兵一萬以東眞萬
奴將完顔子淵兵二萬偕至聲言討契丹攻和孟順
德四城破之(今永興孟山順川德川等地)直指江東會天大雪餉
道不繼賊堅壁以疲之哈眞患之牒元帥府曰皇帝
以契丹竄在爾國于今三年未克掃盪故遣兵討之

爾國惟兵糧是助無致欠闕其辭甚嚴且謂帝命破
賊之後兩國約爲兄弟沖卽輸米一千石遣中軍判
官金良鏡領精兵一千護送哈眞大喜遇良鏡甚款
是時蒙古東眞雖以討賊救我爲名然蒙古於夷狄
最凶悍且無舊好以故中外震駭疑其非實沖獨不
疑馳啓不已朝議依違未報因稽往犒哈眞怒其緩
沖欲遣使慰解諸將皆憚行就礪曰事不辭難臣子
之節吾雖不才請爲公一行沖曰軍中之事徒倚公
重公去可乎就礪遂行神騎內廂十將軍兵從焉哈
眞使謂曰貴國誠能結好當先遙禮蒙古皇帝次則

禮萬奴皇帝就礪曰天無二日民無二王天下安有二帝只拜蒙古帝就礪身長六尺五寸以長而鬚過其腹每盛服必使兩侍女擎鬚而後束帶哈眞見狀貌魁偉及聞其言益奇之引與同坐曰吾嘗征伐六國閱貴人多矣見公之貌何其奇歟年幾何矣曰近六十哈眞曰吾尚未五十兩國一家吾其弟乎就礪出門哈眞扶腋上馬數日沖亦至哈眞問元帥年孰長曰長於我乃引沖坐上座曰吾欲坐兩兄間於禮何如就礪曰是吾等所望第未敢先言耳坐定置酒作樂蒙俗好以銛刀刺肉賓主相啗往復不容瞥從

彙纂麗史卷之二十七 九

者皆色難沖就礪跪起承迎甚熟哈眞歡甚請與沖較飲量不勝者罰之沖引滿輒釂雖多不醉及闋舉觴不飲曰勝而如約罰及於公主而罰客於心安乎哈眞重其言而大悅約詰朝會江東城下去城三百步而止哈眞自城南門至東門鑿池廣深十尺西門以北委之子淵東門以北委之就礪皆令鑿隍以防逃逸賊勢窘多出降者賊魁喊捨王子自縊殺其官人軍卒五萬餘人開門出降哈眞與沖等行視投降狀王子僞丞相平章以下百餘人斬於馬前餘悉貸之哈眞曰俺來自萬里與貴國協力破賊千載之幸

而軍行迫遽不得往拜國王此所恨也因請與沖就礪同盟曰兩國約爲兄弟萬世子孫無忘今日沖設宴犒之哈眞歸被虜民數百及以婦女駿馬遺沖就礪餘悉自隨沖送至義州哈眞執沖手泣下不能別子淵頗知人謂我人曰汝國帥奇偉非常人也汝國有此帥天賜也沖嘗被酒枕其膝而睡子淵恐其驚寤略不動左右請易以枕子淵不肯其恩信之感人如此蒙兵奪諸將馬沖曰此皆官馬雖死納皮不可奪也蒙人信之有一將以馬易銀者乃以沖言爲誣復多奪馬去沖以契丹俘虜分送州縣擇閒曠地居

彙纂麗史卷之二十七 十

之業農爲民俗呼爲契丹場凱還忠獻嚴忌之停郊迓禮以沖爲政堂文學判禮部事尋加守太尉同中書門下侍郎修國史久之拜就礪爲樞密副使是歲義州賊韓恂多智殺守將逆諸城以叛獨延州成州龜州安北府堅守乃以李克偦將中軍李迪儒將後軍就礪將右軍討之明年以就礪代克偦將中軍恂智等投金帥亏哥下亏哥下誘斬二人傳首于京三軍請理諸城從逆之故就礪曰殲厥渠魁脅從罔治大軍一臨無辜橫罹況兵興四年關東爲墟今復縱兵自撤藩籬可乎乃遣郭元固金甫貞宗周賚等往義

州安集遺民周賚貪婪受賂無賂者借事誅殺州人怨之引賊黨尹昌踰城入殺周賚元固等遁歸以告就礪遣大將軍趙廉卿以兵五千討之昌逃賊黨民解契丹餘衆亡竄寧遠山中時出鈔盜爲民患就礪遣李景純李文彦擊破北境以安明年陞拜就礪樞密使兵部尚書判三司俄遷參知政事九月平章事沖卒王震悼輟朝三日贈開府儀同三司門下侍中二十一年就礪卒諡威烈爲人節儉正直忠義自奮持軍嚴士卒不犯秋毫有酒卽用一卮與最下者均飮故得其死力江東之役事皆讓於沖至臨陣制敵

多出奇計以成大功然未嘗自伐及爲相正色御下人不敢欺子佺門下侍郎佺之子曰良鑑良鑑之子曰文衍

論曰高王之世崔氏父子繼世秉政内擁堅甲以專權外委羸兵以責戰當斯之時欲以有爲其亦難矣而遼孽屯據於險要蒙將壓境而徵師順之則莫委其情逆之則必生他變安危之機間不容髮沖與就礪乃能相機決策不震不疑定盟哈眞固與國之心不拜萬奴明尊王之義折衝樽俎却敵如神功成不伐社稷底寧徐熙姜邯贊不得專美於前矣豈非所謂英雄豪傑間世之人物乎

金仁鏡　李勣　金君綏

金仁鏡初名良鏡慶州人平章事義珍四世孫父永固爲興郊驛使公淸慈惠不咎一人後緣金甫當逮繫寧州獄當死興郊吏民詣處置使涕泣請貸竟獲免焉第宅已沒官妻子無所託興郊吏斂米布厚遺之仁鏡才識精敏善隸書明宗時中乙科直史館轉起居舍人高宗初趙沖討契丹于江東辟仁鏡爲判官時蒙古帥哈眞東眞帥子淵請兵糧沖欲詗難其人仁鏡請行沖曰幕中籌策君職耳冒險往諜非素

習也何請爲仁鏡曰嘗聞蒙古布陣取法孫吳余少讀六書熟知之故敢請沖許之遣仁鏡領精兵一千輸米千石與之哈眞子淵攻丹兵于岱州屯州西兗山仁鏡往見之兩元帥張樂宴慰極歡而罷仁鏡就西門外結方陣兩元帥登高而望蒙兵被甲帶劒相對立仁鏡使才人列軍前鼓譟作雜戲又使善射者二十餘人一時俱射矢入州城契丹登城望者皆走避兩元帥嘆軍容整肅沖就礪繼至遂破賊事定擢樞密院右承宣十四年東眞寇定長二州仁鏡知中軍兵馬事與戰于宜州敗績明年被讒貶牧尚州故舊

無相送者唯門生餞于郊仁鏡有詩云一鞭幾盡塲胡塵萬里南荒作逐臣玉筍門生多出餞感深難禁淚沾巾又題州壁云敢向蒼天有怨情謫來猶自得專城何時鈴閣登黃閣太守行為宰相行未幾拜翰林學士尚書左僕射當時以為美談十九年進政堂文學吏部尚書監修國史陞中書侍郎平章事二十二年卒諡貞肅文武吏才俱贍天資清婉無一點塵累高文大冊皆出其手尤工近體世稱良鏡詩賦子鍊成擢魁科官至尚書左僕射翰林學士承旨孫承茂登第歷史翰為金俊所重累遷侍御史時承宣許珙執政諸道按察多行餽遺康軒韓玩亦附珙多受賂承茂皆劾論珙由是惡之

李勣 砥平人父俊善大將軍勣屬內侍轉閤門祇候累遷平部郎中高宗三年金山兵犯境勣為右軍兵馬判官與賊戰于豢猳驛賊乘勝而進我軍奔北勣獨瞋目直前手斬數級遂叱衆俱進賊乃退拜將作監為左軍兵馬副使戰于廣灘先登大捷俘獲甚衆王嘉之授將軍固辭不受出為慶尚道按察使明年賊又大至勅令諸道按察使率兵赴援時賊遮屯要害元帥密諭避之勣曰握兵赴戰惟恐不遇賊遇而避之不勇也直衝賊屯而行果遇賊與戰克之虜獲無筭勣轉軍餉于順州賊自殷州出其不意急擊之麾下士不滿百人死戰却之元帥登城望之嘆賞至垂涕又明年召拜尚書左丞是時賊入保江東城復以勣為兵馬使選精銳屬之勣辭以單騎赴之及賊平仍留為東北面兵馬使六年擢右承宣尋進樞密副使尚書左僕射累陞樞密使御史大夫十二年卒年六十四為人平易溫柔喜怒不形及臨陣賈勇人莫能及性儉素雖至貴顯常處陋室晏如也

金君綏 樂浪侯富軾之孫也弱冠文學為儕輩所推明宗朝擢魁科直翰林院高宗初拜侍郎時朝臣出使或有貪冒侵漁者民多怨咨君綏與李宗揆宋安

國金周鼎崔正份等十一人被選為諸道察訪使問民疾苦察吏清汙適有契丹兵未遑廉按宗揆安國周鼎皆以奉使不稱貶獨正份激揚得宜君綏後拜左諫議大夫代趙沖為西北面兵馬使以清白愛民稱契丹兵至肅州求清之境君綏率諸城兵擊之斬四百三十餘級虜二十一人獲馬五十餘匹及韓恂多智叛君綏仍知中軍兵馬事討之以計斬恂智函首送于京兵馬使金就礪嗛其不先報已乃因君綏管下錄事有盧仁綏者素與君綏有隙因數譖于就礪又譖崔怡流君綏于漢南時人冤之

論曰東國士大夫祖尚以詞藻視韜略爲麤人之事硏精於兵學者鮮矣金仁鏡少讀六書當蒙兵之至勇於赴難其志氣可尚也李勸遇賊不避經累戰而不挫有古勇將之風矣金君綏繼趙冲總戎事有功無罪爲就礪搢之君子之樂善不伐者其果爾耶詩曰讒人罔極交亂二人諒哉

朴犀 宋文胄 金慶孫 崔椿命

朴犀竹州人尚書仁碩之子高宗十八年爲西北面兵馬使蒙古元帥撒禮塔屠鐵州至龜州犀與朔州將軍金仲溫靜州將軍金慶孫靜朔渭泰州守令各

引兵會龜州犀以仲溫守城東慶孫軍守城南都護別抄及渭泰州別抄二百五十餘人分守三面蒙古兵圍城數重日夜攻西南北門城中軍突出擊走之蒙兵擒渭州副使朴文昌令入城諭降犀斬之蒙兵選精騎三百攻北門犀却之蒙古創樓車及大牀裹以牛革中藏兵薄城底以穿地道犀穴城注鐵液以燒樓車地且陷蒙兵壓死者三十餘人又爇朽茨以焚木牀蒙兵錯愕而散蒙古又以大砲車十五攻城南甚急犀亦築臺城上發砲車飛石却之蒙兵以人膏漬薪厚積縱火攻城犀灌以水火愈熾令取泥和

水投之乃滅蒙兵又載草爇之攻譙樓犀預貯水樓上灌之火焰尋熄蒙兵圍城三旬百計攻之犀輒乘機應變以固守蒙兵不克而退復驅北界諸城兵來列置砲車三十攻破城廊五十間犀隨毀隨葺鎖以鐵絙蒙兵不敢復攻犀出城大捷蒙兵退屯樹柵以守撒禮塔遣我國人池義深以淮安公牒至龜州諭降犀不聽蒙兵又造雲梯攻城犀以大于浦迎擊之無不糜碎梯不得近大于浦者大刃大兵也明年王遣諫議大夫崔林壽監察御史閔曦率蒙古人往龜州城外諭曰已遣淮安公講和于蒙兵我三軍已降

可罷戰出降諭數四猶不降曦憤其固守欲拔劒自刺林壽更諭之犀等重違王命乃降後蒙使至以犀固守不降欲殺之崔怡謂犀曰卿於國家忠節無比然敵人之言亦可畏也卿其圖之犀乃退歸其鄕蒙古之圍龜州也其將有年幾七十者至城下環視城壘器械歎曰吾結髮從軍歷觀天下城池攻戰之狀未嘗見被攻如此而終不降者城中諸將他日必爲將相後犀果拜門下平章事時有宋文胄亦從軍龜州者也以功超授郎將二十三年丙申爲竹州防護別監蒙古至竹州城諭降城中士卒出擊走之蒙兵復

以砲攻城四面城門輒摧落城中亦以砲逆擊之蒙兵不敢近蒙兵以人油灌藁縱火攻之城中一時開門突擊之蒙古死者不可勝數蒙兵攻城凡十五日竟不能拔燒攻具而去文冑在龜州熟知蒙古攻城之術其計畫無不先料輒告衆曰今日敵必設某機械我當備某器應之賊至果如其言城中謂之神明論功拜左右衛將軍

金慶孫初名雲來平章事台瑞之子母夢五色雲間有衆環擁一青衣童自天墮懷中因有娠及生美容姿頭上有起骨龍爪性莊重和裕智勇絕人有膽略

常處室必著皂衫如對賓怒則鬚髮輒竪早以蔭進歷華顯高宗十八年爲靜州分道將軍蒙古兵渡鴨綠江屠鐵州侵及靜州慶孫率衙內敢死士十二人開門出戰蒙古却走俄而大軍繼至州人度不能守皆逆竄慶孫獨與十二士登山夜行不火食七日到龜州朔州金仲溫亦棄城來會兵馬使朴犀令仲溫守城東西慶孫守城南蒙兵攻南門慶孫引十二士及諸城別抄將出城令曰爾等不顧身命死而不退者右別抄伏地不應慶孫悉令還入城獨與十二士進戰射先鋒黑旗一騎卽倒十二士因奮戰流矢中

慶孫臂血淋漓猶手鼓不止四五合蒙兵退却慶孫整陣吹雙小笒還犀迎拜而泣慶孫亦拜泣犀於是守城事一委慶孫蒙古圍城數重日夜攻之積草車中輾而進攻慶孫以砲車鎔鐵液以瀉之燒其積草蒙兵却復來攻慶孫據胡牀督戰砲過慶孫頂中在後衛卒身首糜碎左右請移牀慶孫曰不可我動則士心皆動神色自若竟不移大戰二十餘日慶孫隨機設備應變如神蒙古曰此城以小敵大天所佑非人力也遂解圍而去尋拜大將軍知御史臺事二十四年爲全羅道指揮使時草賊李延年兄弟嘯聚原

栗潭陽諸郡無賴之徒擊下海陽等州聞慶孫入羅州圍州城慶孫登樓望之曰賊雖衆皆屬村氓耳卽募得別抄三十餘人聚父老泣諭曰爾州御鄕不可同他郡降也父老皆泣慶孫督出戰左右曰今日兵少賊多請待州郡兵至慶孫怒叱之於衙頭祭錦城山神手奠二爵曰戰勝畢獻張蓋而出左右曰恐爲賊認慶孫叱退之遂出懸門未下召門者將斬之懸門下慶孫乃出延年戒其徒曰指揮使乃龜州大將吾當生擒爲都統勿射也皆令不用弓矢以短兵戰兵始交延年恃其勇直前將控馬轡以出慶孫拔劒

督戰別抄皆殊死戰斬延年乘勝逐之賊徒大潰一
方復定入拜樞密院知奏事有人譖崔怡曰慶孫父
子欲蠱相公怡撿覈無實乃流譖者(本史云投之江)轉樞密
院副使三十六年崔沆忌慶孫得衆心流白翎島後
二年沆弑繼母大氏並投呉承績于江以慶孫爲承
績姻親遣人配所投海中慶孫累立大功朝野倚重
遽爲姦賊所害人皆痛惜子琿

崔椿命文憲公沖之後也性寬和有節操高宗十八
年守慈州(今慈山郡)蒙兵圍州椿命率吏民固守不下國
家畏撒禮塔詰責遣内侍宋國瞻諭降椿命閉門不

對國瞻罵而還及三軍帥降撒禮塔謂淮安公曰慈
州不降宜遣人諭之侹遣大集成與蒙古官人到城
下曰國朝三軍已降宜速降椿命登城樓使人對曰
朝旨未到何信而降集成曰淮安公已來請降故三
軍亦降此非信邪對曰城中人不知有淮安公遂拒
不納蒙古官人令集成入城椿命使左右射之皆奔
却終不下集成深銜而返撒禮塔必使殺之王以問
宰樞皆請末減集成詣崔怡曰不殺椿命蒙將必怒
禍且不測請公獨斷殺之怡諾於是宰樞不得已從
之獨俞升曰以爲不可殺聞者歎服怡遣内侍李白
全往西京將斬之椿命辭色不變蒙古官人曰此何
人白全曰慈州守也官人曰此人於我雖逆命在爾
爲忠臣我且不殺爾旣與我約和矣殺全城忠臣可
乎固請釋之後論功以椿命爲第一擢拜樞密院副
使三十七年卒子怙官至衛尉卿

論曰朴犀金慶孫以孤城弱卒拒天下方張桀驁之
虜使不得東下國家屹然如山嶽吾東方善守城者
安市以後又有龜州功不細矣犀退屛鄕居終至大
拜慶孫晩節爲權姦枉害惜哉崔椿命聞國朝降猶
堅守不下可爲守土之準則矣爲崔瑀所忌羣議和

附俞升朝獨抗論辨之使忠義之氣死而復生噫三
臣者竭忠王室不附權門大節炳然與趙沖金方慶
埒不獨其功爲可稱爾

金希磾　李子晟　金允侯　金應德 陳子和

金希磾本羣山島人其先隨商船到開城留居遂以
爲籍初以監牧直補散員累遷忠淸道按察使有淸
望轉將軍高宗八年蒙古使著古與等怒館待不滿
意或射或擊館伴郎中崔珙等走出門即下鑰蒙古
使不得出希磾開門入諭怒得解東北面兵馬使報
又有蒙古使這可等來王以蒙人谿壑其慾凡所需

索與之則財竭否則釁生議未決遣侍中李抗司天監朴剛材卜于大廟又未決這可等二十三人及女使一人來督國贐王以希磾有膽略又知詩禮善辭命爲類會使這可等曰前此未聞安只女大王遣使而不接待也希磾答曰往歲蒙大國恩今使价枉臨弊封若其迎送之禮與國贐等事敢不盡心然君在都護府手射一人死生未可知若生則君之福死則一行必見拘留這可等屈膝慙服一聽希磾處分又蒙古使喜速不花等來王宴于大觀殿喜速不花等將佩弓矢上殿希磾曰自兩國交好皆具禮服相見

今欲以橐鞬赴宴饗如禮何卽解之又爲東眞使館伴東眞使唱曰東君初報暖希磾卽對云北帝已收寒使曰有何意而賦此句也答曰君以春意唱吾亦以春事和之使歎服不復詰出爲義州分道將軍十年金元帥亏哥下屯兵馬山潛寇義靜麟三州希磾奏請往擊不得命乃遣甲士百人掩襲亏哥下營擒三人奔潰溺鴨綠江死者頗多取輜重二十二船以還俄改西北面兵馬副使十三年亏哥下欲使其兵變蒙古服入寇義靜州知兵馬使李允誠遣別將金利生大官丞白元鳳率兵二百餘人渡鴨綠江攻破

石城斬宣撫副統等五人獲牛馬兵仗不見亏哥下而還希磾與判官員外郎孫龔卿御史宋國瞻議曰亏哥下背我國恩掠我邊民而莫有禦者國之恥也宜相與戮力追討以雪國恥遂選步騎一萬餘人希磾將中軍龔卿將左軍國瞻將右軍賫二十日粮往討石城亏哥下遣兵救之希磾等與戰奮擊大敗之斬七十餘級急攻石城城主率兵出降涕泣銜塊誓天乞解圍希磾數亏哥下背恩之罪而還至紫布江氷已解不可渡是夜氷合乃渡入自淸虜鎭希磾作詩云將軍杖鉞未雪恥將何面目朝天闕一奮青蛇指馬山胡軍勢欲皆顚蹶虎賁騰拏涉五江城郭爛爲煨燼

未臨杯已暢丈夫心反面無由愧汗發國瞻和云以仁爲脊義爲鋒此是將軍新巨闕一揮向海鯨鯢奔再舉向陸犀象躪況彼馬山窮猘兒制之可以隨鞭末朝涉五江暮獻捷喜氣萬斛春光發龔卿和云塞亘無鼎又無鍾欲記元功詩可鬬書之板上告後來觀者爭前僵復蹶孟明濟河雪秦恥若比於公當處未明年又可定天山三箭元無一虛發初希磾將發兵密以書告崔怡及還有司欲劾希磾擅興師聞怡知之遂寢然功賞不行明年出爲全羅道巡問使希磾嘗洩術僧演之相崔怡之語有人因譖怡曰希磾等謀害公怡遣人捕希磾時希磾在羅州捕者至略無懼色從容語曰願一言而死遂口號云欲報淸河百注恩東西南北摠忘身奈何一朝逢天厭紫陌人爲碧海人自投于

海龜沈其子弘已等三人希磾美風儀有智勇通書
史爲怡所親信怡病希磾恐不瘳卜於演之家爲妬
勢者所讒而死弘已娶上將軍趙廉卿女廉卿憫弘
已無罪而死舉家爲之茹蔬一日怡宴兩府及諸將
軍問廉卿曰何故不食肉曰闔家素饌故也怡變色
曰我知之公若無異心宜速納壻廉卿懼欲妻以郎
將尹周輔女泣曰夫死幾日而遽欲奪志廉卿强之
婚夕周輔夢弘已擊其勢驚覺俄而陰痛翼日乃死
希磾壻鄭相判樞密通輔子也恃勢驕橫嘗姦大將
軍池允深妻流南方後召還夜至壽德宮里門閉相

怒管鑰者遲來從門隙射殺之法官大集成金得循
崔宗蕃洪斯胤等聽希磾通輔囑不問唯郎中李廷
翮固執不得遂以輕罪論免未幾廷翮爲晉陽副使
崔怡嘉其守法拜紫門指諭

李子晟牛峯郡人父公靖兵部尚書子晟性剛烈有
勇力善射屢從軍有功累遷上將軍高宗十八年蒙
古元帥撒禮塔舉兵入侵王命將帥三軍禦之屯洞
仙驛會日暮諜者報無賊三軍解鞍而息有人登山
呼曰蒙古兵至矣軍中大驚皆潰蒙古兵八千餘人
突至子晟及將軍李承子盧坦等五六人殊死拒戰
子晟中流矢坦中槊墜馬有兵救之僅免三軍始集
而與戰蒙古兵稍却復來擊我右軍有散員李之茂
李仁式等四五人拒之馬山草賊之從軍者二人射
蒙古兵應弦而仆官軍乘勝擊走之明年王還都江
華御史皂隷李通乘開京虛嘯聚畿縣草賊及城中
奴隷以反逐留守兵馬使遂作三軍移牒諸寺招集
僧徒掠取公私錢穀王以子晟爲後軍陣主樞密副
使趙廉卿爲中軍陣主上將軍崔瑾爲右軍陣主討
之賊聞三軍自江華來拒于江三軍與戰于昇天府
東郊大敗之別將李甫鄭福綏率夜別抄先至開城

賊閉門城守甫紿曰吾等已破官軍而還可速開門
門者信之卽開甫福綏等斬守門者引兵至通家斬
之子晟等繼至賊魁討窮逃匿悉捕餘黨誅之初忠
州副使于宗柱每簿書間與判官庾洪翼有隙聞蒙
古兵將至議城守有異同宗柱領兩班別抄洪翼領
奴軍雜類別抄相猜忌及蒙古兵至宗柱洪翼與兩
班等皆棄城走惟奴軍雜類合力擊逐之蒙古兵退
宗柱等還州撿官私銀器奴軍以蒙古兵掠去爲辭
戶長光立等密謀殺奴軍之魁者奴軍知之曰敵兵
至則皆走匿不守何乃以敵人所掠反歸罪吾輩欲

殺之乎盍先圖之乃詐爲會葬者吹螺集其徒先至首謀者家火之凡豪強之有素怨者捜殺無遺且令境内曰敢匿者滅其家於是或有匿者則婦人小兒皆被害王又遣子晟等率三軍討之三軍至達川水滚未涉方造橋奴軍賊魁數人隔川告曰吾等欲斬謀首出降子晟曰如此則不必盡殺汝輩也賊魁等還入城斬謀首僧牛本以來官軍留屯二日奴軍勇健者皆逃匿官軍入城擒支黨悉誅之以所獲財物牛馬來獻又明年命子晟爲中軍兵馬使討龍門倉賊獲其魁居卜徃心等誅之又有東京賊崔山李儒

作亂又遣子晟往擊之子晟帥師幷日疾馳據永州城以待時賊傳檄州郡刻日期會諸郡依違聞子晟入永乃定賊以爲子晟軍自遠急來欲乘勞擊之集永之南郊官軍登城望之告子晟曰我軍冒熱遠來賊勢盛且銳鋒不可當宜閉門休士數日而後與戰子晟曰不可凡疲卒休則愈怠若曠日持久賊得我情恐生他變不如急擊遂開門突出及賊未陣奮擊大敗之僵屍數十里斬山等數十人令曰脅從罔治民大悅子晟自平東京後將士日集其門恐爲權貴所忌謝疾杜門人稱知幾三十八年以門下平章事卒王震悼謚義烈

金允侯高宗時人嘗爲僧住白峴院蒙古兵至允侯避亂于處仁城蒙古元帥撒禮塔來攻城允侯射殺之王嘉其功授上將軍允侯讓功于人曰當戰時吾無弓箭豈敢虛受重賞固辭不受乃改攝郎將後爲忠州山城防護別監蒙古兵來圍州城凡七十餘日粮儲幾盡允侯諭厲士卒曰若能效力無貴賤悉除官爵爾無不信遂取官奴簿籍焚之又分與所獲牛馬人皆效死赴敵蒙古稍挫遂不復南以功拜監門衛上將軍其餘有軍功者至官奴白丁亦賜爵有差

出爲東北面兵馬使時東北面已沒於蒙古故不赴官至守司空右僕射致仕

金應德性勇敢元宗十一年爲羅州司錄時三別抄反據珍島勢甚熾州郡望風迎降或往珍島謁見賊將至羅州副使朴琈等首鼠未決上戶長鄭之呂慨然曰苟不能登城固守寧遁避山谷爲州首吏何面目背國從賊乎應德聞其言卽決意守城牒州及領内諸縣入保錦城山樹棘爲柵率勵士卒賊至圍城攻之士卒皆裹瘡死守賊攻城七晝夜竟不能拔州遣金叙鄭元器鄭允等來報王嘉之賜應德爵七品

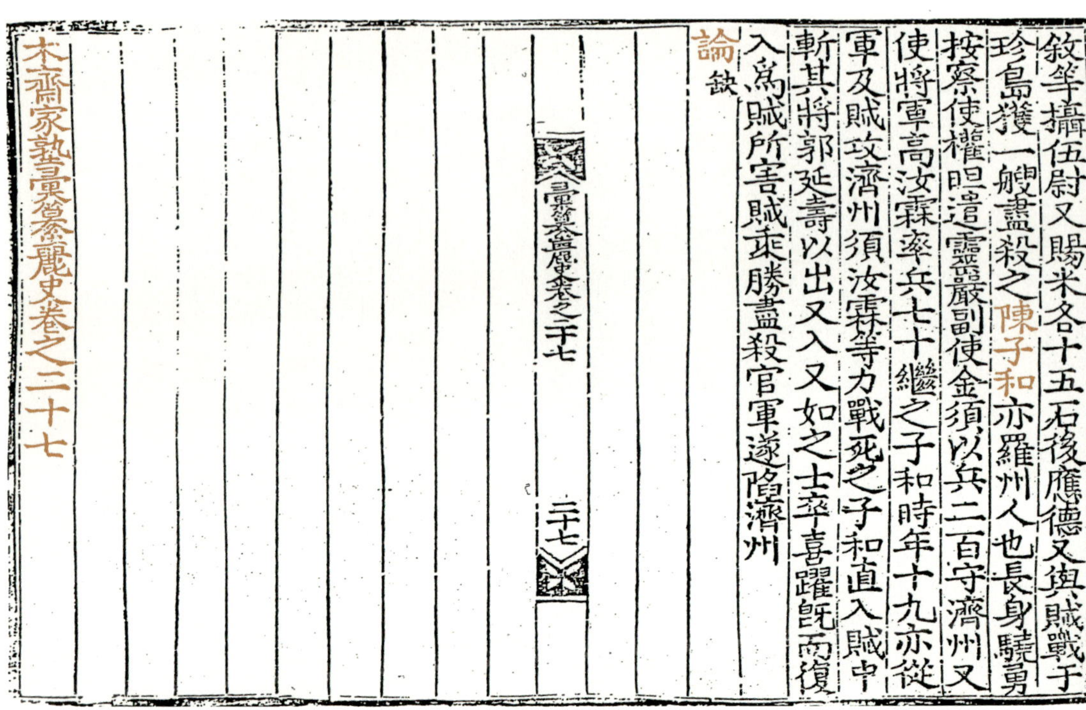
敍等擒伍尉又賜米各十五石後應德又與賊戰于珍島獲一艘盡殺之陳子和亦羅州人也長身驍勇按察使權晅遣靈巖副使金須以兵二百守濟州又使將軍高汝霖率兵七十繼之子和時年十九亦從軍及賊攻濟州須汝霖等力戰死之子和直入賊中斬其將郭延壽以出又入又如之士卒喜躍旣而復入爲賊所害賊乘勝盡殺官軍遂陷濟州

論 缺

彙纂麗史卷之二十七 二十七

木齋家塾彙纂麗史卷之二十七

木齋家塾彙纂麗史卷之二十八

名臣七

金方慶　金周鼎　柳璥

金方慶字本然安東人父孝印兵部尚書翰林學士方慶之在娠也母夢餐雲霞覺而牙頰爽然語人曰吾兒必神仙中來也生而雋偉卧啼路旁牛馬為之避人異之高宗朝年十六蔭補式目錄事累至監察御史出為西北面兵馬判官入為牽龍行首是時忠獻父子四世柄國名卿碩儒無不被其籠絡而受其頤使獨方慶專心王室風節凜然牽龍禁衛也爪牙

之士悉肆忠獻私第宿衛甚疎直廬湫隘人不堪處方慶日夜處其中疾病不請告勵志益堅元宗四年知御史臺事尋拜上將軍與權臣忤貶守南京方慶嘗有遺惠於西北民至是西北諸城上書乞復來鎮方慶赴南京纔三日矣還鎮西北入為刑部尚書樞密院副使十年林衍廢王會世子還自朝元至義州聞難還入奏世祖乞發兵討之世祖令蒙哥篤領兵欲令本國臣不與衍者偕不得其人會方慶奉表至李藏用曰非此人不可乃令偕方慶曰大軍到西京若過大同江王京自亂變從中起宜令大軍不得過江以聞帝詔官軍過大同江者罪之軍至東京衍懼復王位入朝明年方慶與蒙哥篤入西京衍令指諭智甫大率夜別抄屯黃州神義軍屯椒島以備之先是崔坦韓愼殺諸城守畔附于元密具舟聚銳兵說蒙哥篤曰林衍將殺官人走入濟州則雖天誅難以加也官人聲言出獵潛兵往襲吾以舟師繼之則王京可取而子女玉帛非他有也別將吳得公知其謀密告方慶詰朝方慶詣蒙哥篤諸軍畢會蒙哥篤曰久客無聊擊鮮為樂公能從乎方慶曰獵於何所曰至黃鳳州入椒島耳方慶曰官人亦聞聖旨何得過

江篤曰蒙人射獵為事君何得禁之倘獲罪天子吾請獨當方慶曰我非禁獵禁過江耳果為獵也豈無他處我在官人不得違詔因密誘甫大等令退兵蒙哥篤知方慶忠大加敬重有譖毀者皆以實告由是坦謀不行夏三別抄掠人民入據珍島以參知政事申思佺為追捕使令方慶與宋萬戶兵助討賊方慶欲戰輒為宋萬戶所沮而士女自賊中逃還者千餘人悉俘以去元遣元帥阿海討賊思佺無討賊意尋奔還王以方慶代領其衆賊出陸圍羅州分兵攻全州全人與羅議降方慶聞之牒全曰官軍一萬某日

入州辨餉以須乃解去方慶與阿海屯三堅院與賊
累戰勝負相當會潘南人有譖方慶與賊通者阿海
押送方慶于京達魯花赤言于王械譖者釋方慶授
上將軍還討賊方慶至珍島賊出戰其船艦皆畫怪
獸照耀海水旗幟盛張鉦鼓沸鳴阿海懼欲下船走
方慶曰元帥若退是示弱也阿海不敢退於是方慶
單舸出沒督戰賊兵大至驅逼而去麾下士皆殊死
戰矢且盡被創甚不能起已薄珍島岸方慶度必死
曰吾國大臣安能死賊手挺身投海左右挽止之不
果士見方慶急復起吁呼疾戰方慶據胡牀指揮顏

色自若會將軍楊東茂以蒙衝至擊之方慶乃得脫
歸明年方慶奏阿海罷之以忻都代方慶忻都將中
軍自碧波亭入永寧公洪茶丘將左軍自獐項入金
錫高乙磨將右軍自東面入而賊聚碧波亭欲拒中
軍茶丘先登縱火諸軍挾攻賊兵大潰其珍寶士女
悉爲蒙兵所獲而方慶追賊獲男女萬餘人戰艦數
十凱還方慶以功加太尉平章事賊入耽羅恃險益
猖獗時出抄掠濱海蕭然十四年以方慶爲中軍兵
馬元帥將水軍萬餘人與忻都茶丘屯潘南縣諸道
船皆爲風皷去獨以湖南百六十艘次楸子島夜半

風急不知所指黎明視之已泊耽羅濤瀾洶湧三軍
失色方慶仰天禱俄而風浪止中軍入自咸德浦賊
伏兵巖鋳大呼以拒方慶厲聲督諸軍上高世和挺
身先登羅裕將銳士繼進左軍三十艘自飛揚島直
擣賊壘賊遂不支走入子城官軍隨之火矢四放焰
焰漲天賊衆大亂賊酋金通精遁餘衆降耽羅悉平
凱還王遣承宣朴恒諭以明日入京將使廣平公郊
勞方慶方慶趣行入朝秋以侍中被詔如元帝趣入
見使坐丞相下輟御饌而與之時元興已久漠北諸
胡大海以南無不入臣而日本獨不庭帝遂命忽敦

茶丘偕方慶往征方慶將中軍朴之亮副之金侁將
左軍韋得儒副之金文庇將右軍羅裕副之蒙漢軍
二萬五千我軍八千水手六千七百戰艦九百艘發
於合浦略對馬島殺獲甚衆茶丘與之亮擊斬千餘
級由三郎浦分道而進倭兵突至直犯中軍長劒交
於左右方慶植立不動拔一矢厲聲大喝羣倭辟易
之亮李唐公金天祿等力戰倭兵大敗伏屍如麻忽
敦曰蒙人習戰無以加也方慶謂忽敦茶丘曰兵法
千里縣軍其鋒不可當吾師雖少深入敵境人自爲
戰即孟明焚船淮陰背水也請復戰忽敦不從引兵

而還會夜風雨艟艦多破侁墮水死方慶還加上柱國判御史臺事二年方慶如元王上書中書省請賜方慶虎頭金牌方慶奉幣上殿故宋帝後至二人執袂前導帝令宋帝坐皇太子下有司請方慶與宋羣臣坐孰先帝曰高麗慕義自來宋力屈乃降何可同也唯福王於其主大父行賜坐金宰相上因賜虎頭金牌東人帶金符自方慶始方慶東還王出城而迓忻都曰帝命子管麗軍子每事推王何也方慶曰閫內則受制於君古也方慶素忠勤曲意事王及公主王與公主甚安近焉既屢立大功名聞天下天子信

其忠誠一國倚爲安危而小人失職者特不便也元朝所任忻都等皆狡悍用事相與謀禍方慶以陷東國初金侁之墮死也方慶奏韋得儒不救主將罷之珍島之役郎將盧進義戰不力掠人財産方慶沒入之故二人俱憾方慶三年方慶往見忻都於碩州其還將士迎于碧波渡進義酌卮酒進諸麾下怒其先己韓希愈曰請勿飮悖理者酒方慶遽起得儒狠於無功以頭觸希愈希愈毆退之得儒以告將治之方慶曰杯酒微過不必問由是二人尤怏怏思亂乃具狀告於忻都曰方慶與子壻吏卒四百餘人謀去王

公主及達魯花赤入江華以叛東征兵器當納官而藏於親屬之家多造戰艦置諸潘南子弟門客列據險要事凡八條於是忻都以三百騎馳至告王及公主皆悉其誣然事不可已命柳璥元傅韓康等與忻都雜問之得儒乃曰乙亥歲方慶謂我云汝當助我盡殲官軍請與對辨璥乃折之曰得儒所言事於八事何不先載狀中邪金天祿顧叱曰汝二人犬豕也兵士犯律大將治之例也汝以此爲憾謀陷大臣天不誅汝是無天也王益知其誣止治希愈藏甲事先是茶丘亦有憾於本國聞得儒事請中書省來鞫方

慶忻都亦以聞帝詔忻都茶丘同鞫乃以鐵索圍其首裸立終日時甚寒肌膚如潑墨加以慘毒絶而復穌茶丘必欲得方慶服以取信于帝乃曰汝能自首天子必處以不死王憫方慶將死且以爲然語之曰天子將明其情僞何自苦乃爾方慶曰王何以有是教臣雖肝腦塗地不足報國寧有畏死誣服以負社稷顧謂茶丘曰欲殺便殺終不爲不義屈竟論藏甲流方慶于大青島遣印侯以聞帝問方慶藏甲幾何對曰四十六副耳帝曰方慶恃此謀叛乎赦令方慶父子得儒進義從王入朝將親問之方慶自海島還

從王如元進義至姚家寨舌爛暴死曰吾爲得儒所誤得儒聞之憂怖不能食王上書都堂曰姦人無狀謀危家國先中大臣如其實然何不告我而達於帥府況藏甲之事方慶不知至於方慶自說謀反得儒進義亦不曾說鞫問之時方說親聞而二人所言親聞日月及處互相違戾韓希愈安迪材實我差遣指稱方慶擅差潘南船楫俱是種田軍人所具指稱方慶船隻其爲虛妄不待辨析而天門萬里勢難自白豈謂聖明曲軫率方慶赴朝望一一善奏省官見之始皆釋然居無何得儒又死帝諭王曰詐方慶者皆

死無可對朕固知方慶忠悉赦之方慶既還復爲中贊六年秋上章乞退王不許會帝將復征日本王遣趙仁規上書中書省曰陪臣方慶年齡雖邁壯心猶在願效微勞以答天恩乞參帥府句當公事帝詔授方慶中善大夫管領高麗國都元帥時方慶如元賀正帝御大明殿受賀方慶入朝帝溫言獎諭以白飯魚羹食之曰高麗人好之因賜白羽甲劒一弓千甲冑百胖襖二百分賜將士因令與忻都茶丘將東路兵令范文虎將江南兵以六月望日會一歧島三月王至合浦大閱諸軍方慶與忻都茶丘朴球金周鼎

勒舟師至日本世界村大明浦周鼎先與倭戰不利六月方慶合兵大戰斬三百餘級倭兵猝至官軍少却茶丘棄馬而走王萬戶擊倭倭乃退翼日又戰敗績會軍中大疫忻都謂方慶曰船朽餉匱南軍不止將柰何方慶曰奉旨賫三月粮今一月粮尚在俟南軍來合攻可也既而文虎以南軍十萬至船九千艘八月大風南軍皆溺死遂還乃罷征東行省九年封上洛郡開國公方慶掌兵屢年權傾一國田園遍州郡麾下將士日擁其門附勢假威者橫行中外而不禁第征倭功賞不均人多觖望忠烈二十六年庚子

卒爲人忠厚嚴毅寡言能斷大事多識典故持身謹飭不遺故舊雖致仕閒居憂國如家年八十九頭髮不白能寒暑無疾翛然而逝謚忠烈孫永旽永煦繼爲明公曾孫九容齊顏皆顯名當世

金周鼎光州人少好學沈厚寡言初調富城尉北兵大至國家驚擾周鼎備敵撫民威惠並著忠烈四年從王如元白請罷達魯花赤王京留戍軍合浦鎭守軍鹽白屯田軍請赦金方慶皆周鼎策也王益重之還授左副承旨舊制凡國事宰樞會議承宣稟旨而行周鼎言今宰樞甚多政令無統宜別置必闍赤委

以機務內僚不可皆令啓事請擇人為申聞色罷其餘令廉承益李之氐諷王遂置必闍赤申聞色周鼎及朴恒薛公儉李尊庇廉承益印公秀趙仁規鄭興李之氐郭預安戩李子芬尹文王鄭玄繼為必闍赤鄭承伍金義光姜碩李恕河汭為申聞色常會禁中參决機務時號別廳宰樞以非祖宗舊制人多譏議時大府以內僚口傳及內侍院傳請財用殫竭有注簿私假貸不能支剃髮為僧周鼎以為祗候尹諧舊為內侍必能節其傳請且大將軍金子廷將軍車得珪內僚之首可抑羣豎口傳之弊白王為別監與監

察別監雜考大府歲入以省其費後口傳愈多傳請愈繁內僚爭援例求為各司別坐莫之能禁東征之役颶風覆舟官軍多溺死周鼎以計拯溺所活甚衆然為鷹坊都監使以鷹鷂媚王頗張威福十六年卒謚文肅、

柳璥字天年政堂文學公權之孫高宗朝登第累遷至國子大司成久在政房與俞千遇俱為崔沆所厚蒙兵之亂沆欲徙三陟山城郡人不欲遣璥銀瓶三十請勿徙璥却乃遺千遇言於沆得不徙璥謂沆曰三陟之徙實關利害郡人安土重遷嘗餽我銀幣我不敢受今而不徙何也沆以千遇賣己追所賂流海島以故千遇與璥隙沆子竩累世用事擅威福璥遂與金俊等謀誅竩俊詣璥議璥不敢顯言令家人進杏子一梡俊拜曰已諭蓋杏與幸聲相近也是日誅竩歸政王室王謂璥曰卿等為寡人立非常之功潸然泣下即拜副承宣俄遷知奏事上將軍璥以近來為知奏者率皆權臣力辭賜推誠衛社功臣號綵段百疋甲第土田陞其鄉儒州為文化縣令璥既誅竩奏置政房于便殿側掌銓注凡國家機務皆決焉俊弟承俊自以為功高秩卑常怏怏璥聞之謂承俊曰

以公之功雖一日九遷可也然循資除授國家常典公無庸恨焉承俊益銜之譖于俊諷王罷璥元宗三年命圖形壁上明年拜平章事璥與金坵朱悅友善數相過璥謂坵等曰始謂衛社者能效忠國家今見其人皆羣小也論古史言及當世宦寺之弊宦官聞而銜之訴于王王曰此人欲執權柄為後所排志不之遂昨日曲宴宰相皆樂璥獨不悅我親酌以勸竟不樂果有二心召坵責曰汝交結柳璥好論國事予欲罪之第以汝掌詞命特宥之愼勿復爾流璥于黑山島籍其家璥素富嘗徙宅輸財車馬連亘旬月而

止及誅竝策勳富倍之珍寶器玩穀帛不可勝計至
是盡籍之未幾俊誅釋璥還未至復流他島三別抄
之亂璥在江華挈家將還古京沒于賊璥載妻子于
小舸載財寶于大船與賊共處久之璥佯嘔若中熱
請就涼小舸賊許之璥斷纜而去賊追不及王聞璥
被執恐賊得璥爲謀主璥徒步謁王王大喜復拜平
章判兵部事忠烈二年拜僉議侍郎監修國史判版
圖先是璥以平章罷元傅繼之以判軍簿修國史至
是璥以判版圖復相位在傅下傅曰吾於柳猶門生
安敢居上璥曰判軍簿爲二宰判版圖爲三宰其來

尚矣相讓久之王以問許珙對曰璥之言舊制傅之
言私恩也然後進讓先進禮也若加璥監修國史躋
於傅上亦人望也從之石抹天衢館夜得書曰貞和
呪詛公主齊安公淑金方慶李汾禧等四十餘人謀
入江華以叛公主囚貞和天衢拘淑方慶召宰相雜
問之天衢諷公主親鞫諸囚璥與諸宰相請見公主
膝行而前曰近世權臣執國命有被告者不問虛實
輕重卽加誅戮如刈草菅人懷戰慄莫保朝夕皇天
眷佑蕩除妖孼使公主來莅東方臣等相慶以爲無
復前日之禍今乃有此事所得書中事臣請辨之我

國人物衰耗官軍屯於四面誰敢逃竄無名之書何
足取信倘皆信之我一二臣明日亦恐不免誰敢竭
力以共王事璥涕泗交下辭氣懇篤公主感悟皆釋
之獨留貞和璥復曰貞和之事亦易辨也自公主釐
降國人按堵咸感帝德淪入骨髓貞和挾私憾欲害
公主鬼神有知則背德之禍其自反也公主亦許之
王遣人謝璥得儒之誣方慶也忻都白王及公主請
拷掠方慶王將許之璥進曰臣生長邊鄙未知上國
之制其在本國之法先囚告者次繫被告者白王然
後鞫問所告實則賞虛則反坐今不囚告者便欲拷

掠被告者於理如何忻都默然語在方慶傳四年上
章乞退以修文殿大學士致仕十五年卒年七十九
諡文正璥體肥短人望之儼然天姿明敏器度雄浚
能斷大事有藻鑑元傅許珙皆其薦也嘗領史館撰
神熙康高四朝實錄三典禮闈論文章先體制而後
工拙所得多知名士李尊庇安珦安戩李混皆璥門
生也與俞千遇同掌試千遇喜自用程文有微疵必
擯之璥不與較及榜出皆老於場屋者然少至達官
璥初掌試座主任景肅解所帶烏犀紅鞓與之曰公
之門下得如公者傳之及尊庇掌試欲傳之失於林

衍之亂買之市卽其帶也士林傳爲異事子陞官至僉議參理久在閤門時禮文散失陞撰新儀甚詳後人遵用之

論曰金方慶當麗室瘨毁之餘藉外兵以靖内難而元世祖陰有并取之心顧患於無名其諸將任東事者特兇悍難制而本國羣失職之徒乘機附會中傷大臣思陷國而立功于元方慶周旋其間盡心竭節忠勤密勿感動鄰國雖屢瀕困阨而卒保其身以衛社稷高麗之不亾方慶之功也金周鼎柳璥智謀之士也周鼎請罷達魯花赤撤鎭戍而伸方慶其謀畫足稱焉璥託物喩意誅勦四世之權臣船貨餌賊得全於別抄之亂及再當按獄禍屢起璥毅然當之解棼釋難動中機會其功大矣斯二人者或少風節或寡廉稱然君子捨短而錄其功焉

韓希愈 裴廷芝 元冲甲 金忻 羅裕 益禧

韓希愈嘉州吏善騎射有膽略嘗與鄉人火獵希愈策馬出入火中如飛人相顧驚愕希愈笑曰大丈夫陷陣突敵死且不懼况此乎補隊正累遷大將軍從金方慶討珍島耽羅皆有功日本之役方慶以希愈爲先鋒短兵相接希愈赤手奪敵刃手傷血流遂奮擊斬數級忠烈時拜密直司事王聞乃顏叛將助征以希愈爲右翼萬戶將兵啓行聞帝已擒乃顏罷兵還歷判密直三司事乃顏黨哈丹來侵元遣薛闍干及那蠻歹還大王分兵救之我軍先與薛闍干併日行破賊于燕歧俄而賊益精騎至那蠻歹後至將戰賊有勇士一人射我軍每發輒倒希愈援槊躍馬突入賊陣賊辟易扼勇士以出斬之槊其首示賊賊氣褫別將裴廷芝拔劒躍馬所向披靡流矢貫輔車裹瘡復戰俘馘甚衆大軍縱擊大敗之賊廬的等二千許騎潰圍遁去遂班師次石破騎那蠻歹使謂薛闍干曰賊魁未擒不可不追薛闍干曰如聖旨則可何用窮追薛闍干軍令嚴肅士卒震慴所過秋毫不犯二戰而克皆其力也王命希愈追捕餘賊召還留鎭江都出拜東北面都指揮帝命爲懷遠大將軍賜三珠虎符弓矢王帶印侯攜廷芝如元帝召見曰勇士也賜白金五十兩尋知僉議府事忠宣爲世子在燕邸校尉金臣甫訴曰臣初從洪綏來希愈以我背綏投邸下陵虐我家希愈何人獨不知有邸下乎白王命趙仁規訊之召希愈希愈方與客飮曰吾無罪飮自若王怒命縛致收虎符希愈性强自度無罪終不

屈乃流祖月島希愈屢建軍功知名上國人寃之後拜守司空中京留守尋改贊成事判版圖萬户印侯與希愈有隙誣以叛流海島召還遣使如元辨之元執希愈以歸會王入朝奏希愈侯曲直乃釋希愈尋拜重大匡僉議中贊宦者李淑自元來令宰樞會宮門曰與中贊洪子藩者左與希愈者右時希愈用事王倚以爲重故兩府皆右希愈從王入朝三十二年卒于元性廉直家甚貧每從王獵射命中賜馬亦不畜輒與人印侯兄事之嘗至其家曰嗟吾兄之貧乃如是邪請王賜粟數百斛裴廷芝犯法希愈欲治侯

請之希愈不許侯曰忘我德邪希愈怒拔佩刀目侯洪子藩在坐眴廷芝廷芝奪其刀走希愈逐不及他日廷芝詣希愈謝希愈曰向非汝吾幾殺侯矣門客柳甫通其愛妓希愈覺讓甫甫曰予從軍有炊爨之勞今以一妓絶我邪希愈笑與甫妓平居雖老繕治弓矢甲胄如臨陣時每月夜操長槍走且跳曰吾力尚可用也王自復位以來王惟紹宋璘等用事離間王父子希愈自以起自行伍位至宰輔感王德惟務承順忠宣謂希愈黨王宋憾之及卒竄其子僾于嘉州廷芝有吏幹按忠淸全羅爲政廉平累遷密直副

使忠肅八年黨獄杖流卒

元冲甲原州人爲人短小精悍眼有電光臨亂忘身忠烈辛卯哈丹踰鐵嶺入屯原州剽掠牛馬沖甲以鄕貢進士率步卒六人逐之奪賊馬八匹賊都剌闍等領兵四百又至城下沖甲與敢死者仲山等七人入賊中仲山斬一人皆棄鞍馬而走賊復來多張旗鼓圍城數重一賊持書來誘沖甲突出斬之繫其書於頭擲之賊皆退益修攻戰之具鼓譟而進百計攻之矢下如雨城幾陷興元倉判官曹愼出城與戰沖甲突上東峯斬一級賊稍亂别將康伯松等合擊助

戰愼援桴鼓之矢貫右肱鼓音不衰聲振山岳斬都剌闍等六十餘人射殺者幾半大敗之自是賊鋒挫銳諸城亦堅守皆沖甲之力也忠宣時拜鷹揚上將軍又賜功臣號辛酉卒謚忠肅

金忻上洛公方慶之子以蔭調刪定都監判官三轉爲將軍從父討耽羅征日本忠烈五年以禿魯花入元本國人庾賙言於帝曰以蠻夷攻蠻夷中國之勢也請令高麗鑾子征日本勿遣官軍因令高麗備兵粮二十萬石帝許之忻謂賙曰汝非黔弼之孫也而欲壞本國如此賙曰汝王如泥塑佛尹秀李貞元卿

朴義梁善大等剝民所取亦足以備軍粮我欲去姦臣復正三韓也忻不對後襲父職佩金虎符授大將軍高麗軍萬戶遷僉議叅理十五年帝以海都兵犯邊遣使徵兵王遣忻領軍赴遼陽後哈丹從北路來忻屯叅猳縣高城領縣郡界備之鐵嶺防守鄭守琪懼遁還嶺路隘人一與一行賊下馬魚貫而登時賊飢甚及得守琪粮大饗數日鼓行而前踰嶺入交州忻亦走避賊遂陷楊根時帝遣元帥薛闍干來討之忻將右軍與薛闍干屯木州邏報賊屯燕岐縣遣木奴亦往覘之夜半諸軍發木州黎明至燕岐賊陳正左山

彙纂麗史卷之二十八 十七

下諸軍圍之賊大驚欲據險登山我軍夾擊賊腹背受制皆棄馬隱林間前鋒疑懼不敢進忻叱曰敢後者斬於是步卒爭先登殊死戰李碩田得賢等突前斬賊先鋒乘勝大呼大軍合擊賊勢窮奔潰追至公州江伏屍三十餘里溺死者甚多賊引精騎千餘渡江而遁獲其婦女衣服鞍馬寶器不可勝計遣人告捷王又遣忻于竹田追討餘賊授判密直司事帝賜弓矢鞍玉帶銀一錠賞戰功陞判三司事尋知都僉議司事印侯之誣希愈也忻與侯發兵執希愈告左丞哈散鞫之希愈不服侯忻將如元訴帝王留之不

從王亦遣使如元辨其誣會赦忻等免丁父憂還國服闋又如元時希愈為相故忻不肯還居燕十年及希愈卒拜三重大匡襲封上洛公遂東還以父遺命辭萬戶授兄子承用卒年五十九

羅裕 羅州人三韓功臣聰禮十世孫也父得璜剝民聚斂諂事崔沆為長興副使沆農庄在臨陂以故陞為全羅按察使裕以蔭調慶仙店錄事林衍挾私憾殺裕舅趙文柱脅裕離婚以義拒之累遷至將軍從元帥金方慶討三別抄于珍島有功時朝士妻多陷賊率改娶及賊平妻還者皆棄之裕亦新娶後得舊

彙纂麗史卷之二十八 十六

室賊中為夫婦如初聞者義之方慶討耽羅裕又以大將軍將前鋒先下岸殺獲甚衆經略使賞以所獲男女奏帝賜中統寶鈔又從方慶與元將忽敦等征日本還擢鷹揚軍大護軍王之請親征乃顏也賜裕虎頭牌為中翼副萬戶及班師策為一等功臣乃顏黨哈丹子老的鈔掠平壤將攻江都王命裕禦之沿海踰險遇賊于平壤斬哈剌桑哥二賊將賊潰又戰于燕岐大敗之餘衆竄入女眞地王遣裕于交州追捕之老的踰竹田復趣平壤裕將舍舟而陸玄文奕言原隰回互恐有伏裕不聽未成列賊大至裕麾軍退

上舟郎將李茂等數十人不及舟文奕立舟中呼茂
曰勉立奇功孰與委身逆虜妻子爲僇乎江都別抄之亂文奕
逃還故京賊船追之文奕射賊矢相接妻在其旁抽矢授之賊不敢近文奕船膠于淺中矢而仆其妻攜
二女赴水死文奕遂被執賊惜其勇不殺既而文奕以計脫還茂走獨山賊將下馬
據林分其衆環山而登飛矢如雨茂偎樹立日晩飢
甚啗乾餱謂軍士曰男兒當死中求生毋恐關弓左
射中賊將喉應弦倒賊自亂茂因大呼擊之斬獲無
筭十八年卒裕勇悍出衆習禮儀明斷訟獄臨亂不
懼屢立邊功子益禧襲封錦城君年五十七授其子
世爵閒居十七年毎念民生休戚人才用捨憂形於

彙纂麗史卷之二十八　十九

色忠穆初爲僉議參理年高貌甚癯臨事慷慨不少
懈一日語李齊賢曰主上幼冲委政宰相僥倖之徒
不戒覆轍吾將引避公如之何齊賢謝曰齊賢策不
見施嘗愧不能勇退敢不從公言居十餘日卒益禧
幼習武藝不暇讀書然性耿介慕節義毋嘗分財別
遺臧獲四十口辭曰以一男居五女間烏忍苟得以
累鳲鳩之仁毋義而從之諡良節
論曰此四人者當乃顏侵軼之時俱立戰功韓希愈
金忻羅裕皆從薛闍干破賊於燕岐希愈功爲多元
冲甲原州一布衣也糾勵鄉兵堅守孤城卻方張之
虜爲諸城倡其功烈尤著焉

朱悅 薛公儉 伍允孚 李承休 白文節
頤正 郭預

朱悅字而和綾城縣人高宗時登第嘗任羅靜昇天
長興皆有聲績及按忠慶全三道威名日振人皆敬
畏國有大事擇使命則必首擧爲禮部侍郎忤林衍
竄海島衍死召還爲東京留守轉諫議大夫元遣忽
林赤將兵鎭合浦供億浩繁士卒侵暴一方騷然王
以悅爲慶尚安撫使悅至合浦減軍須冗費什七八
士卒忿怒攘臂悅儼然不爲動面諭以義士卒斂退

彙纂麗史卷之二十八　二十

民賴以安忠烈卽位重悅才名授翰林學士遷三司
使時屢經兵亂民多流亡遣悅于慶尚郭汝弼于全
羅招集之命勿役内庫處干悅等不從坐罷居無何
拜版圖判書進密直典法判書十三年引年乞退以
知都僉議致仕悅抗直嚴重不與世俯仰疾惡如讎
必厲聲大罵嘗以事至相府宰相與言悅坐聽貌甚
倨相使吏詰曰宰相有言宜伏地聽悅曰宰相之言
伏地聽則君上言將掘地聽乎終不屈尹秀李貞訐
王曰悅輕辱吾輩罵及父請上詰之王曰悅天性然
也不必詰再請之王使人問對曰二人之誣語可明

也江都有養三歧嘗有無賴男子養三者橫行此歧故得是名聞養三是秀之父若李貞之父不知爲誰焉得罵及父名蓋貞父賤故云王曰我知悅必出此語更不問悅有豁達寛厚之量不營家産雖爲達官自奉如寒士文章富贍筆法亦奇貌醜如爛橘公主始至宴群臣殿上悅起而爲壽公主驚曰何今老醜鬼近前邪王曰此老貌醜如鬼心清如水公主敬重擧觴而飲悅愛酒未嘗一日不飲臨死其妻進酒悅曰此餞杯也遂引滿而卒諡文節

薛公儉淳昌郡人父愼以吏幹官至樞密院副使娶

趙氏四乳而生八子三人登科封國大夫人公儉高宗末登第元宗朝從世子如元以功累遷右副承宣忠烈初轉密直副使爲必闍赤歷監察大夫知僉議府事尋陞參理引年乞退加中贊致仕卒年七十九諡文良性廉謹正直接物以恭持己以儉朝官六品以上有親喪雖素不知必素服往弔有造謁者無貴賤倒屣出迎嘗臥疾蔡洪哲往診之布被莞席蕭然若僧居出而嘆曰自吾輩望公所謂壤蟲之與黃鵠配享忠烈廟子之沖贊成事

伍允孚復興郡人世爲太史局官忠烈朝累遷判觀候署事允孚精於占候竟夕不寐雖祁寒盛暑非疾病不廢一夕有星犯天樽曰當有飲者奉使來有星犯女林曰當有使臣來選童女皆驗又善卜筮元世祖召試之王親祫于太廟上諡冊公主亦欲與祭允孚曰太廟祖宗神靈所在甚可畏也公主懼而止允孚言於公主曰天變屢見加以亢旱請弛營繕修德弭災後如有悔恐以不言獲罪故言之公主如元臨發召宰樞令卜日作宮室允孚曰今年興土功不利於王臣不敢卜公主怒將奪官督之柳璥諫止宰樞遣人白公主曰寢殿材瓦已備日官伍允孚不肯涓

日乞令文昌裕卜之公主怒欲流允孚王不得已免其官杖之允孚曰擇日者欲避凶就吉也脅而卜日則如勿卜臣寧就戮不敢阿旨且曰火星食月非常之變豈飯僧事佛所能禳乎願愼厥施爲以消災變於是求直言罷造成役徒世祖征乃顏王出兵助征行至平壤先時遣柳庇如元使允孚卜之對曰某日庇必還殿下亦自此旋駕至期登聖容殿後岡北望久之顧謂允孚曰汝卜得無謬乎使左右執之允孚進曰今尚未暮可少待頃之驛騎揚塵而來果庇也至曰已平乃顏罷兵矣王遂還允孚因星變白王曰

星變不利於王公主王問所以禳之對曰百姓無怨可以禳之不若罷金羅慶尚別監及公主食邑王罷公主食邑以其布帛歸左倉充百官俸允孚性切直每因災異言甚懇至時政有可言卽入諫不聽涕泣固爭期於必從王憚之嘗告朔于奉恩寺且拜且泣曰太祖太祖君之國事日非矣仍嗚咽不自勝其誠懇類此爲人貌醜寡言笑公主嘗謂王曰何故數引見此人王曰允孚吾之崔浩貌雖醜不可棄也公主頗改容禮之官至僉議贊成事致仕卒

李承休字休休京山府嘉利縣人少孤力學高宗朝

登第入頭陁山龜洞躬耕養母居十餘年李藏用柳璥薦補慶興府書記入爲都兵馬錄事三別抄之叛陷賊中脫走王所元宗大悅承休因獻擒賊之策兩府不用時軍須不給內外橫斂營繕大興民甚苦之承休上書極言其弊後以非罪見罷將歸老于鄉會順安公悰如元兩府薦承休爲書狀官辭以老王曰歲庚午書名硯匣今猶在案上汝其勉之仍賜百金承休行帝錫宴賜衣進表謝詞語偉麗日與館伴學士侯友賢唱和友賢見詩表心服誦之王薨又如元告哀諷世子上言于帝衣冠典禮悉依本國舊制還

拜監察御史右正言遷右司諫出按楊廣忠淸二道劾贓吏七人籍其家由是怨讟頗興尋貶東州副使自號動安居士頃之徵拜殿中侍史條陳十事又上疏極論利害皆旨罷歸龜洞舊隱別構容安堂看佛書著帝王韻記內典錄居十年忠宣受禪下書曰卿文才吏幹當世罕比忠誠勁節能格君心之非遭時不遇脫迹臺閣虛老巖谷予嘗憫之其體予側席之意勿以年老爲辭承休上章辭以老病王復下書云寡人素聞卿名思欲共治今授卿詞林侍讀左諫議大夫幸爲蒼生一起承休至王與語大悅因問民間

利害時政得失從容聽納俄判秘書事進同僉資政院事上言本朝之制未有年過七十而拜顯官者王笑曰先生非他人比先生留尋力請王不得已從之以密直副使致仕二十六年卒年七十七性正直無求於世酷好浮屠法

白文節字彬然藍浦郡人新羅諫官仲鶴之後高宗朝登第入翰院歷吏部侍郎忠烈朝拜司議大夫是時無功而有世累者多補官郎舍不署告身王屢趣之不從有人銜之訴左右以激王怒會承旨李尊庇將啓監察司狀王意僉議府狀叱退尊庇命忽赤崔

崇繫文節及諫官金胥金之瑞崔守璜李益培李行儉李仁挺鄭文張碩等尊庇因復進將辨之王疑其救郎舍責止乃罷文節等官尊庇厲聲曰王不察臣心臣何敢司出納請從此免歸李之氐進曰尊庇所白者監察司狀非僉議府狀也上不之察罪郎舍責尊庇且僉議府百官之長使一忽赤夜縛諸郎舍於國體何王取閱其狀悔皆釋之俄遷國學大司成寶文閣學士八年卒文節文詞富贍下筆霈然爲一時所推元宗復位如元林衍以其子惟幹及腹心扈行固要諱言廢立事王使文節撰表如衍旨文節閣筆

泣諫王感悟奏以實文節素懶及是人知其有志節子頤正天資純厚有公輔器事忠宣有志輔導忠宣不能用官至僉議評理後封上黨君是時程朱之學始行中國頤正在元得之東還李齊賢朴忠佐最先師受東方性理之學由此始

郭預字先甲清州人高宗朝擢第壯元調全州司錄元宗初補詹事府錄事與洪汅賫和親牒如日本預有才行無汲引者蹇滯不進爲史館所薦以禮賓注簿兼直翰林院忠烈素聞其名及卽位始擢用累遷版圖正郞寶文署待制知制誥爲必闍赤入參機務士林稱得人歷春宮侍講學士右副承旨建議禁宰牛馬爲同知貢舉辭以判書金㥠位在己上請改命人多其謙讓會㥠丁憂復以預掌試所取多知名士陞國子大司成文翰學士十二年以知密直司事如元道卒爲人平淡勁直謙遜樂易雖至貴顯如布衣時善屬文書法瘦勁成一家體當世效之翕然一變其在翰院每雨中跣足持傘獨至龍化池賞蓮詠詩後人高其風致多詠其事

論曰宋悅薛公儉勵操氷蘗有古人之節斯可尚已伍允孚遇事輒諫白文節諫諱廢立君子曰忠矣郭

預雍容詞掖風流間遠李承休早負才傲睨節際遇然其事業無稱焉

洪奎　金之淑 仁沆　李湊 行儉　嚴守安　金晅

鄭仁卿 金富允

洪奎初名文系南陽人父縉同知樞密院事奎性恬淡寡欲倜儻不羈元宗朝拜御史中丞林衍死子惟茂繼執權奎惟茂姊夫也惟茂每事議於奎及宋松禮奎於禮面從心常憤惋王還自元惟茂欲拒之中外洶洶王遣李汾成密諭奎曰卿累葉衣冠當揆義度勢以利社稷無忝乃祖奎再拜謂汾成曰明日待

我府門外卽與松禮謀集三別抄諭以大義擒惟茂
斬于市遂謁王行宮從世子如元帝賜錦袍鞍馬以
旌其功令授本國一品職於是拜左副承宣見國事
日非同僚阿意苟容恥與並列辭免陞樞密院副使
又辭不就時年未四十忠烈與公主選良家女將獻
帝奎女亦在選中賂權貴不得免謂韓謝奇曰吾欲
剪女髮如何謝奇曰恐禍及公奎不聽遂剪公主聞
之大怒囚奎酷刑籍其家又因其女訊之女曰我自
剪父實不知公主令捽地以鐵鞭亂捶身無完肌終
不佽宰相言奎有大功於國不可以微罪置重典中

贊金方慶亦扶病請之不聽流海島未幾洪子藩力
請命還家主猶怒未解以其女賜元使阿古大踰年
召還褒其功賜鐵券忠宣初封益城君忠肅三年以
南陽府院君卒謚匡定子戎女卽明德王后
金之淑化平府人參知政事鍊之子也之淑元宗朝
爲將軍三別抄之亂陷賊中無計得脫自投海隨波
出沒賊以小艇追及取之至珍島將斬以徇承化侯
溫救解使當一面之淑密以賊狀再達于官軍及珍
島敗王嘉其忠義賞以官忠烈朝以判三司事如元
賀聖節交趾人先入陳庭實之淑奏曰我國雖小自

太祖龍興之初首先臣服兄弟有盟甥舅有親顧先
設幣陳賀帝從之賜坐諸侯王列之淑禮貌詳閒觀
者美之歷僉議參理尋改贊成事時闊里吉思爲行
省平章凡奴婢其父母一良者欲聽爲良宰相莫有
止之者之淑謂曰世祖皇帝嘗遣帖帖兀來監國有
趙石奇者訴良帖帖兀欲用上國法事聞世祖詔從
本國舊俗此例具在不可變更闊里吉思不敢復言
加中贊致仕忠宣二年卒年七十三性廉潔剛正歷
仕中外皆有聲績子仁沇忠肅朝爲護軍時王被譖
留元仁沇與慶斯萬等請王還國瀋王之黨惡之逮

巡軍後拜知申事又加贊成事王薨與征東省員外
韓帖木兒不花郞將盧英瑞等如元請忠惠襲位及
元幽忠惠于刑部與金倫等繫獄忠惠還錄功封光
山君
李湊字浩然金馬郡人高宗時登第直史館金敞薦
其才歷敭清要元宗朝加尚書左僕射致仕忠烈四
年卒年七十八素廉簡及卒家無甔石之資子曰行
儉中第直史館出知洪州陷於別抄之亂賊使掌選
法及金方慶破賊以行儉爲其父孝印門生免之忠
烈時拜司諫是時正郎林貞杞以鷹坊寵奉議郎高

密美酒饋權幸得官行儉與侍史金弘美等不署兩人告身王督署猶不從王怒流行儉等海島李尊庇言於上將軍康承益曰行儉有八十老母日夜啼呼公能使母子相見於朝家孝理之體尚有賴焉承益入白王默然旣而曰行儉罪不可宥今聞尊庇之言使我惻然命釋之後爲典法郎貞和妃有寵於王認民爲隷民訴於典法内旨督令斷與貞和判書金㥠與同僚將從之行儉執不可會疾作在告㥠等幸其不在卽斷爲隷人有夢利劒自天而下斮典法官吏居無何㥠暴卒同僚亦相繼而死行儉獨免累官寶

文閣學士讞部典書致仕忠宣二年卒子稑崔稷官大司成崔有子曰公遂女適奇子敖封榮安王夫人順帝皇后之母也

嚴守安寧越郡吏偉軀幹有膽氣元宗朝登第爲都兵馬錄事九年元遣使徵權臣金俊父子及弟沖赴京其黨懼謀殺使遷海島因奉俊爲王令守安白兩府兩府皆變色莫敢對沖適移病在家守安詣沖從容說之曰古者兵交使在其間今無故而殺天子使將安之乎甚非圖全之計也沖然之沮其謀是年林衍誅俊俊子柱謀聚都房諸軍拒之守安告而捕之以功授御史出爲東京判官十一年將復舊都衍子惟茂欲拒之令夜別抄四出諭人民入保至金州守安謂按廉崔儒曰不可以權臣之令輕動百姓儒從其言捕別抄囚之未幾惟茂誅及三別抄入據珍島宣言因別抄者先害之金州倅李柱懼而逃守安權知州事十二年密城人朴景純殺其宰以叛按廉李淑眞奔金州賊追不獲自號改國兵馬使守安與金州守金晅勒兵謀討賊斬魁以降忠烈十一年爲南京副使王幸南京守安與按廉崔伯興厚斂於民享王豐侈因勸王幸三角山鑿開新道一方騷然王以

守安爲能賜三品階歷忠淸西北指揮使西京留守所至有能聲二十四年卒

金晅字用晦義城縣人元宗元年登第林衍之廢立也忠烈以世子在元帝議欲册爲東安公遣兵來討衍會晅以聖節使書狀官如元上書言賊若聞世子受册爲公必諭國人曰上國已削王爵國當除矣莫如死守社稷則人皆信之如此難以歲月平非朝廷利也帝允之十一年出爲金州防禦密城人殺其宰以叛移牒郡縣皆隨風而靡晅出勝兵先斷賊路召慶州判官嚴守安相與勒兵告按廉使李淑眞爲討

賊計淑眞恇怯喚術僧卜吉凶故爲遷延晅手劒擊其僧淑眞懼而從賊聞之斬渠魁以降三別抄叛欲分兵向慶尚而金在邊先受敵晅以計拒之賊不得入一道賴安論其功陞本府爲金寧府拜晅禮部郎中仍爲都護以鎭之忠烈元年由摠郎出使全羅道遇按察盧景綸驛輸內膳覈其私齎歸國庫景綸訴于王免晅官俄貶襄州副使累遷左諫議大夫密直學士政堂文學忠宣在元晅以春宮侍讀從之被譖東還告病不出就加贊成事性淸介疾惡如讎所至人憚之

鄭仁卿瑞州人高宗末蒙兵來侵屯新昌仁卿從軍攻壘有功補諸校忠烈以世子如元仁卿從行世子還至婆娑府有告林衍變者時仁卿父臣保守麟州仁卿潛渡江就父具知衍逆狀來報世子欲還京師奏帝請兵討之諸從臣皆思歸猶豫仁卿獨力勸世子從之有金富允者兎山人以校尉亦在行中執鞚不移忠烈卽位俱策功二等十六年王請罷東寧府復歸于我仁卿敷奏甚悉帝聽納王嘉之二十五年加中贊致仕又命圖形壁上二十一年卒年六十九諡襄烈性謹直初以古人知名所至有聲績嘗受帝命與富允俱授征東省理問官二十九年富允以贊成事卒

論曰南齊謝眺婦翁王敬則謀亂眺告而討之洪奎以世臣名家雖贅於權臣之門夫豈從之者歟乃心王室誅勦賊子較其忠勞過於謝眺矣金之淑李行儉同陷於賊然之淑走還當斬用救者免非偷生苟活者也方之蘇源明庶無愧焉行儉終始從賊被以鄭虔之譴可也乃得歷敭清顯何其幸也嚴守安譬曉賊臣之弟遏其凶謀迎天子使國家無事可謂功存社稷矣金晅上書止世子冊公鄭仁卿勸世子還入乞援其忠義俱可尚焉

木齋家塾彙纂麗史卷之二十八

木齋家塾彙纂麗史卷之二十九

名臣八

鄭可臣　安裕　洪子藩　許珙

鄭可臣字獻之羅州人父松壽鄉貢進士可臣生而穎悟善屬文鄉僧天琪攜入京寄食禪堂天琪爲可臣求贅富家無應者大府少卿安弘祐許之約既定後悔曰吾雖貧士族豈可納鄉貢子未幾弘祐卒家益落乃許天琪執可臣手徒步而往一老嫗迎門燃薪照之天琪才可臣哀其賤貧撫涕而歸高宗朝登第忠烈三年除寶文閣待制時李汾禧兄弟附洪茶

丘醞釀金方慶罪可臣恥與同朝乞歸養母王慰諭以遺物論多之尋召還以秘書尹爲必闍赤拜承旨監察司言諸道按廉職在察吏治問民疾苦今皆籍上供斂民紬楮名表紙等物賂遺權貴已自不正烏能正人請皆理罷王謂可臣曰楮生於地紙則何弊可臣曰臣嘗管記全州知造紙甚苦今官高用紙多臣嘗愧之王只許除名表紙元命我征日本王用尹秀言將令儒士從軍可臣言先王用人各隨其才比之於身如左右手故上國之法儒户不與軍事今使儒生被堅執銳遠從征役恐非盛世事王然之歷政

堂文學十六年世子如元可臣及閔漬等從帝一日引世子于便殿隱几而卧問爾讀何書對曰有師儒鄭可臣閔漬在此宿衛之暇時從質問孝經論孟帝大悅曰試喚可臣來世子引與俱入遽起而冠責曰爾雖世子吾甥也彼雖陪臣儒者也何得令我不冠見儒者仍賜坐問本國風俗歷代理亂之迹聽之不倦後命公卿議征交趾詔與高麗世子師二人同議可臣等曰交趾遠夷勞師致討不若遣使招來如其執迷不服聲罪征之可一舉萬全對稱旨於是授可臣翰林學士嘉議大夫時人榮之自是眷遇日隆賜

以貂裘嘗使翰林學士撒剌蠻問可臣本國歸附年月可臣對曰太祖皇帝肇興朔方有遼孽金山王子者自稱大遼奪掠中都子女玉帛東走江東城拒守朝廷遣哈眞扎剌追討時方雪深道險饋饟不繼我國遣趙沖金就礪濟兵犒師殲其醜虜因奉表請爲東藩太祖遣使優詔答之仍諭汝國人不能寒暑來聘固難其貢獻方物朕當使人取之此事在戊寅至今凡七十有六年帝頷之他日世子謁紫檀殿可臣從帝使之年仍命脫笠曰秀才不須編髮宜著巾御案前有物圓而上銳色潔白可受酒數斗摩訶鉢國

所獻駱駝鳥卵也帝命世子觀之命可臣賦詩可臣
獻詩云有卵大如甕中藏不老春願將千歲壽醮及
海東人帝嘉之帝嘗觀遼東水程圖欲置水驛曰汝
國惟產米布陸輸道遠所輸不償所費今欲授汝行
省左丞使主海運可贍國用對曰高麗山川林藪居
十七耕織之勞僅支口體之奉况其不習海道或恐
難便於事帝然可尋拜贊成二十二年加中贊二十
四年上章乞退不許命五日一朝旣而暴卒謚文靖
性正直端嚴處事精審在政房諳練典故題品銓注
皆當物議一時詞命多出其手嘗撰金鏡錄扁所居

高麗史卷之二十九　三

曰雪齋日與賢士大夫商確古今可臣素貧約居處
被服蕭然如書生及爲冢宰人想望太平及卒國人
驚悼或謂王之請禪也可臣撰表入言表中語有非
王意者帝將詰其由可臣憂懼飮藥死

安裕興州人父孚本州吏業醫官至密直副使裕少
好學元宗初登第直翰林院三別抄之亂裕陷賊賊
素聞名將用之誘且脅裕以計脫王義之嘉賞奉使
西道以廉稱召還內侍院奏院中宿弊祛之遷監察
御史忠烈元年出爲尚州判官時有女巫三人奉妖
神惑衆歷行郡縣奔走設祭雖守令亦然至尚裕杖
而械之巫託神言怵以禍福尚人皆懼裕不爲動數
日巫乞哀其妖遂絶後以副知密直司事出鎭合浦
撫軍恤民州郡以寧忠宣立拜參知機務集賢殿大
學士雞林府尹及忠烈復位從忠宣入元一日帝令
丞相傳旨曰汝王何不近公主乎裕對曰閨闥之間
非外臣所知以此爲問豈足於聽聞丞相以奏帝曰
此人知大體庸可以遠人視之耶轉拜贊成事裕憂
學校日衰議兩府曰宰相之職莫先於教育人材養
賢庫殫竭無以資教養請令六品以上各出銀一斤
七品以下出布有差存本取息爲贍學錢兩府以聞

高麗史卷之二十九　四

王出內庫錢穀以助之密直高世自以武人不肯出
錢裕謂諸相曰夫子之道垂憲萬世臣忠於君子孝
於父弟恭於兄是誰教耶若曰我武人何必出錢以
養爾生徒則是無孔子也而可乎世聞之慚甚卽出
錢裕又以餘貲送中國畫先聖及七十子像又購祭
器樂器六經諸子史以來且薦李㦃李瑱爲經史教
授都監使三十二年致仕卒年六十四裕莊重安詳
人皆畏敬在相府善斷同列順承惟謹常以興學養
賢爲己任雖謝事家居未嘗忘于懷文章淸勁可觀
有鑑識金怡白元恒未達時裕見之曰皆貴人也李

齊賢李異生同庚齊名裕召令賦詩曰齊賢必貴壽
異則不年矣果皆驗晩年嘗掛晦庵眞以致景慕遂
號晦軒禁内學館内侍三都監五庫願學之士及七
管十二徒諸生橫經受業者動以數百計諡文成及
葬七管十二徒素服祭於路忠肅六年議從祀文廟
有謂裕雖建議崇學豈可以此從祀其門生辛蕆力
請乃許之

洪子藩字雲之左僕射瓘之後子藩性敏而嗜學柳
璥器子藩勸應擧不中蔭補堂後官出爲南京留守
判官元宗時拜右副承宣奏曰比來不親政有司章

奏悉委宦竪出納中外觖望請親庶政以慰輿望時
臺省侍從皆緘默自保子藩獨持讜論時議多之王
以天變命放囚子藩奏輕囚可釋也如奴逆主子不
孝者亦免乃天意何此非修德實招災也莫若省大
府供御之費禁市肆侵割之害王默然舊制承宣奉
御寶至試院同知貢擧庭迎知貢擧面北立堂上金
坵爲知貢擧子藩奉御寶將往奏曰承宣奉御寶至
貢院知貢擧或下階或否今從何禮王曰有寶宜下
階子藩至貢院語坵曰予承命奉御寶來知貢擧不
庭迎予不敢入坵曰承宣詣宰相宰相坐而待之今

乃起避尙過禮況庭迎乎子藩曰有旨日將晩坵不
得已下階未盡一級子藩乃入或謂坵起避可也遽
爾下階失大臣體忠烈不豫放二罪以下配島者子
藩曰去歲亦有赦不已數乎恐罪犯者翕聚京中見
囚請以口傳宥之征日本時以判密直司事爲全羅
道都指揮使督造戰艦時李尊庇輸諸道兵粮于合
浦子藩募水軍兵粮戰艦一擧俱集民得耕種元使
哈伯那溪服其能子藩馳奏本道饑請發兵粮庫賑
貸從之未幾知僉議府事陞贊成事哈丹之變王遷
江華或以爲一水不足恃中外洶洶子藩修城餙備

人賴以安二十年拜僉議中贊明年加僉議令致仕
明年復爲右中贊條上便民十八事王嘉納之忠烈
復位賜壁上三韓功臣號封慶興郡開國侯尋復拜
左中贊賜象牙杖忠宣在元吳祁石天補得幸用事
離間王父子國人患之元遣斷事官帖木兒不花與
宰相崔有渰韓希愈柳庇執天補及其父胄弟天卿
天琪赴京以子藩掌國事詔王事無大小皆聽於是
子藩數祁罪告帖木兒不花疑祁害己防之甚嚴祁
疑懼不離王側子藩與諸宰樞率三軍圍王宮護軍
吳玄良直入王所執祁出王使内人請留祁諸宰相

持疑子藩厲聲曰上旣許之何疑之有趣護軍崔淑千押送于元初子藩議囹王宮參理鄭瑎不可曰退一姦臣一武夫力爭何至用兵子藩不聽後聞上國以爲言乃悔之忠烈欲沮忠宣還國如元至西京帝不許乃還帝不知邪已赴京遣兵部尙書脫脫帖木兒來捕邪帖木兒見王屛左右曰帝有命王雖離國必令還敢問王之入朝諸宰相以爲可乎王曰然子藩在側不敢言帖木兒又言王之入朝欲言何事王不能對帖木兒曰可與宰相議子藩就王議王對曰吳祁及石胄父子多行不法聲聞于天寡人實不知

高麗史卷之二十九　七

然孰謂寡人不知以此欲親朝聞奏耳帖木兒之來也宰相出迎西普通帖木兒問曰洪宰相來否來則可避然後我當進子藩再三固辭於是相揖禮甚恭帖木兒欲與同坐子藩固辭以爲陪臣安敢與帝使並坐帖木兒强之辭不獲就一行折席坐其見重如此子藩復相彌縫調護欲使王父子慈孝如初吳石之黨數短於王三十一年罷相是年王如元忠宣恐王惟紹宋璘之徒從至京師恣其兇謀諷丞相塔剌罕使子藩有渰庇金璇金延壽等從王入朝丞相奏帝召之子藩至元見丞相具陳惟紹等罪惡且欲奉

二王還國未就明年卒年七十丞相奏帝傳旨歸其柩忠宣遣人祭之後敎云子藩功在社稷帶礪難忘可贈壁上三韓三重大匡謚忠正子藩爲人魁梧俊偉才幹絶人自少人皆以公輔期之金俊與子藩之父不協子藩詣俊力辨俊曰異哉世復有寗馨兒乎其在相府夙夜匪懈事有不合義者輒固執己見雖位居其右者莫敢矯堂吏每白事畏縮不敢舞智子藩旣罷則退喜曰洪公已領餘可易與耳爲亞相每論事與首相許珙相抗珙或黽勉從之嘗閱兩府制所撰疏詞子藩指摘瑕纇久不已珙謂文貼錄事曰

高麗史卷之二十九　八

猫能捕鼠足矣蓋譏文翰非其任也子藩作色而止人謂不相能及珙亡子藩嘆曰公謹正直知無不言世豈復有如許公者乎子藩先喪母事父孝雖迫公務不廢定省性好潔日沐浴每更衣必盥手夜必整衣冠拜星三爲首相議論持正有大臣風然王信讒任用不專子敬官至贊成事

許珙字韞匵初名儀孔巖縣人父邃樞密副使珙爲人通敏爽偉高宗末登第承宣柳璥薦珙及崔寧元公植並屬內侍時號政房三傑元宗初授閤門祇候累遷戶部侍郞與修神熙康實錄十年拜右副承宣

吏部侍郎知御史臺事是時林衍執國命擅威福欲
以子惟茂娶珙女珙不從衍逼之王召珙曰衍姦凶
不可取怨卿淺計之珙曰臣寧受禍不忍嫁女於賊
臣之家王義之衍淺銜及衍殺金俊文武多遇害珙
適葬妻在陽川還至通津聞亂恐爲所害欲投河而
死旣而曰死生天也因入京會衍多殺朝臣無可與
議銓選者問左右曰許珙還否珙聞之造衍第衍大
喜迎入坐謝曰衍適有事不能會葬夫人遂委銓選
珙注擬得宜衍喜白王賜賚甚厚衍廢王誣王以病
遜位表請蒙帝覺其誣趣王入朝王遂行問從臣曰

至東京行省若問林衍廢立將何以對珙及李汾禧
康允紹等順衍意曰宜以表意對有庾超者嘗緇娶
李藏用孫女從藏用在元訴于帝曰高麗許珙康允
紹孔愉同謀叛上朝帝命不花逮珙等與超對辨超
服其誣忠烈元年改官制拜監察提憲珙嘗娶政堂
文學尹克敏女及卒更娶妻弟之女養於家者憲司
劾之歷判密直知僉議府事元世祖征日本分遣指
揮使督造戰艦珙往慶尚洪子藩往全羅子藩事未
半珙已竣役還子藩服其能遷參文學事與韓康元
傅撰古今錄拜中贊十六年王在元珙與子藩留守

王京哈丹入東鄙訛報賊勢甚急中外洶洶子藩等
議避于江華珙與崔有渰獨不可曰今王在京師豈
可信訛言擅移國都子藩等會耆老宰相議皆曰當
遷珙不能止顧堂吏曰衆論如此吾與爾守京以待
王命諸宰相皆曰人謂許中贊鎭定國家今其誤國
乎珙召諸子曰吾當留此若輩有不從我者非吾子
孫也必處之以法未幾印侯自元來曰帝聞復都江
華將執首謀者以來國人聞之始服明年元遣兵討
哈丹珙亦出兵應之積日不下馬因得氣疾累月不
得臥至八月疾篤卒年五十九謚文敬王命誄之珙

性恭儉不事產業雖至達官食不過一器布被蒲薦
處之怡然羣居愼口燕處不倚坐如見大賓少時嘗
率一僕掩骼埋胔日以爲事或自負屍瘞之嘗月夜
彈琴鄰有處女踰墻來奔珙不敢近喩以禮義女慙
悔而反子評冠評封陽川君冠之子伯亦封陽川君
論曰鄭可臣當汾禧濁亂之際恥與同朝浩然而歸
及其還朝汲汲以祛民瘼爲心當時士大夫達於去
就之義如可臣者寡矣晩年入相厥施未究焉安裕
於學絶教廢之餘惓惓以興學校育人才爲己任建
議置贍學錢增大其規制像設籩豆始克如禮謂之

有功於斯文矣不可也許珙盡忠王室義不與林衍通婚與王懷祖何乃以女嫁兵風義相類及從王赴元德衍之活已也欲讀廢立之事其視白文節閣筆泣諫何如也珙之志荒矣洪子藩欲去君側之小人其志雖正領兵詣闕脅王而出之惜乎子藩之不學殆類寇平仲楚臣兵諫之詭道豈可行於李世乎若其正色立朝人莫敢干以私可謂有宰相之風焉

兪千遇 趙仁規 璉、瑋 朴恒

兪千遇字之一初名亮長沙縣人高宗朝登第籍內侍尚書金敞器之薦于崔怡怡曰貌雖不揚誠可人

東國通鑑卷之二十九 十一

也置之政房累遷吏部侍郎崔沆欲令按察使徵誅流人田穀千遇曰今流民未集此令若行民必受病沆然之寢其事蒙兵來徙三陟山城郡人重遷遣千遇銀瓶三十得不徙沆知之責千遇曰爾讀書知義理何貪汙也配諸島未幾宥還後以事又配島其母賂金承俊承俊言于仁俊曰政房崔允愷模棱少分辨其餘新進無可與論事者可召千遇仁俊聞于王召還千遇賂寵宦復入政房爲兵部侍郎元宗初拜樞密院右副承宣尋加知奏事掌銓選引同年田文胤崔牧爲言官諸功臣疑千遇擢所親置臺省欲以

相援及諸功臣倚仁俊官其族千遇每以義抑之由是携隙有自就文者千遇門生也娶內僚金衍女衍仁俊舅也衍屬仁俊以就文爲海陽府錄事千遇不可大將軍吳壽山亦爲其甥朱然求錄事千遇亦不可乃用祕書郎崔沖若壽山道遇沖若鞭之墮躍馬蹋之沖若竟以恐怖死壽山言於朝曰兪承宣擅政當共戮之約諸武臣會禮賓省候之人以告千遇笑曰命也承俊呼壽山曰予奪之權不在主上乎而若等敢辱承宣是不有主上與令公也而可乎於是皆敞千遇弟將軍元勣與郎將鄭守卿謀去仁俊事覺

東國通鑑卷之二十九 十二

仁俊囚元勣召問千遇曰公弟欲殺我知之乎曰弟之所爲兄豈不知曰何不告我曰元勣嘗以語我問所與謀者曰某也曰若與此輩作大事乎杖而逐之我知其必不能就且老母在恐傷其心人謂我陷弟自免故不敢告仁俊曰公若言不知秪益人疑今以實告何責爲且吾固知公之愛母也昔吾弟享客公獨不吹篪問將以遺母今言恐傷母心信然於是殺元勣千遇獲免千遇久秉機要多受四方饋遺至是斥其畓作佛事爲仁俊祈福歷知門下省事林衍議廢立歷問宰樞皆莫敢對千遇曰此大事也請公及

復思之況今世子在上國待其還亦未晚也衍竟不從及衍子惟茂議拒命千遇曰王與世子引上國兵以來閉城而拒豈臣子之義乎雖欲固守得乎惟茂大不悅會惟茂誅不及禍轉拜平章事忠烈卽位革官制降授參文學事千遇體短小聰警少與柳璥齊名然其德器不及璥遠甚性多機辨言與行違貌雖勤恪內實不然人謂其孝友信義亦釣名耳其局量淺狹務勝於人有求不得輒慍見睚眦必報衣服第宅極侈麗嘗爲史官不修史藁曰當時國家事皆晉陽公所爲吾受恩厚何敢傳其惡於後世卒年六十八謚文度無子外孫朴趾登第官至贊成事淸簡自

守信浮屠

趙仁規字去塵平壤府祥原人生而頴悟稍長就學略通文義國家選子弟通敏者習蒙語仁規與是選閉户三年晝夜不懈遂知名得補諸校累遷將軍王請于元爲王京斷事官初國人雖學蒙語莫能捷於應對我使如京必令摠管康守衡引入奏仁規嘗獻金磁椀世祖問曰繪金欲其牢乎對曰施彩耳曰金可復用乎對曰磁器易破金亦隨毁寧可復用世祖善其對命磁器毋畫金勿進獻且高麗人解國語如此何必使守衡通譯遂命仁規自今直入奏事有王人憾東國訴帝改土風事將叵測仁規單騎入覲敷奏明辨事遂寢西北二郡復歸于我亦仁規專對之功也忠烈王欲拜中贊仁規曰洪子藩以德望爲冢宰臣遽處其上如公議何固辭未幾拜中贊二十四年加司徒仁規女爲忠宣妃遭巫蠱事仁規被鞫于元流安西尋放還忠宣在元封仁規平壤君開府遣承旨金之兼來啓曰趙仁規爲國元老許朝會王帶贊拜不名國有大事密直就諮有不遵仁規及崔有渰約束者以違法論王從之三十四年卒謚貞肅仁

規起於寒微以舌人進王每有奏請輒遣仁規凡奉使者三十勞勩頗著由是驟柄鈞軸爲人柔謹得幸於王常出入卧內權傾一時子壻皆列將相子璉忠肅朝拜贊成事忠肅如元見留曹頔蔡河中左右瀋王構忠肅萬端璉與弟延壽及金元祥等從臾織成璉受元命爲王府斷事官權省事者五年元使絡繹往來率肆氣逞暴璉善辭以對怒輒解及卒國人皆泣然貳於瀋王臣節不完子德裕官至判書德裕之子璘謀誅辛旽爲所殺璉之弟瑋忠肅時歷摠部典書忠肅與瀋王構釁或間瑋援元尹置之散地王知

無他拜密直俄陞贊成事忠肅僉勤委政宰相瑋務存大體不問細事人謂有父風忠穆三年封府院君卒

朴恒字革之春州吏高宗朝登第蒙兵陷春州恒時在京不知父母死所城下積屍如山貌肖者皆收瘞後聞母被虜在燕再往求之竟不得選補翰林院倅忠州政最徵拜右正言按慶尚全羅二道有聲績忠烈朝拜承宣掌銓注先是政房銓注時出宿其家干謁塡門恒銓注訖乃出後人遂以爲常以同知密直從王入朝平章哈伯使外郎問宰樞曰忻都云天子

彙纂麗史卷之二十九　十五

令高麗諸島民出陸高麗復使島居差句當使有諸恒曰至元七年我國以帝命復都舊京其時諸島民未有出陸之命王別抄叛據珍島耽羅招討使金方慶令近賊諸島出陸避掠陸處者不可無管領所以差句當使也曰島民乘舟往來如生事何恒曰島嶼之人以魚鼈爲衣食往來漁釣非官吏所當禁也且忻都以元帥久駐鹽州西海諸島如喬桐龍媒與帥府相望忻都何坐視而不使出陸耶哈伯不敢詰拜參文學事尋陞贊成事王欲依舊制覆試新及第僧人祖英得幸於王爲其姪吳子宜欲令登第者不限久近皆赴試王問柳璥璥對新舊及第及衣冠子弟披籃者宜悉赴璥亦爲其孫仁明孫壻權永地將軍李之氐言殿試之法自毅廟以來廢幾數百年今國家多事正宜未遑臣恐本國人讒構上國者多誣指殿試爲天塲責以僭越待制郭預亦嘗沮之王命展試期後祖英强王行之恒請依舊制王不許祖英將子宜試藁達王因請拆糊封定科目取十五人以子宜爲首王召恒屬其與祖英第高下祖英言於恒曰日者上見子宜詩賦業已定乙科何必更考恒白王與郭預崔守璜李子恭等考定榜出趙簡居首乃

彙纂麗史卷之二十九　十六

黜子宜東征之役世祖令戰艦軍粮自本國幹辦而遣忻都洪茶丘等監督君臣拱手聽命力不能堪恒言於王具以狀奏帝授王左丞相行中書省事金方慶爲征東都元帥以下俱受宣命信符由是忻都等不得自專國家賴之供億軍餉措置機務皆自恒出七年卒年五十五謚文懿性寬厚善接人孜孜奉公長於吏治然臨事自用不恤人言所擢多其舊恩常考殿試中選者九人五人恒門生也物議少之

論曰俞千遇附麗崔氏猶郗超之於桓溫宋齊丘之於徐溫其罪不容誅矣至於林衍議廢立李藏用許

珙爲其怵脅屈首而從之千遇乃力辨其不可藏用珙反不及焉語曰尺有所短寸有所長豈謂是歟趙仁規發跡商賈盛流所不與也然祖宗土地見割上國以謀臣猛將不能復之仁規乃以口舌得之其功烏可少哉東征時元明將士侵擾地方不敢誰何朴恒建議奏授王丞相然後號令自王出國家賴之倘微恒第東國其殆矣

鄭瑎 誧 趙簡 李混 尹莘傑 朴孝修 安戩 崔守璜

鄭瑎字晦之大將軍顗之孫也少務力學登第補史翰忠烈時爲必闍赤與李混尹琔齊名掌銓注執法不阿後知密直印侯之執希愈也愆召諸大臣大臣皆揣侯意莫往獨瑎不知而往輒還坐罷尋起判三司事僉議參理是時王惟紹宋邦英謀廢忠宣瑎常憤其所爲未得發會邦英奉使如元兩府出餞邦英道遇瑎託以將命揖於馬上瑎佯不見徐下馬交禮訖責喝道不辟批其頰邦英乃懟瑎還而遘疾醫診之曰病由怒發久之方愈三十一年進贊成事尋卒瑎內剛外和喜怒不形平居坦蕩遇事則精悍不可撓子憤恰憤之子曰顗誧

誧字仲孚年十八中第以藝文修撰奉表如元會忠肅東還誧謁于道王愛之留以自從驟加左司忠惠朝拜臺官封駁甚多執政惡之褫職家居人譖誧兄弟將走上國夾輔大弟於是貶顗于寧海誧于蔚州誧在謫中吟嘯自若慨然有遊宦上國意嘗曰大丈夫安能鬱鬱一隅耶後遊燕都丞相別哥不花見而賞異將薦于帝會病卒年三十七有雪谷集行世詩詞簡高子公權

趙簡金堤縣人忠烈五年擢第一人及第明年王以詩賦親試文臣簡又居第一賜黃牌累遷補闕丁父憂廬墓三年王嘉之特授起居注忠宣襲位拜右諫

議大夫內僚李之氐拜兩府官簡不署告身王召簡曰有一大官憾卿愼之及忠烈復位密諭再三不得已乃署王命簡主選法固辭陞右副承旨同知貢舉取士引新榜上謁壽寧宮王以簡殿試門生臨軒錫燕歷僉議評理以贊成事卒簡既老疽發於項醫曰骨已半朽刮去乃理簡曰死等耳第試之乃以利刃剸之骨果朽絶而瞑者二日上洛君金恂簡榜第二人往問而泣簡忽張目曰豈心於喜而色於悲耶恂曰是何言也簡曰我死榜中無先公者恂收涕笑曰老子不死

李混字太初金義人年十七登第忠烈朝拜銓曹判書集賢殿大學士尋罷王謂左右曰人臣之節漸不如舊昔李混尹珤主銓選寡人欲以混弟子和爲行首混辭曰臣待罪銓曹臣弟爲行首則人謂臣何又以珤子安庇爲權務珤亦曰臣子年少臣又掌銓不敢受皆固辭今之主銓者先以美官授親戚不令寡人知之况復辭乎此所以廉恥日喪世道日降也然混久典銓選頗有不廉之誚忠宣更定官制與權準賫批判還自元及忠宣還國事皆令藝文館申奏故拜混大詞伯後以僉議政丞致仕

尹莘傑字伊之杞溪人通五經忠烈朝登第被薦爲大學博士忠宣初授江陵府翊善使傅忠肅後忠宣惡莘傑有寵於忠肅貶之忠肅立拜寶文閣提學陞藝文大提學忠宣命莘傑李齊賢掌試莘傑干請於州郡欲設學士宴王以命出忠宣疑其貳於已罷莘傑以朴孝修代之莘傑爲人嚴重久掌銓選不以私輕重之時稱長者卒謚莊明孝修素有清名及代莘傑取士王爲其貧賜銀瓶五十米百斛令辦學士宴孝修清節益著後封延昌君卒

安戩竹州人少登第歷侍御史忠烈初爲全羅道按察使時鷹坊吳淑富等怙勢恣行戩與長興副使辛佐宣痠之不禮焉淑富等歸譖于王將獲罪賴承宣朴恒力救免後戩託內僚李之氐入政房尋拜左承旨王欲以參官授一內宦戩不可王謂戩曰此人服勤左右歲月已久卿爲予授之戩不得已擬以郎將乃辭曰臣以不才猥玷近侍題品銓注非臣所堪乞擇賢者代之言甚剴切王怒起入內戩隨之白曰臣罪當罷然內豎之除乞須後日王已踰閫厲聲曰可左右皆懼戩退徐曰殿下已許臣矣削其除目聞者歎服戩臨事不撓類如此時稱鐵鍱尋加密直司事後哈丹賊來侵軍務方殷歷慶尚忠清西北三道都指揮使二十四年卒

崔守璜溟州人性正直廉儉家貧不能自食不以介意高宗朝登第歷起居舍人忠烈時以左承旨同知貢舉取士守璜好佛學士宴略設具皆用素王旨別監林貞杞遺以白粒一舟守璜曰吾於王賜尚不受况民膏乎終不納時議多之累遷至僉議贊成事致仕二十七年卒少爲兵馬錄事一日賫文案詣諸相家一宰相不冠而坐守璜抱案退而跪不肯前相公悟乃冠由是知名

論曰鄭㬚質直不阿疾惡如讎殆天性然也誚之爲人高邁慨然有志於斯世使其得時行志顧未知所究者何如爾高麗諸臣不行三年之喪久矣趙簡獨能行之鄭文忠以前僅見此人亦足貴矣李混尹莘傑俱掌銓選爲一時名臣莘傑未嘗徇私輕重混不免有簠簋之誚則其優劣見矣安戩當事有毅然之色其託內侍入政房士論憾之崔守璜不受王賜又却倖臣之賂斯可稱焉

沈諹　秋適　李仁挺　蔡禍

沈諹史失世系忠烈初爲公州副使有長城縣女言

錦城大王降我云爾不作錦城神堂必禍爾父母我懼而從之女因與縣人孔允丘通作神語曰我將往上國必伴孔允丘行羅州官給傳馬一日郵吏急報都兵馬使曰錦城大王來矣使驚怪有羅人仕于朝者具神異諷王迎之所過州縣守皆公服郊迓至公州諹不禮巫怒傳神語曰我必禍諹退寓日新驛夜諹使人覘之女與允丘宿遂捕鞫之俱伏後拜監察侍史與雜端陳倜侍史文應殿中侍史李承休等言今國步多艱天旱民飢非遊畋宴樂之時殿下何不恤民事耽于遊畋邪且以未調之駿足馳不測之危途患生所忽雖悔可追倘不得已令將士逐獸平原登高臨觀不亦可乎忽赤鷹坊爭設內宴剪金作花臧絲爲鳳窮奢極侈不可形言與其縱一時之娛枉費無用孰若遵上國之法簡而易供聲樂則斥委巷之俚音進教坊之法曲此一國之望也上將軍尹秀侍宴殿上登牀戲舞不敬甚矣禪師祖英淫穢無行出入卧內大駭觀聽請加黜責以警其餘且今中外多故人民困窮學士宴亦宜停罷王虛襟採納有意自新秀及祖英相與譖之王大怒命將軍林庇池允輔等鞫諹于崇文館問首發議者闊木索置碎瓦股間令人蹈其上血迸流地諹終不言因繫于巡馬所

行路指木索血痕曰臺官血翼日流倜應于海島罷承休他日王賦杜鵑花詩令詞臣和進白文節等因言曰臣等優游淸禁仰和天章榮幸極矣沈諹進言忤旨其罪誠重然亦儒者也乞賜寬貸以彰右文之美王曰諫諍省郎之任諹法吏也諫諍非其任言且不遜欲問倡議者耳今爲卿宥卽命釋之尋又釋倜應等諹謇諤無他在官中外皆有聲績及除侍史慨然以復振朝綱自任不幸一中讒說辱於狴犴祖宗以來未嘗有也自是言路遂塞

秋適忠烈朝人性豁達無檢束登第調安東書記選直史館累遷左司諫閹人黃石良黃緣用事陞其鄉合德部曲爲縣適不肯署案石良與內竪石天補金光衍乘間譖之王怒卽令械送巡馬所押者謂適曰可由徑行適不可曰凡有罪者皆歸有司未有枷鏁于王所者吾當行通衢使國人見之諫官而枷榮亦足矣何必效兒女子掩面委巷乎官至民部尚書藝文館提學致仕適老尚善飯常言享客但軟炊白粒割鮮作羹可矣何必費百金致八珍邪同時有李仁挺蔡禑者仁挺爲正言與諸郞舍言近內竪微賤者皆以隨從之勞許通仕途雜廁朝班有乖祖宗之制請收成命王怒欲觀所爲陽許之旣而復收其狀郞舍不卽從王因詔文主事柳興命仁挺勿視事竟取其狀批曰勿改成命後有投匿名書于達魯花赤曰正言李仁挺等百餘人謀殺達魯花赤達魯花赤枷鏁仁挺尋知其誣釋之仁挺性倔強凡拜官者必究其功過未嘗輒署告身人多怨者禑爲監察史監左倉頒祿有內竪傳命輸米若干斛給宮人禑曰今日所頒府衛將校之祿若輟與內人恐虧聖德固沮之王怒流海島

論鈌

韓康 元傅 權㫜 溥 準

韓康初名璟清州人性酷好浮屠法高宗朝登第累遷監察御史出守金州前此田賦常不滿額守多坐罷康始至理屯田之廢者得穀二千餘石吏戢民安以最徵爲禮部侍郞歷翰林學士忠烈朝轉判三司事兩府議國事皆顧望莫有主者始置宰樞所司存以康爲之後以贊成事致仕王召康曰寡人在位已久今年換甲宜切愼兢卿宜條陳可行事康請修宗廟備樂器以嚴時祀禁諸司抑買市物掩骼埋胔放生禁屠止遊畋之樂節肥甘之奉於郊寒盛暑盡蠲粥以賑飢渴王嘉之卒謚文惠子謝奇謝奇子永渥謝奇以禿魯花挈家入元事仁宗皇帝官至河南府摠管渥忠宣時拜右代言忠肅立授密直司事元詔王入朝渥從之時瀋王暠覬覦王位讒構百端渥以奇謀脫王于禍功在一等封上黨府院君

元傅原州人九世祖克猷佐太祖有功傅登第直史館元宗朝拜平章事忠烈初改贊成事與柳璥金坵同修高宗實錄閱前樞密任睦史藁乃空紙也朱悅欲劾之傅與璥匿不以聞傅嘗直史館時亦不納藁

尋拜中贊門生數人來謁問曰外議以予爲何如方于宣耆對曰人謂公爲政如其姓傳笑曰子亦如子之姓耶爾無建明丙辛子瓘卿瓘贊成事卿别有傳

瓘之子曰忠事忠宣於燕邸有寵賜姓王氏更名鑄後拜評理忠肅留元侍從大臣皆携貳忠獨終始一節子顥席父勢狂縱累遷三司左使依德寧公主鎭合浦恭愍時拜贊成事顥聞元討張士誠募將于我欲避之求爲楊廣巡問使王不許進封府院君遣之還拜判三司初顥欲代洪彥博秉權譖彥博有異志又譖韓可貴具榮儉等下追捕奇轍黨於是下顥可

貴榮儉獄對置王素惡顥使李蒙古大郎獄中椎殺之并其黨郎將李連孫尸于朱橋外

權㫜字晦之嘗有遯世之志父翰林學士韙强留之請於朝爲門下錄事㫜不得已就職初璥謂曰子有文詞不宜爲吏令赴舉果中第遷閤門祗候出守四郡皆以廉勤稱留守東京舊有一庫賦民綾羅貯之名曰甲坊充貢獻贏餘甚多皆爲留守所私㫜撤甲坊以一年所收支三年貢司戶有盜民租者碎其腦于庭觀者股栗嘗按三道行文書但用鈐板令行禁止其按慶尚也晉州副使白玄錫未之任先用州吏所賫銀幣到官董斂御衣對綾羅絲價私用之甫州副使張悛家在丹山與州近遣州人耕耨其田㫜並劾之悛壯元及第玄錫曾爲省郎同受汙名士林恥之晉州守崔旵所貢綾羅麤王命考問邑吏以㫜爲按廉減折絲價對與旵並罷宰相言㫜爲民革弊而罷孰有憂民者尋拜判衛尉寺事掌試取士多知名士㫜耿介不苟合自除三品十年不遷陞密直提學乞退甚篤後加贊成事致仕忠宣三年卒年八十四性清儉謙遜酷信浮屠自號夢菴居士江南僧紹瓊泛海而至㫜欲出家師事之恐爲子溥所沮未果會

溥不在適入禪興社剃髮溥馳至大哭㫜曰將復鬚髮我耶余素志也孫準有寵於王特謚文清

溥字齊萬年十八登第又中殿試累轉僉議舍人忠宣受禪置詞林院與朴全之等爲學士寵幸無比忠烈復位掌銓選陞密直學士忠宣復位拜贊成事忠肅朝拜僉議政丞永嘉府院君溥性忠孝惠族姻睦僚友遇子姪臺與皆有禮嗜讀書老不輟嘗以朱子四書集註建白刊行又與子準裒集歷代孝子六十四人使壻李齊賢著贊名曰孝行錄行于世子準皋煦謙壻齊賢宗室璹珣皆封君一子出家亦封廣福

君世號一家九封君年八十五卒諡文正爲人無圭
角久典銓衡鬻爵營產時人以爲視其父旦之清懸
遠也準登第謁忠宣于燕邸擢爲代言自是恩寵愈
隆賞賜無算奏帝拜武衛將軍合浦萬戶後授密直
副使命國贐都監買中贊安裕第賜之準倚勢納賂
富侈甲於國中忠肅嘗移御準第周觀屋宇之美歎
曰非寡躬所敢當也王與瀋王暠相持羣小逞多附
瀋王準守義不變事定拜贊成事曹頔之變準閉門
不出頔敗封吉昌府院君納準外孫女是爲和妃忠
穆薨準與耆舊大臣上書于元請立恭愍卒年七十

論曰韓康元傅累侍從位宰輔始爲名臣終鮮大過
考其行事可見也權旦臨民則以治辨聞立朝則以
恬退稱及其晚節志耽禪靜名教內自有樂地何至
毀形逃遁得罪人倫耶溥之福履榮名冠於一代豈
非忠孝樂善之驗歟準則繼以汰侈墜厥家範至於
瀋王之事秉義不撓斯又足稱者焉

閔漬 許有全 崔誠之

閔漬驪興人平章事令謨五世孫也元宗朝擢魁科
忠宣以世子如元漬與鄭可臣從之一日帝命公卿
議征交趾詔與漬同議對稱旨授翰林直學士後元
復征日本令本國造戰艦王入朝欲奏止之漬以左
副承旨從行漬偶閱杜氏通典及唐太宗征高麗魏
徵諫曰高麗如石田得之無益乃示僉院洪君祥語
之曰倭之於大元豈啻若唐之於高麗乎況往歲之
役東國民力竭矣再興無益之師乃吾民何惟公圖
之君祥諾而去漬以君祥之言議諸從臣欲罷造艦
印侯張舜龍曰此朝廷大事豈以一僉院言止之乎
漬曰以此獲罪我自當之非諸君所知也因白王寢
其役聞者韙之陞密直學士尋罷王嘗遣內僚高汝
舟令漬製詩漬饋汝舟白酒青瓜汝舟歸白曰漬雖

宰相其貧無比王乃賜米一百碩久之授集賢殿大
學士加判密直司事忠宣初以僉議政丞致仕忠肅
八年起爲守政丞封驪興君是時忠宣被罪于元流
吐蕃漬與駕洛君許有全興寧君金賭如元表請召
還忠宣漬自述其表略曰蕞爾小邦依于大國太祖
龍興之初先諸國歸附世積忠勤釐降公主我前王
公主出也年十六承詔入侍世祖皇帝冊爲世子降
詔有曰嗣惟汝嫡親實我甥自是留侍輦轂歷事五
朝沈酣德澤貪戀龍光但期作善以盡忠不覺執迷
而獲罪臣等曾無匡救俾及顛隮故增潸悲共切哀

顒伏望我 王無他之意察諸臣戀主之情賜龍鶴得還之翼令復舊巢指海鼇更戴之齡恒祝聖筭又獻書都堂曰方今天下土地之廣人民之衆自有宇宙以來鮮或與今日比者然未聞一夫不獲其所一物不得其宜者實由諸相公贊襄燮理之功也我前王以世祖之外甥歷事五朝凡三十餘載但以廣勝緣祝聖壽爲事一朝獲戾于天遠謫西土者于今四年豈不痛哉小邦人民誰無犬馬戀主之情然天遙地隔上達無由但日夜呼泣而已況漬等曾被任用荷德蕢恩名位既極年齡亦暮豈不百倍于常情乎

驚痛憂懼罔知所圖今諸相國閤下將使四海之內無一物不得其所而未及一攄至情忽先朝露以沒則可謂孤負盛代恨及黃泉是以相攜匍匐而來伏望諸相公善爲敷奏導宣聖譯回我王萬里之行則漬等既老矣區區報德之心何死而敢忘也漬與有全等留元半歲爲瀋王黨所沮竟未達而還十三年卒年七十九忠烈嘗命漬增修鄭可臣所撰千秋金鏡錄是時國家多故未遑及焉後與權溥同校撰成名曰世代編年節要上自虎景大王迄于元王分爲七卷幷世系圖以進又撰本國編年綱目上起國祖元德大王下訖高宗書凡四十二卷其昭穆之論與編年節要不同漬稍有文藻而心術不正且不知性理之學其論有背於正道至以朱子昭穆之議爲非所見之頗類此

許有全金海人元宗末登第忠烈時爲監察御史王信嬖妾之讒囚巡馬所將杖于市無敢救者巡馬指諭有得幸于王者乘間奏曰監察爲王耳目彈糾百官今以小人之讒而杖之人謂上爲何如主再三譬解乃得免遷銓曹侍郎知密直司事忠肅初封駕洛君拜政丞忠宣流吐蕃有全與閔漬等如元請召還

有全時年八十一妻亦老有疾有全歎曰人皆有一死豈以妻病身老忘吾君而自逸乎永訣而去既行九日而妻死聞者歎之

崔誠之字純夫平章事甫淳四世孫也誠之登第補史翰從忠宣如元執政畏惡忠宣誘之使去誠之笑曰窮達在天怵於利非士也忠宣定內亂擁立武宗誠之居左右有功忠宣卽位授執義及葬慶陵舊例中丞押封玄宮是日李彥冲辭王命誠之署封乃曰前程不在我乎驟遷大司憲進贊成事封光陽君忠肅七年元流忠宣于吐蕃撤思結之地去京師萬五

千里誠之時在元憚於從行逃直寶文閣朴仁幹大護軍張元祉等十八人從王於流所自是國人分黨相訴朝廷議立省比內地誠之與金廷美李齊賢等獻書都省陳利害其議遂寢瀋王之黨疏國家得失將言于朝誠之不肯署主謀者同坐府中令錄事請署誠之厲聲曰吾嘗備位宰相僉錄欲相脅邪衆沮恧十一年乞退居七年而卒詩文醞籍尤邃陰陽推步法忠宣在元見太史院精曆數賜誠之內帑金百斤求師受業盡得其術東還遂傳其學東史纂要云忠宣遜西蕃誠之與其子文度奔問兆臙本傳云忠宣流吐蕃時誠之逃匿不見人謂誠之大臣也主辱忘恩君臣之義埽地云與纂要所記不同姑兩存之以備後考

彙纂麗史卷之二十九　三十一

論曰忠宣王得罪元家俘縶異域爲其臣子者宜反首茇舍而從之號泣於天子之庭請復吾君不許則繼之以死可也方是時也忠肅與瀋王爭位相持不遑恤他一時諸臣亦憒憒自保少憂痛之意其君臣父子之義可謂乖矣今觀閔漬乞哀之文詞氣婾嬾不足以感動人聽矧其黨惡醜正請立瀋王其罪可勝誅乎崔誠之始旣竄匿後雖奔問奚補於事哉許有全以八十之年不遠萬里赴君父之急非天性篤於忠義者其能然乎當時完節一人而已

金怡　崔有渰　金台鉉 光載

金怡字悅心福州春陽縣人怡母夢天爛赤日輪入懷中因有娠怡生而貌魁梧早有大志安裕嘗見之曰後當貴年十餘爲都評議司掾吏事雖鄙不憚識者異之忠烈十四年調長興府倅十六年哈丹入寇國家令州縣據險自保禁民出耕令出咸懼怡謂按廉姜㬢曰天兵制此小醜如几上肉耳何得到邊郡耕種有時時不可失㬢曰如違令被譴何怡退而歎曰從令不耕則餓死者衆不從而耕則受罪者我也令民出耕賊果至燕岐而滅他郡皆未穫此府大熟遠近賴之十八年忠宣受禪尋遜位如元怡從之三十年柳淸臣朴景亮等欲專國柄誣忠宣言本國都僉議使世祖皇帝已陞爲二品賜印以寵之今宜受帝命除拜與朝廷爲一體則朝廷大臣不敢視藩國是萬全之策也忠宣深然之將表聞大寧君崔有渰密語怡曰若從二人言東國之業已矣政令自中國出幾何不爲其所幷也怡乘間爲言忠宣乃止後王與忠宣俱在元王聽羣小譖欲廢忠宣以剸國改尙瑞興侯琠爲嗣兩王之臣角立相傾怡慮有變密取忠宣受封誥冊藏於衣帶以他紙納空宣匣中緘封

彙纂麗史卷之二十九　三十二

如故居數日宣匣果爲人所竊忠宣大驚怡告曰臣取而藏之矣王乃安羣小得空匣疑其遂亾也將誣王怡出所佩冊命以驗之事遂寢累遷版圖正郎三十四年王薨忠宣復位還國初忠宣在元資用闕乏衆議以爲就富豪借錢令本國償之怡曰本國素無蓄積近因父王赴都府藏罄竭抽斂民間公私俱匱今官自稱貸而欲令民償之民何以堪乎從之元年陞右副承旨五年王在元杖流金深李思温于臨洮疑怡黨於深等使贊成權漢功來鞫怡及其子文貴于廵軍貶怡爲機張監務流文貴于合浦籍其家忠

肅受禪拜僉議評理賜功臣號懿妃薨于元喪具未備怡燒骨納函棺身自瘗之每當朔望備羊酒奠之王仍窆于大都西山怡以百計止之不得貸術士以詭辭諭王還葬衍陵七年加贊成事慶山君八年柳清臣吳潛等謀立瀋王暠會英宗崩泰定帝登極清臣等未遂其謀因請立行省罷國號帝然之忠宣還自吐蕃聞之對怡歎曰我祖統三爲一于今四百餘年我忠憲王首先歸款忠敬王親朝釣魚山又謁世祖皇帝于汴梁父王爲駙馬世承帝眷爲天下榮觀何不幸及我以二三姦臣之謀遂墜我祖業乎祖宗何辜不復血食仍泣下謂怡曰昔皇慶初叛臣之裔洪重喜等訴于帝立行省削國號卿歷奏祖宗臣服之功奉帝旨罷行省今日之事亦惟卿圖之怡乃與崔誠之李齊賢等上書都堂爲陳利害元前舍人王觀亦上書丞相極力言之立省之議遂已陞僉議政丞明年加中贊卒忠肅十四年也謚匡定怡性豁達有長者風久從忠宣有負紲之勞終始一節

崔有渰平章事滋之子性恬退不求名仕宦十年不遷忠烈久聞其名即位除監察雜端遷侍丞上疏直言時事忤旨流大靑島承旨趙仁規白王曰有渰勵

節奉上不可輕棄固請再三王怒稍解召還累轉判三司都僉議贊成事帝徵陪臣賢者有渰膺命如元時行省欲革本國奴婢之法有渰奏請仍舊俗帝從之王嘗欲廢忠宣以瑞興侯琠爲後有渰言於王曰殿下未嘗祭景靈殿乎太祖及親廟晬容具在若瑞興侯立追王其祖禰西原始陽二侯入祔則殿下親廟主不容不遷高宗元宗臣及事之今老矣不忍一朝忽不祀臣若不諫無以見先王於地下王慘然動容者久之時忠宣欲遷元法別軍民有渰諫止之忠烈薨忠宣嗣位賜有渰玉帶改守僉議政丞封大寧

君初尚書李德守女選入元爲寵臣妻與承旨蔡宗璘爭臧獲帝入寵臣言遣哈剌台因宗璘奪文券有渰固爭之言甚激切哈剌台不能奪謄寫而去國人皆歎曰眞宰相也王以有渰年高令五日一至都堂議軍國大事忠肅朝復起爲政丞大寧府院君如元賀正時元欲立省我國革世祿奴婢法有渰詣中書省力請止之及還國人擧手加額曰存我三韓者崔侍中也時年八十六忠惠元年卒年九十三謚忠憲歷事四朝爲國元老朝野倚重

金台鉉字不器光州人司空吉之後父須膽略過人

三別抄之亂守靈光死之母高氏夢明星入懷中生台鉉台鉉十歲而孤學問夙成風儀端雅眉目如畫嘗受業於先進之門先進有女新寡稍解作詩見而悅之投以詩挑之台鉉自此絕不往叔父周鼎見其詞賦異之曰大吾門者必汝也忠烈元年年十五魁監試明年登第後又中殿試直文翰署累轉密直副使賀聖節如元時帝幸朔方詔諸路使臣皆往京師台鉉獨言於中書省曰下國自事大以來歲時朝賀未嘗有闕止於京師帝命也達於行在吾君命也吾寧獲罪於帝不敢廢吾君命省許之遂達行在帝嘉之嘗賚優渥陞知僉議司事是時姦臣分黨離間王父子情不相通台鉉周旋其間一以至公人無間言及忠宣奉仁宗靖內亂本國臣僚懷二心者悉誅竄以台鉉爲咨議贊成事例罷閑居者十年忠肅八年起判三司事忠宣竄吐蕃忠肅被留于元國中黨論起台鉉雖首居二府在下者秉權專多扞格然賴台鉉鎭定終不至誤國忠肅復政討諸臣之貳於瀋王者乃曰終始無他者此老也然卒罷之十七年忠惠以世子在元王請傳位元遣使來取國王印令台鉉權行省事使者還宰相以忠肅命召台鉉至則收省

印囚台鉉於是台鉉挈家東遊金剛山蓋遠嫌也忠惠遣使責宰相擅收省印馹召台鉉復署省事是年卒年七十謚文正爲人莊雅言動循禮晝不臥暑不袒待人以和事母孝敎子弟有方不妄交人歷事三朝進退以義裁決精敏人服其明識談歷代典故如昨日事國有大疑必就咨焉嘗集東人詩文目曰海東文鑑行于世號快軒子光軾光轍光載光輅皆登第**光載**字子輿忠宣朝登第以成均學官從忠惠王如元以勞授都官正郎曹頔作亂伏誅王被執如元光載曰吾君危矣吾忍獨免乎往從之王復爵東還

除軍簿摠郎叅銓選累遷判典校寺事王素憚光載嚴直左右羣小尤多忌之無以藉口乃曰金公叅靜仕進非其志王信之遞其職忠穆立拜右副代言轉知申事用事大臣惡不附己奏改版圖判書王尋悔忠定即位開書筵以光載爲師固辭拜僉議評理仍掌銓選時德寧公主頗干預政事王不能沮光載奮然而出公主再召竟不應俄遷三司右使白王曰文選吏曹主之武選兵曹主之摠于政房自權臣始非令典也請復舊制王從之恭愍立杜門不出凡十二年奉養其母朝夕盡禮母歿廬墓終制每祭必涕泣

不止王聞而嘉之使人諭曰思與鄕語可使得見乎光載抱疾扶入見王曰年顏非甚衰也而有斯疾也仍命有司旌其所居曰靈昌坊孝子里光載制行甚高不治産業左右琴書湛如也臨歿麾其妻曰男子不絶於婦人之手禮也謚文簡子興祖儻有志官至軍器監與金齊顔金精等謀誅辛旽事泄爲所害

論曰不有君子其能國乎若金怡崔有渰金台鉉三臣者可謂君子人也忠烈耄荒惑於羣小將廢正嫡而立孽姪其勢垂成君臣父子之變已極國將不國矣三臣者或密取宣旨壞其機牙或從容開導感動主聽或周旋其間一以至公卒能使王父子以正國賴而保其忠績偉矣至於金怡精忠許國夷險一節崔有渰確守舊章朝野倚重金台鉉爲人介而不惰通而不流當國空虛推誠鎭物傳所謂可以託六尺之孤可以寄百里之命臨大節而不可奪者殆無愧焉嗚呼豈非君子人哉

木齋家塾彙纂麗史卷之二十九

木齋家塾 彙纂麗史